KB122330

가야 고고학의 새로운 조명

가야 고고학의 새로운 조명

부산대학교 한국민족문화연구소 편

혜안

간행사

이 책은 가야사정책연구위원회가 2000년 사업으로 수행한 고고학 중심의 가야사 연구논문을 '가야 고고학의 새로운 조명'이라는 이름으로 묶은 것이다.

가야사정책연구위원회는 현재까지 축적되어 온 가야사의 연구성과를 종합·정리하여 가야사 연구를 진작시키고, 가야지역의 각종 문화유산을 연구자와 일반 시민들이 쉽게 접근하여 활용할 수 있도록 그 토대를 마련하기 위해 만들어진 조직이다. 이런 활동을 통해 신라 및 백제문화권에 이어서 가야문화권 정비를 위한 학술적 근거를 제공함은 물론, 가야사의 문헌학적, 고고학적인 심층적 연구를 통해 한국 고대사의 재구성에 이바지하는 사업을 수행하고 있다.

국내외 가야사 관련 전공학자로 구성된 본 위원회는, 그동안 '가야사 연구 및 교육에 대한 정책연구' 외에 '가야 각국사의 재구성', '한국 고대사 속의 가야', '학교교육과 사회교육으로서의 가야사', '가야의 유적과 유물' 등의 성과물을 낸 바 있다.

앞서 낸 '한국 고대사 속의 가야'가 문헌사 중심의 가야사 논문집이라면, 이 책은 가야고고학 논문집이라 할 수 있다. 연구과제의 선정은 가급적 가야사 전 분야에 걸쳐 그 맥락을 짚을 수 있고 고고학적 측면의 가야사 연구현황도 파악할 수 있는 것으로 하였다. 연구자 선정은 국내외 가야사 및 고고학 전공자 가운데 해당 주제의 연구목적을 충분히 달성할 수 있다고 판단되는 연구자를 위원회에서 선정하여 집필을 의뢰하였으며, 연구결과 제출 후 국내외 관련 분야 전문연구자에게 의뢰하여 심사를 거친 후 게재하였다.

이 논문집이 가야사 연구자와 가야사에 관심이 많은 시민들에게 가야사의 맥락과 가야사 연구현황을 쉽게 파악할 수 있는 디딤돌 역할을 하여 가야사의 새로운 이해와 대중화의 밑거름이 되었으면 하는 것이 우리 가야사정책연구위원회의 간절한 바람이다.

좋은 논문을 집필해 주신 연구자 여러분과 심사를 맡아 수고해 주신 심사위원 여러분들께 감사드린다. 또한 이 사업을 흔쾌히 맡아 순조롭게 진행해 주신 부산대학교 한국민족문화연구소 채상식, 이헌홍 전 소장님과 조남욱 현 소장님, 그리고 실무적인 업무를 헌신적으로 추진해 주신 이동찬, 백승옥 선생의 노고를 잊을 수 없다. 몇 가지 사정에 의해 출판이 많이 늦어졌는데, 일찍 원고를 제출하신 필자들에겐 미안하기 그지없다.

끝으로 이 사업을 뒷받침해 주신 교육인적자원부 당국과 가야사정책연구위원회 위원 여러분들께 감사드리고, 출판에 애쓰신 혜안 관계자 여러분들께도 고마움을 전한다.

2003. 11
가야사정책연구위원회
위원장 정 징 원

차 례

弁韓社會의 形成과 發展

李 在 賢*

Ⅰ. 머리말

三韓은 한반도 남부지역에서 처음으로 형성된 地域 政治體로서 馬韓, 辰韓, 弁韓으로 구성되었고, 이들이 百濟, 新羅, 加耶로 각각 발전되었다고 보는 것이 일반적인 관점이다. 그런데 弁韓은 史書에서 弁辰으로 기록되기도 하며, 진한과는 생활습속이 비슷하고, 구분이 뚜렷하지 못한 것으로 되어 있다. 심지어 『三國志』魏書東夷傳에는 辰韓과 弁韓(弁辰)을 種族的인 차이로 인식하여 '서로 섞여 산다'고 기록되어 있기도 하다. 또한 삼한시기의 물질문화에서도 3세기 이전에는 영남지역 전체가 공통된 양식으로 나타나고 있어 변한과 진한의 문화적 차이를 고고학적으로 구분하기도 어렵다.

한편 삼한의 개시연대에 대해서도 현재 학계에서는 두 부류의 견해가 제시되어 있다. 먼저 기원전 3세기 무렵부터 기존의 지석묘사회와

* 大成洞古墳博物館

는 전연 다른 새로운 사회체제, 즉 한국식동검문화를 기반으로 하는 韓(馬韓)이 성립되었고, 영남지역에서도 같은 변화가 일어나고 있으므로 이 시기부터 삼한시기로 보는 입장이 있다.[1)]그렇지만 한편에서는 樂浪郡의 설치로 인해 古朝鮮流民이 남하하고, 樂浪郡과의 상호작용을 통해 변·진한의 형성이 본격화되었으므로, 삼한의 개시 시기는 마한, 진한, 변한이 鼎立된 기원전 1세기 무렵부터 보아야 한다는 입장이 있다.[2)] 이와 같이 변한의 시·공간적인 위치가 분명하지 못한 것이 현실이다. 따라서 여기서는 이후 加耶의 주무대가 된 慶南地域을 변한, 신라의 중심지인 경주와 일찍부터 신라의 영역으로 변화하는 경주인근과 경북지역은 진한의 문화적 공간으로 파악하고,[3)] 지석묘가 소멸하고 새로운 한국식동검문화가 성립되는 기원전 3세기 무렵부터 삼국이 고대국가 체제를 갖추는 3세기 후엽까지의 경남지역 고고학 자료를 주된 자료로 삼아 변한의 성장과 발전과정을 고찰하고자 한다. 다만 변한의 성장과 발전을 살피기에는 경남지역의 고고학적 자료가 영세할 뿐더러 지역적인 편중도 심하고, 또한 변·진한의 문화적 차이가 없으므로 경북지역의 자료도 비교의 대상으로 삼아 변·진한 형성과 발전을 동시에 살펴보도록 한다.

---

1) 安在晧, 「三韓時代 後期 瓦質土器의 編年」, 『嶺南考古學』 14, 嶺南考古學會, 1994.
申敬澈, 「三韓時代의 東萊」, 『東萊區誌』, 釜山廣域市 東萊區, 1995.
白承玉, 「加耶 各國의 成長과 發展에 관한 研究」, 부산대학교대학원 박사학위논문, 2001.

2) 權五榮, 「三韓의 '國'에 대한 研究」, 서울大學校大學院文學博士學位論文, 1996.
李盛周, 『新羅·伽耶社會의 起源과 成長』, 學研文化社, 1998.
李熙濬, 「대구지역 古代 政治體의 형성과 변천」, 『嶺南考古學』 26, 嶺南考古學會, 2000.

3) 弁韓과 加耶, 辰韓과 新羅가 지리적 혹은 영역에서 반드시 일치하는 것은 아니다. 즉, 辰韓系 중에서 가야로 발전한 경우도 있고, 반대로 弁韓系에서 신라영역으로 된 곳도 있다. (宣石悅, 『新羅國家成立過程研究』, 혜안, 2001, 85쪽)

Ⅱ. 弁韓의 形成

1. 三韓의 形成과 流移民

문헌기록에 의하면 삼한의 형성은 流移民의 移住와 밀접한 관련이 있는 것으로 전해진다. 弁・辰韓과 관련된 유이민 기록은 ① 戰國~韓初 혼란기의 중국유민(燕・齊・趙民, 避秦役人),[4] ② 고조선 멸망에 따른 고조선계 유민,[5] ③ 朴赫居世,[6] 昔脫解,[7] 閼智,[8] 金首路,[9] 許黃玉[10] 등으로 표현된 이주민 세력, ④ 桓靈之末의 낙랑계 유민[11] 등으로 정리할 수 있는데, 대체로 기원전 4세기부터 기원 2세기 중엽 무렵까지 지속적으로 이루어졌던 것 같다. 그 중에서 ③은 新羅와 加耶의 建國神話와 관련되는 것이지만, 특히 辰韓은 이보다 먼저 ①과 ②의 流移民에 의해 형성된 것으로 분명히 기록되어 있다. 이들 유이민은 일시적이 아니라 戰國時代~秦末漢初의 혼란기에 波狀的으로 이루어졌다. 그리고 기원전 195년 準王의 南走 시기에 이미 韓이라는 政治體가 존재하고 있었다.[12] 이 시기는 韓國式銅劍文化期에 해당되므로 韓

4) "陳勝等起 天下叛秦 燕齊趙民避地朝鮮數萬口"『三國志』魏書東夷傳 濊條.
"辰韓在馬韓之東 其耆老傳世 自言古之亡人避秦役來適韓國 馬韓割東界地與之 有城柵 其言語不與馬韓同 名國爲邦 弓爲弧 敵爲寇 行酒爲行觴 相呼皆爲徒 有似秦人非但燕齊之名物也 名樂浪人爲阿殘 東方人名我爲阿 謂樂浪人本其殘餘人 今有名之爲秦韓者"『三國志』魏書東夷傳 辰韓條.

5) "先是朝鮮遺民分居山谷之間爲六村 一曰閼川楊山村 二曰突山高墟村 三曰觜山珍支村 四曰茂山大樹村 五曰金山加利村 六曰明活山高耶村 是爲辰韓六部"『三國史記』卷 第1, 新羅本紀 始祖 赫居世 居西干條.
"魏略曰 初右渠未破時 朝鮮相歷谿卿以諫右渠不用 東之辰國 時民隨出居者二千餘戶"『三國志』魏書東夷傳 韓條.

6) 『三國史記』卷1, 新羅本紀 始祖 赫居世居西干 卽位年條.

7) 『三國史記』卷1, 新羅本記 脫解尼師今 卽位年條.

8) 『三國史記』卷1, 新羅本記 脫解尼師今 9年條.

9) 『三國遺事』卷2, 駕洛國記.

10) 『三國遺事』卷2, 駕洛國記.

11) "桓靈之末 韓濊彊盛 郡縣不能制 民多流入韓國"『三國志』魏書東夷傳 韓條

12) "侯準旣僭號稱王 爲燕亡人衛滿所攻奪 將其左右宮人走入海 居韓地 自號韓王"『三國志』魏書東夷傳 韓條

의 物質文化는 바로 韓國式銅劍文化라고 보아도 좋다. 이 韓을 馬韓의 성립 이전의 辰(衆)國으로 파악하여 三韓段階의 馬韓과는 구분하는 학자도 있지만,[13]『後漢書』東夷傳과『三國志』魏書東夷傳의 辰韓條에서는 이 세력을 馬韓으로 분명히 지칭하고 있다.[14]

따라서 기원전 3세기경에 한반도 西南部地域에서 존재했던 韓은 이후 영남지역을 중심으로 弁韓과 辰韓이 성립됨에 따라 馬韓이라고 구분하여 칭하게 되었던 것에 불과하다고 생각한다. 그리고 주 4)의 사료에서는 辰韓의 형성시점과 계기를 기원전 3세기경 避秦役人의 流入으로 파악하고 있고, 주 5)의 사료에서는 古朝鮮遺民이 辰韓의 주된 구성원임을 말하고 있다. 뿐만 아니라 영남지역 木棺墓의 특징적인 요소인 통나무목관과 腰坑은 燕이나 古朝鮮과는 무관하고, 오히려 중국의 黃河以南地域, 특히 서남부지역과 관련성이 크다.[15] 이러한 무덤에서의 외래적 문화요소가 住民移住와 관련된다고 한다면, 戰國~漢初의 혼란기에 변·진한에 유입된 유이민은 燕·齊·趙地域人, 避秦役人(秦人), 중국화남계통의 중국계 유이민과 고조선인 등 다양하였다고 판단된다. 변한의 성립에 대해서는 문헌에 뚜렷한 기사가 없지만, 馬韓이나 辰韓이 기원전 3세기 무렵에 이미 政治體를 形成하였거나, 이 시기부터 형성의 움직임이 있었으므로, 弁韓地域도 비슷한 사정이었을 것이다. 결국 이러한 流移民의 流入은 토착사회의 혈연공동체를 瓦解시키는 요인이 되었고, 새로운 기술과 세계관을 유입하여 기존의 사회와는 전연 다른 변화를 야기하게 되었다. 특히 이후 樂浪郡이 설치되어 한반도를 둘러싼 동북아시아의 정치·경제의 據點이 됨에 따라 弁·辰韓勢力이 활발한 交易을 통해 급성장하게 된다. 당시 낙랑과의 交易과 去來에 漢語가 사용된 점과 辰韓內에 漢語에 능통한 세력이 존재하고 있었던 점[16]에서 중국계 유이민이 변·진한의 형성과 발전

13) 權五榮, 앞의 논문, 1996.
14) 주 4)와 동일
15) 李在賢,「弁·辰韓社會의 發展過程-木槨墓의 出現背景과 관련하여」,『嶺南考古學』17, 嶺南考古學會, 1995.

에 미친 영향은 컸다고 할 수 있다. 이러한 삼한의 형성과 관련하여 고고학적 자료를 검토하면, 가장 주목되는 변화는 支石墓의 소멸과 韓國式銅劍文化의 성립이라 할 수 있을 것이다.

2. 支石墓의 消滅과 韓國式銅劍文化의 成立

지석묘는 무덤의 상부에 거대한 돌을 올려놓은 것이 가장 큰 특징이지만, 埋葬施設이나 上石의 규모, 墓域의 존재 등 세부형태에서는 매우 다양하다. 영남지방에서 지석묘는 청동기시대 前期에 출현하는데, 합천 저포 8호지석묘[17]가 대표적이다. 이 지석묘는 割石으로 石棺을 쌓고 한쪽 벽면을 입구로 사용하는 橫口式인데, 이러한 형태의 지석묘는 卓子式支石墓의 영향을 받아 출현한 것으로 판단된다. 초기형태의 지석묘는 上石이 石棺의 뚜껑을 겸하는 것이 특징이다. 청동기시대 前期에 영남지역에서 처음으로 축조되는 지석묘는 中期가 되면 급격히 확산되어 대부분의 지석묘가 이 시기에 조성된다. 中期의 지석묘는 地下式과 地上式으로 구분되는데, 지상식은 割石石棺이 퇴화되어 圍石式으로 변화하고, 지하식은 축조기술이 더욱 발전하여 上石의 무게를 支石이 분담함으로써 매장주체부에 직접 전달되는 것을 피하고 있다. 그리하여 지석묘의 상석이 보다 대형화하고, 세력의 우열에 따라 규모의 차이를 지니게 된다.[18]

이러한 지석묘 가운데서 주목되는 것은 창원 덕천리 지석묘[19]와 같이 거대한 묘역을 지니거나, 창녕 유리 지석묘[20]처럼 높은 언덕 위에 거대한 돌을 올린 형태일 것이다. 이들의 축조는 대규모의 노동력이

---

16) 『三國志』 魏書東夷傳 韓條의 廉斯鑡記事에서 그러한 내용을 알 수 있다.
17) 慶尙南道・釜山大學校博物館, 『陜川苧浦里 E地區遺蹟』, 1987.
18) 鄭漢德・李在賢, 「南海岸地方과 九州地方의 靑銅器時代 文化 硏究」, 『韓國民族文化』 12, 釜山大學校 韓國民族文化硏究所, 1998.
19) 李相吉, 「昌原德川里遺蹟發掘調査報告」, 『三韓社會와 考古學』, 韓國考古學會, 1993.
20) 金載元・尹武炳, 『韓國支石墓硏究』, 國立博物館, 1977.

동원되어야 가능한 것이어서 族長의 무덤[21]이나 농경사회의 기념물[22]로 파악하기도 하고, 지석묘 전부가 족장의 무덤은 아니라 하더라도 규모가 大型이거나, 일부 부장품이 상대적으로 많은 지석묘를 계층화된 족장 혹은 유력가족 구성원의 무덤으로 파악하기도 한다.[23] 그렇지만 지석묘에 나타나는 규모나 부장품의 우열이 피장자의 사회적 지위를 반영하는 것이라 해도, 이러한 지위가 사회적 계층화를 거쳐 제도화되거나 혈연에 의해 세습되는 단계에까지는 미치지 못한 평등사회로 파악하기도 한다.[24]

여하튼 지석묘는 개인의 무덤인 동시에 집단 전체의 기념물적인 성격을 가진 것은 분명하며, 그러한 지석묘가 조성된 것은 농경사회의 발전이 진전된 결과일 것이다. 따라서 지석묘가 갖는 성격은 集團的인 儀禮, 公共建設, 사회집단의 통합, 친족 간 제휴의 중요성을 강조하면서, 상대적으로 개인 간의 경제적 차이는 억제하는 공동방식(corporate mode) 혹은 집단지향적(group-oriented)인 면이 강하다고 할 수 있다.[25] 그러나 이러한 특징의 사회가 더 이상 진전되지 못하고 외부적인 충격으로 새로운 변화를 맞이하게 되는데, 그것이 바로 流移民의 유입과 한국식동검문화의 성립이라고 할 수 있다.

韓國式銅劍文化는 細形銅劍과 銅戈, 銅鉾 등의 무기류와 銅斧, 銅鑿, 銅鉈 등의 工具類, 多鈕鏡, 劍把形銅器, 청동방울 등과 같은 儀器

---

21) 崔夢龍, 「全南地方 支石墓社會와 階級의 發生」, 『韓國史硏究』 35, 1981.
22) 李盛周, 「6. 한국의 지석묘-경상남도」, 『한국지석묘(고인돌)유적 종합조사 연구(Ⅱ)』, 문화재청·서울대학교박물관, 1999.
23) 李相吉, 「청동기시대 무덤에 대한 일시각」, 『碩晤尹容鎭敎授停年退任紀念論叢』, 1996.
李榮文, 「전남지방 지석묘사회의 연구」, 한국교원대학 박사학위논문, 1993.
24) 박양진, 「한국청동기시대 사회적 성격의 재검토」, 『한국청동기시대 연구의 새로운 성과와 과제』, 충남대학교박물관, 2001.
姜奉遠, 「A Megalithic Tomb Society in Korea : A Social Reconstruction」, 『韓國上古史學報』 7, 韓國上古史學會, 1991.
25) Gary M. Feinman, "The Emergence of Inequality : A Focus on Strategies and Processes", *Foundation of Social Inequality*(eds. T. Douglas and Gray M. Feinman), Plenum Press. 1995, p. 268.

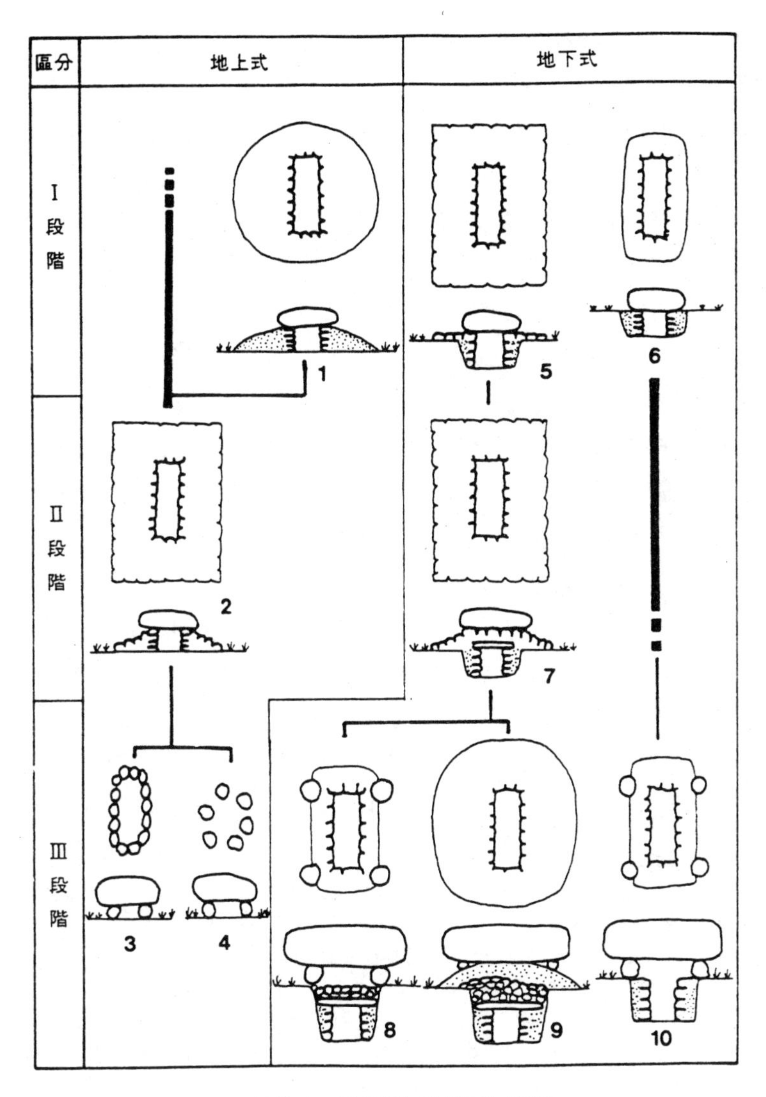

<도면 1> 영남지역 지석묘의 변화도

類의 청동기와 圓形粘土帶土器, 黑陶長頸壺 등의 토기류가 조합된 青銅器時代 後期文化를 말한다. 이 문화는 요령식동검이나 石劍이 주로 사용되면서 지석묘가 집중적으로 조성된 송국리유형의 문화내용과는 부분적으로 繼承 혹은 融和된 양상을 보이기는 해도 매우 異質的이다. 즉, 한반도내에서의 요령식동검문화가 계승・발전된 것이라기보다는 요동지역을 중심으로 하는 後期의 遼寧式銅劍文化가 유입되어 지역화한 것이라 할 수 있다.[26] 한국식동검문화의 특징적인 요소인 원형점토대토기는 遼河中流地域의 요동지역과 밀접한 관련을 지니는 것으로서, 이러한 문화가 등장하는 계기를 燕의 고조선 침공에 따른 주민이주의 결과로 파악하기도 한다.[27] 그리고 무덤은 木棺墓가 주묘제로 사용되는데,[28] 지석묘와 비교하면 青銅儀器나 土器, 裝身具 등 개인所有物의 부장이 증가하는 반면에 集團民의 대규모 노동력이 동원되는 현상은 없다. 이러한 변화를 한반도 선사시대의 발전과정에서 가장 획기적인 변화-평등적 정착농경사회에서 계급적 복합사회로의 전환-로 인식[29]될 정도로 한국식동검문화의 등장은 중요한 변화이다.

그렇지만 중국 동북지방이나 한반도 내에서의 원형점토대토기유적의 분포나 전개양상을 볼 때, 주민 이주의 결과로만 설명될 정도로 단순하지만은 않다. 중국에서 원형점토대토기가 출토된 유적은 遼西地

26) 李健茂, 「韓國式 銅劍文化의 性格」, 『東아시아의 青銅器文化』-문화재연구국제학술대회발표논문 제3집-, 文化財管理局文化財研究所, 1994.

27) 尹武炳, 『韓國青銅器文化研究』, 藝耕産業社, 1991.

28) 韓國式銅劍文化期의 무덤에 대하여는 다양한 명칭으로 불리고 있다. 즉, 토광묘의 범주로 파악하기도 하고, 석관묘 혹은 석곽묘로 분류하는 경우도 있다. 또한 土壙積石墓, 土壙圍石墓로 분류하기도 한다. 그러나 내부에는 대체로 목관이 사용되고 있고, 지역과 시간에 따라 차이가 있다. 즉, 서남부지역에서는 목관의 외부와 상부에 돌을 쌓거나 채운 경우가 많고, 경북지역에서는 목관의 상부에만 돌을 채운 경우가 많다. 반면에 경남지역에서는 돌 시설이 없는 경우가 많다. 그리고 시기적으로도 목관의 외부와 상부에 돌 시설을 한 것이 이르고, 점차 돌 시설이 없는 목관묘로 발전한다. 여기서는 전체를 통칭하여 木棺墓라 부른다.

29) 盧爀眞, 「粘土帶土器文化의 社會性格에 대한 一考察-住居遺蹟의 特色을 중심으로」, 『韓國考古學報』 45, 韓國考古學會, 2001.

域과 遼東地域에 분포하고 있다. 遼西地域의 점토대토기유적은 大凌河와 老哈河流域에 위치하며 夏家店上層文化 또는 凌河類型에 속한다. 圓形 또는 三角形粘土帶土器로는 小甕(罐)과 盌, 把手附鉢 등이 있고, 豆形土器는 夏家店上層文化期의 대표적인 器種의 하나이다. 遼東地域의 유적은 遼河中流 및 渾河, 太子河유역에 위치하며 春秋時期부터 西漢初에 걸쳐 사용되고 있다. 여기서는 원형 및 삼각형의 粘土帶土器와 豆形土器, 長頸壺의 조합이 이루어져, 한반도 남부지역의 한국식동검문화와 관련된 문화내용의 典型이 갖추어진다. 이러한 원형점토대토기는 燕國의 세력확장에 따라 遼西에서 遼東地域으로 확대되고 있는데, 在地住民(東胡族)의 이동과 관련된다. 그리고 遼東地域의 점토대토기문화가 한반도에 유입된 계기도 역시 燕國의 요동지역 진출과 관련될 것으로 생각된다. 따라서 그 계기를 燕 秦開의 고조선 서변침공과 관련하여 기원전 4세기 말~3세기 초(BC 300년 전후)로 보기도 하지만,[30] 최근에는 그 이전에 형성되었을 것이라는 견해도 강하다.[31]

한편 한강 이남의 한반도 남부지역에서 원형점토대토기가 출토되는 유적은 평지와 구릉, 도서 및 산간벽지를 불문하고 거의 전국에 걸쳐 분포한다. 이러한 圓形粘土帶土器는 韓國式銅劍을 비롯한 청동의기류와 組合牛角形(環狀)把手附壺, 豆形土器, 黑陶長頸壺 등 토기류, 有溝石斧, 蛤刃石斧, 石鏃, 石鑿, 石鎌 등의 석기류와 공반된다. 토기류는 대체로 송국리유형의 문화내용과는 이질적인 면이 강하다. 組合牛角形把手는 環狀把手가 변화한 것으로서, 夏家店上層文化期의 遼中이나 遼北地方 토기에서 주로 보인다. 豆形土器는 遼西地域 夏家

---

30) 尹武炳, 앞의 책, 1991, 141~145쪽.

31) 韓相仁,「粘土帶土器 文化性格의 一考察」, 서울大學校大學院 碩士學位論文, 1981.
李榮文,「韓國 支石墓 年代에 대한 檢討-남한지역의 청동기시대 연대와 관련하여」,『先史와 古代』14, 韓國古代學會, 2000.
李淸圭,「遼寧 本溪縣 上堡村 출토 銅劍과 土器에 대하여」,『考古歷史學志』16, 東亞大學校博物館, 2000.

店上層文化期의 대표적 기종 중의 하나이며, 환상파수와 함께 遼北地域에서도 다수 발견된다. 黑陶長頸壺는 沈陽 鄭家洼子, 遼陽 亮甲山, 長海縣 上馬石 등지에서 출토된 長頸壺의 계보를 잇는 것이다.

결국 한반도남부지역에서 성립된 한국식동검문화는 기원전 5~4세기 무렵에 이루어진 燕의 세력확장을 계기로 중국 동북지역에 거주하던 주민의 일부가 이주하면서 시작되었을 가능성이 크다. 그렇다고 하더라도 특정지역의 문화가 그대로 이식된 것이 아니라 여러 지역의 문화요소가 복합적으로 전래되었고, 또한 이로 인해 기존의 문화가 일시에 와해된 것이 아니라 일정기간 토착적인 송국리유형의 문화와 공존하면서 상호 영향을 미쳤다. 그러한 증거들은 최근에 증가하는 송국리형 주거지에서 원형점토대토기가 출토되거나[32] 지석묘에서 한국식동검이 출토되는 유적,[33] 보성 교성리[34]나 하동 띠밭골출토[35]의 조합우각형파수부호에서 송국리형토기의 영향을 강하게 반영하고 있는 점에서 알 수 있다. 그런데 영남지역 출토의 원형점토대토기는 한반도 서남부지역과 밀접한 관련을 지니고 있고, 중국 동북지방의 점토대토기가 한반도 중서부지역에서 地域化한 것이 二次的으로 전파되었다.[36]

---

32) 보령진죽리 3, 8, 10호 주거지 및 관창리 KC-079호, F지구 30호 주거지, 대전 궁동 1, 3, 8, 10호 주거지 등이 여기에 해당된다.
李亨源, 「保寧 眞竹里遺蹟 發掘調査 槪報」, 『第41回 全國歷史學大會 發表要旨』, 全國歷史學大會準備委員會, 1999.
吳相卓・姜賢淑, 『寬倉里遺蹟-A・F구역 발굴조사보고서』, 亞洲大學校博物館, 高麗大學校埋藏文化財硏究所・(株)大宇, 1999.
李弘鍾 외, 『寬倉里遺蹟-B・G區域』, 高麗大學校埋藏文化財硏究所・(株)大宇, 2001.
忠南大學校博物館, 「大田弓洞遺蹟 發掘調査 現場說明會資料」, 1999.

33) 영암 장천리 1호지석묘(木浦大學校博物館・靈岩郡, 『靈岩靑龍里・長川里支石墓群』, 1984)와 양평 상자포리1구 1호지석묘(韓炳三・金鍾徹, 「楊平郡上紫浦里 支石墓(石棺墓)發掘報告」, 『八堂・昭陽댐 水沒地區遺蹟發掘綜合調査報告』, 文化公報部 文化財管理局, 1974)가 해당된다.

34) 李康承 외, 『保寧校成里집자리』, 國立扶餘博物館, 1987.

35) 趙榮濟, 「西部慶南 先史文化 地表調査報告(Ⅰ)」, 『釜大史學』 7, 釜大史學會, 1983.

36) 李在賢, 「圓形粘土帶土器文化에 대하여」, 『金海大淸遺蹟』, 釜山大學校博物

그러한 증거는 組合牛角形把手附壺를 비롯한 有溝石斧, 石鏃 등의 유물과 묘제를 통해서도 알 수 있다.

그런데 初期(形成期)의 한국식동검문화에서는 철기가 공반되지 않고, 또한 철기의 영향이 있었다고 볼 수 있는 증거도 없다. 또한 중국 동북지방과의 관계를 보아도 철기사용 이전의 청동기문화 영향임이 분명하다. 따라서 한국식동검문화를 韓의 정치체 형성과 관련시킨다고 한다면, 철기문화가 전래되기 이전의 청동기문화를 기반으로 형성되었다고 할 수 있다.[37] 그리고 그 특징은 무덤에서 集團儀禮的인 성격이 없어지고, 개인적인 위신과 관련된 소유물 부장의 확대가 두드러진다는 점에서 지석묘를 특징으로 하는 요령식동검문화단계와는 정치-경제적 과정을 전연 달리하고 있다. 이러한 개인적 威信과 富의 축적, 원거리교역, 외래 귀중품의 교역, 지위와 관련된 공예품의 전문적인 생산 등 개인적인 네트워크를 중요시하는 사회적 특징을 네트워크방식(network mode)으로 규정하기도 하는데,[38] 한국식동검문화의 성립은 바로 이러한 사회로 발전하는 출발점이라 할 수 있다.

3. 韓國式銅劍文化의 擴散

경남지역에서 圓形粘土帶土器와 관련된 유적은 약 30여 곳에 이른

館, 2002.

37) 圓形粘土帶土器를 一角에서는 철기시대 혹은 삼한시대에 속하는 것으로 보아, 청동기시대에서 배제시키려는 경향도 있다. 그렇지만, 중국 동북지역이나 한반도 남부지역 전체를 보더라도 원형점토대토기와 철기가 공존하는 시기는 원형점토대토기의 늦은 시기 일부에 한정된다. 그리고 원형점토대토기가 속하는 韓國式銅劍文化期가 삼한시기에 해당된다고 하더라도 삼한의 政治體 形成이 청동기문화를 배경으로 하는 이상 청동기시대에서 배제시킬 필요가 없다고 생각한다. 즉 삼한시대(혹은 삼한시기)는 정치체의 형성을, 청동기시대는 도구를 기준으로 시대구분을 한 것으로서 구분의 기준이 서로 다르다. 따라서 철기전래 이전의 원형점토대토기와 한국식동검문화는 청동기시대 후기로 구분하는 것이 타당하며, 삼한시기와는 일부 중첩되어도 무방하다고 생각한다. 왜냐하면 삼한, 특히 마한의 정치체 형성은 철기전래 이전의 청동기문화를 기반으로 형성되었기 때문이다.

38) Gary M. Feinman, 앞의 논문, 1995, p. 268.

다. 그렇지만 대부분이 신고품 또는 채집품, 散布地가 대부분이고, 遺構가 정식으로 발굴조사된 지역은 불과 10여 곳에 불과하다. 다행히도 최근에 陜川 영창리유적[39]이나 김해 대청유적[40]과 같이 遺構의 형태와 공반유물을 분명하게 알 수 있는 유적의 조사가 최근에 증가하고 있다.

<표 1> 경남(부산, 울산포함)지역 원형점토대토기 관련유적

번호	유적명	출토유물	유적성격	참고문헌
1	김해 예안리	세형동검 3, 원형·삼각형점토대토기	고분군 주변채집	8, 17
2	김해 내동	세형동검 1, 흑도장경호	지석묘유적 신고품	7
3	김해 장유면 대청리	원형점토대토기, 조합우각형파수부호	住居址 및 수혈	20
4	김해 대성동	원형·삼각형점토대토기, 두형토기, 전기와질토기	소성유구	5
5	김해 회현리	동검 2, 동사 7, 관옥 3	옹관묘	21
6	김해 봉황대	원형점토대토기편	패총	9
8	김해 구산동	원형점토대토기	취락지	1998년 동의대학교박물관 발굴
9	김해 홍동	원형점토대토기		동의대학교박물관 발굴
10	김해 화정	원형점토대토기		부산시립박물관 발굴
11	부산 조도	원형·삼각형점토대토기	패총	1
12	부산 거제동	원형점토대토기, 두형토기	산포지	6
13	부산 장전동	검파두식, 석창	지석묘	6
14	부산 복천동 萊城	원형, 삼각형 점토대토기, 미생토기	취락지	12

39) 金賢植, 「陜川盈倉里遺蹟概報」, 『考古學으로 본 弁·辰韓과 倭』, 嶺南考古學會·九州考古學會, 2000.
慶南考古學研究所, 『陜川盈倉里無文時代集落』, 2002.

40) 李在賢, 앞의 책, 2002.

15	부산 두구동 임석	원형점토대토기편, 두형토기, 석창	석관 및 주변	4
16	부산 북정패총	원형점토대토기	패총	11
17	합천 영창리	원형점토대토기, 조합우각형파수, 두형토기, 세형동검 2, 동촉 1, 흑도장경호 등	무덤 및 생활유적	2
18	함양 백천리	원형점토대토기	산포지	3
19	산청 백운리	동검 4, 동모 1, 동사 1	신고품	16
20	사천 늑도	원형, 삼각형점토대토기	분묘, 패총, 住居址 복합유적	10
21	울산 달천	유구석부, 조합우각형파수	채집	13
22	울산 상안동 새터	원형점토대토기, 유구석부	채집	13
23	울산 창평동 홈골	유구석부	채집	13
24	울산 다운동 난곡	원형점토대토기, 석부	채집	13
25	울산 저리	원형점토대토기	채집	13
26	울산 하대	원형점토대토기	채집	19
27	거제 아주동	4호지석묘 : 원형점토대토기편, 관옥	분묘	14
28	함안 석곡리	원형점토대토기	지석묘주변 퇴적층	15
29	하동 옥종면 띠밭골	조합우각형파수부호, 두형토기, 원형점토대토기,	채집	17

<표 1 참고문헌>

1. 國立中央博物館, 『朝島貝塚』, 1976.
2. 金賢植, 「陜川盈倉里遺蹟概報」, 『考古學으로 본 弁·辰韓과 倭』, 嶺南考古學會·九州考古學會, 2000.
3. 慶南考古學硏究所, 『陜川盈倉里無文時代集落』, 2002.
4. 박순호 외, 『咸陽白川里遺蹟』, 釜山大學校博物館, 1998.
5. 박지명·송계현, 『釜山杜邱洞林石遺蹟』, 釜山市立博物館, 1990.
6. 釜慶大學校博物館, 『金海大成洞燒成遺蹟』, 1998.
7. 釜山廣域市立博物館福泉分館, 『釜山의 先史遺蹟과 遺物』, 1997.
8. 釜山大學校博物館, 「金海內洞支石墓調査概報」, 『釜山堂甘洞古墳群』, 1983.
9. 釜山大學校博物館, 『金海禮安里古墳群 II』, 1993.
10. 釜山大學校博物館, 『金海鳳凰臺遺蹟』, 1998.

11. 釜山大學校博物館, 『勒島住居址』, 1989.
12. 釜山水産大學校博物館, 『北亭貝塚』, 1993.
13. 釜山直轄市立博物館, 『釜山福泉洞萊城遺蹟』, 1990.
14. 徐姈男·裵眞晟, 「蔚山地域에서 採集된 無文土器와 石器」, 『韓國古代史와 考古學』, 2000.
15. 沈奉謹 외, 『巨濟鵝州洞遺蹟』, 東亞大學校博物館, 1998.
16. 沈奉謹, 「咸安石谷里支石墓群」, 『考古歷史學志』, 東亞大學校博物館, 1990.
17. 沈奉謹, 「慶南地方出土 靑銅遺物의 新例」, 『釜山史學』 4, 부산사학회, 1980.
18. 趙榮濟, 「西部慶南 先史文化 地表調査報告(Ⅰ)」, 『釜大史學』 7, 釜大史學會, 1983.
19. 鄭澄元, 「慶南地方의 靑銅器遺蹟과 遺物」, 『韓國考古學報』 10, 韓國考古學會, 1982.
20. 釜山大學校博物館, 「下垈遺蹟 地表採集遺物」, 『蔚山下垈遺蹟-古墳Ⅱ<附錄>』, 1998.
21. 釜山大學校博物館, 『金海大淸遺蹟』, 2002.
22. 榧本杜人, 「金海貝塚の甕棺と箱式石棺-金海貝塚の再檢討」, 『考古學雜誌』 43-1, 1957.

이러한 圓形粘土帶土器遺蹟은 대체로 이후의 三角形粘土帶土器까지 연속되는 경우가 많다. 그렇지만 경남지역의 한국식동검문화는 청동기류에서 銅劍이나, 銅鉇, 銅鉾 등 소수의 청동무기류만 개별적으로 전래될 뿐, 마한지역에서 우세한 방울이나 多鈕鏡과 같은 靑銅儀器類는 전혀 없는 점이 특징이다. 그리고 청동유물도 대체로 發展期의 한국식동검문화에 해당된다. 생활유적에서도 원형점토대토기와 조합우각형파수부호, 豆形土器, 黑陶 등이 조합을 이루지만, 有溝石斧나 蛤刃石斧, 石鎌 등은 앞 시기의 석기를 그대로 계승하고 있다. 특히 부산 장전동에서는 한국식동검문화의 요소인 石槍과 石製劍把頭飾이 支石墓에서 출토되고 있어,[41] 韓國式銅劍文化와 지석묘가 일정기간 공존하여 상호 영향을 주고받았음을 시사한다. 이와 같은 경남지역에서 한국식동검문화를 수용하는 양상은 경북지역과는 일정한 차이가 있다. 즉, 경북지역은 마한 청동기문화의 특징인 銅鈴, 銅斧, 銅鐸, 細文鏡

41) 有光敎一, 「朝鮮磨製石劍の硏究」, 『京都大學文學部考古學叢書』 第2冊, 1957.

등 青銅儀器類의 組合相이 상주와 대구, 경주지역에서 나타나고, 마한의 특징적인 묘제인 積石木棺墓도 수용된다. 다만, 대구 八達洞[42]의 積石木棺墓는 馬韓地域과는 달리 무덤의 상부에만 積石을 하고 있어 일정 정도 변형된 모습을 보여주고 있다. 그렇지만 경남지역에서는 이러한 적석목관묘와 청동의기류가 거의 수용되지 않는 점이 경북지역과의 차이점이라 할 수 있다. 그리고 원형점토대토기유적은 부산과 김해지역이 弁韓地域 내에서는 여타 지역보다 월등히 집중되는 현상을 보이고 있다. 이러한 현상은 부산-김해지역이 새로운 세력을 형성하는 과정을 보여주는 증거라 생각된다. 기원전 2세기 이전에는 아직까지 부산-김해지역에서 뚜렷한 정치세력을 형성했다는 증거는 약하지만, 한국식동검문화가 확산됨에 따라 지석묘가 소멸하는 등 전통적인 사회가 급격한 변화를 맞이하게 되고, 이후 영남지역을 중심으로 청동기문화와 철기문화가 동시에 번창하여 변·진한문화의 특징을 이루게 되었다.

한편 기원전 3~2세기 무렵부터는 남부지방에 철기문화가 파급되고, 낙랑군의 설치로 漢式文化가 유입된다. 이러한 영향으로 한국식동검문화는 쇠퇴기를 맞이하지만, 영남지역 특유의 青銅儀器가 제작된다. 즉, 실용적인 철기의 영향으로 청동무기류가 儀器化하는 것이 특징이다. 銅劍은 등대가 莖部까지 갈리거나 血溝의 수가 많아지고, 銅鉾는 長大化, 혹은 裝飾化하며, 半圓狀의 고리가 달린 것이 많다. 銅戈도 血溝에 문양이 새겨지는 등 장식성이 두드러진다. 그리고 다뉴세문경이나 銅鈴 등의 威信財는 漢鏡이나 小銅鐸(馬鐸)과 같은 수입품으로 대체되면서 소멸된다.[43] 이러한 영남지역의 청동기는 기원 1세기대까지 경북지역과 경남지역이 동일한 양상을 띠는데, 이러한 사실은 당시 대구나 경주, 김해 등지의 중심세력 간에 활발한 상호작용이 있었음을 말한다. 결국 삼한의 형성은 기원전 4~3세기 무렵 한국식동검문화가

---

42) 嶺南文化財研究院, 『大邱八達洞遺蹟 I』, 2000.
43) 李健茂, 『청동기문화』, 대원사, 2000.

한반도 서남부지역을 중심으로 성립되면서 마한의 형성이 이루어졌고, 그러한 한국식동검문화가 영남지역으로 확산되고, 또한 중국과 고조선 등지에서 유이민이 유입되어 기존의 지석묘를 특징으로 하는 토착사회가 해체되면서 변·진한사회도 형성되기 시작하였다. 즉, 기원전 3세기는 변·진한사회가 형성되는 과정이라고 한다면, 기원전 2세기 말부터는 변·진한사회가 철기문화를 기반으로 한 새로운 정치체의 형태로 결집되는 시기라고 할 수 있을 것이다.

Ⅲ. 弁韓의 成長과 鐵器文化

한반도 남부지역에서의 철기전래는 2단계로 이루어진다. 1단계는 戰國時代 燕나라의 철기문화가 전래되는 시기로서 기원전 3~2세기 초에 해당된다. 철기는 鑄造鐵斧(괭이)와 鐵鑿, 鐵鉈 등에 한정되며, 주로 전라도와 충청도의 서남부지역에 분포하고 있다. 이들은 銅斧, 銅鑿, 銅鉈 등의 청동기가 철기로 대체된 것으로서, 주로 무덤의 부장품으로 사용되었다. 이러한 철기는 河北省 燕下都[44]를 비롯하여 撫順 蓮花堡,[45] 함경남도 영변 세죽리[46] 등 중국 동북지역과 한반도 북부지역에서 광범위하게 분포하고 있지만, 이들 지역과는 달리 다른 농기구와 무기, 공구류는 공반되지 않는다. 따라서 이 시기까지는 석기가 여전히 일상공구로 사용되었다. 그렇지만 한반도 남부지역에까지 철기문화가 처음으로 전래되었다는 점에서 중요한 의의를 지닌다.

2단계는 중국 한나라의 철기문화가 전래되어 남부지방에서 본격적으로 철기가 생산되고 보급·확산되는 시기이다. 이 시기의 유적은 주로 영남지역에서 확인되고 있고, 대체로 한군현 설치 이후로서 낙랑군의 설치가 직접적인 계기가 되었을 것으로 파악되고 있다.[47] 그렇지만,

44) 河北省文物硏究所, 『燕下都』, 文物出版社, 1996.
45) 王增新, 「遼寧撫順市蓮花堡遺址發掘簡報」, 『考古』 6期, 1964.
46) 김영우, 「세죽리유적 발굴중간보고」, 『고고민속』 4, 사회과학원출판사, 1964.

최근에는 영남지역에서도 戰國時代 燕나라계통의 철기의 존재가 확인되고 있다. 즉, 팔달동 45호, 49호, 57호, 77호, 78호 목관묘,[48] 임당FⅡ-34호 목관묘[49]에서 출토된 鑄造鐵斧는 戰國時代~西漢初期에 걸쳐 한반도 북부와 중국 동북지방의 여러 유적에서 출토된 것과 같은 형태이다. 그리고 다호리 62호 목관묘출토의 異形鐵器[50]도 중국의 華北, 內蒙古, 東北地域, 한반도 북부의 戰國時代~西漢初期의 여러 유적에서 출토된 호미(鐵鋤)와 동일하다. 또한 弁·辰韓의 대표적인 철기기종인 板狀鐵斧도 燕의 薄刃刀와 같은 형태이다. 따라서 弁·辰韓지역에서도 낙랑설치 이전에 이미 燕나라 계통의 철기문화와 漢代初期의 철기기술이 戰國末~漢初의 중국계 혹은 고조선계 유이민의 이주와 함께 전래되어 철기문화의 기반이 조성되었을 가능성이 크고, 이후 낙랑군이 설치되면서 낙랑과의 활발한 상호작용을 통해 漢代의 철기기술이 본격적으로 수입되어 기술상의 혁신이 이루어지는 계기가 되었을 것으로 추정된다. 그리하여 기원전 1세기 무렵에는 弁·辰韓지역에서 독자적인 철기생산이 본격적으로 이루어졌고, 광범위하게 보급될 수 있었다. 그러한 현상은 대구 팔달동, 경산 임당, 경주 입실리, 구정동, 창원 다호리 등의 목관묘유적과 부산 내성, 삼천포 늑도의 생활유적 등에서 잘 나타나고 있다. 이 시기의 철기는 鐵劍, 鐵戈, 鐵鏃, 鐵鉾 등의 무기와 괭이(주조철부), 따비, 도끼, 낫 등의 농공구류, 재갈 등의 마구에 이르기까지 광범위하게 사용되었다. 영남지역 목관묘출토 주요 철기의 기종에 대한 특징을 기술하면 다음과 같다.

① 鑄造鐵斧(괭이) : 雙合范에 의해 주조되었고, 銎斧의 형태가 장방형인 것(Ⅰ류)과 單合范에 의해 주조된 사다리꼴의 銎斧인 것(Ⅱ류)

47) 李南珪, 「南韓 初期鐵器 文化의 一考察」, 『韓國考古學報』 13, 韓國考古學會, 1982.

48) 嶺南文化財硏究院, 앞의 책, 2000.

49) 嶺南文化財硏究院·韓國土地公社, 『慶山林堂洞遺蹟 Ⅰ-F·H地區 및 土城』, 1999.

50) 李健茂 외, 「昌原 茶戶里遺蹟 發掘進展報告(Ⅳ)」, 『考古學誌』 7, 韓國考古美術硏究所, 1995.

으로 구분된다. Ⅰ류는 鑿斧에 2조의 돌대가 있는 것(Ⅰa)과 돌대가 없고 身部의 평면형태가 장방형인 것(Ⅰb), 돌대가 없으며, 身部의 평면형태가 방형인 것(Ⅰc)으로 세분할 수 있고, Ⅱ류는 다시 납작한 사다리꼴(Ⅱa)과 높이가 너비와 비슷한 것(Ⅱb)로 세분된다. Ⅰ류와 Ⅱa류가 출토된 유적은 한반도 북부와 중국 동북지역에 분포하며 대체로 戰國時代~西漢初期에 해당된다. Ⅱb류는 팔달동과 임당, 다호리 등 영남지역 목관묘에서 보편적으로 출토되는 형태이다. 크기나 身部形態, 身部上面의 突線有無 등 세부형태면에서는 다양하다. 이 종류의 주조철부는 영남지역 특유의 주조철부로서 목관묘출토 주조철부의 대부분이 여기에 해당된다. 비슷한 형태가 함남 소라리 토성유적에서 출토된 바 있지만, 형태상의 차이가 있으며, 영남지역 자체에서 Ⅱa류형을 개량하여 고안한 형태라고 판단된다.

<표 2> 영남지역출토 戰國(西漢初期)系 鑄造鐵斧(괭이)

	Ⅰa	Ⅰb	Ⅰc	Ⅱa
구분 (1/8)	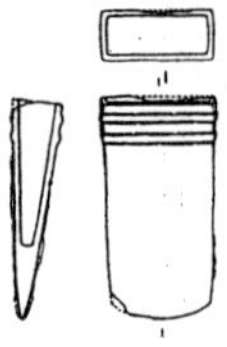	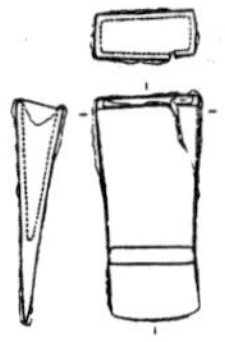	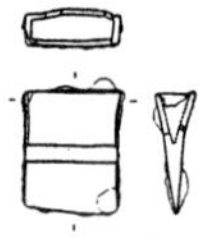	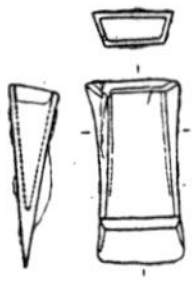
영남 지역	임당FⅡ-34	팔달동 45, 49, 57, 77호	팔달동 49호	팔달동78, 86호
한반도 북부	평북 세죽리 함북 회령오동	함북 호곡동	함북 회령오동, 평북 세죽리	함남 이화동, 자강도 용연동
중국 동북	遼寧省 撫順 蓮花堡, 遼寧省 寬甸縣 雙山子, 建平縣 河東, 內蒙古 敖漢旗 老虎山, 河北省 燕下都, 興隆縣 鹿手營子	遼寧省 撫順 蓮花堡, 金州 大泥窪, 吉林省 五道嶺溝門, 內蒙古 敖漢旗 老虎山, 河北省 燕下都	遼寧省 寬甸縣 雙山子, 喀喇沁旗 七家省, 朝陽 袁台子, 內蒙古 和林格爾 土城子, 奈曼旗 沙巴營子, 河北省 燕下都	遼寧省 撫順 蓮花堡, 內蒙古 敖漢旗 老虎山

② 鍛造鐵斧 : 목관묘출토 단조철부는 身部의 평면형태에 따라 有肩式(Ⅰ), 사다리꼴(Ⅱ), 장방형(Ⅲ)으로 구분된다. 그 중에서 有肩式이 대부분이며, 출현시기도 이르고, 장방형은 목관묘의 늦은 시기와 목곽묘시기에 유행한다. 이러한 단조철부는 주로 漢代 철기기술의 영향을 받은 것으로 이해되지만, 영남지역의 철부는 평면형태에서 중국이나 낙랑지역출토품과는 차이가 크다. 즉, 중국의 漢代나 낙랑출토 단조철부는 사다리꼴이 대부분을 차지하는 반면에 有肩式은 드물다. 따라서 영남지역 목관묘출토의 대다수를 차지하는 유견식철부는 영남지역 특유의 철부형태라고 할 수 있다. 이러한 평면형태는 경산 임당 FI-42호묘[51]나 대구 서변동출토의 銅斧와 유사성이 큰 점에서 銅斧를 모방하여 만들었다고 생각된다.

③ 鐵劍 : 철검은 길이 40cm 이하의 短劍과 50cm 이상의 長劍으로 구분할 수 있다.[52] 영남지역의 목관묘에서 출토되는 철검은 대부분이 단검이다. 경주 구정동출토품[53]에서 장검의 예가 있긴 하지만, 매우 예외적인 현상으로 다른 지역에서는 아직 출토 예가 없다. 단검은 짧은 슴베(短莖式)를 가지고 있는 것이 특징이다. 낙랑지역에서는 단검과 장검이 모두 출토되고 있다. 낙랑 출토의 단검은 정백동 1호묘(夫租濊君墓)출토품[54]과 같이 긴 슴베(長莖式)를 가진 것이 많고, 영남지역출토품과 같은 短莖式은 비교적 적다. 이러한 短莖式의 단검은 韓國式銅劍이 鐵器化한 것으로서[55] 在地的인 전통이 강하게 반영되었다고 할 수 있다. 그것은 단검의 劍把나 칼집이 동검과 차이가 없는 점에서도 알 수 있다.

④ 鐵鉾 : 철모는 본래 찌르는 용도의 무기지만, 이 시기의 鉾는 찌르는 것과 베는 겸용무기라 할 수 있다. 초기의 철모는 양날이 鋒部로

---

51) 嶺南文化財硏究院 · 韓國土地公社, 앞의 책, 1999.
52) 高久健二, 『樂浪古墳文化 硏究』, 學硏文化社, 1995, 255~256쪽.
53) 崔鍾圭, 『三韓考古學 硏究』, 書景文化社, 1994.
54) 리순진, 「부조예군무덤 발굴보고」, 『고고학 자료집』 4, 사회과학출판사, 1974.
55) 宋桂鉉, 「嶺南地域 初期鐵器文化의 收容과 展開」, 『영남지방의 초기철기문화-第11回 嶺南考古學會 學術發表會』, 嶺南考古學會, 2002.

갈수록 좁아져 긴 삼각형을 띠는 형태가 많지만, 철검과 같이 양날이 평행한 것도 있다. 길이는 30cm내외가 대부분이지만, 일부 40~50cm의 긴 것도 있다. 자루의 끝은 평탄하고, 늦은 시기에는 二段柄式이 나타나기도 한다. 이러한 철모는 대체로 낙랑지역출토품과 거의 비슷한 형태이다. 다만 낙랑지역의 철모가 戰國式鐵鉾의 系譜를 잇고 있고, 영남지역의 초기 철모도 戰國~漢初의 鑄造鐵斧와 공반되고 있어 낙랑군 설치 이전에 도입되었을 가능성도 있다.

⑤ 板狀鐵斧 : 앞에서 언급한 바와 같이 판상철부는 燕의 薄刃刀에 淵源을 두고 있는 도끼의 일종이다. 다호리 1호묘에서는 자루에 착장된 판상철부가 출토되었는데, 동일한 형태라도 착장방법을 달리하여 도끼 또는 자귀의 형태로 사용하였음을 알 수 있다. 크기에 따라 25~30cm내외의 대형과 20cm 이내의 소형품으로 구분이 가능하다. 팔달동 유적과 같이 비교적 이른 시기에는 소형품이 주류를 이루면서 크기가 다양하지만, 기원전 1세기 무렵의 다호리 1호묘출토품과 같이 시기가 늦어지면서 크기와 형태가 定型性을 띤다. 이러한 경향은 판상철부가 도구로서의 기능보다 무덤의 부장(地金) 혹은 교역의 대상물(鐵素材)로서 중시되었기 때문일 것이다.

⑥ 鐵鎌 : 영남지역출토의 철겸은 전부 단조품이다. 전국시대 燕國의 낫은 주조품 위주이고, 漢代에 이르면 거의 단조품으로 변화하는 양상을 고려하면, 이 시기의 낫이 漢代 철기기술의 계보를 잇고 있음을 알 수 있다. 그리고 자루를 着裝하는 말단부가 말려 있는 형태적인 특징도 漢代 낫의 특징으로 낙랑지역이나 중국, 변·진한지역이 동일하다.

⑦ 따비 : 단조품으로 제작되며, 타 지역에서는 볼 수 없는 변·진한의 독창적인 철기이다. 이 외의 鐵鉈나 鐵鑿 등도 앞 시기의 요소를 계승하는 것이지만, 鐵鑿의 경우 鑄造品에서 鍛造品으로 변화한다.

이상에서의 특징과 같이 영남지역의 초기철기문화는 戰國時代~西漢初期의 철기기술을 바탕으로 하고 있지만, 형태적인 면에서는 기종에 따라 고조선(낙랑) 혹은 중국과 동일한 것, 중국철기의 계보를 잇지만 변형되어 在地化한 것, 在地的인 청동기의 계보를 잇는 변・진한의 독창적인 것 등 다양하다. 그리고 단조철기기술도 최근의 발굴 성과에 의하면 낙랑설치 이전으로 소급될 수 있는 것도 있어 漢의 철기기술이 반드시 樂浪郡의 설치를 계기로 전래되었다고는 할 수 없고,[56] 오히려 고조선 혹은 중국유이민을 통해 戰國~西漢初期의 철기 기술이 전래되었을 가능성이 크다. 그렇지만, 초기의 변・진한 철기는 일부지역에서 특정한 器種에만 한정되었을 가능성이 크고, 본격적으로 철기가 보급되고 다양화하는 것은 樂浪과의 활발한 상호작용이 중요한 계기가 되었을 것으로 생각된다. 이러한 철기기술의 발달로 銅劍과 銅鉾 등의 청동기는 점차 실용적인 철기로 대체되었고, 청동무기는 儀器化되었다. 또한 석기의 사용도 완전히 사라지게 되었다. 철제도구는 자체로서도 훌륭한 效用性을 지니지만, 다른 도구의 제작에도 중대한 영향을 미쳤다. 중국에서는 철기가 鑄造農器具에서 먼저 발달하여, 다양한 형태의 농기구가 개발되었지만, 변・진한지역에서는 工具類와 武器類를 중심으로 발전하였다. 그 이유는 危弱한 鑄造鐵器로는 자갈과 암석, 풍화암반토 위주의 한반도 지형에서는 그다지 큰 효용성을 지닐 수 없었기 때문일 것이다. 따라서 당시의 농구는 주로 木器가 사용되었고, 철제 농구는 괭이와 따비 등 일부 起耕(堀地)具와 낫과 같은 收穫具에만 이용되었다. 때문에 목재가공을 위한 工具類가 발달하게 되어, 목기의 가공에 두드러진 발전을 가져왔다. 현재까지 발견된 당시의 각종 농기구와 칼집, 철기의 자루, 목제용기 및 그릇류, 부채, 현악기, 각종건축부재, 木棺 등에서 목기 가공기술의 一端을 살필 수 있다. 그 중에서 다양한 목제 농기구의 개발과 다량 보급은 농업생산력의 발전에도 중대한 영향을 미쳤을 것으로 생각된다.

한편 이러한 철기는 목곽묘의 출현과 함께 크게 변화한다. 즉, 목곽묘에서는 대체로 목관묘단계의 철기내용이 계승되지만, 鐵鏃의 종류가

56) 宋桂鉉, 위의 논문, 2002.

다양해지면서 수량이 크게 늘어나고, 長劍과 環頭大刀 등 새로운 무기가 출현한다. 그리고 철모도 종류가 다양해지고, 특히 長大해지는 점도 특징이다. 이러한 무기에서의 새로운 변화와 지배계층의 독점은 경제력뿐만 아니라 武力도 권력의 기반으로 작용하는 사회체제였음을 시사한다. 그렇지만 한편으로는 목곽묘출토의 철기류는 부장품으로서의 성격을 강하게 띤다. 즉, 철모는 身部의 길이가 長大해지는 반면 柄部의 길이는 矮小化하여 창의 본래 기능인 찌르는 용도로는 매우 불합당한 형태를 띤다.[57] 이러한 형태는 본래의 기능보다 外形을 강조한 副葬用 혹은 威儀具로 제작되었기 때문일 것이다. 그리고 板狀鐵斧도 10점 단위로 목곽의 바닥에 깔거나 묶음으로 출토되어 부장품 혹은 교역대상물의 성격이 강하고,[58] 재갈의 경우도 S자형의 鑣에 고사리모양을 장식하거나, 鑣를 지나치게 크게 만드는 대신에 銜은 가는 철사를 꼬아 극히 형식적으로 만들어 실용성이 없는 것이 대부분이다. 또한 하대 2호 목곽묘[59]에서는 철모 48점, 옥성리 나-78호 목곽묘[60]에서는 철모 104점과 철촉 64점, 철부 11점 등을 부장하고 있는데, 이처럼 대형무덤에서는 철기를 대량으로 부장하는 현상은 매장의례를 통해 권력이나 위신을 세습하거나 과시하는 상징적 기능이 강했기 때문일 것이다. 따라서 철기의 수요는 일상의 용도보다는 무덤의 부장품으로 소모되는 양이 훨씬 많았고, 또 이러한 수요는 목곽묘가 일반화되면서 더욱 증대되어 갔다. 뿐만 아니라, 3세기 무렵에는 변진에서 생산된 철이 樂浪과 대방, 마한과 예 등 한반도 전역과 일본에까지 수출되었다. 이러한 내외의 철기수요 증가는 대량적인 철 생산을 유도하였고, 철자원과 기술, 유통 및 분배를 장악한 집단이 경제력을 바탕으로 정치권력을 더욱 확대하였을 것이다. 그리고 철기기술의 발전과 농업생산력의 발전으로 지역 간에 활발한 교역과 상호작용이 이루어졌고, 계층

57) 李在賢, 「V. 考察」, 『蔚山下垈遺蹟-古墳 I』, 釜山大學校博物館, 1997.
58) 宋桂鉉, 「洛東江下流域의 古代 鐵生産」, 『加耶諸國의 鐵』, 新書苑, 1995.
59) 釜山大學校博物館, 『蔚山下垈遺蹟-古墳 I』, 1997.
60) 嶺南文化財硏究院・浦項市, 『浦項玉城里古墳群 I・II-나 地區』, 1998.

간에도 다양한 분화가 일어났다. 철기의 생산은 광업과 채탄, 운송 등의 다양한 부수산업을 필요로 하고, 원료의 구입과 생산물의 재분배를 위한 활발한 교역을 수반한다. 따라서 철기의 생산에 유리한 환경과 기술을 소유한 집단은 이러한 철기를 매개로 주변지역과의 교역의 중심지로서 부상하게 되었고, 그러한 철기생산과 교역의 경제행위를 통하여 타 집단보다도 우월한 경제력을 가지게 되었다. 그리고 집단내에서도 다양한 계층분화가 나타나게 되었다. 결국 풍부한 철광과 대외수출에 유리한 김해와 경주지역이 이후 주도세력으로 등장하고 반면에 초기의 선진지역인 대구지역이 상대적으로 쇠퇴하는 것도 철기생산 및 유통과 밀접한 관련이 있을 것이다.

Ⅳ. 社會分化의 進展

어떠한 인간사회에서든지 社會的 不平等은 존재한다. 심지어 平等社會라고 할지라도 性과 年齡, 先天的 才能에 의한 지위차이를 가진다. 이러한 지위를 획득지위(achieved status)라고 하는데, 이것은 통상 자손들에게까지 상속되지 않는다. 반면에 出生에 의해 다른 구성원보다 높거나 낮은 지위차이를 갖는다면 이것을 귀속지위(ascribed status)라 한다. 이러한 귀속지위는 불평등이 제도화된 사회에서 개인의 능력과는 무관하게 혈통이나 혈연에 의해 세습되는 특징을 지닌다.[61] 이러한 사회적 불평등을 가장 잘 드러내는 것이 무덤자료이다. 특히 幼兒墓의 부장품이나 규모를 성인묘와 비교하면, 귀속지위의 차이를 잘 알 수 있을 것이다.[62] 그렇지만 변한시기의 무덤 중에는 피장

61) Herbert D. G. Maschner, "Ranking and Social Inequality", *The Oxford Companion to Archaeology*(ed. Fagan), Oxford University Press, 1996.
박양진, 「한국청동기시대 사회적 성격의 재검토」, 『한국청동기시대 연구의 새로운 성과와 과제』, 충남대학교박물관, 2001.

62) Saxe, *Social dimensions of mortuary practice*, PH.D. dissertation, University of Michigan, 1970 ; Joseph A. Tainter, "Mortuary Practice and

자의 성별과 연령을 알 수 있는 자료가 그다지 많지 않다. 따라서 여기서는 4세기대의 김해 예안리고분군을 대상으로 분석하여 弁韓時期의 상황을 유추해 보기로 한다.

예안리고분의 Ⅰ~Ⅲ期 동안의 유아묘는 甕棺墓와 土壙墓, 木槨墓, 石棺(槨)墓가 사용되었고 부장품과 묘제, 규모를 기준으로 다음과 같이 3개의 群으로 구분할 수 있다.

<표 3> 예안리 유아무덤구분표

구분	1群	2群	3群
묘제 (규모)	옹관묘	土壙, 石槨(棺), 木槨(棺) (길이 100~200cm사이)	土壙, 木槨(木棺) (길이 200cm 이상)
부장품	무	토기 : 1~2점	토기 3점 이상
해당 무덤	C, L, N, O	11, 14, 22, 25, 68, 103, 119, 120,	76, 141, 144, 147, 148

제1群은 옹관묘로 부장품은 없으며, 新生兒 무덤일 가능성이 크다. 2群은 일반적인 幼兒나 小兒의 무덤형태로 판단된다. 그렇지만 3群은 幼兒나 小兒의 무덤임에도 불구하고 규모가 被葬者의 신체크기에 비해 매우 크다. 그리고 葬具도 비교적 잘 갖추고 있고, 부장품의 양도 피장자 자신의 연령에 비해 많은 편이다. 이러한 부장품과 무덤 형태의 차이는 피장자 자신에 의해 획득된 것이 아니라 출생에 의해 부모의 사회적 지위에 따라 귀속된 것이다.

한편 성인무덤도 무덤의 규모와 부장품의 양에 따라 3群으로 구분할 수 있다.

Study of Prehistoric Social Systems", *Advances in Archaeological Method and Theory, vol. 1*(ed. Michael B. Schiffer), Academic Press, 1978, p. 106에서 재인용.

<표 4> 예안리 성인무덤 구분표

구분	1群	2群	3群
묘제 (규모)	석관(곽), 목곽 300cm 이내	석곽, 목곽 300~400cm사이	목곽 400cm 이상
부장품	토기나 철기 1~2점 내외	토기나 철기 각 3~10점 내외	토기나 철기 각 10점 이상
해당 무덤	12, 105, 129, 131, 156	86, 99, 107, 109, 110, 111, 112, 132, 133,	74, 77, 93, 104, 117, 138, 150, 151

예안리고분군의 1~3期 유아묘 중 제3群은 유아임에도 불구하고 묘광의 규모가 성인묘 제1群과 비슷하며, 부장품의 양은 오히려 성인묘 1群을 능가하고 있다. 이러한 점에서 4세기대의 예안리 사회는 귀속지위에 의해 사회적 불평등이 제도화된 단계에 속한다고 할 수 있다.[63) 또한 예안리 사회가 변두리의 촌락사회라는 점을 감안하면, 중심지역 내에서나 중심지역과 변두리지역과의 귀속지위 차이는 더욱 심할 것이다. 따라서 4세기대의 금관가야는 전지역에서 사회적 불평등이 이미 제도화된 상태임을 알 수 있다.

그렇다면 이러한 불평등이 언제부터 구조화 혹은 제도화되었을까?

63) 金斗喆은 예안리고분의 분석을 통해 예안리 사회는 연령에 따라 사회적 지위나 권력・위신이 상승하는 長老制社會(gerontocracy)였을 가능성을 제시하고 있다. 그렇지만 성과 연령에만 따라 사회적 지위가 결정되는 것은 평등사회적인 특징일 뿐 아니라, 계층화된 사회-심지어 현대 산업사회에서도 연령에 따른 사회적 위신과 대우는 존재한다. 그리고 예안리고분군의 부장품이나 묘의 규모에서 연령에 따른 차이를 부정하는 것은 아니지만, 그러한 부장품이나 매장의례는 被葬者가 생전에 가진 사회적 지위와 함께 살아 있는 후계자의 사회적 지위나 의도도 반영되었다고 보아야 한다. 따라서 무덤에 나타나는 부장품을 피장자 자신의 생전의 사회적 지위와 동일시 할 수 없다. 오히려 피장자 자신보다 무덤을 조성한 살아 있는 자손이나 친지 등의 사회적 지위나 위신이 중요한 작용을 하였을 수도 있다. 따라서 연령에 의해서만 사회구조가 결정된 것이 아니라, 오히려 유아묘에서 보는 바와 같이 출생이나 세습에 의해 사회적 지위나 위계가 어느 정도는 결정되었고, 그 속에서 개인의 재능이나 연령에 따라 사회적 지위가 결정되었다고 보아야 할 것이다.
金斗喆, 「金海 禮安里遺蹟의 再檢討-性・年齡을 통한 社會構造 復原 試案」, 『韓國古代史와 考古學-鶴山金廷鶴博士 頌壽紀念論叢』, 學研文化社, 2000.

먼저 기원전 2세기~기원 1세기 사이에 해당되는 삼천포 늑도유적에서도 인골이 양호한 상태로 출토되어 비교자료가 된다.

늑도유적의 옹관묘는 신생아가 제일 많고, 연령이 증가할수록 빈도가 줄어들어 3세가 옹관묘 사용의 상한연령이다. 한편 토광묘는 생후 2~3개월의 乳兒부터 시작하지만, 3세 이상은 전부 토광묘로 변화한다.[64] 그리고 유아무덤인 64호, 66호, 68호, 74호 토광묘에서는 부장품이 발견된 경우도 있지만, 小型甕이나 臺附鉢 등 1점만 부장되어 있다. 성인무덤은 전부 토광묘로서 특별한 葬具나 부장품은 없다. 따라서 무덤자료로 보는 한 계층분화가 거의 없다고 할 수 있을 것이다. 물론 늑도유적은 섬이라고 하는 특수한 환경에 속하므로 이를 토대로 농경위주의 사회까지 일반화할 수는 없지만, 주변지역 사회의 일 양상을 나타낸다고 할 수는 있을 것이다.

그리고 인골은 출토되지 않았지만 幼兒墓로 사용되었을 것으로 추정되는 甕棺墓가 성인묘와는 묘역을 달리하는 유적이 있다. 대구 팔달동유적은 성인묘역의 주변지역에 옹관묘가 무리를 이루고 있고, 양산 신평유적[65]은 甕棺墓가 위치하는 구릉에서는 목관묘가 1기도 검출되지 않았다. 그리고 다호리유적에서도 옹관묘 2기가 조사되기는 하였지만, 성인묘역의 변두리에 해당되어 팔달동과 같은 양상이거나 아니면 신평유적처럼 유아용의 용관묘역이 별도로 존재했을 것으로 판단된다. 이러한 유적에서는 유아의 매장을 성인과는 달리 취급하였음을 알 수 있고, 따라서 연령에 따른 사회적 지위, 즉 획득지위가 사회내부에서 중요한 비중을 차지하고 있었다고 할 수 있다. 그런데 경산 임당유적의 A-Ⅰ지구[66]에서는 옹관묘가 성인묘역내에 조성되고 있고, 성인묘와 구별되는 입지상의 차별도 보이지 않는다. 그리고 옹관묘 중에는

64) 김진정, 「늑도유적 매장인골의 연구」, 『늑도유적을 통해 본 韓·中·日 古代文化 交流-3도성현 韓·中·日 고대사 심포지움 발표요지』, 경상남도·경상대학교박물관, 2001.

65) 全玉年 외, 『梁山新平遺蹟』, 釜山大學校博物館, 2000.

66) 韓國土地公社·韓國文化財保護財團, 『慶山林堂遺蹟(Ⅰ)-A~B地區 古墳群』, 1998.

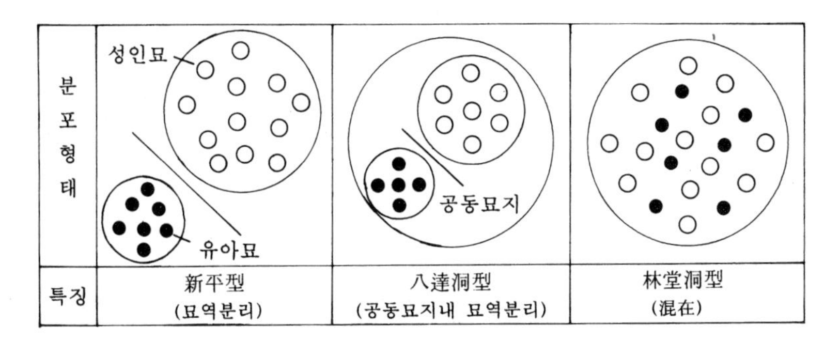

<도면 2> 甕棺墓와 木棺墓의 존재형태

구슬이나 팔찌, 銅劍 등 상당한 威信財가 부장되는 것도 있다. 이것은 유아라도 출신에 따라 성인과 同等하거나 혹은 그 이상의 취급을 받은 경우라 할 수 있을 것이다. 이러한 점에서 임당유적의 경우는 귀속지위가 어느 정도 정착된 경우라고 할 수 있다. 다만, 임당유적의 옹관묘는 팔달동이나 신평, 다호리유적에 비해 다소 늦은 시기에 해당된다. 따라서 목관묘의 늦은 시기(AD 1세기 무렵)에는 일부 중심집단에서 유아에게 귀속지위가 부여되는 현상이 나타난다고 볼 수 있다.

한편 三韓前期의 주된 무덤은 목관묘이다. 변한지역의 대표적인 목관묘유적으로는 창원 다호리, 김해 양동리, 내덕리, 대성동, 함안 도항리 등이 있다. 이들 유적은 통나무나 판재로 된 목관을 사용하면서 목관의 내·외부에 철기와 칠기, 토기, 청동기 등의 器物을 부장하는데, 개인에 따라 부장품의 질과 양에서 차이를 지닌다. 반면에 같은 시기에 속하면서 목관묘가 아닌 토광묘나 석관묘를 사용하고, 무덤내의 부장품도 빈약한 사천늑도, 고성솔섬,[67] 합천저포유적[68] 등이 있다.

이러한 삼한전기의 목관묘유적을 분석하여 종합하면, 먼저 지역에 따른 차이를 들 수 있다. 가장 중심지역으로 대구, 경산, 경주, 김해를 꼽을 수 있고, 상주나 영천도 여기에 포함시킬 수 있을 것이다. 그렇지

67) 東亞大學校博物館, 『固城松川里솔섬石棺墓』, 1977.
68) 嶺南大學校博物館, 『陜川苧浦古墳A發掘調査報告』, 1987.

만 이들 지역 내에서도 집단에 따른 우열의 차이가 있다. 대구의 비산동이나 평리동, 지산동, 신천동, 만촌동, 경산의 임당동, 경주의 조양동, 입실리, 구정동, 죽동리, 김해의 다호리 등의 집단이 가장 중심적인 집단일 것이다. 그리고 이들 집단 내에서도 銅鏡과 같은 외래의 위신재를 비롯하여, 銅劍이나 銅鉾 등의 전통적인 위신재를 가지면서 철기와 같은 재화를 독점하는 상층세력과 일정한 위신재와 재화를 소유하는 중간계층, 위신재와 재화를 전혀 소유하지 못하는 세력으로 구분할 수 있다. 그러나 이러한 부장품에 나타나는 바와 같은 재물의 소유차이에도 불구하고, 무덤의 입지나 크기, 형태, 노력소비 등에서는 차이가 거의 없다. 특히 유아묘로 사용된 옹관묘가 성인묘인 목관묘구역과는 일정한 차이가 있는 점에서 아직 귀속지위가 제도화된 단계는 아니라고 판단된다. 결국 삼한전기의 목관묘단계는 개인이나 집단, 지역에 따라 소유물의 차이에서 계층분화가 이루어지지만, 이러한 계층분화는 획득지위적인 성격이 강하고, 여전히 공동체의 규제력이 강하게 작용했다고 할 수 있다.[69]

한편 2세기 중엽 무렵에는 변・진한지역에서 중요한 사회적 변화가 나타난다. 먼저 중심집단 내에서의 계층분화가 심화되어 대형목곽묘의 출현으로 나타나고, 교역체계의 변동과 각지에서 새로운 중심세력이 등장하는 등 지역관계의 변화를 들 수 있다. 목곽묘는 대형묘가 구릉의 능선을 중심으로 배타적인 입지의 우월성을 확보하며, 부장품도 철기나 토기, 칠기, 장신구 등에서 양적으로 증가하는 동시에 부장을 위한 비실용품이 증가한다. 그리고 무덤의 규모가 대규모로 변화하여 노동력의 소비량이 증대하게 된다. 이러한 현상은 매장의례를 통해 지위를 과시하며, 세습을 정당화하고, 일반대중을 통합하는 목적으로 사용되었기 때문일 것이다. 그리고 이러한 목곽묘의 등장과 궤를 같이하면서, 새로운 철제무기나 농기구, 후기와질토기가 등장하여 전반적인 물

69) 李在賢, 「弁・辰韓社會의 發展過程-木槨墓의 出現背景과 관련하여」, 『嶺南考古學』 17, 영남고고학회, 1995.

질문화의 변동을 가져오고 있다. 또한 이전까지 대외교역의 중심지인 대구지역의 역할이 쇠퇴하고, 대신에 대일본교역을 비롯한 해상교역에서 김해지역이 두드러진 우위를 확보하게 된다.70) 그와 동시에 울산 下垈나 홍해 옥성리, 김해 양동과 대성동과 같은 지역이 새로운 중심 세력을 형성하고 있다. 이처럼 지역 간 혹은 집단 간 세력의 浮沈은 철기생산과 이를 둘러싼 유통과 밀접한 관련이 있는 것 같다. 목곽묘의 확산과 경쟁적인 器物의 대량부장은 산업 전반에서 막대한 수요가 창출되어 계층분화가 한층 가속화된다. 특히 철 자원의 편재로 인해, 철기의 생산과 유통에 유리한 위치를 차지하는 지역과 집단이 급성장을 하고 있다. 이들 세력은 독점적 우위를 계속적으로 유지하기 위해 일정한 경쟁과 분쟁을 겪기도 하였는데, 이러한 정치체나 세력 간의 경쟁은 사회발전의 중요한 요인으로 작용한다.71)

한편 2~3세기 무렵에 이러한 사회적 변화로 인해, 내부에서도 중요한 변화가 일어난다. 그 중에서 주목되는 것은 신생아의 무덤일 것으로 판단되는 옹관묘가 성인묘역에 조성되는 현상이 일반화하는 점이다. 이것은 신생아도 출신에 따라 사회적 지위가 다르게 부여되는 즉, 귀속지위에 따른 사회적 불평등의 제도화단계에 들어선 것으로 판단된다. 물론 이러한 현상은 중심집단의 특정가계에 한정되었을 것이지만, 이러한 과정을 거쳐 앞에서 살펴 본 예안리유적과 같이 4세기대의 일반적인 양상으로 발전하였다고 판단된다.

Ⅴ. 政治勢力의 成長과 地域間 交流의 變化

---

70) 李在賢,「加耶地域出土 銅鏡과 交易體系」,『韓國古代史論叢』9, 가락국사적개발연구원, 2000.

71) Colin Renfrew, "Introduction : peer polity interaction and socio-political change", *Peer polity interaction and socio-political change*(ed. Colin Renfrew and John F. Cherry), Cambridge University Press, 1986, pp. 1~10. 李盛周,「1~3세기 가야정치체의 성장」,『韓國古代史論叢』5, 駕洛國史蹟開發硏究院, 1993, 168~170쪽.

정치세력의 성장에 있어서 교역의 역할은 매우 중요하다. 교역은 지역적으로 편재된 상품의 획득과 재분배에 필요한 수단으로, 생산과 자원에 대한 통제를 통해 권력을 증대시키고, 사회적 분업의 전문화를 가져온다. 그리고 교역의 독점은 권력을 강화시키는 경제적 기반이 되며, 해외에서 수입된 위신재는 사회적 지위를 강화시키고, 폭넓은 동맹관계를 유지하는 데 사용된다고 한다.[72] 또한 발전된 사회조직은 지역통치의 모델로서 사용되어 통치기반을 강화시키는 결과를 가져오기도 한다.

기원전 4세기 무렵부터 기원전 108년 낙랑군이 설치되기까지는 충청도 및 전라도를 중심으로 하는 지역이 한반도 남부지역에서 문화의 중심지 역할을 하였고, 당시의 주된 위신재인 동검을 비롯한 청동의기류는 대체로 이들 지역과 관련을 지닌다. 그런데 상주-대구-경주를 연결하는 경북지역에서는 세문경과 동령류 등 마한의 특징적인 청동의기가 어느 정도 조합된 양상을 보이는 반면에 경남지역에서는 동경이나 동령류는 없고, 청동검 1~2점만 부장되는 것이 대부분이며, 일부 銅鉾와 銅鉈가 공반되기도 한다. 한편 낙랑군이 설치되고 한식유물이 수입되는 기원전 1세기대 이후에는 교역의 중심이 낙랑지역으로 변화한다. 그리하여 古朝鮮 및 漢式文化가 낙랑을 통해 변·진한지역에 전래되어 독특한 변·진한 문화를 형성하였고, 주변지역과의 교류도 더욱 확대된다.

이 시기에 수입된 漢式物品은 銅鏡과 五銖錢, 小銅鐸, 帶鉤, 蓋弓帽(日傘의 부속품) 등의 유물과 인수(印綬), 의책(衣幘) 등이 알려지고 있다. 특히 다호리 1호묘에서는 교역에 필요한 서류작성에 사용된 것으로 추정되는 붓과 삭도(削刀), 저울추 등이 발견되었다.[73] 그리고 銅

72) Elizabeth M. Brumfiel and Timothy K. Earle, "Specialization, exchange, and complex societies : an introduction", *Specialization, exchange, and complex societies*(eds. Elizabeth M. Brumfiel and Timothy K. Earle), Cambridge University Press, 1987.

73) 李健茂 외, 「義昌 茶戶里遺蹟 發掘進展報告(Ⅰ)」, 『考古學誌』 1, 韓國考古美術硏究所, 1989 ; 李健茂, 「茶戶里遺蹟 出土 붓(筆)에 대하여」, 『考古學

劍과 銅劍附屬具, 車輿具, 馬具類, 각종 철기류 등도 西北韓地域과 강한 관련을 지니고 있다. 따라서 낙랑과의 교역에서 수입품은 衣幘과 銅鏡, 車馬具, 장식품 등의 威信財가 위주였고, 수출품은 弁韓布, 鐵, 농산물(大栗, 細尾鷄, 五穀)과 같은 특산품이었다. 이들 물품은 朝貢이나 전문상인에 의해 다양한 형태로써 교역이 이루어졌다.[74] 그리고 漢語에 능통한 세력이 존재하여 낙랑이나 중국과의 교역을 주도하였다. 이러한 교역을 통해 물품의 교환뿐만 아니라 선진기술이나 여러 가지의 행정체계나 통치기술, 관념 등도 유입되었을 것이다. 기술의 전래에는 철기생산이 대표적이고, 관념적인 면에서는 厚葬을 위주로 하는 死後觀念의 변화를 들 수 있다. 변·진한지역의 철기는 낙랑설치 이전의 漢代初期 철기기술이 바탕을 이루지만, 본격적으로 철기생산이 확대되고 보급되는 것은 낙랑설치 이후 漢式文物이 다량으로 수입되고, 낙랑과의 교류가 활발해지면서부터이다. 따라서 낙랑과의 교류를 통해 漢의 선진적인 철기기술이 본격적으로 수입될 수 있었을 것이다. 그렇지만, 도구의 형태적인 면에서는 樂浪이나 漢과 동일한 철기형태도 일부 있지만, 전반적으로는 지역적 독자성이 강하다. 수입품도 모방품으로 생산되거나, 변형의 과정을 거치면서 독특한 지역양식으로 급속히 확산되었다. 그리고 목관묘에도 철기나 토기, 칠기 등 다량의 器物을 부장하게 된다. 이러한 私有物의 부장습속은 이전시기부터 있었지만, 기원전 1세기 무렵부터는 더욱 확대되는데, 거기에는 사후관념과 함께 매장의례를 통한 지위의 과시와 세습 등 死者와 살아있는 사람 사이의 관계를 중시하는 관념이 확산되었기 때문이라 생각된다. 그런데 대구분지에서 漢式遺物과 청동기 등 당시의 위신재라 할 수 있는 청동유물이 집중적으로 출토된 유적은 신천동, 지산동, 만촌동, 평리동, 서변동, 팔달동, 대구고교 등을 들 수 있다.[75] 이들 유적은 대체로 직선거

誌』 4, 韓國考古美術硏究所, 1992.

74) 李在賢, 앞의 논문, 2000.

75) 李熙濬, 「대구지역 古代 政治體의 형성과 변천」, 『嶺南考古學』 26, 嶺南考古學會, 2000.

리로 4~6km정도에 위치하고 있다. 이러한 현상은 경주도 마찬가지인데, 죽동리, 입실리, 구정동, 조양동유적은 직선거리로 2.5~5km정도에 불과하다. 이처럼 동일한 지역에서 다수의 집단이 威信財를 소유하고 있는 점이 주목된다. 이것은 각 집단이 경쟁적으로 위신재를 입수하였거나, 아니면 인접한 집단의 엘리트 간에 일정한 동맹과 제휴의 필요에서 위신재를 공유하였을 것이다. 그리고 이러한 현상은 지역집단의 통합강도가 그다지 강하지 않음을 말해준다. 그 중에서 대구 평리동과 영천 어은동에서는 同范에서 제작된 小型倣製鏡과 同范鏡은 아니지만 거의 형태가 유사한 放射線連弧文倣製鏡이 출토되었고, 또한 만촌동과 비산동에서는 비슷한 형태의 倭系 中廣形銅戈가 출토되었다. 이러한 점은 집단의 엘리트 간에 제휴나 동맹의 목적으로 위신재를 공유한 것을 시사한다고 볼 수 있다. 이 외에도 <표 5>에서 보는 바와 같이 특이한 형태의 청동기에서도 지역 간 교류의 흔적을 볼 수 있다. 즉, 상주-대구-영천-경주-김해-일본에 걸친 광역적인 연결망이 형성되어 상호간에 활발한 교류를 하였음을 알 수 있다. 이 외에도 당시의 일반적인 財貨인 철기는 말할 것도 없고, 묘제나 매장습속도 거의 동일하다. 이러한 유사성은 지역 간의 활발한 상호작용에 기인한다.

그런데 목곽묘가 출현하는 기원 2세기 중엽 무렵부터는 교역관계에서 중요한 변화가 발생한다. 즉, 이제까지 낙랑 및 마한과의 대외관계에서 선진지역이었던 대구가 상대적으로 쇠퇴하고, 경주, 울산, 김해 등 동남해안지역이 급성장하고 있다. 그리고 이제까지 활발하던 경북내륙지역과 김해지역과의 교류를 비롯하여 일본과 경북내륙지역과의 광역적인 교류는 거의 단절된다. 반면에 일본과의 교역은 거의 김해지역을 중심으로 독점적으로 이루어지며, 김해-울산-경주-포항을 연결하는 동남해안지역이 활발한 지역 간 교류를 행하고 있다. 그러한 내용은 토기나 철기 등 물품의 교류뿐만 아니라, 매장의례나 상징성이 강한 儀器 등에서도 강한 同質性을 보인다. 특히 마구나 철검, 유자이기 등에서 보이는 고사리모양의 장식과 같은 儀器的 性格에서 더욱

<표 5> 주요 청동유물의 지역간 교류

遺物名	慶北	慶南	九州
虎形帶鉤	대구비산동, 영천어은동 경주사라리130호	김해 대성동 11호	
銅環(鋸齒文裝飾)	영천어은동, 팔달동101호	창원 다호리 1호	長崎 サカドウ
有鉤銅器	상주낙동리	창원 다호리19호	長崎 トウトコ山, 唐崎, 木坂 5호, 原の辻
雙頭管狀銅器	팔달동101호	삼천포 마도, 창원 다호리19	長崎 唐崎, ガヤノキ、サカドウ, 木坂
牛角形銅器	상주낙동리, 대구비산동, 대구지산동, 임당AⅠ-35호	다호리 19호, 전김해(김동현소장)	木坂 5호, 唐崎,
十字形銅器	상주낙동리		木坂 5호
指頭形銅器	대구지산동	전김해(김동현소장)	
거치문장식 검파	사라리130호, 황성동68호	김해 내덕리 19호, 양동55호, 212호, 고성패총	木板 5호
안테나식 劍把頭飾	대구지산동, 경산 임당E-132		長崎 サカドウ、タカマツノダン、
S자형재갈(철제포함)	경산임당AⅠ-96호, 139호, 140호, 145호, E-118호, 대구평리동	다호리48호, 69호, 70호	
소형 방제경(동범경)	대구평리동, 영천어은동		二塚山 46號, 石井入口

두드러진다.[76] 이와 같이 2세기 중엽 이후부터는 동남해안지역에서, 울산이나 포항과 같은 새로운 지역의 세력이 대두하게 되고, 김해지역 내에서도 良洞이나 大成洞과 같은 새로운 지역집단이 주도권을 행사하는 등 세력의 이동과 결집현상이 나타난다. 이러한 새로운 세력집단은 주로 교통로상에 위치하고 있는데, 거기에는 철기생산과 이를 둘러싼 교역활동이 기반을 이루었을 것이다. 당시 변한의 철은 낙랑과 대방, 예, 마한, 倭 등지에 수출되었고, 일상적인 거래에서도 돈과 같이 사용되었다.[77] 특히 목곽묘의 사용과 厚葬習俗으로 부장품으로의 수

76) 徐姈男・李賢珠, 「三韓・三國時代 鐵器의 儀器的 性格에 대한 一考察」, 『伽耶考古學論叢』 2, 駕洛國史蹟開發硏究院, 1997.

요가 증가함에 따라 양호한 철광을 소유한 집단이 철기생산을 배경으로 급성장하였다. 따라서 남부지역 최대의 철광이라 할 수 있는 달천광산과 물금광산 인근의 김해와 경주, 울산지역이 부상하게 되고, 철자원이 빈약한 대구지역은 상대적으로 쇠퇴하는 원인이 되었다.

그런데 2세기 중엽 이후에는 낙랑을 비롯한 한식유물의 수입이 급격히 줄어든다. 수입된 漢式遺物은 몇 점의 後漢鏡과 銅鼎이 전부이다. 후한경은 김해지역에서만 출토되고 있는데, 그것도 중국의 三國時代이후 거울은 전혀 출토되지 않는 점으로 보아 거울이 지닌 威信財로서의 가치는 거의 소멸된 듯하다. 銅鼎은 김해 양동리 322호출토품[78]과 하대 23호출토품[79]이 있다. 이처럼 3세기대 무렵에는 중국이나 낙랑산 위신재의 수입이 거의 중단되고 있다. 이러한 점은 당시 변한의 철이 낙랑과 대방군에 공급되고 있는 상황에서는 아이러니가 아닐 수 없다. 즉, 변한의 철 수출에 대한 반대급부가 무엇이었을까 하는 점이 의문으로 떠오른다. 이와 관련하여 주목되는 것이 양동과 하대출토의 銅鼎이다. 銅鼎은 중국의 商周 이래로 신분을 나타내고 정치적 권위를 상징하는 중요한 禮器의 하나이다. 周代에는 엄격한 用鼎制度가 시행되었으나, 춘추·전국시대를 거치면서 그러한 用鼎制度는 점차 이완되었다. 그렇지만 동정이 지니는 상징적인 의미는 여전하였다. 따라서 동정이 가지는 상징성은 바로 정치권력이며, 동정의 입수는 그러한 정치권력을 인정받는 것이라 할 수 있다. 그리고 魏와 晋은 주변지역의 정치세력에게 邑君, 邑長, 歸義侯, 中郞將, 都尉, 伯長 등의 다양한 官名을 수여하고, 이와 관련된 印綬와 衣幘을 주었다. 이와 같이 3세기 무렵에는 낙랑 혹은 중국군현과의 관계가 정치적 성격을 강하게 나타내고 있다. 즉, 2세기대까지는 주된 威信財의 소유를 통해 부와 정치적인 입지를 과시하는 단계였고, 따라서 군현과의 관계도 위신재의

77) "國出鐵 韓濊倭皆從取之 諸市買皆用鐵 如中國用錢 又以供給二郡" 『三國志』 魏書東夷傳 弁辰條.
78) 林孝澤·郭東哲, 『金海良洞里古墳文化』, 東義大學校博物館, 2000.
79) 부산대학교박물관, 주 59)의 책, 1997.

수입과 교역을 목적으로 하였다. 그러나 2세기 중엽 이후 弁·辰韓地域에서는 철기생산을 기반으로 한 신흥 정치세력이 등장하게 되고, 이들이 집단내부 혹은 주변의 경쟁적인 세력들 사이에서 정치력을 과시하기 위해 郡縣과의 정치외교에 더욱 노력하게 되었다. 결국 3세기대의 대외교역은 단순한 이윤창출보다는 정치력을 강화하고자 하는 의도가 강하였고, 이러한 과정을 통해 영남의 제 지역에는 銅鼎이나 印章과 같은 정치적 상징성이 강한 유물이 들어오게 되었던 것으로 판단된다.

Ⅵ. 맺음말

이상에서 살핀 바와 같이 삼한의 정치체 형성은 한국식동검문화의 형성과 밀접한 관련을 가진다. 한국식동검문화는 지석묘가 조성되는 이전시기의 요령식동검문화단계와는 사회·정치적 성격을 달리하는 고고학상의 중대한 전환기라 할 수 있다. 즉, 지석묘가 조성된 사회는 집단적인 의례와 공공건설, 이를 통한 사회적 통합이 강조되고, 반면에 개인적인 경제적 차이는 억제하는 공동방식(corporate mode)의 특징을 갖는다. 그렇지만 한국식동검문화의 등장으로 삼한사회는 개인적인 위신과 부의 축적을 강조하는 네트워크 방식(network mode)으로 전환하게 된다. 이것이 바로 삼한사회가 요령식동검문화와는 다른 성격의 정치체를 형성하는 출발점이라 할 수 있다. 이러한 사회적 변화의 배경에는 장기간에 걸친 유이민의 이주와 선진지역과의 교류, 새로운 문물과 신기술, 세계관의 유입을 꼽을 수 있다.

弁·辰韓사회의 형성은 기원전 3세기 무렵의 한국식동검문화의 확산과 중국 및 고조선계 유민의 이입으로 시작되었다. 한국식동검문화는 마한과의 상호작용을 통해 확산되었지만, 마한지역 한국식청동기문화의 특징인 청동의기류의 수입은 변한지역에서는 극히 제한적이었다. 그렇지만 원형점토대토기 등 다른 유물복합체는 급속도로 확산되었고,

이러한 한국식동검문화의 확산으로 지석묘로 대표되는 토착문화는 급격히 소멸되었다. 특히 부산과 김해지역은 원형점토대토기유적이 경남의 여타 지역보다 월등히 밀집되는 현상을 나타내는데, 이것은 이후 변한의 정치체 형성과 연결되는 것으로 파악된다.

한편 弁·辰韓지역의 본격적인 발전은 기원전 2세기 무렵부터 이루어졌다. 여기에는 새로운 철기문화를 기반으로 한 낙랑과의 상호작용이 중요한 계기가 되었다. 이 시기부터 영남지역에서는 목관묘가 조성되면서 무덤에 청동의기와 철기, 칠기, 토기 등 다량의 기물을 부장하는 현상이 나타난다. 그러한 부장품의 질과 양은 피장자의 사회적 지위에 따라 심한 차별을 보이고 있는 반면에 무덤의 규모나 입지 등에서는 차이가 없다. 따라서 기원 1세기 무렵까지의 弁·辰韓社會는 개인이나 집단, 지역에 따라 소유의 차이에서 계층분화가 이루어지지만, 유아묘의 무덤에서 볼 때 획득지위적인 성격이 강하다. 그렇지만 재산의 축적과 위신재의 확보를 목적으로 하는 보다 광역적인 교역과 정치·사회적 상호연계가 이루어지고, 이를 기반으로 정치권력을 형성하게 되었다. 弁·辰韓지역에서 선진적인 지역으로는 상주, 대구, 영천, 경주, 김해 등을 들 수 있는데, 이들 지역에서는 특정한 엘리트세력들이 중요한 생산자원이나 소비품의 생산과 유통을 독점하면서 정치세력화하였고, 상호연결망을 통해 위신재를 공유하기도 하였다.

한편 기원 2세기 중엽무렵부터는 弁·辰韓지역에서 사회적 분화가 더욱 진행되어, 새로운 지역이 철 자원을 바탕으로 정치체를 형성하고, 중심지역 내에서도 새로운 집단이 세력을 형성하기도 한다. 특히 중심집단의 정치세력은 축적된 부와 권력을 기반으로, 목곽묘를 조성하면서 무덤에 대량의 器物을 부장하고, 墓域도 구릉의 능선을 중심으로 배타적인 독점을 행사하면서 정치권력을 과시하고 있다. 그리고 이때부터는 위신재를 중심으로 한 광역적인 상호 연결망이 해체되고, 김해지역은 대일본교역을 독점하는 등 정치체 간의 일정한 경쟁과 갈등이 조장되기도 하였고, 특히 정치권력의 과시를 위해, 군현과 중국과의 외교적인 관계에 주력하게 되었다. 때문에 기존의 낙랑을 통한 소비재 성향의 위신재 수입은 중단되고, 대신에 정치권력의 인정과 관계되는 官名의 수여나 印綬, 衣幘, 銅鼎 등이 들어오게 되었다. 이처럼 弁·辰韓社會의 형성은 기원전 3세기 무렵부터 이루어졌지만, 본격적인 성장과 발전은 기원전 2세기 무렵부터 이루어졌는데, 정치권력의 성장에는 철기생산과 낙랑과의 교역이 중요한 역할을 하였다. 특히 낙랑과의 교역은 위신재의 수입과 신기술의 습득뿐만 아니라, 여러 가지 통치기술이나 행정체계 등도 배웠을 것으로 추정된다. 그리고 중국이주민과 낙랑사회와의 교역을 통하여 분묘에 厚葬하는 새로운 매장습속과 사후관념의 전파는 산업기술의 발달을 야기하였다. 그 중 철기 부장의 증가는 막대한 수요를 불러 일으켜 이를 통제하던 엘리트계층에게 정치력을 뒷받침할 수 있는 경제력을 제공하게 되었고, 이를 기반으로 정치권력을 확대하고 조직화하였을 것이다. 弁·辰韓社會는 기원 1세기 무렵부터는 일부 중심집단의 사회내부에서 귀속지위를 통한 권력과 위신의 세습이 이루어지기 시작하여 2~3세기대에는 더욱 확산되어 간다. 그리하여 4세기대에는 김해 예안리와 같은 주변지역의 일반촌락사회까지도 귀속지위가 일반화되는 계층화된 사회로 발전하게 되었다.

가야의 社會發展 動因과 發展段階

權 鶴 洙*

Ⅰ. 머리말

가야에 대한 연구는 우리나라 고대사의 연구 중에서 오랜 기간 학계나 일반인의 관심을 끌지 못했다. 그러다가 1980년대부터 매우 활발하게 진행되어 짧은 기간임에도 불구하고 질적으로나 양적으로 상당한 발전을 이룩하였다. 이들 연구는 역사학의 경우 『일본서기』의 내용을 적극적으로 비판수용하고 고고학 자료를 적극적으로 활용했고, 고고학의 경우 급증한 발굴자료를 분석하고 문헌사학에서의 연구결과를 활용하는 방식으로 진행되었다.

이러한 연구의 활성화에 따라 가야의 전반적인 특징의 파악에서 시작된 가야의 연구는 가야 소국간의 정치적 혹은 군사적 관계, 각 집단내에서의 묘제와 유물의 변천 등 보다 구체적이고 세부적인 면에 대한 검토로 발전하였다. 그리하여 최근에는 가야 제국들의 성장 과정과 성격을 개별적으로 접근해볼 정도에까지 이르렀다. 이와 같은 많은 연구

---

* 전 충북대학교 고고미술사학과 교수
이 논문은 2001년도 교육부 가야사정책연구위원회 학술연구지원에 의해 수행된 연구임.

에도 불구하고 비교적 등한시되어 온 것이 가야의 사회적 발전과정과 그러한 변화의 원동력에 관한 것이다.

가야의 실체를 파악하기 위해서는 개별 집단들의 성격, 특정 시점의 문화상이나 사회상 등에 대한 세밀한 이해는 필수적인 과제이다. 그렇지만 가야의 사회적 발전을 거시적으로 조망하여 그와 같은 변화의 動因을 추출하고, 과연 가야의 사회적 발전 단계가 어떠했는지를 밝히는 작업은 그에 못지 않은 중요한 사안이다. 거시적 안목에서의 연구는 개별적인 사실 이해에 바탕을 두고 있지만, 역으로 그러한 사실 이해를 더욱 충실하게 해 줄 수 있는 틀을 제공해 줄 뿐 아니라 개별적 접근에서 드러나지 않은 여러 요소들을 파악하게 해준다는 점에서 중요하다.

이상과 같은 취지에서 이 연구는 가야라고 총칭되는 여러 정치체들의 사회적 발전에 원동력으로 작용했던 요인을 추출하고, 가야의 정치체가 사회적 진화단계에서 어느 수준에 도달했는지를 평가하고자 한다.

가야의 사회적 특징은 여러 정치체들이 통합되지 않고 수세기 동안 공존하였으며, 세부적인 면에서 차등은 있지만 사회적 발전 속도와 추세에서 별다른 차이가 없었다는 점이다. 그러므로 이 글에서는 어떠한 요인에 의해 가야는 주변국가와는 달리 다수의 정치체들의 집단구조로 유지되었고, 어떻게 작은 규모에도 불구하고 높은 사회 복합도를 이룩할 수 있었는지를 살피고자 한다.

이러한 목적을 위해 먼저 사회의 진화적 변화 연구와 관련된 시각을 이론적으로 간략히 검토하였다. 이것은 본 연구의 시각과 관련된 것으로서 사회 변화의 연구에서 일반진화와 특수진화의 관점 차이를 지적하였고, 이를 통해 연구의 방향을 명시하였다.

다음으로는 가야의 공간적 범위를 설정하였다. 이것은 본 연구가 가야 전역의 성격을 전반적으로 살피는 작업이기 때문에 필요하다. 지역 범위 설정의 근거는 후술하겠지만, 결과적으로 한정된 범위는 낙동강에 인접한 동서 양안 지역과 서부 내륙지역이다.

사회 발전의 동인 분석은 특수진화적 접근으로 행해졌다. 가야의 고유한 성장유형을 유발했다고 생각되는 요인이 항목별로 분석되었다. 고려된 요인들은 지형, 농업생산력, 사회적 환경, 가야 성원간의 상호작용 등이다.

마지막으로 일반진화의 안목에서 가야의 사회적 단계 파악을 시도하였다. 이를 위하여 먼저 사회 진화에 대한 제설들을 검토하였다. 세계에 널리 통용되는 일반진화의 여러 단계 중에서 가야와 관련하여 검토되어야 할 것은 군장사회와 국가의 판별이었다. 여러 주장들의 비교를 통해 가야에 유효하다고 판단되는 몇 가지 판별기준을 선정하여 이를 적용하였다. 이러한 판별작업에서 대상이 되는 것은 가야 전체가 아니라 마땅히 가야의 개별 정치체이다. 그런데 가야 제국을 모두 검토하는 것은 이 작은 연구에서는 불가능하고 현실적으로도 불완전한 자료의 여건상 대부분의 집단은 판별이 불가능한 상태이다. 이러한 이유 때문에 후기 가야에서 가장 세력이 강했다고 여겨지는 대가야의 단계 판별에 집중하였다.

Ⅱ. 연구 시각의 설정

한 사회의 성격을 파악하는 데 있어 사회적 발전이 어느 단계에 도달했는지를 살펴보는 것은 매우 중대한 사안임에 틀림없다. 그러나 그러한 중요성에도 불구하고 단계를 파악하는 작업은 보통 까다로운 작업이 아니다. 그 이유는 통상적인 사회 발전단계란 인류학의 사회진화론 안목에서 설정된 것으로서 단계를 규정해주는 기준 자체가 인류학적 요소이기 때문이다. 다시 말해서 그 기준은 대상 사회를 상세히 그리고 직접 관찰함으로써나 겨우 가능할 정도로 추상적이면서 비물질적인 성격을 띠고 있을 뿐 아니라, 상이한 단계간의 구별이 기준 요소의 유무가 아니라 정도의 차이에서 비롯되는 것이 많기 때문이다. 그러므로 불완전한 문헌의 내용을 어떻게 해석하고 수용하느냐에 따라 인류학적 기준의 충족 여부가 달라지게 된다. 이러한 점은 고고학의 경우에도 마찬가지로 인류학적 기준이 고고학 자료에 어떻게 투영될지의 여부는 시원스러운 해답을 기대하기 어려운 상태이며, 이는 학문간의 본질적 특성 차이에 기인한 것이기 때문에 좀처럼 해결하기 어려운 과제이다.

인류학이 아니라 역사학적 안목에 따라 사회의 발전단계를 파악하고자 하는 시도도 물론 가능하다. 이에 따라 인류학적 모델에 너무 의존하는 것을 경계해야 한다거나,[1] 너무 한 쪽에 치우치지 말고 상호보완적 관점에서 접근을 하는 자세가 필요하다는 점도[2] 주장된 바가 있다. 그런데 조금 더 폭 넓게 보면 인류학적인 모델과 역사학적인 모델은 그다지 대립적이지 않다. 양자의 조화는 인류학적 진화론의 일반진화와 특수진화라는 개념을 통해 이루어질 수 있다.[3]

일반진화(general evolution)는 흔히 문화나 사회의 진화라고 하면 떠올리게 되는 도식적인 발전단계로서 전통적 진화론의 입장을 대변하는 것이다. 이러한 단계는 세계 각지의 민족지와 고고학 혹은 역사자료를 종합하여 진화론적 안목에서 대표적인 사례를 선별하여 단선적인 변모과정으로 이해한 것이다. 그러므로 이들 단계간에는 지역적으로 아무런 관련성을 요구하지 않는다. 시간적으로는 물론 아래 단계에 속한 사회가 더욱 오래된 집단일 가능성이 높지만, 지역에 따라 진화의 속도가 다르고, 퇴행도 가능하기 때문에 선후관계가 항상 성립되는 것은 아니다. 일반진화사의 단계는 특정한 환경을 고려하지 않고 환경일반에 대처할 수 있는 전면적이고 전능한 능력에 따라 결정된다.

---

1) 李鍾旭, 「韓國 初期國家 形成·發展 段階論의 인류학 이론 수용과 그에 대한 비판의 문제」, 『韓國上古史學報』 29, 1998, 109~141쪽.

2) 盧重國, 「總論」, 『한국 고대국가의 형성』, 한국 고대사 연구회 편, 민음사, 1990, 11~38쪽.

3) 일반진화와 특수진화는 신진화론의 성립과 관련된 것으로 Thomas G. Harding eds., *Evolution and Culture*, The University of Michigan Press, 1961, pp. 12~24 참조.

이에 반해서 특수진화(specific evolution)는 특정한 집단이 겪게 되는 사회적 변화를 조망하는 안목이다. 이것은 지역마다 고유한 자연적·사회적 환경 속에서 벌어지는 역사적 변화를 살피는 안목이다. 특수진화상의 진화정도는 주어진 환경에 대한 적응도이다. 그러므로 지리적 무대와 역사적 배경이 다른 집단간의 비교는 무의미하다. 예를 들어 에스키모 사회의 경우 그들이 영위하는 사회제도가 현대인의 기준에 의해서 볼 때 아무리 원시적이라고 하더라도 특수진화적 안목에서는 매우 진화된 사회로 평가된다.

가야의 발전과정의 동인을 검토하는 작업은 특수진화적 안목에서 행해진 것이다. 그러므로 동인의 파악은 일반진화의 틀에서 거론되는 전쟁, 교역, 관개 등의 통상적인 요인의 식별보다 가야사회가 처해 있었던 구체적 환경과 여건의 검토에 치중하였다. 다음으로 가야의 단계 파악은 일반진화의 틀 속에서 이루어졌다. 일반적으로 사회단계의 파악은 그 자체로서 그치지 않고 타 집단과의 비교검토의 과정에 활용이 된다. 그렇기 때문에 공통기준에 의거한 단계의 식별이 필요하게 된다.

Ⅲ. 가야의 지리적 범위

정치체의 지배 영역을 부실한 기록을 통해 복원하고자 하는 작업은 각양각색의 결과가 도출되는 난감한 작업이다. 그런가 하면 정치적인 면 외에도 다양한 요소의 영향을 받았을 뿐 아니라 그 영향도 직접적으로 반영하지 못하며, 나아가 대표성 없이 편파적으로 이루어진 조사에 따라 알려진 고고학 자료를 활용한 복원 역시 무모하다고 할 정도로 대담한 시도이다.

문제를 더욱 어렵게 하는 것은 연구 단위의 규모수준이다. 고구려와 이웃 중국처럼 대국 사이의 경계를 정하는 작업도 어려운 마당에 가야의 연구에서는 가야 제국간의 경계까지 복원하고자 한다. 이러한 시도에서 허용되는 경계선의 오차범위는 불과 수 km 수준이다. 이는 고고학의 원론상으로 분명 불가능한 일이라 할 수 있다. 세밀한 속성의 관찰을 통해 경계선의 설정은 항상 가능하다. 그렇지만 그 경계선의 사실성 보장은 전혀 별개의 문제이다.

이와 같은 어려움에도 불구하고 가야 연구에서 정치적 경계에 대한 비중을 학자들이 날로 키워가고 있는 점은 불행한 현실이다. 이 연구에서는 개별 가야의 경계는 중요하지 않고 복원을 시도하지도 않았다. 다만 가야 제국간의 전반적인 사회발전을 살피기 위해서는 가야 집단을 한정해야 하므로 신라와의 경계 정도, 즉 신라와 만나는 동쪽의 대체적인 경계를 살펴보고자 한다.

낙동강 이서지역이 가야의 주된 무대였다는 점에 대해서는 이견이 없다. 가야의 지리적 범위에 대해서 논란의 대상이 되는 곳은 대구, 경산, 창녕, 부산과 같은 낙동강 동안지역과 낙동강 서안지역 중의 성주이다. 이들은 『三國遺事』나 『日本書紀』의 내용과 지명 비정에 따라 대체로 가야의 영역으로 받아들여져 왔다. 그런데 이들 지역이 본래부터 가야로 취급될 수 없다거나 일찍이 신라의 영역 속에 편제되었다는 견해가 지명의 새로운 비정을 비롯한 문헌분석과 고고학 자료의 해석을 통해 제기되었다.[4] 이러한 과정에서 종래의 고고학적 검토가 적석목곽분 아닌 모든 묘제의 분포지역을 가야와 동일시함으로써 가야지역이 지나치게 넓어졌다고 지적되었고, 경주출토 유물과의 유사성에 초점을 맞추어 경주계통의 특징이 분포된 지역은 가야의 영역에서 제외되었다. 그 결과 가야의 영역은 이번에는 낙동강 중하류의 서쪽 지역으로 지나치게 축소되었다.[5] 그 결과 문헌에 보이는 대표적인 가야 세력인 김해의 존재도 일찍이 신라의 영향권속에 편입되어 신라인지 가야인지 구분이 되지 않을 정도인 정체불명의 집단으로 추락하기도 했다.

---

4) 金泰植, 『加耶聯盟史』, 1993, 一潮閣.

5) 고고학 자료를 가야의 영역 확인에 적극적으로 활용한 것은 金泰植의 문헌사적 연구에서 두드러지는데, 고고학자들 중에는 그러한 영향을 받은 경우도 있다.

대구와 경산지역과 관련해서는 문헌상의 탁순과 탁기탄을 살펴볼 필요가 있다. 탁순과 탁기탄이 신라에 병합된 원인은 『日本書紀』 欽明紀 2年(541년)條에 나와 있는데, 그 중에서 탁기탄은 가라(대가야)와 신라의 접경에 있어 매년 공격을 받아 패해 왔다고 전해진다. 탁순과 탁기탄의 위치가 어디였는지에 대해서는 여러 가지 설이 있는데, 음운의 유사성을 토대로 한 전통적인 설과 전투나 근처 지형 관련기사를 위주로 고고학 자료를 함께 고려한 근래의 설로 나뉘어진다. 세부적으로 견해차가 있기는 하지만 음운에 주안점을 두는 경우 탁순은 대구, 탁기탄은 경산으로 보는 견해가[6] 대표적이다. 음운설을 배척한 근래 설로는 탁순이 창원, 탁기탄이 영산과 밀양 일대라는 견해가[7] 제기된 후, 이를 반박하여 탁순이 의령읍, 탁기탄이 의령군 부림면 지역이라는 견해가[8] 주장되었고, 탁순은 의령지역이 되기 어렵고 탁순과 탁기탄이 창원 - 마산과 진영 일대일 가능성이 발표되었다.[9] 이러한 수정안에 따르면 대구 일대가 가야의 영역에서 배제되는데, 탁순은 대구라는 최근의 견해[10]는 대구 일대를 다시 가야 지역으로 편입시켰다.

이와 같이 지명의 유사성을 배제한 입장은 관련 기사의 해석에 따라 지명의 비정에 차이가 있다. 이와 같은 접근에서는 고고학 자료가 검토되는 경우 신라 유물과 유사한 유물이 출토되는 지역은 배제하거나 고총고분의 유무를 중요한 기준으로 삼기도 한다. 물론 유물과 유구에 관한 고려가 본질적으로 잘못된 것은 결코 아니지만, 유물의 특징 변화에는 여러 요소가 작용할 수 있기 때문에 경주 출토품과 유사성이 많다고 해서 신라의 영역에 편입시키는 것은 고고학 자료에 대한 지나

---

6) 鮎貝房之進, 「日本書紀朝鮮地名攷」, 『雜攷』 7, 1937.

7) 金泰植, 앞의 책, 1993.

8) 李熙濬, 「토기로 본 大加耶의 圈域과 그 변천」, 『加耶史硏究-대가야의 政治와 文化』, 慶尙北道, 1995, 365~444쪽.

9) 洪潽植, 「考古資料로 본 가야 멸망 前後의 社會動向」, 『韓國上古史學報』 35, 2001, 80~116쪽.

10) 白承玉, 「卓淳의 位置와 性格-日本書紀 관계기사 검토를 중심으로-」, 『釜大史學』 19, 1995.

친 단순시각이다.[11] 더구나 고분 분포의 경우 현재까지 지표상의 특징만에 의존한 고분의 규모와 분포 파악은 매우 불완전하고 편년도 불확실하므로 특정지역의 정치체 비정에 활용하기에는 위험성이 매우 높다.

이 글에서는 탁순은 대구이고, 탁기탄은 경산이라는 입장을 취한다. 그것은 탁순이 대구의 옛지명인 달구벌과 음운상의 유사성이 있다는 점이 설득력이 있고, 인접했을 탁국이 가야와 신라 사이에서 신라의 잦은 침공을 받았다는 『日本書紀』의 기사를 고려할 때 경산이 지리적으로 매우 부합되기 때문이다. 삼한시대에 이미 진한의 특징을 보이고, 5세기대의 묘제와 유물이 신라계라는 점에서 대구지역을 가야의 영역에서 배제하는 경우가 있지만,[12] 진한과 변한 시대의 지역적 특징은 뚜렷하지 않고, 양자를 구별할 고고학적 기준이 명확하지 않다. 그리고 대구 지역은 낙동강유역의 정치집단 중 경주와 가장 쉽게 통할 수 있는 지역에 위치하기 때문에 가야라고 하더라도 경주 혹은 신라 영역내의 집단들과 교류가 활발하였을 것이기 때문에 고고학 자료상의 유사성은 얼마든지 기대할 수 있다. 이러한 유사성은 오히려 고고학 자료를 정치적 차원에 직결시키기가 어렵다는 예로서 받아들여져야 마땅하다. 또한 대구와 경산이 가야의 소국이라면 신라의 영역이 경주평야로 국한되고 가야의 영역이 지나치게 넓어진다는 주장은[13] 과장된 감이 있다. 오히려 대구가 5세기에 이미 신라의 영역에 편입되었다면 바로 인접한 고령 대가야의 융성은 신라의 직접적 위협 때문에 상상하기 어렵다.

금동관과 같은 위세품이 경주의 출토품과 유사하다는 점에서 신라의 통치권에 속한 것으로 보는 견해도 많지만, 세부적인 면에서는 차

---

11) 고고학 자료를 가야의 영역 확인에 적극적으로 활용한 것은 김태식의 문헌사적 연구에서 두드러지는데, 고고학자들 중에는 그러한 입장에 동조하는 경우도 있다.
12) 金泰植, 앞의 책, 1993, 180~182쪽.
13) 金泰植, 앞의 책, 1993, 178쪽.

이점도 인지되고 있다.[14] 신라가 지방관을 파견하여 지방에 대한 지배를 강화하는 것은 5세기 후엽에 들어서면서부터라는 점을[15] 감안하면, 이들 위세품을 곧바로 신라세력의 상징으로 보기 어렵다. 특히 관모의 경우 경주를 제외하면 대부분 낙동강 연안의 지역에 집중 분포되어 있다는 점은 이들이 경주에서 하사된 것이라기보다는 가야 수장들의 위세품으로 보는 것이 타당하다는 점을 시사해준다. 또한 신라에 병합되기 전의 6세기 전반 옥전 M6호에서 출토된 出字形 관모의 성격에 대해 경주에서 하사된 것으로 보기도 하고[16], 자체 제작된 것으로 파악하기도 한다.[17] 그렇지만 아직 다라국이 존재하던 때이고, 토기는 순수한 가야적 특징을 보이고 있다는 점은 관모의 형태적 유사성만으로 신라의 지배권을 상정하는 데 무리가 있다는 점을 보여준다.

한편 금동관의 재질이 경주에서 많이 출토된 열등한 신분의 상징이기 때문에 신라의 지배에 들어간 지역 수장에게 신라 조정에서 하사한 것으로 보는 인식도 있지만, 금과 금동의 상대적인 관계는 동일 정치체 내에서나 유효한 것이기 때문에 국력이나 예속관계의 직접적인 증거가 되기 어렵다. 금의 사용은 금광의 분포와 금에 대한 선호도와도 긴밀한 관계가 있다. 신라인들의 금에 대한 선호는 '보물의 나라' 혹은 '금과 은이 많은 나라'라고 『日本書紀』 仲哀紀 8年條에 묘사될 정도로 대단한 것이었다. 그리고 이제까지 경주에서 출토된 금관은 대부분 5세기 후반 혹은 6세지 전반에 속한 고분들이며, 그 이전에는 신라 왕족들이 금동관을 착용 혹은 부장했던 것으로 추정된다.[18] 또한 경주 내에서도 왕으로 보기에 충분한 98호 남분에서는 금동관이 출토되는데

14) 朴普鉉, 「威勢品으로 본 古新羅社會의 構造」, 慶北大學校 大學院 博士學位論文, 1995.
15) 朱甫暾, 『新羅中古基의 地方統治와 村落』, 啓明大學校大學院 博士學位論文, 1995.
16) 李熙濬, 「신라의 加耶服屬 過程에 대한 고고학적 검토」, 『嶺南考古學』 25, 1999 ; 洪潽植, 앞의 논문, 2001.
17) 이한상, 「裝身具를 통해 본 大加耶聯盟-耳飾의 분석을 중심으로-」, 『대가야의 정치와 문화적 특성』, 제1회 대가야사 학술세미나, 1999, 71~90쪽.
18) 김원용, 『한국고고학개설』, 일지사, 1986, 235쪽.

비해 여성의 무덤으로 추정되는 98호 북분에서는 금관이 나오는 점을 보면 금관과 금동관의 신분적 차이는 확고했던 것으로 보이지 않는다.

고고학 자료의 특성과 관련된 이상의 입장은 성주, 창녕, 부산, 김해의 경우에도 그대로 적용된다. 이들에서 확인되는 고고학 자료의 특징이 고령이나 함안지역과는 다르고, 대구와 마찬가지로 경주와 유사성을 보인다고 하더라도 이것을 반드시 신라의 정복이나 통치와 관련시키는 것은 옳지 않다.[19] 성주를 비롯한 삼국유사 5가야조의 몇몇 집단의 명칭은 그러한 이름이 『일본서기』 등에 등장하지 않는 점에서 의심스러우며 아마도 이들은 羅末麗初에 만들어진 것으로 보는 의견도 있다.[20] 그러나 고령이 '대가야'와 '가라'라는 복수의 명칭으로 불려졌듯이 이들 역시 『三國遺事』에 기록된 명칭과는 다른 이름으로도 불려졌을 가능성이 있으며, 가야의 일원이었다는 역사성을 전면부인하기 어렵다고 판단된다. 이러한 점에서 『三國志』 東夷傳에 변진한의 소국을 열거하면서 유독 가야의 전신인 변한 소국의 명칭에는 '弁辰'이라는 용어가 붙은 것은 단순히 진한의 소국과 구분하기 위한 것을 넘어 본래 명칭의 일부였을 것으로 짐작하게도 한다. 두 집단을 구분하기 위한 목적만이라면 굳이 여러 곳에 중복첨자를 할 필요 없이 변한의 국가명과 진한의 국가명을 구분하여 소개하기만 하면 되었을 것이다. 이러한 점에서 변한이나 가야의 성원들의 명칭에는 본래 변진이나 가야 같은 용어가 공통으로 붙여지기도 했으며, 이것은 변한과 이들의 후신인 가야가 낙동강을 주된 통로로 하여 동질적인 자연환경 속에서 긴밀한 교류를 통해 높은 유대감을 유지하고 있었을 것이라는 점과 관련된 것으로 믿어진다.

김해의 경우도 토기류의 특징변화를 기반으로 5세기대에 이미 신라의 영역으로 간주되기도 하지만 532년 신라에 투항했다는 역사적 기록이 당연히 우선되어야 할 것이다. 창녕의 경우도 『三國遺事』의 기록을

19) 權鶴洙, 「加耶諸國의 相互關係와 聯盟構造」, 『韓國考古學報』 31, 1994, 137~162쪽.

20) 金泰植, 앞의 책, 1993, 71~74쪽.

인정하여 가야의 일원으로 보고, 최근 白承玉의 견해(「卓淳의 位置와 性格-日本書紀 관계기사 검토를 중심으로-」, 『釜大史學』 19, 1995.)와 같이[21] 520~530년대 신라의 가야 침공이 본격화되기 직전까지 가야의 정치체로서 기능했던 것으로 이해한다.

이상과 같은 점들을 종합하여 가야의 영역은 낙동강 서안 지역이 아니라, 소백산맥 이동의 구릉지역과 낙동강 서안, 그리고 낙동강 동쪽의 인접지역으로 설정하였다. 이에 따라 대구, 경산, 창녕, 밀양, 부산 등이 포함되었다. 가야 중심집단의 대부분은 낙동강 본류와 황강이라는 큰 지류에 인접한 곳에 자리잡았다. 이에 비해서 진한 혹은 5세기대까지 경주에 일찍 복속된 신라지역은 낙동강 동안의 동쪽 구릉지대로부터 동해안에 이르는 지역으로 설정되며, 그 면적은 가야 지역보다 상당히 넓다. 영남지역을 이렇게 구분하여 조망해보면, 가야 세력들은 낙동강을 따라 형성된 대등한 자연조건 속에서 낙동강의 맥을 따라 긴밀한 교류 속에 함께 성장하였고, 신라 지역은 대부분이 구릉성 지대로 형산강을 따라 형성된 비교적 유리한 평야지대에 자리잡은 경주세력의 입지적 우위를 점할 수 있었다는 점이 특징으로 나타난다.

Ⅳ. 가야사회 발전의 動因

가야의 사회적 특징은 고구려, 백제, 신라와 명백하게 구분된다. 그것은 다름이 아니라 가야는 여러 소국으로 구성되었고, 멸망할 때까지 통합되지 못했으며, 각 소국들은 작은 규모에도 불구하고 신라에 비견될 정도로 뛰어난 고고학 자료를 남기고 있어 사회의 복합도가 상당히 높았다는 점이다.

이미 밝힌 바와 같이 특수진화적 관점에 의한 가야사회의 발전 동인을 파악하기 위해서는 이와 같은 특징적 발전 과정에 작용하였을 환경

21) 白承玉, 『加耶 各國의 成長과 發展에 관한 硏究』, 釜山大學校大學院 博士學位論文, 2001.

적 요소와 사회적 요소를 모두 고려해야 한다. 자연환경은 물자의 교류, 식량생산, 군사적 방어 등에 많은 영향을 주었다. 그리고 가야의 내적·외적 사회환경은 정황적 요소로서 자연환경에 못지 않은 커다란 영향을 발휘했을 것으로 추정된다.

사회의 변화에는 하나의 동인만이 작용하지는 않는다. 그러므로 이 연구에서는 가야 고유의 자연적·사회적 환경의 여러 요소들을 고려하는 문화생태학적인 맥락에서 접근하였다. 대략 다음과 같은 5가지의 원인요소들을 고려하였다.

1. 지형적 특징

가야가 번성했던 영남지역에는 낙동강이라는 큰 강의 본류와 지류가 넓은 지역을 관통하고 있다. 영남지역은 이에 따라 낙동강유역지구와 동부지구, 서부지구로 구분할 수 있다.

서부 지구에는 소백산맥이 발달되어 산과 구릉이 대부분을 차지하며 지역간의 교통이 원활하지 않다. 소백산맥의 기슭과 낙동강의 유역 사이는 대부분이 구릉지대로서 낙동강의 작은 지류를 따라 침식된 계곡들이 산재되어 있다. 한편 낙동강유역 지구를 이루는 본류의 동서안과 남강, 황강, 금호강과 같은 지류의 남북안은 분지형의 충적대지로 이루어져 있다. 이 지역은 가야의 주된 세력이 집중되어 있던 지역이고, 오늘날도 낙동강을 따라 발달한 취락지들이 주로 위치한 곳이다. 마지막으로 동부 지구는 동해안으로 흘러가는 형산강을 제외하면 별다른 하천이 생성되지 못해 충적대지가 발달하지 못하여 대부분 구릉지대를 이루고 있다. 동부지역의 대부분은 태백산맥의 끝자락으로 소백산맥 지역보다는 산의 발달이 덜하고 해발 고도도 낮은 편이다.

이들 세 지구 중에서 가야 제국의 중심지들은 평야와 얕은 구릉이 자리잡고 있는 낙동강 동서안에 발달하였다. 물론 이러한 위치 선정은 다음에서 살펴볼 농업 생산력과도 밀접한 관계를 지니고 있지만, 지형적인 면에서 두 가지 요소와 관련이 깊은 것으로 보인다. 그 중 첫 번

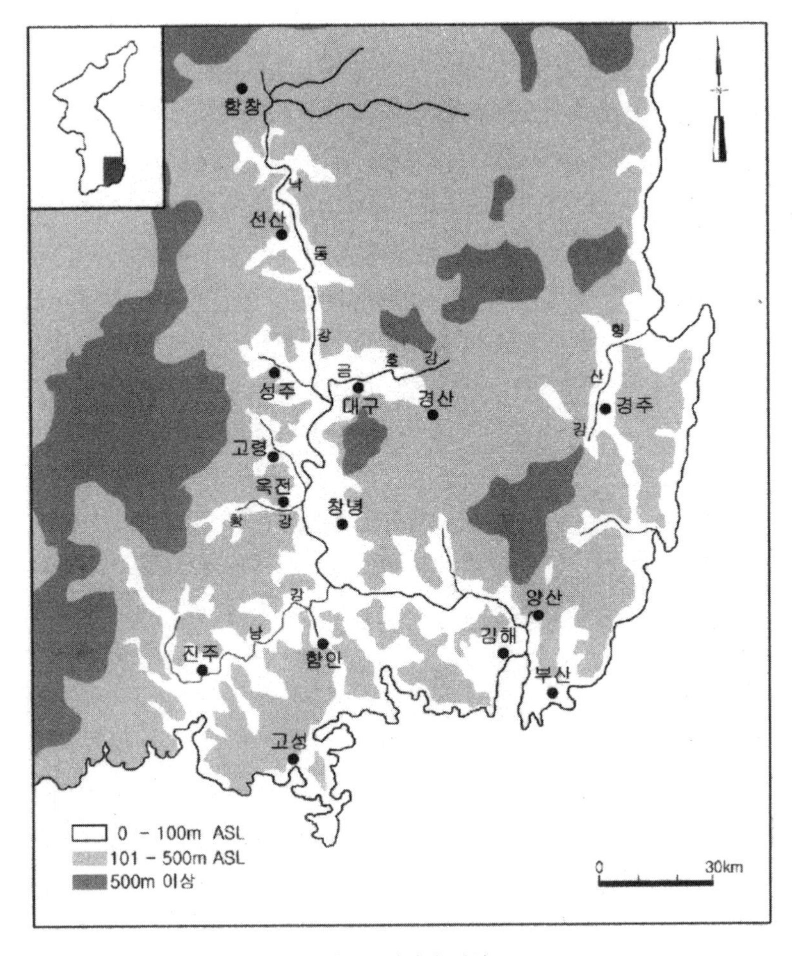

<도면 1> 가야의 지형도

째 요소는 가야 제국간의 효율적인 연결망의 형성과 관련된 것으로서 중심지들이 線形的인 분포를 보이면서 상호 일정한 거리가 유지되고 있다는 점이다. 두 번째 요소는 이들 중심지가 낙동강의 본류나 지류에서 어느 정도 내륙으로 들어와 있다는 것이다.

취락의 선형적인 분포는 주로 강을 따라 취락이 형성된 경우에 나타나는 것으로 취락간의 거리와 江岸의 선택에 주로 초점을 맞추어 볼 수 있다.[22] 가야 중심지들 간의 거리는 가장 인접한 중심지 간의 거리를 통해 살펴볼 수 있다. 이들의 거리는 평균이 22.4km이고, 대부분의 수치가 15~23km에 걸쳐 있다. 이러한 균일한 분포는 중심지가 위치할 만한 충적대지의 분포와 어느 정도 관련되어 있다. 지형도를 보면 성주, 대구, 고령, 옥전 인근에 구릉으로 둘러싸인 충적분지가 일정한 거리를 유지하고 있음을 알 수 있다(도면 1). 그렇지만 이와 같은 자연적 지형만으로는 왜 나머지 가야의 중심지들도 일정한 간격을 유지하고 있는지를 설명해주지 못한다. 예를 들어 함안 주변에는 가야읍말고도 이와 대등한 지형적 요건을 갖춘 충적 분지가 존재하고, 진주나 창녕 주변에는 충적대지가 매우 넓게 펼쳐져 있다.

낙동강을 따라 일정한 간격을 보이는 가야 중심지의 분포는 하천이 주된 교통로 역할을 담당하는 지역에서 나타나는 일반적인 양상이다.[23] 하천이 주된 교통로인 경우 취락의 분포가 일정할 때 가장 효율적으로 물자가 유통되고 정보교환도 원활해진다. 일정한 간격이란 최대한의 거리를 유지하는 것과 같기 때문에 한정된 자원에 대한 갈등의 소지를 최소화한다는 장점도 지니고 있다. 한편 성주와 함창의 경우는 다른 중심지들에 비해 거리가 다소 멀지만 이것도 같은 논리로 설명이 된다. 그것은 물자의 교역이나 정보의 유통은 소비와 공급의 관계에 영향을 받기 때문이다. 성주나 함창의 경우 주변에 충적대지의 발달이 다른 지역보다 작기 때문에 단위 면적당 인구의 규모도 적었기 때문에 그만큼 큰 간격이 필요했던 것으로 설명할 수 있다.

두 번째 특징으로서 가야 중심지는 강으로부터 평균 10km 정도 내

---

22) A. F. Burghardt, "The location of river towns in the central lowland of the United States", *Annals of the Association of American Geographers* 49, 1959, pp. 305~323 ; Kent V. Flannery, "Linear stream patterns and riverside settlement rules", Kent V. Flannery ed., *The early Mesoamerican village*, Academic Press, 1976, pp.173~180 ; Robert G. D. Reynolds, "Linear settlement systems on the upper Grijalva River", Kent V. Flannery ed., *The early Mesoamerican village*, Academic Press, 1976, pp. 272~294.

23) A. F. Burghardt, ibid., 1959.

륙으로 들어와 있다는 점이다. 예외적으로 고성이 멀리 떨어져 있는 점은 소가야의 경우 해양교통이나 해양자원의 확보가 중시되었기 때문인 것으로 생각된다. 중심지들이 강으로부터 떨어져 있는 것은 물론 강에 너무 인접하는 경우 저습하여 정착이 불가능하고 침수의 우려도 높다는 점이 고려되었겠지만, 강을 통한 공격에 대비하는 의도도 많이 작용하였을 것이다.

가야의 중심지들은 구릉지로 둘러싸인 충적분지에 해당하는 지역이다. 그러므로 가야의 중심지들은 낙동강으로 연결되어 있으면서도, 한편으로는 적당한 수준으로 거리를 두고 있는 셈이다. 이 경우 강을 통한 길목의 수비에 전념함으로써 외부로부터의 침공을 효과적으로 막을 수 있게 된다. 이러한 점에서 중심지들을 둘러싼 구릉과 중심지들 사이의 구릉들은 외부로부터의 위협에 대한 일종의 차단장치 역할을 하였을 것이다.

이상 살펴본 바와 같이 자연지형과 더불어 이와 같은 경제적 혹은 사회적 요건에 의해 가야의 소국들은 낙동강을 단일하고 주된 통로로 삼아 물자와 정보를 교류하였고, 심각한 세력의 편차 없이 함께 발전해갈 수 있었을 것이다.

2. 농업생산력

사회가 존속하기 위해서는 식량의 확보는 필수적이다. 더구나 복합사회의 출현은 몇몇 상업도시를 제외하면 많은 인구를 부양할 수 있는 농업생산의 집약화와 밀접한 관련을 맺고 있다.[24] 신석기시대와 청동기시대를 거치면서 농업이 한반도에 널리 퍼졌고, 원삼국시대에 들어서면서 농업의 발전과 확산은 더욱 두드러졌다. 문헌기록으로도 『三國志』 東夷傳에는 弁辰의 토지가 비옥하여 오곡과 벼를 심었다고 하였다.

24) Fekri A. Hassan, *Demographic Archaeology*, Academic Press, 1981, p. 250.

영남지역 중에서도 가야의 중심지들이 자리잡은 낙동강유역은 농사에 가장 적합한 지역이다. 해수면의 변동과 같은 자연환경적 변화 때문에 가야시대의 농업여건이 오늘날과는 다른 면이 있을 것이다. 최근의 연구를 보면 특히 김해지역의 경우 오늘날의 비옥한 평야지대의 상당부분은 예전에 저습지였을 가능성을 제시하고 있다.[25] 그런데 이러한 연구는 가야의 일부 지역에 대해서만 이루어져 가야시대 당시의 가야 전역의 자연 여건이 오늘날과 구체적으로 어떻게 달랐는지에 대해서는 상세히 알 수 없는 상태이다. 그렇기 때문에 가야시대의 농업생산력을 정확히 복원하는 것은 매우 어려운 작업이다. 그렇지만 이번 연구에서 필요한 것은 개별 지역에 대한 농업생산력의 정밀한 산출이 아니라 영남지역 전체에서의 농업생산력의 분포 양상이다. 영남지역 내에서 생산력이 상대적으로 높은 지역과 낮은 지역이 어떻게 분포되어 있는지에 대한 대체적인 검토만으로도 어느 정도 유용한 정보를 추출할 수 있다. 다시 말해서 동쪽과 서쪽의 산악·구릉지대에 대한 낙동강 연안지역의 상대적 비교나 낙동강 연안지역들 간의 상대적 비교는 절대적이고 엄밀한 수치를 요구하지 않는다.

남한 지역에 대한 종합적인 농업생산력을 고도, 토지경사도, 기온, 강수량, 토지 비옥도라는 다섯 가지 환경요소와 관련하여 평가한 적이 있다. 그 결과 곡물별로 이들 간의 상관관계가 검토되었고, 그것을 기반으로 군단위의 지역에 대한 상대적 농업생산력에 대한 회귀모델이 고안되었다.[26]

가야시대에 재배되었을 벼와 오곡 중에서 오곡이 정확히 무엇을 의미하는지는 불분명하고, 당시 가장 중요한 곡물은 벼였던 것으로 추정되기 때문에 가야의 농업생산력은 벼에 초점을 맞추었다. 水稻의 잠재생산력을 측정하는 회귀방정식을 이용하여 영남지역의 농업생산력을 군 단위로 산출하였다. 그 결과를 보면(도면 2) 농업생산력은 낙동강유

---

25) 황상일·윤순옥, 「대구분지의 선사 및 고대 인간생활에 미친 Holocene 자연환경변화의 영향」, 『韓國考古學報』 41, 1~36쪽.

26) 徐贊基·李中雨, 『한국의 농업지대 구분』, 문교부 정책과제 연구보고, 1978.

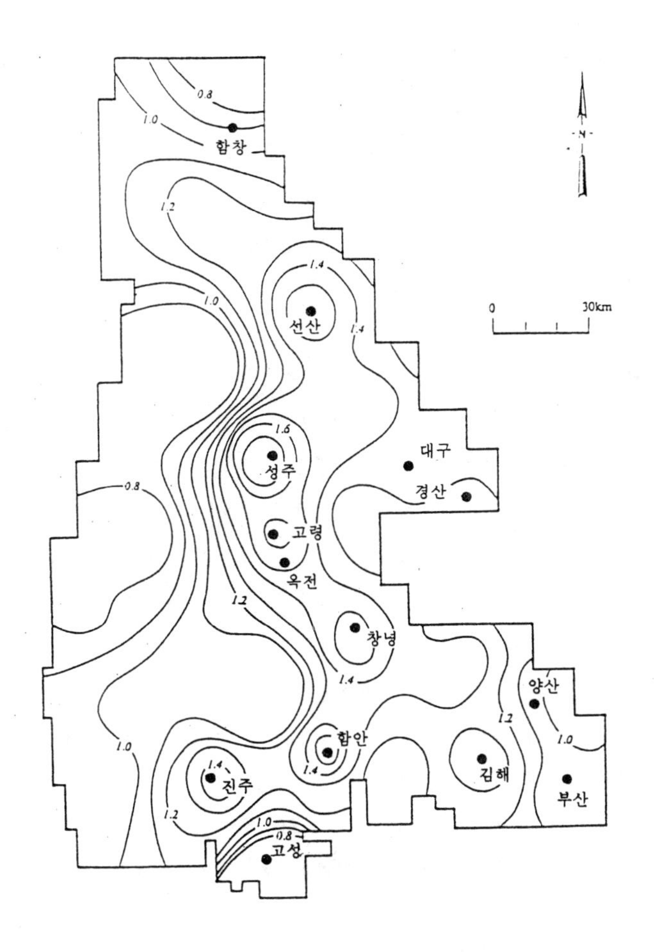

<도면 2> 농업생산력의 분포

역을 따라 가장 높은 분포를 보였고, 이로부터 동서로 멀어지면서 농업생산력이 떨어짐을 보인다. 특히 주목할 사항은 대부분 가야 제국의 중심지들이 봉우리를 이루고 있다는 점으로 이것은 이들 중심지들이 그 중에서도 생산력이 높은 곳에 자리했음을 보여준다.

다음으로 살펴볼 것이 가야 제국 간의 상대적인 생산력 비교이다. 이를 위해서는 가야 제국의 경역을 알고 있어야 하지만 이것은 알 수 없는 상태이기 때문에 각 중심지에 일정한 반경의 원을 설정하여 그 지역의 농업생산력을 비교하였다. 원의 반경은 가야 중심지 간 평균 거리인 23.5km의 절반으로 하였다. 반경 내의 농업생산력은 원 속에 포함된 각 군의 면적 비율과 그 군의 농업생산력을 곱하여 합산한 것으로 산출하였다. 이러한 방법으로 산출된 중심지별 농업생산력은 함창 1.03, 선산 1.54, 성주 1.89, 대구 1.25, 경산 1.22, 고령 1.59, 옥전 1.23, 창녕 1.55, 진주 1.50, 고성 0.60, 함안 1.48, 김해 1.42, 양산 0.94, 부산 0.97이다.

이들 수치의 분포를 살펴보면 가야 중심지들의 농업생산력은 매우 균등함을 알 수 있다. 이들 14개의 중심지들 중 10곳이 1.03~1.59에 모여 있었다. 여기서 함창, 성주, 고성, 양산, 부산 등 내륙 깊숙한 곳이나 해안을 면한 지역으로서 지나치게 작거나 큰 극단치를 제외하면 9개의 중심지가 1.22~1.59 사이에 몰려 있음을 알 수 있다.

낙동강유역의 평야지대의 상당부분은 근대에 농지로 개발된 경우가 많고, 내륙지역도 최근의 야산개발을 통해 경작지로 변화된 부분이 많다는 점은 문제가 된다. 그렇지만 지금까지 살펴본 농업생산력은 지역 간의 생산력을 개략적으로 비교하는 데 의미가 있다고 생각된다. 분석을 통해 들어난 가야 제국 간의 높고 균등한 농업생산력의 분포는 지역 간의 편차를 최소화함으로써 오랜 기간 상호 경합할 수 있었던 바탕으로 작용했다고 생각된다.

3. 영역의 한계

가야 제국의 주민들은 영남지역 중에서 좋은 자연환경을 터전으로 성장하였다. 낙동강을 통한 교통로도 확보되고, 농업에 유리한 지역을 확보함으로써 경제적 토대도 마련되었다. 그런데 이와 같은 좋은 환경에 따라 큰 취락에 집결하여 사는 생활방식을 가지게 된 주민들에게는 이주의 선택권이 매우 좁아진다.

계층구조의 출현 혹은 사회진화의 동인으로서 흔히 전쟁이 거론되는 것은 이를 통해 지배와 피지배의 관계가 설정되기 때문이다. 그런데 불이익을 받게되는 집단은 주변에 이주해갈 적당한 지역이 확보되는 경우 쉽게 지배를 벗어나게 되고 그에 따라 계층화는 멈추게 된다. 이러한 점에서 Robert Carneiro는 領域限界 理論(circumscription theory)을[27] 제시하여, 피지배를 피할 수 있는 이주의 제한성이 사회의 진화에서 커다란 기능을 하고 있음을 주장하였다.

가야의 경우 중심 생활터전이 낙동강을 따른 좁은 지역에 밀집되어 있고, 동쪽과 서쪽지역은 산악과 구릉지역으로 자연환경상 영역적 한계에 처해 있다. 뿐만 아니라 바로 이웃에는 이미 유사한 사회체계를 지닌 정치체가 뿌리를 내리고 있고, 그 너머에는 신라와 백제라는 위협세력이 자리잡고 있다는 점에서 사회환경상으로도 제한된 영역에 들어가 있다고 할 수 있다.

이와 같은 영역 한계는 가야의 사회복합도가 증가하는데 상당한 기여를 했을 것으로 추정된다.

4. 교역체계

사회의 계층화는 지배계층의 물자유통의 통제를 수반한다. 이러한 면에서 교역체계에 대한 관심은 복합사회를 이해하는 데 중요한 기여를 하게 된다. 지배계층은 자신에게 가장 유리한 교역체계를 형성하고 이를 유지시키려 한다. 교역체계마다 중심지들이 다른 방식으로 구성되어 있기 때문에, 이들 중심지들의 공간분포는 어떠한 교역체계가 운영되었는지를 알려주는 실마리가 된다.

교역체계의 연구에서 가장 널리 알려진 것은 중심지이론이다. 외국의 경우 중심지이론을 고고학에 활용함으로써[28] 고대사회의 복원에서

27) Robert L. Carneiro, "A theory of the origin of the state", *Science* 169, 1970, pp. 733~738.

28) Ian R. Hodder and M. Hassall, "The non-random spacing of Romano-British walled towns", *Man* 6, 1971, pp. 391~407 ; Gregory A. Johnson, "A test of utility of Central Place Theory in archaeology", Peter J. Ucko eds.,

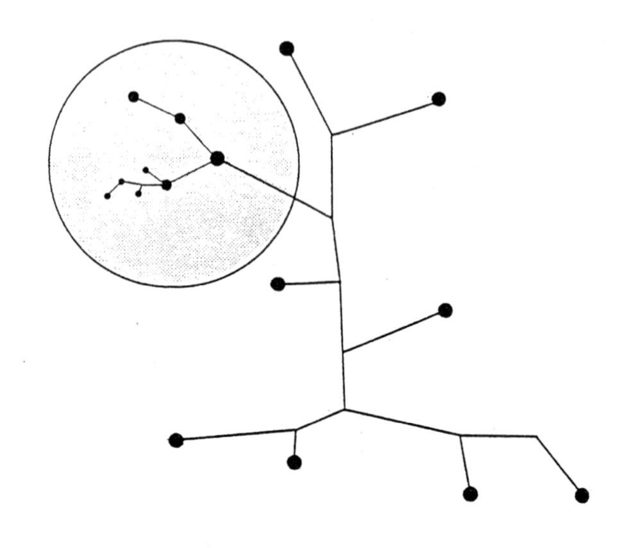

<도면 3> 樹支形 교역체계

중요한 정보를 얻기도 했고, 우리나라에서도 활용된 바가 있다. 그렇지만 중심지이론은 취락지의 위계적 공간질서에 대한 규범적 모델로서 취락의 연구에서 많은 기여를 하였지만, 등질적 공간, 완전한 경쟁 등과 같은 비현실적인 가정 때문에 문제점을 안고 있다. 이러한 점은 가야의 자연 지형을 고려했을 때 심각한 문제로 대두된다.[29] 최근 실증적 자료분석의 축적에 따라 중심지이론의 기본 가정을 위배하는 지리적·경제적 요소들을 포용하는 모델들이 제안되었다. 이 중에서도 樹枝形 體系(dendritic system)는 농촌의 시장경제가 충분히 성숙되지 않은 농업사회의 교역체계를 잘 설명해주는 점에서 매우 유용하다.[30]

Man, settlement and urbanism. (Duckworth) 1972, pp. 770~785.

29) 중심지이론의 고고학적 활용과 관련된 자세한 내용은 權鶴洙, 「공간분석방법의 고고학적 활용과 문제점」, 『韓國考古學報』 40, 1999, 1~21쪽 참조.

30) Carol A. Smith, "Regional economic systems : linking geographical models and socioeconomic problems", Carol A. Smith ed., *Regional analysis* 1, Academic Press, 1976, pp. 3~63.

수지형 체계는 중심취락이 자리잡는 데 필요한 최소 요구치(최소 수요량)이나 위계적 취락구조라는 면에서 중심지이론과 성격을 같이 한다. 그렇지만 등질적 공간을 가정하지 않고 사회적·환경적 요소에 따라 중심지 이론의 분포와는 다른 분포를 보이게 된다. 이 모델에서는 농업사회와 같이 자본주의가 완전히 발달되지 않은 지역의 경우 하위지역에서 생산 혹은 취득된 물자가 중간등급 중심지의 매개 없이 최상위 중심지에 직접 도달한다는 점을 주목한다. 그 결과 중심지이론에서는 하나의 상위 취락에 대해 3~4개 정도의 하위 취락이 포섭되어 있지만, 수지형 모델에서는 하나의 상위 취락에 더 많은 하위 취락이 예속되어 있다.

이와 같은 수지형 교역체계가 생기는 이유는 크게 두 가지이다. 그 중 하나가 중앙정부의 통제 때문에 하위집단의 교역망이 제대로 형성되지 않아 지역 전체의 교역망이 하나의 상위 중심지로 수렴되는 경우이다.[31] 다음 원인으로 지적되는 것은 원거리 간 대규모 도매[32] 혹은 수출품 생산[33]이다. 이들 두 가지 조건이 모두 충족되면 수지형 교역체계가 형성될 가능성이 매우 높고, 그 교역체계의 내재된 특징들이 발현될 것으로 예상된다.

가야의 경우 첫 번째 조건은 충족되어지는 것으로 생각된다. 비록 가야 각국 간의 경계가 불확실하기는 하지만 대체로 가장 큰 고분군이 자리잡고 있는 각국의 중심지와 나머지 지역에서 발견되는 고분군의 규모 차이는 매우 크고, 대형에 속하는 고분들도 각국의 중심지 혹은 중심지에 가까운 지역에 주로 위치하고 있으며, 중간에 속하는 고분들의 규모도 산만한 분포를 보여서 일정한 중간 계급들이 뚜렷하게 나타

31) Klara B. Kelly, "Dendritic central-place systems and the regional organization of Navajo trading posts」" Carol A. Smith ed., *Regional analysis* 1, Academic Press, 1976, pp. 219~254.

32) Klara B. Kelly, ibid., 1976.

33) Carol A. Smith, "Regional economic systems : linking geographical models and socioeconomic problems", Carol A. Smith ed., *Regional analysis* 1, Academic Press, 1976, pp. 3~63.

나지 않는다. 부장품으로 출토되는 유물상에서도 이러한 중앙으로의 과다한 집중 현상은 매우 두드러진다.

두 번째 조건인 원거리간 대규모의 교역은 가야의 경우 직접 충족되지 않는다. 왜냐하면 대규모 거래란 현대의 상행위이기 때문이다. 그렇지만 대규모 원거리 교역이 수지형 교역체계의 발생과 관련된 것은 일방적인 교역망이 작동된다는 점 때문이다. 가야 전체 지역을 놓고 볼 때 가야 각국의 중심지는 강을 따라 일정한 거리를 두고 분지로 쌓인 상태에 있다. 그러므로 자신이 속한 정치체의 중심지말고는 다른 정치체의 중심지로 접근하기가 어려운 하위 취락들은 자신이 속한 정치체의 중심지에 보다 가까운 지점에 자리잡은 자신보다 규모가 큰 취락에 종속되어진다. 그 결과 대등하거나 호혜적이기보다는 일방적인 교역체계가 형성되었을 것이다.

일방적인 물자의 흐름은 불평등한 관계를 야기하고, 그것은 불완전한 경쟁을 초래하게 된다. 그 결과 상위 중심지의 일방적 우위가 확보되어 後背地의 자원과 인구는 상위 취락으로 집중되게 된다.[34] 비록 대규모 원거리 도매와 정확히 일치한다고는 할 수 없지만, 물자와 인력이 중심지로 유입되는 상황은 당시 가야 각국 간에 소금과 같은 주요 해산물의 유통에 대한 지배계층의 경제적 권력과 함께 중요한 원인으로 작용하여 수지형 취락 분포를 유발했을 것이다.

추가로 고려될 사항은 강을 따라 발달된 취락이나 폐쇄된 지역 내에서는 수지형 교역체계가 형성될 가능성이 매우 높다는 것이다.[35] 게다가 낙동강을 따라 線形으로 위치하면서 대등한 농업생산력을 바탕으로 독자적 정치 단위를 이루고 있는 가야의 환경특징도 불완전한 하부 유통망과 일방적인 교역망에 가세하여 수지형 교역체계의 작동을 부추겼을 것이다.

경제체계는 사회체계와 영향을 주고받는다. 그러므로 이러한 수지형

34) Klara B. Kelly, ibid., 1976, 229쪽.

35) Skinner "Mobility strategies in late imperial China", Carol A. Smith ed., *Regional analysis* 1, Academic Press, 1976, pp. 327~364.

교역체계가 일단 자리를 잡게 되면, 의사결정자가 원하든 원하지 않든 상하위 취락 간의 불평등을 더욱 심화시키게 되고, 이는 최상위 중심지에 있는 지배계층에게는 물자와 정보의 취합을 더욱 극대화할 수 있는 기회를 제공하게 된다. 십여 개로 나뉘어졌던 가야의 각 집단들이 좁은 면적에도 불구하고 풍부한 유물과 많은 대형 고분을 남길 수 있었고 주변의 위협 속에서도 사회의 복합도를 증가시킬 수 있었던 이면에는 이와 같은 경제 체계가 뒷받침하고 있었을 것으로 추정된다.

5. 대등 정치체 간 상호작용

가야 제국들은 주변의 신라와 백제의 사이에서 그들과 구별되는 문화체계를 구축하여 발전을 거듭해가는 사회적 복합도가 지속적으로 성장하였다. 이러한 성장의 이면에는 정치사회적 상호작용이 크게 작용하였을 것으로 생각된다.

소규모의 정치체들이 하나로 통합되지 않고 독립된 상태로서 긴밀한 상호작용을 통해 발전하는 양상은 많이 관찰되는 바이다.[36] 이들이 상호작용을 하게 되면 문화적으로 동질성이 출현하면서 사회적·문화적 변화에 가속이 붙게 된다. 이러한 독자적 정치체의 상호작용 자료를 바탕으로 초기국가 구성 단위(early state module)[37] 혹은 집단 구성체(cluster component)[38]라는 개념이 고안되었고, 그 개념은 대등한 정치체 간의 상호작용(peer polity interaction)으로 더욱 발전되어 여러 지역에서의 복합사회의 출현과 성장을 설명하는 데 활용되었다.[39]

---

36) Colin Renfrew, "Trade as action at a distance : Questions of integration and commumication", J. A. Sabloff and C. C. Lamberg-Karlovsky ed., *Ancient civilization and trade*, New Mexico University Press, 1975, pp. 3~59.

37) Colin Renfrew, ibid., 1975.

38) Barbara J. Price, "Shifts in production and organization : A cluster interaction model", *Current Anthropology* 18, 1977, pp. 209~234.

39) Colin Renfrew and John F. Cherry ed., *Peer polity interaction and socio-political change*, Cambridge University Press, 1986.

그렇다고 해서 이 모델이 완전할 수는 없다. 이 모델의 첫 번째 문제점으로는 사회와 문화의 변화에서 상호작용의 상징적 성격을 지나치게 강조함으로써 물질문화가 지니고 있는 역할을 고려하지 못하고 있는 점이다.40) 만일 어느 지역에서 벌어진 사회적 변화의 주원인을 정치체들 간의 상호작용에서만 찾고자 한다면 이러한 문제가 매우 심각해진다. 사회변화의 근저에서 변화를 이끌고 가는 힘의 상당부분은 지역 단위의 경제 체계와 환경 요소에서 유래된다. 그러므로 가야의 경우 대등 정치체 간 상호작용은 결정적 동인이라기보다는 환경요소, 경제 요소와 함께 고려되었다.

두 번째 문제는 대등 집단의 식별에 관한 것이다. 순수한 고고학 자료만으로는 하나의 정치체가 지역 전체를 다스렸는지, 다수의 정치체가 병립했는지를 결정하는 것은 매우 어려운 작업이다. 그러므로 이 모델은 가급적 역사문헌에 기록이 잘 남아 있는 경우에 한정하여 활용하는 것이 바람직하다.41) 가야의 경우 자치적이고 대등한 정치체가 존재했음을 문헌기록을 통해 쉽게 확인할 수 있기 때문에 이러한 문제를 극복할 수 있다.

사회 복합도의 증가 양상은 대가야의 경우 두드러진다. 고령 지산동에는 최고 수장의 무덤으로 추측되는 직경 30m 수준의 초대형 고분 5기가 일렬로 조성되어 있고, 경사면에 조성된 고분도 규모가 상당하다. 그런데 32~35호의 발굴에서 드러났듯이 현재의 지표면에서는 식별되지 않지만 이보다 작은 규모이면서 금동제품이 부장될 정도의 소형 고분들이 조성되었음을 알 수 있다.

---

40) Michael Shanks and Christopher Tilley, *Social theory and archaeology*, University of New Mexico Press, 1987, p. 42.

41) John F. Cherry and Colin Renfrew, "Epilogue and prospect", Colin Renfrew and John F. Cherry ed., *Peer polity interaction and socio-political change*, Cambridge University Press, 1986, p. 150 ; Jeremy A. Sabloff "Interaction among Classic Maya polities", Colin Renfrew and John F. Cherry ed., *Peer polity interaction and socio-political change*, Cambridge University Press, 1986, p. 116.

도굴이 심하게 되기는 했지만 지산동 33호와 32NE1호의 장신구, 35호의 대규모 수혈은 5세기 전반에[42] 강력한 지배계층이 성장해 있음을 시사해준다. 이러한 지배계층의 증거는 32호나 34호와 같은 5세기 후반의 분묘에서 더욱 뚜렷해진다. 지금까지 확인된 가장 심화된 위계구조는 많은 순장곽을 지닌 6세기 전반의 44호와 45호 고분에서 발견된다. 그런데 이들 두 고분은 잔존한 분구의 규모로 볼 때 지산동 고분군 중 두 번째 등급 정도에 속함을 고려하면 위계구조의 심화정도는 매우 컸을 것이다.

위계구조의 심화 양상은 이제까지 조사된 대부분의 가야 집단에서도 동일한 시기에 나타난다. 물론 연구자의 편년관에 따라 그 연대가 약간씩 다르지만 성주, 대구, 옥전, 창녕, 부산 등 대부분의 지역에서 5세기대의 고분에 화려한 위세품이 다량으로 나타나기 시작한다. 그러한 현상은 4세기대의 목곽묘에 이미 나타나기도 하지만, 그것은 전기 가야의 가장 중심을 이루었고 이른 시기의 고분이 발굴된 김해와 같은 지역에 해당한다. 타 지역의 경우에도 이른 시기의 유적이 본격적으로 조사되면 위계의 심화 연대가 더 올라갈 여지는 있다. 가야 소국들의 사회 복합도는 여러 곳에서 동시대에 증가하여 늦어도 5세기 전반에는 계층적 지배구조가 확립되었음을 알 수 있다. 이러한 동시다발적인 양상은 가야의 사회적 변화에서 대등 정치체 간의 상호작용을 인정하는데 중요한 요소이기도 하다.

대등 정치체 간의 상호작용은 전쟁(warfare) 혹은 경쟁적 모방(competitive emulation), 상징적 동참(symbolic entrainment) 혹은 혁신의 전달(transmission of innovation), 물자 교역(exchange of goods) 등을 통해 이루어지는 점을[43] 고려하여 가야 제국 간의 상호작용이 어떠한 경로를 통해 이루어졌는지를 살펴볼 필요가 있다.

---

42) 여기에서 거론되는 가야고분의 편년은 權鶴洙,「加耶古墳의 綜合編年」,『嶺南考古學』12, 1993, 23~70쪽을 기준으로 했음.

43) Colin Renfrew, "Introduciton", Colin Renfrew and John F. Cherry ed., *Peer polity interaction and socio-political change*, 1986, pp. 1~18.

가야 제국 간 마찰은 당연히 있었겠지만 빈번한 전쟁을 통한 상호작용은 없었을 것이다. 그보다는 일상적인 접촉, 혹은 동맹을 통한 상호작용이 활발했을 것으로 생각된다. 물론 동맹 자체를 완전히 부정하는 견해도 있고, 연맹이 있었다고 해도 연맹의 규모와 소연맹 혹은 분절적 연맹의 여부에 관해서 의견이 갈리고 있다. 필자의 경우는 3개 정도의 소연맹을 상정하고 구성집단도 시대에 따라 달랐을 것으로 생각하고 있지만[44], 여하튼 느슨한 형태의 연맹을 완전히 부정하기는 어렵다고 생각한다.

다음으로 고려할 것이 경쟁적 모방이다. 이와 관련하여 주목되는 것이 관모이다. 이제까지 금관 혹은 금동관에 대한 중요 관심사 중의 하나가 기원지에 관한 것이다. 특히 경주에서 집중 출토되는 금관에 초점을 맞추어 이것의 기원지로서 러시아의 스텝지역이나 아프카니스탄 등이 제기되었고,[45] 여기에 덧붙여 부여지역의 유목문화가 거론되기도 한다.[46] 이러한 접근은 전세계에 걸친 거시적 문화 전파의 안목에서 이루어진 것으로 금관 혹은 금동관이 보이는 지역적 특징을 분석적으로 고려하지는 않았고, 시간적으로나 공간적으로 연결되기가 쉽지 않다는 점, 전파가 이루어졌을 동기나 수단에 대한 설명이 아직 부족한 상태라는 문제가 있다. 여하튼 당시 가야나 신라보다 사회발전의 정도가 앞서 있었던 고구려, 백제, 중국 등을 고려해 볼 때 가야나 신라의 관모가 외부로부터 전파되어왔을 가능성은 높다고 인정된다. 다만 어디로부터 어떻게 왔느냐는 문제는 아직 해결해야 할 과제이다. 그렇지만 기원지나 경로에 못지 않게 주목해야 할 사항은 최고 권력자의 상징으로서 관모를 착장 혹은 부장하는 개념이 수용되어지는 양상이다.

가야 제국에서 발견되는 순장이나 관모의 다발적인 출현은 이들이 어느 한 지역에서 최초에 유래되었다고 하더라도 고고학적으로 인지

44) 權鶴洙, 앞의 논문, 1994.
45) 이은창, 「가야고분의 편년연구」, 『韓國考古學報』 12, 1982, 157~211쪽.
46) 신경철, 「금관가야의 성립과 연맹의 형성」, 『가야 각국사의 재구성』, 부산대학교 한국민족문화연구소 편, 2000, 혜안, 45~92쪽.

하기 어려울 정도의 짧은 기간 동안에 가야의 소국들이 수용했다고 보는 것이 타당하다고 생각된다. 가야 제국의 금동관은 앞에서 살펴 본 바와 같이 신라 영향권 속으로의 편입이 아니라 가야 정치체 내에서의 수장 신분의 표상이다. 그런데 이러한 신분의 상징들이 가야의 여러 곳에서 5세기 전반경에 수용되어져 있음은 바로 상징적 동참의 일례로서 대등 정치체 간의 상호작용의 한 면모를 보여주는 것으로 이해된다.

가야 제국에서 동시대에 출현하는 순장 풍속도 가야 제국 간의 경쟁적 동참의 한 예로 생각된다. 지산동 44호와 45호 고분에서 보이는 가야의 순장은 이제까지의 발굴결과를 종합해 볼 때 신라, 백제, 고구려에 비해 매우 이례적으로 성행했음을 시사해준다.

이러한 순장의 성행은 가야가 영남지방 중에서는 낙동강유역의 비교적 양질의 자연환경에 터전을 마련하였기 때문에 인구 수용력(carrying capacity)이 신라에 비해 높았고, 수지형 교역체계에 따라 지배계층이 누리는 경제적 우위로 인한 수직적 신분격차가 심화되는 것이 가능했을 것이다. 그렇다고 하더라도 좁은 영토에 의해 한정된 인적·물질적 자원과 주변국으로부터의 위협에 대비한 인력 확보의 필요성을 고려해 보아야 한다. 그러므로 이와 같은 범상치 않은 순장의 성행은 가야 제국 간의 경쟁적 모방과 과시에 따라 더욱 정도가 심해져간 것으로 해석된다.

한편『日本書紀』繼體紀 23年(529)條에 따르면 대가야의 왕이 신라 왕녀를 맞아 결혼을 한 후 수행한 신라인 100인을 여러 곳에 보내고 신라 의관을 착용하도록 했고, 옷을 바꿔입은 것을 탐탁치 않게 생각한 일부 지역의 수장들이 수행인을 돌려보낸 사건이 있었다. 이 기사 중 變服의 내용에 관한 논란은 있지만, 여하튼 대가야가 통혼을 빌어 신라와 동맹관계를 맺은 시도로 중시된다. 그런데 여기서 신라에서 온 수행인들을 굳이 신라 의관을 계속 입도록 하면서까지 여러 곳에 보낸 것은 가야 왕의 위세를 과시하기 위한 의도였다고 생각된다. 사실 먼

외국과 통교하고 물품을 주고받는 것은 외교관계나 물건 자체의 가치보다도 그것을 통해 그 집단이나 수장의 위상을 주위에 과시하기 위한 목적이 많이 작용한다. 그러한 것이 원삼국시대의 많은 중국계 유물이 의미하는 바이다. 그런데 이러한 대가야의 의복사건은 단순한 물품의 분여를 넘어서서 왕비의 수행인들로 하여금 신라의 복식을 계속 유지시켜 여러 곳에 가 있도록 하였다는 점에서 과시적 의도가 매우 컸음을 짐작하게 한다.

비물질적인 상징적 차원의 상호작용도 대등 정치체 간에 활발히 일어난다. 그 경우 한 지역의 통치에서 유용한 역할을 한 이념이 다른 지역으로 확산되어진다. 어떤 정치체의 세력이 강화되게 되면 건국설화와 같은 상징적인 내용을 통해 자신의 세력을 정당화시키려는 경향이 있다. 금관가야와 대가야의 건국설화가 그러한 상징적 동참의 예를 보여준다. 『新增東國輿地勝覽』에는 가야산신과 천신 사이에서 惱窒朱日과 腦室靑裔가 태어났는데, 이들이 각기 대가야와 금관가야의 시조가 되었다고 하는 대가야의 건국신화가 실려 있다. 이 설화에 대해서는 여러 가지 각도에서 해석되어 왔는데,[47] 무엇보다도 가야 후기의 높아진 대가야의 위상에 정당성을 부여하려는 의도를 강하게 반영하고 있다. 그런데 이 설화의 조형은 바로 금관가야 수로왕의 설화에서 온 것으로, 정치적 목적에 따라 변형하여 만들어진 것이다. 현재 남아 있지는 않지만 가야의 다른 세력들도 이와 유사한 나름대로의 건국설화를 지니고 있었을 가능성이 높다.

물자의 교역도 상호작용의 중요한 매체로 작용한다. 가야 지역을 관통하는 낙동강은 영남의 젖줄로서 넓은 지역을 이어주는 중요한 교통로 역할을 해왔다. 낙동강의 수운을 이용한 물자의 교역이 고대로부터 매우 활발했을 것이라는 점에 대해서는 의심의 여지가 없다. 더구나 가야 제국들은 상호 동질적인 유대감 속에서 관계를 맺어 왔고, 자연

---

47) 白承忠, 『加耶의 地域聯盟史 硏究』, 釜山大學校大學院 博士學位論文, 1995, 133~140쪽 참조.

환경적으로 해안과 내륙의 물산을 주고받거나 당시 전략적 자원인 철광석이나 철제품을 거래할 필요성이 많았을 것이고, 앞에서 거론한 바와 같은 수지형 체계가 가져다주는 지배계층의 이익 때문에 가야 제국 간 교역이 활발하게 이루어졌을 것이다. 교역이란 물자의 교환과 함께 인간의 회합이 이루어지는 것이고, 이 과정에서 새로운 정보들이 교환되므로 가야제국 간의 여러 정치적·사회적 제도나 관념체계들이 활발한 교역과정에서 확산되었을 가능성이 높다.

이상 살펴본 바와 같이 가야 제국 간에는 상호작용이 매우 활발했을 것으로 믿어진다. 중국의 군현이나 고구려와 같은 선진 정치조직과의 접촉을 통해 가야의 수장들은 일찍부터 왕국 혹은 왕권이라는 정치적 제도에 대한 개념을 가지고 있었을 것으로 짐작되며, 그 시대는 기원전후의 시기까지 거슬러 올라갈 수 있을 것이다. 가야 제국 중에서도 금관가야는 가장 활발한 대외 접촉을 통해 이러한 정보에 더욱 일찍 그리고 더욱 상세히 접할 수 있었을 것이다. 그런데 이러한 정치적 개념이나 이념이 실현되는 데는 상당히 오랜 시간이 걸리고 안팎의 여건이 성숙되어야 한다. 가야 제국들이 국가의 단계를 완전히 실현하는 데는 어려움이 많았지만 경쟁적 모방, 상징적 동참, 물자교역과 같은 활발한 상호작용을 통해 사회의 복합화가 가속되었을 것이다.

V. 가야사회의 발전단계

앞에서는 특수 진화적 안목에서 가야 사회의 발전양상을 살피고 이의 동인을 알아보았다. 이제는 과연 가야 제국이 사회의 진화상 어느 단계에 도달했는가를 살펴 볼 차례이다.

기본적으로 사회의 진화는 결코 단절적이지 않다. 어느 순간 갑자기 도약하는 것이 아니라 오랜 세월 작은 변화의 축적이 이루어진 결과로서 단계의 구분이 생긴다. 그렇기 때문에 단계를 설정하는 작업은 많은 가정과 추정을 동반하고, 주관적 판단이 많이 작용할 수밖에 없다.

흔히 물적 증거라고 칭해지는 고고학 자료도 이러한 점에서는 효력을 그다지 발휘하지 못하는 점을 유념할 필요가 있다.

우리나라 사학계에서 전통적인 사회발전단계는 씨족사회→부족사회→부족국가→부족연맹왕국→고대국가(귀족국가)로 설정되는가 하면, 국가의 출현과정에 성읍국가→영역국가라는 단계가 제안되기도 했다.[48] 여기서 발전단계의 명칭을 보면 국가의 정의가 매우 애매함을 알 수 있다. 즉 부족과 국가는 상이한 단계임에도 부족국가처럼 함께 쓰이게 되면 불합리하고, 고대국가를 진정한 의미의 국가라고 볼 때 부족국가, 부족연맹왕국, 성읍국가 등 미숙한 상태로 설정된 정치체는 국가가 아닌 것을 의미하기 때문에 이것 역시 용어에 혼란이 야기된다. 더구나 연맹이란 정복처럼 집단의 규합 혹은 확대의 방식에 불과한 것이기 때문에 발전단계의 하나로서 인정하기에 어려운 점도 있다.

이러한 상황에서 무리사회(band) → 부족사회(tribe) → 군장사회(chiefdom) → 국가(state)라는 Elman Service의 인류학적 진화모델이 한국 고대사의 연구에 도입된[49] 이후 군장사회의 개념은 매우 널리 유포되었고, 한국 고대사나 고고학에 존재했던 여러 정치 혹은 문화 집단에게 적용되었다.

군장사회의 개념을 수반한 Service의 진화단계설은 70년대와 80년대를 거치면서 한국 고대사회의 연구에서 각광을 받은 개념인 동시에 논란의 초점이 되기도 했다. 논란의 핵심에는 군장사회라는 단계의 타당성에 관한 이견이 자리잡고 있었다. 그 결과 군장사회 개념의 무용론과 한국에서의 활용에 대한 비판론이 등장했는가 하면,[50] 이러한 비판을 반박하며 타당성을 다시금 강조하는 반론도 제기되었다.[51]

---

48) 여러 단계설의 내용과 문제점에 새한 상세한 논의는 盧重國, 앞의 논문, 1990 ; 朱甫暾, 「韓國 古代國家 形成에 대한 연구사적 검토」, 『한국고대국가의 형성』, 한국 고대사 연구회 편, 民音社, 1990, 221~246쪽 ; 최광식, 『고대한국의 국가와 제사』, 한길사, 1994를 참조.

49) 김정배, 「한국고대국가기원론」, 『白山學報』 14, 1973.

50) 全京秀, 「신진화론과 국가형성론」, 『韓國史論』 19, 1988, 574~589쪽.

51) 李鍾旭, 앞의 논문, 1998.

군장사회의 개념은 분명히 애매한 점을 많이 내포하고 있고, 고고학 혹은 역사자료가 불완전한 경우 군장사회와 국가 간의 구분이 매우 어렵다는 점은 군장사회의 개념을 정립한 Service 자신도 분명히 인정하고 있는 바이다[52] 국가의 속성은 이미 군장사회에 출현하고, 국가는 군장사회에 비해 속성의 정도가 심화된 것일 뿐이다. Service의 모델을 성공적으로 적용했다고 알려진 고고학적인 사례에서도 군장사회와 국가의 구분은 매우 힘들었다는 점을 인정하고 있다.[53]

Service의 모델이 유일한 선택이 될 수는 없다. 그러나 오늘날 가장 널리 활용되는 원론적 진화모델은 여전히 Service의 모델이다. Service의 모델이 지니고 있었던 문제점들이 물론 모두 극복된 것은 결코 아닙니다. 가장 문제가 되는 군장사회의 애매성은 오히려 그러한 애매함 때문에 유용하게 활용될 수 있었던 것으로 생각된다.

한국의 고대 사회 발전과정 중에서 군장사회 혹은 국가가 언제 출현했는지에 대해서는 학자마다 견해를 달리한다. 그런데 삼한 소국들의 수장들과 생활상을 묘사한 문헌자료, 그리고 목관묘나 목곽묘에서 나타나는 묘제와 부장품의 질적・양적 수준과 불평등을 고려할 때 2세기와 3세기의 삼한의 소국들이 부족사회를 넘어 최소한 군장사회에 속한다는 점에 대해서는 의심의 여지가 없다. 그러므로 4세기부터 6세기 전반까지 가야의 유적들은 그 이전보다 사회적 계층화가 더욱 진행되었음이 뚜렷하기 때문에 그 다음 단계인 국가에 도달해 있을지도 모른다는 추측을 할 수 있다.

가야의 사회적 진화 수준에 대한 견해는 두 가지로 대별된다. 첫 번째 경우로서 金泰植은 기원 전후의 시기에 그 이전의 군장사회들의 통합이 이루어져 복합군장사회 혹은 소국으로 발전되고, 5~6세기에는 고령과 함안과 같은 강력한 일부 집단의 경우 복합군장사회들의 통합

52) Elman R. Service, *Origins of the State and Civilization : The Process of Cultural Evolution*, W. W. Norton and Co., 1975, p. 304.

53) William T. Sanders and Joseph Marino, *New World Prehistory : Archaeology of the American Indian*, Prentice-Hall, 1970.

이 이루어져 최고 수준의 군장사회에 도달했지만, 고대국가의 성립은 이루어지지 않았다고 하였다.[54] 두 번째는 가야를 국가단계로 파악하는 입장이다. 李永植은 금관가야는 복합군장사회였지만,[55] 대가야와 아라가야 같은 가야의 대표세력은 도시국가단계에 도달했다고 보았다.[56] 白承玉도 지배층의 분화와 구조, 대외교섭 등을 중시하여 대가야와 아라가야가 고대국가의 단계에 들어섰음을 주장하였다.[57] 한편 李熙濬은 고령양식 토기의 분포양상을 토대로,[58] 朴天秀는 군사조직과 같은 권력기구의 성립, 노동력의 동원능력, 지배영역의 확보라는 측면에서,[59] 그리고 金世基는 영역 확대, 大王 칭호와 금관, 지배조직, 예악과 신화 정비 등에 주목하여[60] 대가야가 국가의 단계에 들어섰다고 하였다.

이상을 고려해보면 역시 쟁점은 군장사회와 국가 간의 구별로 귀착된다. 양자 차이에 대해서 세부적인 면에서 학자 간의 이견이 있지만[61] 일반적으로 널리 통용되는 요소도 있다. 먼저 군장사회는 수천 혹은 5천에서 2만 정도의 인구규모, 세습적 수장, 친족관계에 기반한 계급(rank)사회, 전사 귀족, 재분배, 성벽 취락, 제정 일치, 대규모 기념

---

54) 金泰植, 「加耶의 社會發展段階」, 『한국고대국가의 형성』, 한국 고대사 연구회 편, 민음사, 1990, 39~103쪽 ; 金泰植, 「加耶聯盟體의 性格 再論」, 『韓國古代史論叢』 10, 2000, 149~193쪽.

55) 이영식, 「문헌으로 본 가락국사」, 『가야 각국사의 재구성』, 부산대학교 한국민족문화연구소 편, 혜안, 2000, 9~37쪽.

56) 李永植, 「伽耶諸國의 國家形成問題 : 伽耶聯盟說의 再檢討와 戰爭記事分析을 中心으로」, 『白山學報』 32, 1985.

57) 白承玉, 앞의 책, 2001.

58) 李熙濬, 앞의 논문, 1995, 365~444쪽.

59) 朴天秀, 「大伽耶의 古代國家 形成」, 『碩晤 尹容鎭敎授 停年退任記念論叢』, 碩晤 尹容鎭敎授 停年退任記念論叢 刊行委員會 編, 1996, 377~402쪽,

60) 金世基, 『古墳資料로 본 大加耶』, 啓明大學校大學院 博士學位論文, 2000. 228~250쪽

61) 예를 들어 군장의 중요기능 중의 하나로 재분배가 제시되지만 그러한 기능이 미약한 군장사회도 있다는 것이다(William T. Sanders and David Webster, "The evolution of complex societies", *Social Archaeology : Beyond Subsistence and Dating*, Charles L. Redman eds., 1978, pp. 270~271.)

비적 건축물 등으로 특징 지워지는 데 반해서, 국가는 2만 이상 혹은 수십 만의 인구, 제정 분리된 왕, 정비된 군대조직, 여러 단계에 걸쳐 전문화되고 중앙집권적인 정치기구, 생존에 필수적인 자원에 대한 경제적 계층화, 내적 질서유지와 영토 방어를 위한 무력의 중앙집권적 독점, 세금제도, 도시, 제정 분리, 궁전과 대규모 공공건물로 규정된다.[62]

그런데 이 중에서도 특히 강조되는 것은 Service의 경우 국가단계에 들어서면서 합법적인 무력의 독점이 출현한다는 것이다.[63] 이러한 입장은 국가를 중앙화되고 전문화된 통치체제의 사회로 기본적 정의는 내리면서도 이를 다시 자원의 획득에 통제를 가하고 강압적인 지배를 할 수 있는 권력을 지닌 계층사회로 수정 정의함으로써 공권력을 중시한 Haas의 견해에서 다시금 확인된다.

앞에서 군장사회와 국가 간의 차별 요소를 열거했지만, 친족관계의 의존도, 중앙집권적 정치기구, 필수적 자원의 확보에 대한 불평등 등 많은 요소가 현재의 가야 고고학 자료나 빈약한 문헌자료로는 직접 검토해보기 어렵다. 특히 핵심적인 기준이라 할 수 있는 강압적인 공권력의 존재는 직접 관찰이 가능한 민족지 사례나 상세한 사회상이 문헌기록으로 남아 있는 경우에 가능하다. 그러므로 현재로서는 불완전하지만 우회적인 접근을 취할 수밖에 없다. 이러한 입장에 따라 이 글에서 실용적으로 국가의 요건으로 설정한 것은 정치체의 규모, 계급 간의 격차, 정치조직의 정비, 외교적 역량 등이다.

정치체의 진화는 사회 구조의 복합화를 의미한다. 여기서 복합화란 사회규모의 확대에 따른 내부 질서의 정비와 유관하므로 진화의 단계는 규모와 어느 정도 관계를 맺고 있다. 사회규모는 주로 인구를 통해 판단한다. 변한 소국의 인구수는 『三國志』 東夷傳에 기록된바 대국이

---

62) Kent Flannery, "The Cultural Evolution of Civilizations", *Annual Review of Ecology and Systematics* 3, 1972, pp. 399~426 ; Sanders and Webster, ibid., 1978, p. 274 ; Colin Renfrew, *Archaeology*, 1991, p. 155.

63) Elman Service, ibid., 1975, p. 15.

4~5千家, 소국이 6~7百家, 총 4~5萬戶로 알려져 있다. 정치체의 수준과 인구수의 상관관계는 金貞培가 주목하여 변한의 경우 소국의 규모가 평균 2천 호, 즉 1만 명 정도로 추정했고, 이는 군장사회를 이루기에 충분한 규모로 보았다.64) 그런데 이 기사에서 대국은 4~5千家라고 했으므로 인구가 많게는 2만 5천에 이르기도 함을 짐작할 수 있다. 고령이 삼한시대에 대국에 속한다고 보기는 어렵지만, 5~6세기의 대가야는 삼한의 대국보다 규모가 작을 수는 없을 것이다. 『三國志』의 편찬시기로부터 대가야의 전성기에 이르는 수백 년간 인구의 변화를 알려주는 자료는 없지만, 고고학 유적의 확산과 집중도, 농경의 발달, 그리고 역사적 정황을 고려해 볼 때 상당한 인구의 증가가 있었다고 믿어진다. 그러한 점에서 전성기의 대가야 인구규모는 국가수준에 부족하지 않다고 여겨진다.

영토의 면적 역시 규모의 중요한 척도가 된다. 이와 관련하여 토기양식, 토기에 새겨진 명문, 고분 분포 등을 토대로 대가야의 영역이 서부 내륙의 넓은 지역을 포함했다는 주장이 있다.65) 고고학 자료의 분포에 정치적인 면이 작용했을 가능성은 얼마든지 인정되지만 그것은 원인 요소 중의 하나일 뿐 모든 것은 아니다. 그러므로 고고학 자료의 분포를 통해 추정된 대가야 영역은 예비적 밑그림일 뿐 거기서 불합리한 지역을 걸러내는 작업이 반드시 필요하다.

당장 문제가 되는 것이 합천의 옥전 지역이다. 옥전은 가야 제국 중 하나였던 多羅國의 본거지이다. 多羅國은 500년대 전반의 『梁職貢圖』에 백제의 이웃 나라로 언급되어 있고, 『日本書紀』 欽明紀 2年(541)과 5年(544)에 회의의 참석국으로 대가야와 병기되어 있는 것으로 보아 대가야의 멸망 직전까지 주권을 가지고 있었다고 보아야 한다.

인접지역 간의 유물에 유사성이 높은 것은 너무나 당연한 것이기 때문에 이러한 유사성을 곧바로 지배관계로 이해해서는 안 된다. 설혹

---

64) 金貞培, 「三韓社會의 "國"의 解釋問題」, 『韓國史硏究』 35, 1979.
65) 李熙濬, 앞의 논문, 1995 ; 朴天秀, 앞의 논문, 1996 ; 金世基, 앞의 논문, 2000.

다라국이 대가야의 영향권 속에 있었다고 해도 대가야의 영역 속에 편입될 수는 없다. 신라가 고구려의 부용국이었다고 하거나 가야의 소국이 신라의 영향권 속에 들어갔다고 하더라도 각기 신라나 가야의 주권은 유지된 것으로 보는 것이 마땅한 것과 같다.

이러한 이유 때문에 현재까지 이루어진 고령 혹은 대가야 양식의 토기 분포는 대가야가 넓은 지역을 지배했다는 적극적인 주장으로 아직은 미흡한 상태이다. 다만 한 가지 분명한 것은 가야의 다른 어느 정치체보다 대가야의 토기 양식이 넓은 분포를 이루고 있다는 점, 문헌상으로도 5~6세기 동안 대가야의 활동이 가장 두드러진다는 점, 그리고 대가야가 후기 가야에서 가장 강력한 세력이었다는 점에서 대가야의 영토가 가야 제국 중 가장 넓었을 가능성은 인정된다.

그런데 초기 국가의 영토 규모를 1,500km^{2}로 본다면[66] 이는 약 22km의 반경을 가진 원형의 면적을 의미한다. 그런데 가야 제국의 중심지 간 평균 거리가 23.5km라고 할 때 이는 반경 11.25km의 영역을 의미하므로 기준에 상당히 못미친다. 그렇지만 이 수치는 낙동강유역에 밀집된 가야제국의 중심지들만을 대상으로 한 것이므로 후배지까지 고려해보면 결과가 달라진다. 대체로 경상남북도 지역의 면적인 32,235km^{2}를 변한과 진한의 영역으로 잡아 이를 변진한 24개 소국으로 나누면 평균 1,343km^{2}의 면적이 나온다. 그 중에서도 강력한 대가야의 규모는 이보다 넓었을 것이기 때문에 면적의 최소 요건은 채워진다고 할 수 있다.

군장사회에서의 격차는 단순히 사회적 신망을 얻는 데 불평등이 있는 데 반해서, 국가의 경우 사회적 신망뿐 아니라 정치적 권력과 경제적 부를 취득하는 데 제한이 가해진다. 이 점은 군장사회와 국가를 구분하는 데 있어 매우 중요한 기준에 속한다.

---

66) Colin Renfrew, "Trade as action at a distance : Questions of integration and commumication", J. A. Sabloff and C. C. Lamberg-Karlovsky ed., *Ancient civilization and trade*, New Mexico University Press, 1975, pp. 3~59.

대가야의 경우 권력과 경제적 부에 대한 접근이 원천적으로 제한되었는지 여부는 판단하기 어렵다. 그렇지만 고분의 규모와 부장품 간의 심각한 차등은 계층화가 상당히 진행되었음을 시사해 준다. 발굴이 많이 이루어진 편에 속한 대가야의 경우도 시대별로 구분해 보면 자료양의 절대부족으로 인해 불평등의 정도를 제대로 살펴볼 수는 없다. 지산동에 축조된 지배층의 고분 규모도 최소한 3등급 정도의 구분이 가능하고,[67] 5세기 전반이나 중반의 고분에서도 고분구조나 부장품에서 질적·양적 차이를 찾을 수 있다.

신분 계급과 관련시켜 주목할 자료가 순장이다. 가야의 순장은 삼국시대의 어느 나라보다 매우 빈번하게 나타나며 분포범위도 고령, 김해, 옥전, 성주, 부산 등 거의 가야 전역을 포괄한다.[68] 이 중에서도 특히 32기와 11기의 순장곽을 지닌 대가야의 지산동 44호와 45호를 통해 볼 때 6세기에 이르러서는 신분의 격차가 뚜렷하게 존재했음을 짐작하게 해준다.

국가단계에서 기대되는 정치조직의 정비는 중앙집권화된 권력구조이다. 이 점을 검토하기 위해서는 대가야의 중심지인 고령읍 일대와 나머지 지방 간의 위계적 격차, 지배 계층 구조의 복합화를 의미하는 통치조직 혹은 관제의 분화 정도, 권력 유지의 기반을 제공하는 군대나 경찰력과 같은 공권력의 존재 등에 주목할 필요가 있다.

중앙과 지방 간의 위계관계는 취락의 분포연구를 요구한다.[69] 그렇지만 대가야의 취락지 연구는 전무한 상태라 할 수 있다. 다만 고령의 추정 왕궁지에서 가야시대로 편년되는 와전이 출토되었다는[70] 점은

67) 金世基, 앞의 논문, 2000, 205쪽.

68) 가야의 순장 자료에 대해서는 金世基, 「加耶의 殉葬과 王權」, 『加耶諸國의 王權』, 仁濟大 加耶文化硏究所 編, 1997, 97~122, 신서원 참조.

69) 물론 군장사회에도 취락지의 위계는 당연히 존재한다. 더구나 복수의 군장집단이 모여진 복합군장사회의 경우 위계구조는 더욱 복합적으로 나타나게 된다. 국가의 경우 기대되는 것은 이 중에서도 특히 최고 중심지의 높은 우월성이다.

70) 朴天秀, 「政治體의 相互關係로 본 大伽耶王權」, 『加耶諸國의 王權』, 仁濟大 加耶文化硏究所 編, 신서원, 1997, 204~206쪽.

이러한 맥락에서 고려될 만한 사항이다. 취락지 분포의 대안으로 고분 분포를 고려해 볼 수 있다. 현재까지 알려진 고분 분포는 조사지역의 선정에서 매우 편향되어 있고 발굴된 것이 아니라는 점에서 편년문제가 따르기 때문에 매우 불안정한 정보라 할 수 있다. 대가야 고분의 분포에 대한 기존의 연구는 대가야 고분을 3단계[71] 혹은 5단계로[72] 구분하고 있다. 이들의 연구에서 대가야의 영역으로 취급된 지역 범위에 대해서는 재론의 여지가 있지만, 중심지인 지산동의 수준이 월등함은 명확한 상태이다.

지역의 통치구조와 관련하여 '下部思利利'라는 명문을 지닌 합천 저포리 출토 단경호는 검토의 대상이 된다. 형태적 특징이 고령 출토품과 연결되므로 대가야계의 토기로 이해되는 이 토기의 '下部'라는 글자를 근거로 대가야가 부체제를 확립하여 합천을 비롯한 넓은 지역을 체계적으로 통치하였다는 입장과,[73] 이 토기의 명문은 백제와 관련하여 이해해야 하며 이 지역은 독립된 소국이라는 의견으로[74] 대립되어 있다. 형태적 특징으로 보아 이 토기는 6세기 전반의 고령-합천 지역의 토기로 백제보다는 가야와 관련시켜야 할 것이다. 그렇지만 金泰植과 마찬가지로 옥전과 같은 주변지역은 문헌의 기록처럼 독립 소국으로 보아야 한다고 생각되고, 이것을 국가의 증거로 보기는 어렵다. 하부라고 하더라도 과연 구체적으로 고령 대가야의 하부인지 여전히 불분명하고, 부라는 조직과 진화단계상의 국가와의 관계는 연구의 과제이다.

지배계층의 분화는 임나부흥회의와 관련된『日本書紀』의 내용을 분석한 문헌사학의 연구를 통해 많이 진행되었다. 盧重國은 대가야의 최고 지배자는 왕으로 불려졌고, 旱岐조직과 首位조직으로 나뉘어 있었

---

71) 金世基, 앞의 논문, 2000, 204~216쪽.

72) 朴天秀,「考古學資料을 통해 본 大加耶」,『考古學을 통해 본 加耶』, 한국고고학회, 2000, 120~122쪽.

73) 蔡尙植,「陜川苧浦里 4號墳출토 土器의 銘文」,『伽耶』28, 1989 ; 白承忠,「于勒十二曲의 해석문제」,『韓國古代史論叢』3, 1992, 478쪽.

74) 金泰植, 앞의 논문, 1990, 101쪽.

고, 각 조직은 다시 몇 개의 단계로 분화되어 있었으며, 이 중에서 首位조직은 왕 직속의 지배조직이었다고 하였고,[75] 白承玉은 왕 아래에 최소한 4개의 관직이 분화되어 있다고 보았고,[76] 田中俊明은 首位層의 분화는 보이고 旱岐層의 분화가 명시되지 않은 점에서 절대적인 왕권의 증거로 받아들이고 있다.[77] 지배조직에 대한 이러한 견해는 대가야 부체제의 해석과도 관련되어 앞으로 해결해야 할 점을 많이 내포하고 있지만, 여하튼 지배계층이 상당히 분화되었다는 점은 인정할 수 있다. 이러한 점에서 『日本書紀』나 『南齊書』에서 가야 제국 중 특히 대가야의 수장을 '王'이라고 칭한 것은 상당히 의미가 있다고 하겠다. 이와 함께 대가야의 토기로서 '大王'의 명문이 있는 충남대학교 소장의 장경호도 대가야의 국가수준을 시사해주는 흥미로운 자료로 취급되고 있다.

권력구조에서 고려해야 할 또 한 가지의 요소는 공권력이다. 국가권력을 받쳐주는 합법화된 무력은 외부의 적에 대한 군사력과 내적 질서를 유지하는 경찰력이다. 군대는 이러한 두 가지 기능을 모두 다 수행할 수 있다. 대가야의 군사력은 문헌의 전투관련 기록이나 고분에서 출토되는 다량의 무기를 통해 상당한 수준에 도달했음을 능히 짐작할 수 있다. 그렇지만 빈번한 전쟁과 무사계급은 군장사회에서도 얼마든지 존재하고, 대내적인 무력의 구사가 어떠했는지에 대해 파악되지 않았다는 문제가 남아 있다.

하나의 국가가 성립되기 위해서는 주변국으로부터의 공인도 필요하다. 이러한 면에서 479년 대가야의 수장이 南齊로부터 '加羅王'으로 칭해지고 '輔國將軍本國王'으로 제수되는 것은 매우 의미있는 자료이다. 비록 이 품계가 당시 고구려, 백제, 왜가 받은 것보다는 한 단계 낮지

75) 盧重國, 「大伽耶의 政治·社會構造」, 『加耶史硏究-대가야의 政治와 文化』, 慶尙北道, 1995, 151~192쪽.

76) 白承玉, 앞의 논문, 2001, 199쪽.

77) 田中俊明, 「가야제국의 왕권에 대하여」, 이영식 譯, 『加耶諸國의 王權』, 仁濟大 加耶文化硏究所 編, 신서원, 1997, 57~76쪽.

만 최초의 사신파견에서 이러한 품계를 받은 것은 상당한 위상을 공인 받은 것으로 해석된다.[78]

이상 앞에서 설정한 국가의 기준을 적용해본 결과를 종합해 보면 대가야는 군장사회단계를 넘어 국가의 단계에 도달했다고 할 수 있다. 시기별 자료가 충분하지 않아 국가단계로의 진입 시기는 명확하지 않다. 그렇지만 몇 가지 기준들을 충족시키는 고고학 자료나 문헌자료의 연대를 고려할 때 5세기 말에서 6세기 초 경으로 추정된다.

대가야 이외에도 국가의 단계에 도달했을 것으로 제기되는 정치체로는 함안의 아라가야가 있다. 아라가야는 『日本書紀』 欽明紀 5年(544)條에 가야 제국의 '兄'이라고 언급되거나, 수장의 칭호가 '安羅王'으로 나오며, 함안읍의 대규모 고분군의 존재로 볼 때 6세기 가야의 중요 세력이었을 것이라는 점은 확실하다. 그렇지만 고분의 규모에서 대가야에는 미치지 못하고, 아라가야와 관련되는 유물의 분포상태도 제한되어 있다는 약점이 있다. 대가야에 다소 못 미친다고 해서 국가단계에 이르지 못함을 의미하지는 않지만, 대가야의 경우도 충분한 자료로 뒷받침된다고 확신할 수 없는 상태에서 함안지역에 대한 자료의 부족은 국가단계로의 판단에 큰 장애요인이 된다. 아라가야의 위상은 앞으로의 자료 증가에 따른 연구 검토를 필요로 한다.

Ⅵ. 맺음말

이제까지 가야의 사회적 발전에 작용한 원인요소와 가야사회가 도달한 사회진화적 단계를 검토해 보았다. 이러한 목적을 수행하기 위해 먼저 가야의 영역을 살펴보았다. 이 연구에서 설정된 가야의 영역은 소백산맥 이서지역에서 낙동강에 인접한 동안지역까지였다. 이에 따라 대구, 창녕 지역 등이 6세기 전반까지 가야의 정치체로서 존속했던 것

78) 李文基, 「大伽耶의 對外關係」, 『加耶史硏究-대가야의 政治와 文化』, 慶尙北道, 1995, 223쪽.

으로 파악되었다.

가야사회의 발전 양상은 대등한 여러 소국들이 멸망할 때까지 공존하였고, 각 소국들의 작은 규모에도 불구하고 사회의 복합도가 상당히 높았다는 점이다. 이와 같은 사회적 발전의 동인은 특수진화론적 관점에서 접근되었다. 이에 따라 범세계적인 사회진화의 요인으로 거론되는 전쟁, 교역, 행정과 같은 포괄적인 요인 대신 가야가 처한 자연환경과 사회적 환경의 구체적인 요소를 주목하였다. 그 결과 낙동강을 따라 형성된 충적분지의 선형적 분포, 높고 균등한 농업생산력, 자연적·사회적 영역의 한계, 수지형 교역체계, 대등정치체 간 상호작용 등이 복합적으로 작용하였다는 것과 가야는 고유한 환경에 높은 수준으로 적응하였음을 알게 되었다.

마지막으로 가야 정치체의 사회진화적 단계에 대해 살펴보았다. 이것은 일반진화론적 접근으로서 범세계적으로 통용되는 사회진화의 단계모델에 비추어 보았을 때 가야의 위치를 설정하는 것이다. 이를 위해서 먼저 사회진화에 관련한 여러 이론과 한국에서의 적용사례를 검토하였다. 변진 사회는 이미 군장사회에 도달했기 때문에 가야의 경우 과연 국가단계에 도달했는지 여부에 초점이 맞추어졌다.

기존의 진화모델들을 검토한 결과 정치체의 규모, 계급 간의 격차, 정치조직의 정비, 외교적 역량 등을 국가단계 여부의 판별기준으로 선정하였다. 이를 가야 제국 중 가장 세력이 강했던 대가야의 고고학 자료와 문헌자료에 적용한 결과 대가야는 6세기 초에는 국가단계에 도달했다고 볼 수 있다고 판단하게 되었다.

이와 같은 가야 사회의 일원에 대한 사회진화적 단계의 평가는 최후의 판정이 아니라, 지속적으로 수정되어져야 할 끊임없는 작업이다. 물론 진화단계의 설정도 타 정치체와의 비교연구를 위해 중요하지만, 사회 변화의 연속성과 지역적 특수성에 대한 인식을 잊어서는 안 될 것이다.

무기·무구 및 마구를 통해 본 가야의 전쟁

金 斗 喆*

Ⅰ. 머리말

4세기부터 6세기 중엽경까지 영남지역에 할거하며 뚜렷한 정치세력으로서 활약하였던 가야와 그들의 전쟁에 대해 우리들이 알고 있는 역사적 지식은 너무나 단편적이다. 가야에 대해서는 전쟁관계뿐만이 아니라 그 실체에 대한 기록조차도 제대로 갖추어져 있지 않은 것이 주지의 사실이다. 다만 최근의 고고학적 조사성과에 힘입어 당시의 가야인들이 이루어 놓았던 문화적 수준에 대한 이해와 접근은 어느 정도 가능하게 되었다. 그 속에는 전쟁과 관련지을 수 있는 무기와 무구 및 마구 등도 포함된다. 그렇다 하여도 물질자료를 통하여 역사적 사건에 해당하는 전쟁과 그로 인해 야기된 사회적 변화를 이야기하는 것은 이

* 부산대학교 고고학과

론적으로도 방법적으로도 문제는 남는다. 실제 이에 대한 연구는 거의 전무하다고 할 정도로 초보적 단계에 머물러 있는 실정이다.

이러한 근본적인 한계에도 불구하고, 물질자료를 통하여 가야의 전쟁에 대해 언급한다면, 그것은 '사건' 자체보다는 '전쟁수행 능력의 보유현황, 그리고 그것의 변화와 발전양상'을 통한 간접적인 방법으로 접근해가지 않을 수 없다.

본고에서는 무기·무구·마구와 같은 전쟁과 관련된 물질자료를 통하여 각 자료의 의미를 추출하고, 그 자료의 시간적인 변화양상을 살펴봄으로써, 가야의 전쟁수행 능력의 진전상황을 고찰하고자 한다. 이는 향후 가야의 전쟁에 대한 본격적인 연구를 추진해 나가기 위한 방법적인 모색도 겸한 예비적 검토가 될 것이며, 미비한 점은 차후의 작업을 통하여 보완해 나가고자 한다.

Ⅱ. 加耶와 古代의 戰爭

먼저 본 장에서는 고대의 전쟁에 대한 여러 연구자들의 인식의 틀을 살펴보고, 나아가 단편적이나마 역사기록으로 전하는 가야의 전쟁에 대해 알아보기로 한다.

1. 고대의 전쟁에 대한 인식

인류학자 福井勝義는 인류의 싸움(戰, conflict)을 크게 略奪(raid)·殺戮(killing)·紛爭(feud)·戰爭(war)이라는 네 개의 개념으로 나누어 정의하고 있다.[1] 여기에서의 전쟁이란, 다른 政治統合을 가진 集團間의 組織的인 武力衝突을 말한다. 즉, 전쟁의 가장 큰 특징은 조직적으로 이루어지는 사회적 행동이라는 것이며, 그래서 전쟁에서의 무력충돌은 命令과 服從의 관계를 집단의 規範으로 완전히 이해한 것을 전

1) 福井勝義, 『文化人類學事典』, 弘文堂, 1994.

제하고서 성립한다고 한다. 戰爭史家 아서 훼릴은 이러한 조직화된 전쟁을 縱隊나 橫隊와 같은 隊型(formation)을 갖추고 행해지는 것으로 단순화하여, 전쟁의 기원을 선사시대부터 밝히려 하고 있다.[2)]

그러나 이와 같은 명쾌한 개념 정의에도 불구하고, 연구자마다 고대의 전쟁에 대한 이해는 다양한 시각을 보이고 있다. 佐原眞은 일본과 세계의 전쟁을 개관하면서, 농경사회의 성숙과정이 본격적인 전쟁을 낳았다는 점에서 세계 각지의 연구자들이 공통적으로 인식하고 있음을 역설하고, 일본에서의 본격적인 전쟁도 彌生時代부터 시작하였음을 많은 고고학적 증거를 들어 논증하고 있다. 여기에서는 다른 연구자들이 사용하는 戰과 戰爭의 용례를 구별하지 않고 전쟁으로 통일하고 있다. 대신에 考古學에서의 戰爭을 '多數의 殺傷을 수반할 수 있는 集團間의 武力衝突'이라고 나름의 정의를 내리고 있다.[3)] 물질자료를 대상으로 하기 때문에, '조직적인 사회 행동의 인식' 대신에 '고고자료에 기초하여 인식할 수 있다'고 하는 수식구를 전제한다.

우리나라 고대사학계는 삼국 간의 통일전쟁 단계부터를 전쟁으로 보고자 하는 경향이 강하다. 양 진영 간의 사활을 건 전면전을 염두에 둔 것일 것이다. 紀年 문제 등 사실여부는 별개로 하더라도, 이러한 시각에 따르면, 가령 『삼국사기』에 전하는 바와 같이, 말갈의 백제나 신라에 대한 잦은 침략이나 왜의 신라 침략이 거의 일방적으로 이루어지고 있어서, 그것은 단순한 약탈행위에 불과하지 전쟁으로는 간주할 수 없게 된다. 고이왕대까지 백제도 역시 신라에 대하여 거의 일방적인 침략을 감행하고 있다. 이들의 침략행위에서는 문화가 낮은 쪽으로부터의 기습약탈과, 문화가 높은 쪽(?)의 상대편 경제영역에 대한 폭력적 개입의 사례를 읽을 수도 있다. 大林太良은 이러한 약탈이나 폭력행위의 대다수는 본격적인 전쟁으로 부를 만한 것이 아니라고 한다.[4)] 그러

2) 아서 훼릴(이춘근 역), 『전쟁의 기원』, 인간사랑, 1990.
3) 佐原眞, 「日本・世界の戰爭の起源」『戰いの進化と國家の生成』, 東洋書林, 1999.
4) 大林太良, 「原始戰爭의 諸類型」『日本古代文化の探究 戰』, 社會思想社,

나, '방위적 정책이 공격적인 정책에 비하여 반드시 비군사적인 것이라고 말할 수 없다'고 한 아서 훼릴의 지적은 주목할 만하다.[5] 왜의 침략을 받는 신라의 입장에서는 집단의 생존을 위협받고 있었음은 틀림이 없기 때문이다. 예를 들어, 儒禮尼師今 12년에 왜를 공격하고자 도모한 데 대한 舒弗邯 弘權이 '신라는 수전에 익숙치 못하고 백제도 믿기 어려우므로 함께 도모하기 어렵다'고 한 대답[6]이나, 實聖尼師今 7년에 대마도정벌 계획에 대하여 舒弗邯 未斯品이 '수성 후에 역공하자'고 한 말[7]에서 신라의 對倭戰略을 읽을 수 있다. 이러한 전략을 보면 왜의 침공에 대해서는 守城 후 적이 퇴각할 때, 추격전을 펼쳐나간다는 전술적 측면을 많은 기사가 말해주고 있다. 신라의 입장에서도 명확한 대응을 하고 있었던 것이다.

이렇듯 연구자의 관점에 따라서 전쟁에 대한 정의나 용례의 선택이 다르다. 고대사학계의 입장과 같은 경우는 전쟁을 정치제도의 발달이나 국가의 형성과정과 연계하여 파악코자 하는 현대 인류학의 연구경향과도 밀접한 관련을 갖고 있다. 따라서 우리나라도 戰과 구별되는 戰爭이란 용어를 어느 단계부터 사용할 것이냐 하는 개념적용의 문제를 비롯하여 우리나라의 본격적인 전쟁은 언제부터 시작되었느냐 하는 문제에 이르기까지, 전쟁을 바라보는 시각이 그 사회의 발전단계를 어떻게 파악할 것인가 하는 점을 고려한 상태에서 고정되거나 이러한 문제들을 아예 유보한 상태에서 논의가 이루어지고 있다.

그런데 국가와 같은 하나의 통합된 정치세력을 인정한다고 하여도, 그것이 성립하기까지의 과정에는 숱한 크고 작은 싸움의 존재를 가정

1984, 23~25쪽.
여기에서는 미개민족의 전쟁을 다루면서, 다른 문화단계 내지 생업형태를 가진 2개의 민족이 접촉하였을 경우에 대한 막스 쉬미트의 글을 인용하고 있다. 백제에 의한 신라침략이 적절한 예가 될 수 있는지는 모르겠으나, 그 침략이 거의 일방적이었던 것은 주목해두고 싶다.

5) 아서 훼릴(이춘근 역), 앞의 책, 1990, 50쪽.

6) 『三國史記』 新羅本紀 第二.

7) 『三國史記』 新羅本紀 第三.

할 수 있다. 이 과정 속에 있는 싸움의 범위와 수준을 가늠하기란 쉽지 않다. 즉, 앞에서 살펴보았듯이 전쟁의 개념을 다른 政治統合을 가진 集團間의 組織的인 武力衝突이라고 할 때, 각 집단의 정치통합 수준이나, 그 집단의 영역적·인구적 범위와 성격을 규정하기란 쉽지가 않다는 것이다.

신라의 삼국통일을 예로 든다면, 먼저 본거지인 경주분지 내에서의 정치적 통합이 있었으며, 다음으로 낙동강동안지역을 중심으로 한 통합, 가야를 멸망시킴으로써 영남 전역에 대한 영역의 확장, 삼국의 통일전쟁을 통한 백제·고구려의 통합과 唐軍의 축출이라는 과정을 거치고 있다. 이러한 전 과정 중에서 각 단계의 정치적 통합수준에 대해서는 고대 역사학계에서도 여러 해석이 이루어지고 있다. 그러나 그러한 단계 구분과 전쟁의 양상을 결부시키거나, 그 결과를 바탕으로 전쟁의 개념을 규정하기는 실로 어렵다. 분명 각 과정 속에는 크고 작은 전쟁이 있었다. 전쟁의 대상과 범위는 물론 전쟁의 목적과 전후처리 방법 및 규모의 면에서도 큰 차이가 있었다. 그러나 그 내용이 문헌상에도 고고학적 물질증거에도 엄밀하게 드러나지 않는다. 이 점에서 '전쟁'의 개념에 적합한 것을 추출해낼 기준을 설정하는 작업에는 한계가 있다. 차라리 과정 자체를 하나하나 분석하고 이해하는 것이, 틀에 해당하는 개념규정보다는, 신라의 성장과 그 과정에서의 전쟁의 실상을 파악하는, 보다 합리적인 방법일 것이다.

그렇다면 전쟁에 대한 고고학적 접근에서는, 전쟁 당사자들이 속한 '정치통합을 가진 집단'의 문제는 차치해두고, '명령체계를 갖춘 조직적인 무력충돌'을 밝히는 방향으로 접근해갈 필요가 있다. 아서 훼릴이 행했던 바와 같이 隊形의 존재를 밝힐 수 있다면, 그것은 정도나 규모의 차이를 불문하고 전쟁이라 부를 수 있을 것이다. 그렇게 단순화해서 보는 것도 좋다고 본다. 전쟁을 규정하는 데 있어서 관념적인 문제보다는 계량적인 방법이 가능한 것을 우선적으로 다루고자 하는 것이 본고에서 견지하고자 하는 입장이다. 그러한 계량적인 방법의 하나는 구성원 개개인들이 소유한 무기의 성격과 그 의미를 밝히고, 집단 전체의 무기 보유양상을 통한 명령체계의 존재와 그 편제를 가늠해 보는 것이다. 이러한 문제는 뒷장에서 다시 다루고자 한다.

2. 문헌상에 보이는 가야의 전쟁

가야의 전쟁과 관련하여『삼국사기』신라본기에 전하는 가야와 신라간의 전쟁관계 혹은 일부의 교섭관계 기사를 뽑아 본 것이 <표 1> 이다. 이 표에는 加耶라고 지칭된 것만이 아니라 영남지역에 관련된 것도 포함시켰다. 그래서 엄격히 말한다면, 신라의 대영남정책을 반영한 표라고도 할 수 있다. 가야 혹은 영남 소국들의 (전쟁)관련 기사는 신라 중심적이기는 하지만, 전체『삼국사기』의 기록 속에서 보면, 다음의 몇 가지 사항을 지적할 수 있다.

첫째, 儒禮尼師今 14년(297)과 訥祗痲立干 25년(441) 혹은 奈解尼師今 17년(212)과 炤知痲立干 3년(481) 사이에는 시간적 공백이 크다는 점이다. 그 사이에 신라와 가야 간의 접촉이 없었다고 보기는 힘들며, 이는 삼국사기 초기기록의 신빙성 여부 문제와도 관련이 있다. 그 앞 시기의 가야관련 기록은 전기가야, 뒤 시기는 후기가야와의 관련사실을 나타낸 것일 가능성이 크며, 전자의 기록을 그대로 신빙하기는 어렵다. 설령 그것이 사실을 어느 정도 반영했다 하여도 기년을 그대로 따를 수는 없으며, 후대의 사실을 나타낸 것으로 보는 것이 초기기록 수정론의 입장을 취하는 연구자들의 시각이다.

둘째, 연대문제를 제외한다면, 초기의 가야 관련기사는 脫解 21년(77)에서 祗摩 5년(116) 사이에 집중적으로 보인다는 점이다. 이는 신라에 의한 대외 전쟁기사 중 이른 시기들에 위치하며, 신라의 대외전략을 반영해준다. 이 이전에는 혁거세에서 유리니사금 대에 걸친 왜와 낙랑 등과의 전쟁과 이어서 탈해니사금 대에 집중된 백제와의 전쟁 관계 기사[8]가 있다. 이 당시까지의 싸움은 대부분 대상국에서 發兵한 것으로서 신라는 거의 일방적으로 공격을 받는 입장에 처해 있다. 그러

<표 1>『三國史記』新羅本紀의 加耶관련 전쟁과 교섭 기사

왕	년대		관계 대상국	성격	발병처	장소	결과	비고
	년/월	기년						
赫居世	19/	37	변한				변한일국항복	
脫解	21/8	77	가야	전		黃山津口	승리	*1천명 참획
婆娑	5/5	84	古陁郡	화	古陁郡	(안동)		獻靑牛
	15/2	94	가야	전	가야	마두성포위	파병, 擊走之	*騎一千
	17/9	96	가야	전	가야	襲南鄙	파병(패), 王 出戰敗之	*率勇士五千
	18/1	97	가야	화		擧兵欲伐加耶	(遣使請罪) 乃止	
	23/8	102	가야?	화?	首露王?	音汁伐國-悉直谷國(爭)	伐音汁伐國, 悉直·押督 내항	*
	25/7	104	가야?	전?	悉直	(삼척)叛	發兵討平之	*徙其餘衆於南鄙
	27/1	106	가야?	화?		押督(경산)	순행	*
	/8		가야	전	신라	命馬頭城主伐加耶		*
	29/5	108	가야?	전	신라	比只國多伐國草八國	遣兵伐, 幷之	*(昌寧,大邱,草溪)
祇摩	4/2	115	가야	전	가야	寇南邊		*
	/7		가야	전	신라		親征加耶 帥步騎 度黃山河 加耶人伏兵林薄 以待之 王不覺直前 伏發圍數重 王揮軍奮擊 決圍而退	*
	5/8	116	가야	전	신라		遣將侵加耶 王帥精兵一萬以繼之 加耶嬰城固守 會久雨乃還	*
逸聖	13/10	146	가야?	전	押督	(경산)叛	發兵討平之	*徙其餘衆於南地
阿達羅	4/2,3	157	가야?			/2置甘物馬山二縣	/3巡幸長嶺鎭	3/4開鷄立嶺路
伐休	2/2	185	가야?	전	신라	召文國(의성)	정벌	*軍主之名始於此
奈解	6/2	201	가야	화	가야		請和	*

8) 교전지역과 정치세력권을 고려한다면, 이 때의 전쟁 기사들은 후대에 신라나 백제에 편입되었던 소지역들 간의 싸움이며, 후의 신라나 백제의 중앙정부들이 관여하였던 싸움은 아니었을 가능성이 있다.

	14/7	209	加羅	화 : 전	浦上八國	浦上八國謀侵加羅 加羅王子來請救 王命太子于老與伊伐飡利音 將六部兵往救之 擊殺八國將軍 奪所虜六千人還之		*骨浦-창녕,柒浦-칠원,古史浦-진해
	17/3	212	가야	화	가야	送王子爲質		*
助賁	2/7	231	가야?	전	신라	甘文國(김천)	파병, 討破	*
	7/2	236	가야?	화	骨伐國	(王阿音夫率衆)	來降	*骨伐國(영천)
	13/秋	242	가야?	화	古陁郡	(安東)	進嘉禾	*
儒禮	14/1	297	가야?	전	伊西古國	(청도)來攻金城	破之	
訥祇	25/2	441	가야?	화	史勿縣	(사천)進長尾白稚	賜縣吏穀	*
炤知	3/3	481	高, 말갈 百, 가야	전 화?	高, 말갈	入北邊 取狐鳴等七城 又進軍於彌秩夫 我軍與百濟加耶援兵 分道禦之 賊敗退 追擊破之泥河西 斬首千餘級		*狐鳴城(青松) 彌秩夫(興海) 泥河(江陵)
	18/2	496	가야	화	가야	送白稚		*
法興王	9/3	522	가야	화	가야	遣使請婚	送之	*伊飡比助夫之妹
	11/9	524	가야	화	가야		(來會)	*王出巡南境拓地
	19/	532	가야	화	金官國		(來降)	*
眞興王	15/7	554	百, 加良	전	百, 加良	來攻管山城…急擊殺百濟王	교전, 승리	斬佐平4人,士卒29600
	23/9	562	가야	전	가야	加耶叛	파병, 討之	*

나 <표 1>에서 보듯이 초기의 신라와 가야 혹은 영남소국 간의 싸움은 발병처가 상호적이다. 신라로서는 이때부터 영남지역 내 세력확장을 꾀하였음을 알 수 있다. 당시의 가야와 신라의 싸움은 서로가 일진일퇴를 거듭하고 있으며, 결코 어느 쪽에도 압도적 우세는 없다. 이렇듯 가야가 힘의 균형을 잃지 않고 신라와 대적할 수 있었던 것은, 고고학적 정황으로 보아서는, 금관국이 맹주였던 전기가야 시기에 해당한다. 이때의 戰線으로서 黃山河와 신라의 남쪽이 자주 등장하는 것도

이를 뒷받침해준다.

후기가야 시기에 들어서 가야의 군사력 내지 전투능력을 짐작케 해주는 것은 炤知麻立干 3년(481)의 기사이다. 고구려와 말갈이 신라의 북변으로 침입하여 7성을 공취하고 彌秩夫로 진격해 왔을 때, 가야가 백제와 함께 신라를 구원하여 물리친 사건이다. 이때의 가야가 전체 가야의 힘을 결집한 것이 아니라 제 가야 중의 유력한 一國(고령의 대가야)이었다 하여도, 이렇게 신라·백제와 더불어 연합군의 한 축을 형성할 수 있었다는 것은 이미 가야의 군사력이 어느 정도 체제를 갖추어 정비되어 있었음을 보여주는 단적인 예다. 당시의 가야는 475년 백제의 웅진천도라는 혼란한 틈을 이용하여 479년에는 남제에 사신을 보내는 등 가장 전성기를 누리고 있었다. 그러한 기반의 형성에는 군사력의 정비도 역시 중요하게 작용하였음은 의심할 바가 아니다. 그것을 위의 기사는 말해준다.

위의 <표 1>에는 나타나지 않지만, 가야의 군사활동에 대해서는 광개토왕비문과 일본서기 등에 상세한 내용이 전해지고 있다.

광개토왕비문의 내용대로 更子年(400)에 신라의 구원 요청을 받은 고구려가 步騎 5만으로 南征해 온 사실은 남부지방으로서는 큰 충격이었으며, 군사적 측면에서도 일대 변혁을 초래케 한 가야 역사상의 大戰役이었다.

『日本書紀』에 전하는 加耶 戰役 중 대표적인 것은 가야가 백제와 왜의 연합군과 싸우는 기문·대사의 사건(513-529)이다. 6세기에 들어서 무녕왕이 즉위함으로써 안정을 되찾은 백제가 가야진출을 위해 일으킨 사건으로 파악된다. 이로 인해 가야는 신라와 일시 밀착하나, 신라도 이내 가야지역의 공략에 나선다. 신라와 백제는 433년 이래로 표면적으로는 계속 우호관계를 유지하지만, 가야를 차지하기 위해서는 서로 각축을 벌인다. 가야 각지를 둘러싼 백제, 신라, 왜 등 주변국들의 복잡한 이해관계와 그에 따른 실제적 무력행사에 맞서 가야의 각 세력들도 다양한 외교적 노력을 기울이는 등 전력을 다하지만, 결국은 대가야를 끝으로 역사에서 사라진다. 실로 백제가 가야진출을 시도한 시점부터 멸망 때까지는, 군사적 측면에서도 가야로서는 국운을 걸고 총력을 경주한 시기로 파악되어야 할 것이다.

Ⅲ. 加耶의 武器·武具·馬具

무기에는 공격용무기와 방어용무기가 있다. 방어용 무기인 甲·冑·盾은 공격용무기와 특정의 조합을 이루어 전술에 따라 운용되기 때문에 이들을 유기적으로 이해할 필요가 있다. 그러나 유기질제로 만드는 盾은 출토 예가 희소하다. 갑과 주는 人馬에 착장하는 武裝具이기 때문에 이를 武具로서 구별하여 부르기로 한다.

본 장에서는 무기·무구·마구 중에서 전쟁과 관련이 있는 대표적인 유물들을 추출하여 그 기능과 전술상에서 지니는 역할 등을 중심으로 개략적으로 설명코자 한다. 가능하면 가야지역에서 출토되는 자료를 중심으로 다루며, 이들의 발전과정을 유기적으로 파악할 수 있도록 삼한시대 자료에서부터 삼국시대자료까지 포함하여 기술한다.

1. 武器

우리나라 고대의 무기는 크게 '近距離武器'와 '遠距離武器'로 나눌 수 있다. 이들을 바꾸어 말한다면, 직접적인 육박전이나 근접전에 사용되어지는 '衝擊武器(shock weapon)'와 던지거나 쏘는 '投射武器(missile weapon)'로 분류할 수도 있다. 중국에서는 상대와의 거리를 기준으로 무기를 분류할 경우, 투사무기는 '射兵', 긴 손잡이가 붙은 것은 '長兵器' 또는 '長兵', 손잡이가 비교적 짧은 무기를 '短兵器' 또는 '短兵'이라 하여 셋으로 나누고 있다. 충격무기를 장병과 단병으로 2분하였는데, 그 구분은 成人男子의 눈썹까지의 길이를 기준으로 한다. 또 장병기는 공격에 사용되는 일이 많기 때문에 '格鬪兵器'로, 단병기

는 방어에 사용되는 일이 많기 때문에 '護身兵器'로 나누어 부르기도 한다.[9]

가야에서는 모, 검, 도, 궁시가 주로 출토된다. 궁시는 대표적인 원거리무기이며, 모, 검, 도는 접근전에 사용되는 근거리무기이다. 검과 도는 짧은 손잡이를 가지는 대표적인 短兵이며, 鉾는 긴 자루를 장착한 장병이다.[10] 이들 외에도 斧나 鎌과 같은 농공구류도 얼마든지 무기로 전용될 수는 있다. 그러나 무기로서의 기능 구별이 엄밀하지 않기 때문에 제외한다.

1) 鉾 (矛, 鈹, 槍)

'창(槍)'은 대표적인 장병기로서, 인류가 사용한 무기 중에서 가장 빨리 개발된 것이기도 하다. 창은 일직선으로 찔러서 관통하는 기능(扎)이 뛰어나며, 전쟁에서 가장 보편적으로 사용되었던 무기이다. 필자가 행한 예안리유적의 분석에 따르면, 분묘에서 출토되는 鐵鉾(槍)는 壯年 이상의 무덤에서만 출토되며, 남성이 87%(13/15)의 점유율을 보였다. 즉, 창은 남성 전사집단이 소유한 유물로서 소유자의 성별을 잘 나타내주고 있음을 알 수 있었다.[11]

중국에서는 창으로 대표되는 장병기에 대한 세분이 잘 되어 있다. 가야의 자료와 비교되는 것을 든다면, 矛·鈹·槍을 들 수 있다. 矛는 끝이 뾰족하고 폭이 넓은 양날의 身部를 가진 것을 말한다. 鈹는 창끝은 兩刃이며 형상은 당시의 劍과 같아서, 莖部를 가지고 여기에 柄

9) 篠田耕一, 『武器と防具 中國編』, 新紀元社, 1992.
중국측 무기의 분류와 명칭은 상기의 책을 참조하였다. 시기별 변화에 대해서는 위 책과 하기의 책에 상세히 언급되어 있다. 이하 인용은 생략한다.
楊泓, 『中國古兵器論叢(增訂本)』, 文物出版社, 1985.

10) 삼국시대의 분묘에서 물미가 함께 출토됨으로써 병부에 착장된 상태로 매납되었다고 보여지는 창은 대개 길이가 3~4m의 것으로서 장병기로서는 적절한 길이를 보여준다

11) 金斗喆, 「金海 禮安里遺蹟의 再檢討 - 性·年齡을 통한 社會構造 復原 試案」, 『韓國古代史와 考古學』, 학연문화사, 2000.

이 연결된다. 날은 길어서 찌르는(刺) 것만이 아니라 베는(斬) 위력도 가진다. 이 矛와 鈹는 모두 춘추·전국시대에 주로 사용됐다고 한다. 槍은 기본적으로 찌르기에 좋도록 身部가 예리한 鐵製로 된 것을 말한다. 이전의 矛와 鈹를 원형으로 하여 삼국시대 蜀의 제갈량이 개발하여 군대의 병기로 사용하였으며, 이후 19세기 말까지 '모든 兵器의 王'으로서 널리 사용되었다고 한다.

주목되는 것은 鈹이다. 김해 대성동유적의 보고서에서는 삼한시대의 목관이나 목곽묘에서 출토되는 것과 똑같은 형태인 단면 볼록렌즈형의 劍을 槍으로 보고하고 있다. 그 근거로서는 출토상태에서 보아 창과 대칭하여 물미(鐏)가 있을 위치에 筒形銅器가 조합되어 있는 점을 들고 있다.[12] 적절한 지적이다. 다만, 이것은 槍이라기 보다는 鈹라 불러야 할 것이다. 이 점은 당시의 전투양상을 추정하는 데 있어서 매우 중요하다. 삼한시대의 목관·목곽묘와 삼국시대의 목곽묘에서 출토되는 짧은 莖部를 가지는 劍 중에서는 상당한 양의 鈹가 포함되어 있음을 의미한다. 이것은 長兵으로 파악되어야 할 것이 短兵으로 오인되고 있음을 의미한다. 劍과 鈹의 구별을 위한 새로운 기준이 요구된다.[13]

한편, 우리나라에서는 보통 銎部를 가지는 창 중에서 청동제의 경우는 '矛'라고 하나, 鐵製의 경우는 '鉾'를 쓰는 경우가 많다. 철모 중에서도 3세기대까지의 것은 단면이 볼록렌즈형이며 兩刃의 폭이 넓어서 중국측 용어의 矛와 일치하고 있다. 이것은 銎部에 비해 身部도 훨씬 길어져서 찌르는 것 외에 베는 기능도 어느 정도 고려되고 있다. 이러한 모의 기능과 신부가 길어지고 무게가 증가한 창은 보병용으로 보다 적합한 것이다. 삼한시대에 鈹와 함께 출토되고 있는 점도 주목된다. 그러나 가야에서 4세기에 들어서면서 급속히 확산된 창은 단면이 菱形

12) 申敬澈,「金海禮安里 160號墳에 대하여」,『伽耶考古學論叢』1, 1992 ; 慶星大學校博物館,『金海大成洞古墳群 I』, 2000.

13) 柄을 장착하였을 경우 莖의 길이가 매우 짧은 것은 실용에 있어서는 베는 기능보다는 찌르는 기능에 보다 적합한 것으로 생각된다.

으로서, 베는 기능은 거의 배제되고 일직선으로 찌르기 좋은 기능으로 되었는데, 바로 槍에 해당한다. 이 계열의 창은 공부에 비해서 鋒身의 길이와 폭이 더욱 좁아져서 찌르는 기능이 한층 강화되는 방향으로 발전해 가는 것이 대세이다. 이렇게 양자는 가야지역에 유입되는 시기도 달라 계통이 확연히 구별된다. 공부 끝 부분의 형태도 달라 전자는 직선적으로 처리되고 후자는 燕尾形을 띤다. 高久健二는 이들 점에 착목하여 각각 전자는 戰國系의 非漢式으로서 樂浪地域을 통하여, 후자는 漢式系로서 압록강 이북의 高句麗를 통하여 한국 남부지방에 들어왔다고 보았다.[14] 필자는 이들의 계통을 생각하는데는 앞에서 살펴본 중국에서의 矛와 槍의 발전양상과 그 관계를 고려할 필요가 있다고 생각한다. 또한 후자 계열의 남부지방 유입은, 고구려로 한정할 것이 아니라, 馬具와 마찬가지로 북방문화의 남부지방 유입과 궤를 같이 하는 것으로 파악하고 싶다.[15] 矛에 비해 후자의 槍은 騎兵戰에서 더욱 위력을 발휘할 수 있게 개발되어 있다.

2) 劍·刀

검과 도는 대표적인 短兵器이다. 그래서 白兵戰과 같은 接近戰에 유리하다. 베거나 찌르기 위한 예리한 날이 있어서 갑주를 착장하지 않은 적에게는 치명적인 상처를 줄 수 있다. 그러나 전장에서 이러한 단병기는 주력무기가 될 수 없다. 長兵器를 잃거나 하였을 때, 몸을 보호하는 보조무기로서 혹은 적의 머리나 귀를 베기 위한 용도로서 사용되기도 한다. 劍과 刀의 차이는 칼날에 있어서 검이 兩刃인데 비해 도는 片刃이라는 점이다. 중국에서는 春秋時代부터 漢代에 걸쳐서 劍이

14) 高久健二, 『樂浪古墳文化研究』, 學研文化社, 1995, 229~270쪽.

15) 이 점에서 고구려와 낙랑의 관계를 중시한 高久健二와는 견해의 차이가 있다. 즉, 씨는 후자 형식 철모의 남부지방 출현시기를, 낙랑의 붕괴와 고구려의 요동지역 진출시기 등을 고려하여, 2세기까지 올라갈 가능성이 충분히 있다고 한다(위의 책, 262~263쪽). 그러나 필자는 북방문물이 남부지방에 본격적으로 유입되는 시기를 3세기 말에서 4세기 초 이후로 보고 있다.

매우 잘 사용되었다. 늦어도 전국시대에는 철제의 검이 만들어지며, 戰國時代에서 漢代에 걸쳐서 검의 사용이 최성기를 이룬다. 그러나, 漢代에 기병이 발달함으로써 베는 기법이 중시된 環頭의 直刀가 유행하게 된다. 그래서 三國時代부터 隋에 이르기까지는 刀가 短兵器의 주류를 이루게 된다.

삼한에서는, 낙랑설치의 영향으로 漢의 단조철기문화가 확산되어 철제의 검이 만들어지고 재래의 한국식동검을 대체하면서 3세기대까지 대표적인 단병기를 이루었다. 중국에서는 戰國時代 이래로 철제의 長劍이 만들어지기 시작하여 漢代를 거치면서, 낙랑에서도 장검이 유행하였다. 그럼에도 불구하고, 삼한사회는 전체 길이가 50cm 이하인 단검을 주로 제작·사용하였다. 이들 단검은 대부분 莖部의 길이가 2~3cm정도인 短莖式이다. 한국식동검과 같은 漆鞘나 靑銅劍把 등의 부속구와 조합되어 출토되기도 하여, 한국식동검의 전통을 계승한 측면이 강하다. 물론 이러한 변화도 낙랑에서 먼저 보여져 삼한에 전해진 것이기는 하나, 낙랑에서는 장검이 크게 우세하였던 것과는 매우 대조적이다. 삼한사회에서 短莖式의 단검이 주로 만들어진 데에는, 한국식동검의 전통을 자연스럽게 계승할 수 있었던 측면 외에도, 제작의 간편성과 다목적 무기로서의 활용성을 생각할 수 있다. 즉 평시에는 劍으로서 소지하다가, 전시에는 필요에 따라 자루를 갈아서 鈹와 같은 장병기로 전용할 수 있는 것이 이 형식 검의 장점으로 생각된다.

한편 莖部의 길이가 10cm 이상이 되고 전체 길이도 50cm 이상인 長劍은 삼한 후기의 목곽묘부터 출현하고 있다. 이 長莖式劍은 기존의 短莖式劍에서 莖과 身의 길이가 더욱 늘어난 것으로, 중국(漢·樂浪)계의 장검과는 계열이 다른 것으로 생각된다. 이 역시 낙랑에서는 上里나 夫租薉君墓의 예 등에서 알 수 있듯이, 이미 출현하여 단독으로 혹은 단경식검과 함께 출토되고 있었던 것이다. 이 長劍과 마찬가지로, 낙랑에는 이미 존재하고 있었던 무기가 삼한에서는 더욱 늦게 목곽묘 단계가 되어서야 출현하는 것이 環頭刀이다.

3) 弓矢

활과 화살로 된 射兵器이다. 세계적으로 보아도, 槍에 이어서 늦어도 신석기시대의 개시기에는 활이 출현한 것으로 알려져 있다. 활을 이용한 원거리에서의 화살 공격은 전시에 있어서는 가장 많은 사상자를 내는 것으로 보고되고 있다.

發射器인 활에는 보통 그 크기에 따라 長弓과 短弓의 두 종류가 있다. 이들은 또 활체의 모양에 따라 直弓과 彎弓으로 불리기도 한다. 만궁은 복수의 재료로서 구성되는 合成弓인 경우가 많다. 또한 長弓은 步兵이 주로 사용하며, 길이가 짧은 彎弓은 騎兵用에 적합하다. 활의 재질은 대부분 유기질제이기 때문에 지금까지 남은 예는 드물지만, 창원 다호리1호분이나 광주 신창동저습지유적에서 출토된 활채는 장궁의 형태를 하고 있다. 이를 통해 삼한시대까지는 주로 장궁이 사용되었던 것으로 생각된다. 그런데 안악3호분 행렬도나 많은 수렵도에 묘사된 고구려의 활은 모두 短弓이다. 이로 보아서 북방문물이 본격적으로 유입된 삼국시대에는 남부지방에서도 단궁이 사용되었던 것으로 보인다. 그렇다 하여도, 경주에서 출토된 고배뚜껑에 표현된 활을 쏘는 사람의 토우는 장궁을 사용하고 있다. 장궁의 전통이 삼국시대에도 계속 이어지고 있음을 보여주는 자료로 생각된다. 경주 금관총과 고령 지산동39호분에서는 활[幹]의 끝에서 시위[弦]를 걸게 된 활고자[弭]가 출토된 바 있다.

비행체인 화살의 경우도 화살촉[鏃]을 제외한 화살대[笴]와 깃[箭羽]은 유존 예가 드물다. 화살대는 보통 버드나무나 자작나무 혹은 대나무를 많이 사용하였다고 한다. 경주 월성해자에서는 싸리로 만들고 촉과의 연결부를 자작나무 껍질로 감은 것이 출토되었으며, 양산 부부총에서는 대나무가 사용되었던 예가 알려져 있다. 한편, 김해 대성동2호분에서는 화살촉과 화살대를 연결하는 고달이, 또 경산 조영동EIII-2호분에서는 화살대의 뒤쪽 끝에서 활시위에 걸기 위한 장치인 오늬[矢筈]가 출토됨으로써 당시의 화살을 어느 정도 복원할 수 있다.

화살촉은 공격용무기로서의 弓矢의 가장 핵심을 이루는 부품이다. 삼한시대부터 재질이 철제로 바뀌고 있으나, 적어도 삼국시대 초기까지는 骨製의 촉도 동시에 사용되고 있었다. 촉은 기본적으로 貫通力과 刺傷力을 증대시킴으로써 殺傷力을 높이고, 비행거리를 증대시키는 방향으로 발전해 왔다. 이를 위해서 鏃頭는 폭을 좁혀서 날카롭게 하고, 전체적으로 무게를 증대시키며, 비행시 공기의 저항을 덜 받도록 하였다. 또한 촉부분에 逆刺를 만들고, 화살대가 잘 부러지게 한 것도 적의 몸 속에 박힌 화살이 잘 빠지지 않게 함으로써 자상력을 최대한 높이기 위한 방법의 하나이다. 촉은 철제유물 중에서는 시간성을 잘 반영해 주는데, 위와 같은 발전방향에 따라서, 삼한~삼국시대의 촉은 크게 鏃身 자체를 화살대 사이에 끼워서 사용하는 無莖式에서, 촉신 아래에 화살대에 끼워서 연결할 수 있게 슴베[莖部]를 설치한 有莖式으로 변화하며, 나아가 촉신과 슴베의 사이에 頸部를 둠으로써 무게를 증가시킨 有頸式으로 발전한다. 유경식은 頸部의 길이가 촉신의 길이와 비슷한 短頸式에서 2~3배 이상으로 길어진 長頸式으로 바뀌어간다. 가야지역의 예를 본다면, 無莖式은 삼한시대에 해당하는 1~3세기대에 널리 사용된다. 有莖式은 목곽묘 단계의 3세기대에 유행하며, 有頸式은 삼국시대에 들어선 4세기대에 출현하여 유행하는데, 이때는 短頸式이 대부분이다. 長頸式은 5세기대가 되어서 나타나며 이후 촉의 주류를 이룬다.

2. 武具

적의 공격으로부터 신체를 보호하기 위하여 장착하는 장구로서, 일반적으로 몸에 걸쳐 입는 갑옷(甲)과 머리에 쓰는 투구(冑)로 이루어져 있다. 삼국시대의 갑주는 鐵製가 분묘에서 많이 출토되는데, 철제 외에도 그 이전시기부터 사용되었다고 추정되는 가죽으로 된 皮甲이나 나무로 된 木甲, 혹은 漆甲 등의 존재도 상정되고 있다.

갑주의 발전 방향은 흔히 창이나 화살촉과 같은 공격용무기의 변화에 연동하는 것으로 설명되어 왔다. 초기에 피혁 등에서 철제 갑주로의 재질상의 변화는 분명 직접적인 관련을 생각할 수 있다. 그러나 그 뒤의 형식변화는 갑주 자체의 변화요인을 우선할 필요가 있다. 즉, 단조기술을 비롯한 제작기술의 발전에 따라 제작 공정상의 표준화나 간략화를 이루어간다는 제작자측의 관점과 갑주 착용 후의 안정성과 활동성의 확보라는 착용자측의 관점을 연관시켜서 이해하는 것이 보다 좋다고 생각한다. 물론 공격용무기의 변화는 戰備次元에서도 갑주의 변화를 촉발시키는 요인이 될 수 있지만, 그것에 직접 대응하여 갑주가 변화하였다고 설명하기란 쉽지 않기 때문이다. 또한 갑주는 무기류보다는 보다 고도하고 집약적인 기술체계를 요구하며, 이 때문에 철제 갑주의 소유자가 한정되어 있었던 점도 고려할 필요가 있다.

1) 甲

鐵製의 甲은 갑옷을 구성하는 철판의 형태에 따라 크게 板甲[短甲]과 札甲[挂甲]으로 나눈다. 판갑은 다소 큰 판 모양의 철판 여러 장을 연결하여 만든다. 이들은 구성의 뼈대가 되는 地板의 모양에 따라서 여러 형식으로 분류·명명된다. 즉, 지판이 종방향으로 긴 철판으로 된 것을 縱長板[竪矧板]이라 하며, 마찬가지의 방법으로 명명되는 方形板, 長方板, 三角板, 橫長板[橫矧板] 등의 각종 형식이 있다. 위의 순서는 크게 시간적인 출현이나 변화의 순서도 반영한다. 또한 판갑은 철판들을 서로 연결하는 방법에 있어서도, 못으로 연결하는 釘結[鋲留]기법과 가죽으로 꿰어 연결하는 革綴기법 등이 사용되고 있다. 그래서 지판의 모양과 연결방법을 서로 조합하여 하나의 형식명으로서 사용하기도 한다. 그런데 못을 사용하여 철판을 결합한다는 의미의 정결기법 중에도 종장판정결판갑과 같은 이른 단계의 정결기법은 못의 양끝을 두드려서 납작하게 하는 데 반해, 후대의 삼각판·횡장판 판갑에 사용된 정결은 못의 한쪽 머리가 크고 둥근 圓頭釘을 하고 있다. 이러한 원두정의 큰 못을 일본에서는 鋲이라 하며, 그래서 정결기법을

鋲留技法이라고 부르고 있다. 못의 형태나 결합방법이 판갑의 형식이나 시기에 따라 다른 것은 이들의 계통이 서로 다른 것을 말한다. 그러므로 이를 기준으로 각각을 정결기법과 병류기법으로 나누어 부르는 것도 고려할 필요가 있다. 이렇게 나누어 부를 경우, 일본에서는 정결기법의 판갑은 아직 보고되어 있지 않고, 혁철기법에서 병류기법에로의 변화가 큰 흐름으로서 알려지고 있다. 가야에서는 계통을 고려하지 않는다면, 정결→혁철→병류라 하는 결합기법의 변화가 대체적이다.

한편, 찰갑은 우리말로 비늘갑옷이라고도 부르는 것처럼 일정크기의 조그만 소찰들을 횡방향으로 연결하고 이들을 다시 종방향으로 垂結하여 상하의 유동성이 확보되도록 한 갑옷이다. 유동성을 위해서 소찰들은 모두 가죽을 사용한 혁철기법으로 연결되었다. 그 때문에 지금에서는 가죽이 썩어 내려 앉아버림으로써 그 전형을 알 수 있는 예는 극히 드물다. 출토 예가 매우 많음에도 불구하고 연구성과가 미미한 이유이기도 하다. 출토 상태가 양호한 복천동 11호분의 자료를 통해서 보면, 찰갑은 신체의 각 부위에 따라서 소찰들의 규격을 달리하며, 이들을 아랫단의 소찰이 밖으로 포개어지게 하여 유동성이 뛰어나도록 연결하였다. 소찰들을 부위별로 나누어 보면, 목을 가리는 頸甲과 상반신의 胴甲札, 허리의 腰甲札 및 그 아래를 가리는 裳甲札이 차례로 이어진다. 이 밖에 上膊甲과 大腿甲에 해당하는 소찰과 별조의 臂甲이 일괄로 출토되었다. 판갑이 주로 上半身을 보호하기 위하여 사용되었음에 반하여 찰갑은 고구려의 벽화고분에 묘사된 것처럼 보호 부위가 전신에 이를 정도로 넓었던 것을 알 수 있다. 다만 이러한 구성이 가야지역에 찰갑이 출현한 처음부터 완성되어 있었다고는 보기가 힘들다. 5세기대 찰갑의 소찰 크기는 대체로 2.5×5~9cm로서 크기도 작아지고 수량도 훨씬 증가하여 유동성 확보에 유리하게 되었으나, 그 이전 4세기대의 소찰은 크기가 약 4×8cm 정도이며 요갑을 중심으로 상하 3단씩 전체 7단으로 구성되었는데, 상하의 유동성을 전혀 고려하지 않게 설계하였다.[16] 가야의 4세기대와 5세기대 찰갑의 계통이 서로 다를 가능성을 시사해 주고 있다.

판갑과 찰갑은 이러한 판의 구성과 결합방법의 차이에 따라서 자연히 그 기능에도 차이가 있다. 즉 판갑은 보병용이며, 찰갑은 기병용이라는 일반적인 인식이 그것이다.

2) 冑

冑도 형태에 따라서 다양하게 분류된다. 가장 이른 단계에 출토되는 것은 종장판주와 만곡종장판주이다. 종으로 길쭉한 철판을 서로 잇대어 혁철한 것이다. 그 밖에 가야에서는 반구상의 주체에 원형의 챙을 붙인 미비부주, 평면형태가 살구모양으로 상부에서 앞쪽으로 주걱모양의 복판이 붙어있는 충각부주, 작은 소찰로 구성되며 투구 상부에 평면 타원형의 복판과 복발이 있는 소찰주가 출토되고 있다.

3. 馬具

말은 고대에도 전쟁을 수행하는 데 있어서 매우 중요한 역할을 하였다. 기동성을 지닌 기병의 운용은 보병보다도 훨씬 위력을 발휘할 수 있다. 삼국시대의 남부지방에서는 말의 보급이나 말을 다루는 기술과 전술의 개발문제 등이 남아 있어서, 당시의 기병은 극히 소수의 정예들에 의하여 운용되다가 차차 사회가 발전하고 분화되면서 전문 전사집단의 한 축을 이루어 갔을 것으로 추정된다. 이러한 기병의 운용과 전술의 발달문제에 대한 기록은 너무나 단편적인 사실만을 전하고 있기 때문에 말을 다루는 각종 裝具인 마구를 통하여 당시의 실상을 추적해 갈 수밖에 없다.

마구는 크게 말을 제어하는 制御具, 말 위에서 기수의 안정을 유지하기 위한 安定具, 말을 장식함으로써 騎子의 권위나 신분을 나타내려고 하였던 裝飾具의 세 부분으로 구성된다. 제어구의 대표적인 것으로

16) 송계현, 「우리나라 甲冑의 變化」, 『古代戰士』, 부산복천박물관, 1999.

는 말의 입에 물리는 재갈과 고삐 및 채찍을 들 수 있다. 후2자는 대부분 유기질제이기 때문에 남아 있는 예가 거의 없다. 안정구로는 기수가 깔고 앉는 안장과 발걸이인 등자를 들 수가 있다. 장식구는 위에 든 장구들을 말에게 장착하면서 부수적으로 가해지게 되는데, 운주와 행엽을 비롯하여, 마령・마탁・환령 등의 각종 방울류가 있다. 고대의 말의 장식에 방울류가 많이 사용되는 것은 이를 선호하였던 선비족과 같은 북방민족의 유습이 전하여졌기 때문이다. 이들 각종 마구류는 시간의 경과에 따라 또 지역에 따라, 각기 독자적으로 다양하게 발전해 간다. 이를 통해서 고대국가의 성장과정을 엿볼 수 있다.

그런데, 이들 중에서 실전 기병과 관련하여 주목할 것은 역시 제어구인 재갈과 안정구인 안장과 등자이다. 특히 경식의 안장과 등자는 삼국시대가 되어서야 출현하고 있다.

1) 재갈[銜・轡]

재갈은 말을 부리기 위해서 없어서는 안 될 가장 필수구이다. 말의 입안에 물리는 銜과 함이 빠지지 않도록 양 뺨에 대는 銜留, 그리고 고삐를 연결하기 위한 引手로 구성되어 있다. 삼한시대의 재갈은 일반적으로 인수가 없이 함과 함유만으로 이루어지며, 삼국시대의 재갈은 인수까지도 갖추고 있는 것이 특징이다. 또 재갈은 함유의 형태에 따라서 鑣轡・板轡・環板轡・圓環轡로 나누어진다. 이 중 표비가 가장 실용적인 비이다.

남부지방에는 삼한시대부터 출토되고 있는데, 청동제와 그것을 모방하여 만든 철제의 鑣轡가 전해지고 있다. 삼한 후기의 목곽묘 단계가 되면, 기존의 것과 제작방법이 판이한 삼한 특유의 표비를 만들어낸다. 전시기와의 차이는 鑣의 제작이 頭絡연결용의 側面2孔式에서 銜연결용의 正面1孔式으로 바뀐 점이다. 그러나 이러한 변화는 사회・문화적으로 제작환경이 변화한 것을 의미할 뿐이지 기능상의 변화라고는 볼 수 없다. 다만, 제작이 아주 간편화되었다는 점은 인정할 수 있다.

삼국시대의 재갈에 있어서 가장 큰 변화는 긴 인수의 채용이다. 긴 인수는 기승자가 말 위에서 고삐를 놓았을 때, 고삐가 일정한 위치에 자리잡게 하는 추[房錘]와 같은 기능을 하였다고 생각된다. 이를 통해서 말 위에서 양쪽 손을 자유롭게 움직일 수 있었다. 4세기대의 재갈에서부터 나타나며, 이 시기부터 유행하였던 중장기마전술과도 밀접한 관련을 가진다. 북방문물의 수용 결과 생겨난 변화로서, 남부지방에서 이러한 재갈을 가장 먼저 수용한 곳은 전기가야의 맹주국이 있었던 낙동강 하류역이다.

가야에서는 5세기대가 되면 재갈에 있어서 또 한 번의 변화가 생겨난다. 그것은 ㅗ자형 환판비의 출현이다. 고구려군의 남정 직후에 낙동강 하류역에서 새로이 개발된 것으로서, 이는 새로운 戰備體制의 구축과도 관련이 있다. ㅗ자형 환판비에서 시작된 함과 인수의 연결방법은 남부지방에 확산되어 5세기대 이후 고구려 등 북부지방의 재갈과 구별되는 특징을 이루기도 한다. 5세기 후반대에는 고령·합천 등의 후기가야연맹을 중심으로 내만타원형 판비와 f자형 판비와 같은 독자적인 재갈이 만들어진다. 그래서 신라의 재갈과는 형태·제작방법·부속품의 조합 등에서 뚜렷한 지역적인 차이를 보여준다. 이러한 지역성의 확립은 기능의 변화란 측면보다는 독립된 생산체계의 구축이라는 시각에서 접근할 필요가 있다. 독자적인 생산체계가 갖추어지면서, 질적인 변화와 함께 양적인 增産이 가능하였던 것이다. 그것은 그대로 騎兵과 관련한 戰備의 增强으로 이어지는 것이기도 하다. 6세기대에도 원환비나 복환판비 등 새로운 재갈이 만들어지나, 출토 예가 극히 적다. 이들 비의 생산은 제작의 간편화와 규격화에 기여하여 대량생산이 이루어지는 계기를 마련하였을 것으로 생각된다.

2) 鞍裝과 鐙子

등자는 말에 올라타거나, 말 위에서 몸의 안정을 유지하기 위해서 필요한 裝具이다. 초기의 실물 등자가 單鐙에서 雙鐙으로 변화한 것은 기승 시의 발디딤 역할에서 기승 후의 안정성의 확보로 주 기능이 변한 것을 보여준다. 이러한 등자의 실물자료는 4세기대에 들어서면서 동북아시아에서 가장 먼저 출토되었다. 가야에서도 4세기대 자료가 복천동48호분에서 출토되었다. 그것은 나무로 된 본체에 부분적으로 철판을 보강한 木心鐵板被鐙子이다. 출토 예는 적으나, 이미 실용의 목심등자가 제작되고 있었음을 보여주는 자료로 생각된다.

마상에서 창을 이용하여 衝擊戰을 구사하는 重裝騎馬戰術에 있어 등자는 거의 필수적이라 할 수 있다. 增田精一은 금속제등자와 같이 등자의 무게를 증가시키면, 중장기마전술의 운용에 있어서 더욱 위력을 발휘할 수 있다고 하여, 철제등자의 출현을 전술 발전에 있어서 하나의 획기로 파악하고 있다.[17] 그러나 가야에서는 4세기대 이래로 목심등자가 주로 제작·사용되었다. 철제의 등자는 5세기 말의 옥전M3호분에서 처음으로 출토된다. 이후 6세기대에 유행하였던 것으로 생각되나, 실물자료는 그다지 많지 않고 실제는 목심에 요소만을 철판으로 보강한, 제작이 간편하고 실용적인 목심등자가 많이 사용되고 있었다.

이러한 금속제의 등자가 장착되려면, 경식의 안장은 필수적이다. 안장은 천이나 가죽 등의 부드러운 재질로 된 것을 軟式鞍, 나무나 뿔과 같은 딱딱한 재질로 이루어진 것을 硬式鞍이라 한다. 등자는 안장에서 내려뜨려지므로, 무게가 있는 금속제등자를 설치하려면, 그것을 지탱해줄 수 있는 경식안은 반드시 필요하다. 그래서 경식안의 출현에 대한 설은 분분하지만, 적어도 등자가 출현하기 전에는 성립해 있었던 것으로 본다. 또한 長槍을 이용한 중장기마전투가 성립하기 위해서는 硬式鞍과 金屬製鐙子의 존재는 필요조건이었던 것이다.

안장을 이루는 부속품들의 출토상황에서 유추하면, 우리나라 남부지방에서는 삼한시대에는 연식안이, 삼국시대에는 경식안이 사용되었을 가능성이 크다. 그런데, 남부지방의 삼국시대 분묘에서 출토되는 안장의 구조를 보면, 대부분이 後輪垂直鞍을 이루고 있다. 고구려벽화고분

---

17) 增田精一, 「鐙考」, 『史學硏究』 81, 1971.

의 수렵도 등의 묘사를 보면, 여전히 騎射에 유리한 구조의 後輪傾斜鞍이 표현되어 있지만, 가야 등의 분묘출토품은 후륜수직안인 것이다. 이들 안장에 있어서 안교의 구조적 취약성을 들어 실용적이지 못하다고 보는 견해도 있지만, 이에 대해서는 부정적인 시각을 이미 밝힌 바 있다.[18] 후륜수직안은 전·후의 鞍橋를 통해서 騎乘者의 몸을 앞뒤에서 꼭 받쳐주기 때문에, 말 위에서의 자유로운 활동은 제약을 받지만, 長槍을 이용한 衝擊戰을 주로 하는 중장기마전투에는 오히려 유리한 구조인 것이다. 가야의 안장이 이러한 후륜수직안을 취하고 있는 것은 수용단계에서부터 당시에 동북아시아에서 유행하기 시작하였던 重裝騎兵의 戰術을 받아들였기 때문에 생겨난 당연한 결과인 것이다. 말이 묘사된 토용들을 참조한다면, 남부지방에서는 적어도 6세기 후반 이후, 즉 가야 멸망 이후가 되어서야 후륜경사안이 유행하였던 것으로 추정된다.[19] 그러므로 안장의 구조를 통해서 보면, 가야에서는 말을 이용한 기병의 운용이 重裝騎馬戰術을 중심으로 일관되었을 가능성이 크다.

Ⅳ. 무장의 보유현황과 편제

전 장에서는 개별 무기와 무구 및 마구의 성격에 대하여 살펴보았다. 본 장에서는 위에서 행한 무기의 분류에 따라 가야에서 실제로 출토되고 있는 무기류의 현황, 나아가 당시의 무장 보유현황을 분묘출토품을 중심으로 살펴보고자 한다.[20]

---

18) 金斗喆,「新羅와 加耶의 馬具」,『韓國加耶史論叢』3, 1992.

19) 신라의 對中國 遣使 외교도 가야 멸망 직후인 564년에 北齊에 사신을 보내는 것을 시작으로 본격적으로 이루어지고 있다. 가야 멸망 이후의 신라의 새로운 전술의 변화는 이러한 대외관계 속에서 일어났을 가능성이 크다. 隋와의 통교가 594년에 시작된 것을 고려하여도, 크게 보아 6세기 후반대의 어느 시점에서 전술상에서의 변화의 획기를 하나 그을 수 있다. 신라는 이러한 과정을 통하여 통일전쟁을 수행할 수 있는 역량을 키워갔을 것이다.

다만, 미공표 자료의 문제 등도 있어서 모든 지역을 대상으로 할 수는 없었다. 그래서 본고에서는 비교적 발굴조사와 보고서의 간행이 양호하게 이루어진 세 지역을 표본으로 추출하였다. 즉, 금관가야의 고지인 김해지역, 대가야의 고지인 고령지역, 그리고 고령과 인접한 黃江邊의 합천 지역을 대상으로 하였다. 세 지역은 각각 전기가야와 후기가야의 중심지에 해당하는 대표적인 지역이기도 하다. 이들 지역의 분묘에서 출토된 무기・무구・마구류의 출토 일람표가 <표 2>~<표 4>이다.[21] <표 5>는 삼한 후기의 자료와 경주 인근의 사례를 비교자료로서 참고하기 위해 제시하였다. <표 6>은 위에서 든 각 유적의 조사자료 중 무기류가 전혀 출토되지 않은 고분의 기수를 표시하였다.

---

20) 본고에서는 군사적 성격을 띠는 武具, 馬具, 武器를 총괄하는 용어로서 '武裝'이란 용어를 사용한다.

21) 표의 작성은 다음과 같이 하였다. 표 중에서 (1) 묘 규모의 수치는 앞의 것이 길이, 뒤의 것이 폭을 나타낸다. ( )로 묶여진 것은 잔존수치며, [ ]로 묶여진 것은 주곽과 부곽의 전체 규격을 나타낸다. 목관과 목곽은 묘광의 크기를 계측하고, 석곽과 석실 등은 내부 곽이나 실의 크기를 계측하였다. 그리고 규격은 50cm씩을 단위로 하였다. 그래서 1cm에서 49cm까지를 1로 표시하였으며, 50~99cm는 2로, 100~149cm는 3, 150~199cm는 4 … 하는 식으로 표시하였다. 이렇게 함으로써 상대적인 규모를 시각적으로 서로 쉽게 비교해볼 수 있도록 하였다. (2) 출토 유물 중에서 무구류와 마구류 등에 표시된 '0'는, 수량을 나타내는 것이 아니라, '존재함(有)'만을 나타낸다. 무구와 마구의 경우는 종류가 다양하고, 또 복원이 쉽지 않아 보고서 내용이 상세하지 않은 관계로, 정량적 관계를 나타낼 수 없었다. 다만, 그러한 유물을 사용하였다는 의미에서, 피장자의 보유상태만을 나타내는 것으로도 본고의 의도를 충분히 반영해준다고 보았다. (3) 대성동유적 보고서에서 창이라 표현한 鈹를 여기에서는 일단 劍이라 분류하였다. 이는 단지 다른 유적에서 출토된 검을 모두 재관찰할 수 없었기 때문에 현재로서는 분류상의 혼란을 피하고자 하였을 뿐이다. (4) 刀의 수량 중에서 /로 구획된 것은 '전체수/환두도의 수'를 나타낸 것이다. (5) 기타란에 표시된 '♂・♀'는 성별을 나타내나, 예안리유적의 자료만이 인골을 통해서 알게 된 것이다. 나머지 유적에서의 '♀'은 여성의 부장유물로 추정되는 방추차가 공반 출토되었음을 약해서 나타낸 것이다.

<표 2-1> 김해대성동유적(경성대)

호수	묘형	묘규모	무구류	마구류	무기류				
					모	검	도	촉	기타
1주	목곽	16-9	0	0	3	14	1	0	
1부	목곽	7-9	0						
39주	목곽	12-6	0		4	2	1	2	
39부	목곽	6-7		0					
2	목곽	17-10	0	0	1	12		0	삼지창1,물미1
3주	목곽	14-9	0	0	2	1			
3부	목곽	8-9	0						
11	목곽	14-7	0	0	26			0	
14	목곽	11-7	0	0				0	성시구1
18	목곽	13-6	0		1	2	2/2	92	
23	목곽	13-9	0		2	7	2/1	1	
7주	목곽	15-10			0		1	1	
7부	목곽	6-8	0						
10	목곽	8-5	0		1			0	
21	목곽	(7)-7	0						
24	목곽	13-9		0	2			0	♀
42	석곽	6-2		0	1			10	
8	목곽	15-10		0	1			1	
41	목곽	10-5		0			1/1		
20	목곽	11-7		0				1	
45	목곽	16-10			4	4	1/1	24	
27	목관	6-3			1	1		1	
4	횡구	(6-3)			1		1		
Ⅱ29	목관	3-2			2			4	
Ⅰ13	목관	6-3			1			0	
Ⅱ41	목관	4-2			1			3	
Ⅲ9	목관	5-2			1			1	
13주	목곽	13-8				4	1	85	
13부	목곽	8-8							
29	목곽	20-12				2	3	304	
52	목곽	(8-7)				1	1	14	
33	목관	5-2				1		3	
32	목관	5-3					1	2	

I 4	석곽	7-2					1	2	
35	석곽	(5)-3					1		
48	목곽	(3-4)					1		
II 43	목관	6-5					1		
46	목곽	13-10						61	
I 18	석곽	7-2						10	
II 4	석곽	(7)-2						9	
15	목곽	9-6						3	
12	목곽	9-8						2	성시구편
51	목곽	7-3						2	
II 6	석곽	(6)-2						2	
II 28	목관	5-2						2	
34	석곽	(5)-4						2	
I 7	석곽	6-2						2	
I 11	목곽	7-4						1	
II 15	석곽	7-2						1	
II 42	목곽	(4)-2						1	
16	석곽	8-4						1	
22	목곽	(7)-4						0	

<표 2-2> 김해구지로유적(경성대)

호수	묘형	묘규모	무구류	마구류	무기류				
					모	검	도	촉	기타
15	목곽	8-5	0						물미1
38	목곽	(8)-8			2	2		74	
9	목곽	8-5	♀			2		2	이지창1
43	목곽	(7)-4			1		2/2	3	
28	목곽	7-5			1	2			
51	목곽	(3)-4			1	1			
23	목관	6-3			1	1			
3	목곽	7-4			1		1/1		
18	목곽	8-5			1			53	물미1
2	목곽	8-4			1			22	
19	목곽	7-3			1				
41	목곽	6-3			1				
5	목곽	9-5			1				
39	목관	6-2			1				
10	목관	6-3						20	

<표 2-3> 김해칠산동유적(경성대)

호수	묘형	묘규모	무구류	마구류	무기류				
					모	검	도	촉	기타
22	목곽	(6)-4			1		1/1		
35	석곽	7-4			3			6	
20	목곽	9-5			1			4	
15	석곽	(5)-2					1/1	2	
9	석곽	6-2					1		
6	목관	4-2					1		
32	목곽	11-5						4	
24	횡구	4-1						4	
34	목곽	4-(1)						3	
14	석곽	7-3						2	
26	목곽	5-3						2	
27	석곽	7-3						1	

<표 2-4> 김해능동유적(울산대)

호수	묘형	묘규모	무구류	마구류	무기류				
					모	검	도	촉	기타
25	목곽	8-4	0				1	5	
11	목곽	8-4		?		1/1		5	
10	목곽	10-5		0					
5	목곽	7-4			1		1/1		
15	목곽	9-4			1			2	
3	목곽	8-3						5	
20	목곽	(3-5)						2	
17	목곽	7-3						1	

<표 2-5> 김해예안리유적(부산대)

호수	묘형	묘규모	무구류	마구류	무기류				
					모	검	도	촉	기타
150	목곽	9-5	0		1			15	♂
39	석곽	7-2		0	2		5	2	?
57	석곽	7-2		0	1		2	22	♀?
20	석곽	7-2			1		8		?
74	목곽	10-6			2			12	♂
160	목곽	11?-6			1			69	?

104)	목곽	14-6			1			31	♂
126	석곽	7-2			1			9	♂
110	석곽	7-2			1			5	♂
43	석곽	6-2			1			4	?
77	목곽	9-4			1			3	♂
107	목곽	8-4			1			2	♂
36	석곽	8-2			1			2	?
65	석곽	7-2			1			2	♂
45	석곽	6-2			1			2	♂
52	석곽	7-2			2				♂
112	목곽	8-5			1				?
8	석곽	7-2			1				?
35	석곽	7-2			1				♂
125	석곽	7-2			1				?
27	석곽	6-2			1				?
116	목곽	6-2			1				♂
37	석곽	5-2			1				♀
60	석곽	4?-2			1				♂
142	목곽	3?-3			1				♂
28	석곽	6-2					1	5	♀?
44	석곽	7-2					2		?
55	석곽	6?-2?					1		?
154	석곽	6?-2					1		♀
90	목곽	8-5						10	♀?
82	목곽	7-2						6	♂
136	목곽	8-4?						4	♂
16	석곽	7-2						3	♂
21	석곽	6-2						3	소
91	석곽	5?-2						3	?
62	석곽	5-2						3	약
100)	목곽	14-5						2	♀
87	목곽	8-4						2	♂
64	석곽	7-2						2	?
83	석곽	7-2						2	×
158	석곽	7-2						2	?
4	석곽	6-2						2	♂
29	석곽	6-2						2	♀
66	석곽	6-2						2	♂
23	석곽	4-1						2	소
138)	목곽	13-5						1	♀
109	목곽	8-4						1	♀
71	석곽	7-2						1	♀
53	석곽	5?-2						1	♀?
12	석곽	4-2						1	♂
56	석곽							1	♀?

<표 2-6> 김해양동리유적(문화재연구소)

호수	묘형	묘규모	무구류	마구류	무기류				
					모	검	도	촉	기타
7	목곽	7-4			5	2		17	
4	목곽	7-(5)			2	1		23	
1	목곽	6-3			2			7	
6	목곽	(2)-4			1			3	
17	목곽	7-4			2				
9	목곽	5-2			1				
5	목곽	7-5				1		8	
8	목곽	8-3					1/1	2	
16	목곽	8-5						1	

<표 2-6> 김해양동리유적(동의대)

호수	묘형	묘규모	무구류	마구류	무기류				
					모	검	도	촉	기타
78	목곽	10-5	0	0	1	1		10	
340	목곽	13-7	0	0	5			4	
107	목곽	11-5	0	0	2			8	
167	목곽	10-5	0		0		1/1	10	
162	목곽	10-7		0	18	6	1	0	
304	석곽	13-7			3		2/2	18	
-부	목곽	10-5		0					
200	목곽	12-7			17	4	1/1	100	동모1
280	목곽	13-9			6	4	2/2	155	
235	목곽	16-(8)			6	2	1/1	70	연1
55	목곽	6-3			1	2		7	
6	목곽	7-3			1			5	
136	목곽	8-4			1			1	
90	목곽	10-5			1				동모2
441주	목곽	10-5				3		10여	
437	목관	5-2						1	동검1

<표 2-7> 부산생곡동가달유적(부산시박)

호수	묘형	묘규모	무구류	마구류	무기류				
					모	검	도	촉	기타
4	석곽	7-2	0				2	2	
15	석곽	7-2			1		2/1	14	작살1
8	석곽	7-2			1		1	10	
10	토광	7-3					1	15	
17	석곽	6-2					1	6	성시구1
2	석곽	7-2					2		
13	석곽	7-2					2		♀
6	석곽	7-2					1		
14	석곽	6-2					1		
바	석관	3-1						1	
사	석관	3-1						1	

<표 2-8> 김해퇴래리유적(성균관대)

호수	묘형	묘규모	무구류	마구류	무기류				
					모	검	도	촉	기타
85-1	목곽	9-5			2		1	2	
85-3	목곽	10-5			2			9	
85-4	목곽	5-3			1			8	
84-7	목곽	8-4						5	
85-1	석곽	6-2						4	

<표 3-1> 고령지산동유적(계명대, 경북대, 영문연, 경북문연)

호수	묘형	묘규모	무구류	마구류	무기류				
					모	검	도	촉	기타
45-1실	석곽	15-4	0	0	5		2/2	多	(물미),♀
44주	석곽	19-4	0	0	2		2	49	
32실	석곽	12-2	0	0	2		1	3군	소도1,
30주	석곽	13-3		0	4		1/1	149	물미1,♀ 성시구2
10	목곽	8-2		0	1		1/1	8	소도1
2	석곽	9-2		0	1		1	5	
33	석곽	10-2		0			1/1	10	♀
35	석곽	14-3		0			1		
67-1	석곽	(9)-2		0				8	

30하부	석곽	7-2		0					
44-25	석곽	5-2		0					
32NE1	목곽	7-2			1		1/1	2	소도1,
39	석곽	6-2			1		1		
3	석곽	6-2			1			10	
62	석곽	7-2			1				
8	석곽	6-2			1				
55	석곽	6-2			1				
59	석곽	5-1			1				
48	석곽	(4)-2			1				
연결곽	석곽	6-2				1		15	성시구1,
32NW1	석곽	4-2					1/1	1군	
44-11	석곽	4-1					1/1	10	
45	석곽	5-2					1		
45-1곽	석곽	5-2						38	
1	석곽	9-2						12	♀
28	석곽	8-2						8	
70	석곽	6-2						8	
50	석곽	6-1						8	
72실	횡구	7-2						7	♀
34SE2	석곽	6-2						7	
45-2곽	석곽	6-2						7	
41	석곽	6-2						6	
4	석곽	7-2						4	
26	석곽	4-2						4	
49	석곽	6-1						3	
60	석곽	6-1						3	
34SE3	석곽	5-2						3	성시구1
72곽	석곽	5-1						2	
32SW6	석곽	4-1						2	
34SE1	석곽	3-1						2	
32NW2	석곽	3-1						2	
32SW1	석곽	8-2						1	
32SW3	석곽	7-2						1	
14	석곽	6-2						1	
16	석곽	6-2						1	
30-2	석곽	5-2						1	
32SW2	석곽	3-1						1	
61	석곽	3-1						1	
54	석곽	7-2							물미1

<표 3-2> 고령본관동유적(계명대)

호수	묘형	묘규모	무구류	마구류	무기류				
					모	검	도	촉	기타
35주	석곽	17-3	0?		2				
36주	석곽	21-3	0				1/1	2	
C	석곽	10-2	0						성시구
36곽	석곽	6-2		0					
34실	석곽	13-3			1			24	(물미)
B	석곽	9-2					1	4	

<표 3-3> 고령쾌빈동유적(영문연)

호수5	묘형	묘규모	무구류	마구류	무기류				
					모	검	도	촉	기타
쾌빈1	목곽	10-7		?				3	
쾌빈8	석곽	?						22	
쾌빈7	석곽	7-2						9	
쾌빈9	석곽	8-2						8	
쾌빈6	석곽	5-2						1	

<표 4-1> 합천중반계유적(경상대)

호수	묘형	묘규모	무구류	마구류	무기류				
					모	검	도	촉	기타
1	석곽	(5)-1						6	
18	석곽	5-1						4	
9	석곽	6-1						1	
5	석곽	(5-1)						1	

<표 4-2> 합천옥전유적(경상대)

호수	묘형	묘규모	무구류	마구류	무기류				
					모	검	도	촉	기타
M3주	목곽	11-6 [22-6]	0	0	10	1	13/ 7	400	소도60-70,성시 구 5,물미5,
35	목곽	14-8	0	0	6	1	3/1	120	성시구
28	목곽	12-7	0	0	4	4	4/3	102	성시구2
23	목곽	14-10	0	0	1	1	2/2	91	물미1, 성시구1
67-B	목곽	10-4	0	0	1	1		38	성시구1

M1주	목곽	9-4 [14-4]	0	0	6		(11)/3	300	소도1,물미7,성시9
M7주	목곽	12-5[19-5]	0	0	9		1	9	물미1
20	목곽	14-7	0	0	2		2/1	61	성시구1♀
70	목곽	12-4	0	0	2		1/1	2군	성시구1,
5	목곽	11-6	0	0	1		2/1	15	성시구
67-A	목곽	11-5	0	0	1		1/1		
8	목곽	9-5	0	0			1	15	성시구1
68	석곽	6-3	0	0			1/1	6	
75	석곽	13-5		0	1		2/2	50	소도1, 성시구1
M6	목곽	15-11		0	1		1/1	16	
24	목곽	14-7		0	3			77	성시구1
74	석곽	10-4		0	1			5	
M4	석곽	19-3		0			3/3	20	소도2,물미1,성시구3
86	석곽	12-2		0	1		1		
M11	횡구	8-4		0	1		1		
42	목곽	8-4		0	1		1		
76	석곽	9-5		0	1				
31	목곽	7-3			1		1	14	성시구1
13	목곽	7-3			1	1			
41	목곽	8-2			1				
M1-3	석곽	6-2			1				
39	석곽	(4)-2			1				
71	석곽	7-2					1/1	4	
40	목곽	9-5						10	
52	목곽	7-3						6	
2	석곽	4-1						5	
84	석곽	5-1						3	
17	목곽	4-3						2	
49	목곽	11-4						1	물미1
7부	목곽	5-6[14-6]		0					♀
M2주	목곽	8-4[13-2]		0					
72주	목곽	6-3[12-6]		0					♀
12	목곽	11-7		0					
82	목곽	11-5		0					
85	석곽	7-2		0					

<표 4-3> 합천봉계리유적(동아대)

호수	묘형	묘규모	무구류	마구류	무기류				
					모	검	도	촉	기타
171	석곽	7-2		0					
20	석곽	6-1			1	1/1		2	
10	석곽	8-2			2		1	2	
56	석곽	8-2			1		1/1	3	
192	석곽	8-2			2			6	
117	석곽	8-2			1			5	
1	목곽	7-2			1			3	
9	석곽	8-2			1			1	
178	석곽	9-2			1				
86	석곽	7-2			1				
91	석곽	4-2				1/1			
191	석곽	5-2					1	1	
36	석곽	7-2					1		
201	석곽	7-2					1		
39	석곽	5-1						7	
84	석곽	5-1						6	
140	석곽	7-2						4	
145	석관	6-2						4	
181	석곽	6-2						4	
11	석곽	7-2						3	
122	석곽	3-2						3	
88	석곽	9-2						2	
24	석곽	7-2						2	
108	석곽	7-2						2	
17	목곽	4-2						2	
13	석곽	4-1						2	
31	석곽	7-2						1	
18	목곽	6-2						1	
183	석곽	6-2						1	
9	목곽	5-2						1	
186	석곽	3-2						1?	
60	석관	3-1						1	

<표 4-4> 합천삼가유적(동아대)

호수	묘형	묘규모	무구류	마구류	무기류				
					모	검	도	촉	기타
1C	석곽	7-2					1		
2A	석곽	7-2					1		
9B	석실	5-2						편	

<표 4-5> 합천창리유적(동아대)

호수	묘형	묘규모	무구류	마구류	무기류				
					모	검	도	촉	기타
B95a	석곽	9-2			1		1		
B45	석관	7-2			1			1	
B34a	석곽	9-2			1				
B89	석곽	9-2			1				
A37a	석곽	8-2			1				
B93a	석곽	8-2			1				
B8a	석곽	8-2			1				
B33	석곽	7-2			1				
B84a	석곽	7-2			1				
A63b	석곽	7-2				1			(환두)
B16a	석곽	9-2					1	2	
B48	석곽	7-2					1	2	
A27a	석곽	7-2					1/1	2	
A69a	석곽	7-2					1/1		
B18	석곽	7-2					1/1		
B25	석곽	6-4					/1?		
B35	석실	4-5					/1?		
B55	석곽	8-2					1		
B42	석곽	7-2					1		
B53	석곽	7-2					1		
A42	석곽	6-2					1		
B36a	석곽	6-2					1		
B76	석곽	7-2						4	
B60	석곽	8-2						2	

A80a	석곽	7-2						2	
B65	석곽	10-3						1	
B29	석곽	10-2						1	
B37	석곽	8-2						1	♀
B74	석실	7-4						1	♀
A7	석곽	7-2						1	
A15	석곽	7-2						1	
A34	석곽	7-2						1	
A61a	석곽	7-2						1	
B101	석곽	7-2						1	
B30	석곽	5-4						1	
A19e	석관	3-2						1	

<표 4-6> 합천반계제유적(국립진주박)

호수	묘형	묘규모	무구류	마구류	무기류				
					모	검	도	촉	기타
가A	석곽	13-3	0	0	1		2/2	3군	물미1,성시구1
다A	석곽	12-3	0	0	2		1	28	물미1,
다B	석곽	7-2			1			15	
가B	석곽	9-4			1			10	
-B부	석곽	5-2						2	
가16	석곽	(6-2)						4	물미1
가22	석곽	(7-2)						5	
가2	석곽	(5)-2						3	
가3	석곽	5-1						3	
가23	석곽	7-2						1	
가8	석곽	6-2						1	
가10	석곽	3-1						1	
가33	석곽	(3-1)						1	

<표 4-7> 합천저포리유적(부산대 외)

호수	묘형	묘규모	무구류	마구류	무기류				
					모	검	도	촉	기타
A42	목곽	10-6			1	1/1		2	
A40	목곽	11-(4)			1	1/1			
B29	목곽	11-(4)			/5			1	
B6	목곽	10-5			1			10	
B30	목곽	8-3			1			1	
B12	목곽	8-3			1				
A47	목곽	9-3			1				
A11	목곽	8-3			1				
A25	목곽	8-3				1/1		13	소도1
A1주	석곽	8-2				편		3	
A1부	석곽							16	
E5-1	석실	5-2						6	소도1, ♀
A24	목곽	6-(2)						4	
A33	석곽	4-2						4	
A8	목곽	(3-1)						4	
A43	목곽	9-3						3	
B26	목곽	6-2						3	
D2	석곽	6-2						3?	
B15	목곽	9-(4)						2	
B32	목곽	8-4						2	
A30	목곽	8-3						2	
A22	목곽	7-(2)						2	
C6	석실	5-4						2	♀
A41	목곽	10-(3)						1?	
A48	목곽	9-3						1	♀
A51	목곽	7-3						1	
A6	목곽	5-3						1	
E4-3	석실	5-2						1	
A3	석곽	4-(2)						1	
B27	목곽	4-2						1?	
A26	목곽	(3-1)						1	
A49	목곽	9-4							곡도자1

<표 5-1> 울산하대유적(부산대)

호수	묘형	묘규모	무구류	마구류	무기류				
					모	검	도	촉	기타
43	목곽	14-8		0	4?	4/3	2/1	8	鋌1
1	목곽	13-9		0	2	3	1?	5	
2	목곽	14-8			48	3	1/1	95	
41	목곽	13-5			16	2/1	1?	3	
44	목곽	12-8			31	3/1		15	
76	목곽	16-8			10	1		44	
54	목곽	10-5			1	1		5	
37	목곽	10-6			2	1	1?		
6	목곽	8-4			5		1/1		
38	목곽	7-4			2			23	
22	목곽	(8-5)			2			18	
46	목곽	8-4			1			12	
52	목곽	7-4			1			2	♀
나5	목곽	6-3			1			2	
50	목곽	7-4			4				
65	목곽	7-3			2				
74	목곽	5-3			2				
87	목곽	(8)-5			1				
53	목곽	8-(3)			1				
나2	목곽	8-3			1				
56	목곽	6-3			1				
69	목곽	6-3			1				
23	목곽	(15)-9				1			
71	목곽	9-(5)					2/2	68	
27	목곽	6-3					1/1	6	
45	목곽	9-4					1?	2	
79	목곽	(4)-4						11	
나3	목곽	6-2						9	
64	목곽	6-3						5	
8	목곽	9-(3)						4	
17	목곽	13-7						2	
72	목곽	11-(5)						2	
나1	목곽	6-3						2	
33	목곽	7-4						1	

<표 5-2> 부산노포동유적(부산박,부산대)

호수	묘형	묘규모	무구류	마구류	무기류				
					모	검	도	촉	기타
31	목곽	11-5			2		1/1	112	
16	목곽	7-3			2			27	
21	목곽	10-5			2			2	
3	목곽	7-5			2			2	
6	목곽	9-5			1			5	
35	목곽	10-6			1				
1	목곽	9-4			1				
24	목곽	7-4			1				
33	목곽	7-4					2/2	8	
7	목곽	7-4						7	
17	목곽	10-5						5	
41	목곽	7-4						5	
8	목곽	8-5						2	
34	목곽	6-4						2	

<표 5-3> 포항옥성리유적'가'(경주박)

호수	묘형	묘규모	무구류	마구류	무기류				
					모	검	도	촉	기타
35	목곽	11-3	0	0	2		/3	30	
39	목곽	10-3		0	1			2	
2	위목	8-4		0			/3	4	
71	수혈	4-3		0					
120	목관	8-4			2	2	1	6	
31	목곽	7-4			10		1/	16	
101	목곽	8-3			2		1	56	
44	목곽	7-4			5	3		8	
127	목곽	8-5			3	1		5	
111	목관	6-4			2	1		3	
49	목곽	6-2?			1	1		7	
95	목곽	5-3			1	1		7	
67	목관	7-3			1	1		6	
36	목곽	6-3			1	1		6	
27	목곽	7-3			1	1		2	
41	목곽	6-4			1	1		2	
8	적목	7-3			1		1		
69	목곽	6-3			3	1			
124	목곽	7-4			1	1			
25	목곽	7-4			4			2?	
121	목곽	6-3			2			6	
63	목곽	6-3			1			21/	
48	목곽	5-2			1			7	

50	목곽	6-3			1			4	
128	목곽	7-3			1			2	
26	목곽	6-2?			1			2	
15	목곽	7-3			1			1	
22	목곽	7-3			1			1	
136	목곽	6-3			4				
55	적목	8-3			2				
125	목곽	5?-4			2				
40	목곽	5-2?			2				
79	목곽	9-4			1				
42	목곽	8-3			1				
32	목곽	7-5			1				
54	목곽	7-4			1				
86	목곽	6-4			1				
126	목곽	6?-3?			1				
134	목곽	6-3			1				
52	목곽	6-2?			1				
13	목곽	5-3			1				
139	목곽	4?-2?			1				
131	목곽	4-1?				1		1	
104	목곽	7?-4						1	물미1
7	석곽	6?-3						17	
90	석곽	6-3						15	
66	목곽	7-3						12	
98	석곽	7-3						10	
84	목곽	7-3						5	
47	목곽	6?-3						5	
93	목곽	6-3						4	
58	목곽	6-4						3	
16	목곽	10?-3						2	
76	석곽	6-3						2	
3	적목	4-3						2	
96	목곽	4-2?						2	
4	적목	8-4						1	
129	목곽	6-3						1	

<표 5-4> 옥성리유적'나'(영문연)

호수	묘형	묘규모	무구류	마구류	무기류				
					모	검	도	촉	기타
29	목곽	13-5	0	0				1	V
17	목곽	15-4	0		3			34	V
115	목곽	8-4		0	8	1			I
113	목곽	(6)-5		0	1				
78	목곽	12-7			104	2	1?	64	II
1	목곽	9-6			14	2		9	I
100	목곽	(5-5)			3	1		13	I
18	목곽	10-7			8	2			I

4	목곽	9-6			6	1			물미1, I
84	목곽	8-4			5	1			II
43	목곽	7-4			4	1			
111	목곽	7-4			4	1			
60	목곽	(6)-4			3	1			II
114	목곽	7-4			2	1			
10	목곽	8-5			1	1			II
12	목곽	6-3			1	1			I
14	목곽	6-3			1	1			I
32	목곽	6-3			1	1			
91	목곽	6-3			1	1			
68	목곽	7-3			1		1/1	3?	
124	목곽	8-(3)			1		1/1		IV
2	목곽	6-3			11			37	
99	목곽				8			1	
65	목곽	8-4			7			5	IV
69	목곽	7-5			4			11	II
106	목곽	(6)-4			4			3	
67	목곽	6-3			3?			29	
8	목곽	9-4			3			2	V
31	목곽	6-3			2			6	IV
89	목곽	(3)-5			1			6	
75	목곽	9-5			1			4	
95	목곽	11-(4)			11				
27	목곽	8-5			6				
122	목곽	8-5			6				IV
101	목곽	7-4			6				
3	목곽	(5-6)			6				
20	목곽	(2-2)			5				
51	목곽	8-5			4				II
82	목곽	7-4			4				
56	목곽	7-4			3				IV
26	목곽	7-3			3				
63	목곽	7-3			3				
104	목곽	(5)-2			3				
108	목곽	17-(7)			2				III
66	목곽	8-5			2				
98	목곽	8-4			2?				V
50	목곽	7-3			2				
72	목곽	(6)-3			2				I

107	목곽	(6-3)			2				
7	목곽	9-3			1				Ⅴ
52	목곽	8-5			1				
86	목곽	7-3			1				
105	목곽	7-3			1				♀
46	목곽	6-4			1				
64	목곽	6-3			1				Ⅲ
70	목곽	6-3			1				Ⅳ
120	목곽	6-3			1				
130	목곽	6-3			1				
117	목곽	(5-3)			1?				
35	목곽	5-2			1				
97	목곽	(4)-4			1				
71	목곽	(4)-3			1				Ⅳ
94	목곽	(4-2)			1?				
9	목곽	(3)-3			1				
55	목곽	(3-3)			1				Ⅳ
112	목곽	(3-3)			1				♀
57	목곽	(2)-4			1				
62	목곽				1				
44	목곽	8-5				1		2	Ⅱ
36	목곽	6-3				1		1	Ⅱ
33	목곽	7-5				1			
3상	목곽	?					2/2	2	
58	목곽	(7)-6					1/1	119	Ⅲ
34	목곽	(6)-4					1/1	7	
74	목곽	(6)-5					1/1		Ⅲ
22	목곽	6-3					1/1		Ⅳ
125	목곽	(6-2)						17	
79	목곽	(4)-4						10	Ⅳ
47	목곽	(4)-3						10	
92	목곽	9-4						8	
88	목곽	9-(3)						7	
11	목곽	(9)-4						5?	
93	목곽	7-4						1	
39	목곽	(6)-3						1	

* 기타란의 로마수는 보고서의 편년단계를 표시함.

<표 6> 무기류가 출토되지 않은 무덤 수

유적명	무덤 기수
김해대성동	*목관/26, 목곽/18, 석곽/17, 옹관/14, 횡구/4, 횡혈/2, 토광/3
김해구지로	*목곽/26, 목관/10, 석곽/1, 옹관/4
김해칠산동	*목관/3, 목곽/6, 석곽/9
김해퇴래리	*목곽/7, 석곽/1
김해양동리(동의대)	*[총548기 중 대표 유구만 소개]
김해양동리(문화재연구소)	*목관/2, 소형(목관?)/9, 목곽/7, 옹관/3
김해가달	*석곽/8, 소형석관/5, 옹관/2
김해능동	*목곽/18
고령지산동	*(30부곽, 30-1, 30-3∨)
고령지산동(경문연)	*석곽/54, 옹관/1, 토광/1, 석열/1, 석실/34
고령쾌빈동	*목곽/1, 석곽/6
합천창리	*총수[A166기+B144기=310기] : A 석곽(125기) · 석관(25기) · 석실(10기) · 옹관(6기), B 석곽(103기) · 석관(22기) · 석실(16기) · 옹관(3기)
합천저포리A	*목곽/27, 석곽/2, 옹관/3
합천저포리B	*목곽/15, 옹관/1
합천저포리C · D	*석실/5, 석곽/1 ; 석실/1, 석곽/1
합천저포리D	*석실/2, 석곽/45, 옹관/2
합천저포리E	*석곽/9, 석실/28
합천중반계	*석곽/16
합천반계제	*석곽/27
합천봉계리	*총수[201+21] : 석곽(125기) · 석관(72기) · 석위(4기) · 목곽(21기)
합천삼가	*총수[37기] : 석곽(24기) · 석관(2기) · 석실(8기) · 화장(1기) · 불명(1기)
울산하대	*목곽/44, 옹관묘/9, 토광묘/2
부산노포동	*목곽/31, 옹관/6
포항옥성리'가'	
포항옥성리'나'	*총수[131 : 목곽127+옹관3+토광1] : 목곽묘/43, 옹관묘/3, 토광묘/1

* '유구/숫자' : 무장이 출토되지 않은 유구수 나타냄.

<표 7-1> 김해지역

무장	대성동	양동리	예안리	능동	구지로	가달	칠산동	퇴래리
A. 武具 + 馬具								
B. 武具 혹은 馬具								
C. 長兵 기본								
D. 短兵 기본								
E. 射兵 만								

<표 7-2> 합천지역

무장	옥전	반계제	봉계리	창리	저포리	삼가	중반계
A. 武具 + 馬具 기본							
B. 武具 혹은 馬具							
C. 長兵 기본							
D. 短兵 기본							
E. 射兵 만							

<표 7-3> 고령지역

무장	지산동	본관동	쾌빈동
A.			
B. 武具 혹은 馬具			
C. 長兵 기본			
D. 短兵			
E. 射兵 만			

<표 7-4> 중심유적

무장	대성동	옥전	지산동
A. 武具 + 馬具 기본			
B. 武具 혹은 馬具			
C. 長兵 기본			
D. 短兵 기본			
E. 射兵 만			

1. 武裝의 보유현황과 戰士者들

위의 표들은 그 자체로서 당시 가야인들의 무장의 보유 현황을 반영해준다. 그렇다 하여도 다음의 몇 가지 문제는 남는다. 첫째, 표에 제시된 유적들이 각지의 모든 유적을 망라한 것은 아니다. 여전히 미조사의 유적이 많다. 게다가 김해에서 대표적인 유적의 하나인 양동리유적의 경우를 예로 들더라도, 많은 고분이 조사되었지만 유물출토 현황이 산발적으로 보고되었으므로 표에는 자연히 누락된 부분이 많다. 김해지역을 이해하는 데 있어서 장애가 됨이 분명하다. 둘째, 표에 제시된 각 유적들의 경우에도 전면조사가 이루어진 예가 드물다는 점이다. 합천 옥전유적의 경우는 상층부 분묘의 조사는 충실히 이루어졌음에 비해, 구릉의 경사지에 밀집해 있는 소형무덤들은 미조사인 상태이다. 단일 유적 전체를 이해하는 데 장애가 된다. 고령 지산동유적 등 다른 유적의 경우도 마찬가지이다. 그렇지만 합천의 수몰지역에 있었던 유적들은 전면 조사가 이루어졌다는 점에서 많은 이점을 가진다. 셋째, 표의 작성 시 무덤들의 축조시간을 반영하지 않았다. 이로 인해 정치한 분석을 하는 데 한계가 있다. 이 점은 향후의 과제로서 보완코자 한다. 이 밖의 많은 이유들로 인해 제시된 표만으로 분석을 행하기에는 많은 한계가 있음을 인정하지 않을 수 없다. 그렇지만 위의 첫째와 둘째의 문제는 현재로서는 어찌할 수 없는 상황이다. 이러한 문제점들을 인정하고서 현 단계에서의 논의를 진행할 수밖에 없다.

<표 2>~<표 5>에서는 자료의 제시 순서를 약간 조작하였다. 즉,

(A) 武具와 馬具가 일괄 출토된 고분,

(B) 무구나 마구의 어느 한 쪽이라도 출토된 고분,

(C) 무구나 마구는 출토되지 않고 長兵인 鉾가 기본적으로 포함된 고분,

(D) 무구, 마구, 장병은 출토되지 않고 短兵인 劍이나 刀가 기본적으로 포함된 고분,

(E) 射兵인 화살촉만이 출토된 고분

의 순으로 하였다.[22] 각각의 범주 내에서 다른 兵器와의 조합 정도, 수량, 묘의 규모를 순서에 참조하였다. 물론 이렇게 지어진 순서 그 자체가 엄격한 의미를 가지는 것은 아니다. 흔히 삼국시대의 무구나 마구를 그 보유현황에 따라 고분 피장자의 位階를 규명하는 자료로서 활용한 연구도 있다. 본고에서는 그러한 피장자의 위계관계를 나타내고자 하지는 않았다. 그러나 위의 표들은 적어도 성별이나 연령에 관계없이 피장자가 소유한 武裝力 내지 武力의 정도는 반영해 주고 있다고 생각된다.

표들을 자세히 보면 상위에 위치할수록, 즉 A나 B의 그룹(유형)에 속할수록 장병·단병·사병 등의 다른 병기와의 공반율이 더욱 높고, 각 병기의 수량도 하나에 그치지 않고 복수를 소유한 경향이 강한 것을 알 수 있다. 다시 말해서 武器의 個人集中化가 두드러짐을 볼 수 있다. 그래서 전체적으로는 위의 표들이 개인의 무장정도를 반영한다고 할 수 있다. 그러나 갑주의 경우에는 그 성격이 뚜렷하여 문제가 될 것이 없지만, 마구의 경우는 그 뛰어난 기동성과 파괴력은 인정한다고 하여도 직접적인 무기나 무구가 아니기 때문에 일상의 것과 전시의 것을 구별하기 힘든 점이 있다. <표 4-2>의 합천 옥전유적의 경우를 예로 든다면, 마구가 출토되어 B그룹에 소속되나 무기류가 1점도 출토되지 않은 고분이 모두 6기나 된다. 특히 M2호분의 경우는 옥전유적에서도 몇 안 되는 봉토를 가진 대형분에 속한다. 그럼에도 불구하고, 동급의 고분에서는 일반적인 무기의 개인집중화가 보이지 않는다는 점은 주목된다. 또한 M2호분과 함께 7호와 72호 무덤에서도 방추차가 공반되고 있어서, 이들 무덤들의 피장자가 직접 전투에는 관여하지 않는 여성일 가능성이 있음을 시사해준다.

이와 같이 위의 <표 2>~<표 5>에서 나타낸 무구·마구·무기의 출토표는 그야말로 武裝力 내지 可用武力의 정도를 보여주는 것이지 그 자체로 피장자의 戰士的 性格을 나타내는 것은 아니다. 피장자의

22) 이하 각각의 무장 보유유형은 전치한 알파벳의 (A~E)유형으로 대치한다.

戰士的 性格에 대해서는 前稿에서 행한 예안리유적의 부장유물과 인골의 성·연령과의 관계에 대한 분석 결과를 활용하고자 한다.[23] 그에 따르면 射兵인 화살촉은 남녀가 모두 보유함은 물론이고 성인 외에도 소수이기는 하지만 小兒와 若年도 보유하고 있었다. 이러한 화살촉이 분묘에 1~3점의 적은 수로 매납되는 예가 대부분인 것에서 埋納儀禮와도 일정의 관계가 있을 것임은 분명하다. 그렇다 하여도 이러한 '射兵만을 보유한 현상까지' 포함하여 '부장품에 반영된 그 集團의 總體的인 可用戰鬪力'이라고 파악할 수 있다. 다만, 여성과 소아라는 성·연령의 소유자가 포함되어 있는 것에서 '射兵만'을 보유한 層을 戰士集團으로 파악하는 것은 피하고 싶다.

戰士的 性格을 가진 集團은, 예안리유적의 사례에서 분명해진 것처럼, 일단은 壯年 이상인 男性의 보유율이 압도적인 '長兵인 창(鉾)의 소유'를 기준으로 할 필요가 있다. 長兵은 아무래도 개인적인 담력과 구사능력에 크게 좌우되는 短兵에 비해서는 집단적 성격의 무기임에는 틀림이 없을 것이다. 특히 장병을 複數 保有하거나 長兵과 短兵을 함께 보유한 피장자는 적어도 專門的인 戰士의 성격이 강하다고 할 수 있다. 표에서도 장병의 소유자들은 다른 병기를 공반하거나 복수 지참한 비율이 높게 나타나고 있다. 이상의 이유로 장병의 소유자들을 戰士集團으로 파악하고자 한다.

한편, 장병을 소유하지는 않았으나 '短兵인 劍과 刀'를 기본적으로 보유한 유형을 어떻게 볼 것인가 하는 것이 약간은 문제이다. 그것은 예안리유적에서 철도를 부장한 8기의 무덤 중 성별을 알 수 있는 2기의 무덤이 모두 장년의 여성이었다는 점을 무시할 수 없기 때문이다. 즉 刀는 남성이 중심인 전사의 무기라기보다는 세대의 권위물로서 보유되었을 가능성이 크다는 것이다. 그러나 비록 소유자의 성별문제가 남기는 하지만, 이들도 크게는 전사집단에 포함시켜 두어도 좋다고 생각한다. 그 이유로는 첫째, 일괄로 劍이라 칭하였으나 그 중에 얼마간

23) 金斗喆, 앞의 글, 2000.

은 鈹라고 하는 長兵이 포함되어 있을 가능성이 높은 점, 둘째, 刀와 劍도 역시 鉾와 마찬가지로 복수 부장 혹은 다른 병기와의 부장율이 높다는 점, 셋째, 刀가 부장의 중심이 되는 6세기대에는 군사체제가 이전 시기보다는 한층 체계화되었으며 刀가 그러한 체제 하에서 부장되었을 것이라는 점 등을 들 수 있다. 본고에서는 무덤의 시기를 세분하지는 않았지만, 장병인 鉾가 없이 단병인 刀만이 출토되는 고분이 석곽묘에 많다는 점에서도 刀의 유행 시기와 역할의 변질 내지는 부장습속의 변화까지 엿볼 수 있다.

어쨌든 短兵을 기본으로 보유한 D型은 장병을 기본적으로 보유한 C型에 대하여 보완적인 관계에 있으므로, 이 양자의 보유유형까지를 포함하여 戰士的 性格을 가진 피장자들로 파악하고자 한다. 이러한 분류를 바탕으로 하여 이제부터는 각 지역단위의 무기 보유현황을 잠깐 살펴보기로 하겠다.

2. 地域集團의 武裝의 保有樣相과 編制

<표 2>~<표 4>의 김해·고령·합천지역의 유적별 무구·마구·무기류의 출토현황을 참조로 하여, 위의 보유유형에 따라서 지역별로 일괄하여 묶은 것이 <표 7>이다.[24]

<표 7-1>의 김해지역을 보면, A형은 대성동유적과 양동리유적에 보이고 B형은 대성동·양동리유적 외에 예안리·능동·구지로·가달유적에 일부 보인다. 나머지 칠산동·퇴래리유적의 경우는 C형부터 보인다. 조금 더 구체적으로 보면, A·B형은 금관국의 왕묘역으로 알려진 대성동유적에 집중하며 그 무덤 수는 C·D형의 무덤 수와 맞먹을 정도로 많다. 다른 유적에 비해서 고도의 무장집중화 현상이 보여지며,

24) 세로의 칸 하나가 고분 1기씩을 나타내며, 網처리한 것이 실제의 무덤 수이다. 각 유적별로 백분율로서 나타낸 것이 아니기 때문에 조사된 기수에 따라서 망처리의 길이에 차이가 있다. 이들과 함께 <표 6>도 아울러 참조하기 바란다.

무장력은 개인적 혹은 집단적 수준에서도 현격한 차이를 나타낸다. 그 밖에 A・B형 무덤이 함께 존재하는 것이 양동리유적이다. 이 유적에 대한 동의대의 조사지역에서는 모두 548기의 무덤이 조사되었다. 중요 유물만을 소개한 자료를 이용하였기 때문에 앞으로의 유물정리 과정을 통하여 A・B형 무덤이 더욱 증가할 것으로는 생각되지만, 그렇다 하여도 총 무덤 수에서 차지하는 A・B형 무덤의 수는 앞의 대성동유적과 비교하여서는 현격한 차이가 있음을 알 수 있다. 또 문화재연구소의 조사지역에서는 C형이하의 무덤만이 출토되고 있다. 위의 대성동・양동리를 제외한 나머지 유적에서는 극소수의 B형 외에 C・D형의 수가 크게 증가해 있는 것을 알 수 있다. 그 중 구지로유적은 대성동유적의 주위에 형성된 유적으로서 동일유적으로 보아도 무방하다. 대성동유적의 C・D형의 수를 보완해 주는 의미가 있다. 예안리유적에서는 B형의 무덤에 약간의 개인적인 무기집중화가 보여지나, 전체적으로는 1인용에 해당하는 장병이나 단병을 보유하고 있는 점이 주목된다. 또 가달유적에서 장병에 비해 단병의 보유율이 훨씬 높은 점 등은 전술하였듯이 시기적인 문제와 관련이 있어 보인다. 어쨌든 김해지역 고분군들의 무장 보유상은 3개의 등급으로 나눌 수가 있다.

<표 7-2>의 합천지역을 보면, 역시 A・B형의 무장을 독점한 것은 옥전유적이다. 무장의 개인집중화는 더욱 두드러진다. 그 밖에 반계제유적에 A형, 봉계리유적에 B형이 존재한다. 그러나 B형으로 분류한 봉계리 171호묘에서는 다른 무기류가 1점도 공반되지 않았기 때문에 제외시켜도 무방하다. 이렇게 보면, 봉계리・창리・저포리유적이 C・D형의 무장보유가 중심이 되는 유적이 된다. 또 이들은 장병이나 단병의 어느 쪽 1점(1인용)만을 갖춘 비율이 높은데, 창리유적의 경우 그 경향이 두드러진다. 합천지역에서 한 가지 주목되는 것은 중반계유적과 같이 射兵 외에는 장병이나 단병이 1점도 출토되지 않은 유적이 존재한다는 사실이다. 이 유형까지 포함한다면, 합천지역 고분군들의 무장 보유상은 모두 4개의 등급으로 나눌 수가 있다. 그리고 단병이 2기

의 고분에서 출토되었을 뿐인 삼가유적의 경우도, 중반계유적과는 이유가 약간 다르다고 생각되지만, 이 마지막 단계에 포함시켜도 좋다고 본다. 삼가유적에는 대가야 말기부터 멸망 후 신라에 합병된 시기까지의 무덤이 조영되어 있다. 극도로 무장의 소모가 많았던 시기부터 멸망에 따른 武力에 대한 제사(숭배)가 무의미해졌을 시기에 해당한다. 혹은 신라의 입장에서 보면, 재지민의 개인적인 武裝의 解除가 요망되었던 시기이기도 하다. 가야의 멸망을 전후한 시기부터 가야지역의 분묘에서 무장의 부장관습이 사라진 것은 큰 변화이며, 그 이유로서 위에 든 사항들을 생각할 수 있을 것이다.

<표 7-3>의 고령지역을 보면, 조사 사례가 아직은 한정되어 유적의 수가 적다. 그 중에서 지산동유적의 경우는 대형분과 주변의 소형묘들에 대한 조사가 많이 이루어져 양호한 양상을 보여준다. 3개의 고분 중 A・B형이 많이 출토된 곳은 지산동유적인데, A형은 지산동의 대형무덤에 한정되며 무장의 개인집중화도 두드러진다. 유적내의 조사지역에서는 C・D형도 A・B형을 약간 상회할 정도의 비슷한 수가 보인다. 그리고 본관동・쾌빈동유적에는 B형이 보인다. 본관동유적은 지산동의 대형분과 마찬가지로 산의 능선 봉우리들에 조영된 독립된 봉분을 가지는 무덤들이다. 그런데 B형으로 본 쾌빈동1호 목곽묘에서는 촉이 3점 출토되었을 뿐이며, 환형운주로 추정된 마구도 부속품만으로서 그 성격이 불명한 점이 있어 제외시킬 수도 있다. 그 경우 나머지 석곽무덤들에서는 모두 射兵만이 출토되고 있다. 쾌빈동은 석곽묘만을 기준으로 한다면, 무장을 갖추지 않은 유적이 되어 고령지역 고분군들의 무장 보유상은 3개의 등급으로 나눌 수가 있다.

이상 대표적인 가야의 세 지역에 있어서의 무장의 보유양상을 遺蹟單位의 성격에 따라 살펴보았을 때 뚜렷한 차이가 드러남을 알 수 있다. 이들을 유형화 해보면, 대략 다음 4개의 등급으로 계층화할 수 있다. 즉,

(1) 무장 내지 무력이 집중한 최상급유적,
(2) 소수의 유력자가 존재하는 상급유적,
(3) 전사들이 집단의 핵심층을 이룬 중급유적,
(4) 무력이 거의 존재하지 않는 하급유적 등이다.

이상의 각 등급은 유적에서의 최상위 고분들이 보유한 무장의 유형에 따라서 대략적으로 (1)-A형, (2)-B형, (3)-C·D형, (4)-E형에 각각 대응하는 것으로 나타난다. 다만 유적의 무장등급은 이처럼 단순 대비시켜 도식화할 수 있는 것이 아니다. 무장의 개인집중화 현상이라든가, 본고에서는 무시하였지만, 동시대(단계)라 하는 시간적 관계도 함께 고려한 위에서 안정적인 유적 상호간의 관계나 등급이 정해질 수 있다고 생각된다. 이러한 점도 고려하여 위에서 살펴보았던 각 유적들을 작위적이며 가설적이기는 하지만 등급화해 보기로 하겠다.

먼저 최상급유적으로는 김해대성동·합천옥전·고령지산동의 세 유적을 예로 들 수 있다. 이들은 각 지역단위에 있어서 최고정점에 자리하면서 A·B형 등의 무장을 독점하며 개인적인 무장의 집중화도 현저한 中心遺蹟[25]이다. 유적의 주위나 인근에 보다 하위(중급)의 무장을 보유한 直率遺蹟을 수반하는 경우가 많다. <표 7-4>는 세 유적의 무장양상을 서로 비교해 본 것이다. 유적의 중심연대는 대성동이 4세기대~(5세기 전엽), 옥전은 5세기대~(6세기 전반), 지산동은 (5세기 후반)~6세기 전반대로서 약간씩 차이를 보여준다. 중심고분의 조사기수에 따른 차이도 있겠지만, 그렇다 하여도 대성동유적 이래 옥전유적에서 급격한 증가를 보였던 A·B형이 지산동유적에서 감소한 배경에 대해서는 향후 검토의 여지가 있다.

상급유적으로는 김해 양동리·예안리유적, 합천 반계제유적, 고령

25) 이하 무장의 보유 양상을 기준으로 하여 遺蹟을 中心유적, 直率유적, 集中유적, 據點유적 등등으로 명명한 것은 필자가 임의로 붙여본 것에 지나지 않는다. 명명법에 엄격하고 통일된 기준이 있는 것은 아니며, 향후 조정이 필요할 수도 있음을 미리 밝혀둔다.

본관동유적을 들 수 있다. 무장은 극소수의 A형이나 혹은 B형이 중심이 되며, 아울러 어느 정도 무장의 개인집중화도 요구된다. 이는 A형이나 B형 등을 도식적으로 이해하는 것을 피하기 위함이다.[26] 따라서 C・D형 중에서도 개인의 무장이 複數副葬되고 多種副葬되어서 집중화되었다면 이 등급에 포함시킬 수도 있을 것이다. 어쨌든 이 상급유적은 소수의 유력자에게 선진 무장이 집중되어 있는 경우라 할 수 있는데, 여기에도 세 가지의 유형이 고려된다. 첫째는 유적이 累代에 걸쳐서 형성되고 인구가 집중되어 있는 유적(集中遺蹟)이다. 이러한 성격의 유적에서 소수 유력자의 존재를 상정하는 것은 어렵지 않다고 생각된다. 김해 양동리・예안리유적이 해당될 것 같다. 김해 양동리유적은 청동유물의 보유양상 등을 통해서도 알 수 있듯이, 김해에서는 중심유적인 대성동유적이 형성되기 이전에는 가장 중심을 이루었던 유적이다. A・B형의 수도 적지 않으며, 그 전체 수를 통해서는 동급의 다른 유적에 비해 우월하다고도 할 수 있다. 이 점에서 양동리유적과 예안리유적은 서로 동급 내에서도 세분될 가능성을 보여준다. 둘째는 중심유적과는 거리가 떨어져 있으면서 소수의 신흥 유력자가 일정지역을 관할하는 유적(據點遺蹟)이다. 합천 반계제유적이 이에 해당한다. 셋째는 중심유적에 인접해 있으면서 중심유적과는 일정의 역할을 분담하였을 것으로 생각되는 유적(近侍遺蹟)이다. 고령 본관동유적과 같은 예를 여기에 포함시켜도 좋을 것 같다.

중급유적은 戰士層이 그 집단구성에 있어서 공동체를 영위하기 위한 핵심적 역할을 맡았다고 생각되는 유적이다. 자연히 C・D형이 핵심이 되며 여기에 소수의 B형이 포함된다. B형의 경우에는 단순한 구성의 무기가 공반된다. 후자(B형)에는 김해 능동[27]・가달유적이 해당

26) 후대로 갈수록 갑주나 마구는 보다 하위계층으로 확산되어 가기 때문에, 무장의 개인집중화 현상을 아울러 살필 필요가 있다.

27) 김해 예안리유적과 능동유적은 B형의 수가 같으며 전체 유구 수를 비교하면 능동유적에 B형의 비율이 높게 나타난다. 하지만 능동유적의 B형은 단병 1점과 공반되거나 무기와 공반되지 않고 있다. 그래서 무장의 다종・복수부장을 고려하여 분류하였다. 그러나 엄격히 말하면 예안리유적 역시 이 중급유

되며, 전자(C·D)에는 김해 칠산동·퇴래리유적, 합천 봉계리·창리·저포리유적이 여기에 해당된다.

하급유적은 무장을 거의 갖추지 않고 구성원들이 생업 등에만 종사하는 유적이다. 무장은 射兵만의 E형이 여기에 포함된다. 합천 삼가·중반계유적, 고령 쾌빈동유적이 해당된다.

이상과 같이 무장의 보유정도에 따라 각 유적단위를 4개 등급으로 나누는 시도를 해보았다. 그러나 아직은 이러한 분류 자체가 방법적으로 엄격하게 행해지지는 못하였다. 현 단계에서 너무 기계적으로 행하게 되면 전 유적을 조사하였을 경우 매우 가변적이게 될 우려가 있었기 때문이다. 그래서 대략적인 경향만을 파악할 수 있도록 모델화한 것이다. 보다 많은 유적이 조사 보고되고 유적마다의 조사 유구도 수적으로 안정된다면, 향후 보다 엄격하게 계량된 방법에 의한 분류도 가능할 것으로 생각된다.

한편 위의 세 지역과 비교자료로서 예시한 <표 5>에 대하여 약간 언급키로 하겠다. 울산 하대유적과 부산 노포동유적은 우리나라 동남부 지역에서 조사된 대표적인 삼한 후기의 유적이다. 이 유적들의 무장보유양상은 複數副葬과 多種副葬에 있어서 이후 단계의 보유양상과 결코 큰 차이를 보이지 않는다. 울산 하대유적의 경우는 무구와 마구를 제외한다면, 오히려 이후의 최상위유적에 필적하거나 혹은 압도할 만한 집중도를 보여주고 있다. 그러나 이 점이 하대유적에 대한 평가의 척도가 될 수 있다. 즉, 하대유적은 이후의 김해 대성동유적 등과 비교하여서 무구나 마구 등의 선진 무장이 결락되어 있는 것이다. 다시 말해서 무구·마구와 같은 선진무장은 그 집단의 무장의 集中化와 高度化를 나타내는 중요한 척도가 될 수 있는 것이다. 어쨌든 이 양 유적을 통해서 볼 때, 영남지역에 있어서 무장의 複數副葬과 多種副葬은 이미 삼한 후기에 심화되어 있었으며, 이 시기에도 유적단위의 계층화는 이루어져 있었다고 할 수 있다. 다음 단계와 비교하였을 때,

---

적에 포함시키는 것이 타당할 것 같다.

하대유적은 적어도 상위유적에, 노포동유적은 중위유적에 각각 비정할 수 있기 때문이다.

그리고 이 시기의 경주 인근에서도 무장의 보유양상은 유사하게 나타난다. 포항 옥성리유적은 대략 삼한 후기에서 삼국 초기에 해당하는 무덤이 중심이 되는 유적이다. 이 유적에서도 무장의 복수·다종부장은 두드러진다. 특히 이 유적에서는 무장을 보유한 무덤이 보유하지 않은 무덤을 수적으로 능가하여 가히 戰士集團의 무덤群이라 할 만한 중요한 성격을 띠는 유적이다. 무장의 복수·다종부장이란 측면에서 다음 단계와 비교한다면, 상위유적이나 중위유적의 어느 쪽인가에 비정할 수 있다. 특히 이 유적에서는 單一種의 무장으로서는 대부분이 長兵인 鉾를 많이 보유하고 있다는 사실은 주목된다. 이 유적을 전사집단의 무덤군으로서 파악하는 강력한 근거이다. 아마도 그들은 倭寇에 대한 防禦와 같은 특수한 목적을 수행하였을 것으로 생각된다.

끝으로 하나의 지역단위 내에 최상급·상급·중급의 무장을 보유한 유적이 혼재한다는 상황에 대해서 생각해보자. 이들은 무장 수준에서 보아 결코 서로 대립적인 관계에 있을 수가 없다. 그럼에도 불구하고 중급유적 등에 개인의 무장이, 심지어 무장의 집중화까지도 허용되어 있음에 주목할 필요가 있다. 이러한 중급유적에서의 무장의 보유자들, 즉 戰士들의 역할은 지역 내의 경찰의무에만 머물고 있었던 것이 아니라, 비상시에는 최상급유적에 예속하여 군사력을 제공하는 常備軍으로서의 의무까지도 담당하였다. 그렇지 않고서는 그들의 무장을 쉽게 이해하기 힘들기 때문이다. 이것이 가야에 있어서의 상비군을 인정할 수 있는 기준이 되며, 동시에 常備軍의 실체이기도 하다. 나아가 당시 가야에서의 戰士들의 성격을 부장유물을 통해서 추정한다면, 그들은 職業軍人(a professional soldier)과 같은 專業職으로서가 아니라 비상시에 대비하는 常備軍(a standing army)으로서 半專業的 성격을 띠고 있었다고 보여진다.[28] 이러한 성격의 상비군은 최상급유적의, 적어도

28) 이를 오늘날의 개념으로 정의한다면, 有事時의 正規軍으로서 平時에는 家業

상급유적의 존재를 전제로 하고서 성립되는 것으로 보아야 할 것이다. 이전 시기에 개별 독립적으로 존재하였던 중급유적들이 최상급유적이 대두함으로써 자연스럽게 그 예하에 편입되었던 상황은 累代的인 무장의 보유양상을 보이는 유적을 통하여 알 수 있다.

V. 무기체계와 전술의 변화

본 장에서는 전 장에서 설명하였던 무기·무구·마구의 개별유물들을 시간적 순서에 따라서 단계별로 종합하고, 그것을 통해서 가야가 전쟁에서 수행할 수 있었던 전술적 측면의 변화 양상을 살펴보고자 한다. 이러한 시도는 이미 宋桂鉉에 의하여 이루어진 바 있다.[29] 씨는 대도, 철제갑주, 찰갑 등의 출현을 획기로 하여 아래와 같이 4단계로 나누어 자세히 설명하고 있다.

1단계 : 검·모가 주류, 기원전 1세기 후반~기원후 2세기
2단계 : 대도의 출현, 철제갑주의 출현 이전, 有莖式鐵鏃의 등장, 3세기대
3단계 : 철제갑주의 출현 이후~찰갑의 본격 도입 이전, 창과 有頸式鐵鏃의 출현, 4세기대
4단계 : 마주·마갑 등의 중장기마전술과 관련된 무구와 함께 찰갑이 도입되어 사용되는 시기, 5세기~6세기 전반

이와 같은 분기법에 대하여 필자 역시 기본적으로 공감한다. 그러나 신기종의 출현에만 초점을 맞춘 분기 설정으로는 실재했을 전술의 내

에 종사하며 常時 在營하지 않는 '民兵'에 가깝다. 고대에는 이러한 형태의 軍士 動員體制가 일반적이었다고 본다.

29) 宋桂鉉, 「전쟁의 양상과 사회의 변화」, 『고대의 전쟁과 무기』, 부산복천박물관, 2001.

적 변화를 반영할 수가 없다. 그 좋은 예가 위에서 분기되어진 결과가 말해준다. 즉 4단계가 5세기와 6세기 전반의 긴 기간에 걸쳐 있는 것이다. 이 기간은 고구려군의 남정 이후부터 가야의 멸망시기까지를 모두 포함하고 있다. 그래서 본고에서는 가야에서 가장 역동적이었던 이 시기를 각각 50년씩 세 단계로 분기하고자 한다. 그래서 영남지역에 있어서 무장과 그에 따른 전술의 변화를, 가야의 전사에 해당하는 시기를 두 단계(1・2단계)로, 전기가야의 시기를 두 단계(3・4단계)로, 또 후기가야의 시기를 두 단계(5・6단계)로 하여 모두 6개의 단계로 나누어 살펴보고자 한다. 1・2단계는 철제무기의 등장에서부터 시작하여 목관묘의 시기와 목곽묘의 시기로 나누어진다. 전기가야의 두 단계는 경자년 고구려군의 남정이 획기가 된다. 후기가야는 가야의 전성시기와 가야를 둘러싼 영남지역 각축전의 시기로 나누고자 한다. 이하 각 단계에 대하여 약술한다.

1. 三韓時代 (기원전 1세기 후반~기원후 3세기 후엽)

1) 제1단계 (목관묘 단계 : 武器의 鐵器化)

제1단계는 삼한시대의 전기와질토기 부장의 木棺墓 단계가 해당된다. 실연대로 기원전 1세기 후반부터 기원후 2세기 후엽까지이다. 이 단계의 특징은 한 마디로 武器의 鐵器化 단계라고 할 수 있다. 남부지방에 처음으로 燕國系의 鑄造鐵器文化가 들어왔을 때는 철기는 鑄造鐵斧와 鐵鑿을 주요조합으로 하며, 무기는 철기화되지 않고 기존의 청동제품이 주류를 이루었다. 물론 당시에는 철기화의 수준 자체도 매우 미미하였다. 그러나 서북한 지역에 한의 군현이 설치되고, 그 여파로 남부지방에도 漢式系의 鍛造鐵器文化가 전해지면서, 무기의 철기화는 가속화된다. 이때는 무기 외에도 농・공구류도 철기화되어 본격적인 철기의 생산・소비 단계에 접어들었다고 할 수 있다. 한국식동검 등 재래의 청동유물도 의기적 성격을 띠면서 일부 잔존하나, 이 단계까지에 한정된다.

이때에 철기화된 무기의 종류로는 劍·矛·鏃이 주류를 이룬다. 그 밖에 鐵戈·環頭刀·刀가 출토된 예가 있으나 매우 미미한 편이다. 이 중 철과는 경주 조양동5호분과 의창 다호리1호분 등 기원전 1세기 후반대에 편년되는 비교적 이른 단계의 와질토기부장 목관묘에서 출토된 바 있으나, 그 이후 시기에는 보이지 않는다. 戈는 車戰用의 대표적인 무기이다. 무기의 철기화 과정에서 일시 동과가 철기로 模作되기는 하였으나, 그 기능은 이미 상실되어 의미가 없었기 때문에, 실용적 무기를 생산하던 남부사회에서는 철과의 생산을 중단하였던 것으로 생각된다. 이 1단계의 劍은 短莖式으로서, 그 중에는 鈹도 일부 포함되어 있을 것으로 생각된다. 촉은 無莖式鏃이다. 마구는 청동제를 模作한 鐵製銜이 출토되고 있다. 그러나 출토 수량도 적고 그 기능에서 보아 기병의 존재와 연관짓기는 어렵다.

송계현은 이 1단계에 검과 모의 기능분화가 이루어지지 않은 점, 철촉의 출토량이 매우 적어 원거리전투가 없었을 것이란 점, 철검은 청동제 검파나 검파두식의 장식이 많아 실전용무기가 아니라 권위의 상징물로 이용되었을 가능성이 높은 점 등을 들어서, 전투형태는 近接戰이며, 전투지휘자나 전술의 구사 및 집단 간의 대규모 전투가 없었던 시기로 파악하고 있다.[30] 그러나 이청규의 연구성과에 따르면, 목관묘 단계에는 기본적으로 劍과 鉾(矛)는 거의 같은 위치에 부장되지 않는다고 한다.[31] 이는 각각에 대한 기능을 달리 인식하고 있었던 것을 시사해준다. 모의 경우, 송계현의 지적처럼 자루가 짧다고 보기보다는 목관묘라는 무덤 규모상의 제약 때문에 자루를 부러뜨리거나 뽑은 상태로 부장하였을 가능성이 크다. 촉의 경우도 부장습속에서의 차이나 혹

30) 宋桂鉉, 위의 글, 2001, 9~10쪽.

31) 李淸圭, 「細形銅劍時期의 嶺南地域 墓制」, 『細形銅劍文化의 諸問題』, 영남고고학회·구주고고학회, 2002, 64쪽. 한편, 씨는 이 단계의 철검은 목관내 피장자의 오른쪽 상방의 어깨쪽 부위에서 출토되는 예가 가장 많으며, 대구 팔달동유적에서는 검 끝이 대부분 발아래쪽을 향하는 반면, 경산 임당동유적의 경우는 머리쪽을 향한 것이 압도적이라고 한다. 부장위치나 상태 등에서 보아, 검이라고 하는 것 중에서도 상당수의 鈹가 존재하였음을 시사해준다.

은 유기질제의 존재를 생각할 필요가 있다. 재질에 따른 효능의 강약에 대한 지적은 몰라도 원거리전투가 없었다고 단정하기는 어렵다. 또한 모나 피의 존재를 생각하면, 집단 간의 전투가 없었다고 보기도 어렵다고 생각된다.

2) 제2단계 (목곽묘 단계 : 무장의 集中化)

제2단계는 삼한시대 후기와질토기 부장의 木槨墓 단계가 해당된다. 실연대로 2세기 말에서 3세기 말까지이다. 기존의 무기체계에 環頭大刀·長莖式 長劍·有莖式 鐵鏃 등이 새로이 부가되는 시기이다. 환두대도는 漢의 대표적인 단병기로서 이미 낙랑에는 들어와 있었던 것이다. 그러나 남부지방의 목관묘 단계에는 환두의 소도자만이 유행하고, 무기로서의 대도는 만들지 않았다. 그러던 것이 이 목곽묘 단계에 들어서면서, 무기로서 채용되기 시작한다. 장검의 경우도, 전 단계에는 없었던 것이다. 장경식은 漢의 장검과는 다른 형식의 것으로서, 낙랑재지에서 만든 한국식동검의 전통을 이은 토착형식의 것으로 생각된다. 이들 환두대도와 장경식의 장검이 본 단계에 남부지방에서 출토되는 것은 중요하다. 이 단계에는 재갈의 경우도 기존의 형식에서 완전히 벗어나 남부지방의 재지적 특징을 가진다. 또한 이 단계의 초기에는 철모도 二段柄式으로서 남부지방 특유의 형식이 한때 유행한다. 새로이 목곽묘가 채용된 것과 함께, 당시의 정세를 반영하고 있다. 전체적인 흐름을 보면, 남부사회는 당초부터 낙랑의 선진문물을 수용함에 있어서 주체적이고 선택적인 입장을 견지하고 있었다. 桓靈之末에 유민이 남부지방에 유입하면서, 제2의 낙랑문물의 수용이 일어난다. 그것이 위의 신형식의 무기들이다. 낙랑에 이미 존재하였던 것이 새삼스럽게 전해지는 것이다. 아울러 그러한 문화를 받아들이면서도, 남부지방은 목곽묘라든가, 타날기법을 포함한 신형식의 토기문화라든가, 혹은 재갈의 변화 등에서 보는 바와 같이, 그것을 독자적으로 변용하고 있다. 이러한 당시 정세에 대한 인식이 타당하다면, 이 단계에 새로이 채용된 무기류는 전술의 변화나 무기체계에는 그다지 큰 변화를 준 것 같지는 않다. 劍과 刀는 평시에는 신분상징용으로 즐겨 소지되던 대표적인 무기이며, 전시에서의 역할은 모에 비길 만하지가 못한 무기이다.

2. 加耶前期 (3세기 말~5세기 전반)

1) 제3단계 (武裝의 最上位遺蹟 등장)

제3단계는 삼국시대 전기에서 고구려군의 남정 이전까지의 단계이다. 실연대로 3세기 말에서 4세기대에 해당한다. 무기체계나 전술상으로도 가장 큰 변화가 일어난 시기이다. 鐵槍과 有頸式 鐵鏃의 등장, 鐵製甲冑와 騎兵의 出現 등을 대표적인 특징으로 들 수 있다. 새로이 등장한 斷面菱形이며, 銎部燕尾形의 철창은 찌르는 기능이 극히 강화된 것이다. 이 창의 등장으로 인해 베는 기능도 가미되었던 기존의 보병용 철모는 쇠퇴하여 공부에 비해 모신이 극히 장대화하거나, 관부 등에 고사리문을 장식하는 등 의기화해 버린다. 이 창은 구조적으로 보아, 기병의 충격무기로서 사용하기에 매우 적합한 형태이며, 이 단계에 수용된 실용마구와 함께 북방기마문화의 영향으로 일괄 유입된 것으로 보여진다. 철촉도 기존의 폭이 넓고 관통력이 약하던 무경식촉은 거의 쇠퇴하고, 대신 유경식 철촉이 유행한다. 이 단계에는 아직은 短頸式이기는 하지만, 촉신의 폭도 좁혀서 이전 시기의 촉에 비해서는 관통력을 훨씬 증가시킨 큰 변화를 보여주고 있다. 이러한 창과 촉과 같은 공격용무기의 변화에 대응하여, 방어용무기로서 철제의 갑주가 제작된다. 이 단계에는 縱長板冑, 縱長板板甲, 小札甲 등이 중심이며, 주로 재지의 기술적 바탕 위에서 만들어진다. 그러나 이러한 철제갑주의 제작에는 당시 동북아지역에서 확산되고 있었던 중장기마전술의 영향이 컸던 것으로 보여진다. 그 결과 재지의 기술로 만들기는 하였으나, 갑주의 세트를 구비하고자 하였던 것으로 생각된다. 이 단계에는 창·마구·갑주 등의 조합으로 보아도 일부 엘리트층을 중심으로 중장기마전술은 완전 숙지되고 있었던 것으로 보여진다. 다만 기술적인 문제로 인하여 마주・마갑 등의 구비는 다음 단계를 기다리지 않으면 안 되었다.

2) 제4단계 (영남지역 무장의 확산과 재편)

제4단계는 광개토대왕의 남정 이후부터 전기가야가 완전 해체되는 단계이다. 실연대로는 5세기 전반대에 해당한다. 기승용 찰갑이 본격적으로 도입되고, 마주・마갑 등 중장기병용의 무구도 제작되어 사용되기 시작한다. 이들 신기종의 생산에는 고구려 문물의 영향이 크다. 기승용 찰갑은 급속히 확산되며 대량 생산되는 데 반해서, 재지계의 종장판판갑은 이 단계를 끝으로 더 이상 생산되지 않게 된다. 무기・무구와 함께 기승용마구도 새롭게 개발・개량되며, 이들 신병기들은 영남 각지로 전파・확산되어진다. 이러한 전비확산의 분위기 속에서 이 단계의 후반에는 축도 장경촉이 생산되기 시작한다. 전 단계의 가야에서는 낙동강 하류역에 집중되어 있었던 무기・무구・마구가 이 단계에 들어서 영남 각지로 확산되고 새로운 형식의 것이 제작되는 등 급속한 변화의 모습을 보이는 것은 고구려군의 남정 결과에 의한 긴장과 자극 때문이었다. 전 단계의 가야가 비록 북방문물을 수용하여 새로운 전술체계를 수립하였다 하여도, 그것은 거의 지역적 수준에 머무는 것이었다. 그 일 예가 마주・마갑의 미비라든가, 갑주의 생산에 있어서도 재지의 기술을 그대로 활용한 점인데, 그것은 기병이 사용하기에는 제대로의 기능을 할 수 있는 것은 아니었다. 또 소유층도 한정되었던 것으로 보여진다. 이러한 병력을 가지고, 중국과도 전쟁을 수행하고 있었던 광개토대왕의 대규모 군사와 맞서 싸우기는 힘들었다고 본다. 참패의 경험은 쓰라렸고, 이에 자극 받은 영남 각지에서 대규모 전비확충과 새로운 사회・군사적 재편작업이 이 단계에 있었다고 생각된다. 이러한 과정에는 이제 대성동으로 대표되는 집단이 아니라, 복천동 세력이 중추적 역할을 수행하였던 것으로 보여진다.

3. 加耶後期 (5세기 후반~562년)

1) 제5단계 (가야 무장체계의 완성)

제5단계는 전기가야 해체 후 대가야 등의 후기가야가 새로이 세를 결집하여 번성을 누리던 때이다. 시기적으로는 5세기 후반에서 6세기 초이다. 찰갑이 대량생산될 뿐만 아니라, 7단구성의 판갑 등도 생산되고 있다. 이 단계에서 특히 주목되는 것은 환두대도의 부장이다. 刀는 신분의 상징으로도 사용되었는데, 이를 통해서 볼 때 가야에서 용봉문환두대도-삼엽한두대도-소환두대도-대도의 위계가 성립한 것은 군사편제와 명령체계가 보다 정교하게 갖춰져 갔음을 보여준다. 이 단계에는 신라와도 대비되는 독자적인 마구를 생산하고 있음을 보아, 마필문화는 상당한 궤도에 접어들었음을 알 수 있다. 또한 금속제 등자가 이 시기에 출현하게 된 사실도 주목된다. 안장에서도 이각식의 좌목선교구가 출현한 것으로 보아, 후륜수직의 실용적인 안장이 만들어지고 있었음을 알 수 있다. 이 시기에는 생산기술력이 뒷받침된 중장기마전술이 완성 단계에 접어들었음을 시사해준다. 가야가 이만큼 안정되게 발전할 수 있었던 것은 백제의 웅진 천도(475년) 등 주변국의 힘의 공백기가 생긴 것도 작용하였다. 또 당시 남부사회의 공동의 적은 고구려였다. 가야는 신라 炤知麻立干 3년(481)에 고구려와 말갈군의 신라 침입에 대하여 원병을 보내어 신라 · 백제와 함께 연합전선을 펼치기도 하였다. 가야의 당시 군세를 엿볼 수 있을 뿐만 아니라, 당시의 가야가 내적 번성을 누릴 수 있었던 것은 이와 같은 신라 · 백제와의 우호적 분위기에 편승한 덕으로 보여진다.

2) 제6단계 (가야의 전란)

제6단계는 6세기 초부터 가야가 주변국들과 경합을 벌이다 멸망하기까지의 단계이다. 가야가 신라 · 백제 · 왜 등 주변국들과 서로 和戰을 바꿔가며, 생존을 걸고서 가장 활발히 관계를 모색하였던 시기이다. 가야로서는 가장 전쟁이 빈번하였던 시기라고 할 수 있다. 전 단계까지 전비를 갖추며 내실을 다지던 신라와 백제는 이때부터 노골적으로 가야에 대한 침략야욕을 드러내기 시작한다. 발단은 먼저 백제의 남방정책에 의한 己汶·帶沙의 사건이다. 이처럼 역사기록을 통해서도 이때부터 가야를 둘러싸고 대외관계가 복잡하게 얽혀가고 있음을 알 수 있으므로 별개의 단계로 설정해두고자 한다. 고고유물을 통해서 이 단계의 성격을 밝히는 작업은 향후의 과제로 하겠으나, 재갈·등자 등 마구를 통해서 보면, 이 단계에는 장식성이 강한 유물의 생산보다는 실용적이고 제작이 간편한 유물을 선호하고 있다. 이러한 사실이 당시의 정세를 반영한 것인지도 모른다.

이상이 가야에 있어서의 무장과 전술이 변화해온 과정이다. 각 단계에 있어서 무장과 전술의 변화는 분명하였다고 본다. 특히 전술의 변화는 주변국과의 정세의 변화를 무시할 수가 없다. 이러한 기본 생각이 본고에서의 분기에 반영된 것도 사실이다. 다만 각 기에 있어서의 뚜렷한 물질적 자료를 지금 구체적으로 제시하지 못한 부분은 순전히 필자의 역량 문제이다. 차후 이를 보다 구체화시켜가고자 한다. 다만 여기서 한 가지 지적해두고 싶은 것은 각 분기의 획기에 해당하는 시기에 모든 물질자료가 동시다발적으로 변화를 가져왔다고 보지는 않는다는 점이다. 물질자료 상호간에는 서로 계기적으로 작용된 것도 있다고 본다. 이 점이 어떤 형식의 유물이 출현한 시기를 기준으로 택하지 않고, 전체적인 역사적 맥락을 중시하여 분기에 활용한 이유이다. 또한 실제로도 획기에 해당하는 시기에 물질적 변화가 집중해 있는 것도 무시할 수 없다고 본다.

Ⅵ. 맺음말

이상 가야에 있어서 무기의 발전과정과 그에 따른 전술의 변화에 대하여, 삼한시대부터 가야의 멸망에 이르기까지 살펴보았다. 시간의 경과에 따라서 무기·무구·마구 등 전쟁을 수행할 수 있는 장비들은 보다 다양화, 대량화, 고도화되어 가고 있음을 알 수 있었다. 이에 따라서 전쟁의 규모와 양상도 달라졌으며, 전술의 변화와 새로운 전략의 수립은 집단의 생존을 위해서도 필수적인 것이었다. 또 이러한 과정을 통해서 사회의 통폐합도 진전되어 왔다. 가야는 고구려군의 남정과 신라의 정벌에 의하여 두 차례나 고배를 마시고 역사의 무대에서 사라져갔다. 그러나 그간의 가야가 내적 발전이 없이 언제나 정체되었던 사회는 아니었으며, 특히 본고의 3단계에 해당하는 4세기대에는 북방의 선진문물을 어느 지역보다도 빨리 받아들이고 이를 성공적으로 재지화시켜냄으로써 남부지방의 제 사회 변화에 지대한 영향을 미쳤다. 고구려군에 패배한 이후인 4단계에 이를 딛고 극복하고자 새로이 전비를 갖춰나가는 모습은 참으로 역동적이었다. 가야에 있어서 전술의 변화는 여러 단계 중에서도 바로 이 두 개의 단계에 비중을 둘 수 있으며, 타 지역에 미친 영향도 지대하였던 것이다.

본고에서는 고고학에서의 전쟁연구라는 분야를 다루기 위한 몇 가지 시론적인 시도가 있었다. 따라서 많은 부분을 개괄하는 과정에서 비약이 많았다. 그 중에는 현 자료로서 어찌할 수 없는 부분도 있었지만, 대부분은 방법적인 미숙함에 기인한다고 자인한다. 이러한 미비점은 단계설정을 보다 정밀화하고 그에 따른 변화상을 정치하게 추적해 나감으로써 보완할 필요가 있다. 이 점을 지금부터의 과제로 생각하며 글을 마치고자 한다.

참고문헌(표의 인용번호순)

(2-1) 申敬澈·金宰佑,『金海大成洞古墳群Ⅰ』, 慶星大學校博物館, 2000.
申敬澈·金宰佑,『金海大成洞古墳群Ⅱ』, 慶星大學校博物館, 2000.
(2-2) 申敬澈·金宰佑·沈載龍·李映周,『金海龜旨路墳墓群』, 慶星大學校博物館, 2000.
(2-3) 申敬澈·李相憲·李海蓮·金宰佑,『金海七山洞古墳群Ⅰ』, 慶星大學校博物館, 1989.
(2-4) 全虎兌·金榮珉·金賢哲,『김해능동유적Ⅰ』, 蔚山大學校博物館, 2001.

(2-5) 釜山大學校博物館,『金海禮安里古墳群Ⅰ』, 1985.
釜山大學校博物館,『金海禮安里古墳群Ⅱ』, 1990.
(2-6) 문화재연구소,『김해양동리고분』, 1989.
林孝澤・郭東哲,『金海良洞里古墳文化』, 東義大學校博物館, 2000.
(2-7) 宋桂鉉・洪潽植,『生谷洞加達古墳群Ⅰ』, 釜山直轄市立博物館, 1993.
釜山廣域市立博物館,『生谷洞加達古墳群Ⅱ』, 2001.
(2-8) 孫秉憲・池炳穆・李一容・金性泰,『金海退來里遺蹟』, 成均館大學校博物館, 1989.
(3-1) 尹容鎭,「高靈 池山洞44號古墳發掘調査報告」,『大伽耶古墳發掘調査報告書』, 高靈郡, 1979.
金鐘徹,「高靈 池山洞第45號古墳發掘調査報告書」,『大伽耶古墳發掘調査報告書』, 高靈郡, 1979.
金鍾徹,『高靈池山洞古墳群』, 계명대학교박물관, 1981.
嶺南埋葬文化財研究院,『高靈池山洞30號墳』, 1998.
慶尙北道文化財研究院,『高靈池山洞古墳群』, 2000.
(3-2) 啓明大學校博物館,『高靈本館洞古墳群』, 1995.
(3-3) 嶺南埋葬文化財研究院,『高靈快賓洞古墳群』, 1996.
(4-1) 趙榮濟・朴升圭,『陜川中磻溪墳墓群』, 慶尙大學校博物館, 1987.
(4-2) 趙榮濟,『陜川玉田古墳群 : 1次發掘調査概報』, 慶尙大學校博物館, 1986.
趙榮濟,『陜川玉田古墳群Ⅰ』, 慶尙大學校博物館, 1988.
趙榮濟・朴升圭,『陜川玉田古墳群Ⅱ : M3號墳』, 慶尙大學校博物館, 1990.
趙榮濟・朴升圭・金貞禮・柳昌煥・李瓊子,『陜川玉田古墳群Ⅲ』, 慶尙大學校博物館, 1992.
趙榮濟・朴升圭・柳昌煥・李瓊子・金相哲,『陜川玉田古墳群Ⅳ』, 慶尙大學校博物館, 1993.
趙榮濟・柳昌煥・李瓊子, 『陜川玉田古墳群Ⅴ : M10・M11・M18號墳』, 慶尙大學校博物館, 1995.
趙榮濟・柳昌煥・李瓊子,『陜川玉田古墳群Ⅵ : 23・28號墳』, 慶尙大學校博物館, 1997.
趙榮濟・柳昌煥・李瓊子,『陜川玉田古墳群Ⅶ : 12・20・24號墳』, 慶尙大學校博物館, 1998.
趙榮濟・柳昌煥・河承哲,『陜川玉田古墳群Ⅷ : 5・7・35號墳』, 慶尙大學校博物館, 1999.
趙榮濟・柳昌煥・河承哲, 『陜川玉田古墳群Ⅸ : 67-A・B, 73~76號墳』, 慶尙大學校博物館, 2000.
(4-3) 沈奉謹,『陜川鳳溪里古墳群』, 東亞大學校博物館, 1986.
(4-4) 沈奉謹,『陜川三嘉古墳群』, 東亞大學校博物館, 1982.
(4-5) 沈奉謹,『陜川倉里古墳群』, 東亞大學校博物館, 1987.

(4-6) 김정완·임학종·권상열·손명조·정성희, 『陜川磻溪提古墳群』, 국립진주박물관, 1987.
(4-7) 鄭永和·梁道榮·金龍星, 『陜川苧浦古墳A發掘調査報告』, 嶺南大學校博物館, 1987.
朴東百·秋淵植, 『陜川 苧浦里B古墳群』, 昌原大學博物館, 1988.
李殷昌, 『陜川苧浦里C·D地區遺蹟』, 曉星女子大學校博物館, 1987.
尹容鎭, 『陜川苧浦里D地區遺蹟』, 慶北大學校考古人類學科, 1987.
釜山大學校博物館, 『陜川苧浦里E地區遺蹟』, 1987.
(5-1) 釜山大學校博物館, 『蔚山下垈遺蹟-古墳Ⅰ』, 1997.
(5-2) 尹炳鏞, 『釜山老圃洞古墳』, 釜山直轄市立博物館, 1985.
尹炳鏞·宋桂鉉, 『釜山老圃洞遺蹟Ⅱ』, 釜山直轄市立博物館, 1988.
釜山大學校博物館, 『釜山老圃洞遺蹟』, 1988.
(5-3) 國立慶州博物館, 『玉城里古墳群Ⅰ·Ⅱ·Ⅲ-'가'地區 發掘調査報告』, 2000.
(5-4) 嶺南埋藏文化財硏究院, 『浦項玉城里古墳群Ⅰ·Ⅱ-나지구』, 1998.
(기타) 金海市, 『金海의 古墳文化』, 1998.

地域間 竝行關係로 본 加耶古墳의 編年

朴 天 秀*

Ⅰ. 머리말

가야고분의 체계적인 편년은 1976년 이래 발굴조사된 김해 예안리 고분군을 비롯한 부산 복천동 등의 금관가야권 고분의 연구에서 시작되었다. 그 후 1977년 이래 발굴 조사된 고령 지산동44, 45호분 등을 비롯한 대가야 고분의 편년이 진행되었고, 최근에는 1990년대 이래 본격적인 학술조사가 시작된 함안 도항리 고분군에 의한 아라가야 고분의 편년이 실시되었다. 그리고 경남 서부지역의 발굴조사에 의한 소가야권의 편년 연구가 개시되었다. 이러한 가운데 1990년대 중반 이래 종래의 거점 지역만을 대상으로 한 편년을 넘어 하나의 권역 전체를 대상으로 한 편년이 금관가야권과 대가야권을 대상으로 진행되었다.

이상과 같은 가야고분의 편년은 삼국시대의 타 지역과 비교할 때 가장 정치한 연구 성과로 파악된다. 이를 토대로 가야의 유적, 유구, 유물의 개별 연구뿐만 아니라 중심국이 금관가야에서 대가야로 변하는 정

* 경북대학교 고고인류학과 교수

치적인 변화와 각 권역의 형성과정에 대한 연구가 진행되고 있다. 그러나 이제까지의 가야고분 편년은 개별 분산적으로 각 지역 또는 각 권역별로만 행해져 지역 간 병행관계의 파악이 이루어지지 않아, 통시적인 지역 간 관계의 설정을 어렵게 하였다. 가야고분의 지역 간 병행관계의 설정은 시기별 각 지역 세력의 동향과 그 상호관계의 이해에 가장 기초적인 작업으로 파악된다.

이 글에서는 이러한 문제의 인식하에 가야고분의 지역 간 병행관계를 통하여 각 지역을 연결하는 편년망의 구축을 지향하고자 한다. 먼저 이제까지 개별적으로 진행되어온 가야지역 고분의 편년을 검토하여 지역별로 재구성한 후, 다른 지역권에서 이입된 토기를 통하여 각 지역 간의 병행관계를 설정한다.

여기에서는 회청색 경질토기가 출현하고 가야 전기의 중심지인 김해지역의 대성동 고분군에 대형목곽묘가 조영되기 시작하는 3세기 중엽부터 가야 후기의 중심국인 대가야가 멸망하는 6세기 중엽까지의 고분을 편년한다. 그 공간적 범위는 금관가야권, 아라가야권, 소가야권, 대가야권, 그리고 낙동강 동안에 위치하면서 5세기 중엽까지 가야지역과 밀접한 상호작용을 행해온 창녕지역권을 포함시켜 5권역을 대상으로 한다. 또 창녕지역을 포함시킨 것은 이 지역산 토기가 낙동강 이서지역과 이동지역에 활발하게 유통한 것으로 파악되어, 장차 경주를 포함한 이동지역과의 병행관계를 설정하는 데 도움이 될 것으로 판단하였기 때문이다.

그런데 근래 활발한 논의(朴天秀, 1998 ; 金斗喆, 2001)가 진행되고 있는 가야고분의 曆연대에 대해서는, 본 연구가 가야고분의 지역 간 병행관계의 설정에 주안점을 두고 있는 관계로 간략하게 언급하고 차후 연구사의 검토를 통하여 본격적으로 다루고자 한다.

Ⅱ. 金官加耶圈

1. 선행 연구의 검토

금관가야권 편년 연구는 김해 예안리 고분군의 편년을 중심으로 시작되어 복천동 고분군과 대성동 고분군에 대한 연구가 진행된 결과, 최근에는 김해 지역과 부산 지역 간의 병행관계를 설정할 수 있게 되었다. 예안리 고분군의 편년에 대해서는 定森秀夫(1982), 申敬澈(1983), 安在皓(1996) 등의 연구를 들 수 있으며, 김해 지역과 부산 지역 간의 병행 관계에 대한 연구는 李在賢(1996), 洪潽植(1998), 申敬澈(2001)의 논고를 들 수 있다.

李在賢(1996 : 39-43)은 복천동 고분군을 노형기대, 고배 등의 토기의 형식변화를 통하여 Ⅰ-Ⅵ期로 편년하는 가운데 예안리 고분군과의 병행관계를 설정하였다.

Ⅰ期 : 56호묘, 80호묘, 84호묘 (예안리 安在皓 편년의 Ⅰ단계와 병행)
Ⅱ期 : 38호묘, 73호묘
Ⅲ期 : 57호묘, 60호주곽 (예안리 安在皓 편년의 Ⅱ단계와 병행)
Ⅳ期 : 46호묘, 71호묘 (예안리 安在皓 편년의 Ⅲ단계와 병행)
Ⅴ期 : 48호묘, 54호묘 (예안리 安在皓 편년의 Ⅳ단계와 병행)
Ⅵ期 : 41호묘, 31, 32호묘

그리고 曆연대는 기존의 예안리 고분군에 대한 申敬澈의 연대관(1983)을 취신하여 Ⅰ期와 Ⅱ期는 4세기 전엽, Ⅲ期, Ⅳ期는 4세기 중, 후엽, Ⅴ期는 4세기 末, Ⅵ期는 5세기 初로 비정하였다.

洪潽植(1998 : 193-201)은 노형기대, 고배의 형식변화를 통하여 금관가야 권역을 5기로 나누어 다음과 같이 편년하였다.

1기 : 대성동29호묘, 노포동17호묘 (3세기 제4/4분기)
2기 : 예안리160호묘, 복천동84호묘 (4세기 제1/4분기)
3기 : 구지로4호묘, 복천동38호묘 (4세기 제2/4분기)

4기 : 예안리138호묘, 복천동60호묘 (4세기 제3/4분기)
5기 : 예안리117호묘, 복천동95호묘 (4세기 제4/4분기)

그 후 申敬徹(2001 : 1-25)은 노형기대, 고배를 통하여 금관가야권 고분을 6기로 편년하였다.

Ⅰ기 : 대성동29호묘, 노포동31호묘 (3세기 제4/4분기)
Ⅱ기 : 예안리160호묘, 예안리74호묘 (4세기 제1/4분기)
Ⅲ기 : 대성동18호묘, 복천동38호묘 (4세기 제2/4분기)
Ⅳ기 : 대성동2호묘, 복천동60호묘 (4세기 제3/4분기)
Ⅴ기 : 대성동3호묘, 예안리117호묘 (4세기 제4/4분기)
Ⅵ기 : 양동리90호묘, 양동리304호묘 (5세기 제1/4분기)

申敬徹은 Ⅰ기의 曆연대는 이 시기의 양이부원저단경호가 西晉 월주요자기의 영향에 의해 성립된 것으로 파악하고, 또 이 시기의 대성동29호묘의 정각식철촉이 椿井大塚山古墳 출토품과 유사한 것에 근거를 두었다. Ⅳ기의 역연대는 경주 월성로 가-29호묘의 石釧에 근거를 두었다.

이상 금관가야권 고분의 상대편년과 曆연대 설정에 대해 살펴본 결과 상대편년은 대체로 타당한 것으로 파악된다. 그러나 洪潽植의 4기인 예안리138호묘, 복천동60호묘와 5기인 예안리117호묘, 복천동95호묘 사이와, 申敬徹의 Ⅳ기인 복천동60호묘와 Ⅴ기인 대성동3호묘, 예안리117호묘 사이에는 토기의 형식학적 변천으로 볼 때 李在賢이 Ⅴ期로 설정한 바와 같이 한 분기가 추가되어야 할 것으로 파악된다. 그러나 48호묘와 54호묘는 같은 시기로 볼 수 없고 후자가 1단계 이상 선행하는 것으로 판단된다. 또 대성동2호묘를 복천동60호묘와 같은 시기로 설정한 申敬徹의 견해는 이를 지나치게 상향 조정한 것으로 파악된다. 그리고 가장 큰 문제점은 曆연대에 대한 것으로, 부산 고고학회 구성원들의 연대관이 申敬徹(1983)의 편년관을 그대로 수용하여 적용한 것을 들 수 있다.

2. 상대 편년(圖1, 2)

금관가야권은 옛 김해만을 중심으로 주변의 부산·진영·진해지역를 포괄하는 지역이다. 금관가야양식을 대표하는 특징적인 기종으로 把手付爐形土器와 外折口緣高杯를 들 수 있다. 여기에서는 시간적인 변화에 민감한 파수부노형기대와 고배형기대를 통하여 3~4세기의 발굴자료가 공표된 金海地域의 龜旨路古墳群을 중심으로 大成洞古墳群, 禮安里古墳群과 釜山地域의 福泉洞古墳群 등의 중요 고분을 편년한다. 이 지역양식의 노형기대는 이미 알려진 바와 같이 손잡이의 단면이 원형인 것에서, 단면이 방형, 장방형의 것으로, 다시 손잡이 단면 세장방형의 것으로 변화한다(洪潽植, 1998 : 196-201). 여기에서는 노형기대를 다음과 같이 분류하여 순서 배열하여 편년한다.

A1형식은 원삼국시대의 특징적인 형식인 파수가 부착되지 않은 외반구연의 器形에 암문이 시문된 것으로, 그 형태를 계승한 것을 A2형식으로 한다. B형식은 외반구연 파수부노형기대로서, B1형식은 우각형파수가 부착된 것, B2형식은 환형파수가 부착된 것이다. C형식은 내만구연 노형기대로서, C1형식은 단면 원형의 환형파수가 부착된 것, C2형식은 단면 장방형의 환형파수가 부착된 것, C3형식은 파수가 부착되지 않은 것, C4형식은 문양이 시문된 것으로 한다.

1期 : 김해 대성동29호묘, 구지로1호묘, 예안리60호묘, 74호묘는 와질토기가 유존하는 가운데 회청색 경질토기가 출현하는 시기에 조영된 고분이다. 대성동29호묘는 이전 시기 A1형식의 와질 노형기대와 함께 출토된 와질 소성의 외반구연 파수부노형기대는 우각형 파수가 부착된 B1형식이 2점, 環形把手가 부착된 B2형식이 3점으로 파수부노형기대 가운데 가장 이른 형식이 부장되어 이 단계로 편년한다.

2期 : 구지로1호묘는 A1형식의 와질 노형기대와 B1형식의 우각형 파수가 부착된 노형기대가 소멸되는 가운데, 1 期의 대성동29호묘에서

출토된 노형기대의 형태를 계승한 와질 소성의 B2형식과 A2형식이 부장된 것에서 이 단계로 위치지어진다. 그리고 B2형식이 2점 확인된 4호묘도 이 시기로 편년한다.

3期 : 대성동18호묘는 외반구연의 배신이 깊은 B2형식의 노형기대 1점과 A2형식이 유존하는 가운데, 단면 원형의 환형파수가 부착된 C1형식이 주류를 이루는 것에서 이 단계로 편년한다. 대성동13호묘는 A2형식이 1점, C1형식이 2점 확인되어 같은 시기로 설정한다. 복천동38호묘는 손잡이 단면이 원형인 C1형식이 2점이나 여기에서만 확인되는 단면 방형인 1점을 같은 형식의 범주에 포함시키면 이 형식이 다수파를 점하는 것에서 이 단계로 위치지어진다. 이 단계는 아직 외절구연고배가 부장되지 않는 시기이다.

4期 : 구지로9호묘는 이전 시기 외반구연의 배신이 깊은 B류의 노형기대가 유존하고 있으나, 그 가운데 가장 늦은 형식인 B3형식(2점)과 단면 장방형의 손잡이를 가진 C2형식(3점)이 출현하는 것에서 이 시기로 편년한다. 복천동60호묘는 4점의 파수부노형기대 가운데 손잡이 단면이 원형인 C1형식이 1점이나, 손잡이 단면 장방형의 손잡이를 가진 C2형식이 3점인 것에 의거하여 이 단계로 편년한다. 이 단계는 고배가 부장되는 시기이다. 예안리 고분군에서는 93호묘, 138호묘 등이 이 단계에 해당한다.

5期 : 구지로15호묘는 외반구연의 배신이 깊은 B류의 노형기대가 완전히 사라지고 파수부 노형기대 가운데 손잡이 단면이 원형인 C1형식이 1점 유존하고 있으나 단면 장방형의 손잡이를 가진 C2형식이 3점인 다수파이고, 복천동48호묘와 같이 대각이 상대적으로 높아진 점에서 같은 단계에 위치지어진다. 복천동48호묘와 예안리151호묘는 파수부노형기대 가운데 단면 장방형의 손잡이를 가진 C2형식 일색이고 대각이 상대적으로 높아진 점에서 이 단계로 편년한다. 이와 같이 구지로15호묘, 복천동48호묘, 예안리151호묘와 같이 동일한 토기 조성을 가진 복수의 고분이 존재하는 점에서 하나의 단계로서 설정된다.

6期 : 대성동2호묘는 申敬徹(2001)에 의해 복천동60호묘와 같은 단계로 설정되고 있으나 거치문을 시문한 가장 늦은 C4형식의 노형기대가 유존하는 가운데 고배형기대가 출현하는 점에서 이 단계로 편년 한다. 복천동95호묘는 출토된 7점의 기대 가운데 노형기대가 1점, 고배형기대가 4점으로, 노형기대가 남아있는 가운데 새롭게 고배형기대가 출현하는 점에서 이 단계로 위치지어진다. 고배형기대의 문양은 노형기대의 제작전통의 영향에 의한 배신에 문양이 없는 것이 1점이고, 그 외에는 반원문+격자문+거치문(1), 격자문(1), 거치문(1)의 조합으로 구성되어 있다. 예안리 고분군에서는 117호묘 등이 이 단계에 해당한다.

7期 : 복천동21・22호묘는 노형기대가 사라지고 고배형기대만이 출토되고, 고배형기대도 그 전통에서 벗어난 것이 가장 큰 특징으로 파악되어 이 단계로 편년된다. 14점의 고배형 기대에 시문된 문양은 격자문+거치문(1), 결승문+격자문(1), 거치문+반원문(2), 파상문+거치문(1), 파상문+반원문(1), 결승문+거치문(1), 파상문(7)의 조합으로 구성되어 있다. 또 기존의 격자문, 거치문, 결승문, 반원문을 조합시킨 복합구성에서 새롭게 파상문이 출현하여 과반수를 차지하는 것도 특징이며 신라양식의 토기가 출현한다.

8期 : 복천동10・11호묘는 파상문+거치문(1), 결승문(3), 파상문(7)의 조합으로 구성된 11점의 고배형기대의 문양이 기존의 격자문, 거치문, 결승문, 반원문을 조합한 복합구성의 문양에서 파상문 중심으로 변화하는 점에서 이 단계로 편년된다.

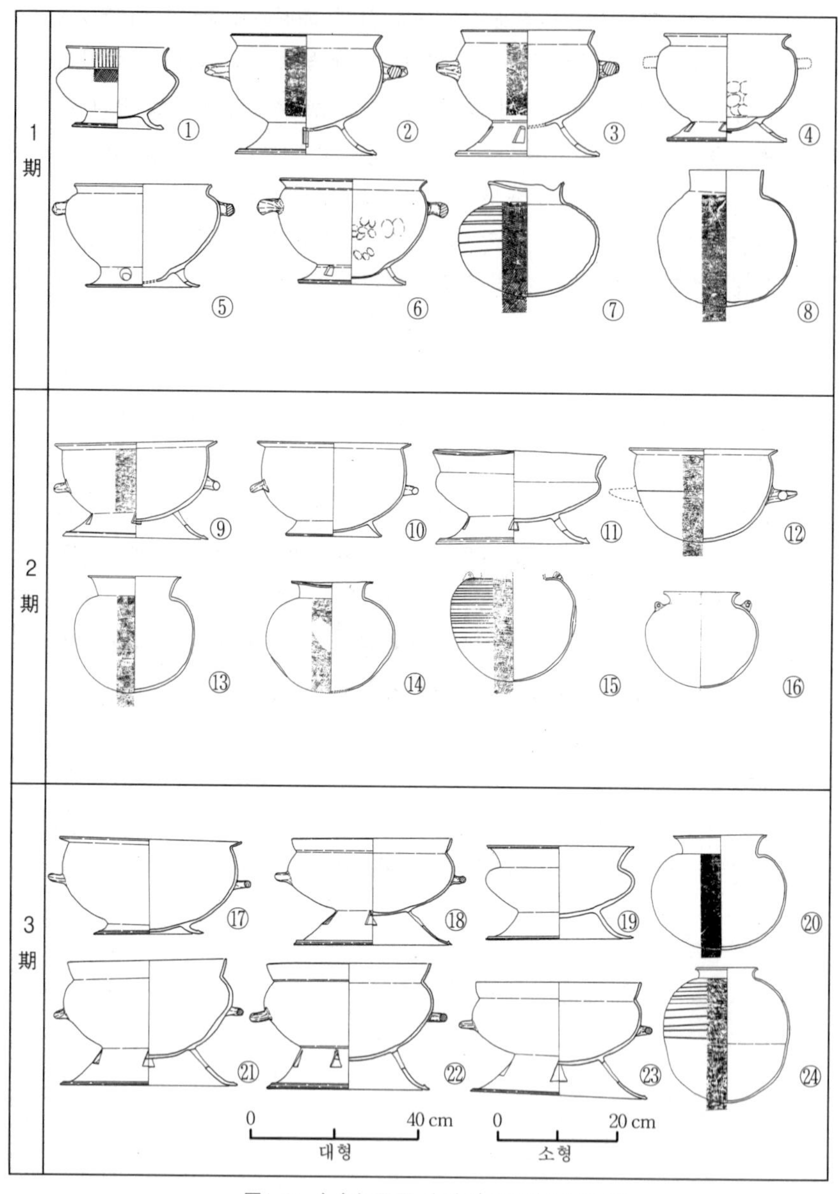

<圖1-1> 金官加耶圈 古墳의 編年(金海地域)

1期(1-8 大成洞29호묘) 2期(9-16 龜旨路1호묘) 3期(17-24 大成洞18호묘)

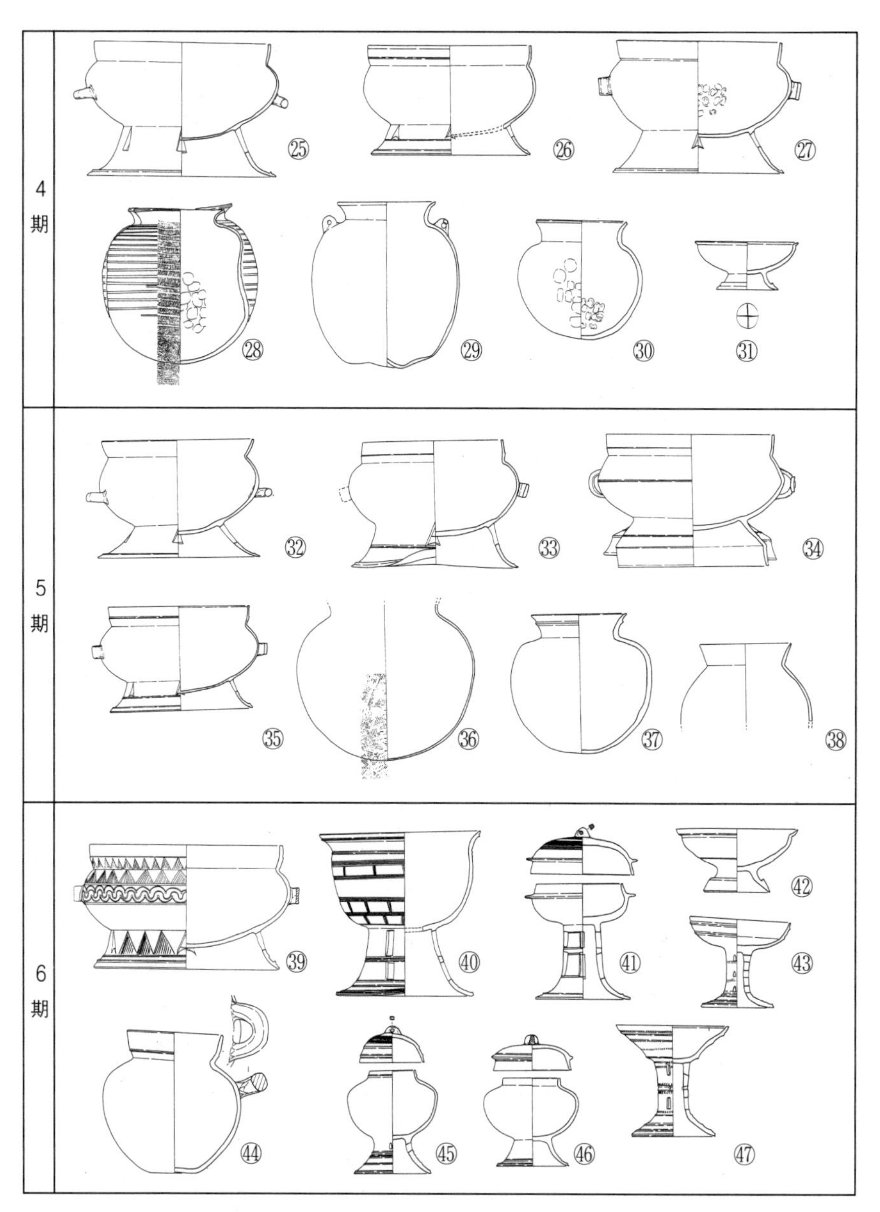

<圖1-2> 金官加耶圈 古墳의 編年(金海地域)

4期(25-31 龜旨路6호묘) 5期(32-38 龜旨路15호묘) 6期(39-47 大成洞2호묘)

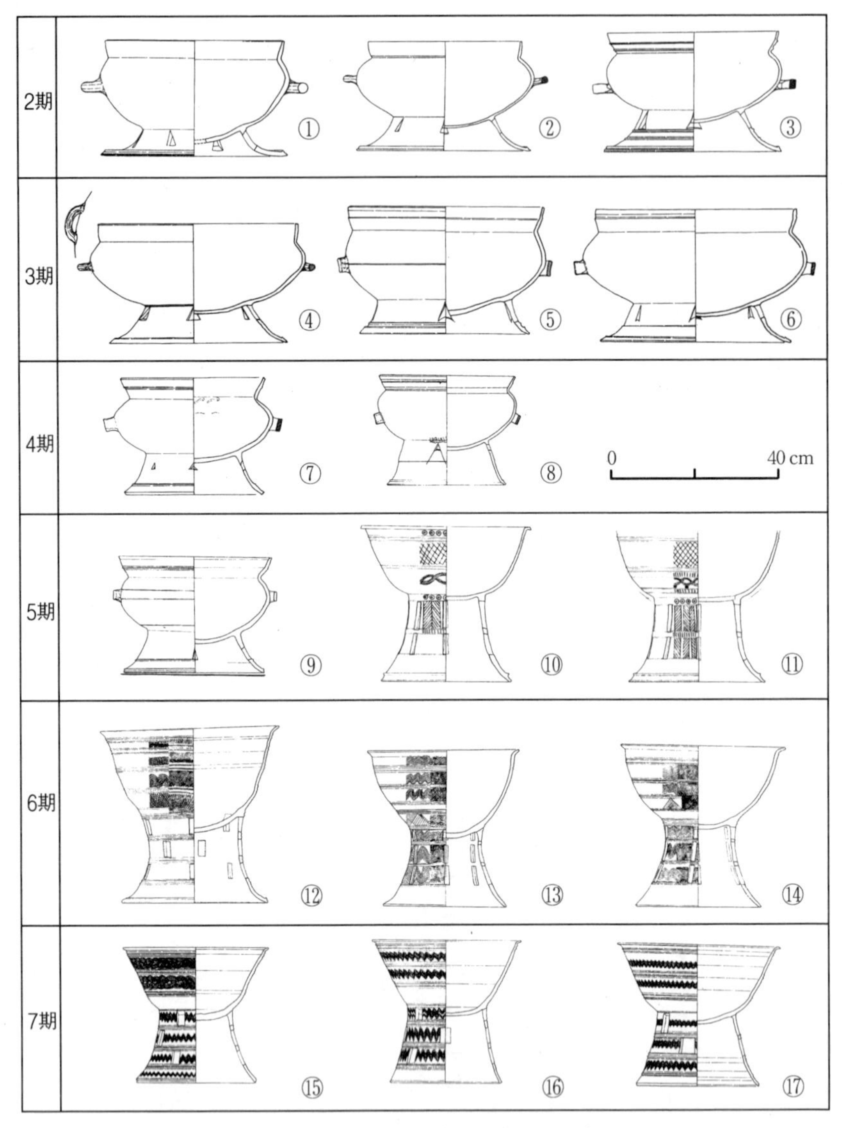

<圖2> 金官加耶圈 古墳의 編年(釜山地域)

2期(1-3 福泉洞38호묘) 3期(4-6 福泉洞60호묘) 4期(7-8 福泉洞48호묘)

5期(9-11 福泉洞호묘) 6期(12-14 福泉洞21, 22호묘) 7期(15-17 福泉洞10, 11호묘)

Ⅲ. 阿羅加耶圈

1. 선행 연구의 검토

金正完(1994)은 아라가야 권역의 토기를 다음과 같이 9단계로 편년하였다. Ⅰ-Ⅳ단계는 도질토기 전기인 소위 고식도질토기 단계로서 진양-의령-함안-마산에 이르는 경남 서부일대가 동일한 분포를 보이며 통형고배, 컵형토기, 노형기대, 파수부잔, 대부파수부배가 조합을 이룬다(4세기 전반~5세기 제1/4분기). Ⅴ-Ⅷ단계는 함안 양식토기가 성립하며, 화염형 투창고배와 상하일렬장방형 이단투창고배가 특징적인 기종이며, 장경호, 고배형기대가 출현한다(5세기 제2/4분기~6세기 제1/4분기). Ⅸ단계는 화염형 투창고배와 상하일렬장방형 이단투창고배가 사라지고 단각의 삼각형투창고배와 개배류가 보편화되고, 토기 형태에 외래계 요소가 유입된다(6세기 제2/4분기).

李盛周(2000 : 49-90)는 4세기대 함안지역의 토기양식를 (1) 고배 미출현 단계 (2) 工자형고배만 존재하는 단계 (함안 황사리 고분군을 표지로 함) (3) 유개식무개고배의 발생, 무개고배의 다양화 및 공자형고배와의 공존하는 단계로 구분하였다. 그리고 함안 지역 목곽묘를 다음과 같이 편년하였다.

1기 함안 도항리35호묘 (4세기 제1/4분기)
2기 함안 황사리44호묘 (4세기 제2/4분기)
3기 함안 도항리33호묘 (4세기 제3/4분기)
4기 함안 도항리6호묘 (4세기 제4/4분기)

李柱憲(2000 : 259-265)은 함안 지역 고분 자료를 크게 4단계로 분류하고 각 단계를 세분하였다.

Ⅰ단계 : 통형고배, 노형기대, 단경호, 파수부잔 등의 고식도질토기류가 주류를 형성.

Ⅰ$_1$기(4세기 제2/4분기), Ⅰ$_2$기(4세기 제3/4분기), Ⅰ$_3$기(4세기 제4/4분기)

Ⅱ단계 : 고식도질토기류가 사라지고 화염형 투창고배와 상하일렬장방형 이단투창고배, 발형기대, 통형기대, 장경호 등 새로운 기종의 토기류가 주류를 형성.

Ⅱ$_1$기(5세기 제1/4분기), Ⅱ$_2$기(5세기 제2/4분기)

Ⅲ단계 : 상하일렬 장방형 투창고배의 정착과 삼각형 투창고배 및 함안식 발형기대, 파수부완의 출현으로 함안 양식 토기의 성립.

Ⅲ$_1$기(구34호분, (문)14호분, (문)39호분, 5세기 제3/4분기)

Ⅲ$_2$기((문)38호분, (문)54호분, (문)54호분, (현)8호분, 5세기 제4/4분기)

Ⅳ단계 : 단각화된 고배와 투창인 화염문이 퇴화하여 선과 점으로만 표현된 고배가 출현

Ⅳ$_1$단계((창)14-2호분, 암각화 고분, (문)4, 5호분, 6세기 제1/4분기)

Ⅳ$_2$단계((문)8호분, (문)47호분, 6세기 제2/4분기)

曆연대는 Ⅰ$_1$기는 예안리 고분군의 편년(申敬徹, 1992)에 근거하여, Ⅱ단계는 (문)36호묘의 장각고배를 복천동 32호분에 보이는 장각고배와 같은 시기로 파악하여 설정하였다. Ⅲ$_2$기는 (문)54호분 출토 검릉형 행엽과 용문대도를 옥전 M3호분 출토품과 동시기로 파악하여 5세기 제4/4분기로 편년하였다.

禹枝南(2001)은 함안 지역 출토 노형기대, 고배, 파수부배 등을 형식분류하여 이하와 같이 10단계로 편년하였다.

Ⅰ단계 : 함안 황사리40호묘 (문)함안 도항리2호묘, 35호묘, (경)도항리33, 34, 36, 49호묘, 의령 예둔리12호묘, 26호묘, 20호묘(김해 예안리 74호묘, 160호묘, 경주 월성로 31호묘와 병행, 4세기 제1/4분기)

Ⅱ단계 : 황사리32호묘, 39호묘, 함안 윤외리6호묘, 예둔리2호묘, 56호묘(경주 죽동리1호묘, 복천동38호묘, 월성로29호묘, 4세기 제2/4분기)

Ⅲ단계 : 황사리1호묘, 7호묘, 35호묘, 45호묘, 윤외리3호묘(복천동 7

호묘, 대성동2호, 김해 칠산동32호묘, 4세기 제3/4분기)
Ⅳ단계 : 황사리44호묘, 47호묘, 4호묘, 36호묘, 윤외리1호묘, 7호묘, (문)도항리41호묘, 마산 현동47호묘, 51호묘(예안리117호묘, 죽동리 2호묘, 4세기 제4/4분기)
Ⅴ단계 : (문)도항리1호묘, 6호묘, 17호묘, 33호묘, 44호묘, 45호묘, (경)도항리15호묘, 32호모, 현동12호묘, 50호묘, 61호묘 (부산 화명동2호묘, 예안리130호묘, 월성로가-5, 6호, 5세기 제1/4분기)
Ⅵ단계 : (문)도항리3호묘, 10호묘, 마갑총, (경)도항리13호묘, (경)말산리1호묘(고령 쾌빈동1호묘, 5세기 제2/4분기)
Ⅶ단계 : 구 말산리34호분, (경)도항리11호묘, 16호묘, (문)14호묘, 38호분, 39호분 (5세기 제3/4분기)
Ⅷ단계 : 도항리14-1호분, (경)도항리61호분(5세기 제4/4분기)
Ⅸ단계 : 도항리14-2호분(6세기 제1/4분기)
Ⅹ단계 : (경)도항리31호분, (문)도항리4호분, 5호분, 8호분, 47호분(6세기 제2/4분기)

曆연대는 도질토기의 발생을 3세기 말에서 4세기 초로 보고, Ⅰ단계를 예안리 고분군의 1단계에 병행하는 것으로 파악하였으며, Ⅸ단계는 지산동44호분을 6세기 제1/4분기로 보는 입장에서 같은 시기로 비정하였다.

禹枝南의 편년은 이제까지의 이 지역 토기의 편년안 가운데 가장 종합적이고 타 지역과의 병행관계를 설정한 점에서 주목된다. 그러나 Ⅰ단계로 설정한 (문)도항리35호와 (경)도항리33호묘는 토기 조성으로 볼 때 같은 시기로 보기 어렵고, 또 복천동57호묘와 대성동 2호묘를 동일시기로 본 것과 마갑총, (경)도항리13호묘와 고령 쾌빈동1호묘를 병행관계로 파악한 것은 문제점으로 지적된다. (문)도항리35호와 (경)도항리33호묘의 관계는 전자가 한 단계 선행하고, 복천동57호묘와 대성동2호묘의 관계는 앞에서 살펴 본 바와 같이 양자간 선후 관계로 파악된다. 더욱이 마갑총, (경)도항리13호묘와 고령 쾌빈동1호묘의 관계는 후자가 2단계 선행하는 것으로 판단된다. 曆연대에 대해서는 회청색 경질토기의 발생연대를 3세기 말에서 4세기 초로 본 것, 고령 쾌빈동1호묘를 5세기 제2/4분기로 본 것은 예안리 고분군의 편년관을 무비판적으로 수용한 것에 기인한 것으로 파악된다.

2. 상대 편년(圖3)

아라가야권은 함안을 중심으로 의령 남부지역과 진동만 일대를 포괄하는 지역이다.

1期 : 함안 도항리(문)35호묘는 와질토기가 유존하는 가운데 회청색 경질토기가 출현하는 시기에 조영된 고분이다. 이 고분은 회청색 경질 노형기대의 조형으로 파악되는 와질의 有蓋臺付壺와 경질의 臺付壺, 繩蓆文兩耳付壺가 부장된 점에서 이 단계로 편년한다.

2期 : 도항리(경)33호묘는 1단계까지 유존하던 와질토기가 사라지며 회청색 경질토기만이 부장된다. 그리고 회청색 경질의 노형기대가 출현하는 것과 1기에 보이던 반구형의 蓋가 사라지고 전이 달린 蓋가 출현하는 것에서 이 단계로 편년한다. 그리고 도항리(문)2호묘도 토기 조성으로 볼 때 같은 시기로 편년한다.

3期 : 함안 황사리32호묘와 이 지역과 같은 토기양식의 분포권에 속하는 의령 예둔리2호묘는 구경부가 S자상으로 외반하는 정형화된 노형기대와 고배가 출현하는 것과 2기의 전이 달린 蓋가 사라지는 것에서 이 단계로 위치지어진다.

4期 : 황사리45호묘는 경부와 동체에 돌대가 돌려진 노형기대와 이전 시기 球形의 동체에서 약간의 長胴化가 진행된 繩蓆文兩耳付壺가 부장된 점에서 이 단계로 편년한다.

5期 : 황사리44호묘는 구연부와 각부에까지 돌대가 돌려지고, 胴하위까지 시문되던 침선이 胴중위에 국한된 繩蓆文兩耳付壺가 출현하는 것에서 이 단계로 위치지어진다.

6期 : 함안 지역과 같은 토기양식의 분포권에 속하는 마산 현동14호묘는 구연부와 각부가 크게 벌어지고, 長脚화된 노형기대와 兩耳가 소

멸된 繩蓆文兩耳付壺가 부장된 점에서 이 단계로 편년한다.

7期 : 말산리(경)10호묘는 노형기대가 사라지고 고배형기대만이 출토되고, 새로이 화염형 투창고배가 출현한다.

8期 : 도항리(문)36호묘는 노형기대의 전통에서 벗어난 고배형기대와 소형의 통형기대가 출현하는 시기이다.

9期 : 도항리 (경)13호는 대각의 폭이 좁아지는 원통형화가 진행되고, 배신에 격자문과 원권문이 시문되는 아라가야양식의 고배형기대가 출현하는 점에서 이 단계로 편년한다. 그리고 내만구연의 球形의 컵형토기와 대각이 통형에서 팔자형으로 바뀐 소형 통형고배가 나타는 점에서 이 단계로 위치지어진다.

10期 : 도항리 (문, 現)15호는 대각의 투창이 삼각형에서 세장방형으로 변하고, 배신에 격자문과 원권문이 시문된 기대와 각부 중앙이 축약된 이단 일렬투창 고배와 같은 전형적인 아라가야양식의 토기가 기종을 갖추어 출현하는 점에서 이 단계로 편년한다.

11期 : 도항리 (문)51호는 대각의 폭이 더욱 좁아지고 높이가 커진 고배형기대가 부장되는 것에서 이 단계로 위치지어진다. 그리고 이 시기의 화염형 투창고배는 투창의 형태가 횡타원형의 화염부가 원형으로 되며 꼬리가 짧은 형태에서 길고 가는 형태로 변한다(李柱憲, 2000 : 247).

12期 : 도항리 암각화 고분은 투창의 형태가 횡타원형이었던 화염부가 원형으로 변하며, 꼬리는 뚫지 않고 단지 선으로 표현된 가장 늦은 형식의 토기가 화염형 투창고배와 기고가 낮아지고 기벽이 두터워진 2단투창고배가 부장되어 이 단계로 편년한다.

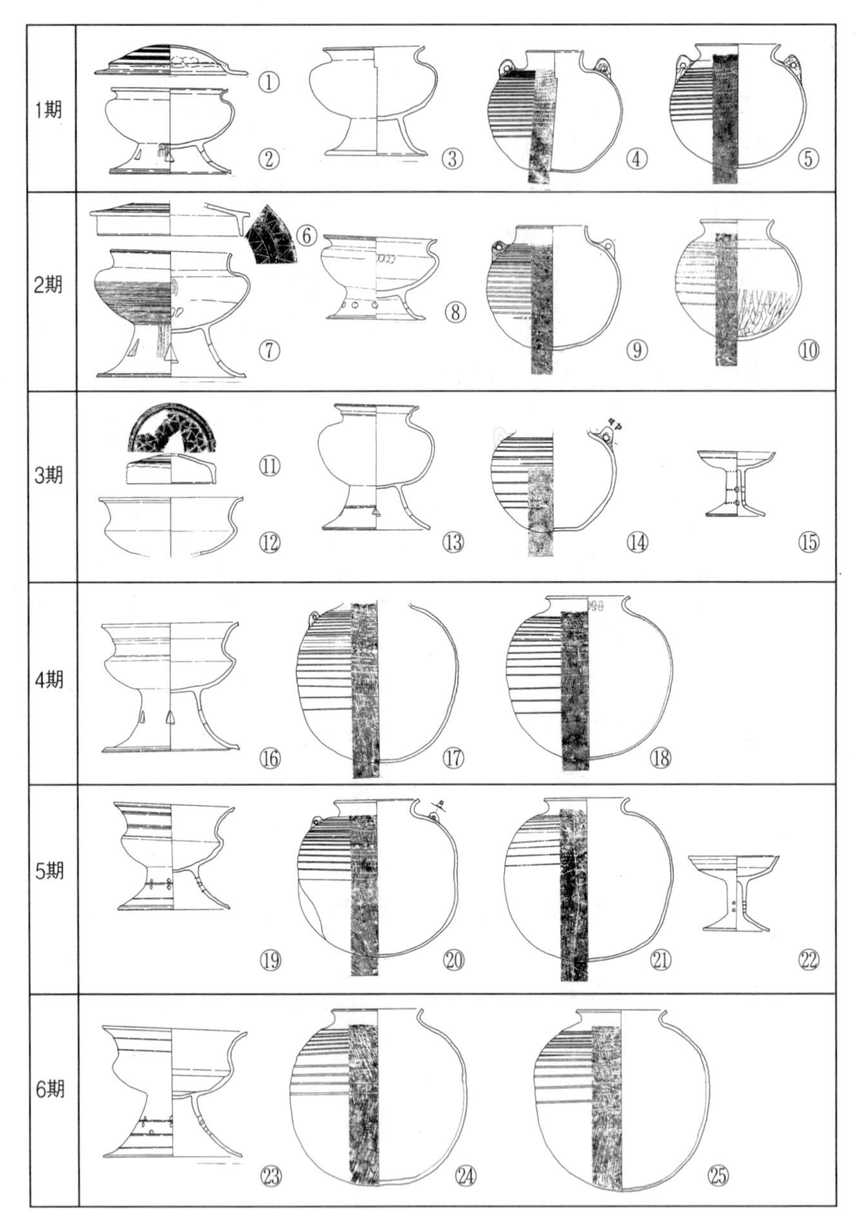

<圖3-1> 阿羅加耶圈 古墳의 編年

1期(1-5 道項里(文)35호묘) 2期(6-10 道項里(慶)33호묘) 3期(11, 12, 14 禮屯里2호묘 13, 15 篁砂里32호묘) 4期(16-18 篁砂里45호묘) 5期(19-22 篁砂里44호묘) 6期(23-25 縣洞14호묘)

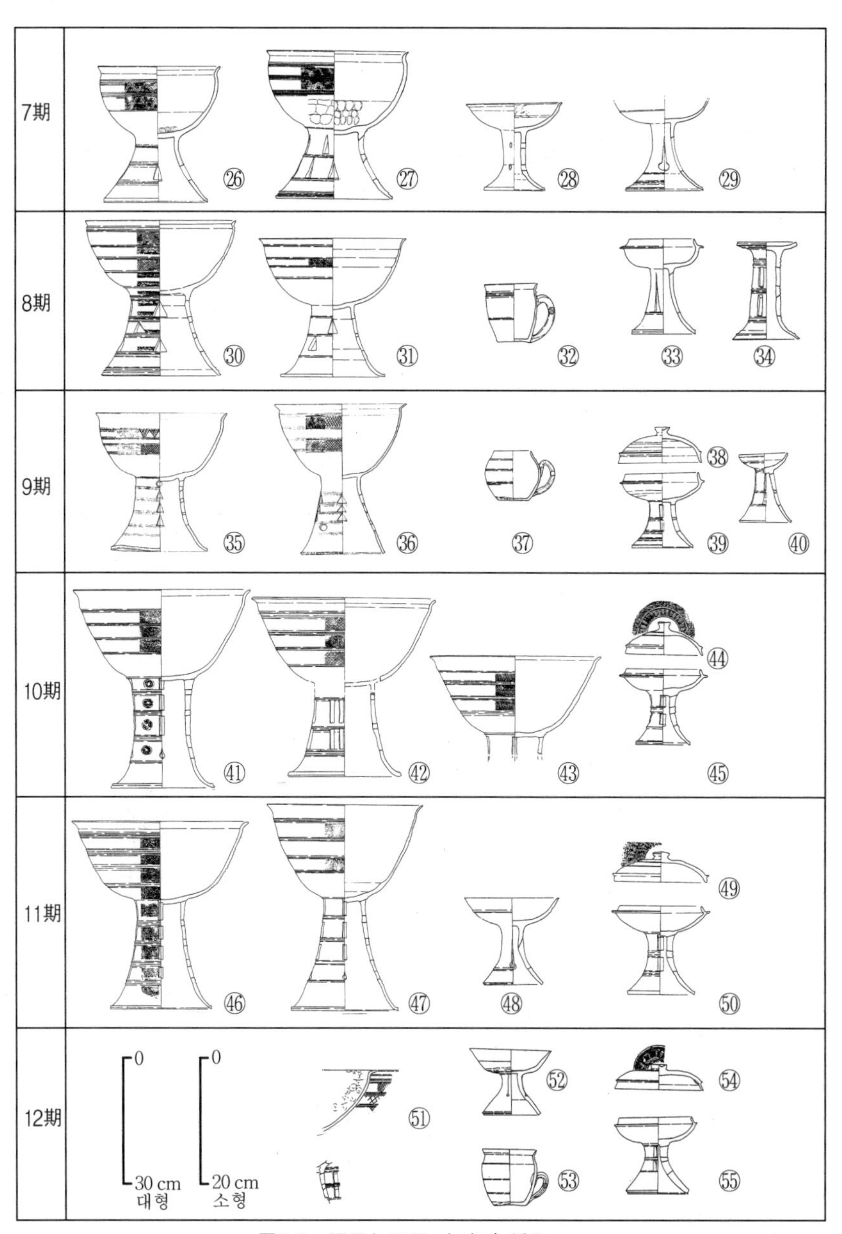

<圖3-2> 阿羅加耶圈 古墳의 編年

7期(26-29 道項里(慶)10호묘) 8期(30-34 道項里(文)36호묘) 9期(35-40 道項里(慶)13호묘)
10期(41-45 道項里(文)15호묘) 11期(46-50 道項里(文)51호묘) 12期(51-55 道項里岩刻畵古墳)

Ⅳ. 小加耶圈

1. 선행 연구의 검토

尹貞姬(1997)는 소가야권 출토 토기를 3단계로 이하와 같이 편년하였다.

Ⅰ단계 : 소가야 양식 성립기(산청 묵곡리43호묘, 26호묘, 묵곡리53호묘, 5세기 초, 중엽)
Ⅱ단계 : 소가야 양식 발전기(고성 연당리4호분, 예둔리54호분, 묵곡리56호분, 연당리23호분, 5세기 말, 6세기 초)
Ⅲ단계 : 소가야 양식 쇠퇴기(연당리18호분, 23호분, 진주 가좌동4호분, 6세기 중엽)

朴升圭(2000)는 소가야권 출토 토기를 4단계로 분류하고 다음과 같이 편년하였다.

Ⅰ단계 : 함안 아라가야 양식과 분화되지 않는 시기(마산 현동36호묘, 4세기 후엽말~5세기 전엽)
Ⅱ단계 : 소가야 양식 성립기(산청 묵곡리4호묘, 5세기 중엽)
Ⅲ단계 : 소가야 양식이 정형화되는 시기이며, Ⅲa기와 Ⅲb기로 세분하였다.
Ⅲa기 : 진주 우수리16호묘, 의령 예둔리1, 54호묘 (5세기 후엽)
Ⅲb기 : 진주 가좌동1호묘, 고성 연당리23호분 (6세기 전엽초)
Ⅳ기 : 진주 수정봉2호분, 진주 옥봉7호분, 고성 연당리18호분 (6세기 전엽말~6세기 중엽)

河承哲(2001)은 서부 경남지역 토기를 편년하는 가운데 소가야 양식 토기를 6기로 편년하였다.
Ⅳ단계 : 산청 중촌리3호 목곽묘, 현동56호묘 (5세기 제2/4분기)
Ⅴ단계 : 의령 예둔리25호묘, 진주 우수리16호묘 (5세기 제3/4분기)

Ⅵ단계 : 남원 월산리M1-A호분, 진주 우수리14호묘 (5세기 제4/4분기)
Ⅶ단계 : 진주 가좌동1호묘, 의령 천곡리2호, 5호 (6세기 제1/4분기)
Ⅷ단계 : 의령 경산리1호분, 진주 수정봉2호분 (6세기 제2/4분기)
Ⅸ단계 : 의령 운곡리1호분 (6세기 제3/4분기)

이상과 같은 소가야권 고분의 상대 편년은 대체로 타당한 것으로 파악되나 하승철의 Ⅵ단계인 남원 월산리 M1-A호분은 토기조성으로 볼 때 Ⅴ단계인 의령 예둔리 25호묘, 진주 우수리 16호묘와 같은 시기로 편년된다. 그리고 曆연대 비정의 근거가 三者 모두 명확하지 못한 점이 문제점으로 지적된다.

2. 상대 편년(圖4)

소가야권역은 5세기대 이 지역의 특징적인 토기인 삼각투창고배, 수평구연호, 기대의 분포로 볼 때 고성지역을 중심으로 남해에 면한 사천지역과, 남강 중류역을 포괄하는 지역으로 파악된다.

1期 : 산청 옥산리 1지구2호묘는 상부가 축약된 梯形의 대각에 2단의 세장방형 일렬 투창을 뚫은 소가야양식 고배형기대의 조형으로 파악되는 기대와 아라가야 양식의 영향에 의한 통형고배가 출토되어 이 단계로 편년한다. 진주 우수리18호묘는 梯形의 대각에 3단의 세장방형 교호 투창을 뚫은 고배형기대와 무개식의 삼각투창고배, 수평구연호와 같은 전형적인 소가야양식이 출현하는 것에서 1단계와 2期사이로 위치지어진다.

2期 : 마산 현동64호묘는 배신이 얕아진 고배형기대, 구연부의 수평화가 진전되고 경부와 동체의 경계에 돌대가 형성된 수평구연호, 내만구연의 컵형토기가 우수리18호묘 출토품보다 형식학적으로 후행한다고 파악되어 이 단계로 편년한다. 수평구연호는 대형에서 점차 소형화하고, 구연부는 수평화되며, 쇠퇴기에는 외절구연으로 변한다.

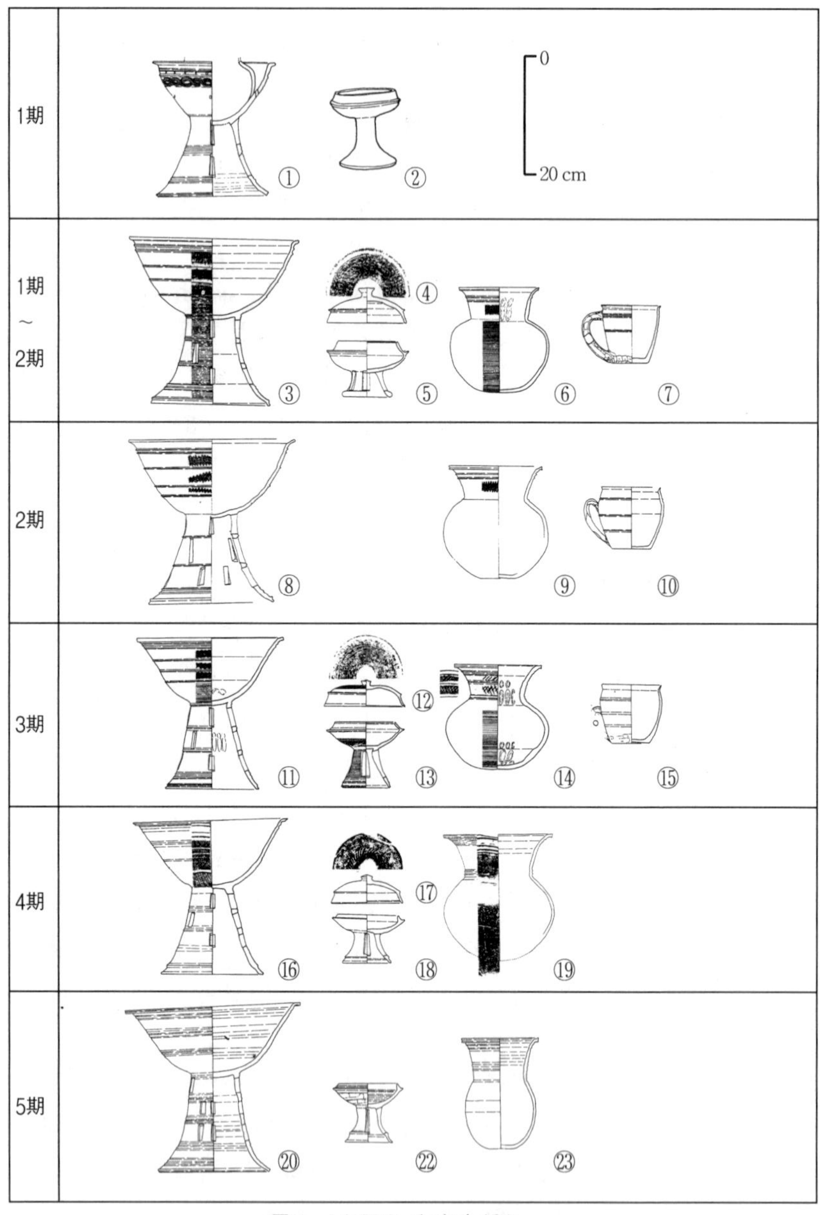

<圖4> 小加耶圈 古墳의 編年

1期(1-2 玉山里1地區2호묘) 1期-2期(3-7 雨水里18호묘) 2期(8-10 縣洞64호묘) 3期(11-15 雨水里16호묘) 4期(16-19 蓮塘里23호분) 5期(20-23 蓮塘里18호분)

3期 : 진주 우수리16호묘는 고배형기대가 배신이 이전 시기보다 더 욱더 얕아지고 대각 각단부가 이전 시기와 달리 꺾이지 않고 외반하고, 구연부의 수평화가 진전된 호가 출토되어 이 단계에 위치지어진다.

4期 : 고성 연당리23호분은 구연부가 완전히 수평화된 고배형기대와 호, 각부 하위의 돌대가 돌출한 일단장방형 투창고배가 우수리16호묘 출토품보다 형식학적으로 후행하는 것으로 파악되어 이 단계로 편년한다. 일단장방형 투창고배는 대각하단에 돌려진 돌대의 돌출도가 약한 것에서 강한 것으로 형식변화한다.

5期 : 고성 연당리18호분은 구연부가 완전히 수평화된 것에서 변화하여 꺾여지고 투창이 3단에서 2단으로 바뀐 고배형기대와 같이 구연부가 변화하며 동체의 크기가 축소된 수평구연호, 각부 하위의 돌대가 이전 시기보다 돌출한 일단 장방형 투창고배가 출토되어 이 단계로 위치지어진다.

V. 大加耶圈

1. 선행 연구의 검토

이 지역권의 분묘에 대한 편년연구는 크게 1980년대와 1990년대의 두 시기로 나누어 볼 수 있다. 1980년대에는 고령지역에 한정되어 발굴조사된 결과, 주로 이 지역의 분묘에 대한 편년이 이루어졌다. 먼저 전반기에 이루어진 고령 대가야지역 분묘군의 편년에 대해서는 토기(松原, 1984 ; 禹枝南, 1987 ; 定森, 1987 ; 郭鍾喆, 1988 ; 藤井, 1990)와 매장시설(金鍾徹, 1982 ; 金世基, 1983 ; 木村, 1984)의 분석에 의한 연구가 있다. 이들의 연구에 의해서 고령 池山洞墳墓群의 편년이 池山洞32~35호분-지산동44호분-지산동45호분이라는 순서가 확립되었다. 그 후, 1990년대에는 기존 고령지역의 편년성과를 토대로 하여 1980년대 후반에 조사되어 보고서가 간행되어온 陜川 玉田墳墓群에 대한 편년(趙榮濟, 1996)과 그 이외의 陜川 磻溪堤墳墓群, 同 苧浦里墳墓群, 南原 斗洛里墳墓群 등을 포함한 대가야권역내의 병행관계의 파악이 이루어졌다(李熙濬, 1994).

이러한 대가야권의 편년은 타 지역에 비해 비교적 명시적인 기준에 의한 정치한 편년이 진행되어 그 윤곽이 설정되었다. 그런데 당시 대가야권 분묘의 편년이 이루어질 때까지 4세기 후반의 자료가 공표되지 않았기 때문에 고령양식의 토기가 출토되는 고분을 편년의 주대상으로 하였고, 4세기 후반은 공백으로 남아 있었다.

그 후 高靈 快賓洞墳墓群과 합천 옥전68호분, 同 23호분의 보고서가 간행되어 기존편년안의 이른 시기를 설정할 수 있는 자료가 공표된 후 필자에 의한 대가야권내의 병행관계와 금관가야 권역과 경주 지역과의 병행관계에 대한 검토(朴天秀, 1998a)가 이루어졌다.

2. 상대 편년(圖5, 6)

대가야권은 고령을 중심으로 합천, 거창, 함양, 남원, 장수, 진안, 구례지역을 포괄하는 범위로 파악된다.

대가야양식 토기는 선행연구에 의해 각 기종별 형식변화의 방향성이 다음과 같이 파악되고 있다(朴天秀, 2001a).

고배형기대 : 아라가야와 소가야양식에 비해 臺脚의 폭이 넓어 전체적으로 안정감을 주는 형태를 띠고 있고, 대각에는 출현기에 아치형투창이, 그 후 삼각형투창으로 바뀌어 쇠퇴기까지 장식되는 특징을 가지고 있다. 그리고 배신에는 松葉文이 주로 시문되다가 쇠퇴기에는 무문화되고, 유문계는 각부에 비해 배신이 얕아지며, 한편 무문계는 대각에 비해 배신이 깊어지는 변화양상을 보인다.

고배 : 아라가야와 소가야양식에 비해 대각의 폭이 넓어 전체적으로 안정감을 주는 형태를 띠고 有蓋式인 점이 특징이다. 蓋의 꼭지는 보주형, 단추형, 유두형이 있다. 고배는 대각의 형태는 八字形에서 통형으로 변하고, 투창은 출현기에는 세장방형의 2段直列투창이, 그 후 1

단투창으로 바뀌고, 종말기에는 원형투공으로 바뀐다.

장경호 : 대가야양식은 有蓋式의 장경호가 존재하는 점이 아라가야와 소가야양식과 구별되는 특징이다. 장경호는 원저에서 평저로, 동체가 경부보다 큰 것에서 작은 것으로, 뚜껑받이 턱의 돌출도가 큰 것에서 작은 것으로 변화한다.

파수부완 : 대각이 있는 것과 없는 것 2종류가 있으나 형식변화의 방향성은 일치한다. 즉 완의 형태는 출현기의 것은 동체에 비해 구경이 작은 호형이며, 그 후 호의 형태가 남아있는 곡선적인 것에서 직선화되고, 시문된 파상문은 波數가 줄어드는 변화를 보인다. 대각이 있는 것은 대각이 동체보다 작아지고, 八자형에서 사다리모양으로 바뀌는 형태변화를 보인다.

통형기대 : 통형기대는 다음과 같은 각 유형으로 분류된다(朴天秀, 1998a).

1類型은 뱀의 머리모양과 같은 형태를 한 奉狀突帶 下部가 사실적으로 표현된 것이다. 즉 봉상돌대 하부의 평면 형태가 능형이며 횡단면의 형태는 삼각형이다. 그리고 눈에 해당하는 곳에 동심원문이 시문되어 있어 표현이 사실적이다. 器高 對 脚高의 比는 약 4 : 1이고 파상문의 단위수가 10조 이상인 것이다. 투창의 조합은 사각형으로만 된 것과 사각형과 삼각형을 조합한 것이 있다. 지산동32호분, 同 33호분, 同 34호분의 합사유구 출토품이 이 유형에 속한다.

2類型은 봉상돌대 하부의 사실적인 표현이 사라지기 시작하는 것이다. 즉, 봉상돌대 하부는 그 평면형태가 능형에서 세장방형으로 변화되고, 눈과 같은 표현도 사라져 장식화된다. 그러나, 봉상돌대 하부의 횡단면의 형태가 삼각형인 것은 1유형의 흔적이 아직 일부 남아 있는 것이다. 器高 對 脚高의 비는 약 3 : 1이 되고, 파상문의 단위수가 7~9조의 것이다. 또 투창은 각각 사각형과 삼각형으로만 구성된 것이 존재한다. 특히 이 유형은 투창의 조합, 봉상돌대 하부의 형태, 파상문의 형태에 의해서 세분된다.

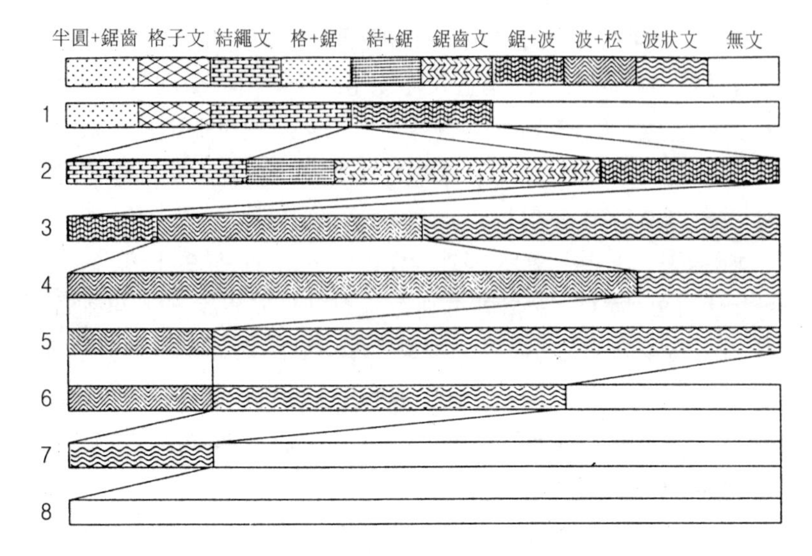

<圖5> 高杯形器臺의 杯部文様構成 變化로 본 大加耶圈고분의 편년

1 快賓洞1號墳 2 玉田23號墳 3 池山洞35號墳 4 池山洞32號墳
5 白川里1-3號墳 6 池山洞44號墳 7 池山洞45號墳 8 三嘉1號墳

3類型은 봉상돌대 하부 횡단면의 형태가 완전히 붕괴되어 사각형으로 바뀌어 기본 형태가 소멸된 것이다. 또 기고 대 각고의 비가 약 2 : 1이 되고 파상문도 형태가 변하여 波狀文의 단위수는 1조에 限한 것이다. 晋州 水精峰2호분 출토품, 진주 발견품(朝鮮總督府, 1916)이 이 유형에 속한다.

대가야권의 편년은 이상과 같은 형식 분류와 고배형기대의 문양변화를 종합하여 다음과 같이 편년한다.

1期 : 高靈 快賓洞12호묘를 표지로 한다. 12호묘 출토품은 구경부와 각부가 크게 벌어지고, 長脚화된 노형기대 가운데 가장 늦은 시기의 2점으로 이 단계는 노형기대만이 제작된 시기로 파악된다.

2期 : 高靈 快賓洞1호묘를 표지로 한다. 1호묘는 노형기대가 사라지고 고배형기대가 출현하여 이 시기로 설정한다. 고배형기대의 문양이 格子文(1), 半圓文+鋸齒文(1), 結繩文(2), 鋸齒文+波狀文(2)의 조합

으로 구성되어 있고, 노형기대의 전통을 계승한 무문의 기대가 4점 유존하며, 동체부가 크고 뚜껑받이 턱이 돌출한 유개 장경호와 밀집 침선문을 시문한 蓋가 부장된 것에서 이 단계로 편년한다. 이 시기는 격자문, 반원권문, 결승문, 거치문 등의 다양한 문양이 존재하는 것이 특징이다

3期 : 현재 고령지역에는 이 시기 발굴조사된 자료가 없어 陜川 玉田23號墳을 표지로 한다. 23호묘는 고배형기대 문양이 결승문(2), 결승문+거치문(1), 거치문(3), 거치문+파상문(2)의 조합으로 구성되어 있으며, 무문의 기대가 사라지고 노형기대의 전통에서 벗어난 것이 가장 큰 특징이다. 또 반원문, 격자문이 없어지고 거치문 중심의 조합이 형성된다.

4期 : 高靈 池山洞35號墳을 표지로 한다. 35호분은 고배형기대의 문양이 거치문+파상문(1), 파상문+송엽문(3), 파상문(4)의 조합으로 구성되어 있으나, 이전 시기에 주로 시문되던 거치문이 1점에만 시문되어 있고, 새롭게 송엽문이 출현하는 것이 특징이다. 그리고 유개장경호는 뚜껑받이 턱의 돌출도는 줄었으나 여전히 구경부보다 동체부가 큰 것이 특징이다.

5期 : 高靈 池山洞32號墳을 표지로 한다. 32호분은 고배형기대의 문양이 송엽문+파상문(4), 파상문(1)의 조합으로 구성되어 있다. 35호분의 고배형기대에 시문되어 있던 거치문이 없어지고 송엽문+파상문의 조합을 가진 것이 다수를 차지하게 된다. 고배는 上下一列 2단 투창으로, 대각의 폭이 이전 시기에 비해 넓어져 八字形에서 통형으로 변하는 과도기의 것으로 파악된다. 통형기대는 奉狀突帶 下部가 사실적으로 표현된 것으로 器高 對 脚高의 比는 약 4 : 1이고 파상문의 단위수가 10조 이상인 가장 고식의 1유형의 것이다. 파수부완은 완의 형태가 동체에 비해 구경이 작은 호형인 출현기의 것이다.

6期 : 咸陽 白川里1-3號墳을 표지로 한다. 이 고분은 고배형기대의 문양은 송엽문+파상문(2), 파상문(8)의 조합이다. 고배형기대는 송엽

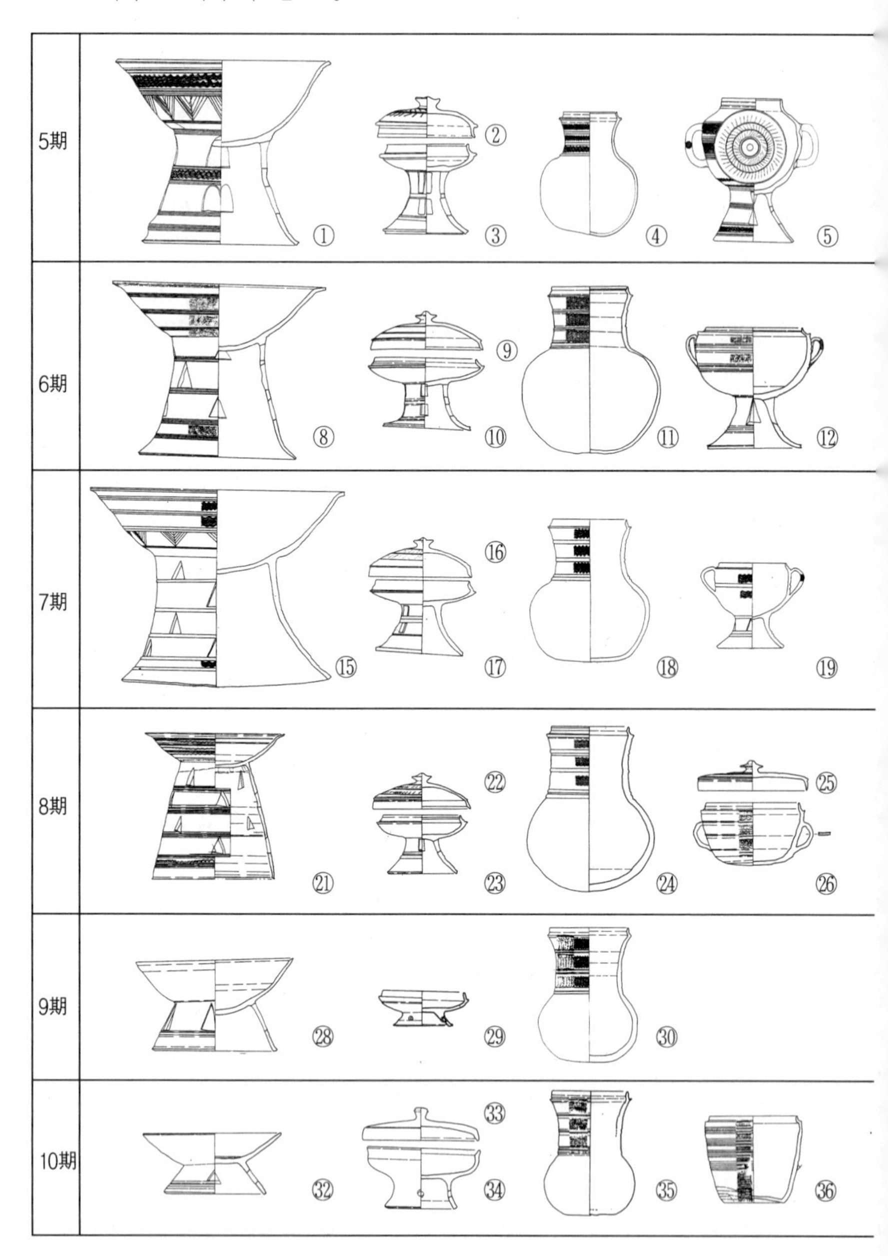
5期
①
②
③
④
⑤
6期
⑧
⑨
⑩
⑪
⑫
7期
⑮
⑯
⑰
⑱
⑲
8期
㉑
㉒
㉓
㉔
㉕
㉖
9期
㉘
㉙
㉚
10期
㉜
㉝
㉞
㉟
㊱

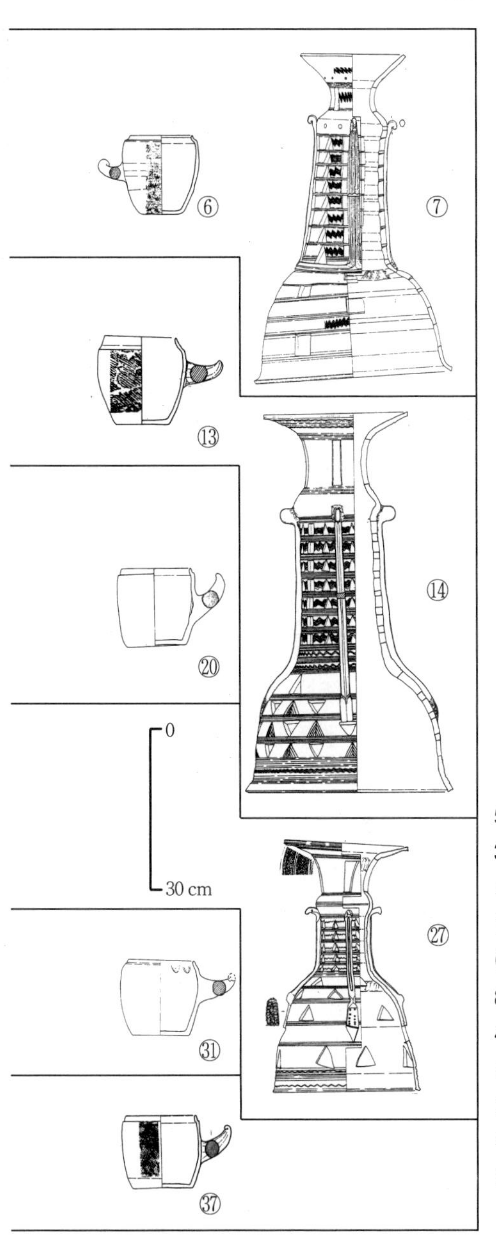

<圖6> 大加耶圈 古墳의 編年

5期(2, 3 池山洞32호분 1, 4, 5 池山洞33호분 6 池山洞連結石槨 7 池山洞30호분) 6期(8, 11, 12 白川里1호분 9, 10, 13 玉田M3호분 14 潘溪堤가B호분) 7期(15-19 池山洞44호분 20 本館洞36호분) 8期(21, 25, 26 玉峰7호분 22-24 池山洞45호분 27 水精峰2호분) 9期(28-31 三嘉1호분A호석곽) 10期(32, 36 苧浦里D地區1-1호石室墳 33, 34 池山洞14호석곽 35 苧浦里D地區1-16호石槨 37 苧浦里D地區2-1호石室墳)

문+파상문의 조합을 가진 것이 소수가 되고, 파상문주체의 조합을 가진 것이 주류를 이루게 된다. 고배는 上下一列 2단 투창으로, 대각의 폭이 더욱 넓어져 통형으로 변한 것이다. 통형 기대는 2a類型이며 봉상돌대 하부의 사실적인 표현이 사라지기 시작하고, 器高 對 脚高의 비는 약 3 : 1인 것으로, 사각형과 삼각형을 조합한 투창을 가진다. 파수부완은 완의 형태가 호형인 것에서 완형으로 바뀐 것이나, 그 형태는 호의 형태가 남아있는 곡선적인 것이다.

7期 : 高靈 池山洞44號墳을 표지로 한다. 문양은 송엽문+파상문(2), 파상문(5), 무문(3)의 조합이다. 이 단계에서 무문계의 기대가 출현하는데 아직 유문계가 다수를 차지하고 있다. 고배는 上下一列 2단 투창으로, 대각의 폭이 더욱 넓어져 통형으로 변한 것이다. 파수부완은 여전히 완의 형태가 호의 형태가 남아있는 곡선적인 것이다. 통형기대는 2b類型이며 사각형과 삼각형을 조합한 투창에서 삼각형으로 변한 것으로, 2a類型보다 사실적인 표현이 사라진 것이다.

8期 : 高靈 池山洞45號墳을 표지로 한다. 문양은 파상문(1), 무문(5)의 조합이다. 기대는 유문계가 소수가 되고 무문계가 주류를 이루게 된다. 무문계의 기대는 2유형이다. 고배는 통형의 上下一列 2단 투창이 유존하는 가운데 1단 투창의 것이 출현한다. 파수부완은 완의 형태가 곡선적인 것에서 직선적으로 변한 것이다. 통형기대는 3類型으로 봉상돌대의 형태가 완전히 변하고, 기고 대 각고의 비가 약 2 : 1이며 波狀文의 단위수는 1조에 限한 것이다.

9期 : 陜川 三嘉1號墳을 표지로 한다. 기대는 유문계가 완전히 사라지고 모두 무문계로 되는데, 무문계는 3유형이다. 고배는 원형 투창의 것이 출현한다. 유개장경호는 뚜껑받이 턱의 돌출도가 미약하고 동체부가 구경부보다 축소된 것이다. 통형기대는 3유형이 유존한다.

10期 : 陜川 苧浦里D1-1號墳을 표지로 한다. 고배는 원형 투창의 것이다. 유개장경호는 동체부가 구경부보다 더욱더 축소된 것이다. 파수부완은 완의 형태가 곡선적인 것에서 완전히 직선적으로 변한 것이

다. 기대는 무문계 가운데에서 가장 늦은 4유형이다.

Ⅵ. 昌寧地域

1. 선행 연구의 검토

定森秀夫(1981 : 222-229)는 창녕지역 유개식고배를 기준으로 하여 5단계로 설정하고, 교동116호분 출토품을 5세기 중엽, 교동89호분 출토품을 5세기 후엽, 교동31호분 출토 고배를 분류하여 각각 6세기 전엽과 6세기 후엽으로 편년하였다.

藤井和夫(1981 : 169-173)는 창녕지역 토기를 편년하면서 계남리1, 4호분 출토품을 경주토기 편년 설정시 구분한 단계의 Ⅱ-Ⅲ기, 교동31호분 출토품을 Ⅸ기에 각각 비정하였다.

朴天秀(1994)는 4~6세기의 창녕지역 토기를 7단계로 편년하는 가운데 교동116호분과 계남리1호분을 5세기 중엽, 창녕 양식 토기가 출토된 옥전31호분을 5세기 후엽, 경주 양식 토기가 출현하는 교동11호분을 6세기 전엽, 교동31호분을 6세기 중엽으로 편년하였다.

鄭澄元, 洪潽植(1995)은 계남리1, 4호분을 5세기 제3/4분기, 교동3호분, 교동116호분을 5세기 제4/4분기, 교동1호분, 교동11호분, 교동31호분을 6세기 제1/4분기로 편년하였다.

이상과 같은 창녕지역 고분의 상대 편년은 대체로 타당한 것으로 파악되나 曆연대 비정의 근거가 명확하지 못한 점이 문제점으로 지적된다.

2. 상대 편년(圖7)

상대 편년은 최근 필자의 논고(朴天秀, 2001b)를 바탕으로 하며 한 단계를 추가하였다.

1期 : 창녕 여초리 A지구 토기가마 출토품을 표지로 하며, 이 시기

는 工字形고배, 노형기대, 針線文蓋가 제작되는 단계이다. 공자형고배와 노형기대는 무투창이고 침선문개는 운두가 높고 고리형 꼭지를 가진 것이 특징이다. A지구 출토품 가운데 노형기대는 창녕 교육청 소장품과 합천 저포리 A지구 50호묘에 유례가 확인된다. 또 소장미 고분군 출토 노형기대는 형식은 다르나 같은 시기로 파악되는 합천 옥전54호묘과 함안 황사리1호묘에 工자형 고배와 공반되고 있는 점에서 1단계로 편년된다.

2期 : 이 단계는 창녕 여초리 B지구 토기가마 출토품 가운데 2기 출토품을 표지로 한다. 이전 단계에 제작되던 공자형고배가 사라지고 새로이 筒形臺脚을 가진 고배가 출현하며, 노형기대에는 투창이 뚫려지고, 운두가 낮은 침선문개가 제작되는 점에서 2단계로 설정한다. B지구 토기가마는 A지구 가마 출토품과 유사한 무투창 노형기대와 같은 1단계에 해당하는 1기 출토품도 확인되나 소형 투창이 뚫린 筒形고배와 운두가 낮고 단추형 꼭지를 가진 침선문개, 투창을 가진 노형기대가 출현하고 있어 그 중심 년대는 이 단계로 편년된다.

3期 : 이 단계는 여초리 B지구 토기가마 출토품 가운데 3기 출토품을 표지로 한다. 이전 단계의 소형투창을 가진 통형고배, 노형기대, 침선문개가 사라지고, 上下一列 세장방형 투창을 뚫은 八字形 대각을 가진 고배와 고배형기대, 침선문개가 새로이 출현한다. B지구 토기가마 출토품 중 3기에 해당하는 것은 발형기대, 단추형 꼭지를 가진 幼蟲文蓋이다. 그 외 청도 이서면 고철동 출토의 돌출된 뚜껑받이 턱을 가진 장경호와 고배가 이 단계에 포함된다.

4期 : 이 단계는 昌寧産 토기가 다수 확인된 합천 옥전23호묘 출토품을 표지로 한다. 上下一列 투창 八字形 고배는 이전 시기 대각에 시문되던 침선문이 사라지고 돌대가 형성되고, 단추형 꼭지를 가진 유충문개가 유존한다. 고배형기대는 배신에 거치문이 시문된 것이다. 23호묘의 창녕산 토기는 재지산에 비해 배신이 깊고 대각단부 처리가 다른 고배와 단추형 꼭지를 가진 유충문개, 소형의 배신이 깊고 대각을 아

치형, 삼각형 투창과 파상문으로 장식한 1점의 고배형 기대를 들 수 있다.

5期 : 이 단계는 창녕산 토기가 대부분을 차지하고 있는 부산 가달5호묘 출토품을 표지로 한다. 이전 단계의 上下一列 투창 八字形 고배와 단추형 꼭지를 가진 유충문개가 유존하는 가운데 새로이 통형의 꼭지를 가진 蓋가 출현한다. 가달5호묘에서는 대각에 직선화가 진행되었으나 고식 요소가 유존하고 있는 有臺把手附碗과 뚜껑받이 턱의 돌출도는 심하지 않으나 경부가 내경하고 문양대가 2구분된 고식의 요소가 유존하고 있는 장경호가 공반되고 있다. 또 고배형기대는 배신이 깊고 半球형이며 팔자형에 가까운 대각에 삼각형 투창이 뚫린 것이나 옥전23호묘 출토품에 보이는 거치문, 아치상의 삼각형 투창, 구연 내면의 단과 같은 고식 요소가 없어진 형식이다.

6期 : 이 단계는 자료가 풍부하여 2기로 구분되어 각각 6a, 6b로 설정한다.

6a期 : 이 단계는 창녕산 토기가 대부분을 차지하고 있는 합천 옥전31호묘 출토품을 표지로 한다. 上下一列 투창 八字形 고배가 유존하는 가운데 새로이 上下交互 투창이 뚫린 梯形 대각을 가진 고배가 출현한다. 31호묘에서는 胴部의 직선화가 진행되었으나 把手의 단면이 원형인 新·古의 요소가 유존하고 있는 有臺把手附碗과 뚜껑받이 턱과 경부의 내경화 흔적이 남아 있으나 문양대가 3구분된 新·古의 요소가 유존하고 있는 장경호가 공반되고 있다. 그리고 31호묘 장경호와 동일형식이 공반된 배신이 얕아지고 대각에 세장방형 투창이 뚫린 고배형기대가 출토된 옥전M2호분도 이 시기에 비정된다.

6b期 : 이 단계는 창녕 계남리1, 4호분과 창녕 교동3호분 출토품을 표지로 한다. 上下一列 투창 八字形 고배가 완전히 사라지고 上下交互 투창을 가진 梯形 대각의 고배가 주류를 형성한다. 계남리1호분에서는 胴部가 완전히 직선화되고 把手 단면이 세장방형인 有臺把手附碗이 출토되었고, 교동3호분에서는 뚜껑받이 턱이 사라지고 경부가 직

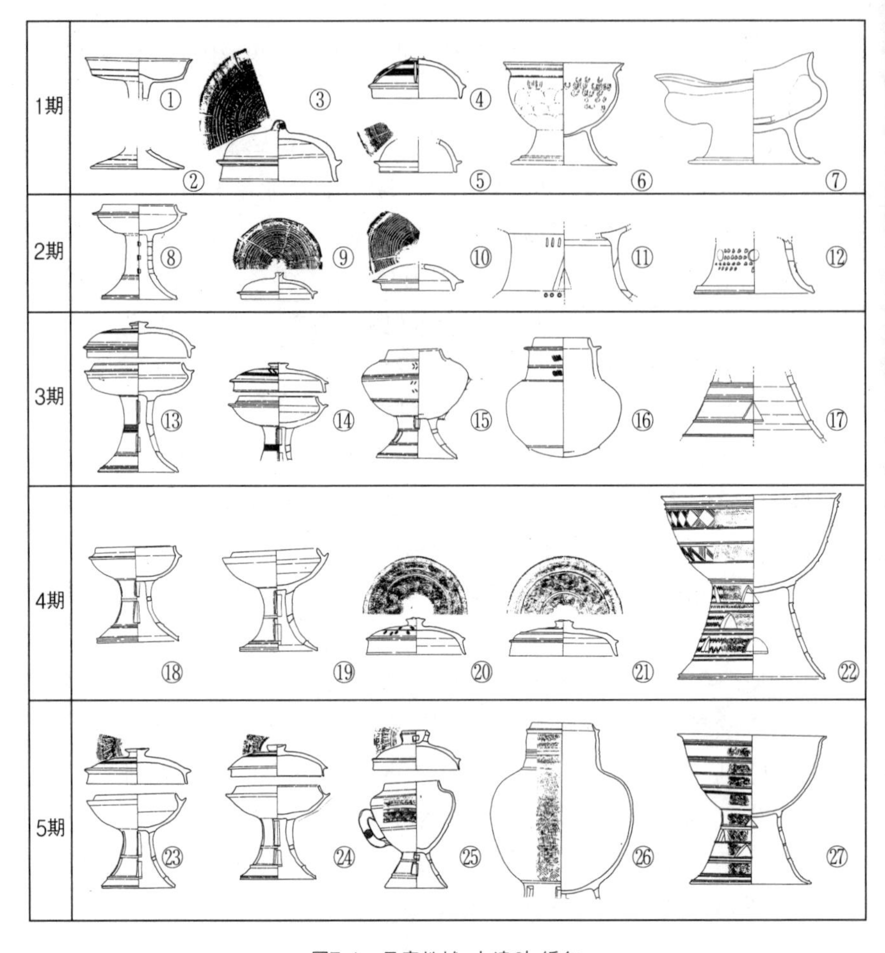

<圖7-1> 昌寧地域 古墳의 編年

1期(1 淸道角南 2, 4 大合面 3 昌洛初校 5 余草里A地區 6 小薔薇古墳群 7 余草里A地區) 2期(8 大合面 9-12 余草里B地區) 3期(13, 15, 16 淸道古哲洞 14 淸道角南 17 余草里B地區) 4期(18-22 陜川玉田23호묘) 5期(23-27 釜山加達5호분)

선화된 장경호가 공반되고 있다. 그리고 계남리1호분에서는 상부가 壺形이고 대각이 도중에 단을 형성하면서 넓어지는 통형기대가 출토되었다.

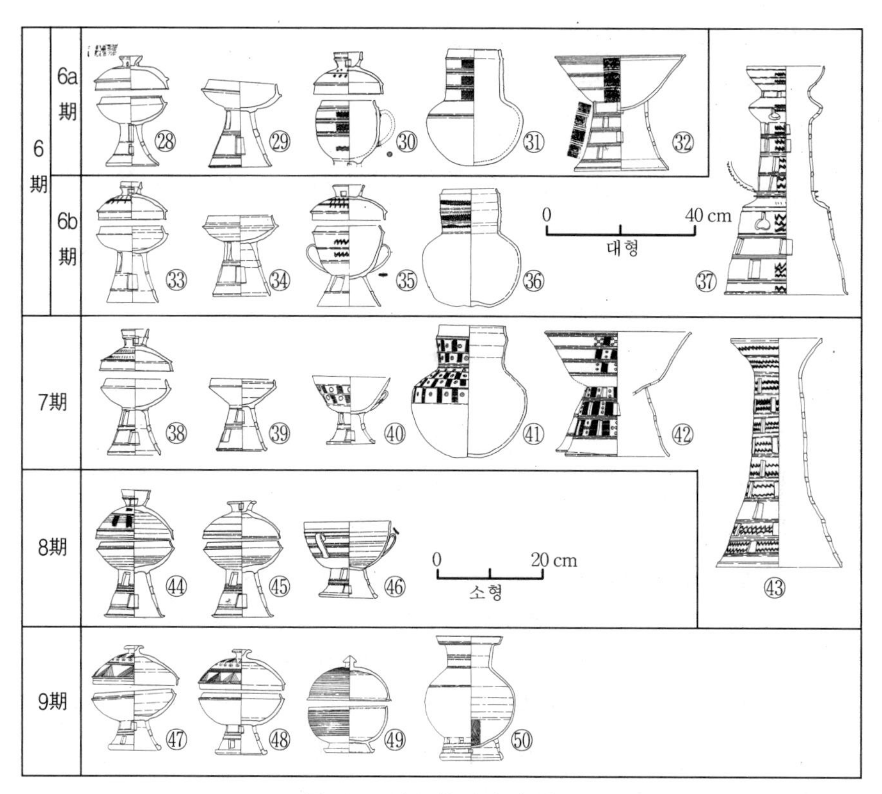

<圖7-2> 昌寧地域 古墳의 編年

6A期(28-31 陝川玉田31호묘 32 陝川玉田M2호분) 6B期(33-36 校洞3호분 37 桂南里 1호분) 7期(38-43 校洞2호분) 8期(44-46 校洞11호분) 9期(47-50 桂城A지구1호분1관)

7期 : 이 단계는 창녕 교동2호분 출토품을 표지로 한다. 교동2호분에서는 종래 시문되던 파상문 대신 격자문과 원문을 조합한 문양이 시문된 有臺把手附碗, 장경호와 고배형기대가 공반되고 있다. 그리고 2호분에서는 상부가 직선적으로 외반하고 대각이 직선적으로 넓어지는 계남리1호분 출토품과 형태가 전혀 다른 경주양식의 통형기대가 출토되었다.

8期 : 이 단계는 창녕 교동11호분 출토품을 표지로 한다. 11호분 출토품에서는 통형의 꼭지를 가진 蓋에 시문되던 유충문이 사라지고 집

선문이 출현하는 변화가 확인된다. 또 渦卷상의 陶車에 의한 성형흔이 나타나는 것으로 볼 때 제작기술에도 경주 양식의 기술도입에 의한 큰 변화가 수반된 것으로 파악된다.

9期 : 창녕 양식 토기가 완전히 경주 양식화되는 단계이며 창녕 계성A지구 1호분2호관 출토품을 표지로 한다.

Ⅶ. 지역간 병행관계

금관가야 1期의 김해 대성동29호묘, 김해 예안리74호묘, 160호묘에서는 와질토기가 주류를 이루는 가운데 회청색 경질토기가 출현한다. 이는 아라가야 1期의 함안 도항리35호묘에서도 같은 양상이 관찰된다.

김해 진영 퇴래리7호묘에서는 금관가야, 아라가야 양식의 노형기대가 출토되어 양자 간의 병행관계가 파악된다. 즉 퇴래리7호묘에서는 금관가야 4期의 60호묘 출토 파수부 노형기대, 무파수 노형기대와 함께 아라가야 4期의 함안 황사리45호묘 출토 장각 노형기대와 파수부 승석문호와 같은 형식의 토기가 출토되었다(圖8). 그리고 복천동60호묘 출토 아라가야양식 고배는 황사리32호묘 출토 능형의 소형 투공이 전면에 천공된 것에서 황사리44호묘 출토 각부 하위에 2단의 아치형의 소형투공이 천공된 것의 사이에 들어가는 형식으로 파악된다. 황사리32호묘는 아라가야 3期에, 황사리44호묘는 아라가야 5期에 해당하는 유구이다. 따라서 금관가야 4期와 아라가야 4期는 병행하는 것으로 설정한다.

필자는 금관가야 7期의 복천동21·22호묘와 대가야 3期의 합천 옥전23호묘에 대해 고배형기대의 문양 구성에 의거하여 병행관계를 설정한 바 있다(朴天秀, 1998a). 즉 두 고분의 고배형기대는 노형기대의 전통이 사라지고, 기존의 격자문, 거치문, 결승문을 조합한 복합구성에서, 전자는 파상문이 출현해서 과반수를 차지하게 되고 후자는 거치문이 과반수를 차지하게 되는 공통점을 지닌다. 이는 그 후 각각 후속

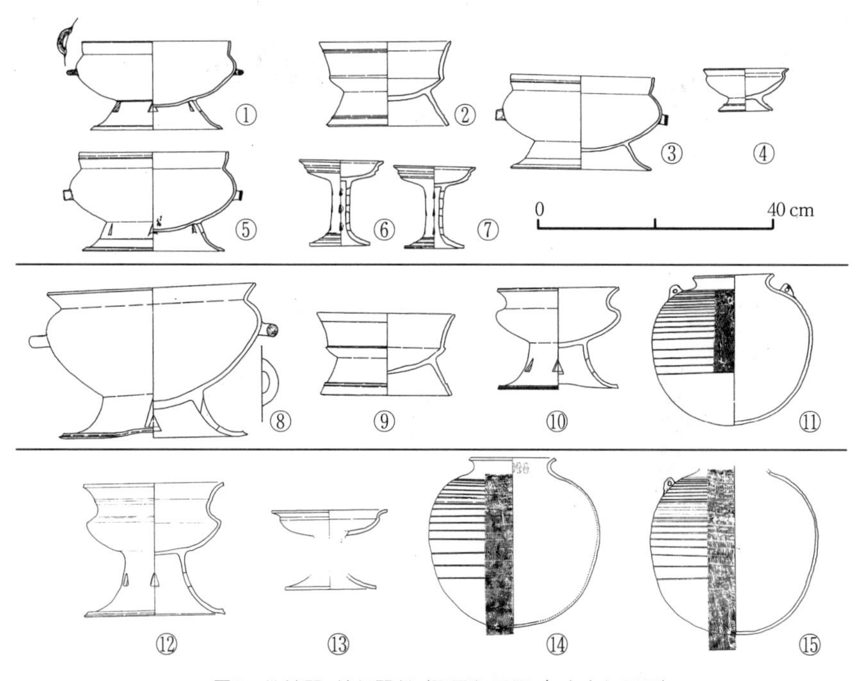

<圖8> 地域間 竝行關係 (阿羅加耶圈과 金官加耶圈)
金官加耶圈 4期(1-7 福泉洞60호묘, 8-11 退來里7호묘) 阿羅加耶圈 4期(12-15 篁砂里45호묘)

하는 복천동10·11호묘과 고령 지산동35호분에서 기존의 격자문, 거치문, 결승문의 복합구성 문양 조합을 가지는 기대가 소수를 차지하게 되어 전자는 파상문이 중심이 되고 후자는 송엽문 중심으로 변화되는 경향이 보이는 것에 착안한 것이다.

그리고 옥전23호묘의 위치는 부장토기 가운데 창녕 지역산 토기가 확인되어 이 지역 편년에서도 방증된다(朴天秀, 2001b). 즉 옥전 23호묘는 창녕지역 편년의 4期에 해당하며, 토기 조성 등에서 창녕지역 6기에 병행하는 옥전31호묘와 옥전M2호분보다 분명히 2단계 선행하는 유구이기 때문이다.

소가야 편년 1期와 2期 사이로 위치되는 진주 우수리18호목곽묘와 대가야의 4期와 5期 사이로 편년되는 고령 지산동30호분은 동일 형식

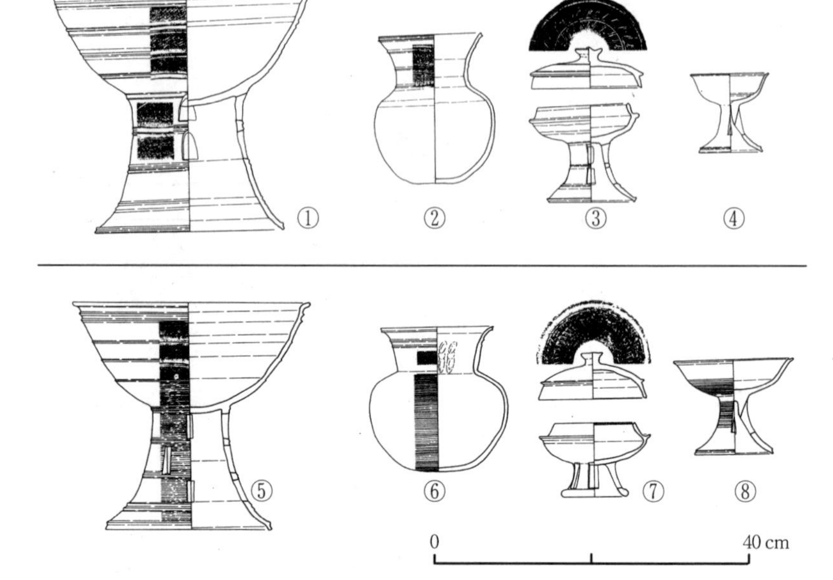

<圖9> 地域間 竝行關係 (小加耶圈과 大加耶圈)
小加耶圈 1期-2期(1-4 雨水里18호묘) 大加耶圈 4-5期(5-8 池山洞30호분)

의 무개식 삼각투창고배가 출토되어 양자가 병행하는 것으로 파악된다(圖9).

옥전35호묘에서는 소가야양식 2期의 고배형기대, 대가야양식 5期의 유개장경호, 창녕지역양식 6期의 고배가 공반되어 三者 간의 병행관계의 파악이 가능하다(圖10). 또 소가야 2期의 마산 현동64호묘에서는 창녕지역양식 6期의 蓋가 출토되어 양자 간의 병행관계가 증명된다. 따라서 소가야 2期, 대가야 5期, 창녕지역 6期는 병행관계로 파악된다.

함안 도항리 (文)47호분에서는 아라가야 12期의 토기와 대가야 8期, 소가야 5期의 고배형기대, 고배, 수평구연호가 공반되어 三者 간의 병행관계의 파악이 가능하다(圖11).

이상과 같은 지역별 편년과 상호간의 병행관계를 살펴 볼 때 가야고분의 편년은 <표 1>과 같이 설정하고자 한다.

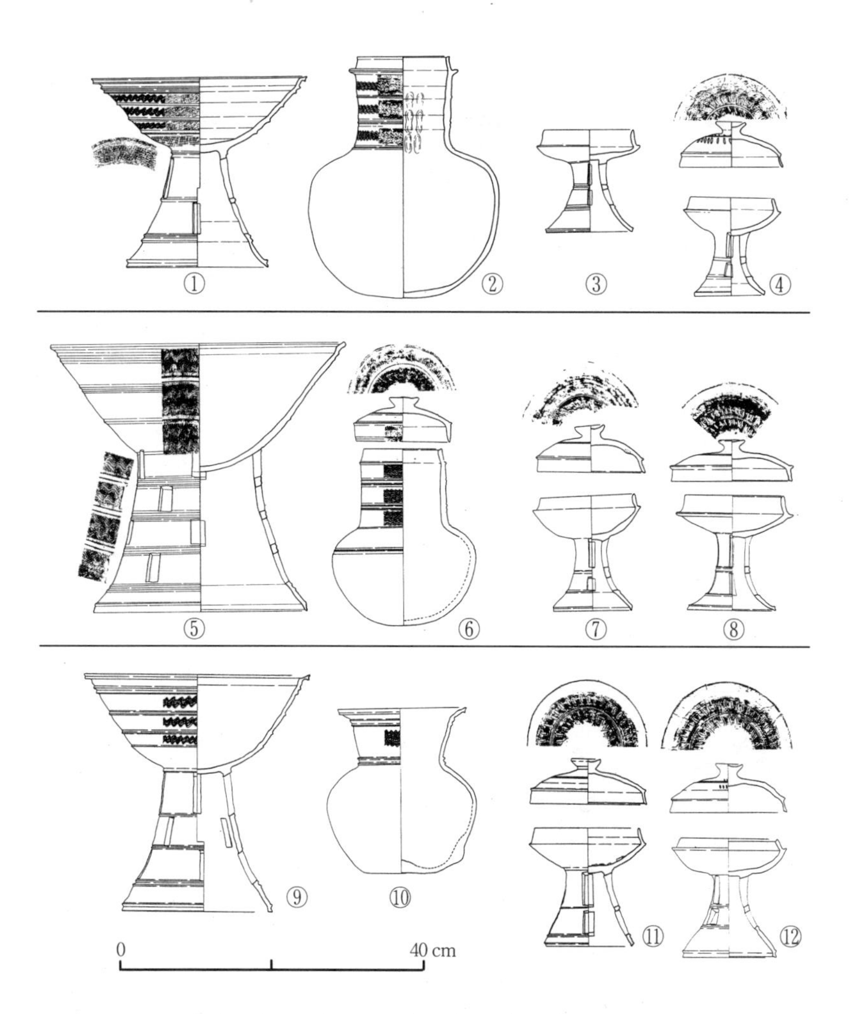

<圖10> 地域間 竝行關係 (小加耶圈과 창녕, 합천지역)
玉田35호묘(1-4) 昌寧지역 6A期(5 陜川玉田M2호분,
6-8 陜川玉田31호묘) 小加耶圈 2期(9-12 縣洞64호)

Ⅷ. 曆연대

본고 Ⅰ단계는 김해 대성동29호묘를 기준으로 설정한다. 대성동29호

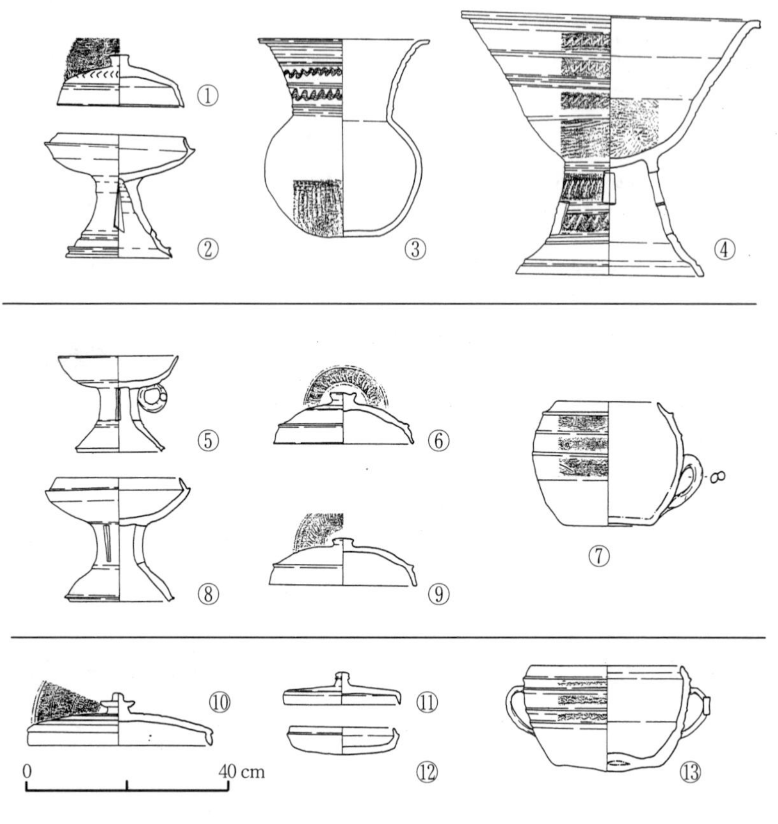

<圖11> 地域間 竝行關係 (小加耶圈, 阿羅加耶圈, 大加耶圈, 함안 도항리 (文)47호분)
小加耶圈 5期(1-4) 阿羅加耶圈 12期(5-9) 大加耶圈 8期(10-13)

묘에서는 直口瓦質打捺文短頸壺가 공반하는데 같은 형식의 壺는 公州 下鳳里9호묘에서도 확인된다. 이와 같은 와질호는 河南美沙里A-21호 주거지에서 중도식 경질무문토기와 공반되며, 같은 형식의 중도식 경질무문토기는 溟洲 安仁里2호주거지에서도 확인된다. 安仁里2호주거지에서는 낙랑토기가 확인되며, 이 낙랑토기는 高久健二의 낙랑고분 편년(1995 : 86-87)의 5기인 3세기 전반에 해당하는 형식의 것이다(朴天秀, 1998b). 더욱이 대성동29호묘에서는 일본열도 고분과의 병

<표 1> 地域間 竝行關係를 통해본 加耶古墳의 編年

	阿羅加耶圈	金官加耶圈		小加耶圈	大加耶圈	昌寧	曆연대
Ⅰ	道項里(文)35호	大成洞29호					3세기 2/4분기
Ⅱ	道項里(경)33호	龜旨路1호					3세기 3/4분기
Ⅲ	禮屯里2호 篁砂里32호	大成洞18・13호 龜旨路2호	福泉洞38호				3세기 4/4분기
Ⅳ	篁砂里45호	龜旨路6호	福泉洞60호			余草里 A지구	4세기 1/4분기
Ⅴ	篁砂里44호	龜旨路15호	福泉洞48호		快賓洞12호	余草里 B지구	4세기 2/4분기
Ⅵ	縣洞14호	大成洞2호	福泉洞95호		快賓洞1호		4세기 3/4분기
Ⅶ	道項里(경)10호		福泉洞21・22호		玉田23호	玉田23호	4세기 4/4분기
Ⅷ	道項里(文)36호		福泉洞10・11호	玉山里 가-2호	池山洞35호	加達5호	5세기 1/4분기
Ⅸ	道項里(경)13호			縣洞64호	池山洞32호	桂南里 1・4호	5세기 2/4분기
Ⅹ	道項里(文)現15호			雨水里16호	玉田M3호	校洞2호	5세기 3/4분기
Ⅺ	道項里(文)51호			蓮塘里23호	池山洞44호	校洞11호	5세기 4/4분기
Ⅻ	道項里岩刻畵古墳			蓮塘里18호	池山洞45호		6세기 1/4분기
XIII					三嘉1호분 A호석곽		6세기 2/4분기

행관계의 설정이 가능하다. 즉 대성동29호묘의 土師器係軟質甕은 福岡縣小郡市津古掛古墳 출토 토사기와 유사하며, 또 여기에서는 29호묘 출토품과 유사한 定角式철촉과 판상철부가 출토하였기 때문이다. 津古掛古墳은 庄內式과 布留 古式 土師器가 공반되어 3세기 제2/4분기로 편년된다. Ⅰ단계는 이상과 같은 낙랑고분과 일본열도 고분과의 병행관계로 볼 때 3세기 제2/4분기를 전후한 시기로 비정된다(朴天秀, 2001c).

본고 Ⅶ단계는 大阪府 大庭寺遺蹟出土 初期須惠器의 연대가 참고된다. 필자는 이 유적의 토기폐기장인 TG231·TG232자료를 중심으로 가야 토기와 비교하여 그 가운데 지금까지 最古型式으로 인식되어 왔던 TK73型式보다 선행하는 것을 명확히 하고, TG232폐기장의 杯身을 파악할 수 있는 29점의 고배형기대를 통하여 부산·김해지역과의 병행관계를 설정하였다(朴天秀, 1998a). TG232출토 기대는 각부에 파상문이 시문되어 있는 점이 특징인데 본고 Ⅶ단계의 표지유구인 福泉洞21·22호묘와 Ⅷ단계의 표지유구인 福泉洞10·11호묘에서 이와 가장 유사한 것이 확인된다. TG232 폐기장에서 출토된 고배형기대의 문양구성을 분석해 보면, 無文(1), 格子文(2), 格子文+鋸齒文(3), 結繩文(2), 波狀文+鋸齒文(11), 波狀文(10)의 조합으로 구성되어 있다. 격자문, 거치문, 결승문을 복합한 문양구성이 주류를 이루는 가운데 새롭게 파상문이 시문된 기대가 출현하는 양상을 관찰할 수 있다. 이러한 문양 조합은 복천동21·22호묘와 거의 일치하는 것으로 판단된다. 그런데 고배형기대 가운데 복천동10·11호묘 출토품과 같은 山字形을 한 변형파상문을 가진 것도 확인되어, 필자는 이들 기대가 본고 Ⅶ단계에서 Ⅷ단계에 걸쳐서 제작된 것으로 파악하고 그 역연대를 기원 400년 전후로 비정하였다.

그 후 奈良 平城宮第2次朝堂院下層溝SD6030에서 TK73型式의 須惠器와 함께 출토된 미완성 목제품의 연대가 412년으로 밝혀지게 되었다(光谷·次山1999 : 8-9).

따라서 대정사 TG232유구 출토 須惠器는 TK73형식보다 확실히 1단계 선행하는 형식이므로 4세기 제4/4분기로 편년된다. 이는 종래의 필자의 역연대관(朴天秀, 1998a)의 타당성을 입증하는 것이다.

그리고 曆연대를 알 수 있는 百濟 武寧王陵 출토품 가운데 가야지역에서도 다수 출토된 龍文環頭大刀는 병행관계 설정에 유효한 자료이다. 지산동39호분의 용문환두대도는 무령왕릉 출토품과 같은 단계로 설정할 수 있다(穴澤·馬目1993). 지산동39호분의 고배형기대는 무문계로 지산동45호분과 같은 2유형인 점, 또 定森秀夫(1987)가 지적하였듯이 양 분묘 출토 토기의 조합이 일치하는 점에서 본고 XII단계의 지산동45호분과 지산동39호분은 무녕왕릉과 거의 동일한 시기에 위치시킬 수 있다.

그리고 본고 X단계의 표지유구인 옥전M3호분에서는 龍·鳳文環頭大刀가 4점 출토되어 주목된다. 이들 환두대도에 대해 穴澤·馬目(1993)은 무녕왕릉 출토품보다 이른 단계로 편년하고 熊本縣江田船山古墳의 환두대도와 東京國立博物館保管 가야지역출토 有銘環頭大刀와 함께 그들 편년안의 3기에 위치시켰다. 이들은 3기의 역연대를 船山古墳의 大刀銘이 「雄略」으로 판독되는 점과 埼玉縣稻荷山古墳出土 鐵劍銘(471年)이 東京國立博物館 保管 有銘環頭大刀의 書體와 유사한 점을 지적하면서 5세기 말로 비정하였다.

옥전M3호분의 연대에 대해서 다른 자료를 통하여 검토해 보자. M3호분에서 출토된 3set의 馬具 가운데 F字形鏡板轡와 劍菱形杏葉 등은 편년이 비교적 확립되어 있는 日本 古墳出土 자료와 비교할 수 있는 중요한 자료이다. M3호분의 f字形鏡板(付)轡의 鏡板은 전체를 강하게 굴곡시킨 점과 引手에 兵庫鎖과 별도로 제작한 引手壺를 연결시킨 구조, 緣金의 못의 수 등의 점에서 埼玉縣稻荷山古墳 출토품과 유사하다. 또 埼玉縣稻荷山古墳의 二脚式 鞍金具가 옥전M3호분의 鞍金具와 같은 구조인 점도 주목된다. 특히 千賀久(1994)가 지적하였듯이 埼玉縣稻荷山古墳出土 f字形鏡板의 緣金의 斜線의 새김은 옥전M3호분의 검릉형행엽의 연금에 보이는 기법과 동일하다. 埼玉縣稻荷山古墳은 5세기 제4/4분기로 비정되고 있으나, 본고 X단계의 옥전M3호분의 역연대는 일본열도에의 마구의 이입, 보유, 매납 기간을 고려하여 이보다 한 단계 이른 시기인 鐵劍銘(471년) 전후 시기에 위치시킬 수 있다.

이러한 옥전M3호분의 연대관은 옥전M3호분-지산동44호분-지산동45호분·同39호분 사이에는 고배형기대의 문양조성이 유문계-유문계

(多)+무문계(少)-유문계(少)+무문계(多)로 변하고, 또 馬裝이 劍菱形杏葉-鈴付劍菱形杏葉-心葉形杏葉으로 변하는 명확한 시간차가 인지되어 그 타당성이 입증된다.

본고 마지막단계의 저포리D1-1호분은 횡혈식 석실에서는 종말기형식의 대가야양식 토기가, 또 분구의 陪葬槨에서 新羅樣式 토기가 각각 출토되고 石室의 동쪽 墳丘에서 大甕내에 高杯를 貢獻한 新羅形의 埋葬儀禮가 확인되었다. 따라서 이 단계는 대가야 멸망(562년) 전후시기에 위치시킬 수 있다.

Ⅸ. 맺음말

이 글에서는 가야지역 고분의 편년을 검토하여 지역별로 재구성하고 각 지역 간의 병행관계를 설정하여 가야고분의 종합편년을 구축하는 것을 목적으로 하였다.

그 결과 금관가야권, 아라가야권, 소가야권, 대가야권, 창녕지역권은 지역별 발굴조사의 빈도차에 따라 금관가야권은 8단계, 아라가야권은 13단계, 소가야권은 5단계, 대가야권은 10단계, 창녕지역권은 8단계로 각각 편년하였다.

지역 간 병행관계는 먼저 금관가야 1期의 김해 대성동29호묘와 아라가야 1期의 함안 도항리35호묘에서 와질토기가 주류를 이루는 가운데 회청색 경질토기가 단경호와 같은 극히 일부기종에 도입되는 양상이 관찰되어 같은 단계로 설정하였다.

김해 진영 퇴래리7호묘에서는 금관가야 4期의 60호묘 출토 파수부노형기대, 무파수노형기대와 함께 아라가야 4期의 함안 황사리45호묘 출토 장각 노형기대와 파수부승석문호와 같은 형식의 토기가 출토되어, 금관가야 4期와 아라가야 4期는 병행하는 것으로 설정하였다.

금관가야 7期의 복천동21·22호묘와 대가야 3期, 창녕지역 4期에 해당하는 합천 옥전23호묘는 고배형기대의 문양 구성과 창녕산토기의 형식분류를 통하여 병행관계로 설정된다.

옥전35호묘에서는 소가야양식 2期의 고배형기대, 대가야양식 5期의 유개장경호, 창녕지역양식 6期의 고배가 공반되어 三者 간의 병행관계의 파악이 가능하였다.

함안 도항리 (文)47호분에서는 아라가야 12期의 토기와 대가야 8期, 소가야 5期의 고배형기대, 고배, 수평구연호가 공반되어 三者 간의 병행관계의 파악이 가능하였다.

이상과 같은 지역별 편년과 상호간의 병행관계를 모든 시기의 자료가 망라된 아라가야권역을 기준으로 하여 임의로 가야지역의 고분을 Ⅰ-XⅢ단계로 설정하고 각 단계별 曆연대는 다음과 같이 설정하였다.

Ⅰ단계는 이 시기의 표지유구인 대성동 29호묘와 중서부지방자료를 통한 낙랑고분, 일본열도 고분과의 병행관계의 검토를 통하여 3세기 제2/4분기로 설정한다.

Ⅶ단계는 이 시기에 조업을 시작한 대정사 TG232출토 須惠器의 연대가 이에 후행하는 TK73형식에 공반한 미완성 목제품의 연대가 412년이라는 수치가 제시되어 4세기 제4/4분기로 편년한다.

Ⅻ단계의 지산동45호분은 동일한 토기조성을 보이는 지산동39호분의 용문환두대도가 무녕왕릉 출토품과 유사한 것에 근거하여 6세기 제1/4분기로 편년한다.

마지막단계의 저포리D1-1호분은 大加耶様式 토기와 新羅様式 토기가 출토되고 신라형의 埋葬儀禮가 확인되어 대가야 멸망(562년) 전후 시기로 편년된다.

참고문헌

高久健二,『樂浪古墳文化의 硏究』, 學硏文化社, 1995.

郭鍾喆, 「韓國慶尙北道陶質土器の地域相硏究－いわゆる高靈系土器を素材として」,『古代文化』40-2, 古代學協會, 1988.

光谷拓實・次山淳, 「平城宮下層古墳時代の遺物の年輪年代」,『奈良國立文化財硏究所年報』1999-1, 奈良國立文化財硏究所, 1999.

金斗喆,「伽耶の馬具」,『伽耶と古代東アジア』, 新人物往來社, 1993.
金斗喆,『韓國 古代 馬具의 研究』, 東義大學校 大學院 文學博士 學位論文, 2000.
金斗喆,「大加耶古墳의 編年 檢討」,『韓國考古學報』45, 韓國考古學會, 2001.
金世基,『伽耶地域 竪穴式墓制의 研究』, 啓明大學校大學院碩士論文, 1983.
金正完,『咸安圈域 陶質土器의 編年과 分布 變化』, 慶北大學校 文學碩士 學位論文, 1994.
金鍾徹,「大伽耶 墓制의 編年研究－高靈 池山洞古墳群을 中心으로」,『韓國學論集』4, 啓明大學校韓國學研究所, 1982.
都出比呂志,「總論-弥生から古墳へ-」,『古代國家はこうして生まれた』, 角川書店, 1998.
藤井和夫,「昌寧地方古墳出土陶質土器の編年についこ」,『神奈川考古』12, 1981.
木村光一,「高靈池山洞古墳群, 32-35, 44, 45号墳, 石室ブランの變遷について」,『歷史と構造』12, 南山大學, 1984.
朴升圭,「考古學을 통해 본 小加耶」,『考古學을 통해 본 가야』학술총서1, 한국고고학회, 2000.
朴天秀,「韓半島からみた初期須恵器の系譜と編年」,『古墳時代における朝鮮系文物の伝播』, 埋藏文化財研究會, 1993.
朴天秀,「三國時代 昌寧地域 集團의 性格研究」,『嶺南考古學』13, 嶺南考古學會, 1994.
朴天秀,「대가야권 분묘의 편년」,『한국고고학보』39, 한국고고학회, 1998a.
朴天秀, 「韓國の墳丘墓-湖南地域を中心として-」,『東アジア墳丘墓』東アジア墳丘墓研究會發表文, 1998b.
朴天秀,「기대를 통해 본 가야세력의 동향」,『가야의 그릇받침』, 김해박물관, 1999.
朴天秀,「考古學 資料를 통해 본 大加耶」,『考古學을 통해 본 가야』, 학술총서1, 한국고고학회, 2000a.
朴天秀,「三國時代 玄風地域 土器의 地域相」,『慶北大學校 考古人類學科 20周年 紀念論叢』, 慶北大學校 考古人類學科, 2000b.
朴天秀,「맥타가트 기증 신라, 가야 토기의 양식과 편년」,『맥타가트 박사의 대구사랑 문화재 사랑-기증 문화재 도록』, 대구박물관, 2001a.
朴天秀,「고고자료를 통해 본 가야시기의 창녕지방」,『가야시기 창녕지방의 역사, 고고학적 성격』, 창원문화재연구소, 2001b.
朴天秀,「榮山江流域の古墳」,『東アジアと日本の考古學Ⅰ- 墓制』, 東成社,

2001c.
白石太一郎,「年代決定論2」,『岩波講座日本考古學1-研究の方法』, 岩波書店, 1985.
小野山節,「日本發見の初期馬具」,『考古學雜誌』52-1, 日本考古學會, 1966.
松原隆治,「高靈池山洞古墳群に關する考察－陶質土器を中心として」,『歷史と構造』12, 南山大學, 1984.
申敬徹,「伽耶地域における4世紀代の陶質土器と墓制－金海礼安里遺跡の發掘調査を中心として」,『古代を考える』34, 古代を考える會, 1983.
申敬徹,「古式鐙子考」,『釜大史學』9, 釜山大學校 史學會, 1985.
申敬徹,「日本初期 須恵器의 發現」,『동아시아 속의 韓・日關係』釜山大學校韓國民族文化研究所, 1997.
申敬徹,「영남출토의 토사기계토기」,『3, 4세기 한일토기의 제문제』, 부산고고학연구회, 庄內式土器研究會, 2001.
安在皓,「考察」,『金海禮安里古墳群Ⅱ-釜山大學校博物館遺蹟調査報告』15, 釜山大學校博物館, 1996.
安在皓,「福泉洞古墳群의 編年」,『복천동고분군의 재조명』, 釜山廣域市立福泉博物館, 1997.
禹枝南,「大伽倻古墳의 編年」,『三佛金元龍教授停年退任紀念論叢』(Ⅰ), 三佛金元龍教授停年退任紀念論叢刊行委員會, 一志社, 1987.
禹枝南,「考察-咸安地域 出土 陶質土器」,『道項里 末山里 遺蹟』, 慶南考古學研究所, 2000.
柳昌煥,「伽耶古墳 出土 鐙子에 대한 研究」,『韓國考古學報』33, 韓國考古學會, 1992.
尹溫植,『3세기대 동해 남부 지역 토기 양식의 형성과 변천』, 慶北大學校 大學院 考古人類學科 文學碩士學位論文, 2001.
尹貞姫,『小加耶土器의 成立과 展開』, 慶南大學校 大學院 史學科 碩士學位論文, 1997.
李尙律,「三國時代 杏葉 小考－嶺南地方 出土品을 中心으로」,『嶺南考古學』13, 嶺南考古學會, 1993.
李盛周,「考古學을 통해 본 阿羅伽耶」,『考古學을 통해 본 가야』, 학술총서1, 한국고고학회, 2000.
李在賢,「考察」,『釜山東萊福泉洞古墳群Ⅲ-釜山大學校博物館遺蹟調査報告』19, 釜山大學校博物館, 1996.
李柱憲,「阿羅加耶에 대한 考古學的 檢討」,『가야 각국사의 재구성』, 혜안, 2000.

李熙濬, 「고령양식 토기 출토 고분의 편년」, 『嶺南考古學』 15, 嶺南考古學會, 1994.

李熙濬, 「토기에 의한 新羅 고분의 分期와 편년」, 『韓國考古學報』 36, 韓國考古學會, 1997.

定森秀夫, 「韓國慶尙南道昌寧地域陶質土器の檢討」, 『古代文化』, 33-4, 古代學協會, 1981.

定森秀夫, 「韓國慶尙南道釜山金海地域陶質土器の檢討」, 『平安博物館紀要』, 7, 平安博物館, 1982.

定森秀夫, 「韓國慶尙北道高靈地域出土陶質土器の檢討」, 『岡崎敬先生退官記念論文集-東アジアの歷史と考古』 上, 同朋舍, 1987.

鄭澄元, 洪潽植, 「昌寧地域의 古墳文化」, 『韓國文化硏究』 7, 부산대학교 한국민족문화연구소, 1995.

鄭昌熙, 「편년」, 『고령 지산동고분군』, 경상북도 문화재연구원, 2000.

朝鮮總督府, 『朝鮮古蹟圖譜』 第三冊, 朝鮮總督府, 1916.

趙榮濟, 「玉田古墳의 編年硏究」, 『嶺南考古學』 18, 嶺南考古學會, 1996.

千賀久, 「日本出土初期馬具の系譜」, 『橿原考古學硏究論集』 12, 吉川弘文館, 1994.

崔秉鉉, 「新羅古墳 編年의 諸問題－慶州・月城路・福川洞・大成洞古墳의 상대편년을 중심으로」, 『韓國考古學報』 30, 韓國考古學會, 1993.

河承哲, 『加耶西南部 出土 陶質土器에 대한 一考察』, 慶尙大學校 大學院 史學科 碩士學位論文, 2001.

穴澤咊光・馬目順一, 「陜川玉田出土の環頭大刀群の諸問題」, 『古文化談叢』 30上, 九州古文化硏究會, 1993.

洪潽植, 「金官加耶의 성립과 발전」, 『加耶文化遺蹟 調査 및 整備計劃』, 경상북도, 1998.

합천댐 수몰지구 고분 자료에 의한 대가야 국가론

李 熙 濬*

Ⅰ. 머리말

1990년대 초반까지 가야의 정치적 성격에 대한 해석은 거의 연맹론 뿐이었다.[1] 여기서 연맹은 가야의 정치발전 단계뿐만 아니라 정치 형태도 동시에 나타내는 용어이다. 즉 이는 가야라고 총칭되는 세력들이 미처 하나의 단일 국가로 통합되지 못하였으며 그 세력들 사이의 정치적 관계는 지배-피지배 관계가 아니라 기본적으로 독립적이었음을 뜻한다. 연맹론은 가야 전체의 성격을 대변하는 것으로는 대체로 타당하다고 볼 수 있지만, 그 연맹이라는 것이 구체적으로 어떠한 구조와 성격을 가진 것이었는지를 거의 제시하지 못한 치명적 약점을 안고 있다.[2]

* 경북대학교 고고인류학과 교수

1) 대표적 연구로 金泰植,『加耶聯盟史』, 一潮閣, 1993을 들 수가 있다.

2) 白承玉,「加耶 各國의 成長과 發展에 관한 硏究」, 釜山大學校 大學院 史學

그러나 1990년대 중반부터 가야사 연구의 초점이 가야 전체가 아닌 각국 또는 지역권으로 옮겨지기 시작하면서 가야의 정치적 성격에 대한 연구에도 새로운 지평이 열리게 되었다. 그리하여 가야가 과연 정치 형태상 恒存하는 단일 정치체였느냐 하는 근본적인 의문 제기로부터 일부 가야 세력이 영역국가의 수준에 도달하였다는 주장에 이르기까지 다양한 시각의 연구들이 이루어지기 시작하였다.[3] 이는 어떤 측면에서는 弁韓史를 포함할 때 6백 년에 이르는 가야사를 시종일관 연맹의 역사로 파악하는 관점이 자칫 정체사관으로 흐를 위험성을 인지하고 그것을 극복하기 위한 움직임이라고도 할 수 있다. 즉 가야 전체가 하나의 국가로 통합되지 못했다는 것은 인정하되, 그렇다고 해서 그 구성 부분들이 진・변한의 '국' 단계에서와 같은 외형과 내부 구조에 머물렀으며 그 중 어느 것도 국가 단계에 도달하지 못했다고 예단[4] 할 수는 없다는 발전적 인식에서 비롯된 것이다.

이러한 새로운 연구 경향의 대두와 더불어 문헌사 및 고고학 모두에서 특히 주목을 받고 있는 가야 국은 대가야이다. 주지하듯이 대가야에 관해서는 『南齊書』의 加羅國王 荷知 輔國將軍本國王 除授 기사를 비롯해 관련 사료가 다른 가야 국에 비해 상대적으로 많고 또한 조사된 고고자료도 비교적 풍부한 편이다. 그래서 새로운 가야사 연구의 신호탄처럼 된 공동연구[5]가 바로 이 대가야를 대상으로 하였음은 결코 우연이 아니라 하겠다.[6] 그런데 이 공동연구는 대가야를 종전과 달

科 文學博士學位論文, 2001, 5쪽.

3) 편의상 구체적인 인용은 하지 않겠으며, 金世基, 「古墳資料로 본 大加耶」, 啓明大學校 大學院 歷史學科 博士學位論文, 2000, 1~15쪽의 '研究動向' 항을 참조하기 바란다.

4) 가야 전체가 하나의 연맹을 이루고 있었다는 이른바 단일가야연맹론은 가야가 단일 국가로 통합되지 못하고 연맹 상태에 있었으므로 그 구성 국들도 모두 정치발전 단계상 당연히 연맹 수준이었을 것이라고 무심코 전제해 버린 것이 아닌가 하는 느낌을 준다.

5) 『加耶史研究-대가야의 政治와 文化-』, 慶尙北道, 1995.

6) 가야 세력 전체가 아닌 그 일부분만의 연맹론도 이 대가야를 대상으로 처음으로 제기되었다(田中俊明, 『大加耶連盟の興亡と「任那」』, 吉川弘文館, 1992).

리 국가[7] 단계의 정치체로 보는 관점에 섬으로써 그 이후의 가야사 연구에 하나의 중요한 자극제가 되었고 또한 그 자체에 대한 찬반론도 낳았다. 그리하여 이제 대가야의 정치발전 단계에 대한 연맹론과 국가론이라는 두 가지 상반된 이해가 가야사 연구의 주된 쟁점으로 부상하고 있는 느낌이다.

되돌아 보건대 당시 처음 제기된 대가야 국가론에서 구체적 토대를 제공한 분야는 어떤 의미에서 문헌사라기보다는 고고학이었다. 특히 필자가 주목하였듯이 고령양식 토기가 고령뿐만 아니라 멀리 남원 운봉의 고분군에서까지 광범하게 출토되며 그 출토 양상에는 일정한 정형성이 있다는 점[8]은 주된 근거의 하나였고 이는 그 후 제기된 고고자료에 입각한 국가론들[9]에 단초를 제공하기도 하였다.

그런데 대가야의 정치적 성격을 둘러싼 작금의 논의들을 보면 필자의 대가야 국가론이 좀 오해되는 듯한 느낌을 받는다. 당시의 대가야 국가론은 일정한 고고학적 방법론과 해석 틀을 근거로 고령과 그 접속 지역[10]들에서 보이는 고고자료의 여러 가지 정형성들이 고령 지역과 해당 지역 사이의 관계가 전자를 맹주로 하는 연맹 관계에서 간접지배 혹은 직접지배까지로의 변화를 겪었음을 나타낸다는 것이었다. 그럼에도 그 해석 틀이나 방법론과 고고자료의 다양한 정형성들은 간과되고 단지 고령양식 토기의 확산만을 근거로 한 국가론인 듯이 치부되고 있

7) 필자를 비롯해서 대부분의 연구자가 '영역국가'라는 용어를 써 왔으나 이하 본고에서는 단순히 '국가'라고만 하겠다. 그 이유에 대해서는 다음 장에서 자세하게 논한다.

8) 李熙濬, 「토기로 본 大伽耶의 圈域과 그 변천」, 『加耶史硏究-대가야의 政治와 文化-』, 慶尙北道, 1995, 365~444쪽.

9) 朴天秀, 「大伽耶의 古代國家 形成」, 『碩晤尹容鎭敎授停年退任紀念論叢』, 1996, 377~402쪽 ; 金世基, 앞의 글.

10) 본고에서 '地域'이라는 용어는 특별한 경우를 빼고는 이를테면 '영남 지방의 대구·경주·고령 지역'이라는 식으로 '地方'의 하위 개념으로 쓴다. 그리고 한 지역 내에서 고총군 또는 고분군의 존재로 대변되는 각 구성 단위들은 '地區'로, 그 지구 안의 구체적 장소는 '地點'이라 하겠다. 다만 합천댐 수몰지구나 저포리 A지구 식으로 그런 구분을 의식 않고 붙여진 경우는 그냥 쓰기로 한다.

는 것이다. 물론 그러한 오해에는 필자가 원인 제공을 한 측면도 없지 않다. 당시에 가야산 이남 경남 북부 전역의 고분 자료를 대상으로 한 긴 글에서 여러 가지 논의를 폈기 때문에 대가야 국가론의 핵심 틀이 강조되지 못한 것이다. 어떻든 이제 대가야의 정치적 성격에 대한 이해가 가야사의 쟁점이 되고 있는 마당에 이러한 오해는 연구의 진전에 자칫 걸림돌이 될 수도 있다고 생각된다.

그래서 본고에서는 前稿와 달리 분석 대상 지역을 아주 좁혀 합천댐 수몰지구라는 한 지역의 고분 자료를 통해 대가야가 국가 단계에 도달하였음을 다시금 밝히고 아울러 관련 쟁점 사항들을 명확히 해놓고자 한다. 그리고 마침 단일가야연맹론의 주창자가 최근에 새로운 가야사 연구 흐름에 대해 비판하면서 대가야 국가론을 거론하였기[11] 때문에 그에 대한 반론도 겸하게 될 것이다.

먼저, 문제의 소재를 분명히 알기 위해 대가야의 정치발전 단계에 대한 여러 설을 크게 연맹론과 국가론으로 나누어 차이점을 부각시키고 고고학에 의한 대가야 국가론의 기본 틀을 논의하기로 한다. 다음으로 합천댐 수몰지구의 고분 자료를 검토하되 前稿의 내용을 요약하고 보완하며 이 지역의 역동적 변화를 가리키는 중요한 정형성들을 추출한다. 이어서 이를 바탕으로 수몰지구가 고령 세력의 간접지배와 직접지배를 받았음을 논증하고 그로써 대가야의 국가 단계 진입을 다시금 강조한 후, 이러한 대가야 국가론에 대해 연맹론의 관점에서 제기한 간접지배 개념의 문제와 '下部' 명 토기 해석을 비판하기로 하겠다.

Ⅱ. 대가야의 정치발전 단계

1. 연맹론 대 국가론

11) 金泰植, 「加耶聯盟體의 性格 再論」, 『韓國古代史論叢』 10, 2000, 149~193쪽.

고고자료에 의한 대가야 국가론에 짝하여 문헌사의 입장에서 대가야의 국제 관계를 논한 글에서는 대가야의 정치발전 단계에 대한 설을 후기가야연맹론, 연맹론, 영역국가론의 세 가지로 분류한 바 있으나[12) 실은 그리 간단치만은 않은 듯하다. 여기서 연맹론은 단일가야연맹을 부정하는 입장으로서 이른바 지역연맹론을 포함하지만, 후기가야연맹이라는 단일연맹론을 주창한 연구자도 최근에는 그 속의 지역연맹을 인정하는 듯한 입장을 취하고 있고,[13) 또 기본적으로 연맹론의 입장이면서도 대가야의 국가성을 말하는 部體制를 인정하는 설도 있어서 연맹론과 영역국가론을 양극단으로 마치 스펙트럼의 양상을 띠기 때문이다. 하지만 여기서는 쟁점을 분명하게 드러내기 위해 여러 설을 편의상 연맹론과 국가론으로 나누어 차이점을 대비시켜 보기로 하겠다. 다만 국가론은 복잡함을 피하기 위해 여러 연구자의 논지를 대상으로 하지 않고 필자의 前稿의 내용만에 한정하기로 한다.

이와 관련하여 본고에서 영역국가 대신에 국가라는 용어를 쓰기로 한 데 대해 논의를 먼저 해두는 것이 좋을 듯하다. 필자는 前稿에서 고령 지역이 주변 여러 지역을 복속시켜 하나의 정치체, 즉 대가야를 이루었음을 나타내기 위해 영역국가라는 용어를 사용하였다. 즉 경남 북부의 가야 세력들이 고령을 중심으로 진・변한 시기 '국'들의 관계와 본질적으로 다를 바 없는 결합(association) 관계에 머물렀다면 연맹이라 할 것이지만 이들은 그 수준을 넘어 통합(integration)되어 이전보다 훨씬 넓은 영토를 포괄하는 정치체가 되었다는 의미에서 영역국가라 한 것이다.

그런데 그 후 이 영역국가 개념에 대한 인식이 논자에 따라 상당한

12) 李永植, 「대가야의 영역과 국제관계」, 『伽倻文化』 10, 1997, 88쪽.
13) 金泰植, 「加耶聯盟體의 性格 再論」, 『韓國古代史論叢』 10, 2000, 167~168쪽에서 단일가야연맹 안에 '분절체계'라 부를 수 있는 다소 영속성이 약한 지역연맹 같은 것들이 존재한다고 보았다. 이는 아무래도 자신의 단일가야연맹론이 특히 고령만이 아닌 광역의 대가야권에 분포하는 고고학 자료를 설명하기에 근본적인 어려움을 안고 있음을 인식한 때문에 지역연맹론에 대한 반론을 펴면서도 한 발 물러서는 듯한 절충설을 취하려는 것이 아닌가 한다.

차이가 있으며 또 이른바 삼한 소국연맹체 다음 단계의 통합 정치체를 지칭하는 데 다양한 용어를 사용한다는 것을 알게 되었다. 이를테면 고구려를 중심으로 한 部體制 관련 논의에서는 "부체제는 초기 고대국가의 체제로서 …… 삼국 초기의 정치체제에 해당하며 삼국 중기(4~6세기) 이후 (삼국이) 지향해 나가게 되었던 (것은) 영역국가적인 중앙집권체제"라 하여 중앙집권체제가 확립된 단계에야 비로소 영역국가를 운위할 수 있는 것으로 보며,[14] 신라의 경우에는 진한 소국연맹체 다음 단계인 마립간기의 정치적 통합 상태를 가리켜 기왕에는 연맹왕국의 완성 단계라고 해왔으나[15] 왕조국가라 부르기도 한다.[16] 또 최근에는 "이 시기에는 신라도 명확히 중앙집권화된 고대국가라고 할 수 없기 때문에 대가야도 그렇게(즉 고대국가라고) 정의해서는 안 된다. 굳이 사회적인 통합의 수준을 높게 평가하고자 한다면 초기국가 정도라고 할 수 있을 것이다"라 하여 초기국가라는 용어를 쓰는 논자[17]도 있으며, 고령의 加羅와 함안의 安羅 같은 가야 국이 지역연맹의 단계를 거쳐 지역국가에 도달하였다고 주장하기도 한다.[18]

이처럼 삼한 '국'들이 통합된 정치 단계를 가리키는 명칭은 논자마다 다를 정도로 다양한 상황이다. 다만 최근에 와서 거의 모두가 '某某국가'라고는 부르고 있다.[19] 그렇다면 삼한의 정치발전 단계는 '국'으로

---

14) 노태돈, 「초기 고대국가의 국가구조와 정치운영-부체제론을 중심으로-」, 『韓國古代史硏究』 17, 2000, 7쪽.

15) 李基白·李基東, 『韓國史講座』 I -古代篇, 一潮閣, 1982, 149~150쪽.

16) 朱甫暾, 「麻立干時代 新羅의 地方統治」, 『嶺南考古學』 19, 1996, 23쪽.

17) 이성주, 「4-5세기 가야사회에 대한 고고학 연구」, 『4-5세기 한국 고대사와 고고학의 만남 - 한국 고대 국가권력의 성장과 지방통치의 실현 - 』, 제3회 한국고대사학회 하계세미나, 2001, 126쪽.

18) 白承玉, 「加耶 各國의 成長과 發展에 관한 硏究」, 釜山大學校 大學院 史學科 文學博士 學位論文, 2001, 229~231쪽.

19) 단, 신라 마립간기를 가리켜 왕조국가라고 한 논자는 삼한 소국 단계의 「국」이 복수의 읍락으로 구성되어 있다는 것을 나타내기 위해 읍락국가라는 용어를 쓰기도 한다(朱甫暾, 「麻立干時代 新羅의 地方統治」, 『嶺南考古學』 19, 1996, 15쪽). 하지만 이 용어는 읍락이 곧 「국」이라는 오해를 야기할 소지가 있다 하겠다.

표현하고 그것들이 통합된 다음 단계는 그냥 '국가'라고만 하면 어떤가 해서 이를 영역국가 대신에 쓰기로 한 것이다. 물론 이는 그 자체로 정치 발전 단계의 성격을 명확히 드러내주는 용어는 못되고 일종의 작업 개념으로서의 성격을 띠고 있다. 하지만 삼한 이래의 연속적인 고대국가 형성 및 발전 과정에서 가장 중요한 제1차 획기가 '국'들의 통합에 있음을 나타내기에는 적합하다고 판단된다. 그리고 이 '국가' 단계로 들어선 이후의 왕조국가, 영역국가 등의 세분이나 구조 해명은 일단 차후의 문제로 넘기자는 뜻도 들어 있다.

그러면 '국'의 연맹과 그 '국'들이 통합된 '국가'의 기본적 차이는 무엇인가? 그것은 물론 구성 단위들 사이의 관계에 있다. 연맹은 개념적으로 성격 규정이 제대로 되어 있지 못해서 다소 불분명하기는 하지만 구성 '국'들 사이에 임시적이든 항존적이든 우열의 차이는 인정하나 상하 관계는 상정하지 않으며 그런 만큼 각 '국'은 독립적이다. 그 반면 국가로 들어가면 각 '국'은 이전의 '국'으로서의 이름을 잃고 이제 지역 정치체로서 중심 지역 정치체의 하위에 놓인다. 다시 말하자면 이 단계에서 이전의 '국'들에 해당하는 지역 정치체들은 여전히 자체 운동성을 상당히 갖기는 하지만 그것은 어디까지나 중심 지역에 복속된 상태, 즉 정치적 상하 관계를 전제로 한다. 그러므로 군사 및 외교·교역과 같은 대외 교섭권은 근본적인 제약을 받는다. 이에 대해서는 뒤에서 재론한다.

이상을 전제로 대가야 연맹론과 국가론의 주요 차이점을 대비시켜 보자. 먼저, 앞의 논의로써 분명해진 것이지만 국가론에서는 대가야가 삼한 '국'들의 연맹 단계를 벗어났으므로 국가라고 설정하는 논리인 반면에 연맹론에서는 대개 아직 국가 단계에 이르지 못하였으므로 연맹이라고 규정한다. 그래서 외견상으로는 양자가 꼭 같은 상대론의 위치에 있는 듯이 보인다. 그러나 실은 그렇지 않다. 왜냐하면 전자는 고령 지역이 다른 지역을 통합하였다는 자체의 적극적 논거를 가지지만 후자는 자체의 직접적 논거가 아닌 부정적 논거를 갖는 데 지나지 않기 때문이다. 즉 후자에서는 국가 단계에 이르지 못했으니 연맹일 수밖에 없다는 논리가 더 강하지 않은가 싶다.

대가야 연맹론은 물론 고고학적인 근거를 갖고 제시된 것은 아니다. 기본적으로 문헌 사료를 근거로 하고 있는데, 그 논리를 아주 간략히 요약하면, 加羅國王 荷知의 對南齊 通交의 루트 상에 있는 지역들은 于勒 12곡에 나오는 국명들의 소재지이고 그것들이 『梁書』 백제전의 傍小國 기사나 『日本書紀』의 이른바 임나부흥회의 관계 기사에서 거명된 것으로 보건대 각 국은 독립적이므로 고령 대가야를 중심으로 연맹을 이루고 있었던 것으로 해석된다는 것이다.[20] 여기서 알 수 있듯이 '왜' 그것들의 관계가 연맹으로 해석 또는 설정되는지가 결코 분명하지 못하다.[21]

다음으로, 연맹론과 국가론은 모두 동일하게 대가야라는 용어를 쓰고는 있지만 그것이 지칭하는 지리적 범위에는 큰 차이가 있다. 사실 대가야라 하면 으레 고령 지역의 가야를 지칭하는 것으로 이해한다. 그러나 이는 반드시 옳지는 않다. 대가야 국가론에서는 고령 지역의 가야가 대가야이기도 하지만 그와 동시에 그것이 복속한 지역들까지를 모두 포괄하는 광역의 지리적 범위 전체를 가리킬 때도 대가야라고 한다. 아니 대가야가 국가라고 할 때는 오히려 후자 쪽에 비중을 둔 표현이다. 그래서 대가야국가라 해야 정확하다 하겠다. 이는 마치 신라라고 하면 때로 경주 일대를 가리키기도 했지만 대개 광역의 신라를 가리키는 것과 마찬가지다.

이에 반해 후기가야연맹론은 물론이거니와[22] 대가야 연맹론에서는

---

20) 田中俊明, 앞의 책.

21) 역으로 지금까지도 가야 연맹을 비롯해서 전반적으로 연맹이라는 것의 성격이 구체적으로 설정되어 있지 못하기 때문에 아마도 그러한 적극적 논증이 불가능한지도 모르겠다.

22) 단적인 예로 金泰植, 「加耶聯盟體의 性格 再論」, 『韓國古代史論叢』 10, 2000, 186쪽에서 필자 등의 광역 대가야 국가론에 대해서도 "고령의 대가야를 중심으로 한 주변 소국들의 복속 관계를 동태적으로 잘 파악해낸 성과로 인정된다"고 하면서 대가야를 고령으로 한정하고 있는 데서 잘 알 수 있겠다.

기본적으로 고령만을 가리켜 대가야라 한다. 그래서 대가야연맹이란 대가야 국가론에서 말하는 광역권이 전체적으로 대가야로 불리는 연맹이었다는 것이 아니라 어디까지나 고령만이 대가야로서 일정 범위의 여타 가야 국에 대해 맹주권을 행사하는 관계였다는 것이다.

2. 고고학에 의한 대가야 국가론의 틀

고대국가론에서 기본을 이루는 두 가지 주제는 국가 형성 과정과 국가 구조라 하겠는데,[23] 고고학에서 접근하기는 양자 모두 난제이지만 그래도 상대적으로 용이한 쪽은 전자이다. 국가 구조에 연관된 관료조직의 존재와 실체를 고고학적으로 실증한다든지 하는 일은 관련 고고학 자료도 드물거니와 공시적 분석밖에 할 수 없는 터라 실로 지난하다. 반면에 국가 형성 과정은 고고학 자료가 원래 통시적 특성이 강한데다가 이를테면 국가 형성에 으레 수반되는 정치체의 외형 확대라는 측면을 통시 및 공시적으로 추적할 수가 있어 한결 낫다.

국가 형성 과정이나 국가 형성의 정도를 고고학적으로 연구하는 데 정치체의 외형 확대에 착안하는 방법 이외에 주목할 수 있는 측면으로는 정치체 내부 구조의 복잡화를 들 수 있으며 이는 관련 고고자료의 위계화의 진전이라는 관점에서 접근할 수 있다. 예컨대 필자와 다른 각도에서 역시 대가야의 國家性을 고고학적으로 논증하려 한 연구들[24]이 이러한 접근법을 취하였다. 이들은 고령양식 토기가 출토되는 대가야 권역의 각 지역 수장층을 고총의 규모나 순장자 수, 출토 유물의 질과 양 같은 것을 기준으로 등급화하고 그것이 곧 대가야 권역내 각지 수장층의 위계화, 나아가 그에서 추론되는 대가야의 국가성을 반영한다고 해석하였다. 그러나 이 경우 위계화 분석 대상이 된 고총들

23) 노태돈, 앞의 글, 5쪽.
24) 金世基, 「大伽耶 墓制의 變遷」, 『加耶史硏究-대가야의 政治와 文化-』, 慶尙北道, 1995, 301~364쪽 ; 朴天秀, 「考古學 資料를 통해 본 大加耶」, 『考古學을 통해 본 加耶』, 2000, 91~128쪽.

이 엄밀하게 말해 같은 시간대가 아니라는 점이 문제시되고 더욱이 과연 고고학적 분류에 의한 등급이 그대로 당시의 사회적 위계를 반영한다는 보장이 있느냐 하는 결정적으로 풀기 어려운 문제가 개재되어 있다. 또 각 수장층 고총 사이에서 보이는 차이가 양적인 우열을 반영하는 것인지 아니면 정말로 질적 차이를 나타내는지를 판정하기도 실질적으로 지극히 어렵다. 사실 국가로 편입된 각 지역 수장층 사이에 우열은 당연히 있었을 것이지만 그렇다고 해서 그들 사이에 반드시 위계가 있어야 하는 것은 아니라 하겠으며 그런 까닭에 질적 의미에서의 위계를 설정하는 데는 엄밀하고 신중한 방법론이 요구된다.

그에 반해 정치체의 외형 확대라는 측면에서 국가 형성을 추적하는 작업은 훨씬 명시적으로 이루어질 수 있다. 한반도 남부의 고대국가 형성이 청동기시대 촌락으로부터 형성된 읍락이라는 기초 정치체가 '국'으로 통합되고 그것들이 다시 앞에 말한 '국가'로 통합되는 과정을 밟았다는 것은 현재 학계에서 통설로 되어 있다.[25] 그러므로 그 틀에 준거하여 고고학 자료의 통시적 변화와 공시적 변이에 대한 분석을 함으로써 어느 시점에서 어떤 양태로 그러한 변화가 일어나는지를 객관적으로 확인하기가 한층 용이한 것이다. 특히 '국'에서 '국가'로의 변화 단계에 관련된 통시, 공시적 고고자료는 비교적 많이 확보되어 있어서 구사하기가 한층 쉽다. 필자의 前稿에 의한 대가야 국가론은 바로 이러한 정치체 외형 확대의 측면에 착안하여 고령 지역의 가야 '국'이 5세기 이후 인접하는 '국'(및 小別邑)들을 영역으로 통합한 과정을 고령토기 양식의 시공적 분포 확대와 그와 맞물린 고총 축조의 성쇠에서 나타나는 정형성들을 근거로 추적한 것이었다. 다만, 그 절차와 과정을

25) 이에 대해서는 李熙濬, 「삼한 소국 형성 과정에 대한 고고학적 접근의 틀-취락 분포 정형을 중심으로-」, 『韓國考古學報』 43, 2000, 113~138쪽을 참조. 다만 모든 지역에서 반드시 「국」을 이룬 연후에 국가로 통합된다든지 한 것만은 아님은 물론이다. 『三國志』 위서 동이전에 나오듯이 小別邑 상태로 있다가 통합된 정치체도 적지 않을 것이지만 그것의 정치적 성격도 기본적으로 「국」과 다를 바 없으므로 대개는 「국」들이 어느 시기에 가서 상호간에 통합된 것으로 보아도 무방할 것이다.

따로 명확히 서술하지 않아 약간의 오해를 불러일으킨 감이 있어서 여기에 고고학 자료에 의한 대가야 국가 형성론의 기본 틀을 언급해 두고자 한다.

첫째, 각 지역 정치체의 지리적 범위를 설정 또는 구분한다. 일단 중심 정치체인 고령 지역 '국'의 범위를 설정하고 그에 의해 통합된 다른 지역 정치체의 범위를 설정하는 일이 중요하다. 이미 앞 절의 논의에서 분명하게 드러났듯이 국가는 진·변한 단계의 '국'들이 하나로 통합됨으로써 비로소 성립하기 시작하는 것이므로 고고학적으로 그러한 통합 과정을 추적하기에 앞서 각 '국' 또는 지역 정치체들의 권역을 구분하는 문제가 가장 중요한 전제가 된다.

진·변한부터 신라·가야 시대까지 영남 지방 각 지역에 자리잡았던 정치체들의 권역을 설정하는 데는 신라·가야시대의 중대형 고총군의 분포와 지형 및 지리적 구분을 근간으로 하고『三國史記』지리지의 군현 관계 기사를 참고하는 것이 바람직하다는 기본 틀은 이미 제시한 바 있다.[26] 이 틀의 근저에 있는 생각은 자연 지형과 그에 바탕을 둔 지리가 옛 사회 단위의 성장이나 변화에서 장기적인 배경 역할을 하였고 또 중대형 고총군의 분포 양상은 그 지형 안에 존재한 사회의 통합을 가리키는 지표라는 것이다. 그에 비해『三國史記』지리지의 군현 관계 기사는 특히 가야의 경우 신라에 통합되어 재편이 이루어진 이후의 상황을 반영할 가능성이 크므로 참고 자료로만 한정해서 쓰는 편이 낫다고 본다.

둘째, 중심 지역 정치체의 고고자료가 나타내 보이는 통시적 변화를 기본 축으로 삼아 시간의 흐름에 따라 그 지역과 인접 지역 간에 통합이 일어남을 가시적으로 논증한다. 그 해석에서는 특히 고분에 부장되는 토기 양식에서 중심 정치체의 토기를 그대로 들여온다든가 그 양식을 전면적으로 따른다거나 하는 변화가 있는지를 검토함과 아울러 각 지역 고총군의 출현이 그러한 양식 변화와 특히 시간적으로 어떻게 연

26) 李熙濬,「新羅考古學 方法論 序說」,『韓國考古學報』37, 1997, 79~87쪽.

관되어 있는지를 살핀다. 만약 고총 출현이 시간적으로 보아 토기양식 변화와 동시이거나 그보다 늦다면 그것은 곧 중심 지역 정치체와 해당 지역 정치체 사이의 관계 변화, 즉 간접지배라는 새로운 정치적 관계의 성립에서 비롯된 것으로 해석한다. 그리고 고총군의 축조 중단이 중심 정치체의 그것보다 이른 시기에 일어난다면 그것 또한 前代의 변화에 후속하는 중대한 변화, 즉 지역 수장층의 실질적 소멸을 뜻한다고 보아 이 지역에 대한 중심 지역 정치체의 직접지배가 실시되었음을 시사한다고 해석한다.

Ⅲ. 합천댐 수몰지구 고분 자료의 검토

낙동강 지류인 황강 중류역의 합천댐 수몰지구는 다른 지역과 지리 지형적으로 명확하게 구분되는 지역 단위로서 지역 정치체의 존재가 설정될 수 있는 필요 조건을 갖추고 있다. 또 지리적으로 볼 때 고령이 영역 확대를 위해서는 가장 먼저 진출할 수밖에 없는 지역이라는 점에서 과연 고령 지역 '국'이 다른 지역 '국'이나 소별읍과 같은 정치체를 정치적으로 통합하였는지를 가늠할 수 있는 시금석과 같은 역할을 한다. 더욱이 이 댐 지역은 발굴이 아주 대대적으로 이루어져서 그 안에 존재하였던 가야 사회의 변화를 다른 어떤 지역보다도 세밀하게 추적할 수 있는 자료가 축적되어 있다. 그래서 위에서 말한 고고학적 접근을 통해 대가야의 정치적 성격 변화를 추론하는 데 가장 적합한 조건을 갖추었다 하겠다. 나아가 이에서 나타나는 양상을 기준으로 삼아 대가야 권역의 다른 지역에서 단계 또는 시기는 다르더라도 비슷한 상황이 전개되었을 것이라는 추론까지 할 수 있다. 본고가 대가야의 국가성을 논증하는 데 이 지역을 대상으로 삼은 소이가 바로 여기에 있다.

각 고분군의 양상에 대해서는 前稿에서 비교적 자세히 검토하였으므로 여기서 특별히 새로운 분석을 할 이유는 없다고 생각된다. 그러므로 前稿의 내용을 본고의 필요에 맞게 요약한 후 위의 접근법에 필요한 사항들을 강조하거나 약간 부연하는 의미에서 그로부터 파악되는 중요한 정형성들을 열거하기로 한다. 이 정형성들은 다음 장에서 이 지역의 통시적 변화에 대한 고찰을 통해 대가야가 국가 단계에 이르렀음을 논하는 데 토대가 될 것이다.

한편 본고의 편년관은 필자의 고령양식 토기 출토 고분에 대한 편년[27]을 근거로 한 前稿와 동일함을 밝혀둔다.

1. 고분군별 분석

먼저 고분군의 분포를 전체적으로 개관하면 황강에 아주 가까운 지점에서 고령쪽으로 흘러가는 묘산천의 발원지로부터 남쪽으로 4km 정도 떨어진 황강 좌안 산록부에 반계제고분군이 소재하고 그 맞은편 우안의 다소 넓은 강안대지에 봉계리고분군이 위치한다. 반계제고분군이 있는 강안 하류 약 1km 지점에 중반계고분군이 있으며 다시 거기서 아래로 1.5km 남짓 되는 곳에 저포리고분군이 있다. 그리고 다시 10km 하류에 창리고분군이 소재한다. 또 저포리고분군이 소재한 곳에서 동북쪽으로 2km 정도 들어간 계곡지에는 신라양식 토기가 출토된 계산리고분군이 있다(이상 도면 1 참조).

이하 고분군별로 발굴 결과를 요약하기로 한다.

1) 鳳溪里古墳群[28]

조사된 묘곽의 수만도 220여 기에 달하는 대고분군이다. 조영 기간이나 규모로 보아 이 지역의 주요 취락의 고분군이다. 묘제는 크게 토광묘와 석곽묘(석관계 석곽묘 포함)로 나눌 수 있다. 전자는 다시 바닥에 栗石과 같은 냇돌을 깐 것(A형)과 아무런 시설을 하지 않은 것(B

27) 李熙濬, 「고령양식 토기 출토 고분의 편년」, 『嶺南考古學』 15, 1994, 89~113쪽.

28) 沈奉謹, 『陜川鳳溪里古墳群』, 東亞大學校博物館, 1986.

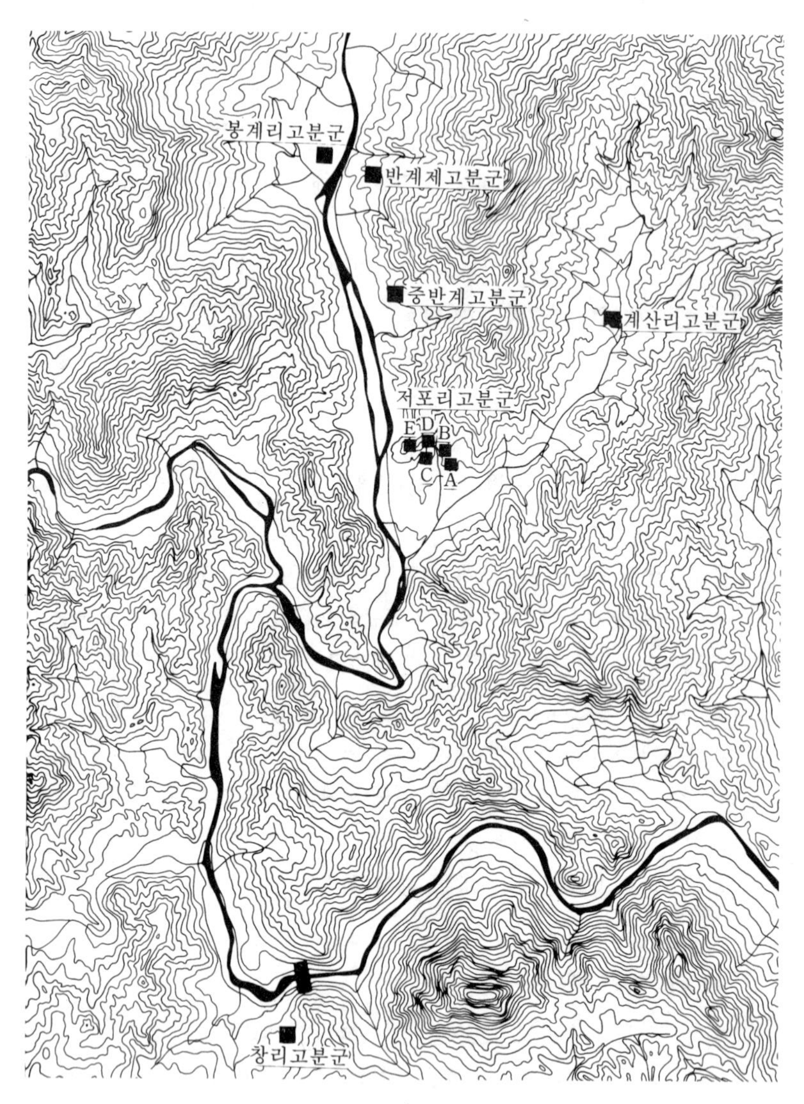

도면 1

형)으로 나뉘며, 후자는 크게 보아 벽의 아래 위에 별다른 차이를 두지 않고 대략 같은 크기의 냇돌로 구축한 것(C형)과 하단에 판석형 석재를 세우고 그 위는 냇돌을 눕혀 쌓아 구축한 것(D형)으로 나뉘는데, 대개 길이 350cm 이하의 소형묘들이다. 출토 토기를 참조하고 구조를 기준으로 대략의 출현 순서를 말하면 A형묘가 가장 먼저 출현하고 그 다음에 B형묘·C형묘 중 바닥은 栗石을 깐 것이 나타나며 그에 이어 C형묘 중 기타의 바닥 시설을 한 것이 나타난 후 마지막으로 D형묘가 출현한 것으로 단계화가 가능하다. 고령양식 토기는 B형묘 단계에 처음으로 나타나는데 그 양상은 지역색을 보이는 토기가 주류이고 거기에 일부 고령양식 토기로 볼 수 있는 유형이 더해진 정도이다. 연대로는 늦어도 고령 지산동 34호분 단계(5세기 2/4분기)이나 아직 빈도는 현저하지 않다. 그렇지만 다음의 C형 석곽묘 단계에 가서는 다소 빈도가 현저해지며 토기도 고령양식만의 조합이 나타나는 등 그 勢가 강해지는 느낌인데 그 연대는 대략 5세기 중기에서 3/4분기에 걸친다. 다시, 다음의 D형 석곽묘 출현 단계에서는 C, D 유형 석곽묘 모두의 토기가 고령양식 일색이 되는데[29] 그 연대는 대략 반계제고분군의 조영 개시기보다 약간 늦은 5세기의 4/4분기쯤이다.

2) 磻溪堤古墳群[30]

고총을 포함하는 이 지역의 중심 고분군이다. 조사된 고분군은 가, 나, 다의 세 지구로 나뉘는데, 묘곽 길이 5m 이상의 대형 수혈식 석실분은 4기(가A, 나A, 나B, 다A)이고 3.5~5m의 중형분은 십 수기, 그리고 그 이하 크기의 소형분은 80여 기이다. 정식 보고된 것은 가 지구와 다 지구로서 전체 39기이다. 현재 보고된 고분군에서 출토된 토기자료로 보건대 이 고분군의 토기는 고령양식 일색이라고 해야 할 것이다.[31] 묘제도 평면 세장방형의 전형적인 고령식이다. 다A호분에서는

29) 단, 연질토기 발 내지는 옹은 고령양식이 거의 없고 재지의 기형이다.
30) 김정완 외, 『陜川磻溪堤古墳群』, 慶尙南道·國立晋州博物館, 1987.

고령 지역을 분포의 중심으로 하는 축소모형 철기가 다량으로 출토되었다. 그리고 가B호분의 제사유지라 생각되는 곳에서 고령양식의 특징적인 통형기대가 출토되었다. 고분군의 조영 기간은 5세기의 3/4분기에서 6세기의 2/4분기 초까지에 걸친 것으로 볼 수 있다. 한편 이곳 수장묘로 간주할 수 있는 대형 석곽묘인 가A호분이나 다A호분의 연대가 늦어도 5세기의 4/4분기를 넘지 않으며 중형묘인 가B호나 다B호도 지산동 45호보다 늦지 않다는 점에서 이곳의 중대형 고총에 묻힌 수장들은 대략 5세기의 3/4분기에서 늦게 잡아야 6세기 초두까지의 짧은 기간 존재한 것으로 보아도 좋을 것이다.

3) 中磻溪古墳群[32]

모두 20기의 소형 석곽묘로 이루어져 있다. 석곽 형태는 앞의 봉계리고분군의 C형 석곽묘와 석관계 석곽묘인데 거의 모두 길이 2.5m 이하의 소형이다. 토기류는 일부 적갈색 연질 옹 등에 재지계의 기형이 보이나 전체적으로 고령양식 일색이라 할 수 있다. 고분군의 조영 기간은 대략 반계제고분군 조영 이후이거나 적어도 그 대형분 및 중형분의 축조가 중단된 이후로서 중심 연대는 6세기의 2/4분기로 잡을 수 있다.

4) 苧浦里古墳群[33]

발굴 결과로 보는 한 수몰지구에서 가장 일찍부터 고분이 축조되기

---

31) 일부 무개식 장경호나 연질 옹에 지역색을 가진 것이 전혀 없는 것은 아니다. 그러나 규모가 큰 고분일수록 '완전히' 라고 할 정도로 고령양식 토기만이 나오므로 거기에 큰 의미를 부여할 필요는 없다고 본다.

32) 趙榮濟・朴升圭,『陜川中磻溪墳墓群』, 慶尙南道・慶尙大學校博物館, 1987.

33) 鄭永和・梁道榮・金龍星,『陜川苧浦古墳A發掘調査報告』, 嶺南大博物館, 1987 ; 朴東百・秋淵植,『陜川 苧浦里B古墳群』, 昌原大學 博物館, 1988 ; 李殷昌,『陜川苧浦里C・D地區遺蹟』, 慶尙南道・曉星女子大學校博物館, 1987 ; 尹容鎭, 『陜川苧浦里D地區遺蹟』, 慶尙南道・慶北大學校考古人類學科, 1987 ; 釜山大學校博物館,『陜川苧浦里E地區遺蹟』, 1987.

시작한 곳은 이 저포리 지구이다. 시기에 따라 고분 축조의 성쇠가 심하지만 전체적으로 볼 때 이 지역의 주요 취락 하나가 이 일대에 존재하였음을 나타낸다. A~E의 다섯 지구로 나누어 발굴 조사를 하였던 바 크게 보아 동쪽의 A지구로부터 서쪽의 E지구로 가면서 순차적으로 고분이 축조되었음이 드러났다. 그리고 이른 시기인 A지구와 B지구 고분이 축조되고 나서 장기간의 단절이 있었다가 반계제고분군의 축조가 중단된 후 C지구로부터 다시 고분이 조성되고 있음도 밝혀졌다.

A지구와 B지구에는 대략 삼한 시기에서 가야의 비교적 이른 시기에 걸친 토광묘 60여 기가 축조되고 나중에 다시 B지구에 몇 기의 석곽묘가 추가로 축조되었다. 토광묘에서는 와질토기와 이른바 고식도질토기가 출토되고 있다. 석곽묘는 5기가 확인되었을 뿐인데, 그 중에서 제일 늦다고 생각되는 34호 석곽묘에서만 고령양식 토기의 거의 말기로 생각되는 호리박형 토기 등이 출토되었다. 이보다 조금 이른 나머지 석곽묘에서는 분명하게 고령양식으로 볼 수 있는 토기는 출토되지 않았다.

C, D지구의 고분군은 고령양식 토기로부터 신라양식 토기로 교체되는 단계의 횡구식, 횡혈식, 수혈식 고분으로 이루어져 있다. 먼저 D지구의 단독 수혈식 석곽묘 중 고령식의 구조를 가진 것에서는 고령양식 일색의 토기상을 보이는 반면, 다소 폭이 넓어지고 築壁 방식도 고령양식과는 다른 석곽묘들에서는 신라양식의 토기류가 출토된다. C, D지구의 횡구식 석곽묘와 횡혈식 석실묘는, 최초 매장시 고령양식 토기가 부장되고 추가장시에는 석실 안이나 수혈식 陪墓에 신라양식 토기가 부장되거나 전부 신라토기만 부장된 것이 주류를 이룬다.

E지구의 고분은 대부분 횡구식 내지는 횡혈식 고분으로서 토기로 보아 이 지역이 신라 영역화하기 직전 단계부터 빨라도 7세기대 후반까지에 걸쳐서 조영된 고분군이다. 남북으로 뻗은 두 개의 구릉에 고분들이 축조되어 있는데 그 중 C, D지구에 가까운 구릉(가 지구)에 있는 고분에서 일부 고령양식 토기와 함께 신라양식 토기가 출토되었고

나 지구에서는 신라양식 토기만이 출토되었다.

확실한 고령양식 토기가 출토된 4호분은 이 지구 전체에서 가장 먼저 축조된 고분이다. 이는 4-1호 횡구식[34] 석곽묘를 먼저 축조하고 그 분구 범위내에 다시 2기의 횡구식 석곽묘(4-2, 4-3호)를 추가로 설치한 고분이다. 전체적으로 고령양식에서 신라양식으로 바뀌는 과정의 토기들이 출토되었는데, 이 4호분이 주목을 끄는 점은 잘 알려져 있듯이 4-1호묘에서 출토된 고령양식의 편구호에 '下部思利利'라는 銘文이 새겨진 점이다. 이 토기는 보고서에 따르면 4-1호묘의 묘도 좌측에 1개만이 잔존한 上段 護石 옆에서 출토되었다고 하는데, 이 상단 호석이란 곧 석실 구축에 관련된 이른바 內護石이므로 이 토기는 그 출토위치로 보아 4-1호묘의 축조시 거행된 제사에 관련된 유물로서 4-1호묘의 주인공과 직접 관련이 있음에 틀림없다. 또한 주목되는 것은 4-1호묘에서 옥전고분군 출토품과 같은 계통의 有刺利器가 출토된 점이다. 옥전고분군에서는 이른 시기의 고분에서 나오기 시작하여 말기까지 줄곧 출토되는 것으로 마치 옥전고분군 조영 집단의 상징물같이 되어 있는 것이다. 그런데 더욱 흥미로운 점은 이 유물이 4호분만이 아니라 그에 이어지는 그와 같은 구릉의 연대상 후속하는 고분들(2, 3, 5-1호)에서 계속 출토되고 건너편 나 구역의 그에 이어지는 9호분에서도 출토된 것이다. 이는 4호분이 이 지구의 고분 중에서 가장 먼저 축조되었다는 점과 함께 고려할 때 그들의 出自에 관한 증거가 될 수 있어 아주 중요하다.

5) 倉里古墳群[35]

고분 축조 개시의 시점이 5세기 후반이지만 모두 180여 기의 고분이 발굴된 것으로 보아 적어도 그 시점 이후로는 일대에 주요 취락이 있

---

34) 보고서에서는 횡혈식으로 보았으나 이 고분의 연도로 파악한 부위는 묘도로 보아야 할 것이라서 횡구식으로 하는 것이 타당하다고 본다.

35) 沈奉謹, 『陜川倉里古墳群』, 東亞大學校博物館, 1987.

었음을 나타낸다. 고분군은 황강 남안에 있는 작은 평지의 동쪽에 북서-남동으로 자리잡은 야산의 구릉에 조영되어 있는데 두 개의 群을 이루고 있어서 조사시에 A지구(남동부)와 B지구(북서부)로 구분되었다. 이 고분군은 크게 보아 B지구 수혈식 석곽묘군, A지구 수혈식 석곽묘군, A지구 횡구식 석곽묘군, B지구 횡구식 석곽묘군의 순서로 영조된 것으로 판단된다. 토기상을 보면 A지구 수혈식 석곽묘군은 고령양식 일색인 가운데 삼가 지역과의 관련성을 보여주는 토기가 일부 있거나 극히 드물게 재지 기형이 보이는 정도이다. B지구도 사정은 거의 마찬가지이며 전체적으로 보아 재지형의 광구장경호 등이 약간 더 있을 뿐이다. B지구에서 묘곽이 가장 크고 연대적으로 이를 가능성이 있는 1호분이 반계제 가B호분보다 약간 늦은 것으로 보이고 이 1호분 가까이에 위치한 78호분이 반계제 다A호분보다 약간 늦은 것으로 보여 이 고분군의 축조 개시기는 반계제고분군의 그것보다 거슬러 올라 갈 수는 없고 다소 늦어 5세기의 3/4분기의 늦은 시기나 4/4분기 초로 볼 수 있을 것 같다.[36] 고령양식 토기는 이곳이 신라화되면서 횡구식 석곽묘와 더불어 신라양식 토기가 들어옴으로써 사라진다.

2. 고분 자료의 정형성

앞에서 고분군별로 대략 통시적인 분석을 하였지만 이들은 실은 상호 밀접하게 연계된 가운데 시간의 흐름에 따라 변동하고 있었다. 이제 수몰지구 고분군 전체를 대상으로 대가야 국가론이라는 본고의 논지에 관련하여 통, 공시적으로 파악되는 정형성들을 열거해 보겠다.

첫째, 위에서 구체적으로 분석을 하지는 않았지만 고령양식 토기가 이 지역의 고분에 부장되기 전 단계의 토기는 고령 지역 토기와는 양식적으로 다르며 또한 황강 하류역에 있는 같은 합천군 소재의 옥전고

36) 이렇게 볼 때 이 지구에 좀더 이른 시기의 고분군이 어디에 있는지가 문제되는데, 보고서에서 창리고분군의 서편에 下金里古墳群이 相對하고 있다고 하는바(보고서, 409쪽 註4) 혹시 그것이 그에 해당할지도 모르겠다.

분군 토기와도 다르다.

둘째, 고령양식 토기가 부장되기 시작하면서 일거에 토기 양식이 바뀌는 것이 아니라 5세기 2/4분기부터 3/4분기에 걸쳐서 서서히 증가하는 양상을 띤다.

셋째, 부장 토기가 일단 고령양식 일색으로 된 이후에는 이전의 토기 양식으로 되돌아간다든지 다른 지역 양식의 토기로 바뀐다든지 하는 일은 없다.

넷째, 이 지역의 중심 고분군이자 고총군인 반계제고분군은 대략 5세기 3/4분기에 축조되기 시작하면서 고령양식 토기만을 일색으로 부장하며 그에 이어 일대의 주요 취락의 대고분군으로 판단되는 봉계리 고분군에 부장되는 토기도 고령양식 일색으로 바뀐다. 그리고 역시 주요 취락의 대고분군인 창리고분군은 반계제고분군에 이어서 고령양식 토기 일색 부장과 더불어 축조되기 시작한다.

다섯째, 반계제고분군과 창리고분군은 5세기 후반에 갑자기 군을 이루고 조영되기 시작한다.

여섯째, 반계제고분군의 중대형 고총은 분명히 6세기 중엽의 가야 멸망 이전에 축조가 중단되며 그 연대는 늦어도 6세기 전엽이다. 그리고 반계제고분군 전체의 축조 중단과 더불어 중반계고분군이 축조되며 또 장기간 고분 조영이 중단되어 있던 저포리에서도 뒤이어 C, D지구 고분군이 축조되는데 부장토기는 고령양식 토기였다가 곧바로 신라양식 토기로 바뀐다.

일곱째, 이 지역이 신라화됨과 동시에 저포리에 C, D지구와는 완전히 구분되는 E지구에 '下部' 銘文 토기가 출토된 4호분을 필두로 새로운 고분군이 조영되는데, 그 피장자 집단의 출자가 옥전 지역과 관련성이 깊음을 시사하는 유자이기가 여러 대에 걸쳐서 계속 부장된다.

Ⅳ. 대가야 국가론

무엇보다도 먼저 합천댐 수몰지구가 원래 고령 지역의 권역에 들지 않은 별개 정치체의 권역이라는 점을 논증하여야 하겠다. 그래야만 고령양식 토기 등이 보여주듯이 5세기 초 이후 시간의 흐름에 따라 이 지역에서 일어난 변화가 고령에 소재한 정치체와 이 지역에 소재한 정치체 사이의 관계 변화, 즉 前稿에서 논했듯이 연맹 관계→간접지배→직접지배로의 변화의 결과임을 논할 수 있기 때문이다. 이는 두 가지 방법으로 접근할 수가 있겠다. 한 가지는 고령 지역 정치체의 범위를 설정함으로써 두 지역이 구분됨을 논하는 것이고 또 한 가지는 수몰지구 자체가 고령 지역과는 별개 정치체의 지리적 단위라는 것을 논증하는 것이다.

대가야 핵심 지역의 범위, 신라에 빗대어 말하자면 사로국의 최대 범위와 같은 것이 어디부터 어디까지였느냐에 대해서는 대체로 현재의 고령군을 중심으로 하였을 것이라는 데 이견이 없다. 좀 더 구체적으로는『三國史記』지리지의 기사를 근거로 그에다 서쪽의 합천군 야로면과 가야면을 더한 범위로 보기도 한다.[37] 그러나 그 기사는 큰 참고가 되기는 하지만 한편으로 가야가 신라에 통합된 후에 변화된 정치 상황에 따라 이루어진 지역 단위의 재획정 등을 반영할 가능성이 있는 점[38]이 문제가 된다. 그래서 앞에서 언급한 지역 구분의 원론에 더하여 山城의 분포양상까지 고려해서 보면 東으로는 물론 낙동강이 한계이고 北으로는 현 고령군의 北界에 성주군 수륜면의 남부를 더한 범위이며 南으로는 고령군의 南界까지이고 西로는 고령군의 西界에 합천군의 야로면과 가야면, 그리고 묘산면을 더한 범위이다.[39] 이로 보더

---

37) 盧重國,「大伽耶의 政治·社會構造」,『加耶史硏究-대가야의 政治와 文化-』, 慶尙北道, 1995, 159~161쪽.

38) 필자는 낙동강 이동의 신라에서 의성 지역이나 창녕 지역의 경우에 관련된『三國史記』지리지의 군현 관계 기사에 나타난 해당 지역 정치체의 범위가 고분 자료나 지리 지형 등으로 추정되는 범위와 다른 점이 그러한 변동을 반영한 것이라고 본 바 있다(李熙濬,「4~5世紀 新羅의 考古學的 硏究」, 서울大學校 大學院 文學博士學位論文, 1998).

39) 상세한 설명은 金世基,「古墳資料로 본 大加耶」, 啓明大學校 大學院 歷史學科 博士學位論文, 2000, 65~72쪽에 있으며 특히 그 내용이 요약된 72쪽의

라도 합천댐 수몰지구는 고령 지역의 '국'과 접하면서 그와는 완전히 구분되는 정치체를 이루고 있었던 것으로 보아도 안전하다(도면 2 참조). 더욱이 수몰지구의 고분에서 5세기 초를 전후해서 출토되는 토기들이 고령의 지산동고분군의 초기 단계 고령양식 토기나 쾌빈동고분군에서 출토된 그 전 단계 토기류[40]와는 다르다는 점도 수몰지구가 고령 '국'과는 상호 구분되는 정치체의 무대였음을 뒷받침한다.

그런데 흔히 이 수몰지구를 포함한 현 합천군 일대를 합천 세력이라 부르면서 마치 한 단위의 지역 정치체가 있었던 듯이 보는 시각이 많으므로 그에 대해서 언급해 둘 필요가 있다. 前稿에서 이미 논하였지만,[41] 우선 황강 하류의 옥전 지역도 현재의 행정 지명으로는 합천에 속하지만 이는 고분 자료로 보거나 지형으로 보아 수몰지구와 전혀 별개의 정치체에 속함은 자명하다. 그리고 합천읍 남쪽의 삼가면 일대도 고분 양상으로나 지리, 지형적으로 보아 하나의 지역 정치체를 이루었음이 분명하다. 다만 합천읍 일대가 그래도 수몰지구에 가까우므로 혹시 이 두 지역을 하나로 합쳐서 한 지역 정치체로 볼 수도 있겠다. 실제로 이를 多羅로 설정하는 연구자도 있다.[42] 합천읍 일대는 고고학적으로 자세히 알려져 있지 않아서 여기서 고분 자료로 두 지역의 관계를 논하기는 어렵다. 그러나 합천댐이 있는 곳 주변에서 황강이 일종의 작은 협곡처럼 되어 있어서(도면 2의 댐 표시 부분 부근과 앞의 도면 1 아래 부분의 창리고분군 오른쪽 지형 참조) 수몰지구와 합천읍 일대는 지형적으로 완전히 구분되고 있으며 양 지역 간 직접 교통은 거의 두절되어 있다.[43] 그래서 두 지역이 하나의 정치체를 이루었던

<도 Ⅱ-3>을 참조하기 바람.

40) 嶺南文化財硏究院, 『高靈快賓洞古墳群』, 1996.

41) 李熙濬, 「토기로 본 大伽耶의 圈域과 그 변천」, 『加耶史硏究-대가야의 政治와 文化-』, 慶尙北道, 1995, 392~406쪽.

42) 金泰植, 『加耶聯盟史』, 一潮閣, 1993, 158쪽 및 『韓國古代史硏究』 17, 2000, 지정토론, 369쪽의 김태식의 발언.

43) 실제로 수몰지구 발굴 당시까지도 그 주민들은 직선거리로 더 먼 거창으로 시장 등의 볼일을 보러 나가지 합천읍으로는 가지 않았는데 이는 곧 수몰지구가 지형상으로 거창 생활권임을 말해준다.

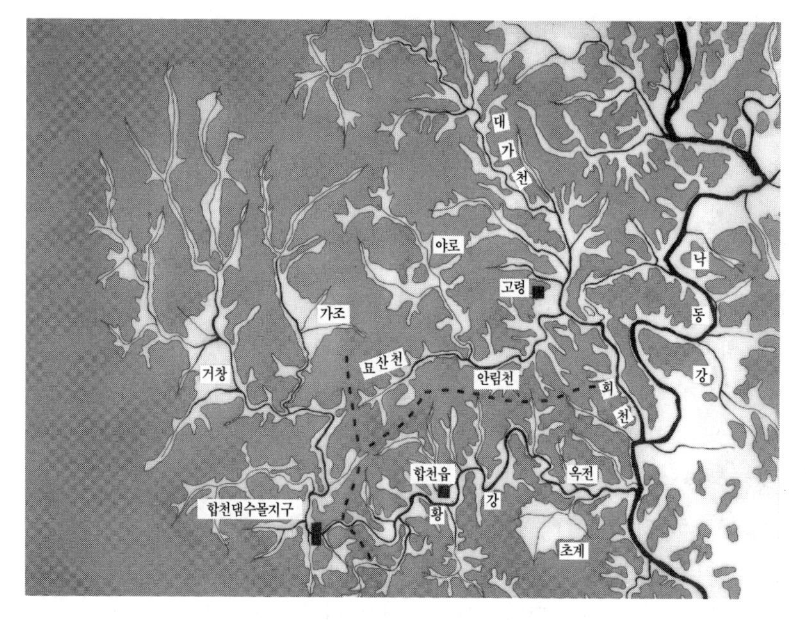

도면 2

것으로 설정할 수는 없으며 합천읍 일대는 오히려 그보다 하류의 옥전 지역과 한 정치체를 이루었을 가능성이 크다.[44]

이로써 가장 중요한 전제가 일단 충족된 셈이므로 수몰지구의 고분 자료에서 보이는 정형성들을 토대로 이 지역에서 5세기 초 이후에 일어난 변동을 살펴보아야 하겠는데, 그 정형성들이 주로 토기양식과 관련되고 또 반계제고총군의 의미가 해석의 주요 축을 이루므로 토기양식과 고총의 의미에 대해 미리 잠깐 언급해 둘 필요가 있겠다.

동일한 토기양식의 지속적인 출토 권역이 단순히 동일 문화권을 나타내는 데 그치는 것이 아니라 동일한 경제권, 나아가서 정치권의 존재를 반영한다는 데 대해서는 前稿에서 논한 바 있으므로[45] 여기서

---

44) 朴天秀,「考古學 資料를 통해 본 大加耶」,『考古學을 통해 본 加耶』, 2000, 116~119쪽에서도 이러한 정치체 권역 설정과 동일한 견해를 취하고 있다.

45) 李熙濬,「토기로 본 大伽耶의 圈域과 그 변천」,『加耶史硏究-대가야의 政治와 文化-』, 慶尙北道, 1995, 409~412쪽.

새삼 반복할 필요는 없을 것이다. 다만 그보다 좀 진전된 관점에서 부연한다면 어떤 지역에 다른 지역의 토기양식이 등장할 때 그것이 출현한 시점부터 양 지역 간에 정치적 관계가 개시된다기보다는 오히려 그 이전의 정치적 관계를 포함한 모종의 관계를 기반으로 새로운 국면의 변화된 정치 경제적 관계가 성립한 결과로 그런 현상이 나타난다고 보는 편이 옳다는 것이다. 실은 그런 측면에서 고령양식 토기가 수몰지구에 일부 유입되는 단계에 연맹 관계가 성립하였으되 그 연맹은 일반적 의미의 연맹은 아니고 고령 맹주국과의 사이에 이미 어떤 종류의 정치적 상하관계를 내포하였을 것으로 보았다.[46] 더욱이 이 고령양식 토기의 유입은 낙동강 이동에서 신라양식 토기가 확산되는 경우와는 다른 맥락에서 이루어졌을 가능성이 있다. 신라의 경우에는 3세기 후반에서 4세기 전반 사이에 이미 일차적 통합을 이룬 상태에서 4세기 중기 이후로 신라양식 토기의 각 지역 양식이 성립한다. 하지만 대가야의 경우는 그와는 달리 고령 토기가 다른 지역으로 바로 들어가는 경우가 많다는 점에서 신라의 경우보다 중심 지역 정치체와 해당 지역 정치체 사이에 오히려 더 급속한 관계 변화가 일어났을 가능성을 시사한다고 생각되는 것이다.

고총의 축조 개시와 중단 현상은 토기양식보다 더 직접적인 정치적 의미를 내포하고 있다. 고총이 갖는 의미에 대해서는 신라의 경우를 예로 이미 논한 바 있지만[47] 간단히 말하면 중앙이 아닌 각 지역의 고

46) 필자는 신라의 경우 사로에 의한 비취 곡옥의 분여 가능성을 예로 들어 신라양식 토기가 각지에 출현하기 이전에 이미 그러한 상하관계가 존재하였을 것으로 상정한 바 있다(李熙濬, 「4~5世紀 新羅의 考古學的 硏究」, 서울大學校 大學院 文學博士學位論文, 1998, 151~152쪽). 이와 비슷한 인식은 成正鏞, 「4~5세기 백제의 지방통치」, 『4~5세기 한국 고대사와 고고학의 만남-한국 고대 국가권력의 성장과 지방통치의 실현-』, 제3회 한국고대사학회 하계세미나, 2001, 71~72쪽에서 "삼국시대 토기 양식의 유사도가 높아지는 것은 기초적인 하부 생산체계가 통합되어 나가는 과정을 반영하는 것이며, 중앙이 필요로 하거나 관심도가 높은 지역은 그 이전에 어떤 형태로든 관계를 맺었을 가능성이 있다"고 한 데서 역시 엿볼 수 있다.

47) 李熙濬, 「新羅 高塚의 특성과 의의」, 『嶺南考古學』 20, 1997, 1~25쪽.

총은 해당 지역에 대한 신라국가의 간접지배 강화와 더불어 재지 수장층이 축조하기 시작한 것이었다. 가야의 경우도 그와 같은 연장선상에서 해석해도 전혀 문제는 없다고 본다. 사실 이 합천댐 수몰지구의 반계제고총군 자료는 영남 지방의 고총의 의미를 이해하는 데 신라와 가야를 통틀어 지금까지 발굴된 그 어떤 지역의 고총군 자료보다도 양호한 자료로서 오히려 위에 말한 해석 논리를 확증해 준다고 할 수 있다. 고총군 전체가 발굴되었다는 강점을 지니고 있는 데다가 그 하위에 있는 고분군들도 대부분 같이 발굴되었기 때문에 상호 연계하여 해석할 수 있기 때문이다.

이제 대략 앞에 열거한 정형성의 순서에 따라 수몰지구에서 일어난 변화들을 설명해 나가기로 한다. 다만 여기서 이 지역 가야 사회의 변화 과정의 모든 국면을 자세히 논할 수는 없으므로 대가야 국가론에 관련되는 사항으로만 한정하기로 하겠다.

먼저 이 지역 토기양식이 고령양식 토기 일색으로 바뀌기 전에 고령토기의 반입이 서서히 증가한 사실은 고령을 중심으로 하는 연맹 관계에 들어갔음을 말하는 것으로 해석한 바 있다. 그런 미미한 변화만으로 어떻게 그러한 관계 설정이 가능한지를 반문할 수 있겠으며, 또 이 경우의 연맹이라는 것이 구체적으로 어떤 관계를 말하는지에 대해 규정을 하기도 쉽지 않다. 前稿에서 그런 관계를 설정한 것은 실은 그 이후 단계에 고령양식 일색으로 바뀌는 현상이 고령 세력에 의한 간접지배의 결과로 해석됨을 전제로 한 것이었고 또한 고령양식 토기의 확산 현상이 이곳에만 국한되지 않고 이 경우보다 이른 시기에 옥전 지역에서 나타나고 멀리 남원의 월산리고총군에도 나타나는 등 나중에 대가야권을 이루는 지역들에 상당히 널리 퍼졌을 가능성이 있기 때문에 그것과도 상호 관련지어 일단 그리 본 것이다. 다만 이 연맹이라는 것은 물론 삼한 이래의 이른바 소국연맹체의 결합 수준을 말하는 것은 아니었고 그보다 한층 진전된 수준의 '국' 간 관계를 함축하는 것으로서 고령이 항상적으로 맹주권을 행사하는 연맹 관계에서 더 나아가 어떤 형태로든 상하관계가 어느 정도 수립된 수준이었을 것이다.

이러한 연맹 개념은 모호한 측면이 없지 않으나 신라의 국가형성 과정에 대비하여 본다면 삼한 단계의 연맹과는 달라질 수밖에 없는 역사적 상황을 담은 것으로 수긍할 수도 있지 않을까 싶다. 原新羅라 할 사로국은 일찌감치 진한연맹체의 맹주였다가 주변 '국'들을 복속함으로써 광역의 신라국가를 탄생시킨 것이지만 고령 세력은 그보다 한참 늦은 시기의 변화된 국내외 상황 속에서 국가를 형성하여 감으로써 그러한 과도기를 겪은 것이 아니었나 추정되는 것이다. 아무튼 앞으로 이러한 '국' 간 정치적 관계를 더 잘 나타낼 명쾌한 용어의 도입이나 개념 규정이 이루어지기를 기다리기로 하겠다.

다음으로 반계제고총군은 5세기 3/4분기에 그때까지 고분이 축조되지 않았던 지점에 돌연히 조영되기 시작하는데 부장되는 토기는 고령양식 일색이다. 그에 그치지 않고 이 고총군의 조영 개시에 곧 이어 그 이전부터 고분이 축조되던 봉계리고분군에서도 토기 양식이 역시 고령양식 일색으로 바뀌며 이 현상은 이 지역 가야 사회가 멸망할 때까지 변함 없이 지속된다. 그리고 하류쪽에는 창리고분군이 새로이 고령양식 토기의 부장과 더불어 축조되기 시작한다.

우선 반계제고총군의 축조 개시는 고령 세력을 배경으로 한 새로운 수장층의 대두를 나타낸다 하겠다. 그런데 그들이 당시까지 고분이 축조되지 않은 곳에 돌연히 무덤을 조영한다는 점에서 아무래도 그들은 고령 세력에 의해 이 지역이 통합, 재편되는 과정에서 등장한 신흥 지배층인 듯하다.48) 어떻든 이러한 변화는 이 지역이 고령 대가야의 간접지배하에 들면서 사회 전체가 재편되었음을 의미하는 것으로 보아야 할 것이다. 그러한 재편은 창리고분군의 축조 개시에서도 뒷받침된다. 이 고분군은 축조 위치가 주목되는데, 그곳은 이 지역 사회가 합천 삼가를 거쳐 남강 하류나 중류 지역으로 나아갈 수 있는 통로의 길목

48) 아직 확실한 분석을 해보지 않아서 단정할 수 없으나 시간적으로 볼 때 저포리 지구에서 고분 축조가 중단되고 나서 이곳에 반계제고총군이 조영되는 점에서 이들의 출자가 혹시 저포리에 있을지도 모르겠다.

이다. 이로 보아 前稿에서 논한 것처럼 그 즈음에 고령 세력이 황강 상류역과 남강 상류역을 연맹권 내지는 간접지배권으로 편입함[49]과 동시에 이 합천댐 수몰지구의 가야사회를 간접지배하면서 남강 중, 하류 쪽으로 세력을 뻗치기 위한 포석으로 창리 지구에 새로운 취락을 조성하였을 가능성조차 있다고 하겠다.[50] 이처럼 반계제고총군의 축조 개시와 그에 연동된 변화는 그 이전에 이 지역 정치체가 진화하는 동안 겪었을 변화들을 일단 제외하면 가장 획기적인 변화로서 제1차 지역 재편이라 할 수 있다.

이와 같이 반계제고총군의 축조 개시를 고령 세력의 이 지역에 대한 간접지배 및 세력 재편 개시의 결과로 이해한다면 고총군의 축조가 가야사회의 멸망연대(562년)보다 훨씬 이전에 중단된다는 사실은 그 주체들이 적어도 유명무실화하였음을 의미한다고 볼 수밖에 없고, 그것은 곧 고령 세력이 지방관을 파견하는 등으로 이 지역을 직접지배하기 시작한 결과라고 해석해도 무방할 것이다.[51] 그리고 그러한 축조 중지와 더불어 좀더 하류 쪽으로 중반계고분군이 축조되기 시작하고 그에 이어서 저포리의 C, D지구에 고분 축조가 재개되는 데서 보듯이 이 지역의 중심이 저포리 쪽으로 이동하는 현상 역시 이 지역 정치체 스스로의 변화가 아니라 고령 세력에 의해 초래되었을 것이다. 그에 관련해서는 530년을 전후하여 낙동강 중, 하류의 금관가야를 비롯한 탁기

49) 李熙濬, 「토기로 본 大伽耶의 圈域과 그 변천」, 『加耶史研究-대가야의 政治와 文化-』, 慶尙北道, 1995, 419~423쪽.

50) 창리고분군을 마주보는 곳에 있다는 하금리고분군의 존재(註 36 참조)를 고려하면 그곳 인근으로부터 이곳으로 취락 중심의 이동 같은 것도 일어났을 가능성을 고려할 수 있겠다. 어떻든 그 경우에도 이 지구의 재편을 의미한다.

51) 白承玉, 「加耶 各國의 成長과 發展에 관한 研究」, 釜山大學校 大學院 史學科 文學博士學位論文, 2001, 93쪽의 註 39에서는 필자의 前稿에서 직접지배에 대한 개념 규정이 되어 있지 않음을 지적하고 지방관의 존재가 확인되지 않은 상태에서 이 용어를 사용하는 데 신중해야 한다고 하였다. 그러나 문헌적으로 그러한 기록이 없으므로 다른 식으로 해석해야 한다는 것은 지나친 신중론이 아닌가 싶다. 이웃하는 신라에서 문헌과 고고자료를 통해 그것이 확인되므로 대가야의 경우에도 그에 준하여 충분히 상정할 수 있다고 본다.

탄과 탁순 등이 신라화한 사실이 주목된다. 탁순과 탁기탄은 의령 방면으로 비정되므로[52] 그들의 멸망에 따라 혹시 고령으로서는 서남부 방면의 외곽에 해당하는 이 지역의 방비를 강화하려는 의도가 담겨 있지 않았나 싶다. 이 저포리는 외부로부터 고령으로 바로 들어올 수 있는 몇 안 되는 통로 중의 하나의 길목에 해당하기 때문이다. 어떻든 이러한 일련의 변화는 이 지역 정치체가 겪은 제2차 재편이라 하겠으며 그것은 제1차 재편보다 더 심대한 것이었다.

마지막으로 저포리 E지구 고분군은 이 지역이 최후로 겪은 격변의 산물로 이해된다. 그러한 해석의 근거는 C, D지구 고분군과의 대비에서 찾을 수 있다. C, D지구 고분군은 이 지역이 신라화되기 전부터 조영되기 시작하여 그 이후로도 계속 축조되는 것으로 보아 원주 집단의 고분군으로 추정된다. 그에 반해 E지구 고분군은 별개의 지점에 신라화와 동시에 축조되기 시작하는 점으로 미루어 일단 C, D지구 고분군 축조 집단과는 구별되는 집단으로 판단된다. 그와 더불어 옥전 지역과 관련이 있다고 할 수밖에 없는 유자이기가 C, D지구 고분군에서는 전혀 출토되지 않고 E지구 고분군에서만 출토되는 점도 그 피장자들을 전자의 피장자들과 출자를 달리하는 것으로 해석할 수 있는 근거이다. 그래서 E지구 고분군에서 가장 먼저 축조된 4-1호묘의 墓主로서 '하부'명 토기가 공헌된 인물 '사리리'는 前稿에서 '억측'하였지만[53] 여기서 直說하자면 이 지역이 신라화하면서 하류의 옥전 지역으로부터 徙民되어 왔을 것으로 추론되는 집단의 주요 인물 중 신라화 직후 최초로 사망한 자로 판단된다.

그러므로 '하부'라는 명문의 의미 해석이야 어찌되든 간에 묘주의 실제 출신지는 일단 이 수몰지구가 아니라 옥전의 多羅 세력과 연관시켜야 할 것으로 본다. 즉, '하부'는 '사리리'가 죽기 직전에 거주하였을 저

---

52) 이에 대해서는 李熙濬, 「신라의 가야 服屬 過程에 대한 고고학적 검토」, 『嶺南考古學』 25, 1999, 1~33쪽을 참조.

53) 李熙濬, 「토기로 본 大伽耶의 圈域과 그 변천」, 『加耶史研究-대가야의 政治와 文化-』, 慶尙北道, 1995, 426쪽 註 76.

포리가 아니라 생전에 주로 살았던 옥전 지역에 관련된 명칭인 것이다. 이에 관련해서는 후술할 것이지만 대가야의 부 또는 부체제를 거론한 많은 연구자가 토기 출토 지점만에 주목하여 하부를 이 수몰지구에 직접 관련짓거나 아니면 현재의 합천군 전역이 당시에 하나의 정치체로 통합되어 있었던 듯이 오해하여 '합천 세력'에 관련짓거나 또 아니면 아예 백제, 심지어는 신라의 영향으로까지 관련짓기 때문에 고고학적인 견지에서 이와 같이 사실 확인 및 해석이 된다는 점을 밝혀두는 바이다.[54]

이상으로 합천댐 수몰지구 가야사회가 멸망 전까지 두 차례의 큰 변동을 겪었음을 고분 자료를 통해 알 수 있었는데 그것은 스스로의 진화가 결코 아니며 고령양식 토기만으로 보아도[55] 고령 세력의 영향 또는 개입에 의한 것임이 분명하다. 이는 두 지역이 독립적인 상태에서 맺은 연맹 관계 정도로는 도저히 설명될 수가 없다. 그러한 변화는 이 지역이 고령 '국'에 의해 통합되어 그 영역으로 편입되었음을 나타내며 그것은 곧 고령이 '국' 단계를 벗어나 '국가' 단계로 진입하면서 그야말로 '대'가야를 이루었음을 말해준다고 해석된다.

사실 이 합천댐 수몰지구의 경우는 고령 대가야가 이웃하는 지역들을 확실하게 자신의 영역으로 통합함으로써 국가로 도약하였음을 논증하는 데 모델이 되는 사례라 할 수 있다. 앞에서 본대로 그러한 변동에 관련된 통, 공시적 고고자료를 거의 완벽하게 갖추고 있기 때문이다.[56] 나머지 대가야권 지역의 고고자료는 실은 아주 불충분한 발굴

54) 다만 예외적으로 백승충만이 『韓國古代史硏究』 17, 종합토론 장, 436쪽에서 하부 사리리의 명문은 저포에서 나왔지만 하부의 위치는 저포가 아니라 옥전 쪽으로 연결시키고자 한다고 하였으나 근거는 제시하지 않았다.

55) 고령양식 토기 이외에도 반계제고총군의 묘곽 형태나 구조는 완전히 고령식이며, 축소모형 철기의 부장이나 筒形器臺의 공헌 등도 고령지역 고총과 밀접한 관련이 있는 요소들이다.

56) 이처럼 전면적으로 발굴된 고총군뿐만 아니라 그에 연계된 하위 고분군들의 자료까지 잘 갖추어진 덕분에 고총이 내포한 의미를 역동적으로 해석할 수 있는 점은 그에 비해 불비한 자료 여건에 있는 신라 각 지역의 지방 고총이 기본적으로 신라국가의 간접지배의 산물이라는 것을 다른 측면에서 보완, 확

및 지표 조사 자료뿐이어서 그것만으로 고령 지역과 해당 지역의 관계 변화를 이 지역만큼 체계적으로 분석하고 복원하기란 실질적으로 불가능할 정도이다. 그래서 前稿는 이처럼 양호한 수몰지구 자료의 변화상과 그에 대한 해석을 주축으로 삼고 토기양식의 확산을 주된 근거로 하여 대가야의 영역 확대를 그려낸 것이었다. 다만 대가야권 전역의 자료를 대상으로 한 데다가 여러 지역들에 관한 논의가 지나치게 길어진 까닭에 토기양식의 확산만을 근거로 한 논의인 듯한 오해를 불러일으키기도 하였다.

어떻든 이러한 前稿의 대가야 국가론에 대해서는 冒頭에 언급하였듯이 단일가야연맹론의 주창자가 "대부분 그대로 인정할 수 있을 만큼 타당한 연구 성과"라고 하면서도 필자가 전거한 간접지배 개념을 문제시함으로써 결과적으로 고고학에 의한 대가야 국가론 자체를 부정 내지는 실질적으로 무력화하려는 반론을 제기하였다.[57] 그런데 이는 고고학적인 연구 성과 자체에 대한 비판이 여의치 않기 때문에 과녁을 살짝 바꾸어버린 듯한 느낌을 준다. 왜냐하면 그는 신라국가의 간접지배의 여러 유형들[58] 중 실은 한 가지 유형(피복속 지역의 자치는 허용하되 당해 지역의 유력 세력에 대해서는 중앙에 의해 일정한 재편 과정을 거친 유형)만이 간접지배로 인정되는데 이 유형조차도 그나마 내용이 아주 불명확하므로 재지 세력의 자치성의 정도에 따라 다시 여러 형태[59]로 세분해야 하며 그 중 정도가 가장 약한 형태만을 겨우 간접지배로 인정할 수 있는바, 토기양식의 확산이 그 어느 형태에 해당하는지를 가려낸다는 것은 지난하다고 보기 때문이다. 그의 논의의 핵심

증시켜 주는 절호의 사례 역할을 한다고 평가된다.

57) 金泰植, 「加耶聯盟體의 性格 再論」, 『韓國古代史論叢』 10, 2000, 181~190쪽.

58) 이에 대한 자세한 논의는 朱甫暾, 「麻立干時代 新羅의 地方統治」, 『嶺南考古學』 19, 1996, 28~32쪽을 참조.

59) 金泰植, 「加耶聯盟體의 性格 再論」, 『韓國古代史論叢』 10, 2000, 186~189쪽에서는 朱甫暾, 상게 논문의 간접지배 유형들 중 간접지배라 인정한 것(제2유형)을 다시 세분하여 2-1, 2-1유형 등으로 명명하였지만 설명의 편의상 양자를 구분하기 위해 세분된 유형은 '형태'로 표현한다.

은 결국 해당 지역이 대외적으로 국명을 쓰지 않았다는 적극적 논증이 되지 않는 이상 간접지배하에 있었다는 주장이 불가능하다는 것이다. 과연 고령양식 토기가 확산된 지역이 그러한 형태 중 어디에 해당하는지를 가려내는 것은 불가능에 가까울지도 모르겠으며 더욱이 국명 사용 여부는 고고학적으로는 원천적으로 입증 불가능하다.

그러나 그런 식으로 접근한다면 관련 문헌 자료가 남지 않은 가야의 '국' 간 관계에 대한 연구는 연맹이든 간접지배이든 개념 규정은 문제가 되지 않고 논리적으로 세분된 유형의 규정 문제로 전락하고 말아 순전한 상상의 역을 결코 벗어날 수가 없을 것이다. 그리고 종국에는 고증이 안 되는 이상 확실성 있는 논의는 할 수가 없다는 식의 가야사 허무주의로 흐를 위험성마저 있다고 본다. 또 그것은 가야사에 대한 고고학적 접근을 원천적으로 봉쇄하는 태도이기도 해서 더욱 받아들이기 어렵다.

설령 지역 정치체 간 관계에 대한 그의 분류에 따르더라도 이 수몰지구의 예는 적어도 간접지배의 범주에 든다고 생각된다. 토기양식, 묘곽의 구조, 고총의 등장과 소멸 등에서 나타나는 상호 연계되고 일관된 변화와 그에 연동된 역내 세력 중심의 이동 등으로 보면 사회 재편이 일어난 것은 확실하며 그것도 유력 세력만이 아니라 지역 전역이 재편을 겪은 것으로 나타나기 때문이다. 그러므로 여태껏 성격이나 구조가 무엇인지 분명하게 규정되지 않은 연맹[60]을 포함한 지역 정치체 간 관계 유형론을 들먹이면서 그 어느 것에 해당하는지 알 수 없으므로 대가야의 국가성을 받아들이기 어렵다는 식으로 얼버무린다면 무책임하기까지 한 것이다.

실은 그는 신라토기의 분포권을 근거로 신라의 영역을 다시금 확인

---

60) 앞에서 인용한 대로(註 2 참조)『加耶聯盟史』라는 저서에서조차 그의 연맹 개념이 구체적으로 의미하는 바가 무엇인지 전혀 제시되지 못했다는 신랄한 비판이 이미 나왔지만, 최근에 가야 연맹체의 성격을 재론한다고 하면서도(金泰植,「加耶聯盟體의 性格 再論」,『韓國古代史論叢』 10, 2000, 149~193쪽) 연맹체의 성격이 무엇인지는 아쉽게도 또 다시 조금도 구체적으로 논의되지 못하였다.

시킨 연구 성과를 제시한 바 있다.[61] 그러면서도 이처럼 정밀하게 밝혀진 대가야 토기의 공통 분포권 내지는 확산과 그에 따른 변화를 가야 전체에서 고령 세력이 맹주권을 가진 연맹의 존재를 나타낸다고 본 것은 그 자체가 모순되기도 하거니와[62] 신라와 가야에 대해서 이중적인 잣대를 적용하는 셈이 된다. 하기야 그는 신라의 경우에도 "이 시기[63]의 신라를 初期 領域國家라고 하지 않을 수는 없지만 그 범위는 그에 연합되어 있는 小國들을 포함하지 않으며, 그 신라계열 소국들을 포함한다면 '新羅國 中心의 聯盟體'라고 표현하는 것이 정확하다"고 하므로[64] 적용 잣대는 일관성을 갖고 있다고도 할 수 있겠다. 그러나 과연 그러한 시각이 신라사 연구자 사이에서 어느 정도 수용될 수 있을지는 그들의 몫이지만 아무래도 자신의 가야사 인식에 맞추어 신라 사회의 통합 수준까지 끌어내린다는 평가를 받지 않을까 싶다.

한편 만약 국명의 사용 여부가 판정 기준이 된다면 오히려 문제는 훨씬 쉬워진다. 『日本書紀』 欽明紀 23년조의 가야 멸망기사에 나오는 이른바 任那 10국 중에 이 합천댐 수몰지구에 비정되는 나라는 없기 때문이다. 다만 그는 이 수몰지구를 포함한 합천읍 일대를 多羅에 비정한다. 그러나 대부분의 연구자가 옥전 지역을 多羅로 보고 있는 데다가 앞의 논의에서도 나왔지만 이 수몰지구는 합천읍 지역과는 분명하게 구분되는 지형 속에서 자체로서 완결된 정치체를 이루었던 것이며, 합천읍 지역은 지리 및 지형과 거리로 보아 오히려 옥전 지역과 한 정치체를 이루었을 가능성이 높다. 물론 그는 옥전 지역이 강 건너의 草溪와 함께 散半下(奚)國을 이루었을 것으로 보기 때문에 그 점을 받아들이기는 어려울 것이다. 하지만 그것은 순전히 音似만을 근거로 한

61) 金泰植, 『加耶聯盟史』, 一潮閣, 1993, 141~158쪽.

62) 朱甫暾, 「序說-加耶史의 새로운 定立을 위하여-」, 『加耶史硏究-대가야의 政治와 文化-』, 慶尙北道, 1995, 33쪽에서 고령양식 토기의 분포상에 입각하여 단일가야연맹을 상정하려는 그의 시도가 스스로 모순된다는 지적을 이미 한 바 있다.

63) 麻立干期를 의미한다.

64) 金泰植, 「加耶聯盟體의 性格 再論」, 『韓國古代史論叢』 10, 2000, 188쪽.

지극히 정태적인 분석의 결과일 뿐이다. 굳이 音似로만 본다면 반계제 고총군에서 가까운 마을 이름이 上磻溪이므로 그것이 산반해에 가깝다는 억지 주장도 가능하다. 더욱이 옥전 지역에는 희귀하게도 多羅里라는 지명이 남아 있는데 그처럼 지명 고증을 신봉하면서 그 점은 왜 외면하는지 쉽사리 납득이 되지 않는다.

굳이 수몰지구를 합천읍 지역과 합쳐서 多羅로 설정할 경우에는 더욱 큰 문제가 발생한다. 전술하였듯이 수몰지구 고분 자료에서 추론되는 이 지역의 고령 세력에 의한 재편과 수장층의 소멸 등은 문헌적으로 나타나는 多羅의 독립성과는 완전히 배치되기 때문이다. 그런 점에서도 고분 자료로 보아 고령 세력과 관련성을 가지면서도 거의 멸망할 때까지 어느 정도 독립성을 유지하는 듯이 보이는 옥전 고분군 일대를 多羅의 중심지로 보는 편이 훨씬 합당할 것이다.

반론이 좀 길어졌지만 요컨대 간접지배 개념을 문제 삼아 고고학에 의한 국가론에서 핵심을 이루는 고고자료의 정형성을 해석하는 문제를 비껴간 것은 온당하지 못하다. 더욱이 그의 간접지배 개념에 대한 이해 자체가 근본적인 문제를 안고 있다. 간접지배란 유형이나 구체적 형태가 어떻게 나누어지든 간에 중앙정부에 의해 이전 각 '국'에 해당하는 지역 정치체의 대외적인 군사권, 외교권, 교역권을 포함한 대외교섭권이 근본적 제약을 받거나 박탈되는 것을 대전제로 하는 개념이며[65]과 그와 표리 관계에서 원래의 소국명도 사용하지 못한다[66]는 점을 간과한 것이다. 그의 유형 또는 형태 분류에 근거한 비판론은 그러한 착종 속에서 나온 것이라 공허할 수밖에 없다. 그에 대한 본격적인 논의는 본고의 범위를 벗어나는 것이므로 여기서 더 이상 언급하지는 않겠다.

다만 국가론과는 달리 개념상으로 연맹 소속 '국'들의 집단적인 제약이 아닌 한 '국'의 타국에 대한 일방적인 대외교섭권의 제약을 전혀 전

---

65) 朱甫暾, 「麻立干時代 新羅의 地方統治」, 『嶺南考古學』 19, 1996, 35쪽.
66) 李熙濬, 「4~5世紀 新羅의 考古學的 硏究」, 서울大學校 大學院 文學博士學位論文, 1998, 133~135쪽.

제로 하지 않는 연맹론에 서면서도 강력한 연맹은 일시적으로, 또는 외형적으로 국가와 같은 행동을 할 수도 있고 맹주국이 대외적으로 연맹을 대표하는 역할을 오랫동안 반복하다 보면 그 사회 내부체제도 점차 중앙집권적으로 변모될 수 있다[67]는 식으로 문제의 초점을 흩뜨리려는 것은 이해할 수 없다. 이는 자신의 연맹 개념이 모호함을 호도하려는 데서 나온 것으로 볼 수밖에 없으며 결국 과거 사회의 현실을 현대의 관점에서 교묘한 개념 분류의 유희나 논리로써 농단한다는 비판을 면하기 어려울 것이라는 느낌이 든다.

어떻든 그의 논의에 따르면 이제 국가 초기의 통합을 어떻게 성격 규정할 것인지가 문제시되는 것 같다. 이는 순전히 고고학적인 논의를 벗어나는 것이라 여기서 더 이상 논급을 자제하지만 현재까지 제기된 간접지배와 연맹의 개념은 대외교섭권의 제약 여부로써 분명하게 선이 그어진다는 점은 확실하다는 점만 언급해 둔다.

다음으로 '하부' 명 토기에 대해서 보기로 하자. 이 토기가 누구를 위해 공헌된 것인지 혹은 '사리리'가 누구인지에 대해 논란이 있으나 그것은 유물 자체의 출토 정황을 고려에 넣지 못한 해석에 불과하며 앞에서 보았듯이 '사리리'는 저포리 E지구 4-1호묘의 묘주를 가리킨다. 다만 그의 원 출신지는 옥전 지역으로 추론되므로 이 하부는 옥전 지역과 관련이 되는 명칭이다.

대가야의 국가성을 인정하지 않으려는 단일가야연맹론자는 한때 이 토기가 발견된 합천댐 수몰지구는 『日本書紀』에 나오듯이 독자적인 외교권을 행사한 多羅國에 속하는 곳이므로 이곳을 대가야의 하부로 보게 되는 경우 부체제 관념과는 맞지 않는다고 해서 백제와 관련지은 바 있다.[68] 그러나 이미 말한 대로 수몰지구는 합천읍 일대와 동일한 정치체의 영역이 될 수 없으며 더구나 多羅國 영역에 속하지도 않으므로 이러한 백제 관련 해석은 출발 자체가 잘못된 것이다. 어떻든 필자

67) 金泰植, 「加耶聯盟體의 性格 再論」, 『韓國古代史論叢』 10, 2000, 190쪽.
68) 『韓國古代史研究』 17, 2000, 지정토론, 369쪽의 김태식의 발언.

는 이 자료는 가능하면 가야에 관련지어 발전적으로 보려고 하는 것이 올바른 접근법임을 지적한 바 있다.[69)]

그런데 이 문제를 새로이 검토하면서 가야 멸망 직후에 들이닥친 "신라 계통 문물 또는 세력의 영향을 보이는 유물 증거"라고 하면서도 "하부 사리리라는 백제의 인명"이 쓰여진 것이라 단정하고 "무리하게나마 추측을 해본다면"이라는 단서를 달기는 했지만 "가야연맹 멸망 직전에 합천 저포리 지역에 밀려왔던 백제 계통 문물 또는 인물의 왕래, 또는 그에 대한 반감과 관련이 있다고 해야 할 것"으로 본 것[70)]은 전혀 '발전적'인 시각에 선 것이 아니라 여겨진다. 하부가 옥전 지역과 관련이 된다는 데 대해서는 위에서 충분히 논의하였으므로 그의 이러한 새 해석이 정말로 무리한 억측이라는 평가조차 할 필요를 느끼지 않지만, 문제는 그러한 해석이 '하부'명 자료를 어떻게 해서든지 가야에 연관짓지 않으려는 선입견적 발상에서 비롯된 데 있는 듯하니[71)] 이것이 과연 그의 표현대로 가야사에 대한 '공정한' 관점인지 되묻고 싶다.

V. 맺음말

여기서는 冒頭에 밝힌 이유로 합천댐 수몰지구만을 예로 대가야의 국가성을 논의하였으나 남은 과제는 이를 모델로 삼아 그 밖의 대가야

---

69) 위의 책, 368~369쪽의 이희준의 발언.

70) 金泰植, 「加耶聯盟體의 性格 再論」, 『韓國古代史論叢』 10, 2000, 184쪽.

71) 그처럼 하부 사리리를 가야에 관련짓지 않고 무리하게 백제에 관련지으려 하다 보니 상게 논문 185쪽의 註 150에서처럼 4-1호묘 묘주를 신라의 촌주급 인물로 해석하고 그에게 공헌된 '하부'명 토기는 마치 殉葬 내지는 配葬(*sic.* 陪葬)의 의미가 있는 듯이 보아(이는 아무래도 그 토기가 깨어진 상태로 발견된 점을 애초에 깨뜨려서 놓은 것으로 오해한 데서 나온 억측인 듯함) "신라의 도움으로 저포리가 백제의 간섭을 물리치고 독립성을 회복하였다는 상징적 의미를 띠게 된다"는 창조적 상상력이 아닌 공상력 넘친 역사 해석마저 나오게 된 것이라 여겨진다.

영역, 그리고 그 접경 지역에서 일어난 통, 공시적 변화를 고령양식 토기가 출토되기 이전 단계부터 정밀하게 추적해 내어 대가야의 발전 과정을 복원해내는 일이 될 것이다. 그에 대한 밑그림은 前稿에서 제시한 바 있으나 그것만으로 대가야의 국가성이 충분하게 논의되었다고 할 수는 없다. 다만 아직 그 이후로 새로운 고고자료의 증가가 이루어지지 않아 좀더 풍부한 그림은 특히 가야 각지의 고총 관련 자료가 지금보다 훨씬 더 축적될 때를 기다려야 할 것이다.

또 한 가지 중요한 문제는 대가야가 정치적으로 발전하면서 거쳤을 여러 단계를 어떻게 개념 규정하느냐 하는 것이다.[72] 이를테면 국가로의 전환 직전에 일단 삼한 소국 연맹보다는 훨씬 진전된 수준의 연맹과 같은 단계를 설정해 두었으나 과연 그처럼 점진적 변화를 상정하는 것이 타당한지는 아직 단정할 수 없다. 실은 그것은 신라의 경우에 각 지역을 일단 복속하여 국가를 이룬 이후에 지방 각지에서 거의 일률적으로 신라양식 토기가 나타나는 것과 달리 대가야권의 고령양식 토기 확산이 초기에는 점진적으로 보이는 데다가 또 고령 세력에 의한 갑작스런 정복의 증거를 대기가 어렵기 때문에 그리한 것일 뿐이었다. 그러나 고령양식 토기가 본격 확산되는 단계의 변화는 아주 급속하게 일어나기 때문에 달리 볼 여지가 많다. 아무튼 앞으로 그러한 점이 참고되면서 개념화 작업이 이루어져야 할 것으로 본다.

대가야 국가성 문제의 탐구를 비롯한 가야사 연구의 진전은 앞으로도 새로운 문헌 사료가 발견될 가능성이 거의 전무하기 때문에 감히 말하건대 고고학에 많은 부분이 달려 있다고 해도 과언이 아니다. 하지만 고고자료가 그냥 축적되기만 하면 저절로 그것이 이룩될 것으로 볼 수는 없다. 그것은 본고와 같은 고고자료의 정형성 추출 작업과 그러한 정형성들을 해석하는 적절한 방법론이 없이는 가능하지 않으며,

72) 신라의 경우를 두고 한 발언이지만 앞에서 인용하였듯이 이성주(註 17)와 김태식(註 64)이 마립간기 신라의 정치발전 수준에 대해 현실 인식은 아주 비슷하게 하면서도 개념적으로는 사뭇 다르게 표현한 점에서 이 문제의 어려움을 잘 알 수 있다.

그 방법론은 바로 문헌사와의 접목에서 도출될 수 있을 것이다. 그러므로 고고학과 문헌사 어느 쪽이든 상호의 연구 성과를 모른 체하거나 얼버무릴 수는 없으며 상호 인지하고 수용하는 가운데 협력 연구를 해 나가야 한다고 생각된다. 만약 서로를 무시하고 자기 분야의 특성만을 고집하게 되면 가야사의 진전은커녕 오히려 왜곡을 가져온다. 그런 측면에서도 대가야의 정치발전 단계를 객관적으로 이해하기 위해서는 본고처럼 가야사를 발전적으로 보는 관점에 서서 이를테면 연맹론자조차도 대가야의 국가성을 시사한다고 본 문헌 기록의 편린들[73]이 지닌 의미를 새롭게 되살려야 할 것이다.(2002. 1. 12 稿了)

73) 己汶을 두고 대가야와 백제가 다툰 것을 전하는『日本書紀』繼體 17년조 기사 등. 이를 비롯한 그 외의 기사에 관해서는 金泰植,「加耶聯盟體의 性格 再論」,『韓國古代史論叢』10, 2000, 189~190쪽을 참조.

加耶의 鐵生産과 流通

孫 明 助*

Ⅰ. 머리말

鐵은 고대사회에서 가장 중요한 社會變動의 주체로 인식되어 왔으며 사회발전단계에서 언급되는 철제농공구의 발달과 이에 따른 잉여농산물의 증대 및 무기류의 철기화에 따른 군사력의 증대, 그리고 이를 기반으로 하는 권력의 집중화와 古代國家의 발생이라는 논리로 전개되어간다. 이러한 논지는 국내에도 그대로 받아들여져 철기연구의 모델이 제시되어 있고 자연히 철기연구의 대부분이 국가형성과 발전론의 補完的 解釋에 주력해 왔다. 그러나 鐵生産, 鐵器生産의 실체에 대해서는 微溫的인 접근과 피상적 견해만 구하였을 뿐 그것이 사회변동요인으로서 어느 정도 작용하는지 그리고 그 실상의 접근은 되지 않고 있다. 가야의 철생산 문제는 단순히 국가형성의 주요 요인으로서의 의미뿐만 아니라 東아시아 철기문화의 발전과정 속에서 중요한 위치를 차지한다고 할 수 있다. 즉 중국의 春秋戰國시대의 철생산 기술은

* 국립공주박물관장

戰國晩期頃 한반도 북부지방을 통해 반도의 남부지역까지 파급되었고 연이어 日本列島의 철기제작 및 철생산에 직접적인 영향을 주었음은 기지의 사실이다. 이는 역사기록에 있어서도『三國志』魏志東夷傳 弁辰條의 記事에서와 같이 한반도 남부가 철생산 중심지로서 역할을 하였음은 물론 樂浪, 帶邦, 濊와 함께 倭에도 공급할 정도의 풍부한 생산이 이루어졌음을 단적으로 보여주는 것이다. 그러나 현재의 경우 그 흔적은 남부지방의 무덤에서 출토되는 大量埋納된 철기부장품을 통해 그 실상에 조금씩 접근할 수 있을 뿐이다. 특히 철생산의 중심지로서 중국문헌의 기록에 나오는 三韓社會와 가야의 철생산은 단순한 生産集團으로서의 의미보다는 鐵을 媒介로 한 交易과 내부적인 供給과 需給體系의 변화에 따른 정치사회적 변동의 동인을 찾을 수 있다고 보아진다. 이러한 의미에서 鐵生産과 流通構造의 硏究는 그 기초가 되는 작업으로서 필요성이 있다. 따라서 본고는 이러한 가야지역에서의 철생산의 실태를 관련유적의 조사성과를 통해 구체적으로 파악하고 또한 생산물에 대한 지역적, 형식적 분석을 통해 당시 가야의 철생산체계와 지역 간의 유통구조를 밝혀보고자 함을 목적으로 한다.

가야지역에서의 철생산유적은 대부분 鍛冶遺構 중심의 철기생산유구만이 남아 있을 뿐이나 최근 가야지역에서 조사된 密陽沙村製鐵遺蹟, 梁山 勿禁遺蹟 등에서 제철로의 형태와 生産構造 및 규모를 파악할 수 있는 양호한 유구가 조사되었기 때문에 이들 제철유적의 구조분석과 함께 기 조사된 百濟, 新羅지역의 제철유적과의 비교연구를 통해 가야 철생산의 현상을 알아본다.

한편, 가야의 철생산 문제에서 가장 중요한 것은 가야 각지에서 철생산이 이루어지는 獨立生産體系내에서의 자체적인 流通構造를 가지는 것인지 아니면 특정지역의 집중적인 철생산을 통한 각 加耶地域間의 유통구조인지의 문제이다.

이를 위해서 가야의 철제품 중 화폐의 가치 또는 鐵器製作素材, 流通媒體品 등으로 알려진 鐵鋌 및 鑄造鐵斧의 考古學的 分析이 가장 필수적이다. 따라서 각 지역에서 출토된 철정 등을 대상으로 개별적인 형식학적 분석과 지역적 특징을 추출하고 그 결과로 보이는 가야 各國의 圈域別 양상 및 출토현황에 따른 유통체계를 파악하고자 한다.

Ⅱ. 加耶地域의 鐵·鐵器生産遺蹟

鐵生産은 철기의 제작과는 구분되는 개념이다. 철생산에는 우선적으로 自然的인 조건 즉 원료가 되는 鐵鑛石, 燃料인 숯이 우선적으로 확보되어야 한다. 기술적으로는 爐의 築造技術(노벽, 내화벽을 축조할 수 있는 기술), 送風技術, 熱感知技術 등의 기술적 요인이 따른다. 따라서 이러한 자연, 기술적인 조건이 갖추어져야만 철생산을 할 수 있다.[1] 과거 우리는 막연한 철생산에 대한 이해로 가야지역에서의 철기부장 출토품으로 보아 철생산이 왕성하였다고 조선시대 이후의 광산을 추정하여 지역의 鐵産地[2]를 추정하여 왔다. 이러한 접근은 고고학적인 현상-제련노의 확인, 슬래그의 확인 등-을 무시한 채 미온적인 추상에 그쳐 오히려 가야철생산의 본질을 흐리게 하였다.

다음은 지금까지 조사된 가야지역의 철, 철기생산유적을 정리한 표이다.

<표1> 가야지역 철, 철기생산유적*

遺蹟銘	製鐵 工程	出土遺構	主要出土遺物	參考文獻
密陽 沙村製鐵遺蹟	製鍊	製鍊爐	鐵鑛石, 鐵滓, 送風管 등	1
梁山勿禁遺蹟	製鍊	製鍊爐 鐵鑛石選別遺構	鐵鑛石, 鐵滓, 送風管 등	2

1) 孫明助, 1998「韓半島 中南部地方 鐵器生産遺蹟의 現狀」,『嶺南考古學』22.
2) 鐵山에 대한기록은『동국여지승람』,『세종실록지리지』에 간헐적으로 정리되어 있으며 일제시대『조선광물지』, 1977년 자원개발연구소에서 발간된『한국의 광물』책자에 자세히 수록되어 있다.

東來 萊城遺蹟	鍛冶		小形鐵片	3
東來 樂民洞貝塚	鍛冶	鍛冶爐	鐵滓	4
金海 大成洞燒成遺構	鍛冶		鐵滓	5
金海 府院洞貝塚	鍛冶		鐵滓	6
金海 鳳凰臺遺蹟	鍛冶		鐵滓	7
固城貝塚	鍛冶		送風口, 鐵滓	8
鎭海 龍院遺蹟	鍛冶		鐵滓	
山淸 玉山里遺蹟	鍛冶		鐵滓, 小形鐵片	
昌原 城山貝塚	鍛冶	鍛冶爐	鐵滓, 小形鐵片	9, 10

* 1. 國立金海博物館,『密陽沙村製鐵遺蹟 現場說明會資料』, 2000.
2. 東亞大學校博物館,「梁山勿禁宅地開發事業地區遺蹟 指導委員會議 資料」, 1998.
3. 宋桂鉉, 河仁秀,『東來福泉洞內城遺蹟』, 釜山市立博物館 遺蹟調查報告書 第5冊, 1990.
4. 國立中央博物館,『東來樂民洞遺蹟』, 國立博物館 古蹟調查報告 第28冊, 1998.
5. 釜山水產大學校博物館,「김해 동상, 대성토지구획정리지구내 유적발굴조사 현장설명회자료」, 1995.
6. 沈奉槿,『金海府院洞遺蹟』, 東亞大學校博物館 古蹟調查報告 第5冊, 1981.
7. 釜山大學校博物館,『金海鳳凰臺遺蹟發掘調查 現場說明會資料』, 1994.
8. 金東鎬,「固城東外洞貝塚」,『上老大島』, 東亞大學校博物館 古蹟調查報告 第8冊.
10. 李浩官・趙由典,「城郭 및 北區貝塚 發掘調查報告」,『馬山外洞城山貝塚發掘調查報告』, 文化公報部 文化財管理局, 1976.
11. 崔夢龍,「西南區貝塚發掘調查報告」,『馬山外洞城山貝塚發掘調查報告』,文化財管理局, 1976.

현재까지 가야지역에서 조사된 鐵生産遺蹟은 密陽沙村製鐵遺蹟[3]과 梁山勿禁遺蹟[4] 2개소이다. 그러나 그 내용면에서 보면 이 두 유적은 모두 新羅의 철생산집단으로 파악되며 시기도 6세기 이후의 생산유적이다. 즉 加耶勢力이 주도한 철생산유적은 아니라는 것이다. 물론

3) 국립김해박물관,『밀양사촌제철유적』, 2001.
4) 東亞大學校博物館,『梁山勿禁遺蹟』, 1998.

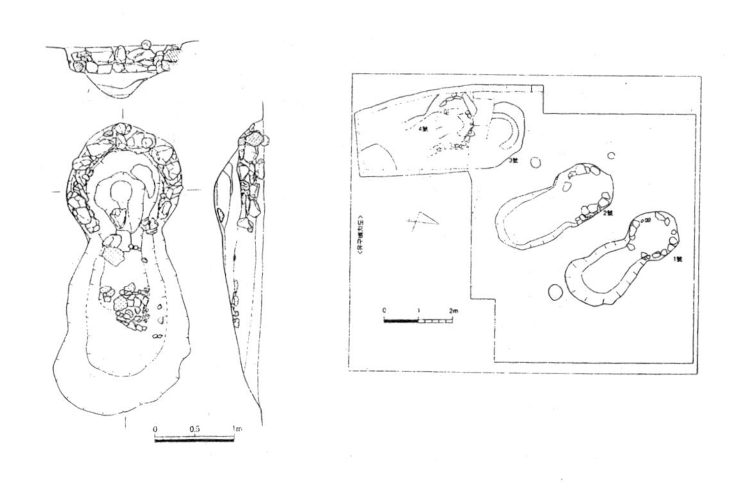

도 1. 밀양사촌제철유적 1호로 및 유구배치도

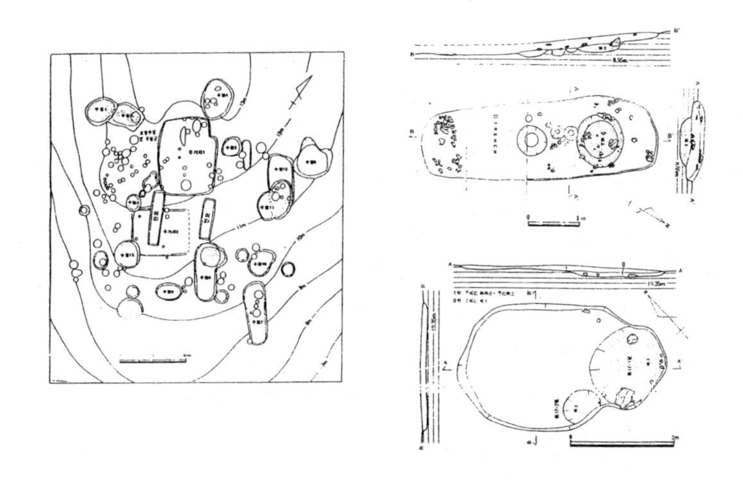

도 2. 양산물금유적 가촌7호(上), 범어17호 제련로 및 가촌 유구배치도

시기적으로 이른 시기에 이 지역에서 철생산이 있어 왔지만 현재의 상황으로는 가야 固有의 철생산기술은 파악하기 힘들다.

다만 기 조사된 鎭川石帳里遺蹟, 慶州隍城洞遺蹟의 製錬爐, 溶解爐에서 보이는 현상과 상기한 2개 유적의 조사결과에서 보면 부분적인 기술적 차이는 보이지만 기술체계는 거의 동일함을 알 수 있다. 조사된 결과를 정리하면 다음과 같다.

製錬爐는 열쇠 구멍모양의 平面形態로 圓形의 爐와 긴 圓形의 排滓 및 作業空間의 2個 部分으로 區分된다. 爐는 下部에 모래, 숯, 鐵滓 등을 利用하여 除濕 및 保溫을 위한 施設을 한 뒤 割石을 이용하여 3段 程度 圓形의 壁을 만든 후 그 위에 고운 粘土로 노바닥을 設置하였다. 爐壁體는 짚을 섞은 粘土로 圓筒形으로 쌓아 올렸는데 壁의 무너짐을 防止하기 위해 一定間隔으로 木材를 縱·橫方向으로 받쳐 주었다. 노바닥의 지름은 120cm 內外이며 높이는 150cm 정도로 推定한다.

沙村遺蹟에서 조사된 爐는 4세기대의 제철유적인 진천석장리유적의 것과 비교할 때 다음과 같은 점이 주목된다. 우선 노의 축조에서 그 하부에 3단 내외의 石築을 하고 있는 것인데 이는 좀더 대규모의 노를 축조하면서 상부에서 내려오는 압력을 버티기 위한 것으로 보인다. 또한 鐵滓의 排滓方法에서도 차이를 보이고 있다. 진천석장리의 경우는 노의 앞면을 터서 계속해서 아래로 흘러내리는 기술을 사용하지만 사촌에서는 鐵滓를 위에서 아래로 떨어뜨려 排滓部의 움푹한 곳에 모아서 들어내는 기술적 차이를 보이고 있다. 또한 노바닥면의 하부에 제습, 보온을 위한 하부시설을 해주고 있는데 이는 보다 높은 온도를 유지하기 위한 기술적 배려이다. 送風管의 경우는 지름 20cm 내외의 크기로 거의 동일하지만 송풍관의 두께가 현저히 얇아져 있으며 이를 보완하기 위해 노내에 장입된 부분에는 점토로 보강하여 주었다. 또한 송풍의 방법에서 송풍관의 외벽에 붙은 鐵滓의 흘러내림의 관찰을 통해 송풍구 앞이 아래쪽으로 향한 상태로 두고 송풍되고 있음을 알 수 있다.

이상에서와 같이 사촌유적에서 보이는 제련로의 형태와 그 기술수준은 이미 백제지역의 진천석장리유적에서 보이는 기술수준과 거의 흡사하다. 즉 원통형 노의 형태와 노벽의 재료와 축조기술, 송풍기술 등 철생산에 있어 가장 기본적인 것들이 거의 차이를 보이지 않는 것은 그 技術的 傳統이 이어져 나가고 있음을 알 수 있다. 이렇게 본다면 가야의 철생산 기술도 같은 同一系譜에 있음을 추정할 수 있다.

문제는 가야의 철생산지역이 어디인가 하는 것이다. 철생산에 있어 가장 중요한 것은 기술적인 부분보다는 自然的 條件이다. 창원다호리, 김해양동리, 대성동으로 이어지는 금관가야의 철생산은 그 원료가 되는 산지의 개발을 통해 이루어졌을 것이다. 현재까지 洛東江 東岸 즉 密陽, 梁山지역에서는 신라의 國家經營化된 5개소의 철생산유적이 확인되어 있다. 이것은 신라세력의 점령 이전 이 지역 내에 이미 철광산이 개발되었으며 계속된 철생산이 진행되고 있었음을 추정할 수 있으며 그 결과가 결국 신라세력이 이 지역 내에 대단위의 철생산 벨트를 조성하는 원인으로 작용한 것으로 본다. 한편 4세기까지의 철생산을 주도한 금관가야의 生産者들은 김해세력의 약화로 생산집단의 와해로 인한 신라세력으로의 흡수 또는 타 지역으로의 이탈 등 再編되었을 것으로 본다. 즉 철을 생산할 수 있는 고도의 기술진은 타 지역 咸安, 高靈, 陜川지역의 세력권으로 이동하면서 각 지역 내의 광산의 개발과 기술전이가 이루어졌을 가능성도 생각해 볼 수 있다. 그러한 결과가 합천, 함안지역의 대형고분군에 보이는 철기의 대량부장현상으로 나타나지 않았을까 추정한다.

鐵器生産遺蹟으로서는 鍛冶遺構 중심으로 몇 개소가 확인되었다.[5] 단야공정은 철의 中間素材로서 도구를 직접 생산하는 단계인데 이러한 단야기술은 철생산과는 관계없이 제작소재의 원활한 供給이 유지

5) 가야지역에서 확인되는 단야유구는 대부분 단야작업시 생성되는 단야재, 단조박편, 송풍구 등이 확인될 뿐이며 노 자체가 조사된 예는 아직 없다.

되면 단야기술만 體得함으로써 철제품을 생산할 수 있다. 따라서 가야지역에서는 이미 기원전 1세기 전반부터 三千浦勒島遺蹟, 東來萊城유적 등에서 鍛冶工房이 확인되고 있으며 최근의 생활유적에서는 단야와 관련된 유물의 출토 예가 증가하는 추세이다. 그런데 여기서 단야기술의 존재가 의미하는 것은 무엇인가?

단야기술은 그 기술적 능력에 따라 생산할 수 있는 생산물이 한정되어 있다. 즉 비교적 간단한 생산도구인 낫, 도자, 소형철부 등은 일반적인 鍛打技術로 자체적인 생산이 가능하다. 그러나 이보다 發達된 수준을 보여주는 武器, 武具類의 제작은 철을 보다 강하게 하는 담금기술이나 높은 화도에서 자유로운 형태를 만들 수 있는 기술은 누구나 소유할 수 있는 기술은 아니다.[6] 즉 이러한 高難易度의 생산물은 일정집단에서 보유하고 있으며 獨占化될 수밖에 없다고 보아진다.

현재까지 조사된 가야지역의 단야로는 매우 단편적이다. 조사자체가 분묘중심이기 때문에 나타나는 현상이다. 그럼에도 불구하고 生活遺蹟 즉 3세기에서 4세기에 걸친 가야지역의 貝塚, 住居址에서는 어김없이 단야와 관련된 유물이 출토된다. 이것은 鍛冶工人이 이미 小集團聚落까지 진출하였으며 이러한 기반조건은 철기를 제작할 수 있는 소재의 공급이 원활하게 운영되고 있음을 보여주는 결과로 보아진다. 후술하겠지만 단야공방의 세부적인 양상은 조사 예도 적고 또한 조사시의 인식의 문제로 자료가 좀더 확보된 이후 언급되어야 할 것이다.

이렇게 본다면 철기생산에 있어 가장 중요한 철기제작소재의 확보, 고난이도의 생산기술의 보유한 집단은 이를 충분히 이용하여 교역, 보급의 수단을 통한 자체적인 성장발전의 요인을 갖추고 있다고 보아진다.

6) 철의 가공은 무엇보다 강한 鋼을 만드는 데 목적이 있다. 강을 만드는 방법에는 주철탈탄법, 침탄법 등의 다양한 기술이 사용되는데 이러한 고급기술은 자생되는 것이 아니라 선진지역에서의 기술도입에 의존할 수밖에 없기 때문에 그러한 기술소지집단은 특성화되었을 것으로 본다.

Ⅲ. 加耶地域 鐵器製作素材의 檢討

철생산유적의 조사의 한계로 인해 가야 鐵生産의 實體는 生産物 즉 流通物로서 나타나는 유물의 分析에 의존할 수밖에 없다. 현재까지 철기제작소재로 알려져 온 것은 鐵鋌을 대표적으로 들 수 있다. 이외 鑄造鐵斧와 棒狀鐵器 역시 철기제작소재, 유통물로서 확인된다. 本稿에서는 이미 철기제작소재에 대한 연구[7]가 진행되었기 때문에 각 유물에 대한 세부적인 분류는 생략하고 시기와 지역별로 그 현상을 정리하고자 한다.

1. 鐵鋌

철기제작소재로서의 철정은 가야 각지에서 출토되고 있다. 철정의 분류와 연구는 安在浩, 東潮에 의해 구체적으로 명시된 바 있다. 본고에서는 구체적인 분류는 생략하고 각 지역별로 보이는 철정의 변화, 특징을 중심으로 살펴보고자 한다.

먼저 철정의 분류는 大・中・小型으로 구분되는데[8] 중형의 경우는 20cm 전후한 것(중형a)와 30cm 내외의 것(중형b)으로 다시 구분할 수 있으며 소형 역시 세형(소형a)과 초소형(소형b)으로 구분한다.

출토된 철정을 시기와 지역으로 구분하여 정리하였다(도 3, 4).

이 표에서 보면 우선 가장 先行하는 형태는 중형으로 金海 大成洞에서 初現하는 것을 볼 수 있다. 그런데 이 초현하는 형태는 이전의 철기제작소재인 板狀鐵斧에서 端部만이 나팔상으로 벌어졌을 뿐 두께는 여전히 두터운 상태이다.

---

7) 安在浩, 『동래복천동고분군Ⅱ』, 1990.
東潮, 『古代 東アジアの 鐵と倭』, 溪水社, 1999.

8) 철정의 분류는 안재호(앞의 글), 동조(앞의 글)에서 시도되었다.
東潮는 대・중・소・세형 등 4개의 기준으로 크게 분류한 뒤 다시 그 안에서 길이와 폭을 기준하여 2종류로 세분하여 총 7개의 형식으로 구분하였다. 이에 반해 안재호는 상대적 차이에 따라 대소 2종류로만 구분하고 있다.

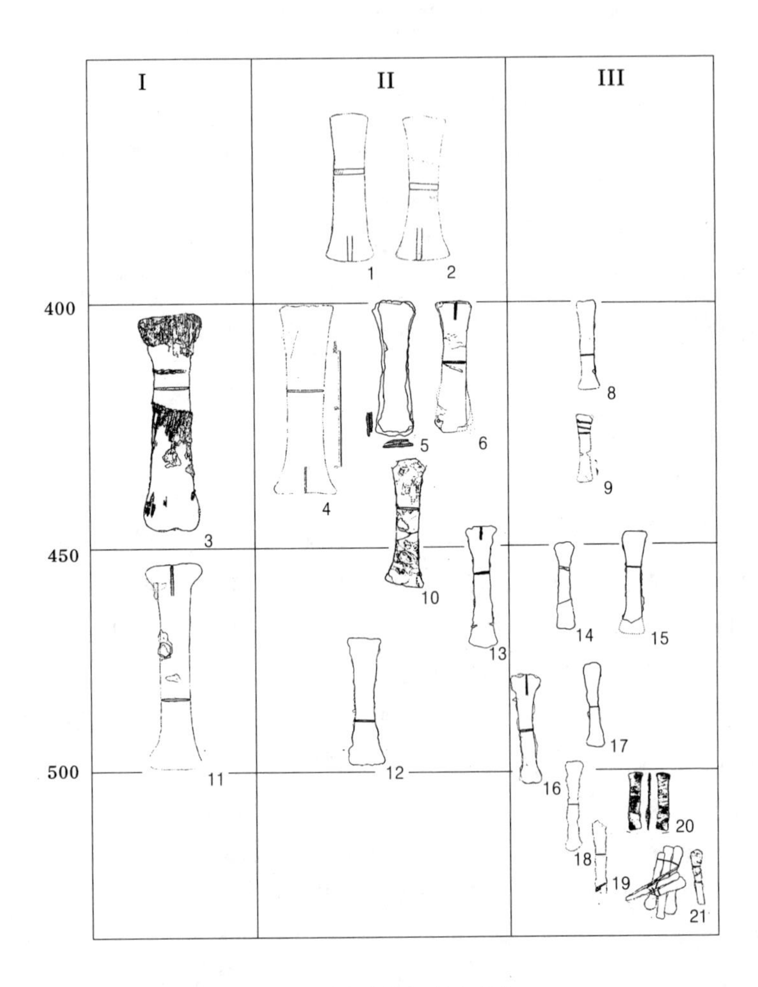

도 3. 철정(김해, 부산지역)

1. 대성동1호 2. 대성동2호 3. 복천동22호 4. 대성동3호 5. 현동61호 6. 칠산동20호 8. 퇘래리3호 9. 내성7호 10. 용원동 11. 복천동39호 12. 복천동53호 13. 복천동11호 14. 복천동1호 15. 복천동18호 16. 복천동8호 17. 복천동3호 18. 가달4호 19 가달5호 20. 금조총 21. 예안리 52호

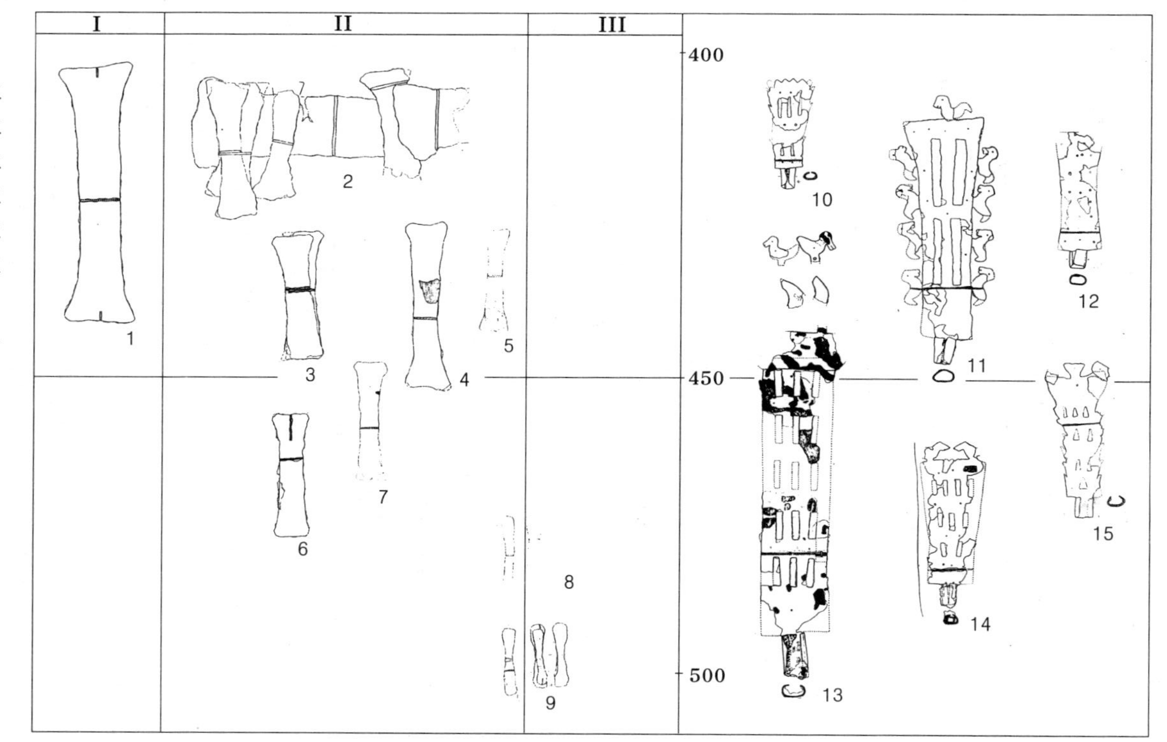

1. 도항리10호
2. 도항리48호
3. 도항리27호
4. 도항리36호
5. 도항리36호
6. 지산동30호
7. 오곡리8호
8. 도항리22호
9. 예둔리1호
10. 옥전11호
11. 옥전6호
12. 옥전14호
13. 옥전M3호
14. 옥전70호
15. 옥전10호

도 4. 철정 (함안, 합천, 고령지역)

그런데 여기서 이전의 판상철부에 대해 잠시 알아보자. 철정 성립 이전의 판상철부는 김해지역 특히 金海 良東里, 大成洞遺蹟에서는 세장한 형태가 끝까지 存續하는 데 비해 慶州 月城路古墳과 蔚山 下垈遺蹟에서 보이는 판상철부는 폭이 넓고 대형화되는 등 김해와 경주지역이 확연히 구분되어 나타나는 것을 볼 수 있다. 이것은 곧 이 시기부터 양 지역 간에는 獨自的인 철기제작, 생산유통물의 個別化가 진행되는 것를 의미한다.

어쨌든 이러한 初現의 형태는 두께가 얇아질 뿐 정형화된 형태로 4세기 후반까지 김해는 물론 釜山, 咸安, 馬山지역까지 일정한 형태를 유지하며 나타난다.

김해지역에서는 대성동 2호분단계에 중형b형이 대량매납되면서 철정부장이 최고조에 달한다. 또한 4세기 후반~5세기 초에 걸친 시기에 인근의 마산 현동, 함안 오곡리에 동일계보의 철정이 부장되고 있음을 알 수 있다. 이후 七山洞古墳에서 중형b형태가 출토되지만 이후 5세기대에 철정의 부장양상은 보이지 않는다. 이에 반해 부산 동래지역에서는 4세기 후반부터 대형의 철정이 출현하여 福泉洞 22호 출토품에서 보듯이 극도로 대형화된 철정과 대량매납이 이루어진다.

이러한 현상은 함안지역에서도 같은 궤를 간다. 즉 함안지역에서는 吾谷里 등지에서 중형b형태가 나타나지만 道項里 10호분 단계에서 급작스런 변화양상이 보이는데 즉 함안지역 특유의 대형철정의 등장이다. 이 함안과 동래지역의 대형철정의 출현은 일시적으로 보이는 현상이며 이후 5세기 중엽까지 중형b의 제작이 계속된다. 이후 함안지역에서는 5세기 후반에 들면서 소형a만이 출토되는데 특히 그 형태에서 매우 정형화되지 못한 모습으로 보인다.

한편 大加耶 지역인 陜川과 高靈지역에서는 구분되는 양상이다.

먼저 고령지역에서는 지산동30호분 단계에서 길이 30cm 전후의 정형화된 철정이 출토되지만 이후 이러한 철정은 보이지 않고 단지 소형철정 특히 미니어처인 소형b만이 부장되는 양상이다. 이에 반해 합천

지역에서는 목곽묘 단계에서는 중형의 철정이 부장되지만 이후 철정은 부장되지 않고 대신 有刺利器의 형태로 많은 양이 부장된다. 앞서 언급하였지만 鐵鋌 = 有刺利器라는 공식을 대입하면 역시 함안과 같은 대형의 철정이 주류를 이루고 있음을 알 수 있다. 합천 옥전에서는 철정의 부장이 없는 것이 또 다른 특징 중의 하나로 볼 수 있다.

5세기 후반 이후로는 동래지역에서는 소형이 주류를 이루는데 6세기 이후로는 소멸된다. 이에 반해 함안, 합천지역에서는 6세기 이후로도 꾸준히 소형a가 계속해서 유지되고 있음을 알 수 있다.

2. 鑄造鐵斧

가야 철제품 중 철정 외에 철기제작소재로서 볼 수 있는 것이 鑄造鐵斧이다. 이 주조철부에 대해서는 여러 가지 異見이 있으나 적어도 가야가 왕성한 활동을 시작하는 4세기 이후에는 분명 실질적인 道具로서의 의미보다는 일정한 규격하에 만들어지는 規格品으로서 또한 주조품은 鐵의 특성상 재활용이 수월하다는 점에서 철정과 함께 交易品으로서 사용되었다고 본다. 또한 주조철부을 제작하는 기술은 경주 황성동유적에서와 같이 製鍊技術과 거의 동일한 技術體系를 가지고 있음을 알 수 있다. 이것은 곧 주조철부를 제작하는 工人集團은 직접 철을 생산할 수 있는 집단을 의미한다. 그러한 의미에서 보면 주조철부의 생산 = 철생산이라는 공식을 성립시킬 수 있다.

주조철부의 또다른 特長은 일정한 틀 속에 만들어지기 때문에 製作地의 추정이 용이하고 동일한 제품의 移動 經路을 파악하기에 용이한 자료이다.

주조철부의 貨幣論, 道具論, 素材論[9] 등에 대해서는 이미 언급한 바 있어 여기에서는 생략한다.

이하 주조철부의 형식분류와 함께 지역적, 시간적 변화과정을 정리

---

9) 東潮, 앞의 글, 284~288쪽에 자세히 정리되어 있다.

한다.

주조철부는 鑿部의 橫斷面, 공부의 기울기, 平面形態, 등날 돌대의 유무, 날부의 형태 등의 屬性을 가진다. 주조철부의 세밀한 형식분류는 다음 기회에 논하기로 하고 本稿에서는 가야지역에서 출토되는 주조철부만을 대상으로 가장 대표적인 속성인 길이와 폭의 비율에 따른 평면형태, 등날쪽의 돌대의 유무, 그리고 공부의 기울기에 의해 3개의 유형을 기준으로 검토하고자 한다.

1형은 길이 : 폭이 1 : 2.5~3.0이하의 장방형 평면을 가지며 등날이 있는 것과 없는 것으로 나뉜다.

2형은 평면이 보다 細長한 형태로 1 : 3.0~3.5. 역시 등날의 유무에 따라 2종류가 있다.

3형은 평면 장방형에 공부의 기울기가 20도 이상 벌어지고 등날이 기본적으로 4조이며 몸통 옆에 면을 가진 형태이다.

<도 5, 6>은 가야지역에서 출토된 주조철부를 3개의 대형식으로 구분하고 각 형식을 통해 보이는 지역군 및 시기구분을 정리한 것이다.

<도 5, 6>에서 보면 주조철부의 초현단계인 창원 茶戶里 단계에서부터 3세기를 거쳐 4세기 전반까지 시기적으로 보나 지역적으로 보나 1형이 거의 변화없이 진행되고 있다. 김해일대 외 昌原, 馬山, 咸安에서도 거의 차등없이 보이며 낙동강 동쪽의 蔚山 下垈, 慶州 隍城洞, 浦港 玉城里, 慶山 林塘遺蹟 등 영남일대의 木棺墓와 木槨墓 이른시기 단계까지 거의 동일하게 출토됨을 알 수 있다.

단지 등날의 돌대 유무에 따라 구분되는 양상이 있는데 돌대가 있는 1b형은 주로 慶州지역에서 많이 보이는 특징이 있다.

이것은 製作地의 차이로 볼 수 있으며, 낙동강 以西地域인 김해, 창원, 함안지역에 보이는 것은 주로 1a형이 주류이지만 1b형이 김해지역에서 출토되고 있어 이러한 차이가 두 지역 간의 주조철부제작지의 차이인지는 아직 확언할 수 없다. 다만 경주 황성동유적에서와 같이 3세기 후반부터 1b형의 주조철부가 대량으로 생산되는 점을 감안한다면

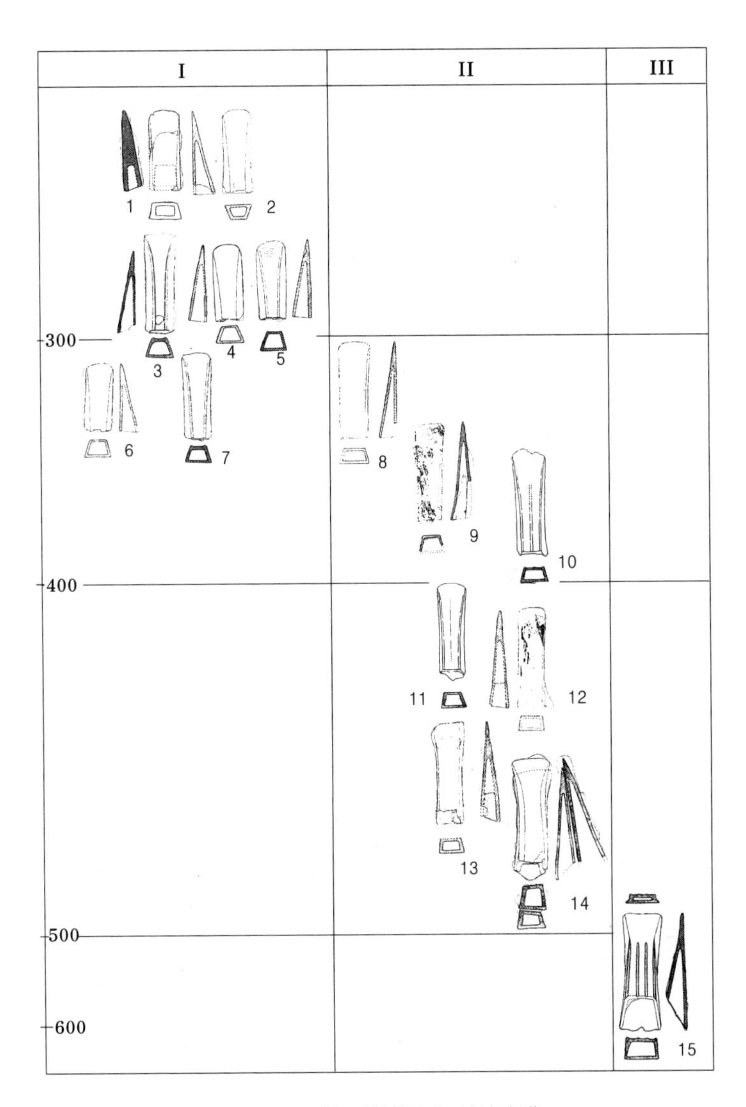

도 5. 주조철부(김해, 부산지역)

1. 다호리38호 2. 삼동동 3. 하대44호 4. 노동동8호 5. 예안리74호 6. 노포동16호 7. 하대43호 8. 칠산동32호 9. 예안리116호 10. 퇘래리7호 11. 퇴래리4호 12. 칠산20호 13. 칠산35호 14. 복천동53호 15. 예안리49호

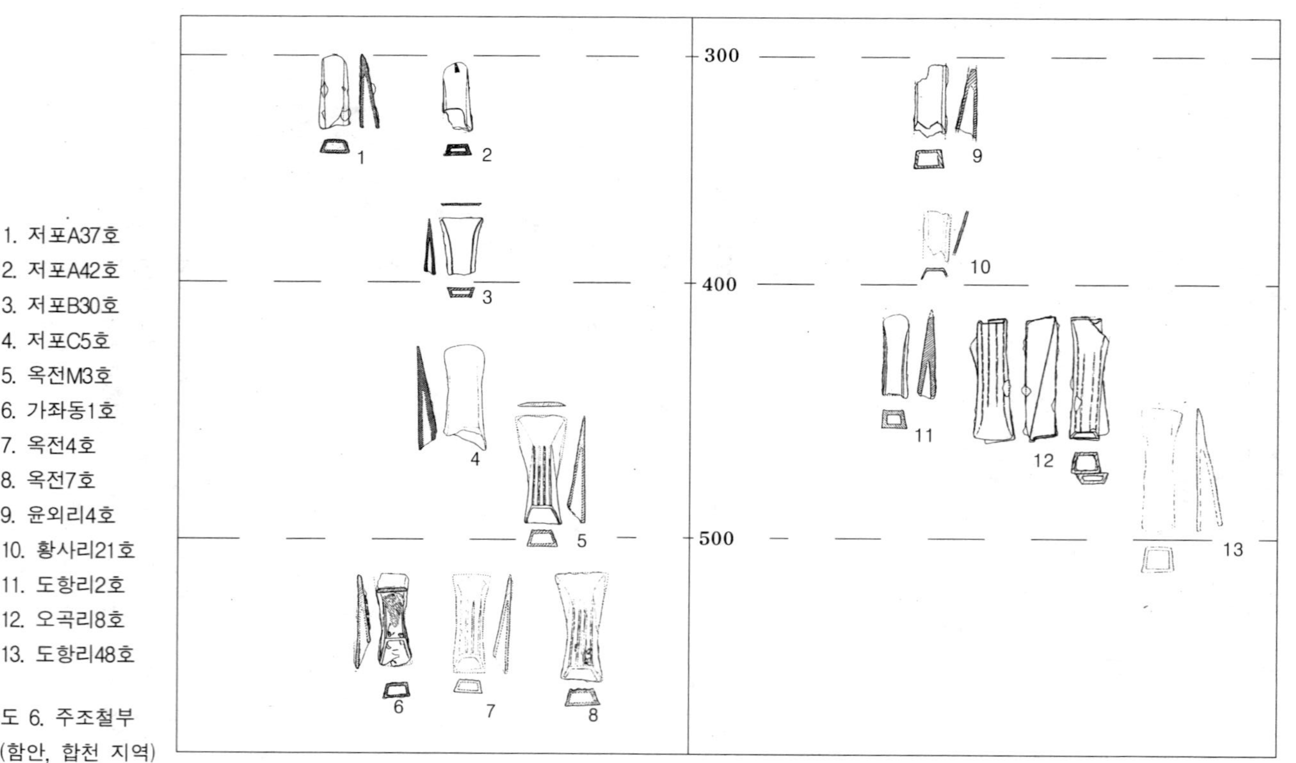

1. 저포A37호
2. 저포A42호
3. 저포B30호
4. 저포C5호
5. 옥전M3호
6. 가좌동1호
7. 옥전4호
8. 옥전7호
9. 윤외리4호
10. 황사리21호
11. 도항리2호
12. 오곡리8호
13. 도항리48호

도 6. 주조철부
(함안, 합천 지역)

이 시기 1형의 제작지가 경주지역에서 獨占化했을 가능성도 배제할 수 없다.[10]

이렇게 보면 弁辰韓단계의 주조철부는 동일한 계보와 생산체제 속에서 만들어지고 있음을 알 수 있으며 제작지가 2분화되는지는 알 수 없으나 주조철부의 생산과 유통에서 동일 지역의 체계가 형성되었다고 볼 수 있다.

4세기 후반이 되면서 기존 1형의 틀은 무너지고 2형이 본격적으로 나타난다. 이 2형은 기본적으로는 등날의 유무에 의해 2종류로 나누어지지만 長幅比率과 날부형태 등 약간의 多樣化된 모습으로 5세기 중반까지 출토된다. 즉 김해지역의 예안리나 칠산동 등 김해지역에서는 등날이 없는 2a형이 출토되지만 그 주류는 2b형이 대부분을 차지하며 길이도 매우 細長化(1 : 1.35)하는 추세이다. 이것은 곧 기존의 a유형에서 발전된 형태로 유지되는 반면 咸安 輪外里, 昌原 道溪洞 등의 낙동강 서안지역과 경주지역에서는 등날이 있고 세장하며 인부가 부채꼴상으로 약하게 벌어지는 형태로 교체되고 있음을 알 수 있다. 이러한 현상은 곧 4세기 후반부터 철생산, 주조철부생산의 변화를 의미하는 것이며 다양화된 형태는 곧 가야지역의 철생산의 변화를 말하는 것이다.

이러한 분위기에서 등장하는 것이 3형의 주조철부이다. 5세기 중반부터 보이는 3형은 대표적인 것이 陜川 玉田古墳群을 필두로 이후 6세기까지 계속 유행하는데 세장해진 형태와 장방형을 유지하는 형태로 구분된다. 주로 장방형의 형태는 가야지역에서, 세장한 형태는 皇南

10) 경주 황성동유적에서는 현재 용해로만 30여 기 이상이 확인되며 조사결과 한 개의 용해로에서 3차례 이상 보수하여 사용한 흔적과 함께 단일 수혈 내에서 3차례 정도의 재축조한 것이 확인되어 상당량의 주조철부가 생산되었음을 알 수 있다. 이것은 곧 유통물로서 제작되었으며 제작기간도 3세기 후반에서 4세기 전반에 걸치는 상당히 장기간 조업한 것으로 보아 주조철부의 주 생산지로서 파악된다. 또한 여기에서 출토된 주조철부의 용범의 형태와 크기를 보면 울산 하대, 김해 양동, 대성동에서 출토된 것과 동일제품으로 판단되기 때문에 일정기간 독점화하였을 가능성이 높다.

大塚, 天馬冢 등 주로 경주지역 중심으로 출토되어 어느 정도의 지역색을 보여준다.[11] 이 3형은 6세기 이후 가야 전지역까지 지속적으로 출토된다. 또한 일본내의 6세기 고분에서 출토되는 주조철부는 대부분이 이 3형의 주조철부로서 가야지역이 철생산 유통물로서 5세기 후반부터 이러한 형태가 대외교류품으로서 사용되었음을 알 수 있다.

이상의 주조철부의 형태변화를 볼 때 4세기까지는 김해를 중심으로 한 유통구조가 성립되었음을 볼 수 있다. 제작지의 문제가 남아 있으나 동일한 주조철부를 제작하고 이것이 유통되었다고 보아진다.

이후 5세기가 되면서 그 세장한 형태의 출현은 제작지의 변경을 볼 수 있는 것이다. 즉 기존의 流通網 확보를 유지하던 김해세력은 5세기 들어서면서 급격히 몰락하면서 기존의 유통질서를 타 지역에 넘겨버린 결과이다. 이 결과는 곧 주조철부의 형태변화를 가져오게 하였는데 아마도 生産集團들의 와해과정과 새로운 유통질서를 구축한 新勢力에 의해 그 형태변화가 일어난 것으로 본다.

그 이후의 주된 세력은 복천동고분을 중심으로 한 부산과 함안세력이 아닌가 본다.

따라서 이 지역을 중심으로 기존의 김해세력의 정체성을 무너뜨리고 새로운 형태의 유통물의 필요성으로 인해 2형의 주조철부가 제작된 것으로 보이며 이러한 현상은 그대로 또 다른 철생산세력으로 보는 합천을 옥전고분을 중심으로 한 대가야세력의 철생산이 본격화되면서 그들 나름대로의 새로운 형태인 3유형의 주조철부가 등장한 것으로 본다. 이 3유형 등장에는 그 영향력이 경주세력과의 기술적 轉移인지 混合要素인지는 확실하지 않지만 技術集團間의 混在樣相이 보인다.

즉 대가야 세력의 확산과정은 정치적, 군사적인 부분뿐만 아니라 철의 유통에서도 3형 주조철부라는 독자적인 유통생산매체물의 제작과

11) 이 3형의 주조철부는 세장한 형태를 빼고는 경주와 합천지역이 동일하다. 어느 지역의 영향인지는 판단하기 힘들다. 다만 신라세력권 안에 들어간 지역에서도 경주지역과 같은 세장한 형태 대신 장방형의 3형의 주조철부가 계속해서 출토되는 양상이다.

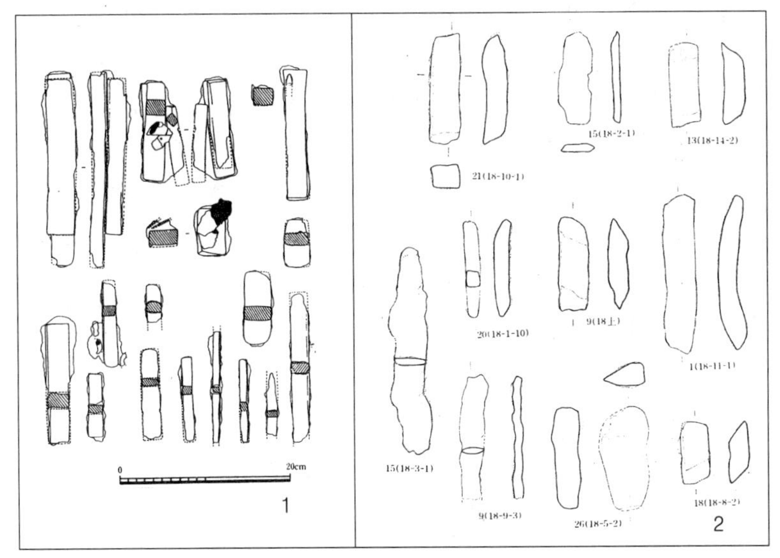

도 7. 봉상철제품
1. 옥전M3호 2. 도항리18호(경고연 2000)

생산을 독점하면서 각 지역에 나타난 현상으로도 이해할 수 있다.

3. 棒狀鐵器

현재 가야지역에서의 출토된 棒狀鐵製品의 예는 함안 도항리고분군, 합천 옥전고분군 2개소에 지나지 않는다(도 7). 이중 옥전고분군 출토의 봉상철기는 金屬分析結果 鑄造製品으로 밝혀져 있어 이러한 형태는 철생산이 본격화되면서 제작할 철제품의 성격에 맞추어 다양한 형태의 철기제작소재가 만들어졌음을 시사한다. 즉 고분부장품으로서 일반화된 형태는 아니지만 계속해서 이러한 형태의 소재가 제작 유통되었을 가능성은 높다.

그런데 여기서 주목할 것은 출토된 시기이다. 함안에서는 도항리고분의 초기 전성기인 5세기 전반에 해당되며 합천 옥전고분에서도 최성기인 M3호분에서 출토될 뿐 그 이후로는 출토 예가 없다는 점이다.

여기서 봉상철기의 그 始原的인 형태로 보이는 金海 良東里고분의 봉상철부[12]를 주목할 필요가 있다. 실질적으로 봉상철부는 김해 양동 162호 단계에서부터 보이기 시작한다. 이 시기는 김해 양동세력이 철의 生産權과 交易權 확보로 인해 낙동강 하류역의 중심세력으로 등장하는 시기로서 그들만의 생산체계를 유지하기 위해 판상철부로 대표되는 제작소재에서 탈피한 김해지역 독자적인 형태를 제작한 결과물이다. 함안과 옥전에서 보이는 이 봉상철기 역시 철기제작소재로서 같은 의미를 내포하고 있는 것으로 판단한다.

Ⅳ. 加耶地域 鐵生産의 展開와 流通

加耶의 鐵研究에 있어 가장 문제점으로 導出되는 것이 가야 철의 生産과 流通問題이다. 즉 생산된 鐵의 消費에 있어 어떠한 패턴으로 진행되었는지 그리고 가야 각국의 성장기반이 철로 표현되지만 각 地域別 생산시스템이 갖추어졌는가 그리고 그 시기의 문제가 대두된다. 이러한 문제의 해결은 각 지역별 생산지의 확인이 무엇보다 基礎的인 자료가 되겠지만 현재의 상황에서는 어느 지역에서도 철생산유적은 확인되지 않고 있기 때문에 이 문제에 대한 접근은 流通生産物에 대한 해석에 의존할 수밖에 없다. 여기에서는 3장에서 살펴 본 철기제작소재의 변화 등을 통해 가야지역의 철생산과 유통에 대해 접근하고자 한다.

1. 加耶地域 鐵生産의 始作과 成立

12) 日本 赤井手 遺蹟에서 그 봉상철제품이 출토되었는데 당시 일본내 철생산이 이루어지지 않은 시점이기 때문에 분명 반도에서 유입된 특히 남부지역에서 건너간 유물임을 감안하면 남부지역 특히 김해지역의 생산물일 가능성이 높다. 즉 제품제작을 위한 또다른 소재로 유통물로 제작되었음을 추정가능하다.

지금까지의 발굴성과를 보면 분명 茶戶里 단계에 해당하는 기원전 1세기에 木棺墓을 중심으로 철기가 부장된다. 이후 목관묘 마지막단계까지 철기의 형태적 변화 또는 부장양상은 거의 차이 없이 계속되어진다. 이를 근거로 해서 가야지역의 철생산이 이미 기원전 1세기에 시작되었다는 견해가 지배적이다.[13]

철기의 제작은 철생산이 없이도 철기를 제작하는 소재의 확보로서도 鍛冶技術만 있으면 가능하다. 즉 철생산과 철기의 제작은 구분되어져야 한다.

보다 확실한 근거는 창원다호리 64호분에서 출토된 鐵鑛石의 출토이다. 분묘 내에 철광석이 副葬되었다는 사실은 이 시기에는 철광산이 개발되기 시작하였으며 자연히 철생산은 시작되었다고 본다. 이 64호분의 시기는 토기편년을 근거로 볼 때 2세기 전반 후엽에 해당되는 시기[14]로 다시 말해 木棺墓의 마지막 단계에 해당하는 것이다. 이 시기부터 진정한 철생산이 가야지역 특히 김해를 중심으로 시작되었을 가능성이 높다. 이후의 전개양상은 목곽묘의 발생과 함께 철기문화의 한 획을 긋는 엄청난 변화가 보인다. 김해 양동리에서 보이는 철기의 大量埋納現狀과 漢式鐵器의 登場 등 양과 내용면에서 급성장하고 있는 것이다. 특히 기존의 판상철부에서 벗어나 棒狀鐵斧의 제작은 그 자체가 철기제작자들의 의도에 의해 새로운 유통생산물의 탄생을 말하는 것이다.

---

13) 철의 생산과 철기의 사용은 구분되어야 한다. 한반도 초기의 상황 역시 연국의 철기를 그대로 수용하여 사용하다가 자생적인 철기가 제작되었고, 일본의 경우도 6세기까지 철생산이 이루어지지 않았지만 이미 기원 전후한 시기 야요이 중기부터 철기의 사용은 시작되고 수입된 철기제작소재를 이용한 열도 고유의 철기가 제작되고 있다.
물론 가야지역에서는 철광이 풍부하기 때문에 이 지역의 철생산을 다호리 단계부터 상정할 수 있지만 문제는 이를 증명할 수 있는 근거가 아직은 부족하다는 점이다. 따라서 철기가 부장되고 사용되었기 때문에 지역 내에서 철생산이 진행되었다는 식의 논리전개는 무리가 있다.

14) 유적의 시기는 안재호의 편년기준안을 따랐다.
安在浩, 「弁辰韓의 木棺墓 文化」, 『東夷世界の考古學』, 青木書店, 2000.

이렇듯 가야지역에 있어 철생산의 시작은 부분적인 철생산의 시도는 있었는지는 확실하지 않지만 적어도 목관묘 마지막 단계에서 목곽묘로의 이행시기에는 확실한 철생산이 진행되었음을 알 수 있다. 이같은 철생산은 이후 가야의 성립과 직접적인 연관성을 가지고 발전의 원동력으로 진행되어 간다.

우선 3세기 중엽까지의 철생산은 판상철부, 주조철부에서 보이는 것과 같이 그 철기제작소재에서 동일한 제품이 供給되며 생산물에 있어서도 地域的인 偏差가 거의 없이 동일한 생산품만이 나타난다. 즉 이것은 변진한의 철생산지역이 限定되어 있음을 의미하며 곧 동일한 생산기술집단이 一括的으로 供給하고 있었음을 알 수 있다.

그러나 3세기 후반에서 4세기 전반에 이르는 시기가 되면서 그 양상은 急變하는데, 이 시기의 특징은 다음 두 가지로 정리할 수 있다.

첫째 변, 진한의 각 지역에서 대규모의 철기생산집단이 登場하면서 독자적인 두 지역의 철제품이 만들어진다. 이는 弁辰韓 小國의 內部成長期로서 중심세력은 그들의 세력확장을 위해 우선적으로 철의 확보가 필요하였으며 이를 위해 경주에서는 경주 황성동유적처럼 대규모 生産集團의 出現[15]이 보인다. 김해지역에서는 생산집단의 유적은 확인되지 않지만 김해 양동리고분에서 보이는 철기의 大量埋納현상과 倭, 漢代의 유물이 출토되는 것으로 철생산과 유통구조가 독자적으로 진행되고 있음을 추정할 수 있다. 특히 철제유물에서 이전의 판상철부에서 벗어나 경주, 울산지역에서는 폭이 넓은 판상철부가 제작되는 현상은 곧 이전의 판상철부라는 일관된 철기제작소재에서 벗어나 독자적인 유통매체물을 만들고 있는 것에서도 추정할 수 있다.

둘째 3세기 후반은 國際情勢에서 樂浪의 통제력이 약화되면서 기존

---

15) 경주 황성동유적의 경우 생산지역, 취락지역, 분묘지역이 공간적으로 분리되어 있다. 즉, 한 지역내에 현대의 공단개념의 생산집단의 단지가 조성되어 있을 뿐 아니라 생산지역에서도 용해공정과 단야공정의 작업공간이 분리되어 있으며 특히 철생산이 아닌 생산된 철을 제품화하는 극히 분업화된 양상을 가지는 대규모 공인집단의 생산단지이다.

유통구조에서 벗어나 새로운 유통루트를 개발하게 된다. 그 새로운 루트는 日本列島와 內部流通이다. 즉 철기의 주요 收入處인 낙랑의 약화는 새로운 수출처인 일본열도로 대체된다. 당시 일본의 정세는 大和政權의 성립과정에서 무엇보다 철이 필요하였기 때문에 이후 지속적인 철공급루트를 확보하게 된다.[16] 이와 함께 생산물의 내부유통에 주력하는 것으로 판단된다. 즉 금관가야의 성립과 함께 이들의 세력장악을 위해서는 철기의 수급이라는 경제적인 관계를 통해 持續的인 정치권을 장악하였을 것이다. 그 결과로 3~4세기대의 생활유적에서 단야공방이 집중적으로 증가하고 있으며, 단조철부 형태가 정형성이 없이 제작되고 있는 점 등은 각 지역마다 충분한 철기의 공급을 할 수 있는 생산량과 유통구조가 완성되어 갔음을 알 수 있다.

2. 地域別 鐵器生産과 流通

가야지역에서 4세기까지의 樣相은 釜山·金海勢力圈이 주류가 된 철생산과 유통망의 장악을 볼 수 있다. 이것은 이미 기존의 金海 良洞古墳群에서 보이는 철기의 부장이나 세력에서 보아 기존의 弁韓의 철기생산, 유통구조를 그대로 承繼해 가고 있음을 볼 수 있다. 즉 김해 양동리, 김해 대성동으로 이어지는 주 세력권의 철생산 장악은 가야 각지의 이전의 변한 各小國들에 대한 철을 통한 세력확장과 권력장악이 完成되었음을 의미한다.

한편 4세기대에 들면서 김해지역에서는 板狀鐵斧의 유통은 계속되어졌다.

그것은 신라세력과의 완전한 차이가 보인다. 먼저 제작소재인 판상철부에서 보면 4세기 중엽까지 大成洞에서는 細長方形의 판상철부가

16) 일본 近畿勢力은 세력확장을 위해 우선적으로 철의 확보가 필요하였다. 이 필요성은 단순히 철을 이용한 무기의 제작이 아닌 철의 流通經路를 확보하기 위해서이다. 이런 이유로 이 세력들은 우선적으로 한반도로부터의 주요 공급지인 北部九州地域의 확보해 나간다. 이러한 일본열도내의 수요는 자연히 생산중심지인 김해세력의 접근을 용이하게 하였다.

계속해서 이용되는 반면 울산 하대유적에서는 이 시기에 大形의 長方形 판상철부가 나타난다. 즉 유통물에서의 확실한 변화양상을 보여주는데 이것은 다시 말해 두 지역 간의 생산체계에 완전한 분리가 이루어지는 것으로 이해된다.

이를 역으로 해석하면 이전까지의 변진한단계의 철기의 유통은 서로 交流面에서 이루어졌을 가능성이 있다. 즉 이전의 상황이 共助된 형태의 생산이라고 하면 이 시기부터는 分離된 생산, 유통구조를 말하는 것이다. 이러한 현상은 4세기 후반 금관가야권에서 단조철기의 規格化 현상이 일어나고 있으며 鑄造鐵斧 역시 세장한 형태로 변화해 간다는 것이다. 즉 각 권역별 생산유통구조의 완연한 분리와 함께 자체적인 생산, 제작의 工人集團을 再編成, 構造化시키는 과정에서 보이는 현상으로 이해된다. 그러한 결과물로서 鐵鋌과 새로운 형태의 鑄造鐵斧라는 유통매체물을 등장시키고 있다.

그러나 김해세력의 쇠퇴에 따른 5세기대에 들면서 그 양상은 매우 다양화해진다고 보아진다. 이러한 양상을 지역권으로 나누어 보면 다음과 같다.

1) 東萊地域

부산 동래지역에서의 양상이다. 5세기에 들면서 福泉洞古墳群을 중심으로 철정의 대량매납현상이 보인다. 특히 복천동22호분과같이 길이 50cm 내외의 大形鐵鋌의 출현은 곧 기존의 김해세력이 소유하던 철생산과 유통망이 그대로 복천동세력으로 넘어왔다는 것을 의미한다. 이러한 양상 중의 하나가 有刺利器의 출현이다. 이미 유자이기는 鐵鋌으로 만드는 일종의 儀器이다.[17] 이 의기의 발생은 새로운 철생산의 장악을 보여주는 象徵的인 뜻을 표현하는 것이다. 비록 복천동 22호분에

17) 유자이기의 제작은 생산된 철정을 그대로 이용하여 크기의 변화없이 그대로 기본형태에서 가시모양을 만들고 공부를 만들기 때문에 유자이기의 형태를 통해 철정의 형태를 유추해 낼 수 있다.

서 大型의 철정이 나타나지만 유자이기는 中型의 철정을 그대로 이용하여 제작되는 것을 볼 수 있다. 즉 대형철정은 그들의 철생산 장악을 나타내는 일시적인 현상으로 볼 수 있다. 이후 11호분, 53호분으로 이어지는 계속된 철정의 매납이 나타난다. 그리고 한편으로는 새로운 규격-좀더 소형화된-이 나타난다. 즉 단순한 생산지의 장악과 함께 철소재 유통에 새로운 패턴이 생겨난 것을 볼 수 있다. 그러나 이러한 현상은 5세기 후반이 되면서 鐵鋌의 부장이 약해지고 6세기 이후에는 전혀 그 모습을 찾아 볼 수 없게 된다. 즉 이 시기쯤에 鐵生産掌握이 新羅勢力에게 轉移되는 것을 보여주는 것이다. 이러한 현상은 梁山地域에 대형의 고분군이 출현하고 있으며 그 출현배경에는 勿禁, 密陽地域의 철생산을 위한 신라세력의 直接的인 國家經營에 들어갔기 때문으로 보아진다.[18]

한편 김해·부산지역에 인접한 馬山, 昌原지역의 경우 철정은 4세기까지는 중형a가 출토되는 것으로 보아 김해 대성동세력의 유통권으로 볼 수 있으나 5세기 전엽 이후 중형b가 출토되고 이후 소형으로 변화해나가는데 이러한 변화는 복천동에서 보이는 양상과 거의 동일하게 변화함을 알 수 있다. 다만 5세기 후반에 보이는 철정은 일부 함안지역의 소형철정과 유사한 점이 있어 이 시기에는 오히려 함안지역 내의 유통권에 들어간 것으로 본다.

2) 咸安地域

咸安地域은 4세기까지의 자료에서는 鐵鋌의 출토는 없다. 또한 대형고분의 발생 역시 함안 道項里古墳群을 시작으로 築造되는 양상이다. 철기의 부장에 있어서도 5세기 특히 도항리 10호분단계에서는 대형의 鐵鋌이 갑자기 등장한다. 이러한 현상은 이미 복천동고분에서도

18) 밀양, 양산일대의 철생산과 신라세력의 확장에 관해서는 아래글에 언급되어 있다.
손명조, 「낙동강 하류역의 고대 철생산」, 국립박물관 동원학술논문집 제4집, 2001.

언급하였듯이 이 지역에서 철기의 생산 내지 새로운 유통권의 장악을 의미한다고 볼 수 있다. 특히 有刺利器에서도 대형의 철정을 그대로 이용한 김해, 동래지역과는 구분되는 새로운 형태의 유자이기가 출현하는 것을 볼 수 있다. 즉 이전의 금관가야권의 몰락 이후 함안지역에서는 政治的인 변화와 함께 철과 관계된 새로운 변화를 象徵하는 것이다. 그런데 부산권에서 보이는 유자이기는 철정의 大型化와 관계없이 유자이기는 중형의 철정을 이용하는 데 반해 함안권에서는 이러한 대형의 철정을 이용한 유자이기의 제작이 계속되고 있다는 점이다. 즉 철정의 형태가 기존의 형태와는 완전히 구분된 형태-두께가 얇고 양쪽 단부의 벌어짐이 강함-가 定型化된다는 것은 이 지역 내에서 철생산이 獨自的인 형태로 진행되고 있었음을 보여주며 또한 기존 금관가야세력에 의해 통제되던 유통구조도 새롭게 개선하였음을 알 수 있는 단적인 면으로 해석된다. 또한 5세기 후엽의 고분에서 보이는 정형화되지 못한 소형철정a는 타 지역과는 구분되는 현상으로 보아 함안세력의 유통구조 내에서 보이는 것으로 파악한다.

또 한편 이러한 철정과 함께 도항리고분군에서는 새로운 형태의 鐵器製作素材가 보인다. 慶考硏 發掘 수혈유구에서는 50여 점 이상의 棒狀鐵器가 埋納되어 있다. 기존의 철정과 다른 이러한 철기제작소재의 등장은 그들 나름대로의 철생산체제를 보여주는 것으로 보아진다. 이것은 합천지역의 옥전고분군에서도 보이는 현상이다.

3) 大加耶地域

대가야권역의 高靈, 陜川지역의 경우는 그 양상전개가 구분되어진다.

이미 고령지역에서의 철정의 형태는 池山洞 30호단계까지는 일반적인 中型의 철정이 매납되고 있다. 그러나 그 이후 철정은 모두 사라지고 소형의 미니어처 철정만이 매납되는 현상이다. 이는 단순히 철정뿐만이 아니라 模型鐵製品이 부장[19]되는데 이에 대한 문제는 다음에 거론하고자 한다. 어쨌든 대가야권역에서 철기의 부장이 극대화한 곳은 합천지역이다. 특히 玉田古墳群을 중심으로 한 철기의 매납양상은 오히려 대가야의 主勢力인 고령을 壓倒하고 있음을 알 수 있다.

옥전고분군에서의 옥전 1段階에서의 철기부장은 극히 제한적인 데 반해 2단계 5세기 전엽부터는 함안지역에서와 같은 대형의 유자이기가 출토된다. 이것은 이미 이 단계에서는 합천지역에서 철기의 자체 생산을 보여주는 것이다.

옥전고분의 최고의 무덤은 M3호분이다. 여기에서는 鐵鋌의 부장 대신 鑄造鐵斧 3型의 副葬과 棒狀鐵器의 다량매납이 이루어지는 것을 알 수 있다. 이것은 이미 타 지역에서의 鐵鋌副葬과 같은 의미이다. 주조철부의 경우도 기존의 형태에서 완전히 탈피한 형태이며 부장된 棒狀鐵器 역시 鑄造品으로 모두 철기제작을 위한 소재로서 철정과 같은 의미이다. 그런데 주목되는 것은 이 철기제작을 위한 소재가 독특한 형태로 만들어졌다는 것이다. 이전 주조철부의 형식을 완전히 탈피한 것이나 봉상으로 규격화된 鐵棒을 만드는 것은 이 지역에서 독자적인 철생산은 물론이며, 독자적인 유통망을 만들고, 그들만의 규격화된 제품을 완성하였다고 볼 수 있다.

여기서 문제는 철정의 형태와 유자이기가 함안지역과 유사하다는 점이다. 동일한 형태의 철정, 유자이기가 공존하지만 주조철부는 함안지역에는 나타나지 않고 합천지역에서만 보인다는 것은 지역 간의 유통물의 분리 제작에 따른 것인지 한 지역에서의 獨占인지는 앞으로 糾明해 나가야 할 것으로 보아진다.

이상에서 살핀 각 지역 간의 철생산 유통을 정리하면 다음과 같다.

4세기까지는 弁辰韓의 철기문화를 그대로 繼承한 채 변한지역의 김해세력이 중심이 된 鐵生産과 流通圈 장악이 있어왔으며 이후 5세기

19) 안순천, 「소형철제 模型농공구 부장의 의의-대가야고분의 埋葬儀禮와 관련하여」, 영남고고학 18, 1996.

에 들면서는 그러한 一律的인 체제는 崩壞되고 지역별 철생산이 본격화된 것으로 보인다.

따라서 5세기에 들면서 기존의 김해세력의 철생산지는 親新羅勢力인 동래 복천동세력이 그 生産流通權을 계승하게 되며 동시기에 함안과 합천 옥전지역이 새로운 지역별 철생산과 유통의 중심지로 浮刻된다. 이러한 양상은 철기제작소재의 大形鐵鋌 및 有刺利器의 出現과 독자적인 형태의 주조철부의 제작, 새로운 형태의 철기제작소재인 봉상철제품의 발생 등에서 찾을 수 있다. 따라서 가야의 5세기의 철생산은 기존 철생산지인 洛東江河口域과 南旨를 경계로 한 南江일대의 咸安圈域, 黃江중심의 玉田勢力의 大加耶圈域 등 크게 3개의 생산 유통권을 구획할 수 있다. 이외의 지역 마산・창원・고성・진주일원은 각 세력권의 확보하에 流動的인 상태로 직접적인 철생산활동은 확인되지 않는다. 이후 신라세력의 확장은 양산, 밀양지역의 철생산지역을 장악하면서 國家管理體系의 철생산시스템을 구축하고, 기존의 가야권역의 유통구조망까지 확보해나가게 된다.

Ⅳ. 맺음말

지금까지 加耶史에 대한 考古學的 접근은 주로 유물 및 묘제 등의 地域的, 時代的 편년을 중심으로 보이는 加耶各國의 形成과 發展過程研究에 치중해 있었다. 본고는 가야 발전의 動因으로 작용한 鐵의 生産과 流通體制의 연구를 통해 가야 각국의 成長過程에 있어 經濟的 要因으로서의 역할을 제시하고자 하였다. 또한 철기연구의 패턴이 단순한 형태적 접근과 그 실용도 및 의기적 측면의 연구에서 탈피하고자 하는 의미도 갖고 있다. 이러한 연구방법은 가야 각국의 정치적 변동을 이해함은 물론 지역 간의 교류형태 및 內部的 成長과 解體過程을 이해하는 데 도움이 되리라 판단한다.

그러나 연구의 진행과정에서 지역 個別的인 內部流通狀況의 파악은 자료의 방대함과 철기가 가지는 製作에 따른 保守性과 專門匠人의 獨占化에 따른 세밀한 형태적 특징이 도출되지 않아 정리되지 못하였음을 밝혀둔다. 또한 철기연구에서는 金屬學的 分析이 필요불가결하나 아직 가야철기에 대한 금속분석자료의 한계로 인해 자료의 증가를 기다릴 수밖에 없다.

참고 발굴조사보고서

慶南大博物館,『고성 연당리고분군』, 叢書 5, 1994.
慶尙大博物館,『陜川中磻溪墳墓群』, 博物館調査報告 第2輯, 1987.
慶尙大博物館,『陜川玉田古墳群 Ⅰ -木槨墓-』, 博物館調査報告 第3輯, 1988.
慶尙大博物館,『陜川玉田古墳群1次發掘調査槪報』, 博物館調査報告 第1輯, 1986.
慶尙大博物館,『晋州加佐洞古墳群 1-4號墳』, 博物館調査報告 第4輯, 1989.
慶尙大博物館,『陜川玉田古墳群Ⅱ-M3號墳-』, 博物館調査報告 第6輯, 1990.
慶尙大博物館,『陜川玉田古墳群 Ⅲ -M1-M2號墳-』, 博物館調査報告 第7輯, 1992.
慶尙大博物館,『陜川玉田古墳群 Ⅳ -M4・M6・M7號墳-』, 博物館調査報告 第8輯, 1993.
慶尙大博物館,『宜寧禮屯里墳墓群』, 學術調査報告 第11輯, 1994.
慶尙大博物館,『咸安篁沙里墳墓群』, 學術調査報告 第9輯, 1994.
慶尙大博物館,『陜川 玉田古墳群 試堀調査報告書』, 學術調査報告 第10輯, 1994.
慶尙大博物館,『의령 중동리고분군』, 學術調査報告 第12輯, 1995.
慶尙大博物館,『합천 옥전고분군 Ⅴ M10・M11・M18호분』, 학술조사보고 제13집, 1995.
慶尙大博物館,『합천옥전고분군 Ⅵ M23・M28호분』, 연구총서 제16집, 1997.
慶星大博物館,『金海七山洞古墳群Ⅰ-第3地區의 發掘調査』, 遺蹟調査報告 第1輯, 1989.
慶星大博物館,『金海大成洞古墳群』, 遺蹟調査報告, 2000.
東亞大博物館,『東萊福泉洞第1號古墳發掘調査報告』, 조사보고1, 1971.
東亞大博物館,『咸陽上栢里古墳群發掘調査報告』, 조사보고2, 1972.
東亞大博物館,『金海府院洞遺蹟』, 東亞大博物館 古蹟調査報告 第五冊, 1981.

東亞大博物館, 『陜川三嘉古墳群』, 東亞大博物館 古蹟調査報告 第六冊, 1982.
東亞大博物館,『陜川鳳溪里古墳群』, 古蹟調査報告書 第十三冊(7집), 1986.
東亞大博物館,『陜川倉里古墳群』, 古蹟調査報告 第十四冊(본문), 1987.
東亞大博物館,『진해 용원유적』, 고적조사보고 24, 1996.
東亞大博物館, 『양산물금택지개발사업지구내 문화유적지표・시굴조사보고』, 1996.
東義大博物館,『창원도계동고분군』, 박물관 학술총서 4, 1996.
東義大博物館,『김해양동고분문화』, 2000.
釜山大博物館,『五倫臺古墳發掘報告書』, 조사보고1, 1973.
釜山大博物館,『釜山華明洞古墳群』, 遺蹟調査報告 第2輯, 1979.
釜山大博物館,『東萊福泉洞古墳群Ⅰ』, 遺蹟調査報告 第5輯, 1983.
釜山大博物館,『釜山堂甘洞古墳群』, 遺蹟調査報告 第7輯, 1984.
釜山大博物館,『金海禮安里古墳群Ⅰ』, 遺蹟調査報告 第8輯, 1985.
釜山大博物館,『咸陽白川里1號墳』, 遺蹟調査報告 第10輯, 1986.
釜山大博物館, 합천 저포리 E지구유적, 유적조사보고 11, 1987.
釜山大博物館,『釜山老圃洞遺蹟』, 遺蹟調査報告 第12輯, 1988.
釜山大博物館,『東萊福泉洞古墳群第2次調査概報』, 1989.
釜山大博物館,『東萊福泉洞古墳群Ⅱ』, 遺蹟調査報告 第14輯, 1990.
부산대박물관,『동래복천동고분군 제3차조사개보』, 1990.
釜山大博物館,『金海禮安里古墳群Ⅱ』, 遺蹟調査報告 第15輯, 1993.
釜山大博物館,『동래 복천동고분군 3』, 연구총서 19, 1996.
釜山大博物館,『울산 하대』, 1997.
釜山市立博物館,『釜山老圃洞古墳』, 調査報告書 第2冊, 1985.
釜山市立博物館,『釜山老圃洞古墳Ⅱ』, 調査報告書 第3冊, 1988.
釜山市立博物館,『釜山杜邱洞林石遺蹟』, 調査報告書 第4冊, 1988.
釜山市立博物館,『東萊福泉洞내성遺蹟』, 調査報告書 第5冊, 1990.
釜山市立博物館,『東萊福泉洞53號墳』, 調査報告書 第6冊, 1992.
釜山市立博物館,『生谷洞加達古墳群 1』, 調査報告書 第8冊, 1993.
釜山市立博物館,『부산직할시립박물관소장유물』, 1993.
釜山市立博物館, 『동래복천동고분군-제5차발굴조사99~109호묘』, 연구총서 제12책, 1997.
昌原大博物館,『昌原道溪洞古墳群Ⅰ』, 學術調査報告 第1冊, 1987.
昌原大博物館,『陜川苧浦里B古墳群』, 學術調査報告 第2冊, 1987.
昌原大博物館,『馬山縣洞遺蹟』, 學術調査報告 第三冊, 1990.

昌原大博物館, 『咸安阿羅伽耶의 古墳群(Ⅰ)』, 學術調査報告 第五冊, 1992.
昌原大博物館, 『함안 오곡리유적』, 조사보고 제9책, 1995.
昌原大博物館, 『진양 대평리 고분군』, 학술보고 11, 1995.
昌原文化財硏究所, 『咸安道項里岩刻畵古墳發掘調査』(指導會議資料, 1991. 8. 2), 1991.
昌原文化財硏究所, 『昌原加音丁洞遺蹟』, 조사보고 2집, 1994.
昌原文化財硏究所, 『함안 암각화고분』, 학술조사보고 3, 1996.
昌原文化財硏究所, 『함안 도항리고분군 1』, 1998.

伽耶土器 生産·分配體系

이 성 주*

Ⅰ. 머리말

그동안 가야토기의 연구는 토기유물군이 지닌 본질적인 문제로부터 출발하지 못하였던 것 같다. 가령 토기의 변이와 인간행위의 관련성과 같은 문제, 토기생산의 사회적 관계와 같은 문제, 토기양식과 그 분포가 당시의 역사적 맥락에서 지니는 의미와 같은 '양식론 그 자체의 문제' 등이 의외로 토론되지 못하였다. 말하자면 土器, 樣式, 分布 그 자체에 대한 연구를 거의 찾아보기 어려운 것이 가야토기 연구의 현실이 아닐까 한다.

* 강릉대학교 사학과

지금까지 대부분의 연구에서는 삼국시대 정치세력의 범위를 정하고 제 지역집단들 사이의 관계를 추론하기 위해 토기양식의 분포범위가 어떠한지, 그 영역은 어떻게 변화되는지 등을 분석하고는 했다. 다시 말해서 가야토기 연구는 토기 그 자체, 혹은 양식론 그 자체에 초점을 맞추어 문제를 제기하고 그것을 연구의 출발점으로 삼지는 않았던 것이다. 그보다 일종의 정치사적인 문제해결을 위해 토기자료를 이용하는 정도가 아니었나 한다(李盛周, 1998a : 332-3).

초창기 신라·가야토기의 연구(金元龍, 1961 ; 李殷昌, 1972)에서는 토기양식의 차이 그 자체에 대한 敍述的인 區分이 목적이었다. 이들 연구는 토기양식을 통한 일종의 문화권 구분이었으며 토기양식의 분포 권역을 정치체의 공간적 범위와 일치시키려는 의도는 거의 없었다고 생각된다(李盛周, 2001). 토기양식의 분포를 정치사적인 문제와 직접적으로 결부시키기는 1980년대에 들어와서부터이다. 다음과 같은 인용을 보면 토기양식의 분포범위에 어떠한 관념을 부여하기 시작했는가를 이해하게 된다.

> "古墳時代에 있어 土器樣式은 단순한 地域別 分類 이상의 意味-例를 들면 伽倻土器 分布地의 경우 곧 伽倻地域이라는-를 內包하고 있다. 그러므로 土器樣式에 대한 認識은 당시의 集團構成, 集團組織을 把握하는 데 있어 주요한 手段이 되어진다."(崔鍾圭, 1983 : 17)

이후 토기양식의 변별은 지역정치세력의 존재와 그 세력범위를 인식하는 데 중요한 기준이 되어 왔다.

근래 가야지역의 고분발굴조사가 급증하면서 가야토기의 자료가 곳곳에서 수집되고 가야토기의 양식분포에 대해 보다 세부적인 地圖가 마련되기에 이르렀다. 그런데 최근까지도 항상 가야(제국)의 범위, 정치체로서의 규모나 위계에 대한 질문만이 되풀이되어 왔다. 사실 이러한 질문은 고고학 자체가 품어온 질문이라기보다는 그동안 문헌사에서 제시해 왔던 고대사의 문제와 그 풀이의 모델이었다.

물론 土器樣式의 分布와 政治體의 領域은 관련이 많을 것이다. 정치집단의 세력확대나 政治體들 사이의 相互作用에 따라 토기양식의 분포범위는 변동하는 경우가 많을 것이다. 토기와 같이 양적으로 풍부한 고고학 자료를 분석해 보면 그러한 사실을 명백히 나타내 줄 수도 있을 것이다. 즉 토기양식의 분포라는 고고학 자료의 양상이 마치 역사적 사실을 뚜렷하게 드러내 보여주는 것같이 보이는 것은 당연할 것 같다. 하지만 지금까지 가야토기의 연구에서처럼 정치사적 사실과 토기양식의 분포 사이에 단순 대응관계를 주장하는 것은 그것이 아무리 그럴 듯해 보여도 正當化의 過程을 거친 考古學的 知識이라고 보기는 어렵다. 오히려 타당한 고고학적 지식체계를 구성하는데, 고고학이란 학문의 성장에 도움될 만한 일이 못된다. 그럼에도 불구하고 그 동안 가야토기 연구자들이 정치사적 추론에 몰두한 데는 여러 복합적인 이유가 있다고 본다.

이 논문에서는 그러한 政治史的 解釋의 오류를 비판적으로 검토하고 하나의 대안으로서 伽耶土器遺物群의 時空間的 變異를 생산·분배체계의 분석을 통해 설명하려고 한다. 본 연구에서는 가야토기양식의 독특한 분포를 가져온 중요한 요인 중에 하나는 경제행위라는 전제에서 출발하고자 한다. 마르크스가 정식화한 바 있듯이 경제행위는 생산-교환-소비의 부문으로 구성되어 있다. 특정한 토기양식의 분포라는 고고학 자료의 공간적인 양상은 결국 어떻게 생산되고 어떻게 분배되었느냐에 따라 결정되었을 것이다. 생산방식과 관련해서 가야시기의 토기생산은 무엇보다 전업화된 생산체계에서 생산되었다는 점은 분명하다(李盛周, 1998a). 하지만 그러한 專業的 生産體系에서 토기양식이라는 것이 어떻게 표상되는지, 그리고 어떠한 分配(交換)體系에서 양식 분포가 결정되었는지, 지금까지 잘 연구되어 있지는 못하지만 본 논문에서 개략적인 검토를 시도해 보고자 한다.

Ⅱ. 樣式論에서 生産分配體系에 대한 分析으로

1. 문제의 소재

土器樣式의 분포범위를 가지고 단위사회, 또는 정치체의 영역을 직접적으로 추론하는 것은 잘못이다(李盛周, 1998a, 2000). 이러한 제안은 대다수의 연구자에게 土器樣式의 分布와 政治體의 領域은 무관하다는 주장과 동일한 것으로 간주되기도 하였지만, 토기양식의 분포에 대한 해석에 政治的인 意味를 즉각적으로 부여할 수 있는가에 의문을 제기한 愼重論으로 평가되어 왔다. 이 제안은 단순한 판단보류의 신중론이 아니라 대부분의 역사고고학 연구자들이 무심코 동의해 온 전제에 대해서 반성해 보아야 한다는 주장이었다.

필자의 주장은 다음과 같은 근본적인 문제에 대한 검토를 요청하는 것이다. 왜 하필이면 토기의 양식인가? 왜 사회의 단위가 문제되나? 정복, 복속, 지방지배 등과 같은 문제를 왜 고고학 자료로 해명해야 하나? 이러한 필자의 문제제기는 그동안 역사고고학이 무심코 동의해 온 여러 가지 전제와 관심에 의문을 제기한 것이다. 그리고 정치집단, 토기양식, 단위사회, 영역 등에 대한 관념, 나아가 고고학자의 관심을 지배해온 고대사의 기본문제 등에 대해 재고를 요하는 것이다.

세계 도처에서 政治體系의 擴散과 함께 土器製作技術이나 土器樣式이 확대된 예를 찾아보기는 그리 어려운 일도 아니다. 사회집단들간에 상호작용이 빈번해지면 토기양식의 변화는 어떻게 나타날까에 대해 그동안 많은 고고학자들이 관심을 가져왔고 크고 작은 사회집단들끼리의 상호작용이 유물양식의 변화를 가져왔음은 여러 지역에서 관찰된 바 있다(Plog, 1976, 1990 ; Hantman and Plog, 1982 ; Costin et. al., 1989 ; Morris 1995). 족장사회 정도 이상으로 위계화된 사회에서 비단 토기가 아니라도 물질문화의 양식이란 것이 정치권력에 의해 위계화를 정당화하는데 이용되거나(Naitzel, 1995), 정치적 통합의 이념적인 수단으로 사용되었던 예는 얼마든지 있다(Earle, 1990).

필자 역시 5세기경 신라·가야 제 지역에 나름대로의 토기양식이 성립하는데 이 과정을 살펴 보면 중심 고분군에 부장되는 토기생산으로부터 정형화되어 가고 그 중 어떤 토기양식은 특정 정치체의 중심 고분군으로부터 확산되어 가는 양상이 분명하게 드러난다. 이러한 사정을 감안하면 이 시기의 토기양식과 확산은 정치적 통합의 범위가 확대되는 것과 상통하는 바가 있다고 제안한 바 있다(李盛周, 2000a, b). 그리고 (토기)양식과 그 위계화된 분포는 정치체들 간의 관계나 한 정치체 내부의 통합과 같은 문제를 해명하는 데 의미 있는 分析對象이 될 수 있다고 보기도 하였다(李盛周, 1998a). 하지만 土器樣式과 政治體의 어떠한 양상이 관계가 있다는 점이 특정한 역사적 맥락에서 살필 수는 있으나 그것이 일반화될 수 있는 원칙으로서 제안될 만한 성질은 아니다.

우리가 토기양식의 분포를 분석하면서, 아주 다양한 문제 중에 하나로 정치사적 문제를 거론할 수는 있다. 그러나 그것이 전부는 아닐뿐더러 과연 우리 역사고고학의 입장에서 중요한 의미를 가지는가 라고 반성해 볼 필요가 있다. 정치체의 범위, 조직이나 정복, 통합 등과 같은 정치사적 사실이 토기양식의 분포와 관련된다는 점을 부인할 수는 없지만 그것을 이론적으로 정당화할 수 있는 어떤 일반원칙도 존재하지 않는다. 따라서 정치사적 문제가 출발점이 되어 토기양식을 분석할 것이 아니다. 우리 고고학의 입장에서는 당연히 양식 그 자체의 문제에서 출발해야 한다. 정치체의 영역을 토기양식의 분포로 확인하려 하지 말고 양식의 분포가 지닌 의미에 대해 문제를 제기해야 한다. 토기양식으로 논의될 수 있는 많은 문제 중에 정치사적인 문제도 거론될 수는 있다. 그러나 지금까지 우리는 다른 문제를 제기해 본 적이 없고 특별한 이론적 전제 없이 토기양식의 분포를 분석하다가 정치사적 문제를 거론했거나 정치사적 문제를 해결하기 위해 토기양식을 분석했다.

그동안 伽耶土器 연구에서 필자가 問題視하는 것은 다음과 같은 두 가지이다.

첫째는, 우리가 토기양식을 분석하여 왜 하필이면 單位政治體, 혹은 單位社會의 영역에 대해서 말하려고 하며 왜 하필 토기양식의 分布變動을 特定 政治勢力의 領域變動과 관련시키는가 라는 의문이다. 토기양식의 분포와 그 변동의 의미를 정치세력의 범위 및 동향과 관련지어야만 하는 우리의 관심은 과연 어디에서 유래하는가에 대해서 먼저 문제 삼아야 한다. 그리고 개념적인 논의를 생략한 채 일반화시킬 수 없는 원칙을 인용하면서까지 신라, 혹은 가야사회나 백제사회라는 역사적으로 특수한 맥락 안에서 일어난 역사적 사실을 토기양식과 연결시키려고 한다는 점은 비판적으로 검토되어야 할 일이다.

토기양식의 분포에 대한 해석을 지배하고 있는 관념은 고대사의 관심으로부터 온 것이라고 말할 수 있다. 이러한 관념은 19세기와 20세기 초의 근대고고학을 지배했던 문화사/민족주의 고고학과 유사하지만 개념적으로 분석해 보면 상당히 다르다는 것을 알 수 있다. 가령 근대 문화사고고학이 여러 물질문화 요소들의 조합으로 문화단위를 정의하고 그것을 종족 혹은 족속의 단위와 관련시켜 온 데 반해 지금 우리 역사고고학을 지배하고 있는 관념은 사회적인 단위, 정치적인 단위에 관심이 집중되어 있다. 따라서 문화에 대한 개념화의 문제가 아니라 사회에 대한 개념에 문제가 내재되어 있는 것이다.

앞서 말한 것처럼 사회, 그 단위, 영역, 사회적, 혹은 지역적 상호작용의 과정 등에 대한 개념에 문제가 있으며 그러한 문제는 고고학 자체의 문제라기보다 정치사와 제도사에 몰두하는 고대사로부터 유래한다. 마치 문화의 문제가 고고학의 문제가 아닌 것처럼 돌려놓고 사회에 대한 문제의 제기가 더 과학적인 어떤 것으로 생각하기도 한다(李熙濬, 1997, 1998 : 11-12). 나아가 순수 고고학적 접근을 포기하고 역사적 실체를 정의해야 한다는 제안도 볼 수 있다(李熙濬, 1997, 1998 : 12). 이와 같은 제안은 우리 역사고고학 연구자에게 상당히 공인되어 있으며 이러한 점에서 보면 우리 역사고고학이 자신의 관심, 이론, 방법론, 문제들을 논의하는 것을 그만두고 고대사로부터 제기된 문제에 몰두하고 있는 현실을 직시할 수 있다.

사실 지금 우리 伽耶考古學이라고 보면 가야의 영역은 어디인가, 가야가 6세기 전반에 몇 개의 연맹체로 나뉘어졌고 각자의 영역은 어디까지인가, 가야사회는 계층적으로 지역적으로 얼마만큼 위계화된 구조를 가지고 있나 등등의 문제에만 전념하도록 되어 있다(韓國考古學會 編, 2000). 그리함으로써 고고학적으로 고고학 자료에 대해 논의할 수 있는 영역은 축소되는 것이다. 그래서 가야토기 양식에 대한 연구는 다른 대안 없이 정치사, 제도사적 해석에만 거의 이용되고 있는 것이 현실이다. 그리고 앞서의 논의에서 검토한 것처럼 樣式 그 自體, 種族의 正體性, 社會 및 社會的 相互作用, 領域 등에 관해 적절치 않은 관념으로부터 출발하고 있는 것도 문제라고 할 수 있다(李盛周, n.d.).

둘째로 가야토기의 지역적인 다양성을 해석하는데 과연 양식론적 접근, 혹은 양식이란 개념에 기초한 접근이 과연 적절한가 하는 점에 대해서 의문이 제기된다. 양식론 그 자체의 문제로서 현대 고고학에서는 양식의 의미, 양식의 시공적 변이, 양식과 사회문화체계와의 관련성 등이 꾸준히 논의되고 있다. 가야토기에 대해 제기된 문제가 양식론 그 자체의 문제와 무관하다고는 할 수 없지만 적어도 生產과 分配의 문제로 설명되는 것이 더 적절하지 않나 한다. 지금 상위수준의 문제를 접어두고, 과거 인간행위와 관련된 문제에 초점을 맞추어 본다면 고고학 자료로서 토기란 무엇보다도 일정한 기술로 생산되고, 분배·교환되고, 사용되고, 폐기되어 남은 것일 뿐이다. 따라서 어느 유적의 토기가 어느 유적의 토기와 극히 유사하다면 우리가 먼저 판단해보고 싶은 것은 같은 토기공장에서 만들어진 것인가 하는 문제이다. 그래서 福泉洞古墳群의 토기가 경주에서 제작된 것인가(全玉年, 1990), 낙동강 이동지역의 신라토기와 경주계/경주산토기를 어떻게 구분할 것인가(李盛周, 1993), 또는 昌寧系土器와 昌寧產土器는 어떻게 구분하는가(朴天秀, 1993)라는 문제가 당연히 제기될 만하다. 이러한 人間行爲와 관련된 문제는 樣式의 範疇, 樣式의 類似度, 樣式의 位階的 分布,

樣式의 變異 등을 정의해서 접근할 성질만은 아닌 것이다.

특히 가야지역에는 토기류를 다량으로 부장하는 매장의례의 전통이 있어 왔기 때문에 풍부한 토기자료가 발견된다. 이들 토기들은 물론 부장용으로 대량 생산되고 대량으로 분배되었을 것인데 고고학 자료상으로 토기요지와 생활유적에서 수습된 자료가 아직 빈약함에도 토기자료는 풍부하게 남아 있다. 양적인 풍부함, 형태적인 다양성, 그리고 고분에서 다량 출토된다는 점 때문에 토기의 양식적 변이에 과도한 의미를 부여해 왔던 것도 사실일 것이다. 하지만 적어도 신라·가야토기는 체계화된 생산 조직에서 전문 공인에 의해 다량으로 생산되었고 대량생산인 만큼 대량으로 분배되었을 것임에 틀림없다. 그래서 우선적으로 생각할 수 있는 것이 가야토기양식이란 것은 그러한 생산분배 조직에 의해 매개되었을 것이라는 점이다. 따라서 우리가 양식론적 접근에 앞서 해야 할 일은 생산 분배체계의 복원과 그 변동과정에 대해 설명하는 것이다(李盛周, 1991, 1997, 1998a,b ; 崔夢龍 外, 1988, 1995).

결국 앞서 양식에 대한 이론적인 논의를 검토하면서 분명해졌지만 우리 가야고고학에서 정치세력의 범위와 변동을 알아내기 위해 토기양식의 분포를 검사하는 작업은 양식론적인 논의라고 볼 수 없다. 또 정치세력의 범위나 지배·복속의 여부와 같은 문제는 현대적인 관점에서 양식론적으로 접근할 수 있는 문제는 아니다. 다시 말해서 토기양식의 공간적 분포가 정치세력의 범위와 일치한다는 사실을 전제로 출발하는 것은 결코 정당한 양식론적 접근이라고 할 수 없다. 그러나 가야세력의 범위와 그 변동을 추론하는 것을 다른 모든 문제에 선행시켜 버렸기 때문에 토기 그 자체에 대한 접근, 진정한 토기 양식론의 논의도 이루어지지 못하였다고 할 수 있다.

결국 우리 가야고고학은 알게 모르게 사회를 단위화된 실체로 간주하고 그 공간적 규모 확대나 축소, 혹은 내부 위계화를 유일한 사회변동이라고 생각하는 관점, 정치적으로 의미 있는 영역만이 역사적으로 실재했던 객관적 영역이라는 관점을 그대로 수용해 왔다. 이와 같이 양식, 사회, 영역에 대한 적절치 않은 관념은 가야토기의 양식론적 분석을 지배하고 토기에 대한 연구의 절차와 결론을 획일화시켜 왔다고 생각된다.

2. 土器生産體系의 槪念

영남지방에서 와질토기의 출현은 기원전 1세기 후반경 어느 시점으로 파악된다(李盛周, 1999). 와질토기의 출현은 토기 제작 기술상에서 이전에 없던 신기술의 등장을 의미하는 것으로 주목받아 왔다. 영남지방의 土器遺物群의 변천에 대해서는 고식와질토기단계 → 신식와질토기단계 → 고식도질토기단계 → 신라·가야토기단계라고 이해해 왔다. 이러한 단계적인 변화의 획기 중에 각별히 중요한 시기는 와질토기의 출현시기와 3세기 후반경에 해당하는 도질토기의 출현시점에 두어졌다. 그리고 대부분의 연구자들은 와질토기의 생산 개시나 와질토기단계에서 도질토기단계로의 이행를 외부로부터 신기술의 傳播나 導入에 의해 이루어진 일률적인 변화로 간주해 왔다.

이러한 견해에 대해서 필자는 토기유물군의 변천은 문화상의 단계적 변화로 이해할 것이 아니라 토기 생산분배방식의 변화, 즉 생산체계(production system)의 점진적인 교체과정으로 설명되어야 한다고 보았다(李盛周, 1991, 1998a, b). 토기유물군의 변화에 대해 단순하게 형태적인 요소들의 변화로 기술할 것이 아니라 그 이면의 생산과 분배방식의 변화로 설명할 필요성을 제기하면서 土器 製作者 및 제작자집단의 성격, 생산과 분배의 조직, 토기생산에 있어서 사회적 노동 등에 관심을 돌려야 한다고 생각했던 것이다.

기원전 1세기대에 환원소성기술과 타날기술 등 신기술이 들어 와서 와질토기가 생산되기 시작하였다. 그러나 이는 신기술의 단순한 채용일 뿐 생산방식에 있어 근본적인 변화를 가져 온 것은 아닐 듯싶다(李盛周, 1998b). 자료적 근거로 말하자면 鎭川 山水里 窯址群(崔秉鉉, 1990)의 開始期가 생산방식의 근본적인 변화를 보여준 것이라 할 수 있다. 시간적인 과정으로 보면 선사시대로부터 삼국시대 토기생산방식으로의 발전이 어떤 양상이었을까? 무문토기의 생산방식을 가정해 본다면 한 가구에서 필요한 토기를 그때그때 만들어 사용하기는 어려웠을 것이고 하나의 농경취락단위 안에서 일정량이 제작되어 가구마다 분배되었을 것이다. 삼국시대 대규모 窯址群의 존재를 보면 이 시기에는 전문적인 토기생산자 집단이 대규모 시설과 원료를 투입하여 다량으로 제품을 생산하고 넓은 영역에 분배했을 것이다. 필자는 전자를 非專業的生産體系라고 불렀고 후자를 專業的生産體系라 정의했다(李盛周, 1991).

필자의 토기생산체계에 대한 개념화 이전에 van der Leeuw, Peacock 등이 "土器生産樣式(mode of ceramic production)"이라고 불렀던 개념이 있다(van der Leeuw, 1977 ; Peacock, 1981). 이와 함께 Rice(1987)와 Arnold(1991) 등이 生産體系의 類型化에서 강조했던 變數들은 제작자의 성격(성별, 전문・비전문), 작업기간(임시, 전업・반전업), 작업자의 수, 生産品의 分配・使用範圍, 생산량, 시설 및 物品當 자본투자량, 原料 및 燃料 습득방법, 生産 組織化의 수준, 생산도구의 종류 및 수준, 생산시설의 수준, 製品 標準化의 정도 등에 따라 생산방식을 분류하고 있다. van der Leeuw는 그러한 변수를 고려해서 가내공작(houshold production), 가내공업(household industry), 개인공업(individual industry), 공방공업(workshop industry), 촌락공업(village industry), 대량생산공업(large-scale industry) 등 6가지로 구분하였고, Rice는 가내공작(houshold production), 가내공업(houshold industry), 개별공방공업(individual workshop industry), 집중화된 공방(Nucleated workshops) 등 4가지로 구분하였다. 필자의 견해로는 전업화의 단계를 엄밀히 정의할 기준은 없지만 완전 전업 장인들이 모여 토기를 제작하는 단계와 그 이전으로 대별할 수는 있다고 생각한다. 그리고 전업화 이전에도 누구나 토기를 만드는 것이 아니라 특히 정치엘리트의 부름을 받아 공동체를 위해 토기를 한시적으로 제작했던 半

專門家가 있었을 것이라 생각하여 專業化 이전을 非專業的 生産과 半專業的 生産으로 구분하였다.

결국 우리가 생산체계의 진화를 생각할 때, 非專業的 生産體系에서 半專業的인 단계를 거쳐 專業化된 體系로 발전하였을 것이라 상정할 수 있다. 그런데 흥미로운 점은 역사상 어느 시기에는 서로 다른 수준의 생산체계가 같은 사회 안에서 동일한 시기에 공존하였을 것이란 점이다. 이러한 상황에 적절한 예가 中島式문화기의 주거지에서 출토되는 토기유물군이 아닐까 생각된다. 주지하다시피 이 문화기의 토기들은 생산기술의 차이에 따라 두 가지 범주로 나뉘어진다. 성형기술이 거칠고 기벽도 두꺼우며 露天窯에서 燒成된 이른바 硬質無文土器 그룹이 있다면 물손질과 打捺技法으로 成形이 마무리되고 기벽도 얇고 밀폐가마에서 소성된 打捺文短頸壺 그룹이 있다. 양자는 제작기술적인 차이만 있는 것이 아니라 生産方式과 分配範圍도 달랐을 것이라고 생각해보지 않을 수 없게 된다. 결국 토기생산체계의 변동은 낮은 수준의 생산체계에서 발전된 생산체계로 전이하는 과정이긴 하지만 단순한 교체나 점진적인 발전이 아니라 공존과 대체과정으로 이해해야 한다.

그런데 과연 그러한 생산방식의 발전이 언제 어떻게 이루어졌을까 하는 것이 의문이다. 이에 대해 필자는 와질토기의 출현기나 도질토기 발생기로 지목되어온 기원전 1세기 후반과 기원후 3세기 후반이 생산체계의 변동과정이란 차원에서는 별 의미가 없는 시기로 진단한 바 있다(李盛周, 1998b). 그보다 中島式土器 文化期의 취락에 打捺文短頸壺를 공급하였을 山水里 窯址와 같은 생산방식이 언제 중서부지방에 출현하여 영남지방에도 확산되었을까에 대해 생각해 볼 필요가 있는 것 같다. 필자의 견해로는 그러한 생산방식이 중서부지방에 출현한 시점을 정확히 추정할 수는 없지만 타날문토기의 분석을 통해 적어도 辰弁韓地域에서는 신식와질토기단계에 유입되는 것으로 추정하였다(李盛周, 1998b, 2000a, b). 그리고 陶質土器의 발생기로서 토기문화의 획기라고 주장되어 오던 3세기 후반경은 실지로 陶質土器의 墳墓副葬開始期로 특별한 의미가 없다고 판단하였다(李盛周, 1998b, 2000a).

토기유물군을 지칭하는 無文土器, 瓦質土器, 陶質土器 등은 문화단계처럼 개념화되기도 해왔다. 그런데 과연 이들 토기유물군은 어떠한 생산체계에서 생산되었을까 하는 문제가 중요할 듯싶다. 만일 이 無文土器, 瓦質土器, 陶質土器 등이 특정 생산체계와 일대일로 대응된다면 생산체계도 그렇게 단계적으로 발전되었다는 이야기가 된다. 과거에 필자는 無文土器나 赤色土器는 비전업적 생산체계, 瓦質土器는 반전업적 생산체계, 그리고 陶質土器는 전업적 생산체계에서 생산되었다고 생각한 적이 있다(李盛周, 1991). 대세론적으로는 그럴 가능성이 있을지 모르지만 그러한 단순 대응은 옳지 않은 듯하다. 특히 新式瓦質土器 중에 打捺文短頸壺 등은 제작공정이 도질토기와 거의 비슷하고, 거의 같은 수준의 설비와 노동으로 생산한 것이 아닐까 한다. 그러나 소성의 수준, 연료의 수급, 제작공정의 속도, 분배의 범위 등은 차별화되었을 것이다. 그리고 다른 연구자도 지적하듯이(金斗喆, 2001) 같은 기술적 요소를 적용하더라도 계열이 다른 수법이 구사되는 정도로 양자는 다른 기술전통과 다른 생산조직을 가지고 있었음에 틀림없다.

필자가 이전의 논고에서 추정했던 것처럼 專業化된 土器生産體系는 신식와질토기단계에 출현하는 것으로 이해된다. 그런데 陶質土器 생산이 본격화되는 단계 이후에는 성격이 다른 專業的 生産體系, 말하자면 신식와질토기 생산체계와 도질토기 생산체계가 공존하였을 것으로 생각된다. 다 같이 전문적인 공인에 의해 제작되더라도 격이 다른 토기생산조직이 공존해 있었던 셈이다. 그러나 4세기대를 지나면서 이러한 製作技術과 生産의 組織이나 方式이 상이한 生産分配體系들은 더 이상 공존하지 않고 하나의 專業的 生産體系로 통합되어 간다. 모든 토기의 기종들이 도질토기화되거나 赤色土器로 소성된 土器의 成形技術도 陶質土器的인 특징을 보여줄 때 專業化된 生産體系로의 統合이 완성되었다 할 것이다.

3. 土器樣式分布에 대한 生産分配論的 解釋

앞서 말한 것처럼 가야토기는 '樣式論 그 自體'로 연구된 적이 거의 없다.

그동안 가야토기 연구자들에게는 편년 이외에 흥미를 끌어왔던 주제는 이른바 土器의 '地域相', '地域色', '地域性'에 대한 연구였다(朴升圭, 1998). 말하자면 新羅樣式이니, 伽耶樣式이니 하는 時空的(혹은 歷史的)으로 정의될 수 있는 土器遺物群 안에서 小地域에 따라 특징을 보여주는 遺物群을 어떻게 추출하느냐 하는 문제이다. 그리고 그런 小地域 特性이 나타나게 된 背景을 어떻게 이해할 것이냐에 대해 설명을 덧붙이고 있다. 이 도질토기 양식에 대한 연구에서는 한마디로 小地域樣式이라 할 수 있는 地域色이 매 시기에 따라 달라진다는 점에 대해 특별히 주목해 왔다.

대부분의 연구자들이 동의하는 영남지역 도질토기양식의 시기적-지역적인 전개양상은 다음과 같이 요약된다. 첫째 4세기대 고식도질토기 단계에는 김해-부산지역을 중심으로 한 양식군과 그 외의 영남지역의 양식군이 구분된다(安在皓, 1993). 둘째 5세기대에 들어오면 신라를 중심으로 하는 양식군과 가야양식군이 구분된다. 셋째 5세기 중엽 이후에는 특히 낙동강 이서의 가야지역에 고령지역을 중심으로 한 大伽耶樣式, 함안을 중심으로 하는 阿羅伽耶樣式, 그리고 진주-고성을 중심으로 하는 小伽倻(西南部伽耶)樣式으로 三分된다(朴升圭, 1998). 이러한 소지역양식의 형성과 변천은 정치집단의 세력범위나 그 변동과 깊은 연관이 있다고 생각되어 왔다. 물론 그럴 가능성은 있겠지만 앞서 말한 것처럼 그 관련성을 일반화시킬 수 있는 어떠한 전제나 논리도 존재하지 않는다. 반론의 필요성은 없지만 영남지방에서 3, 4세기대 토기양식의 분포와 5세기 후반의 토기양식의 분포를 함께 정치세력의 범위와 관련있다 할 수 있는가? 그러하다면 3세기대 동해남부지역과 낙동강유역(尹溫植, 2001)은 서로 다른 정치세력으로 양분되는가? 4세기대 김해-부산지역을 제외한 나머지 지역이 같은 정치세력에 포함되는가? 이러한 논법의 문제점은 옳고 그름을 떠나서 정치체계의 여러 변수와 토기양식의 변이와 지역적 분포차를 가져온 여러 요인들 사이의 관련성에 대해서는 결코 논증된 바가 없다.

무엇보다도 토기는 경제행위의 세 가지 부분, 즉 생산-교환(분배)-소비에 의해 종국에는 폐기 매납되어 고고학 자료가 된 것이다. 인류학이나 고고학에서 선사·고대의 경제를 분석하는 관점은 대개 두 가지 혹은 세 가지 모델로 나뉘어진다(Brumfiel and Earle, 1987 ; Earle, 1999). 실질경제모델, 정치경제모델, 그리고 상징적교환모델 등으로 구분하는데 정치경제모델의 관점이 바로 경제행위에 의해 생산-분배-매납된 토기를 통해 정치권력의 범위와 관계에 대해 논의할 수 있는 여지를 준다고 할 수 있을 것이다. 그러나 분명한 것은 경제행위와 정치권력의 관련성 이전에 토기가 어떠한 생산 방식으로 제작되어 어느 범위에 분배되었는가 하는 문제가 해명되어야 한다.

영남지역에서 전업적 토기생산체계가 성립한 것은 3세기경으로 판단된다. 물론 이 시기의 전업적 생산체계라는 것이 6~7세기 이후의 생산체계와 견주어 보면 생산설비, 노동의 조직, 기술적 숙련, 생산량, 생산 효율 등에서 비교할 바가 못될 것이다. 그러나 3세기대 이후 도질토기의 생산을 중심으로 생산체계가 비약적으로 발전하리라 기대된다. 그러나 4세기 전반까지만 하더라도 도질토기 생산은 중서부지방에서 그랬던 것처럼 (타날문)단경호류의 생산에 그치고 있었다. 그러나 4세기를 지나면서 사회 내에 잔존했던 비전업적, 반전업적 생산체계는 소멸하고 와질토기 생산체계도 사라지면서 도질토기를 중심으로 한 전업적 생산체계에 통합된다. 이 專業的 生産體系에서 생산된 토기에 나타나는 樣式이란 그 전에 無文土器나 古式瓦質土器의 양식과는 근본적으로 의미가 다를 것이다. 가야토기 양식의 분포는 당시 생산·분배의 조직과 범위에 의해 좌우되었을 것이다. 가령 3세기대 신식와질토기 지역양식이 몇 개의 소지역권으로 나뉘어진다는 주장(尹溫植, 2001)이 타당하다면 와질토기 생산·분배체계가 어떻게 조직되었는가에 따라 나타난 현상일 것이다. 4세기대 고식도질토기양식의 분포나 신라와 가야양식의 분화, 5~6세기경 소지역양식의 분포의 문제도 당시 생산·분배체계의 복원을 통해 이해해 볼 수 있을 것이다. 다시 말하면, 도질토기 양식의 지리적 분포를 통해 우리가 복원해 볼 수 있는 것은 정치체계가 아닌 토기의 경제체계인 것이다.

토기와 관련된 경제체계도 다른 생산품과 마찬가지로 생산-분배(교환)-소비의 체계로 조직화되었음은 분명할 것이며 생산과 소비, 교환의 시스템은 상호 긴밀히 관련되어 있었을 것이다. 가령 도질토기의 생산은 교환 혹은 분배조직이 어느 정도의 범위에 이르는가, 혹은 누구에 의해 어디에 쓰이는 수요인가에 따라 좌우될 것이다. 분배의 범위가 광역에 이르는가, 아니면 좁은 범위인가? 그리고 고분 부장이나 제의에 쓰이는 것인가, 아니면 일반인의 실생활에 소비되는가, 정치엘리트의 요구에 의한 것인가? 이와 같은 질문들이 당시 토기 생산경제체계를 해명하는 데 의미 있는 문제인 것이다.

무문토기 중에서 丹塗磨研土器나 黑陶長頸壺와 같은 것(崔夢龍 外, 1996)은 이미 전문가에 의해 제작되어 정치체의 중심지와 같은 大村에서 생산되고 분배되었을 것이라는 추론이 있었다(李淸圭, 2001). 와질토기의 일부 기종은 부장품으로 쓰기 위해 적어도 반전문가에 의해 생산되었으며 신식와질토기단계에는 대부분의 와질토기도 전업적인 생산시스템에 의해 생산되었을 가능성이 높다(李盛周, 1991, 1998b). 고식와질토기단계까지 분배의 범위는 촌락 내에서 생산소비되거나 일부 기종은 '國'이라는 정치체 내부에서 생산되어 분배되었으리라는 추론이 우세하다(李盛周, 1991 ; 李淸圭, 2001). 그러나 4세기경의 鎭川 山水里窯를 비롯하여 三國時代 窯는 需要의 起源과 分配의 範圍와 方式은 와질토기단계보다는 훨씬 복잡화되었을 것이다.

경제체계가 얼마만큼 복잡하게 조직되었는가의 정도를 가늠하는데 생산과 교환이 얼마만큼 전문적으로 이루어졌는지가 하나의 척도가 될 수 있다. 생산은 수요에 의해 創出되겠지만 보다 복잡화될수록 가

급적 많은 專業的 匠人의 勞動力이 조직되어 생산이 이루어지게 될 것이다. 交換(分配)에서도 진정 複合經濟體系(complex economic system)라면 專門商人이 나타나 시장이 형성되어 시장으로 생산품이 유입되고 시장으로부터 소비지에 운반되는 체계를 구성하게 될 것이다. 그러나 가야지역에서 3~4세기경까지 그러한 복잡화된 경제체계를 고려할 만한 증거는 없다.

최근의 연구(金昌錫, 2001)에서 삼국시대의 경제는 官市와 官營手工業을 중심으로 한 것이라고 말하고 있다. 이러한 경제구조가 제도화되기 시작한 것은 신라의 경우 소지마립간 시기에 해당되며 당시 상업을 주도한 稟主는 권력기구의 제의에 필요한 물품을 수급하는 과정에서 관상의 역할을 도맡았다는 것이다. 이러한 설명의 연장에서 지배자집단의 고분에 대량 매납되고 주변 정치체의 고분 부장품으로도 공급되었을 토기의 생산도 관영 수공업에 의해 주도되고 국가가 분배를 통제했던 것으로 판단되는 것이다(金昌錫, 2001 : 62-4). 이러한 논의가 타당하다면 5세기 중엽 이후는 관영수공업에 의해 주도된 토기 생산이 본격화된다. 이와 동시에 각 자연촌락에 의해 형성되었을 만한 고분군에서 출토되는 토기는 극히 제한된 분포범위를 보여주는 것도 있어 촌락단위의 수공업 생산시스템이 조직되었음을 추론할 수 있다(李盛周, 1998a).

지배엘리트의 고분에 대량으로 부장용토기가 매납되는 상황을 고려하더라도 가야토기생산과 분배는 실질경제(subsistence economy)의 관점이 아니라, 政治經濟(political economy)의 관점에서 설명되어야 할 여지가 많다(李盛周, 1998a). 삼국의 수공업과 교환경제에 대한 설명(金昌錫, 2001)을 참고하면 가야토기 생산체계의 전업화가 지속적으로 강화되고 발전되는 과정 자체가 가야 정치체의 통제와 지원 속에서 가능했을 것이라는 점을 고려할 필요가 있다. 그리고 지역 간에 토기의 교환이 이루어졌다면 적어도 5세기를 전후한 시기에는 정치체의 중심권력에 의해 다른 정치체의 중심권력에로 넘겨졌을 가능성도 생각해 보아야 한다. 결국 이러한 경제행위의 방식들이 토기양식의 지역적인 분포를 가져왔다고 판단된다.

Ⅲ. 4世紀代 伽耶土器 生産·分配體系

1. 陶質土器의 出現

지금까지 자료로 보는 한 영남지역에서 도질토기의 발생은 3세기 말경으로 편년되는 것이 보통이다. 도질토기가 처음 출토되는 유구로 김해-부산지역에서는 良洞里235호(林孝澤 外, 2000), 大成洞29호분(申敬澈 外, 2001), 老圃洞33호분(釜山大學校博物館, 1985), 禮安里160호분(申敬澈, 1991), 경주지역에서는 울산 中山里ⅠA-23호분, ⅠA-74·75호분(李盛周, 1996 ; 金亨坤, 1996), 경산 林堂洞 造永EⅡ-8호, 造永ⅠB-60호(嶺南大學校博物館, 1994, 1998),[1] 그리고 咸安 道項里 2호, 35호(昌原文化財硏究所, 1997) 道項里33호(慶南考古學硏究所, 2000), 大邱 八達洞 10호, 16호(尹容鎭, 1993) 등이 지적된다.

대개 이 시기는 3세기 말 4세기 초로 편년될 수 있다(李盛周, 1999).[2] 와질토기 기종의 편년으로 말하자면 有蓋臺附直口壺의 마지막 단계쯤 되고, 陶質土器의 기종에 따르면 도질토기 고배나 노형토기의 출현 이전 단계에 해당된다. 그러나 이러한 기준을 적용해 보면 지역에 따라 시차가 뚜렷하게 나타난다. 가령 臺附直口壺의 하한를 기준으로 하면 김해가 먼저 소멸하고, 慶州-慶山은 조금 늦게까지 대부직구호가 잔존하며, 함안에서는 아직 그러한 와질토기 기종이 확인된 바 없다. 다양한 도질토기 기종의 출현도 金海-咸安은 이르고 慶州와 금호

1) 金龍星(1996a)의 편년에 따라 대개 慶州 政來洞 3槨, 禮安里160호와 병행기, 즉 고식도질토기발생기로 파악되었다.

2) 이 논문에서는 삼국시대 도질토기의 편년을 함에 있어 1세기를 4등분하여 4세기대로부터 6세기 중엽까지 第Ⅰ期(4세기 1/4분기)에서 第Ⅹ期(6세기 2/4분기)까지 編年單位를 배열하고자 한다.

강유역은 늦다.[3] 따라서 현재로서는 김해지역이 도질토기 출현기가 가장 이른 것으로 판단되는데 도질토기 발생기[4]라 할 만한 시기는 두 단계 정도로 나누어질 수 있다.

그 동안 陶質土器의 발생에 대한 설명은 외부의 技術傳播·受容論이 대세라고 할 수 있다. 다시 말하면 도질토기 발생은 고온소성기술의 완성을 가능케 했던 외부요인에 주목했던 것이다. 예컨대 東漢代 灰釉陶 技術이 전파되었다거나(崔鍾圭, 1994) 古越磁 발생과 더불어 그 영향으로(申敬澈, 1992) 제작이 개시되었다고 설명하였다. 우선 이러한 傳播論은 어떤 역사적 과정에 대해서도 그 무엇을 설명했다 할 수 없기 때문에 사실 또는 상황에 아무리 부합되어 보인다 하더라도 이론적 설명으로 채택할 수 없다. 그리고 다음과 같은 몇 가지 실제적 문제점을 안고 있는 것도 사실이어서 필자는 도질토기의 출현은 한반도 내의 자체적인 과정(일종의 自生論)으로 설명해 둘 필요가 있다고 주장한 바 있다.

첫째는 기술적인 한계에 대한 잘못된 가정이다. 도질토기가 출현한 3세기 말 이전에는 기술적인 한계가 있어서 도질토기를 생산하고 싶어도 생산하지 못했고 3세기 말에 새로운 기술이 들어와 갑자기 출현한다는 설명은 다음 두 가지 이유 때문에 오류이다. 첫째, 자체적이고 점진적인 과정이 없는 기술혁신이란 생각할 수 없기 때문이고, 둘째, 그 이전부터 도질토기 생산은 가능했다는 자료적 근거가 있기 때문이다. 가령 鎭川 松斗里1號墳(車勇杰·趙祥起, 1991)과 昌原 道溪洞6號墳(林孝澤·郭東哲, 1996)은 4세기대 도질토기와 같은 질의 토기로 도질토기 생산기술이 적용되지 않으면 생산될 수 없다. 그러나 기술적 한계론에 따르면 이 두 점의 유물은 우발적인, 무의식적인 擬陶質土器라고 간주한다(申敬澈, 1992). 그러나 기술적 적용이 임시적 혹은 우발적

3) 금호강유역 자료는 경산 임당동고분군이 대표하겠지만 大邱 西邊洞遺蹟(尹溫植, 1999)을 통해서도 고식도질토기 기종구성이 不備함을 볼 수 있다.
4) 陶質土器 發生期라고 하기보다는 도질토기 墳墓 埋納 開始期 정도로 이해하는 것이 타당하다(李盛周, 1999).

이라고는 할 수 있어도 기술적인 수준이 우발적으로 향상될 수 있는 가능성이나 점토의 물리화학적 과정이 우발적이라고 할 수는 없다. 따라서 적어도 신식와질토기단계부터는 燒成技術上으로 도질토기를 생산할 수 있는 수준에 도달했음에도 와질토기를 주로 생산했다고 보는 것이 옳다.

둘째로는 결코 우발적인 도질토기로 볼 수 없는 도질토기의 출현 연대가 상향조정되어야 할 자료가 몇몇 유적에서 확인되고 있다. 打捺技術이나 소성기술, 정면기술 등을 포괄한 제작기술 전통으로 보았을 때 도질토기의 연장선에서 이해해야 할 자료가 3세기 초부터는 여러 유구에서 확인된다. 梁山 平山里 12호주거지(沈奉謹, 1998)(공반되는 와질토기의 편년으로 3세기 전반으로 편년됨), 金海 良東里235호묘(林孝澤 외, 2001 : 역시 공반 瓦質土器로 보아 3세기 중엽으로 편년) 출토품은 각각 도질토기 繩蓆文打捺短頸壺와 素文兩耳附短頸壺의 상한 연대를 상당히 끌어올릴 수 있는 자료이다. 따라서 지금까지 도질토기 상한 연대로 제시되어 온 3세기 말이란 연대는 사실 도질토기 분묘부장 개시연대를 의미할 뿐이며 생활유적에서 실용되었던 도질토기 상한 연대는 상향조정되어야 한다.

2. 古式陶質土器 出現期 生産·分配體系

필자는 도질토기의 발생에 대한 기술전파-수용론을 부정하고 토기 생산체계의 점진적 교체설을 주장했다(李盛周, 1991, 1997, 1998a, b, 2000a). 와질토기단계에서 신기술을 받아들여 갑자기 도질토기로 발전된 것으로 보지 않고 두 가지 생산체계가 공존하다 점진적으로 대체해 간 것으로 이해하였다. 여기에서 生産體系란 앞서 말했듯이 瓦質土器群이니 陶質土器群이니 구별하는 제작기술전통을 의미하는 것이 아니다. 생산량과 생산효율, 생산자집단의 성격, 사회적 노동의 조직과 생산관계와 방식 등을 포괄하는 개념이다. 필자는 과거 와질토기 생산체계를 반전업적 생산체계로, 도질토기 생산체계는 전업적 생산체계로

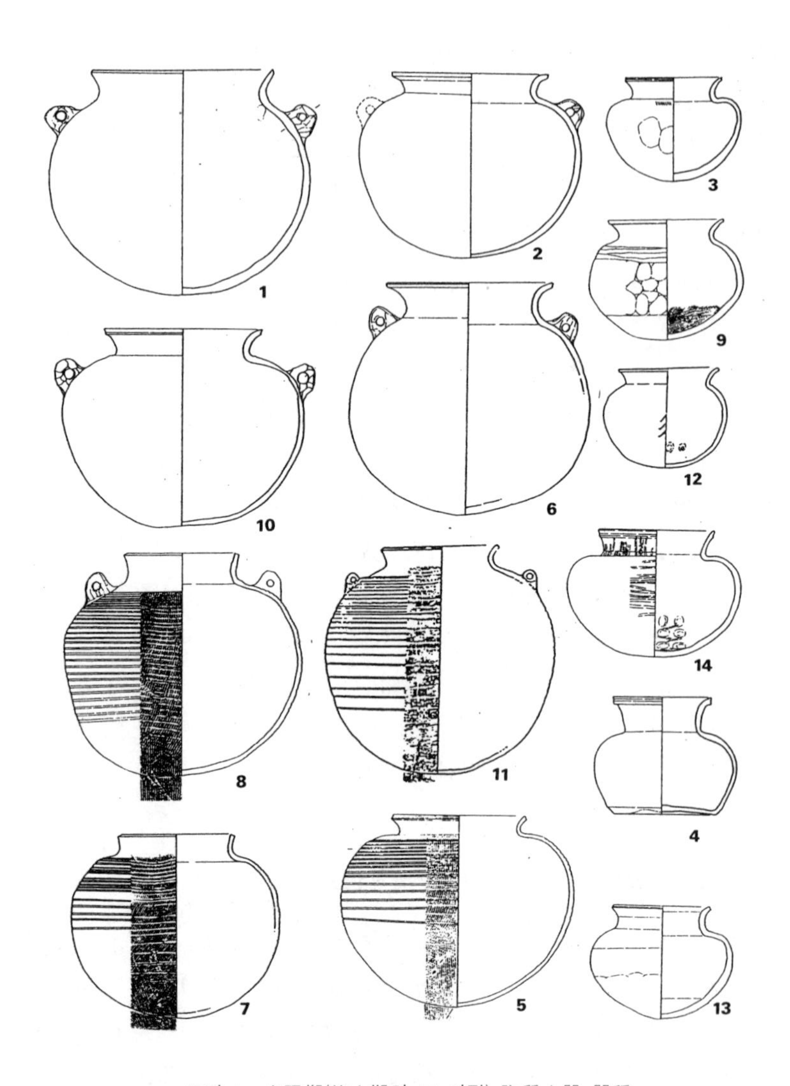

<도면 1> 出現期(第Ⅰ期와 그 이전) 陶質土器 器種
(1 : 良洞里235호, 2, 3, 4 : 大成洞29호, 5 : 八達洞 10호, 6, 7 : 道項里35, 8 : 同2호, 9 : 同33호(慶考研發掘), 10 : 福泉洞84호, 11, 12 : 中山里Ⅰ-A23호, 13 : 八達洞16호, 14 : 玉成里97호)(축척1:8.7)

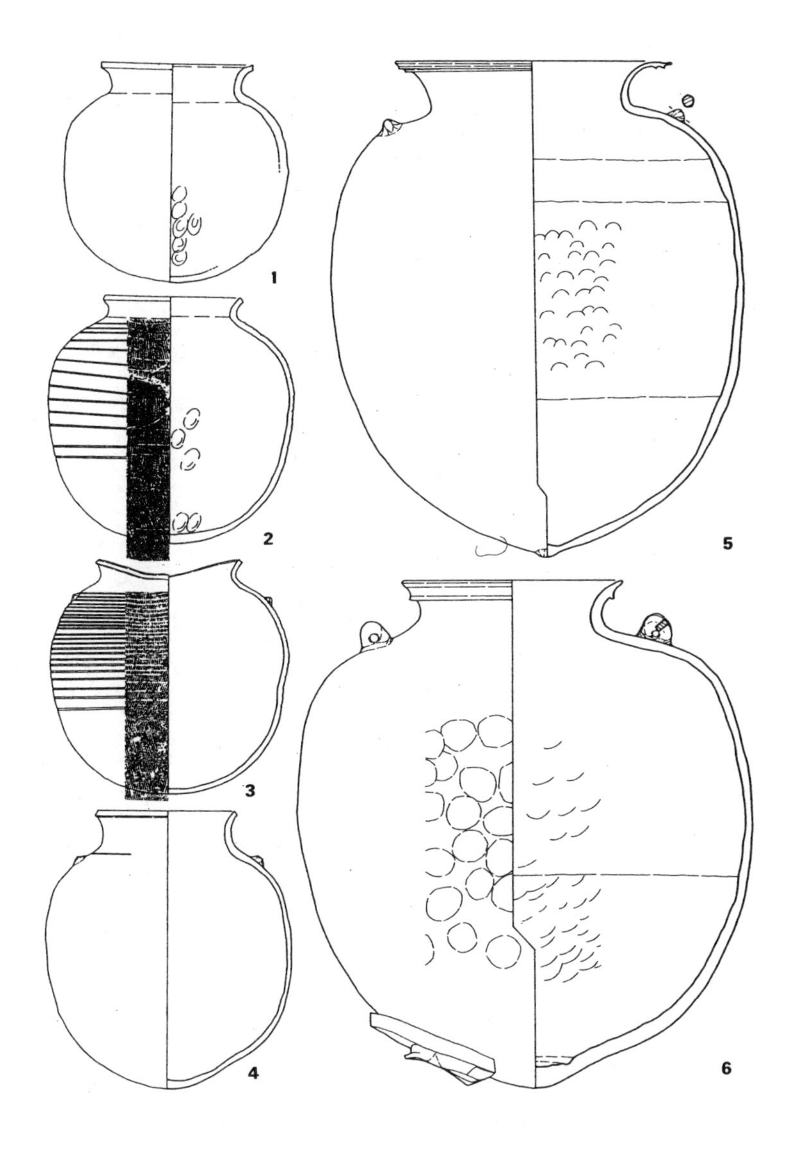

<도면 2> 出現期(第Ⅰ期와 그 이전) 陶質土器 器種

(1, 2 : 林堂洞ⅠB-53호, 3, 5, 6 : 大成洞13호,[5] 4 : 同29호)(축척 : 1:8.7)

5) 대성동13호분은 편년상 다른 고분보다 한 단계 늦은 시기에 속한다. 陶質土器 出現期를 前, 後 단계로 구분 대성동 13호는 후기단계에 속한다.

정의한 적이 있다. 그러나 최근 打捺文短頸壺의 分析을 통해 와질토기 생산체계도 특정 지역의 일부 기종은 專業的 生産體系에서 생산되었음이 분명해졌다. 도질토기는 신식와질토기와 생산체계를 달리하기는 하지만 함께 專業的 生産體系에서 생산되었을 것으로 판단되는 것이다.

발생기 陶質土器의 器種은 단경호의 종류에만 국한된다. 지금까지 상한 연대로 생각되는 3세기 말은 물론 그 이전 단계에도 도질토기 기종으로는 단경호 이외에는 볼 수 없다. 小形圓底短頸壺, 素文兩耳附短頸壺, 繩蓆文兩耳附短頸壺, 繩蓆文短頸壺 등이 있다. 慶州-蔚山地域, 金海-釜山地域, 咸安地域, 大邱-慶山地域 등 네 지역으로 나누어 3세기 말에서 4세기 초까지의 분묘 출토 자료를 중심으로 보면 위의 발생기 도질토기 기종은 각자 생산·분배의 범위가 어느 정도 달랐던 것으로 파악된다.

첫째, 小形圓底短頸壺는 네 지역 모두에서 초현기부터 보이는 것으로 파악된다. 그리고 각 지역에 발견되는 소형원저단경호는 소성방식, 세부기형 등에서 거의 유사하고 각 지역별 다양성이 각 지역 내 다양성보다 크지 않다. 그리고 소형원저단경호 중 일부는 소성흔이나 세부기형까지도 극히 유사한 것이 있다. 따라서 본 기종은 제한된 生産窯에서 제작되어 각처로 분배되었던 것으로 판단된다.

둘째, 素文兩耳附短頸壺는 咸安 道項里古墳群과 김해지역에서 발견된다. 이제까지 분묘에서 출토된 陶質土器 중 가장 이른 시기에 속하는 것 중에 하나이다. 소문양이단경호 중 가장 이른 시기의 것은 양동리235호묘 출토품이다. 이 소문단경호류는 현재까지 경주일대나 금호강유역의 분묘에서는 발견된 바가 없는 것으로 파악되는데[6] 함안과 부산을 잇는 慶南 南海岸에만 분포한다. 시기가 약간 내려오는 유물로서 창녕 余草里窯址(金誠龜, 1992)와 陜川 玉田古墳群(趙榮濟, 1988)

6) 서변동유적에서 와질토기로 보고된 자료와 한 단계 늦은 시기에 造永1B74호묘(嶺南大學校博物館, 1998) 자료가 있다.

에서도 출토되었다. 늦어도 4세기 후엽경에는 창녕에서 생산되었던 것으로 보이는데 그 앞 단계인 양동리235호, 대성동29호의 시기에는 김해지역에서만 생산되었을 가능성이 있다. 3세기 말 4세기 초 단계에는 김해-부산지역의 것과 함안지역의 것이 색조, 태토, 세부기형 등에서 극히 유사하며 같은 요에서 생산된 듯하다. 따라서 이들 지역을 포괄하는 영역 내의 특정 제작소에서 생산되었을 가능성이 높다.

첫째 繩蓆文短頸壺類는 兩耳가 붙느냐의 여부에 따라 두 가지 종류가 있다. 陶質土器 出現期 Ⅰ단계에 兩耳附繩蓆文短頸壺는 김해-부산지역을 제외하고[7] 大邱地域,[8] 경주-울산지역, 함안지역 등에서 모두 출토된다. 함안지역에서 출토되는 승석문타날단경호는 울산-경주와 대구지역에 걸쳐 출토되는 것과 형태가 다르며 타날 수법도 약간 상이하다. 咸安地域 繩蓆文短頸壺는 頸部가 직립하며, 兩耳가 약간 크고, 胴體가 약간 扁球에 가깝다고 할 정도인데 蔚山 中山里의 것이나 大邱 內塘洞의 것(金大煥, 1999)은 완전한 구형이다.

出現期 第Ⅰ段階에는 兩耳가 붙지 않는 繩蓆文短頸壺가 김해를 제외하고 咸安을 비롯하여 慶州와 大邱까지 출토된다. 따라서 가장 폭넓게 발견되는 출현기 도질토기 기종이다. 다만 金海地域에서는 陶質土器 發生期 제Ⅱ단계에 나타나기 시작한다. 繩蓆文短頸壺는 兩耳附繩蓆文短頸壺의 지역적 특징과 꼭 같아서 출토지역에 따라 두 가지 器形이 있다. 경주-울산 및 대구-경산의 繩蓆文短頸壺는 兩耳附繩蓆文短頸壺처럼 아래위로 길쭉해 보이거나 球形에 가깝고, 口頸部가 짧게 외반하지만 함안지역의 繩蓆文短頸壺는 다른 지역과는 달리 약간 납작한 느낌을 주고 있으며 경부가 직립한다.

승석문단경호는 경주-울산, 대구-경산, 함안지역이 거의 비슷한 시기에 분포하는 것으로 보인다. 김해의 경우는 양이부승석문단경호가

---

7) 부산 書洞遺蹟에서 출토되었는데(林孝澤, 1978) 거의 예외적인 출토품이며 생활유적인 동래패총에서도 찾아지지 않는다(洪潽植, 1997).

8) 울산 중산리유적과 대구 대당동목곽묘에서 출토된 것을 예로 들 수 있다(김대환, 1999).

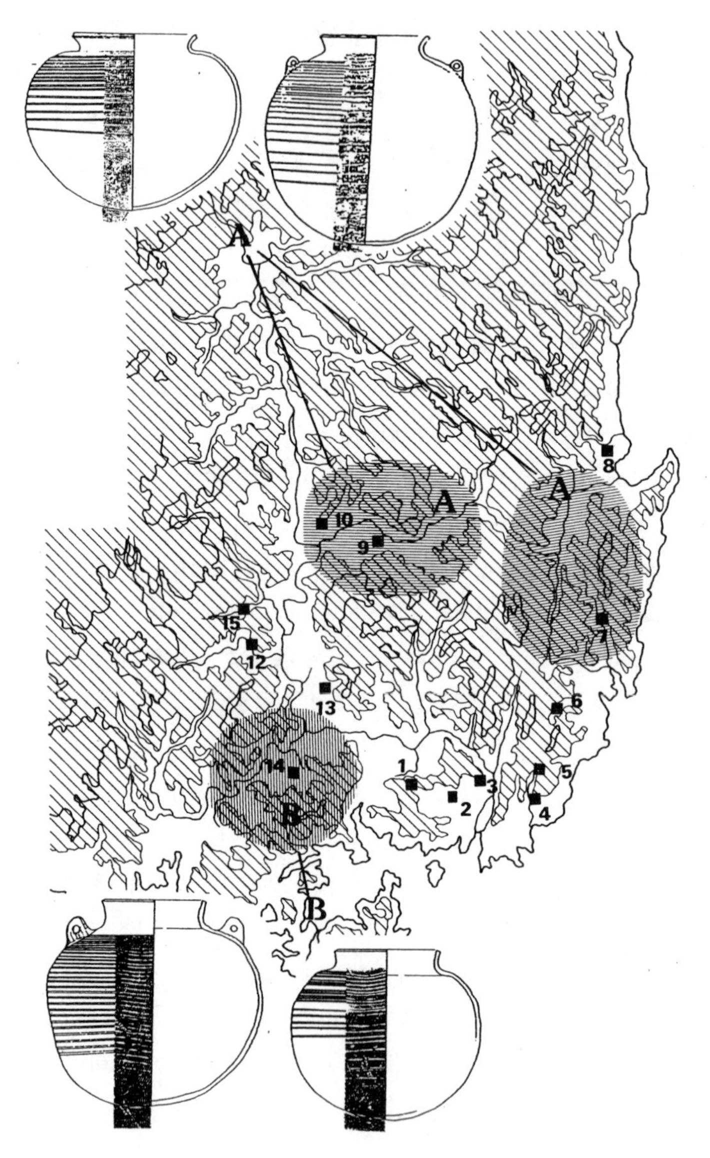

<도면 3> 出現期(第 I 期) 陶質土器短頸壺의 分配範圍(1)

(1 : 良洞里, 2 : 大成洞, 3 : 金海禮安里, 4 : 福泉洞, 5 : 老圃洞, 6 : 下垈, 7 : 中山里, 8 : 浦項 玉城里, 9 : 慶山 林堂洞, 10 : 大邱 八達洞, 11 : 高靈 盤雲里, 12 : 陜川 玉田, 13 : 昌寧 余草里, 14 : 咸安 道項里)

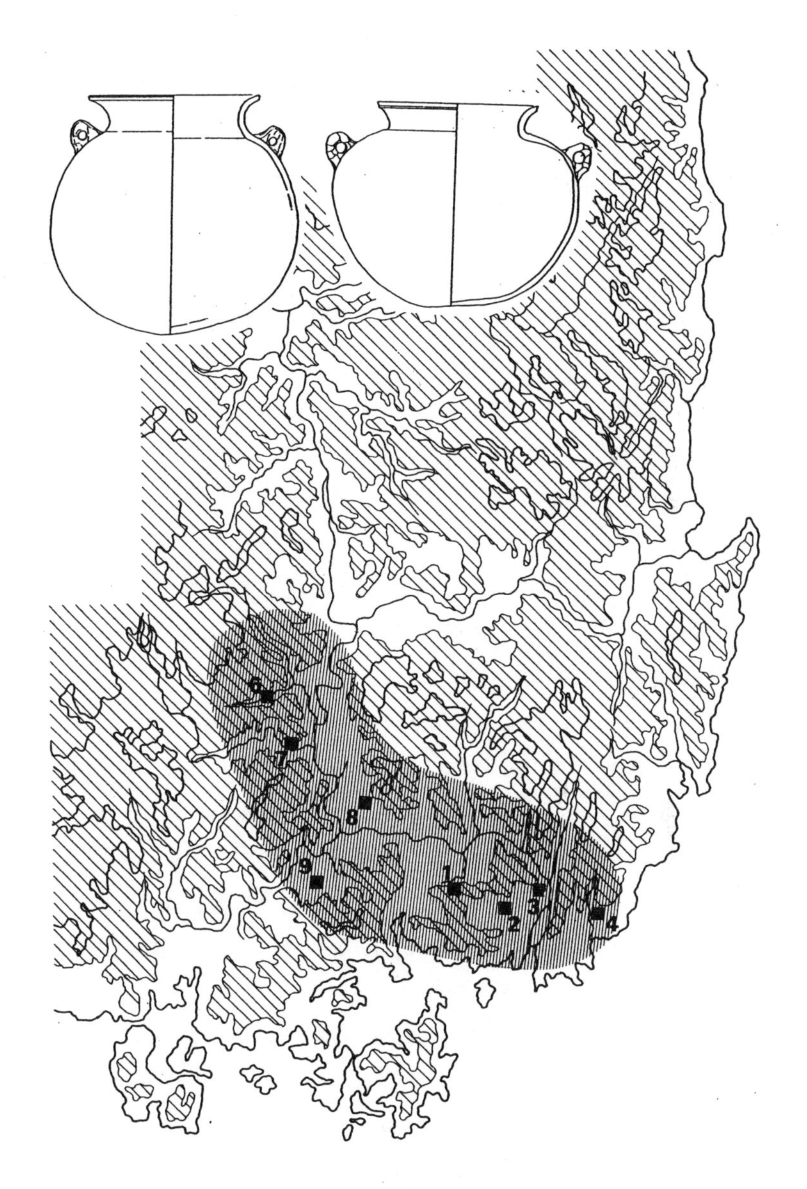

<도면 4> 出現期(第 I 期) 陶質土器短頸壺의 分配範圍(2)

(1 : 良洞里, 2 : 大成洞, 3 : 禮安里, 4 : 福泉洞, 5 : 老圃洞, 6 : 盤雲里, 7 : 玉田, 8 : 昌寧 余草里, 9 : 道項里)

계속 보이지 않지만 兩耳가 없는 승석문단경호가 제Ⅱ단계부터 흔하게 보이고 있다. 울산 중산리나 포항 옥성리 등 경주와 그 주변지역에서는 제Ⅰ단계 이후에 이 기종을 거의 볼 수 없을 정도로 4세기대 소성기술이 적용된 繩蓆文短頸壺를 볼 수 없다. 제Ⅰ단계 이후 김해지역은 兩耳附短頸壺를 볼 수 없을 뿐 도질 승석문단경호가 자주 출토된다. 출현기 제Ⅱ단계에는 경주에서 김해에 이르는 동남해안지대의 승석문단경호류가 제한된 생산지에서 만들어져 분배되었다고 보는 것이 옳을 듯싶다.

함안지역은 제Ⅰ단계에 도질토기 繩蓆文短頸壺의 獨自的 生産體系를 가졌을 것으로 판단되는데 처음에는 생산량도 많지 않고 분배의 범위도 넓지 않아서 제한된 범위에서만 출토되는 것 같다. 즉 제Ⅰ단계(제Ⅱ단계를 포함할 가능성이 높음)에 咸安의 (兩耳附)繩蓆文短頸壺는 시기적으로 오래 지속되지도 않고 지역적으로도 넓게 확산되지 않는다. 그러나 出現期 이후가 되면 篁沙里墳墓群에서 보이는 자료가 말해주듯이 함안지역 고유의 陶質 (兩耳附)繩蓆文短頸壺가 아니라 제Ⅰ단계에서는 함안 외부에서 출토되었던 양이부승석문단경호가 나타나서 함안 고유의 것을 대체한다. 이에 따라 함안지역에도 4세기대의 보편적인 특징을 가진 승석문단경호가 흔히 보이게 된다.

나머지 울산-대구에 이르는 넓은 지역에서는 이 기종이 국지적으로 생산되었는지 아니면 한 지역에서 생산되어 분배되었는지 요지에 대한 조사가 이루어지지 않아 알 수 없다. 경주 울산지역은 최초로 분묘에 부장되는 도질토기 승석문단경호를 알 수 있으나 경산-대구 일대는 아직 확실한 예를 알 수 없다. 다만 출현기 Ⅰ단계를 넘어서면 울산, 경주 그리고 금호강유역 일대에서 출토되는 (양이부)승석문단경호는 어느 지역의 것이나 소성, 타날기법, 성형 등 상당한 유사성을 공유한다.[9] 다만 大邱 新塘洞가마터(金鍾澈, 1986)와 같이 4세기 전반 이

9) 다만 경산 임당동의 출토품과 대구 팔달동의 출토품 즉 대구-경산지역의 승석문단경호는 경주-울산지역과 약간 상이한 점이 있는 듯한데 내당동의 예와 같이 조금 늦은 시기가 되면 동일해진다.

전의 어느 시점에 繩蓆文打捺短頸壺만 생산하던 생산처가 존재했음은 분명하다.

전업적 생산체계의 출현 이후부터는 土器樣式의 時間과 空間上의 變化에 대한 해석에 이전과는 다른 관점을 필요로 한다. 가령 특정 토기양식이 나타났다 함은 특정 土器生産窯가 조업을 개시했다는 의미로 이해해 볼 수 있다. 그러하다면 특정한 양식이 자체적인 전통을 유지하며 시간적으로 지속됨은 특정 토기 제작소가 생산을 유지했다는 뜻으로 우선 받아들여야 한다. 그리고 특정 양식이 공간적으로 확대됨은 특정 토기 제작소의 생산품이 그만큼의 범위로 분배되었다는 의미로 해석될 수 있는지 먼저 검토되어야 한다. 그리고 한 지역과 또 다른 지역의 토기양식이 유사성을 가지고 있을 때 匠人(集團)의 이주나 技術的인 傳受에 대해 고려해야 하고 이전 단계에 수입된 양식을 모방했는지에 대해 분석해 보아야 할 일이다. 이러한 구체적 과정에 대한 고려 없이 토기양식을 정치사적으로 해석하는 일은 삼가 해야 한다.

3. 古式陶質土器 樣式分布와 生産體系의 變動

4세기대 영남지방은 어느 지역이나 토기양식이 유사하다 혹은 齊一性을 보여준다(崔鍾圭, 1982)라는 주장이 있다. 이른바 '古式陶質土器共通樣式案'은 生産·分配의 차원에서는 어떤 의미를 가질까? 또 釜山·金海地域과 나머지 영남지역이 양식적인 차이를 보여주기 때문에 兩大樣式이 있다라는 주장(安在晧, 1993) 이외에 이른바 '古式陶質土器 地域色論'이란 것이 있는데 이는 생산체계의 변동의 관점에서는 어떤 의미를 가지는가?

양식론 그 자체로 보면 세부적인 문제가 있기는 하지만 '古式陶質土器 二大地域色論'이 대세론적으로는 타당하다. 왜냐하면 특히 4세기 중후엽에 걸쳐 부산·김해지역은 자체적으로 독자적인 양식을 가진 도질토기 생산체계가 나타나 유지되었고 그 분배 범위가 창원, 진해를 포함한 김해·부산지역에 한정되어 있기 때문에 나머지 영남지역의 토기양식이 지역적인 다양성을 다소 보여준다 하더라도 二大 양식으로 정리되어 보인다.

4세기대 토기양식의 분포는 시기에 따라 변동되어 갔기 때문에 특정 시기에 나타나는 현상을 4세기 전반에 적용하려는 것은 오류라는 주장이 있었다(李盛周, 1993, 1997, 1998a). 그리고 古式陶質土器에만 주목을 하여 소위 토기양식론을 논하고 있으나 4세기대 거의 전기간 동안 와질토기 소성기술이 적용된 토기군이 존속했다는 점을 고려해 보면 단순하게 지역양식의 분포를 논하기는 어려운 점이 있다.

4세기대의 陶質土器나 瓦質土器가 모두 전업적 생산체계에서 생산되었다 하더라도 제작소가 같지는 않았을 것이다. 5세기대에 들어서 토기생산이 도질토기 생산시스템으로 一元化되기 전까지는 제작기술의 전통이 다른 생산체계가 4세기대 기간 중, 같은 사회 내에서 공존했을 가능성이 매우 높다. 울산 중산리나 포항 옥성리, 즉 경주 주변의 고분 출토자료를 보면 4세기대에도 70%가 와질토기 소성이고 4世紀的 燒成技術이 적용된 도질토기는 10%에 불과하다. 그리고 器種構成도 70% 이상이 短頸壺類이고 고배와 같은 기종은 4세기 전기간에 걸쳐 보이지 않는다(李盛周, 2000a, b). 그러나 김해나 함안은 와질토기의 비율이 매우 적고 다양한 陶質土器 기종이 출토된다. 따라서 4세기 토기양식을 이해하려면 지역에 따라 와질토기의 양식도 함께 고려하지 않으면 안 된다.

이러한 4세기대 토기양식의 지리적인 분포를 생산·분배체계의 변동의 관점에서 이해해 본다면 다음과 같이 3단계로 나누어 설명할 수 있다고 본다.

1) 제1단계(第Ⅰ期 : 陶質土器 生産 및 副葬의 開始) : 와질토기 제작기술 전통과는 다른 도질토기 단경호의 생산이 시작되는 단계이다. 지역적으로 몇 안 되는 제한된 곳에 제작소가 존재했으므로 비교적 넓은 범위에 분배되었을 것으로 보인다. 물론 최초의 도질토기 생산요가

어디였을까 하는 문제는 자료상의 한계로 밝히기 어렵지만 분묘에 부장되기 훨씬 이전에 등장했음은 분명하다.

그리고 이 시기 와질토기는 각 지역마다[10] 독자적인 생산체계가 있었을 것으로 보이는데 지역적인 그룹으로 묶여지기 어려울 정도로 地域性이 인정된다. 예컨대 格子文打捺短頸壺의 경우 부산 노포동-김해 양동리까지는 동일한 제작소에서 만들었다고 보아도 좋을 정도로 유사하나, 그러한 와질토기 단경호를 경주 일대에서 보기는 어렵다. 이 시기에 도질토기가 한정된 제작소에서만 생산되었을 것이라면 와질토기의 제작소는 지역적으로 제작소의 수준도 달랐을 것이고 일정 규모 이상의 수요집단마다 제작소를 가졌을 것이다. 따라서 도질토기와 와질토기의 분배방식은 달랐을 것으로 판단된다. 와질토기가 일정규모의 수요자 집단 내에서 생산되고 소비되었다면 도질토기는 사회집단들 사이에 교환되는 것을 전제로 생산이 이루어졌을 가능성이 높다. 와질토기는 수요 집단들에 따라서 이른바 地域色이 나오게 되지만 도질토기의 양식적인 분포는 분배된 범위를 말해줄 것이다.

2) 제2단계(第Ⅱ·Ⅲ期 : 陶質土器 生産의 地域的 不均衡) : 일부지역에서 고식도질토기의 다양한 기종이 생산되기 시작하는 단계이다. 새로운 고식도질토기 기종도 나타나지만 대부분 이전 단계의 와질토기 기종이나 적색토기 器種이 陶質土器化된다. 이렇게 새로운 도질토기 기종이 속속들이 생산되기 시작하는 지역은 咸安地域과 金海地域에 한정되었던 것으로 이해된다(李盛周, 1997, 1998a). 이 두 지역을 제외한 지역에서 당시 토기자료가 발견된 울산 중산리, 포항 옥성리, 경산 임당동, 합천 옥전고분군의 경우 독자적인 도질토기 고배나 노형토기 등의 기종이 존재하지 않는다. 가령 함안과 김해에서는 陶質土器 高杯, 爐形土器, 把杯, 廣口小壺 등과 같은 器種이 생산되어 고분에

10) 4세기 전반대에도 三韓 段階를 인식하듯이 정치적, 사회적 단위로서의 國이 존재하였고 그것이 自己運動性을 가지고 있다고 전제하는 것이 적절한지 경제체계의 운영에 어떠한 역할을 했는지는 불분명하다.

부장되었다. 그러나 울산, 경주, 경산, 대구, 합천의 中山里, 竹東里, 玉城里, 玉田고분군에서는 독자적인 양식의 도질토기 기종이 없을 뿐만 아니라 있다 하더라도 와질토기 고배나 노형토기이다.[11]

제2단계 초에는 다양한 도질토기를 생산한 일부 제작소에서 생산된 도질토기들이 주변지역으로 넓게 분배되었을 것이다. 토기의 분배도 이루어졌지만 土器製作 工人 移住나 土器製作技術의 擴散도 이루어졌을 것으로 믿어진다. 이 단계에 陶質土器生産이 앞서간 金海와 咸安 두 지역은 분배방식에 차이가 있었던 것으로 이해된다. 가령 함안지역의 도질토기 생산체계는 주변지역으로 크게 확대되었던 데 반해서, 김해지역의 도질토기는 그 중심지로부터 한정된 지역 안으로만 분배되었던 것 같다. 따라서 4세기 중엽을 전후한 이 시기에, 古式陶質土器 양식이 부산·김해양식과 그 외 영남양식으로 구분되어 보이는 이유는 결국 함안지역에서 생산된 陶質土器가 보다 넓은 범위에 유통되었고, 이어서 그 공인집단이 이주하거나 제작기술이 이전되었기 때문이다.

3) 제3단계(第Ⅳ·Ⅴ期 : 陶質土器 生産體系의 地域的 平準化) : 제3단계는 토기양식의 분포로 말하면 제2단계의 지역성이 감소하여 양식의 지역적 차이가 희석되는 단계에 해당된다(李盛周, 1993). 가야와 신라의 어느 지역에서나 거의 비슷한 器種의 構成과 器形의 特徵을 보여주기 때문에 각 지역의 高杯, 器臺, 壺, 蓋 등의 기종을 비교해 보

11) 4세기 중후엽경 경주 주변고분군에서 출토되는 주 기종은 크고 작은 단경호이다. 이들 중 극히 일부가 4세기대 陶質土器的인 燒成으로 제작되지만 대다수는 와질토기적인 소성으로 제작된 도질토기이다. 그리고 도질토기 노형토기, 소형기대, 컵, 고배, 직구호, 대부호 등이 극히 제한적으로 출토되는데 그 중 노형토기와 고배, 직구호, 대부호 등은 와질토기에 가깝다. 도질토기의 기종 중에는 다른 도질토기와는 소성이 극히 다른 특징 즉 함안지역 토기소성과 닮은 것이 있다. 이를 경주지역 전통에서 다루려고 하는 연구자도 있고(尹炯元·朴文洙, 1998) 斯盧國이 安羅國보다 하위의 집단인가 하는 의문도 제기하지만(朴普鉉, 2000) 특히 4세기대 토기에서 필자는 토기양식이 정치권력과 관련될 것이라는 전제 자체를 받아들이지 않는다.

<도면 5> 古式陶質土器 제3단계의 양상(高杯)
(1 : 縣洞12호, 2 : 禮安里130호, 3 : 大成洞1호, 4 : 玉城里가24호, 5 : 福泉洞93호, 6 : 中山里Ⅷ-14호, 7 : 月城路가6호, 8 : 林堂洞G5호, 9 : 梧谷里8호)(축척1:7.2)

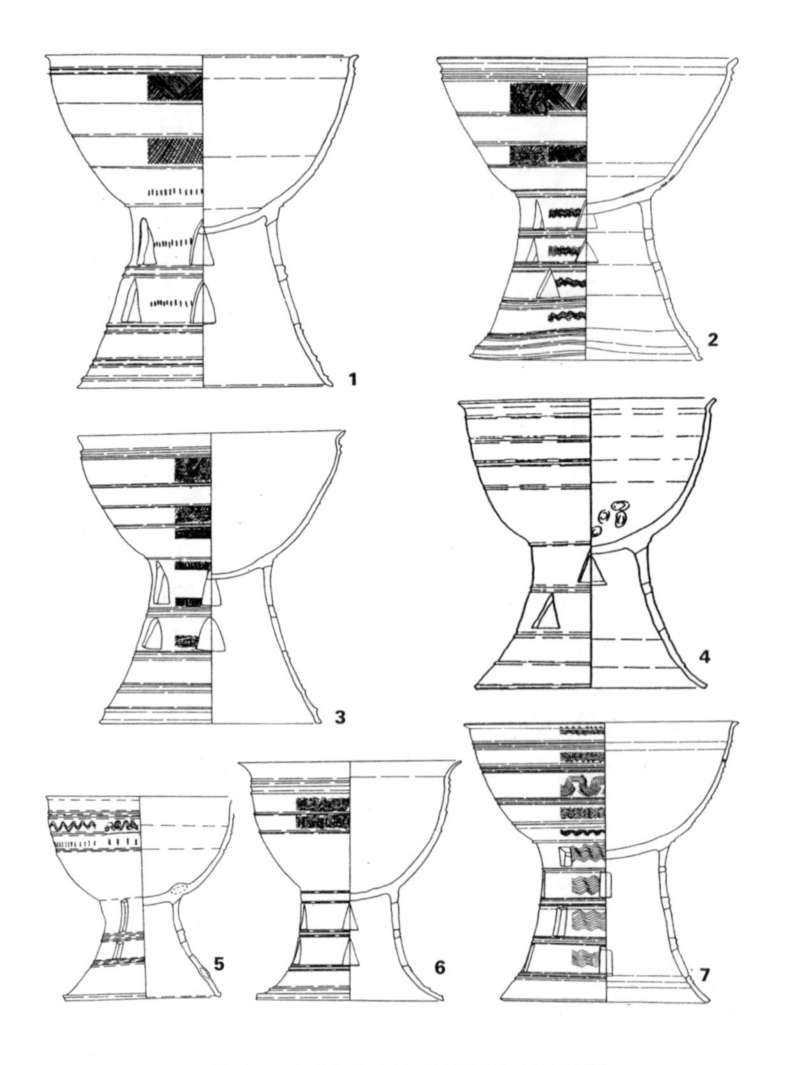

<도면 6> 古式陶質土器 제3단계의 양상(器臺)
(1 : 梧谷里8호, 2 : 快賓洞 1호, 3 : 大成洞1호, 4 : 林堂洞G5호, 5 : 鳳溪里12호, 6 : 道溪洞12호, 7 : 福泉洞32호)(축척1:8.7)

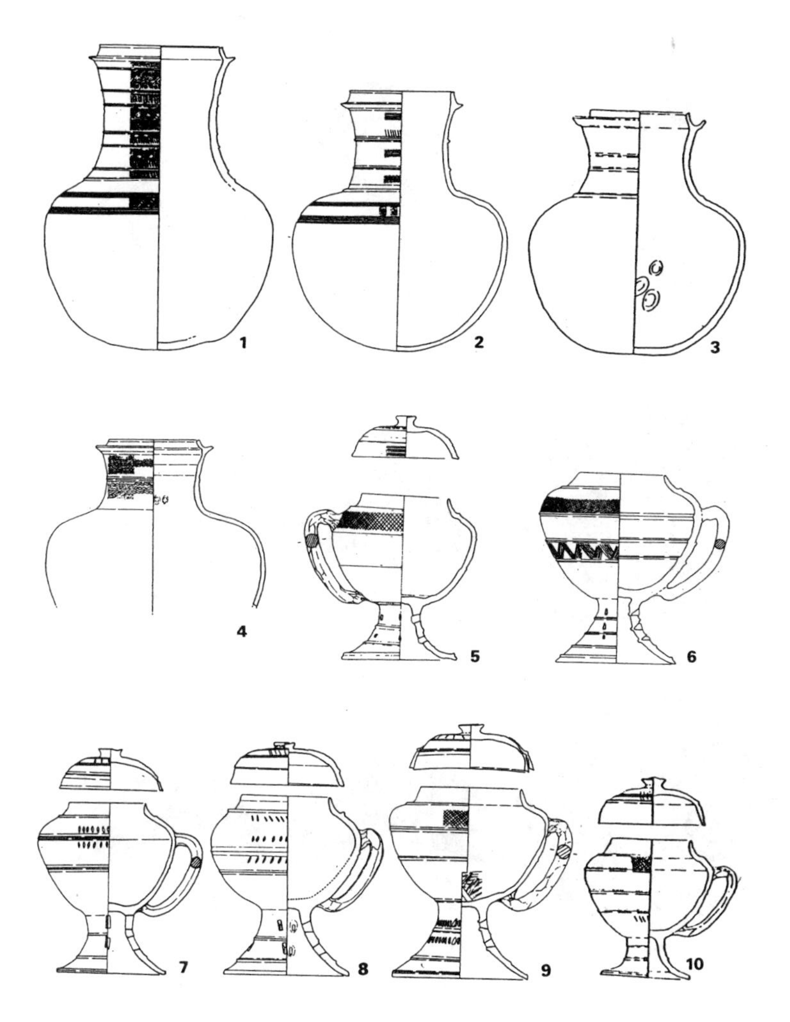

<도면 7> 古式陶質土器 제3단계의 양상(長頸壺와 有蓋把手附小壺)
(1, 7 : 大成洞1호, 2 : 福泉洞32호, 3 : 林堂洞G5호, 4, 5 : 梧谷里8호, 6 : 道溪洞15호, 8 : 福泉洞93호, 9 : 玉城里가24호, 10 : 林堂洞G5호)(축척1:7.2)

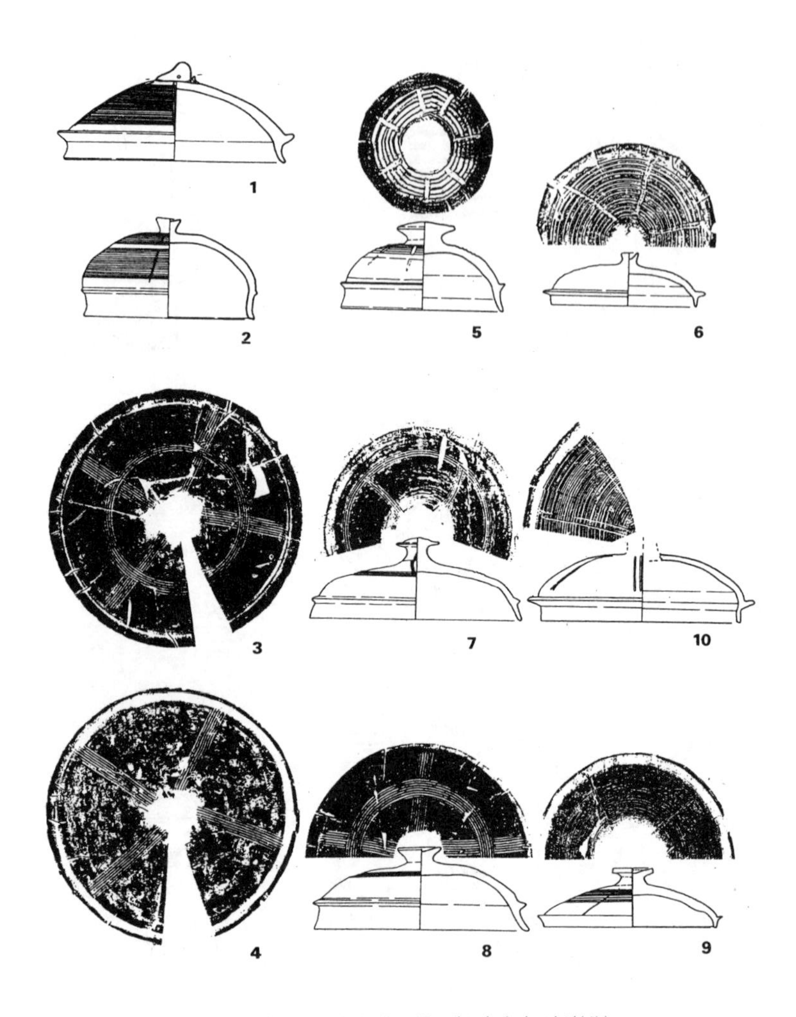

<도면 8> 古式陶質土器 제3단계의 양상(蓋)

(1, 2 : 玉田54호, 3, 4, 8 : 月城路가6호, 5, 6 : 快賓洞1호, 7 : 道溪洞12호, 9, 10 : 余草里窯](축척 1:5.8)

면 세부적으로는 다를지 몰라도, 대체적으로 유사하다는 점을 알 수 있다(도면 5, 6, 7, 8). 즉 진정한 의미에서 陶質土器의 共通樣式이라 할 수 있는 것이다. 이러한 현상이 왜 나타나는지, 혹은 이러한 현상의 배경이 되는 各地 生産分配體系라는 것이 어떻게 조직되었는지 제대로 설명할 수 있는 단계는 아직 아니다. 다만 다음 세 가지 점에 대해서는 고려해 둘 만하다.

첫째, 영남의 일부 지역을 제외하고 대부분 지역에 독자적인 도질토기 제작소 및 생산체계가 성립했을 것이라는 점, 둘째, 각 지역 간에 토기의 교역을 통해 토기 제작소끼리 정보교환이 있었을 것이라는 점, 셋째, 김해지역의 토기와 제작기술도 이 시기가 되면 영남의 제 지역에 확산되었을 것이라는 점이다. 어떠한 과정이었는지는 불분명하지만 그 결과로서 4세기 말경이 되면 제 지역 古墳副葬 土器들 사이의 유사성이 높아진다. 가령 慶州나 慶山地域에서도 陶質土器 高杯나 有臺鉢形器臺, 廣口小壺, 小形器臺가 나타난다.

이제 제 지역의 고분에서 출토되는 토기유물군을 보면 기종구성이 대동소이해진다. 그리고 제 器種別로 각 지역의 器形들을 비교해 보면 유사성 또한 매우 높다는 것을 알게 된다. 가령 器臺를 예로 들어, 거의 동시기인 咸安 梧谷里 8호분, 金海 大成洞 1호분, 高靈 快賓洞1호분의 출토품은 동일한 匠人이 제작했다고 해도 틀린 말이 아닐 듯싶을 정도로 極似하다(도면 6 참조). 유개고배의 경우 馬山 縣洞12호와 金海 禮安里117호 출토품이 가장 오랜 것이겠지만 大成洞1호(申敬澈 외, 2000), 福泉洞93호(李賢珠, 1997), 中山里Ⅷ-14호, 月城路가6호, 林堂洞G5호, 1A-1호(張容碩, 1997 ; 金龍星, 1996b) 玉城里가-24호(國立慶州博物館, 2000) 출토품은 거의 동일한 제작기법이 적용된 同一器形이다. 有蓋把手附小壺(도면 7)는 정교하게 제작된 기종으로 만드는 기술도 소수장인에 의해 전수되었을 것인데 물론 함안 주변과 김해 주변에서 古式이 나타나지만 김해지역에서 정형화되었을 가능성이 높고 제작처도 한정되었을 것이다. 하지만 분포로 보면 영남지역 전체에 유사한 형식들이 나타남을 알 수 있다. 장경호와 개와 같은 기종별 형태나 波狀文과 同心圓文과 같은 문양도 각지에서 동일하게 나타난다.

4. 4世紀代 土器 生産·分配體系의 特性

가야토기에 있어서 4세기대라는 약 100여 년간 이루어진 변화는 대단히 중요하다. 이러한 변화를 우선 토기양식의 분포 변동으로 묘사할 수도 있을 것이다. 그러나 양식적인 변동 그 자체가 아니라 그 변화의 배경이 되는 토기생산과 분배체계의 변동에 중요한 의미가 있다 할 것이다. 지금까지의 검토를 통해 4세기대 (新羅)伽耶土器 生産分配體系의 변화과정은 다음과 같이 요약될 수 있을 것 같다.

첫째로, 4세기대는 서로 다른 성격의 토기 생산분배체계가 통합되어 陶質土器 專業 生産體系로 토기 생산이 一元化되는 단계로 이해할 수 있다. 말하자면 4세기 이전에는 한 사회 안에서 소비되는 모든 토기들 중에 전업적 생산체계에서 생산된 도질토기의 비중이 크지 않았다. 그래서 토기 생산처가 제한되어 있었고 생산되던 토기의 종류(器種)도 한정되어 있었다. 그리고 사회집단의 범위에 관계없이 집단들 간에 분배되기 위해 생산되었던 것으로 이해된다. 3세기대까지는 무문토기처럼 비전문가에 의해 취락공동체적으로 생산된 토기들이 훨씬 더 많이 소비되었을 것이고 그 다음으로 반전업적 생산체계나 낮은 수준의 전업생산체계에서 생산된 와질토기의 비중이 그 다음이었을 것이다.

이러한 양상이 4세기 초까지 지속되었지만 4세기 중엽이 되면서 전업화된 도질토기 생산체계의 비중이 갑자기 높아지게 된다. 이러한 과정은 도질토기 생산체계 자체가 비약적으로 성장한 때문이라고 설명될 수 있다. 현상은 와질토기와 적색토기의 생산이 갑자기 소멸하게 됨으로써 그에 대체해 가는 과정으로 나타난다. 다시 말하면 이는 와질토기와 적색토기의 생산체계가 점차 소멸하고 그것이 도질토기 생산체계로 흡수되는 과정이라고 할 수 있다. 그리고 이 과정은 지역에 따라 빠르게 진행되기도 하고 더디게 진행되기도 하였을 것이다. 이 시점을 전후하여 와질토기 대부분의 기종은 陶質土器로 製作된다. 아울러 赤色土器 器種들이 일부 陶質土器化하는 것도 있으나 여전히 赤色土器質이면서 성형수법만 陶質土器的인 특징을 보이기도 한다.

이 과정의 배경에 대해 의문점이 제기되는데 왜 陶質土器生産이 다른 생산체계를 대체하면서 급성장하였느냐 하는 것이다. 그 이유에 대해 명확한 설명은 어렵지만 4세기 이전부터 철기생산을 비롯한 다른 전업적 생산체계들이 조직화되고 발전하는 것이 정치권력의 성장과 밀접한 관련이 있는 것처럼 주장되어 왔다(李盛周, 1991, 1998a, b). 특히 이러한 과정에 대해서는 고분부장품을 분석해서 결론을 도출해 왔기 때문에 정치권력에 의해 생산체계가 강화되었을 것이란 설명이 설득력 있어 보이는 것이다. 예컨대 고분에서 철기들이 大量 複數副葬되는 현상을 근거로 하여 정치엘리트의 노동력통제와 생산확대를 위한 노력의 결과로 철기생산이 증가했다고 이해하는 것이다. 철기의 부장처럼 현저한 변화는 아니지만 목곽묘에 부곽이 생겨나면서부터 토기의 다량 복수매납이 가능해졌기 때문에 철기생산체계의 성장과 유사한 설명이 가능할지도 모른다.

그러나 고분이라는 제한된 성격의 消費地 資料가 아니라 土器窯址라는 生産地로부터 확인된 바에 따르면 陶質土器 生産擴大는 결코 정치엘리트의 무덤에 부장할 제품을 생산하기 위한 것은 아니라는 점을 알 수 있게 한다.

4세기 중후엽에 해당하는 도질토기 생산처로서 咸安 苗沙里 토기요지(慶南文化財硏究院, 2000)와 昌寧 余草里 토기요지(金誠龜 外, 1992 ; 權相烈, 1995) 등이 있다. 창녕 여초리 가마에서는 고분에 부장되는 主器種인 陶質土器 高杯, 蓋, 爐形土器, 把杯 등이 일정 비율로 출토된다. 그러나 훨씬 많은 비율을 차지하는 기종은 陶質土器 大甕과 (打捺文)短頸壺 등이며 赤色土器 시루, 把手附甕 등도 상당량 출토된다. 함안 묘사리요지의 경우, 출토토기의 거의 대부분이 소형토기이면서 부장용토기인 高杯, 爐形土器, 繩蓆文短頸壺가 차지하지만 赤色土

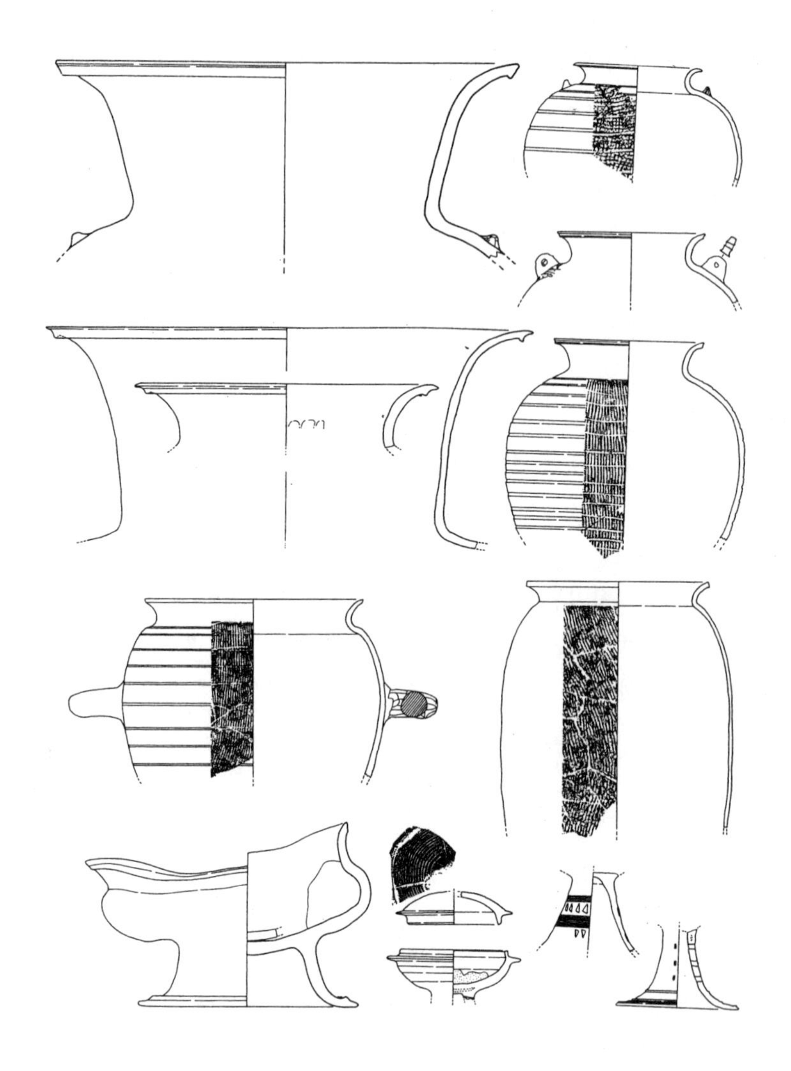

<도면 9> 昌寧 余草里 土器窯址 出土 器種(축척 1:8.7)

器質의 생활용 토기 즉 시루, 把手附甕도 일정비율을 점한다. 이러한 사실을 고려하면 4세기대 도질토기 생산체계의 성장은 고분부장용토기 생산에 주력한 결과가 아니다. 일반인들이 일상적으로 사용할 토기의 생산을 위해 도질토기 생산이 확대되고 다른 성격의 생산체계도 이 新種 生産體系에 통합되게 되었다는 것이다.

둘째로, 4세기대 토기 생산체계의 변동은 지역적으로 불균형을 이루던 생산체계가 지역적으로 평준화되어 가는 과정을 보여준다. 최초의 도질토기 생산체계는 가야지역 도처에 성립되어 있었던 것은 아닌 듯싶다. 극히 한정된 제작소가 있어서 그로부터 생산된 陶質土器 短頸壺들이 나머지 지역으로 분배되었던 듯하다. 이러한 사정은 4세기 전반대까지 지속된다. 4세기 중엽 이후 도질토기 제작처가 가야지역 곳곳에 성립하리라 예상되지만 각 지역에 따라 도질토기의 기종은 상이한 것으로 나타난다. 이러한 기종구성과 기형의 차이, 즉 토기양식의 지역차는 가야지역 각처의 토기 제작소들끼리의 상호작용, 즉 토기의 교역, 전문장인의 이주, 기술의 전수 등을 통해 소멸되어 갔으리라 추측된다.

최초의 도질토기 생산체계(第Ⅰ期와 그 以前)도 지역적인 교류 없이 성립한 것이 결코 아닐 것이다. 어느 한 지역에서만 생산하여 나머지 전역으로 분배되었던 것도 아니며 최소 3, 4개소에서 생산이 시작되었을 것이다. 그런데 이들 제작소가 모두 같은 기종을 생산한 것을 보면 제작소끼리 모종의 정보교환이 있었음에 틀림없다. 그런데 4세기 중후엽경 도질토기의 양식은 뚜렷한 지역차이를 보여주는 것으로 나타난다. 즉 김해-부산지역과 함안지역이 뚜렷이 대비되면서부터 나타나는 현상이다. 그런데 이러한 土器樣式의 地域 差異는 도질토기 생산분배체계의 내부에서 비롯된 변화는 아닌 듯싶다. 이전까지 도질토기 생산체계 내부에서는 지역차를 가져올 요인이 될 만한 것이 없었으며 그것은 결국 외부에서 찾아야 할 것이다. 현재의 자료로 보건대 4세기 중엽 이후 도질토기의 양식차는 이전부터 지역차가 큰 와질토기의 제 器種들을 陶質土器化하는 과정에서 나타났을 것으로 판단되는 것이다.

셋째로, 4세기대 도질토기 생산체계의 발전은 官營手工業·官營商業의 확립(金昌錫, 2001) 또는 이른바 공납생산체계(tributery mode of production : Wolf, 1982)의 발전과정으로 이해할 필요가 있다. 처음부터 도질토기의 기종들은 와질토기처럼 분묘부장용으로 개발되어 생산된 것이 아니다. 그리고 도질토기 생산체계의 확대와 생산량의 증가도 결코 엘리트의 분묘에 부장하기 위한 기종만이 아니라 일반인(?)들의 일상용 토기 생산에 주력하면서 발달하였음이 인정된다. 그럼에도 불구하고 도질토기 성립과 전개과정을 생산분배체계의 변동의 관점에서 보면 생업경제의 차원이 아니라 정치경제의 차원에서 설명될 필요성을 느끼게 된다.

처음부터 도질토기는 매우 숙련된 전문장인에 의하여 생산된 것이고 그 생산이 가능하려면 생산설비와 연료 획득에 많은 노동력을 필요로 한다. 그래서 정치권력에 의해 조직화된 전문장인의 노동력에 의해 도질토기 생산이 시작되었고 그 생산체계의 확대도 가능했다는 점은 부인하기 어렵다(李盛周, 1991, 1998b). 그러나 4세기대 도질토기 생산이 아무리 정치권력에 의해 성장하였다 하더라도 토기양식을 통해 특정 사회집단, 혹은 정치체의 정체성을 표현하려는 시도는 거의 없어 보인다. 다만 부산 福泉洞54, 57호묘에서 출토된 토기는 상당량이 咸安産 土器로 추정되는데(松桂鉉, 1989 ; 釜山大學校博物館, 1996 ; 李柱憲, 2000) 지배엘리트 분묘 부장용토기의 상당량을 수입했다는 사실은 토기교환의 상징적 의미를 내포하고 있는 특수한 경우이다. 그렇다고 해서 김해양식이나 함안양식의 토기에 어떤 집단의 아이덴터티를 표현했다거나 특정한 토기양식을 부장함으로써 정치권력의 정당화에 이용된 것은 아닌 듯싶다. 특히 토기의 분배에 있어서도 4세기대는 5세기대와는 달리 정치적 관련성은 전혀 찾아보기 어려운 듯하다.

Ⅳ. 5·6世紀代 土器生産·分配體系

1. 伽耶土器 樣式의 成立과 生産·分配體系

5세기대 영남지역 토기양식의 분포는 洛東江 以東樣式과 以西樣式의 分立으로 대변된다. 그 분포범위는 각각 신라세력의 범위와 가야세력의 범위에 대응되는 것으로 이해되고 있다. 또 各 大樣式群 內에는 小地域樣式이 있어, 가령 以東의 新羅樣式群 내에 昌寧樣式, 金海樣式, 義城樣式이 있고 伽耶樣式群 내에는 咸安式, 高靈式, 晉州-固城式 등으로 구분된다고 본다. 이와 같은 양식의 분포는 쉽게 직관적으로 인지될 수 있을 만큼 고고학 자료에 뚜렷이 나타나는 것으로 평가된다. 최근 들어 신라와 가야고분의 토기자료가 증가할수록 그러한 양식의 구분은 더욱 명료하게 나타나는 것으로 보인다.

이상과 같은 낙동강 兩岸의 양식분립과 소지역 양식의 성립은 대체로 5세기 중엽을 전후한 시기로 파악된다(李盛周, 1993 ; 朴升圭 1998). 앞서 말한 것처럼 4세기 말, 5세기 초는 신라·가야 전지역의 토기가 공통양식이라 할 만큼 지역차이가 거의 없는 시기였다. 5세기 전엽경까지 신라·가야 제 지역의 토기들은 器種構成이나 器形에서 어느 지역이나 비슷하게 보인다는 것이다. 물론 조금씩 다른 점도 지적할 수 있겠지만 4세기 중후엽에 김해·부산양식과 함안양식의 대비나 5세기 중엽경 洛東江 以東/以西樣式의 대비처럼 지역적 구분은 결코 보이지 않는다. 따라서 어떤 지역양식이라고도 정의하기 어려울 만큼 영남 전역의 토기가 공통양식이라고 말할 수 있는 상태에서 신라와 가야 양식이 분립되는 것이다. 다시 말하면 5세기 중엽에 이르기까지 약 반세기 동안에 걸쳐 신라·가야의 양식이 분화되고 동시에 소지역 양식이 나타나는 것이다. 여기서는 이와 같은 과정을 생산과 분배의 관점에서는 어떻게 이해할 수 있는가 하는 문제에 대해 검토하고자 한다.

1) 洛東江以東樣式과 小地域樣式

토기양식의 변화를 보았을 때도 그러하지만 생산·분배체계의 변동이란 관점에서 보면 以東樣式과 以西樣式이 각각 형성되는 과정은 서로 다른 것으로 이해된다.

첫째로, 以東樣式은 광범위한 지역에 걸쳐 각처의 토기 생산체계들이 지속적으로 상호교류하면서 커다란 지역양식군으로 형성되는 경향을 보여준다. 그리고 토기 생산체계의 中心地로부터 주변지역으로 비교적 넓게 분배됨으로써 토기양식의 유사도가 높아지는 과정이 관찰된다. 가령 경주 皇南洞古墳群이나 月城路古墳群 등 중심지고분에서 출토되는 토기나 주변지역인 蔚山 中山里, 浦項 玉城里(國立慶州博物館, 2000), 永川 淸亭里古墳群(金昌億·朴珍, 1999) 등에서 출토된 토기는 제작처가 다르다고 보기 어려울 정도로 극히 유사하다. 소성방식, 세부정면, 크기, 기종구성 그 어떤 면에서 보아도 極似하다 할 만한 고배, 장경호, 대부호 등 陶質土器의 各 器種이 경주시내와 그 외곽에서 보인다. 따라서 경주와 그 주변지역은 생산·분배의 권역이 동일한 것으로 볼 수밖에 없을 듯싶다.

또 한편으로 가까운 주변 권역을 벗어나 일부지역에 한정되기는 하지만 상당히 먼 거리까지 경주 중심지의 토기가 분배된다. 예컨대 부산 복천동 22·21호 토기 중 일부는 5세기 전엽에 이미 경주 중심지의 토기가 부산의 중심 고분군에 매납되었다는 증거로 제시할 수 있다. 단편적인 증거이긴 하지만 마산 현동 53호분이나 옥전23호분의 예도 慶州産으로 판단되는 토기가 먼 거리로 이동한 경우에 속한다. 그러나 福泉洞古墳群의 경우처럼 여러 점의 慶州 中心地 土器가 일찍부터 먼 거리에 지속적으로 분배되었다는 사실은 주목할 만하다. 즉 경주산이라고 할 수 있는 토기가 멀리 떨어진 특정 지역에 유입되어, 그 지역의 小地域樣式 形成에 영향을 주고 있는 것이다. 그래서 복천동고분군의 경우, 21·22호분 이후부터는 경주지역 토기와 매우 유사한 釜山지역의 小地域樣式이 성립하게 되는 것이다(李盛周, 1997, 1998a).

요약하면 以東樣式은 결국 광범한 영역에 걸쳐 土器 生産體系들 사이의 교류를 통해 형성되었다. 그리고 경주의 중심지에서 생산된 토기는 적어도 5세기 전엽부터 경주 외곽지역에서 수요되는 토기의 전량을 생산 공급하였고 부산과 같이 거리상으로 떨어진 지역에도 일정량이 분배되어 그 일대의 소지역양식이 성립하는데 어떠한 역할을 한 것이다. 광범한 영역에 걸친 이동양식의 성립은 경주지역 토기 생산체계가 제 지역 간 토기양식의 상호작용에 중심적인 역할을 한 것 같으며 특히 신라 중심지에서 생산된 토기가 분배된 것이 경주지역과 매우 유사한 小地域樣式 성립의 결과로 나타난 것이 아닌가 한다.

2) 洛東江以西樣式과 小地域樣式

낙동강 이서양식은 이동양식과는 다르게 정의되어야 한다. 그 형성과정이 以東樣式化의 과정과는 다르게 진행되어 온 것은 물론이고 어쩌면 以西樣式이라는 것은 존재하지 않는다고 말할 수도 있을 것 같다. 以東樣式의 형성은 경주지역을 중심으로 하여 각 지역 토기 생산체계의 교류를 통하여 양식의 유사도가 높아져 간 과정이라고 말할 수 있다. 이에 반해 以西樣式은 경주지역과 같은 양식교류 중심지가 없기 때문에 여러 개의 小地域樣式이 있을 뿐 이를 포괄하여 以西樣式이라고 정의할 만한 수준이 되지 못한다. 다만 以東地域과는 다른 양식이 분포하는 지역이란 정도로 이해할 수 있을 뿐이다.

낙동강 以西樣式이란 것이 있다면 그 형성과정은 몇몇 중심고분군에 매납되는 토기를 중심으로 보다 排他的·自體的으로 진행되는 과정이다. 따라서 몇몇 소지역양식이 있을 뿐이며 이를 묶어 以西樣式이라 하기는 다소 어려움이 있다고 할 수도 있다. 다만 이서양식의 형성이 5세기 초까지 古式陶質土器의 공통양식을 소재로 출발하였기 때문에 각 지역의 토기 생산체계가 생산한 지역양식의 토기들은 다소 공통점을 가지고 있을 뿐이며 동안양식과 비교해서는 공통적인 소재(器種構成과 器形上)가 훨씬 적은 편이다.

5세기 전반에서 5세기 중엽까지 이서지역의 소지역양식이 나타나는 과정을 살필 수 있는 지역은 咸安과 陜川 정도이다. 固城-晉州-山淸 등지에 분포한다는 이른바 소가야양식토기도 5세기 전반경의 자료는 아직 어디에서도 찾아지지 않으며 그리고 고령을 중심으로 발생한 것으로 추측되는 대가야양식이라는 지역양식이 있다는 것은 잘 알려져 있으나 5세기 전반대 자료가 결여되어 있어 그 형성과정은 알 수 없다.

우선 함안 아라가야 지역의 토기 생산분배체계의 동향을 검토해 보자. 주지하는 바와 같이 함안 아라가야 지역의 중심지가 도항리·말산리고분군이라면 咸安 小地域樣式이란 것도 바로 이 중심 고분군에서 출현한다(李盛周, 2000). 함안양식이 형성되어 가는 5세기 전반대(第Ⅴ·Ⅵ期)에 함안産 土器는 함안분지 안에만 한정되고 이 권역을 넘어 분배되는 일이 없다. 즉 함안 중심지 토기 생산체계에서 생산된 토기는 오직 道項里·末山里고분군을 중심으로 출토될 뿐, 梧谷里古墳群과 縣洞古墳群과 같은 咸安盆地의 외곽에 조차도 거의 분배되지 않는다.

그러나 흥미로운 사실은 이 주변지역의 토기가 咸安産은 아니지만 일정시기 동안 咸安樣式이라고 할 만하다는 점이다.[12] 즉 중심지의 양식이 주변지역에 영향을 주어 하나의 양식군을 형성하기는 하지만 중심 고분군에 토기를 공급한 제작소의 토기가 주변 고분군에 유입되어 매납되는 일은 많지 않다는 것이다. 이 점 5세기 전반대의 道項里3호분과 梧谷里5·8호분에서 출토된 토기를 비교해 보면 이해될 수 있는 일이다. 물론 5세기 후반대에도 道項里古墳群과 至近거리에 있는 縣洞古墳群과 大坪里古墳群 등을 비교해 보아도 그러하다.

합천지역에서도 마찬가지이다. 가령 玉田古墳群에는 합천중심양식 혹은 옥전양식이라고 할 만한 것이 옥전고분군을 중심으로 성립한다.

---

12) 사실 4세기부터 토기양식의 상호작용의 범위에 비교해서 토기유통의 영역이 좁다는 의견이 나온 바 있다(李在賢, 2001). 그런데 함안지역에서는 4세기대 함안분지의 중심지와 분지 외곽이 동일한 分配圈이었다가 5세기가 되면 분지 내부로 축소되는' 양상을 보여준다(李盛周 外, 1992).

<도면 10> 5세기 전반 道項里 中心古墳群(1-6)과 梧谷里 및 縣洞 周邊古墳群 土器(7-12)(축척 1:7.2)

古式陶質土器적인 성격에서 벗어나 지역양식으로 성립하였다고 할 만한 단계는 玉田23호분의 토기이고 그 시기는 5세기 중엽경이다. 그런데 이 玉田樣式土器는 그것이 존속한 5세기 전기간 동안 밖으로 유출되는 일이 없었다. 아주 가깝고 黃江水系로 연결된 鳳溪里古墳群이나 苧浦里B地區古墳群에서도 볼 수 없을 정도이다. 다시 말해서 옥전양식의 토기는 陜川 政治體의 중심지의 생산체계에서 생산하여 중심지의 고분에서만 소비한 정도로 한정된 분배범위를 가졌다고 할 수 있다.

以西地域에서는 以東/以西의 분립이 이루어진 5世紀 中葉까지 어떤 지역에서 생산된 토기도 慶州産 土器만큼 분배범위가 넓다거나 먼 거리로 다량 공급된 예가 없다. 고령지역에서 생산된 대가야 양식토기가 먼 지역까지 꽤 많은 양이 분배되었다고 하나 그 시기는 5세기 말경부터 본격화되는 현상이다. 다시 말하면 낙동강 서안지역에서 특정 양식이 그 정치체의 중심지를 넘어서 확산되는 시기는 이르게 보아야 5세기 후반의 늦은 단계이다. 즉 東岸地域에 비해 반세기 이상 늦게 광역의 토기 생산분배체계가 성립되는 것이다.

3) 小地域樣式의 周邊地域

洛東江 以西地域, 말하자면 가야 전체를 포괄하여 하나의 양식이라고 정의할 만한 것을 인정하기는 어렵다. 가령 낙동강 이동지역에는 소지역양식으로 나뉘어지더라도 하나의 樣式으로 정의할 수 있을 만큼 小地域樣式 群間의 變異가 적다. 그러나 以西地域은 小地域樣式 群間의 變異가 커서 3~4群의 소지역양식은 인정이 되어도 이들을 포괄하여 하나의 양식이라고 정의하기 어려울 정도이다. 최근 대부분의 연구자들은 以西地域의 소지역양식의 분포범위를 伽耶 諸國, 혹은 伽耶地域聯盟體의 존재에 대응시킨다(朴天秀, 2000a,b ; 朴升圭, 1998, 2000 ; 이주헌, 2000). 필자 역시 小地域樣式이란 것이 개별 정치체의 중심 고분군에서 형성된 것이기에 물질문화에 표현된 그 정치체의 정

체성 중에 하나로 이해하고 있다(李盛周, 1998a, 2000a, b).

가야지역에서 小地域樣式이 형성되는 과정이 그러하거니와 이 양식의 출현은 정치권력과 관련이 많은 것으로 보인다. 또한 그것은 정치체의 중심 고분군에 매납되는 토기를 중심으로 양식화가 진행되었기 때문에 정치체와 대응되는 점도 看過할 수 없고 그래서 특정 정치체양식이라 불러도 좋을 정도이다. 그렇게 정치체 중심지에서 생산되고 중심 고분군에 매납된 토기는 5세기 거의 전 기간 동안 밖으로 다량 유출되는 일은 거의 없었다. 이는 경주지역의 토기가 5세기 전반부터 주변으로 분배되었던 낙동강 동안지역과는 다른 서안지역의 특징이기도 하다. 5세기대에 단편적으로 일정량, 혹은 몇 점 토기가 이동하여 정치체의 외곽 고분군이나 타 지역의 고분에 매납된 예가 있기는 하지만 집중적이지는 않다.

결국 중심지의 토기가 공급되지 않았기 때문에 주변부 고분군에도 나름대로 토기를 생산·공급하던 생산체계가 존재했을 것으로 판단하는 것은 당연한 논리적 귀결이다. 그렇다면 주변부의 생산분배체계는 어떠하였을까 하는 것이 문제로 된다. 그것이 독자적인지 아니면 타 정치체의 생산분배체계에 편입되어 있는지? 가령 마산 현동고분군이나 대평리고분군의 경우는 함안에 중심을 둔 아라가야의 주변 고분군으로 생각되지만 5세기대 토기들은 함안양식에 속하는 것이 오히려 비중이 적다고도 할 수 있다. 결국 중심지 생산체계의 토기가 주변부에 공급되지 않았다면 주변부에서는 독자적인 생산체계가 운영되었거나 타 소지역양식의 토기가 분배되었을 것이다. 만일 그러하다면 가야지역 정치체의 지배엘리트들은 가까이 인접한 주변부의 생산체계조차 통제하지 않았느냐 하는 것이 또 하나의 문제로 제기해 볼 수 있다.

최근에 가야지역고분이 많이 조사되긴 하였지만 이러한 문제에 명확히 대답하기에는 자료가 아직 불충분하다. 그렇지만 5세기 전반에서 후반에 걸치는 고분군 중 정치체의 중심 고분군에 해당되는 유적이 있다면 그에 대비되는 주변지역 고분군이 몇몇 조사되어 있다. 가령 아라가야의 중심 고분군이 道項里古墳群이라면 주변에 속하는 유적은 馬山 縣洞古墳群, 咸安 梧谷里古墳群(金亨坤 外, 1995)이 있고 합천의 중심 고분군이 玉田古墳群이라면 주변에 속하는 것으로는 鳳溪里古墳群(沈奉謹, 1986)이나 倉里古墳群(沈奉謹, 1987)이 있다. 여기에서 중심 고분군에 공급되었던 토기들과 주변 고분군에 공급되었던 토기의 양상을 비교해 보면 아주 흥미로운 현상을 관찰할 수 있다.

흔히 하나의 고분군 내의 유구들을 토기를 가지고 편년할 때, 계기적 순서배열(sequence seriation)을 행하는 것이 보통이다(李熙濬, 1986a, b). 이는 토기형식의 계기적인 배열과 공반관계의 분석을 통해 타당화하는 상대편년의 방법으로 가장 보편적인 고분 편년법이다. 중심 고분군의 경우는 토기형식의 계기적인 배열이 쉽게 정리될 수 있을 정도로 각 기종별 토기형식의 시간적인 변화가 규칙적이라 할 수 있다. 예컨대 5세기대 有蓋高杯, 有臺鉢形器臺, 有臺把手附壺, 長頸壺 등은 비교적 규칙적인 형식변화를 보여준다. 적어도 100년, 혹은 그 이상의 기간 동안 형식변화를 보이면서 끊어지지 않고 지속되는 독자적인 기종의 전통이 있다는 것이다.

그러나 주변 고분군에서 출토되는 토기들은 器種別, 土器型式 編年이 거의 불가능하다. 우선 매우 다양한 亞器種들이 등장하고 그것들이 繼起的으로 이어지는 법이 없기 때문이다. 물론 일부 토기는 중심지의 토기양식을 따라서 제작되는 것도 있어서 咸安樣式이니 晉州-固城樣式이니 하는 양식군 내에 포함시켜 볼 수는 있다. 전체 토기유물군 내에서 일정비율은 중심지역의 토기양식을 모방하여 주변지역 생산체계에서 생산되었다고 볼 수 있기도 하다. 그러나 그러한 기종들도 해당 지역의 전통이 있다고 할 만큼 형식변천을 보이면서 지속되는 과정을 살피기는 어렵다.

<도면 11>과 <도면 12>는 합천 봉계리고분군의 5세기대 토기 중 주변부에서 자체 생산된 것으로 보이는 토기유물군의 단계적 변화를 도시해 본 것이다. 물론 鳳溪里古墳群에서는 편년의 근거로 제시할 만

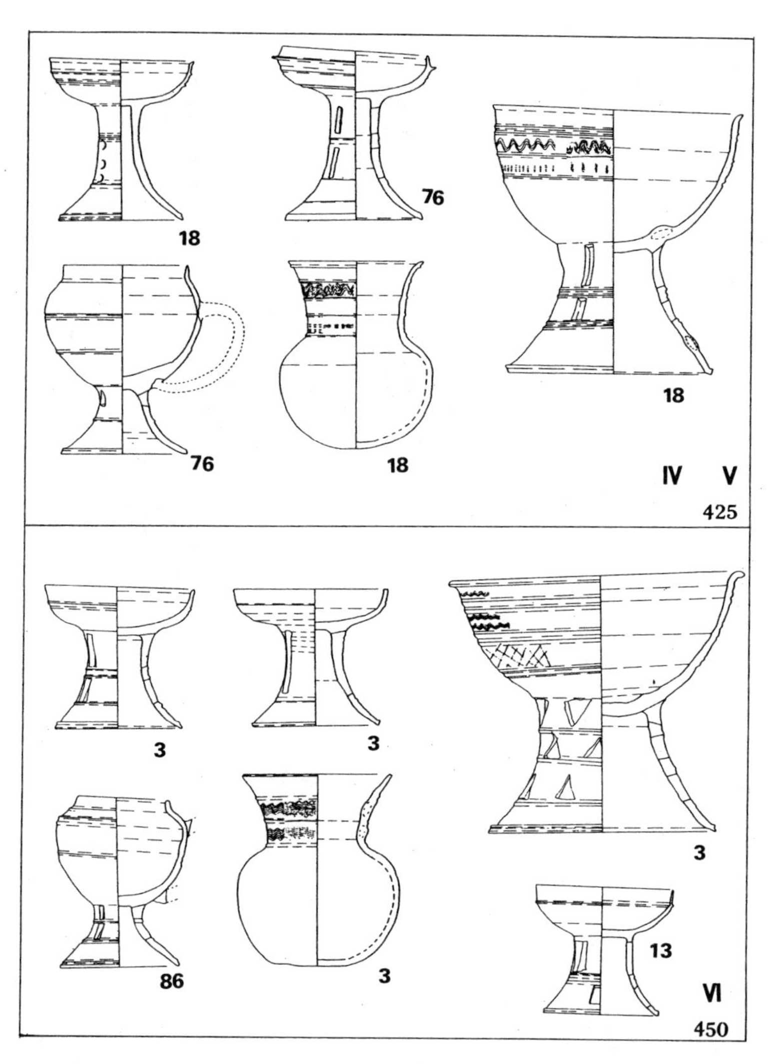

<도면 11> 봉계리고분군 토기의 단계적 변화(숫자는 고분 호수를 뜻함, 축척 1:7.2)

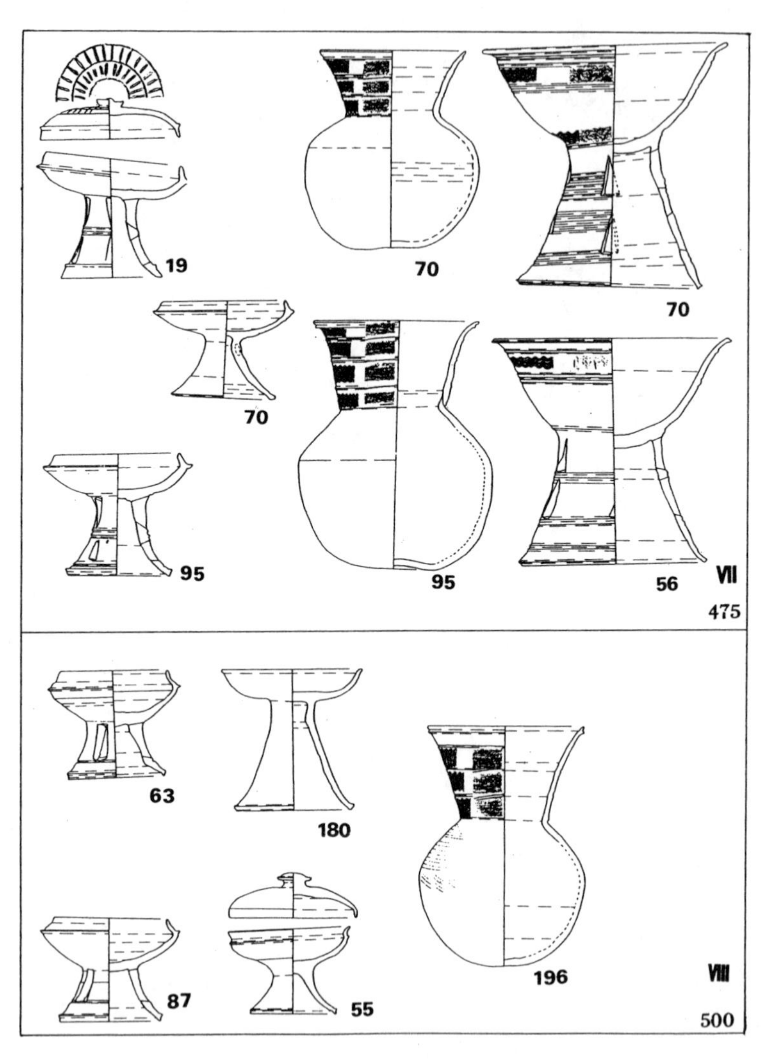

<도면 12> 봉계리고분군 토기의 단계적 변화(숫자는 고분 호수를 뜻함, 축척 1:7.2)

한 자료는 거의 출토되지 않았고 앞서 말한 것처럼 토기 형식 변화의 계기적 배열이 불가능에 가까우므로 상대서열도 타당화되기는 어렵다. 다만 가야지역 토기의 일반적인 변화과정에 대비시켜 보았을 때 제안해 볼 수 있는 정도의 圖示일 뿐이다. 도시한 것처럼 유입된 他小地域樣式 토기나 須惠器(小田富士雄, 1991 ; 朴天秀, 1996b)를 제외하면 5세기대의 기간 동안 개별 기종이 형식변화를 보이면서 지속되는 것은 거의 확인되지 않는다. 다만 長頸壺, 鉢形器臺만이 양식적인 특성을 지니면서 유지되어 온 기종으로 취급될 만한 정도이다.

봉계리고분군은 독자적인 토기 생산체계를 가졌지만 독자적인 양식을 지니지는 못한 것으로 이해된다. 이 독자적으로 생산된 토기는 주변의 소지역양식을 모방하여 제작되지만 기종별로 계기적으로 보이는 전통을 지니지는 못한 것 같다. 그러나 5세기 전 기간 동안 타 지역과 구분되는 특징을 가진 독자 생산토기가 존속하는데 5세기 말경부터 소가야양식과 대가야양식 토기군의 유입으로 그 비중이 줄어든다. 특히 6세기에 들어서면 이른바 대가야양식 혹은 고령양식 토기의 유입이 절대적인 비중을 차지하게 되고 고령양식을 모방하여 자체 생산된 토기와 함께 주류를 이룬다(도면 15).

중심 고분군에서 출토되는 토기는 自體 小地域樣式의 土器와 外來系(다른 소지역양식으로 수입된 것)의 토기로 구분되며 그것을 인지하는 것도 어렵지 않다. 그러나 주변지역 고분군에서 출토되는 토기를 정리해 보면 여러 다른 계열들이 섞여 있어 매우 복잡하다는 것을 느끼게 된다. 가령 5세기대 주변부 고분군에서 출토되는 토기를 계열별로 나누어 본다면 다음과 같다.

① 중심지의 小地域樣式을 모방하여 주변부에서 생산한 토기군
② 他(政治體의) 小地域樣式을 모방하여 주변부에서 생산한 토기군
③ 수입된 他(政治體의) 小地域樣式 土器群
④ 소지역양식의 중심지에서 생산되어 분배된 土器群(이 토기군은

의외로 얼마 되지 않는다)

이상과 같은 현상을 토기 생산분배체계의 관점에서 이해해 보자면 다음과 같이 요약된다.

첫째, 주변부도 자체적인 토기 생산분배체계가 있지만 독자적이며 장기간 계열적인 기형변화를 보여주는 기종을 구비한 토기양식군은 인정되지 않는다.
둘째, 주변부에서 생산한 토기군(자신이 소속된 소지역양식을 모방하거나 타 정치체의 소지역양식을 모방한 토기군)은 그 분배범위가 그리 넓지는 못하다.
셋째, 소성기술, 정면기법, 기형적 특징 등을 관찰해 보면 주변부에서 생산된 토기(자체에서 模倣製作한 토기)와 수입된 토기를 변별해내기 곤란할 때가 있다.

인근지역에서 생산된 他小地域樣式 토기가 주변부로 수입되었을 때 그것을 모방하여 자체 생산한 토기와 기형적인 차이를 지적할 수는 있다. 그러나 그 구분을 확증하기는 아직 쉽지 않다. 예컨대 5세기 말경부터 고령으로부터 유입된 토기와 고령계토기를 모방하여 자체 제작한 토기를 구분할 수 있다. 그리고 수입된 고성-진주식토기와 자체 모방제작된 것을 변별할 수 있다. 이러한 변별이 불가능하다고는 말할 수 없지만 그것을 확증하기는 어려운 경우가 아직 많다.

주변부 고분군에는 여러 계열의 토기가 공존하기 때문에 자체적으로 전개되는 토기형식변천의 계열을 찾아내기 곤란하다. 만약 서너 가지 계열이 있다고 하여도 이들이 오랜 기간 형식변천을 하며 지속되는 법은 없다. 시기적으로 한 단계에서 다음 단계로 넘어갈 때 그와 같은 계열들은 끊어지거나 교체되는 일이 빈번하다. 그래서 주변부에 생산되어 매납되는 토기류는 自己 政治體나 他政治體의 小地域樣式을 모방하여 만들어진 것이며 그 분배범위는 극히 제한되어 있는 듯하다.

2. 小地域樣式의 확산과 生産·分配體系

1) 生産·分配體系上으로 본 政治體樣式

가야 정치체의 小地域樣式은 중심 고분군에 매납되는 토기로부터 나타난다. 토기양식으로만 관찰해 보면 그 분포범위는 중심 고분군으로부터 일정 거리를 포함한 영역으로 생각해 볼 수 있을 것이다. 그럴 때 과연 토기양식의 분포범위란 무엇을 의미하는가? 토기의 양식적인 측면이 아니라 생산과 분배의 측면에서 검토해 보자면 특정 제작소가 생산하여 공급하는 범위가 얼마나 되는지가 문제로 된다. 우리가 5~6세기대 가야토기에 대하여 생각해 볼 때 양식의 분포범위는 특정 생산체계의 분배범위와는 결코 일치하지 않는 듯하다.

양식적으로, 함안의 道項里古墳群, 합천의 玉田古墳群, 고령 池山洞古墳群 등 정치체의 중심 고분군에서 출토된 토기군은 政治體樣式이라 할 만한 소지역양식으로 정의될 수 있다. 한편 생산·분배의 측면에서 말한다면 각 시기에 따라 이 중심 고분군에 토기를 제작하여 공급했던 하나 이상의 제작소가 존재했을 것이다. 생산과 분배라는 보다 구체적인 인간행위의 복원을 위해서는 양식의 분포범위가 문제가 아니라 그 제작소(집단)의 분배범위가 문제로 된다. 소지역양식을 정의할 때는 우선 중심 고분군에서 출토되는 토기군으로 인식되겠지만 주변 고분군들도 포함된다. 그러나 중심 고분군과 주변 고분군에서 출토된 토기가 양식적으로 유사하더라도 제작소가 같다고 볼 수는 없다. 앞서의 검토처럼 중심 고분군과 주변 고분군의 토기는 동일한 생산체계에서 분배된 것은 아닌 것으로 추정된다. 다시 말하면 중심 고분군에 토기를 공급한 생산체계가 있었다면 주변 고분군도 앞서의 추론대로 또 다른 독자적인 생산체계를 가지고 있었을 것이다. 따라서 생산분배의 관점에서 하나의 소지역양식이 정의되려면 서로 다른 토기 생산체계들 사이의 꽤 복잡한 관계를 해명해야 할 것이다.

특히 중심 고분군에서 소지역양식의 토기가 출토되는 기간 중의 토기를 분석해 보면 몇 가지 器種 및 亞器種이 하나의 전통을 유지하듯이 지속되고 있다. 이는 토기의 각 기종들이 형식적인 변화를 겪으며 오랜 전통을 유지해온 것으로 간주할 수 있다. 그러하다면 토기양식은 결국 제작소를 통해 매개되는 것이다. 이 점 선사시대 비전업적 생산체계에서 토기양식이 擔持되는 방식과 분명한 차이가 있는 전업적 생산체계 하에서 토기양식이 존재하는 방식이다. 제작소가 하나 이상이더라도 하나의 중심 고분군에 토기를 공급한 제작소(들)는 하나의 토기 제작 전통이라 할 만한 것을 공유하고 있었음이 분명하다.

그러한 반면 주변 고분군에 토기를 공급한 (독자적) 생산체계가 존재하고 그 생산품이 중심지의 양식으로 포함될 수 있다면 중심지의 생산체계와 무언가 긴밀한 관계를 맺고 있었을 것이다. 가령 縣洞古墳群이나 禮屯里古墳群의 토기가 함안양식으로 포괄될 수 있다면 다른 중심 고분군이 아닌 道項里古墳群의 토기 제작소와 긴밀한 관계를 맺고 있었을 것이라는 점이다. 따라서 토기양식의 분포범위는 소성기술, 정면・장식기술, 제조기종 등에 관해 지속적으로 정보교환을 하는 생산체계들에서 생산된 토기가 분배되는 범위라고 상정해 둘 수 있다. 그러나 낙동강 서안지역에서는 중심 고분군과 매우 가까운 주변외곽 고분군도 따지고 보면 같은 양식군으로 인지되기 곤란한 편이다. 주변 고분군의 토기는 중심 고분군으로부터 유입된 토기나 그 영향을 받은 토기로 구성되어 있는 것은 아니다. 오히려 다른 소지역양식 토기 주변 양식을 모방하여 자체 제작한 토기 등이 거의 같은 비율로 섞여 있는 것이다.

그러나 5세기 후엽경까지 도항리, 지산동, 옥전고분군 등에 공급한 토기 제작소의 토기가 어느 정도의 영역까지 분배되었는지 잘 알 수 없다. 어쩌면 그러한 중심 고분군들과 극히 인접한 고분군에만 분배된 것이 아닐까 하는 추론을 해 볼 수 있다. 이들 중심 고분군과 양식적으로 유사한 토기가 제작되어 분배된 범위, 다시 말하면 소지역양식의 엄밀한 분포범위는 어디까지인가? 이 점 역시 불분명하지만 정치체의 중심 고분군이 위치하는 분지 외곽 정도에 그치는 듯하다. 가령 아라가야의 道項里古墳群을 중심으로 본다면 함안 분지 외곽에 있는 大坪里-縣洞-梧谷里-禮屯里古墳群 정도이다. 이러한 외곽고분군이 연결되어 만들어진 범위는 유물양식의 분포로 추론된 5세기경 아라가야 정치체의 범위라고 주장되어 왔다(金亨坤, 1995 ; 南在佑, 2000 ; 李柱憲, 2000). 하지만 그러한 외곽 고분군에 매납된 토기군에는 같은 樣式으로 설정하기 어려울 정도로 기원 다른 양식적인 요소가 뒤섞여 있고 그 토기의 생산·분배체계는 결코 중심지에 통합되어 있다고 말하기 어렵다.

이들 외곽 고분군의 5세기대 유구에서 출토된 토기는 앞서 말한 바대로 중심지의 토기가 유입되거나 그 기형을 모방한 이른바 小地域樣式에 속하는 토기가 절반 이하인 것이 보통이다. 오히려 다른 계열의 토기가 훨씬 많이 출토되고 있음을 간과할 수 없다. 따라서 이들 지역이 小地域樣式의 분포범위 안에 있다고 잘라 말하기 어려운 것이 사실이다. 지금까지 소지역양식의 분포범위는 정치체의 권력이 미치는 범위 정도로 상상해 왔다. 그러나 그렇게 볼 수 있다는 것은 정치사적 문제이지 토기 생산분배체계의 문제는 아니다. 정치사적으로 그럴 가능성을 배제할 수는 없지만 5세기 기간 중 중심 고분군의 정치체양식의 생산분배 범위는 너무 좁게 설정될 수밖에 없다. 5세기대 도항리고분군의 토기, 지산동고분군의 토기, 옥전고분군의 토기가 낙동강 서안의 小地域樣式들이고 政治體樣式들이라는 데 동의한다. 그러나 중심 고분군과 그 분지 외곽에 분포하는 단편적인 소지역양식토기를 예로 들어 '그것이 小地域樣式 主分布範圍이고 그래서 정치체의 영역이다'라고 주장하기에는 설득력이 매우 약하다.

2) 大伽耶土器 擴散과 玉田 中心古墳群의 土器生産體系

지금까지 특정 가야토기양식이 확산되어 그 분포영역이 크게 확대되면 특정 가야세력의 확산 혹은 某가야연맹체의 결성 등으로 이해해 왔다. 앞서 논증한 바와 같이 '特定 小地域樣式은 政治體樣式이다'라고 할 만큼 정치권력과의 관련성이 높다고 할 수 있다. 왜냐하면 그 양식이 지배엘리트의 분묘인 중심 고분군에 공급된 토기를 중심으로 성립되었고 주변 외곽 고분군에 분배된 토기에 영향을 주기 때문이다. 그럼에도 불구하고 생산·분배체계의 통제라는 관점에서 보면 적어도 5세기 거의 전 기간 동안 특정 소지역양식의 분포범위와 정치체의 영역이 일치한다라는 주장은 하기 어렵다고 본다.

일찍이 특정 가야토기양식의 확산에 대해서 정치적인 중요성을 부여해온 연구들이 있었다. 그 중 대표적인 것이 高靈系土器 혹은 大加耶土器의 확산이었고 대체로 그것은 가야세력 중 가장 강력한 대가야연맹체의 형성과 무관하지 않을 것으로 추론되어 왔다(金泰植, 1985 ; 禹枝南, 1987 ; 李熙濬, 1995 ; 朴天秀, 1996, 2000a, b). 대체로 5세기 후반 이후의 가야세력 판도를 3大伽耶(地域)聯盟體로 인지할 수 있는 것도 3대 가야토기양식의 분포(朴升圭, 1998, 2000 ; 朴天秀, 2000a, b)를 통해서이다. 하지만 특정토기양식의 분포가 정치세력의 범위라는 전제에서 출발하면서도 무언가 양자의 단순한 일치에 대해 문제가 제기되기도 하였다. 가령 소가야토기가 그러한 예에 속한다. 소가야토기, 또는 진주-고성식토기는 소가야의 중심지인 고성을 중심으로 분포하지 않는다는 점은 분명하다. 그리고 그 분포영역이 몇 개의 소권역으로 나뉘어질 수 있으며(朴升圭, 2000) 그래서 분포권역에 몇몇 (독립적인) 정치체의 중심 고분군을 복수로 포함할 가능성이 있다는 것이다(趙榮濟, 2001 ; 河承哲, 2001). 소가야토기의 확산이 있었다면 사실, 그 확산의 중심지가 있는지, 있다면 어디인지에 대해서조차 불분명하게 처리되어 있었던 것이 사실이다.

그런데도 불구하고 특정 소지역양식의 확산은 분명히 있었던 것으로 판단된다. 그리고 토기양식의 확산에는 정치적인 의미도 있을 것이다. 지금까지 소지역양식의 확산을 두고 해석한 바에는 세 가지 문제점이 있다. 첫째로, 확산의 시점을 상당히 이른 시기부터 시작하였다고 보는 점, 둘째로, 토기의 분배범위의 확대로 이해하는 것이 아니라 토기양식의 확산이라는 추상적인 과정으로 이해하려 한 점, 셋째로, 토기(양식)의 확산을 정치체계의 확대 재편성의 결과로만 이해한 점 등이다.

이상과 같은 문제점에 대한 대안으로 소지역양식의 확산을 생산분배체계의 변동으로 해석해 보고자 한다. 지금까지 많이 다루어 왔던 대가야토기의 확산, 그 중에도 합천지역으로의 확산과정을 중심으로 검토하고자 한다. 사실 특정 小地域樣式의 확산으로서 가장 뚜렷한 역사적 현상은 소가야(固城-晋州)式土器와 大伽耶式土器일 것이다. 아라가야 혹은 함안양식이나 합천 혹은 옥전양식이란 것도 소지역양식의 하나로 간주될 수 있는 것이지만 확산되는 양식은 아니었다. 그리고 소가야식이나 대가야식도 그 발생과정은 불분명한 상태이지만 그래도 대가야식은 고령 지산동고분군을 중심으로 5세기 중엽 이후의 전개과정을 관찰할 수 있다. 그리고 지금까지 가야 토기양식의 확산으로서 가장 많이 검토되어 온 것이기도 하거니와 대가야 토기의 확산은 다양한 해석이 내려지기도 했기 때문에 여기서 生産·分配體系의 측면에서 재음미해 볼 필요가 있을 것이다.

가야토기의 소지역양식 중에서도 가장 일찍부터 편년이 시도되었던 것이 대가야토기였다(禹枝南, 1987 ; 定森秀夫, 1987 ; 藤井和夫, 1990 ; 李熙濬, 1995). 그런데 최근 대가야토기의 편년이 논란의 대상이 되었다(朴天秀, 1999 ; 金斗喆, 2001). 지금까지 대가야식토기 자료 중 상대편년상으로 가장 이른 편년 단위에 속하는 池山洞35호분의 절대연대를 기존 편년안보다 50년, 혹은 25년 정도 상향조정한 데서 논란은 비롯되었다. 연대를 올려야 한다는 주장은 첫째, 낙동강 이동양식토기 편년을 상향조정함으로써 그와 연동시켜야 한다는 관점(李熙濬, 1994, 1995), 둘째, 日本 畿內地方에서 樹輪年代에 의해 고분시대 편년이 상향조정되는 경향을 반영해야 된다는 요청(朴天秀, 1999)으로부터 비롯

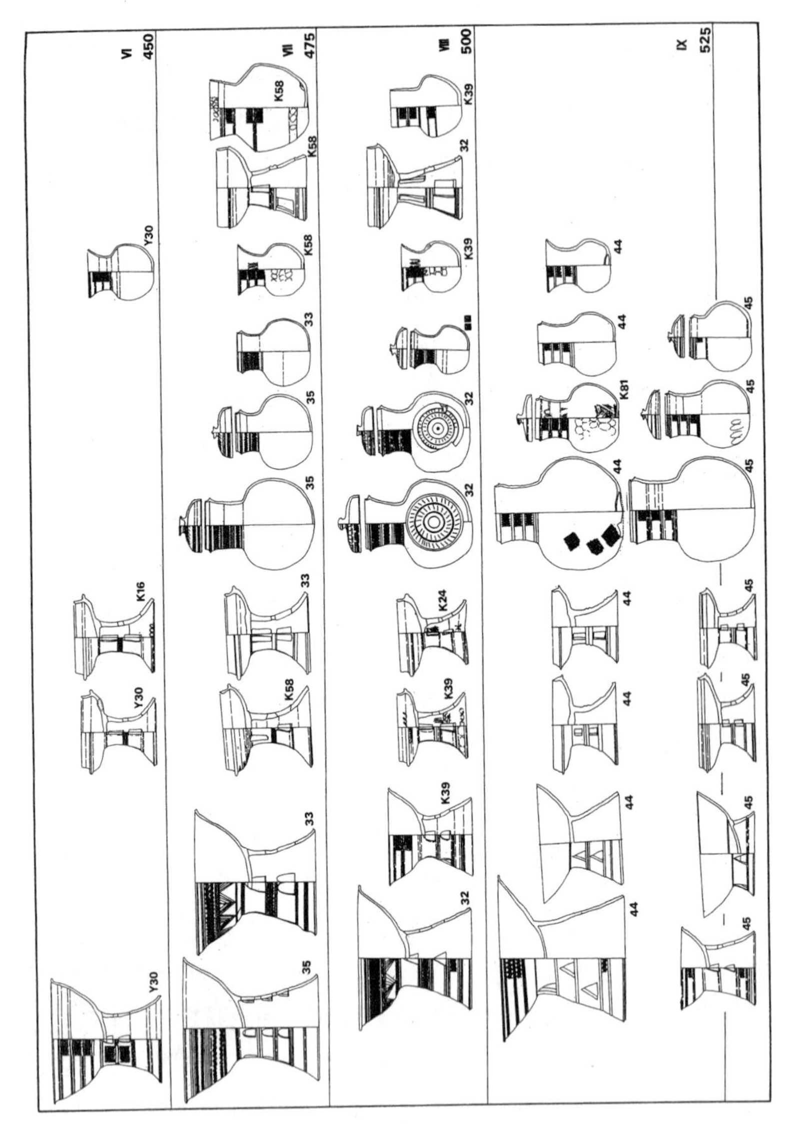

<도면 13> 大伽耶土器 編年表

※ 각 숫자는 고분 호수임. 단 Y□는 영남문화재연구원(1998)의 조사 고분이고 K□는 경북문화재연구원(2000) 발굴조사 유구 호수이다.

※ 중형토기(장경호・기대)와 소형토기(고배, 개배)는 8 : 5의 비율임

되었다. 절대연대를 올림으로써 귀결되는 문제지만 상대 편년의 단위들도 재배열될 수밖에 없다. 그래서 5세기 후반부터 6세기 전반의 자료들은 토기의 형식학적인 변화가 거의 관찰되지 않을 정도이다. 기존의 절대연대자료로서 제시되어온 것 중 武寧王陵 출토 靑銅盌과 유사한 池山洞44號墳의 靑銅盌, 皇南大塚 高杯보다 한 단계 늦은 32號墳 출토 東岸樣式 高杯로 44호분은 일러야 6세기 1/4분기, 32호분은 5세기 4/4분기로 위치지울 수 있다. 여기서는 대가야토기의 편년이 문제가 아니므로 최근 지산동고분군 발굴자료를 첨가하여 간단한 편년표로 대신하고자 한다.

앞서 지적한 대가야토기의 확산에 대한 문제점을 중심으로 첫째, 확산의 시기와 단계적인 과정을 어떻게 기술할 것이냐의 문제, 둘째, 확산의 단계적 과정에 대한 의미부여 및 해석의 문제로 나누어 검토해보고자 한다.

첫째는 확산과정의 시기, 및 단계적으로 확대된 영역에 대한 문제이다. 우선 확산의 중심지가 고령이란 점과 그리고 그것을 대가야토기라고 부를 수 있다는 점에 대해서는 동의할 수 있다. 하지만 그 과정 자체를 기술하는 데 있어서나 확산의 개시기 연대에 대해서는 의문이 제기된다. 먼저 확산의 시점이 너무 상향조정되었다는 것이 문제인데 그것은 물론 대가야토기 編年의 絶對年代에 의견이 다르기 때문에 생기는 문제이기도 하고 각 지역 고분의 병행관계를 설정하는 데서 생기는 문제일 수도 있다.

옥전고분군의 조사자에 의한 자세한 편년안이 제시된 바 있다(趙榮濟, 1996). 상대적인 서열에 대해서는 전적으로 동의하지만 Ⅱ期 와 Ⅲ期로의 편년 단위가 세분되어 재조정될 필요가 있다고 본다. 또한 玉田70號木槨墓와 玉田M3號墳은 토기의 상대 서열상 池山洞44號墳보다는 약간 늦은 시기로 볼 수밖에 없다는 점에 주의할 필요가 있다. 아울러 23호분에서 출토된 大伽耶式 鉢形器臺는 池山洞35號墳의 기대보다 그다지 이른 시기라고 말하기 어려운 면이 있고 동반된 동안양식

高杯도 皇南洞110號墳 단계 직전이다. 따라서 필자의 편년안에 따른 玉田 主要古墳의 (상대)연대는 23호분은 제Ⅵ단계(5세기 2/4분기)에, 28호분은 제Ⅶ단계(5세기 3/4분기)에, M1, M2호분은 연대차가 크지 않아 제Ⅷ단계(5세기 4/4분기)에, 그리고 M3호분은 일러야 제Ⅸ단계(6세기 1/4분기)에 위치지워진다(도면 14).

필자의 상대편년상으로 대가야토기가 합천으로 확산되는 기점은 玉田28호묘 단계부터이다. 합천 외 지역에서는 지금까지 보고된 자료로서 南原 月山里M1-A호 정도가 비교적 이른 시기에 속하지만 합천지역보다는 늦어서 5세기 4/4분기를 넘지 못한다. 물론 옥전 28호분 단계보다 앞서서 고령계토기가 유입된 예는 있다. 옥전23호분에서 출토된 鉢形器臺가 대표적인데 극히 소수의 유물에 해당되기 때문에 큰 의미가 찾아지지 않는다. 사실 옥전28호분의 단계에 있어서도 단편적인 대가야토기의 유입을 확산이라고 표현하기는 어려운 수준이다.

5세기 전반까지는 옥전23호분과 같은 당시 대형묘를 비롯해 소형묘에까지 玉田의 재지 생산체계로부터 생산된 토기가 매납된다. 23호분 단계는 소지역양식의 특성이 드러나는 단계로 이후 5세기 후반까지 玉田의 小地域樣式은 지속적으로 생산된다. 그러나 第Ⅶ・Ⅷ段階(5세기 3/4분기와 4/4분기)에는 옥전의 小地域樣式도 존속하지만 昌寧土器, 小伽倻土器, 大伽耶土器 등 이웃한 다른 小地域樣式土器들이 유입된다. 이 5세기 후반대에는 다른 지역보다 昌寧地域土器가 꽤 많은 양이 유입되어 대형분에 매납되는 현상을 보여주며 小伽倻土器는 몇 점 정도 유입되는데 불과하고 高靈地域土器도 창녕지역 토기에 비해 상대적으로 적은 빈도를 차지할 뿐이다.

제Ⅸ단계(6세기 1/4분기)에 접어들면 옥전고분군의 부장토기 양상이 일변한다. 70호 목곽묘와 M3호분이 이 시기의 대표적인 대형묘이겠는데 부장토기의 거의 전부가 대가야토기에 속한다. 이와 같은 대가야토기들은 제작기술상의 속성이나 소성방식에서도 고령지역에서 출토된 토기와 극히 유사하다. 따라서 이들은 옥전의 소지역양식을 생산하던

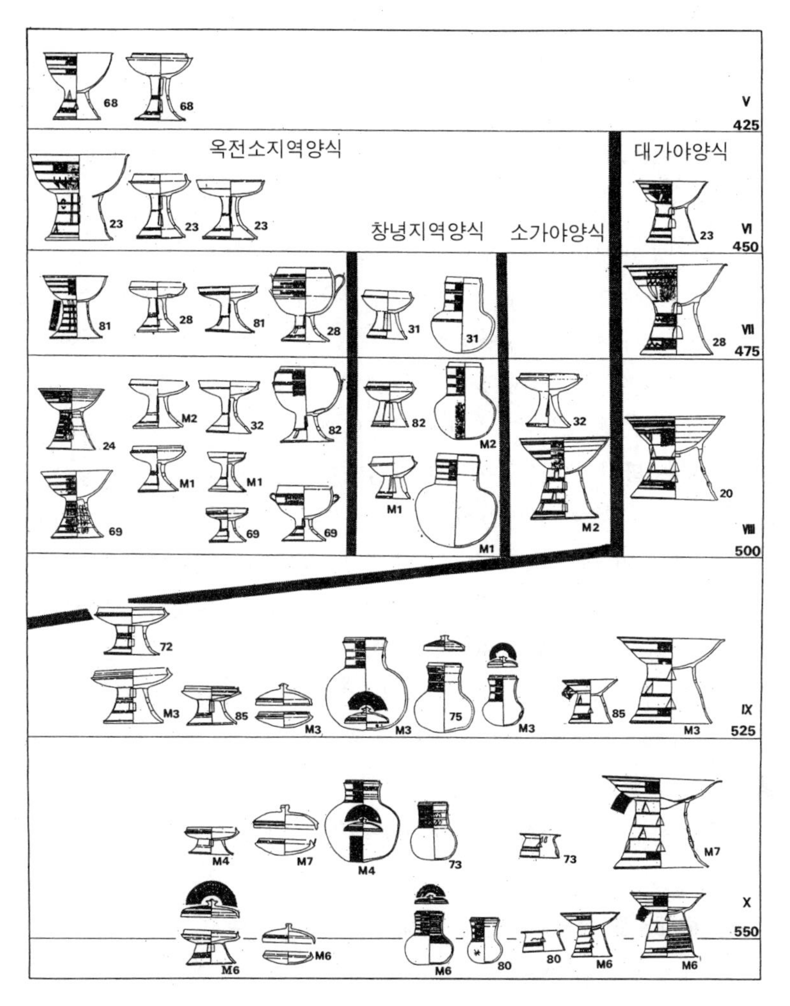

<도면 14> 陝川 玉田古墳群 編年表와 地域樣式土器, 流入土器, 擴散土器
※ 중형토기(장경호·기대)와 소형토기(고배, 개배)는 8 : 5의 비율임

在地工人들이 고령토기를 모방하여 제작한 것은 아닌 것으로 판단되며 고령으로부터 유입된 것으로 보는 것이 옳다. 그런데 흥미로운 사실은 옥전의 소지역양식은 대가야토기의 다량 유입과 함께 소멸한다는 점이다. 이는 고령의 토기 제작 공인이 이주해 왔을 가능성을 내다보게 한다. 아무리 옥전 지역양식이 옥전고분군에서만 보인다 하여 당시의 토기 생산체계가 지극히 소규모로 운영되었을 것이라고 단정지을 수는 없다. 적어도 1세기 가량 생산기술의 전통이 유지된 옥전의 토기 생산체계가 갑자기 몰락하였다는 것은 이해하기 어렵기 때문이다.

옥전고분군에서 지배자집단의 분묘에 부장되는 토기는 당초 재지 생산체계에서 생산되었다. 5세기 중후엽까지 중심고분군을 위한 토기 생산체계는 발전적으로 유지되었다. 5세기 후반 외래의 소지역양식 토기가 유입되면 옥전 지역양식토기의 비중은 현저히 줄어들게 된다. 6세기 초가 되면 대가야 토기가 대량 유입되어 지배자집단의 고분에 부장되는 토기 전량이 고령지역의 토기 생산체계의 제품으로 대체된다. 그러나 이러한 현상을 옥전지역의 재지 토기 생산체계의 몰락을 전제로 이해할 수 있는 것은 아닐 것이다. 다음에 검토하겠지만 중심 고분군이 아닌 주변 고분군에서는 부장된 토기의 50%이상을 재지 생산체계에서 공급하는 것을 보면 중심지에서도 일상용기나 하위집단 분묘 부장품으로는 재지 생산 토기가 이용되었을 것이다.

3) 大伽耶土器 擴散과 周邊古墳群의 土器生産體系

지금까지 합천의 중심 고분군인 옥전고분군의 토기에 있어서 생산분배체계의 변동과정을 검토하였다. 지금까지 분석으로 보면 제Ⅸ단계(6세기 1/4분기)에 대가야 토기가 전면 유입되는 양상을 살필 수 있었다. 그렇다면 합천지역 내 하위 분묘군, 혹은 주변 고분군의 양상은 어떠한가? 합천지역의 5~6세기대 주변 하위 고분군으로는 潘溪堤, 鳳溪里, 倉里, 苧浦里C・D・E地區 등의 고분군이 있는데 이들은 전면 발굴된 고분군이다.

발굴된 자료를 통해 보면 이들 각 고분군은 존속기간과 위계가 다르다. 반계제고분군은 제Ⅸ단계의 기간 동안만 존속했고 옥전고분군보다는 하위에 속하지만 주변의 다른 고분군보다는 상위에 속한다. 반계제고분군이 중단되는 시점쯤에서 비슷한 위계의 苧浦里C·D·E地區古墳群이 형성되어 제Ⅹ~Ⅻ단계(6중엽 전후~7세기) 이후까지 존속한 것으로 보인다. 이에 비해 봉계리고분군과 창리고분군은 고분의 규모나 부장양상으로 보아 가장 낮은 위계의 고분이며 봉계리고분군이 제Ⅳ~Ⅹ단계(4세기 말~6세기 중엽)의 긴 존속기간을 가지며 창리고분군은 제Ⅹ~Ⅻ단계(6세기 중엽~후엽)의 기간 동안 형성되었다.

주변의 최하위 분묘군인 鳳溪里와 倉里古墳群의 토기자료를 보면 옥전고분군과 거의 비슷한 시기에 대가야토기 및 소가야토기 등 他地域樣式土器가 유입된다. 앞서 본 것처럼 옥전고분군의 경우 대가야토기의 유입은 제Ⅷ단계(5세기 4/4분기)부터 본격화되다가 제Ⅸ단계(6세기 1/4분기)부터는 수입된 대가야토기가 모든 부장용토기, 즉 玉田樣式, 小伽倻樣式, 昌寧樣式土器 등 다른 양식의 토기를 대체해 버린다. 이 시기에는 옥전고분군과 병행관계에 있는 봉계리고분군에서도 비슷한 양상을 살필 수 있다. 대체로 소가야토기라고 할 수 있는 이른바 水平口緣壺, 三角透窓高杯 등과 함께 高靈系 高杯, 長頸壺 등의 빈도가 상당히 높게 출토되기 시작하는 시기는 제Ⅷ단계(5세기 4/4분기)부터이다.

봉계리고분군에서도 이 시기에는 이 지역의 독자적 토기 生産體系下에서 제작된 토기들이 유입토기보다 비중이 높은 편이다. 그러나 제Ⅸ단계(6세기 1/4분기)에 접어들면 소가야토기 등 타 지역양식의 유입이 단절되고 오직 대가야토기만이 유입된다. 대가야토기 확산의 시기나 과정은 옥전고분군과 유사한 듯하지만 봉계리고분군의 토기 생산체계는 조금 다른 방향으로 전개되는 것으로 판단된다. 우선 제Ⅸ단계에 접어들면 鳳溪里古墳群은 옥전고분군과는 달리 대가야토기로 완전대체되지 않고 재지 생산체계에서 제작된 토기가 여전히 매납된다. 옥

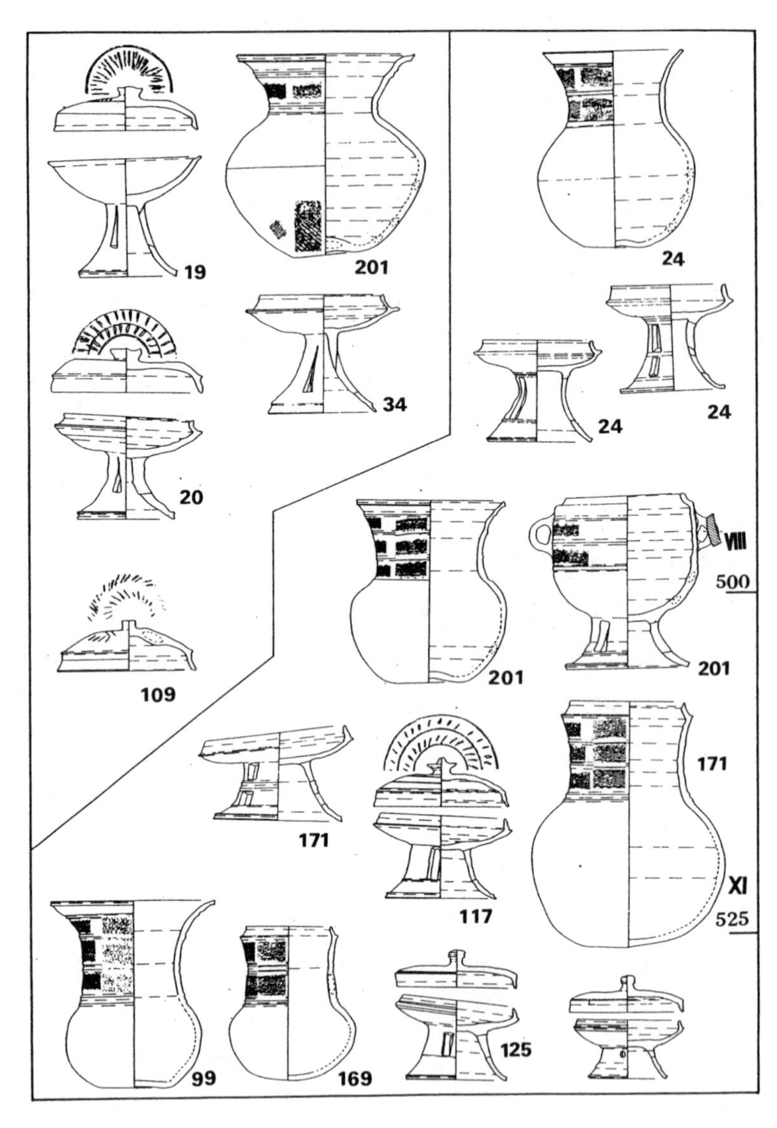

<도면 15> 鳳溪里古墳群 Ⅷ-Ⅹ단계의 流入土器
: 小伽倻系(左上)와 大伽耶系(右와 下)

전M3호분을 비롯한 제IX단계의 합천 최상위 고분과 반계제고분군의 중상위급 고분에서는 부장토기는 모두 輸入 大伽耶土器이다. 그러나 봉계리고분군에서는 유입된 대가야토기만 출토되는 것이 아니라 대가야토기를 모방하여 자체 제작한 토기, 그 밖의 재지 생산품 등이 일정 비율을 차지하는 것이다.

이러한 주변고분군의 양상은 제X~XII단계에 속하는 창리고분군에서도 잘 확인된다. 창리고분군은 유구가 수혈식석곽이고 대가야토기가 유입되던 제X단계와 제XI단계(6세기 2/4분기) 초의 前期와 신라토기와 횡구식묘제가 그를 대체한 제XI단계 말과 제XII단계(6세기 4/4분기)의 後期로 구분된다. 倉里古墳群 前期에는 유입된 대가야토기(도면 16의 上段), 小伽倻土器(도면 17 上段의 左)와 대가야 및 소가야토기를 모방하여 재지 생산체계에서 제작한 토기(도면 16의 下段 및 도면 17 上段의 右)가 공존한다. 그러나 후기로 접어들면 대가야토기의 유입은 단절되고 수입된 신라토기(도면 17의 中段)와 그것을 모방하여 재지적으로 제작한 토기 및 잔존하는 대가야토기 모방형(도면 17의 下段)이 일정한 조합을 이룬다.

합천지역에서는 중심 고분군이나 주변 고분군에 대가야토기의 확산이 시작되는 시기는 비슷하다. 즉 5세기 4/4분기에 본격화되어 6세기 1/4분기에는 大量化된다. 중심 고분군에서는 大伽耶土器가 확산·유입되면서 재지 생산체계에서 생산된 토기의 副葬이 중단된다. 이와는 대조적으로 봉계리고분군 및 창리고분군과 같은 주변의 하위 고분군에서는 유입된 대가야토기가 절반 이상을 차지하면서도 재지 생산품의 비중은 일정 수준으로 유지되는 특징을 가지고 있다. 그리고 중심 고분군에서는 유입된 대가야토기의 기종이 대형의 有蓋長頸壺와 鉢形器臺가 중심이 되고 있는 데 반해 주변 고분군에서는 소형의 高杯와 蓋杯, 그리고 小形 長頸壺가 주된 기종이다.

이러한 중심 고분군과 주변 고분군의 차별화에서 당시 토기 생산체계의 조직과 운영에 시사하는 바가 많다고 생각된다. 우선 대가야토기

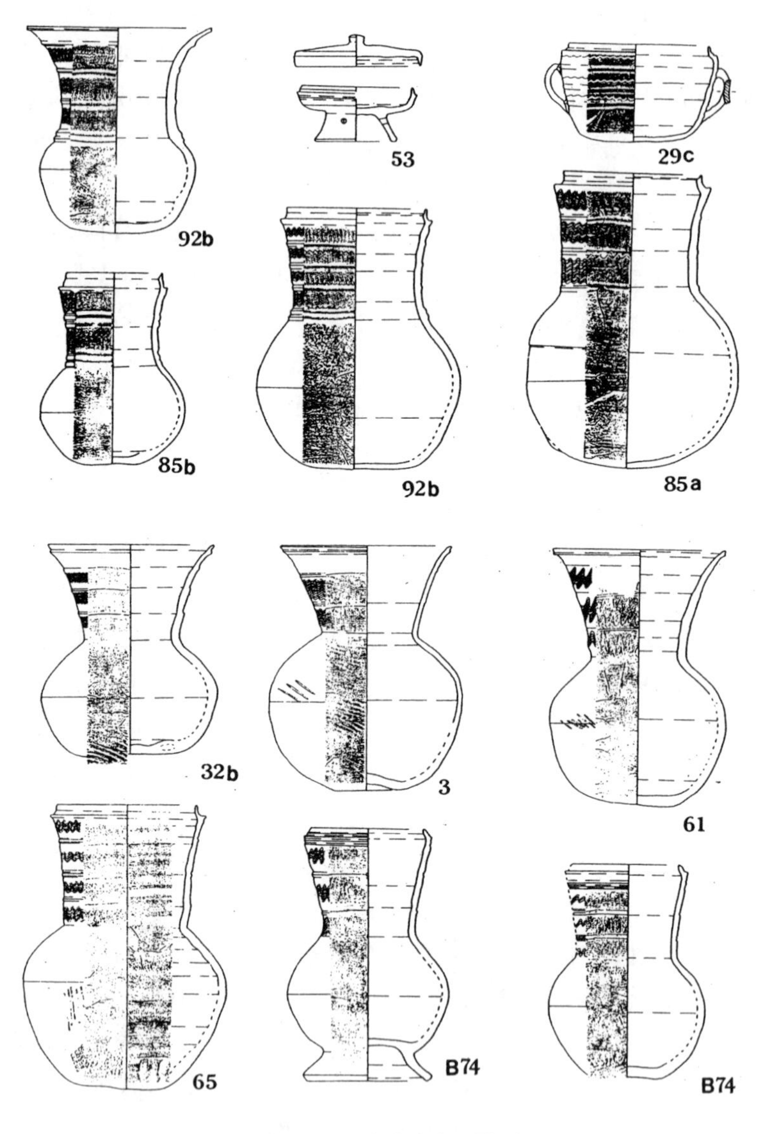

<도면 16> 倉里古墳群의 土器 系列
(上段 : 流入된 大伽倻土器, 下段 : 在地 生産體系 製作土器)

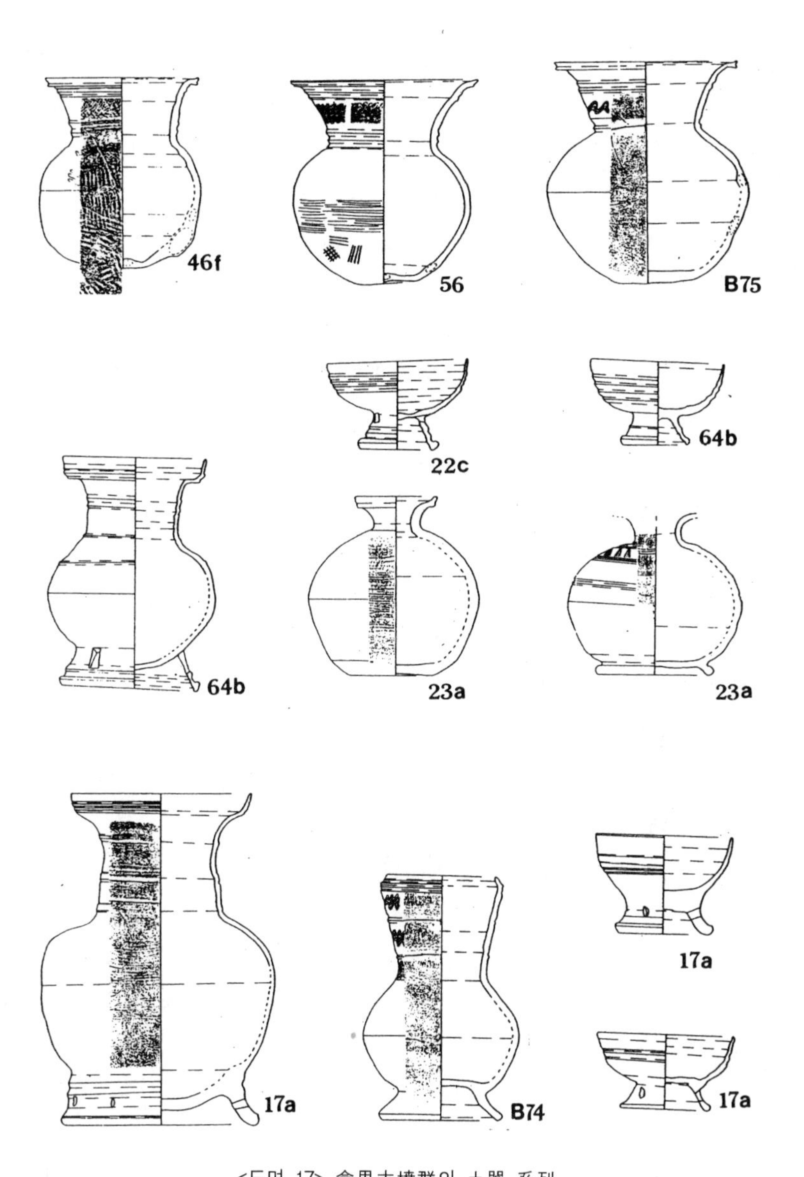

<도면 17> 倉里古墳群의 土器 系列

(上段 左 : 流入된 小伽倻土器, 中段 : 流入된 新羅土器, 下段 : 在地 製作 土器)

의 분배 방식과 관련된 문제인데 上位 古墳으로 갈수록 유입된 대가야토기, 그 중에도 대형토기들이 선호된다는 점은 부장용 토기에 당시의 관념에서 재지 생산품보다는 수입 대가야토기에 더 큰 가치가 부여되어 왔음을 알 수 있다. 아울러 토기의 분배는 시장경제의 차원에서 이루어진 것은 아니었음이 분명하다. 그리고 대가야지역의 토기 제작소로부터 중심 고분군이나 주변 고분군이 각각 일대일로 분배받은 것도 아닌 듯싶다. 주변 고분군에서 부족한 대가야토기를 모방제작한 재지 생산품으로 채운 것은 토기의 분배가 위계적으로 이루어졌음을 짐작케 한다. 즉 합천 중심지의 지배자 집단이 수입하여 가치가 높은 것을 먼저 소비하고 소형품을 위주로 하위 분묘군에 다시 분배했을 가능성이 있는 것으로 판단되는 것이다.

대가야토기 생산체계는 시장을 위해 운영된 것은 아니다. 특히 중심 고분군에 매납하기 위한 토기의 생산은 더욱 그러할 것이다. 최근 연구에서 지적된 바(金昌錫, 2001)처럼 가야지역의 토기생산도 관영수공업의 차원에서 이루어진 듯하고 소비도 官商業의 주도로 분배됨으로써 가능했을 것이다. 따라서 가야지역의 토기생산을 생업경제의 차원이 아닌 정치경제의 차원에서 이해할 필요가 있는 것이다. 가야토기의 생산과 분배는 위계적이며 정치적으로 통제되었다. 따라서 생산분배의 차원에서 관찰했을 때 大伽耶土器와 같이 확산되는 小地域樣式 土器의 분배에는 정치적, 사회적, 이념적인 의미를 내포하고 있다고 생각된다.

Ⅳ. 맺음말

가야토기 연구만이 아니라 우리 역사고고학연구가 전반적으로 연구 관점과 문제의 제기가 빈곤한 편이라고 생각된다. 지금까지 역사고고학의 연구에서 제기되어 온 문제라는 것의 대부분은 정치사적인 것이었다. 고분의 구조나 토기, 금공품, 마구 등의 개별 유물에 대한 연구도 그러하거니와 4·5세기 가야고분 연구라든가, 5·6세기 신라사회 연구와 같이 이름 붙여진 연구도 제기된 문제가 정치사적인 것에서 벗어난 적이 없다. 가령 토기나 장신구, 고분구조의 연구처럼 유물의 연구도 결국은 신라나 가야의 개별 정치체의 영역, 내부조직, 집단들의 위계, 지방지배, 연맹체의 범위 등에 대해 언급하는 것으로 결론 맺어 왔다. 그리고 덧붙여 물질문화의 변화를 정치적인 사건과 연관시켜 해석하는 정도가 역사고고학 연구의 결론이 되었던 셈이다.

필자는 그러한 고고학 연구의 태도가 고대사 연구의 관심으로부터 온 것이라고 생각된다. 알게 모르게 고고학은 고대사가 자료의 빈곤으로 풀지 못한 문제를 해결하는 데 필요한 자료를 가지고 있는 학문으로 취급되어 온 것 같다. 어쩌면 문헌기록, 혹은 고대사에서 제시한 당시 사회나 정치체, 혹은 그들의 변동에 대한 틀에 기초해야만 하는 것이 역사고고학의 운명인 것처럼 생각되어 온 것이 사실이다. 가령 신라나 가야라는 실체가 존재하였고 그에 대한 역사학의 실증적인 해석도 있으니 그것과는 다른 실체나 해석이 있을 수 없다는 식의 믿음이 고고학 연구자들간에 널리 유포되어 있는 것도 사실이다.

본 논문은 가야토기의 연구가 가야연맹체의 범위나 연맹의 구조와 같은 정치사적 문제해결에 지나치게 동원되는 경향에 대한 반론이다. 토기양식론의 연구는 분명 가야 정치체의 세력 동향을 추론하는 것만이 목적은 아닐 것이다. 아울러 토기에 대한 연구가 양식이란 개념하에 논의되어야만 하는 것도 아닐 것이다. 대부분의 연구자는 정치체의 세력 동향과 토기양식의 분포가 대응된다는 사실이 논증된 바 없고 반드시 대응되는 것이 아니라는 점도 인정한다. 그러나 토기양식의 분포상을 해석하는데 '자명한 역사적 사실이 반영되어 있기 때문에'라는 간편한 논증으로 결론을 도출하게 되면 결국 우리 역사고고학의 이론은 궁핍의 도를 더해갈 것임이 분명하다. 이와 같은 가야토기 양식론적 연구의 문제를 극복하기 위해 가야토기의 시공적인 변화를 생산분배체계의 변동으로 설명하는 것이 이 연구의 목적이다.

가야지역 도질토기의 지역적인 변화를 생산분배체계의 변동과정으로 보면 4세기대와 5·6세기대가 극적으로 대비된다. 대개 4세기 초를 전후로 한 시기에 도질토기 생산체계가 정착하게 된다. 이 발생기에는 도질토기로 생산되는 그릇의 종류도 제한되어 있었고 제작소의 규모나 지역적인 분포도 한정되었을 것이라고 추측된다. 4세기대를 거치면서 도질토기 생산체계는 비약적으로 성장한다. 성장의 과정 중에 주목할 만한 것은 첫째, 실용토기의 대량생산의 요구, 둘째, 기종구성의 다양화와 확장이다. 4세기 중후엽경의 도질토기 제작소인 창녕 여초리요지에서 보듯이 大甕, 短頸壺, 打捺文赤色土器甕 등의 비중이 압도적인 것은 일상생활에서 수요가 그만큼 늘어났다는 것을 증거해준다. 그러한 반면 고분에 土製容器를 대량 매납하는 현상이나 副葬土器의 全器種이 陶質土器 生産體系에서 생산되는 현상들은 단순한 실용적인 목적으로 토기 생산체계가 발전했다고는 볼 수 없게 한다.

즉 도질토기의 생산은 기술의 숙련도, 작업 공정상 노동력의 질량에서 다른 생산체계와는 비교가 되지 않는다. 그러한 노동력의 조직을 가능하게 했던 것은 정치적인 강제력과 같은 것이라고 추론된다. 그럼에도 4세기대 토기양식이 정치권력을 표상하는 그 어떤 것으로 나타났다든가, 그 분포영역이 정치세력의 범위가 될 수 있다는 그 어떤 주장도 성립하기 어려울 듯하다. 다시 말해서 우리들이 지금까지 흔히 전제로 삼아온 바와 같이, 어떤 정치세력의 정체성을 물질문화에 표현하는 방식의 하나로 토기양식을 해석할 수 없다. 이 점 5세기대 토기양식의 성립이나 그 분포의 문제와 근본적으로 다르게 다루어져야 할 내용이다.

4세기 말 5세기 초, 영남지역 전역에는 그 어느 지역이건 토기양식이 대체적으로 유사하여 구분하기 어려운 편이나 아주 작은 속성에서 차이가 나는 양상이다. 과거 4세기대 古式陶質土器는 영남 전역이 공통된 양식을 보여준다고 생각했던 적이 있는데, 그야말로 영남 공통양식의 시기는 바로 이 4세기 말에서 5세기 초에 걸치는 짧은 기간이었던 것으로 보인다. 이 공통된 특징들로부터 소위 洛東江東·西岸樣式 혹은 新羅·伽耶土器樣式이 전개되어 나온다. 그런데 지금까지 대부분의 연구자가 믿어온 바대로 낙동강을 경계로 이동과 이서의 지역으로 토기양식이 양분된다기보다 이동양식이 있고 以西地域에는 몇몇 小地域樣式群으로 나뉘어진다고 보는 것이 적절하다.

이는 이동지역과 이서지역이 지역적 양식화의 과정이 다르게 진행되었기 때문이며 이를 생산분배체계의 변동과정으로 설명한다면 다음과 같다. 첫째, 이동지역의 경우, 적어도 5세기 초부터 경주로 추측되는 도질토기 생산체계의 중심지에서 생산된 토기가 경주분지를 넘어 가까운 외곽까지 다량 분배되었고 그리고 이웃한 社會集團 혹은 政治體의 중심 고분군으로 상당량이 분배되었다. 그래서 상당한 거리에 있는 타 정치체에서도 경주지역 토기양식의 영향을 받지 않을 수 없는 것이고 그래서 낙동강 이동의 대부분 지역에서는 지역마다 독특한 小地域樣式이 있다 하더라도 각 지역 상호간 토기양식의 유사도가 상당히 높은 것으로 평가된다.

둘째, 서안지역의 경우는 特定地域-고령지역이 대표적이지만-의 生産體系로부터 많은 양의 토기가 넓은 지역에 분배되는 현상은 5세기 말, 혹은 6세기 초경이 되어야 나타나기 시작한다. 즉 이동지역보다 1세기가 조금 못 되는 기간이나 늦다고 할 수 있다. 서안지역에서도 5세기 전반이 되면 각 지역 정치체의 중심 고분군으로부터 政治體樣式이라 할 만한 小地域樣式이 형성된다. 그러나 이 과정은 특정 토기 생산체계가 중심적인 역할을 하여 토기양식의 유사도가 높아지는 현상은 없으므로 서너 가지 小地域樣式은 있으되 이것을 묶어 서안양식이라 하기 어렵다.

서안지역의 정치체양식이 등장하여 전개되는 과정에서는 중심 고분군의 토기 생산체계로부터 분배되는 범위가 하나의 분지 외곽까지도 미치지 못할 만큼 좁다는 것이다. 그래서 외곽의 주변지역에도 독자적인 토기 생산체계가 운영될 수밖에 없었고 자체 생산체계는 가지고 있지만, 토기양식의 특성을 갖추고 그것을 전통으로 유지할 만큼은 되지 못하였다. 그리고 이 주변의 소형군집분들에서 나오는 토기를 보면 주변 각처의 토기 생산체계로부터 유입되거나 그것을 모방한 토기들이 생산되었음을 알 수 있고 양식적으로 매우 불균등·불균질한 특성이 관찰된다.

마지막으로 특정 가야토기 양식의 확산과정과 그 의미해석에 대한 검토이다. 앞서 지적했던 것처럼 서안지역에 있어 특정 토기양식의 확산은 동안지역보다 훨씬 늦게 이루어진다. 그리고 이동지역에서 5세기 초에 이미 경주토기가 주변 지역(정치체)의 중심 고분군에 유입되고 그것이 그 정치체의 소지역양식이 성립하는 데 모델이 된다. 그러나 이서지역에서는 그러한 과정을 볼 수 없다. 가령 대가야토기가 확산된다 하더라도 고령토기가 대량으로 주변정치체의 고분에 유입 매납되어, 이미 지역적으로 형성된 소지역양식토기를 소멸시켜버리는 과정을 보여준다. 그리고 그 고령토기라는 것이 모델이 되어, 말하자면 大伽耶式土器 小地域樣式이라 할 만한 것은 나타나지 않는다. 오히려 소형고분군에서 대가야토기를 모방한 것이 출토될 따름이다.

대부분의 토기연구자들은 가야지역에서 특정 양식의 확산과정이 단계적으로 이루어진다는 점을 인정한다. 그러나 그것을 단계적 분포영역(흔히 대가야 세력범위와 同一視되지만)의 확대로만 간주하곤 했던 것이다. 대가야토기의 확산은 물론 지리적인 거리에 따라 단계적으로 이루어진다.[13] 토기 분배의 양과 범위, 분배의 성격이나 의미의 변화 등에서 단계적이란 표현은 어느 정도 가능할 듯하다. 그러나 그것이 소위 대가야연맹의 점진적 영역확대를 의미하는 것은 결코 아닌 듯싶다. 영역확대라기보다는 지역집단 간의 네트워크가 일정한 방향으로 형성되어 지역집단 간의 상호의존도가 높아지는 과정 정도라고 생각된다. 이 과정은 대가야 연맹체에 대한 주창자의 생각처럼 5세기대부터 점진적으로 이루어진 것이 아니라 6세기경에 접어들어 급진적으로

13) 그러나 자료상으로 입증된 바는 아니다.

이루어진 것이 아닐까 추정된다.

대가야토기 확산의 단계적 과정에 대해 정치사적 의미를 부여해온 견해들에 대해서는 비판적으로 검토해 볼 필요가 있다. 결론적으로 말해서 토기양식분포의 확대나 축소는 정치세력의 확장과 축소와는 무관하다. 우선 '대가야 토기양식의 확산'이란 진술은 생산·분배라는 보다 구체적인 인간(집단)의 행위적 측면에서 보았을 때 지극히 모호한 진술이다. 먼저 이러한 진술의 본뜻이 양식이 전파되어 양식적으로 동일한 토기를 재지적으로 생산하였음을 말하는 것인지 아니면 확산의 중심지에서 토기가 분배되었던 것을 말함인지 알 수가 없는 것이다. 이 점에 대해 확산된 토기가 확산된 지역에서 차지하는 비중으로 보았을 때 그 지역 생산체계를 정치적으로 장악했는냐 하는 문제가 논의된 바는 있다(李熙濬, 1995). 그러나 확산의 과정에는 토기 교역의 위계적인 문제, 재지 토기 생산체계와의 관계 문제 등, 더 복잡한 문제가 개입되어 있는 듯하나 이에 대해서는 본고의 검토범위를 넘어서므로 차후에 검토하는 것이 적절할 듯하다.

먼저 고령과 가장 가까우면서 확산의 과정을 비교적 잘 살필 수 있는 합천지방을 통해 보면 토기 분배의 내용적 차이를 읽을 수 있다. 옥전고분군의 경우 대가야토기는 제 Ⅷ단계에 본격적으로 유입된다. 지금까지 과정을 대가야토기의 확산이란 용어로 쓰는 이유는 고령이라는 중심지로부터 이해하려 하기 때문이다. 그러나 합천의 입장에서 보면 토기의 유입이 된다. 먼저 옥전고분군에서 제Ⅷ단계에는 대가야토기만이 아니라 보다 일찍 유입된 창녕계토기가 있고 소가야식토기도 있으며 옥전의 小地域樣式도 여전히 존속한다. 그러나 그 다음 단계인 Ⅸ단계가 되면 다른 모든 토기의 유입은 중단되는데 특히 합천 옥전의 지역양식마저 소멸하고 70호 목곽묘와 M3호분의 토기로 보듯이 대가야토기로 완전 대체된다.

그렇다면 이 단계에 과연 재지 토기 생산체계는 소멸하였을까 하는 점이 의문시된다. 옥전고분군과 같은 정치체의 중심 고분군이 아닌 鳳

溪里古墳群과 倉里古墳群의 경우를 보면 처음 단편적으로 대가야토기가 유입되지만 제Ⅷ단계부터는 대가야토기를 모방한 재지적인 대가야토기가 나타나는 것이다. 우선 제Ⅷ단계부터 옥전고분군에 매납된 토기는 거의 全量 大伽耶로부터 수입된 토기일 가능성이 높다. 在地的으로 대가야 토기양식을 모방하여 생산된 토기는 옥전고분군에서 찾아보기 어렵다. 하여 재지 토기 생산체계가 소멸하였다고 말할 수는 없다. 봉계리고분군의 경우 Ⅷ단계에 재지적 생산체계가 있고 거기에서는 고령토기를 모방해서 만들기도 한다는 점은 중요하게 고려해 두어야 할 필요가 있다

많은 가야토기 연구자들이 고령계토기의 확산 범위는 대가야 연맹체의 범위로 추정하고 있다. 그리고 고령을 중심으로 한 대가야는 통합의 수준이 높고 부체제 정도, 혹은 그 이상의 중앙집권화가 달성되었으며 그래서 고대국가의 수준이다(朴天秀, 1996)라고 주장되기도 한다. 그런데 토기 생산과 분배의 관점에서 보면 그러한 해석은 적절하지 않다. 예컨대 합천의 중심고분군인 玉田古墳群에서 自體의 小地域樣式이 소멸해 가고 부장토기 전체가 고령에서 수입된 이른바 고령계토기로 교체되는 단계는 6세기 전엽, 즉 70호목곽묘와 M3호분 단계이다. 그러나 주지하다시피 M3호분은 이전에 볼 수 없는 수준으로 가장 탁월한 威勢品을 부장하기 시작하는 단계이다. 즉 정치엘리트의 부와 권력의 상징물들이 가장 과시되는 단계이다. 그래서 이 단계에 陜川이 高靈의 대가야에 복속되었다거나 하위 구성단위로 전락했다고 주장하는 것은 적절하지 않다.

즉 이러한 귀결은 우리가 사회를 단위화된 실체로 보고 그 내부에서 사회의 진화를 논한다면 그러한 시각으로 설명할 수밖에 없다. 그리고 경제적 생산분배를 정치적으로만 해석하려 해도 그렇게 설명될 것이다. 그러나 사회를 여러 지역집단들의 네트워크로 이해하면 사회진화를 특정단위 중심으로 해석하지 않아도 된다. 그 지역집단들 간의 사회적, 정치적, 이념적 상호작용을 그 네트워크에서 중층적으로 이루어

지는 관계로 이해하려 한다면 경제적 생산분배를 정치중심적으로 해석하지 않아도 될 것이다. 또한 최근 小伽倻樣式, 晉州-固城式土器의 형성과 전개를 설명함에 있어서 토기양식이 정치체를 단위로 형성되지 않는다는 점을 설명하고 있다(趙榮濟, 2001 ; 河承哲, 2001).

본 논문을 통해서 분명하게 제안할 수 있는 것은 첫째, 토기양식의 지리적인 분포는 여러 가지 요인에 의해 좌우된다는 점이다. 그 중에 토기 생산과 분배의 조직은 토기양식 분포를 좌우하는 중요한 매개체 중에 하나가 될 수 있다. 따라서 토기 생산체계의 수준, 분배의 방식에 따라 토기양식의 시간적인 지속, 공간적인 분포, 그리고 분포범위 내의 변이 등이 달라질 수 있다고 보는 것이다. 둘째, 가야토기의 생산과 분배체계의 발전은 생업경제의 차원에서만 이해될 수 있는 것이 아니고 오히려 정치경제의 측면에서 논의될 여지가 많다. 특히 고분 부장용 기종이 대거 도질토기화되면서 생산체계가 성장한다든지, 6세기대 특정 가야토기의 확산이 각 정치체의 중심지끼리 교섭하여 확산되고 그것이 하위 고분군으로 재분배되는 과정이 보인다든지 하는 것은 가야토기의 생산과 분배는 상당한 수준으로 정치권력에 의해 조정되었다고 볼 수 있다. 셋째로 가야지역에 있어서 특정 토기양식이 특정 정치체의 정체성의 일부일 수는 있지만 궁극적으로 토기양식의 분포는 정치세력의 동향과는 무관한 편이다. 예컨대 4세기대 가야지역에서 특정 토기양식의 분포 확대는 정치세력의 범위와 전혀 관계없다. 5·6세기대에도 특정 토기양식의 확산이 특정 가야연맹체의 결성이라든가 하는 주장도 있지만 반드시 그렇다고 하기 어렵다. 특히 대가야식 토기의 확산의 의미에는 상당한 정도의 과장이 있으며 어떠한 방식으로도 대가야 양식의 분포변화를 정치세력의 확산의 증거로 삼을 수 없다.

參考文獻

國立慶州博物館, 『玉城里古墳群』(Ⅰ)(Ⅱ)(Ⅲ) 國立慶州博物館, 2000.
權相烈, 『昌寧 余草里토기가마터』(Ⅱ), 國立晋州博物館, 1995.

權鶴洙, 「加耶諸國의 相互關係와 聯盟構造」, 『韓國考古學報』 31, 1994, 137~162쪽.

慶南考古學硏究所, 『道項里・末山里遺蹟』, (社)慶南考古學硏究所, 2000.

慶南文化財硏究院, 「咸安 苗沙里 伽耶土器窯址 發掘調査」, 『嶺南考古學』 25, 2000, 153~156쪽.

慶北文化財硏究院, 『高靈池山洞古墳群』, 慶尙北道文化財硏究院・高靈郡, 2000.

金大煥, 「大邱 飛山洞 木槨墓」, 『제12회영남매장문화재연구원 조사연구발표회』, 영남매장문화재연구원, 2000, 89~115쪽.

金斗喆, 「打捺技法의 硏究-金海 禮安里遺蹟 出土品을 중심으로-」, 『嶺南考古學』 28, 2001a, 65~108쪽.

金斗喆, 「大伽耶古墳의 編年 檢討」, 『韓國考古學報』 45, 2001b, 167~206쪽.

金誠龜 外, 『昌寧 余草里토기가마터』(Ⅰ), 國立晋州博物館, 1992.

金龍星, 「土器에 의한 大邱・慶山地域 古代墳墓의 編年」, 『韓國考古學報』 35, 1996a, 79~151쪽.

金龍星, 「林堂1A-1號墳의 性格에 대하여」, 『碩晤尹容鎭敎授停年退任記念論叢』, 碩晤尹容鎭敎授停年退任記念論叢刊行委員會, 1996b, 377~402쪽.

金元龍, 『新羅土器의 硏究』, 서울 : 乙酉文化社, 1960.

金鍾徹, 「高靈 池山洞45號墳 發掘調査 報告」, 『大伽耶古墳發掘調査報告書』, 高靈郡, 1979.

金鍾徹, 『高靈池山洞古墳群』, 啓明大學校博物館, 1981.

金鍾徹, 「大邱市 新塘洞 土器窯址」, 『嶺南考古學』 1, 1986, 181~189쪽.

金昌錫, 「三國 및 統一新羅의 商業과 流通」, 서울大學校 大學院 博士學位論文, 2001.

金昌億・朴珍, 「永川 淸亭里遺蹟 發掘調査槪報」, 『제10회영남매장문화재연구원 조사연구발표회』, 영남매장문화재연구원, 1999, 3~45쪽.

金泰植, 「5세기 후반 大伽耶의 발전에 대한 연구」, 『韓國史論』 12, 1985, 35~103쪽.

金泰植, 『加耶聯盟史』, 一潮閣, 1993.

金亨坤, 「阿羅伽耶의 形成過程 硏究」, 『加羅文化』 12, 慶南大學校加羅文化硏究所, 1995, 5~69쪽.

金亨坤・崔憲燮・兪炳一・朴文洙, 『咸安 梧谷里遺蹟』, 昌原大學校博物館, 1995.

南在祐, 『安羅國의 成長과 對外關係』, 成均館大學校大學院博士學位論文,

1998.
朴普鉉,「古式陶質土器로 본 4世紀代의 慶州」,『古代硏究』7, 1999, 5~25쪽.
朴升圭,「慶南 西南部地域 陶質土器에 대한 硏究」,『慶尙史學』9, 1993, 1~34쪽.
朴升圭,「加耶土器의 地域相에 관한 硏究」,『伽倻文化』11, 伽耶文化硏究院, 1998, 117~156쪽.
朴升圭,「고고학을 통해 본 小加耶」,『考古學을 통해 본 加耶』11, 한국고고학회, 2000, 129~178쪽.
朴天秀,「三國時代 昌寧地域 集團의 性格 硏究」,『嶺南考古學』, 1993, 157~207쪽.
朴天秀,「大伽耶의 古代國家 形成」,『碩晤尹容鎭敎授停年退任記念論叢』, 碩晤尹容鎭敎授停年退任記念論叢刊行委員會, 1996a, 377~402쪽.
朴天秀,「日本 속의 伽耶文化」,『加耶史의 새로운 이해』, 慶尙北道 開道100周年 기념 가야문화 학술대회, 1996b, 55~86쪽.
朴天秀,「大伽耶圈 墳墓의 編年」,『韓國考古學報』39, 1998, 89~124쪽.
朴天秀,「器臺를 통하여 본 伽耶勢力의 動向」,『가야의 그릇받침』, 國立金海博物館, 1999, 93~106쪽.
白承忠,『加耶의 地域聯盟史 硏究』, 釜山大學校大學院博士學位論文, 1995.
宋桂鉉,「東來萊 福泉洞 52-54號墳 發掘調査槪報」,『年報』, 釜山直轄市立博物館, 1989.
申敬澈·金宰佑·心載龍·李映周,『金海龜旨路墳墓群』, 慶星大學校博物館, 2000.
申敬澈·金宰佑,『金海大成洞古墳群』I, 慶星大學校 博物館, 2000.
申敬澈,「金海 禮安里160號墳에 대하여」,『伽耶考古學論叢』1, 1992, 107~167쪽.
申敬澈·金宰佑·心載龍·李映周,『金海龜旨路墳墓群』, 慶星大學校博物館, 2000.
沈奉謹,『陜川鳳溪里古墳群』, 東亞大學校博物館, 1986.
沈奉謹,『陜川倉里古墳群』, 東亞大學校博物館, 1987.
沈奉謹,『梁山平山里遺蹟』, 東亞大學校博物館, 1998.
安在皓,「金海·釜山의 地域相」,『金海禮安里古墳群』II, 釜山大學校博物館, 1993, 248~253쪽.
安在皓·宋桂鉉,「古式陶質土器에 관한 약간의 考察」,『嶺南考古學』1, 1986, 17~54쪽.
嶺南大學校博物館,『慶山林堂地域古墳群』II, 嶺南大學校博物館, 1994.

嶺南大學校博物館, 『慶山林堂地域古墳群』Ⅲ, 嶺南大學校博物館, 1998.

嶺南埋藏文化財研究院, 『浦項玉城里古墳群』-나 地區-, 嶺南埋藏文化財研究院, 1998a.

嶺南埋藏文化財研究院, 『高靈池山洞30號墳』, (社)嶺南埋藏文化財研究院, 1998b.

禹枝南, 「大伽耶古墳의 編年」, 『三佛 金元龍敎授停年退任紀念論叢』-Ⅰ考古編-, 一志社, 1987, 617~652쪽.

尹溫植, 「西邊洞 古墳群 木槨墓 발굴조사 개보」, 『제10회영남매장문화재연구원 조사연구발표회』, 영남매장문화재연구원, 1999, 67~113쪽.

尹溫植, 「3세기대 동해 남부 지역 토기양식의 형성과 변천」, 慶北大學校 大學院 碩士學位論文, 2001.

尹容鎭, 「高靈 池山洞45號墳 發掘調查報告」, 『大伽耶古墳發掘調查報告書』 高靈郡, 1979.

尹容鎭, 『大邱 八達洞遺蹟』, 慶北大學校博物館, 1993.

尹炯元・朴文洙, 『慶州 竹東里 古墳群』, 國立慶州博物館, 1998.

李盛周, 「原三國土器 胎土의 類型」, 『嶺南考古學』 5, 1988a, 19~41쪽.

李盛周, 「洛東江東岸樣式土器에 대하여」, 『제2회영남고고학회 학술발표회 발표 및 토론요지』, 1993, 31~76쪽.

李盛周, 「原三國時代 土器의 類型, 系譜, 編年, 生産體制」, 『韓國古代史論叢』 2, 1991, 235~297쪽.

李盛周, 「新羅・伽耶土器科學的 分析研究」, 『國史館論叢』 74, 1997, 55~140쪽.

李盛周, 『新羅・伽耶社會의 起源과 成長』, 學研文化社, 1998a.

李盛周, 「辰・弁韓 土器 生産技術의 形成과 轉移」, 『弁・辰韓의 世界』-第2回 釜山廣域市立博物館福泉分館學術發表會-, 1998b, 25~60쪽.

李盛周, 「辰・弁韓地域 墳墓 出土 1-4世紀 土器의 編年」, 『嶺南考古學』 24, 1999, 1~55쪽.

李盛周, 「打捺文短頸壺에 대한 研究」, 『文化財』 33, 2000a, 4~35쪽.

李盛周, 「打捺文短頸壺의 展開와 陶質土器의 發生」, 『韓國考古學報』 42, 2000b, 57~106쪽.

李盛周, 「4~5세기 가야사회에 대한 고고학 연구」, 『4~5세기 한국 고대사와 고고학의 만남』-제3회 한국고대사학회 하계세미나-, 2001, 115~128쪽.

李盛周・金亨坤, 「考察」, 『馬山縣洞遺蹟』, 昌原大學校博物館, 1990.

李盛周・金奭周・金錫煥・石才恩, 「阿羅伽耶 中心古墳群의 編年과 性格」,

『韓國上古史學報』10, 1992, 295~324쪽.
李殷昌, 「伽耶地域 土器의 硏究」, 『新羅伽耶文化』2, 1972, 85~175쪽.
李在賢, 「2~4世紀代 土器의 地域間 交流」, 『3·4세기 한일토기의 제문제』, 釜山考古學會·庄內式土器硏究會·古代學硏究會, 2001, 168~185쪽.
李柱憲, 「토기로 본 安羅와 新羅」, 『加耶와 新羅』-第4回 加耶史學術會議-, 金海市, 1998, 45~77쪽.
李柱憲, 「阿羅伽耶에 대한 考古學的 檢討」, 『가야각국사의 재구성』, 부산대학교한국민족문화연구소, 2000, 219~285쪽.
李淸圭, 「원삼국시대 전기의 경주와 주변지역의 교류」, 『국가형성기 경주와 주변지역』-第25回 韓國上古史學會 學術發表會-, 2001, 21~44쪽.
李賢珠, 『東萊 福泉洞 93·95號墳』, 釜山廣域市立博物館, 1997.
李熙濬, 「페트리의 繼起年代法(sequence dating)의 編年原理 考察」, 『嶺南考古學』1, 1986, 1~15쪽.
李熙濬, 「고령양식 토기 출토 고분의 편년」, 『嶺南考古學』15, 1994, 89~113쪽.
李熙濬, 「경주 皇南大塚의 연대」, 『嶺南考古學』15, 1995a, 33~36쪽.
李熙濬, 「토기로 본 大伽耶의 권역과 그 變遷」, 『加耶史硏究』, 慶尙北道, 1995b, 365~444쪽.
李熙濬, 「토기에 의한 新羅 고분의 分期와 편년」, 『韓國考古學報』36, 1997a, 45~99쪽.
李熙濬, 「新羅考古學 方法論 序說」, 『韓國考古學報』37, 1997b, 63~90쪽.
李熙濬, 「신라의 사야 服屬過程에 대한 고고학적 검토」, 『嶺南考考學』25, 1999, 1~33쪽.
林孝澤, 「洛東江 下流 加耶土壙墓의 연구」, 『韓國考古學報』4, 1978, 75~120쪽.
林孝澤·郭東哲, 『昌原道溪洞古墳群』, 東義大學校博物館, 1996.
林孝澤·郭東哲, 『金海良洞里古墳文化』, 東義大學校博物館, 2000.
張容碩, 「慶山 林堂 G-5·6號墳에 대하여」, 『歷史와 都市』-제40회 전국역사학대회 발표요지-, 1997, 393~416쪽.
全玉年, 「土器」, 『東萊福泉洞古墳群』II, 釜山大學校博物館, 1990, 73~86쪽.
鄭澄元·安在皓, 『釜山老圃洞遺蹟』, 釜山大學校博物館, 1988.
趙榮濟, 「玉田古墳群의 編年硏究」, 『嶺南考古學』18, 1996, 41~73쪽.
趙榮濟, 「玉田古墳群의 階層分化에 대한 硏究」, 『嶺南考古學』20, 1997, 27~52쪽.

趙榮濟,「水平口緣 鉢形器臺에 대하여」,『韓國考古學報』44, 2001, 101～124쪽.

車勇杰・趙祥起,『鎭川松斗里遺蹟發掘調査報告書』, 忠北大學校博物館, 1991.

昌原文化財硏究所,『咸安道項里古墳群Ⅰ』, 國立昌原文化財硏究所, 1997.

崔夢龍・姜炯台・李盛周・金承源,「新羅・加耶土器의 生産과 分配에 關한 硏究」,『韓國上古史學報』18, 1995, 157～207쪽.

崔秉鉉,「鎭川地域 土器窯址와 原三國時代土器의 問題」,『昌山金正基博士華甲紀念論叢』, 1990, 550～583쪽.

崔秉鉉,「原三國土器의 起源과 系統」,『韓國考古學報』38, 1998, 105～145쪽.

崔鍾圭,「中期 古墳 性格에 관한 약간의 考察」,『釜大史學』7, 1983, 1～45쪽.

崔鍾圭,「陶質土器의 起源」,『考古學誌』6, 韓國考古美術硏究所, 1994, 59～80쪽.

韓國文化財保護財團,『慶山林堂遺蹟』(Ⅰ),(Ⅵ), 韓國文化財保護財團, 1998.

河承哲,「加耶西南部地域 출토 陶質土器에 대한 一考察」, 慶尙大學校大學院 碩士學位論文, 2001.

洪潽植,『釜山의 三韓時代 遺蹟과 遺物Ⅰ』-東萊貝塚-, 釜山廣域市立博物館福泉分館, 1997.

郭鍾喆,「韓國慶尙道陶質土器の地域相硏究」,『古代文化』40-2, 1988, 23～90쪽.

藤井和夫,「高靈池山洞古墳群の編年」,『東北アジアの考古學』, 六興出版, 1990, 165～204쪽.

定森秀夫,「韓國 慶尙北道高靈地域出土陶質土器の檢討」,『東アジアの考古と歷史』上, 1987, 412～463쪽.

Arnold, D., *Ceramic Theory and Culture Process*, Cambridge : Cambridge University Press, 1985.

Arnold, P. J. Ⅲ., *Domestic Ceramic Production and Spatial Organization : A Mexican Case Study in Ethnoarchaeology*, Cambridge : Cambridge University Press, 1991.

Brumfiel, E.M and Earle, T., "Specialization, exchange, and complex societies", Brumfiel, E. and Earle, T.(eds) *Specialization, Exchange, and Complex Societies*, Cambridge : Cambridge University Press, 1987, pp.1～9.

Costin, C., Earle, T., Owen, B. and Russell, G., "The impact of Inca conquest on local technology in the Upper Mantaro Valley, Peru",

In van der Leeuw, S. E. and Torrence, R.(eds) *What's New?*, London : Unwin Hyman, 1989, pp. 107~139.

Earle, T., "A reappraisal of redistribution : Complex Hawaiian chiefdoms", In Earl, T. and Ericson, J.(eds), *Exchang Systems in Prehistory*, New York : Academic Press, 1977, pp. 213~229.

Earle, T., "Style and iconography as legitimation in complex chiefdoms", In Conkey, M. and Hastorf, C.(eds) *The Uses of Style in Archaeology*, Cambridge : Cambridge university press, 1990, pp. 73~81.

Earle, T., "Production and exchange in prehistory", Barker, G.(ed) *Companion Encyclopedia of Archaeology*, London : Routledge, 1999, pp. 608~635.

Hantman, J. L. and Plog, S., "The relationship of stylistic similarity to patterns of material exchange", In Ericson, J. E. and Earle, T. K.(eds) *Contexts for Prehistoric Exchange*, New York : Academic press, 1982, pp. 237~263.

Neitzel, J. E., "Elite styles in hierachically organized societies : the Chacoan regional system", In Car, C. and Neitzel, J. E.(eds) *Style, Society, and Person*, New York : Plenum press, 1995, pp. 393~417.

Morris, C., "Symbols to Power : styles and media in the Inka state", In Car, C. and Neitzel, J. E.(eds) *Style, Society, and Person*, New York : Plenum press, 1995, pp. 419~434.

Peacock, D. P. S., "Archaeology, ethnology and ceramic production", In Howard, H. and I. Morris (eds) *Production and Distribution : A Ceramic Viewpoint*, BAR International Series 120, 1981, pp. 187~194.

Plog, S., "Measurement of prehistoric interaction between communities", In Flannery, K. V.(ed) *The Early Mesoamerican Village*, New York : Academic press, 1976, pp. 255~272.

Plog, S., "Sociopolitical implication of stylistic variation in the American Southwest", In Conkey, M. and Hastorf, C.(eds) *The Uses of Style in Archaeology*, Cambridge : Cambridge university press, 1990, pp. 61~72.

Renfrew, C. and E. V. Level, "Exploring Dominance : Predicting polities from centres", In Renfrew, C. and Cooke, K. L. (eds)

Transformation, Mathmatical Approaches to Culture Change, New York : Academic Press, 1979, pp. 145~168.

Rice, P., *Pottery Analysis*, Chicago : University of Chicago Press, 1987, pp. 183~191.

van der Leeuw, S. E., "Towards a study of the economics of pottery making", *Ex Horreo* 4, 1977, pp. 68~76.

가야의 생업

곽 종 철*

Ⅰ. 머리말

가야의 유적, 유구, 유물 그리고 문헌 기록, 민족지적 사례 등을 통해 확인·추정되는 개개 생업부문(직접 식료생산 부문)으로는 농경, 어로, 수렵, 가축사육, 채집 등이 있다. 그런데 해양어로의 흔적인 패총에서는 어로 이외에 농경, 수렵 관련 유물 등도 출토되므로 이들 생업부문 개개는 어디까지나 가야인의 생계와 생활을 유지시키는 개개 요소에 지나지 않으며, 가야인의 생계와 생활은 이들 개개 생업부문 몇몇을 한데 어우르는 선택적 복합 위에서 비로소 성립함을 알 수 있다.

* 밀양대학교 박물관 학예연구원

물론 선택되는 복합 요소나 복합관계(단순한 plus관계, 병립관계, 주종관계 등)는 시기, 지역에 따라서 달랐을 것이다. 그리고 지역에 따라 개개 생업부문의 선택적 복합형태가 달리 나타나는 배경으로는 자연환경 조건, 그 가운데서도 특히 지형조건, 지리적 위치 등에 주목할 필요가 있을 것 같다. 가야에서도 내륙부와 해안부 간에, 내륙부 내에서도 평야부와 산간부 간에, 해안부에서는 외해와 내만 간에, 하천수계에서는 상, 중, 하류역 간에, 하류역의 경우 감조역과 비감조역 간에 생산·획득 가능한 식료자원의 종류, 양, 질면에서 차이가 있었을 것이다. 따라서 가야지역 내에서도 몇몇의 개개 생업부문을 한데 어우르는 선택적 복합형태가 달랐을 것으로 추정된다.

그러나 현시점에서는 가야의 유적·유구·유물과 같은 고고자료와 전후시대의 문헌기록, 외국의 고고자료나 문헌기록, 현재의 민속예 등을 참고하더라도 지형조건, 지리적 위치에 따른 생업의 다양성과 차이, 복합체로서의 가야생업의 윤곽을 실제 뚜렷하게 제시하기는 어려울 뿐만 아니라, 개개 생업부문의 실상조차도 명확히 파악하기 어렵다. 따라서 이 글에서는 다만 개개 생업부문의 내용에 대해서만 살펴보기로 하며, 그 내용은 대략 다음과 같은 것이 아니었을까 추측된다(채집 부문 등은 생략).

Ⅱ. 농경-논농사를 중심으로-

1. 논농사의 다양성과 진보

가야의 농경, 특히 논농사에는 다양성과 진보가 감지되는 측면과 고대적 한계를 실감케 하는 측면 양자가 있는 것 같다. 전자의 사례로는 먼저, 가야의 논이 해안부와 내륙부 모두에서 확인되며, 구릉사면 말단부 개석곡저에서부터 곡저평야 내지는 중·소 하천의 범람원, 선상지(단구면)까지 확대 이용되고 있음을 들 수 있다(표 1, 도면 1). 비교적

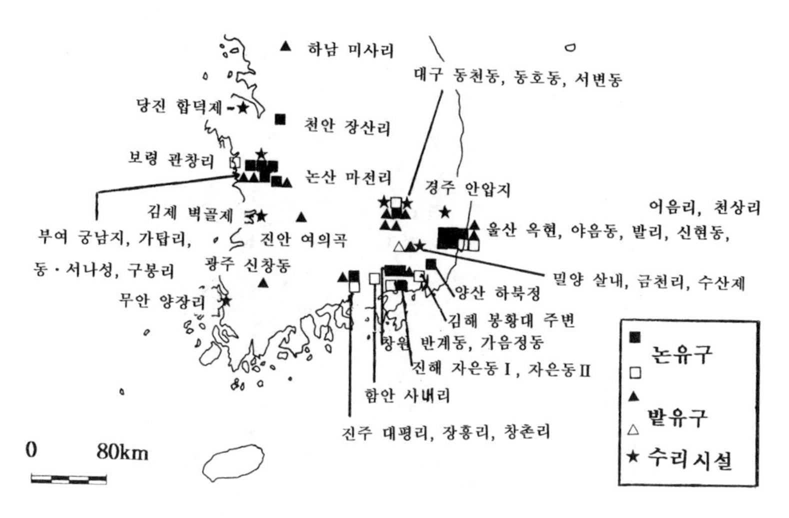

<도면 1> 우리나라의 논밭유구 확인·추정 유적(곽종철, 2001)

※ 2002년도 조사분은 제외

가공하기 쉬운 토지부터 가능한 한 개발·이용해 왔을 뿐만 아니라 유적 주변의 다양한 지형조건도 논으로 개발하였음을 시사한다. 또 가야에서는 아마도 기원지·계통을 달리할 것으로 보이는 평면 세장방형의 계단식 논과 소구획 부정형의 논이 공존하며(도면 2), 단위면적당 생산성이 서로 다른 건답~반건답과 습답~반습답이 혼재하고 있어 논 생산성의 지역적 격차도 존재하였음을 짐작케 한다(郭鍾喆, 2001).

가야의 논에서 재배된 벼품종이 어떠한 것이었는지는 알 수 없으나, 수륙미분화도, 조도·중도·만도와 같은 다양한 품종군이 있었을 것으로 추측된다. 수륙미분화도에 대해서는 이미 언급한 바 있으므로(郭鍾喆, 1992), 여기서는 조·중·만도의 문제, 논농사와 권력의 문제에 대해 좀더 부연해 둔다.

우리나라에서는 고려시대 후기의 선명도(蟬鳴稻)가 알려지고 있는데, 중국의「廣志」에 「南方蟬鳴稻七月熟」이라고 되어 있으므로 早稻일 것으로 추정된다. 중·만도에 대해서는 우리나라의 사례는 없으나,

<도면 2> 평면형태가 다른 두 종류의 가야 논
상 : 계단식 논(창원 반계동 유적)
하 : 부정형 소구획 논(창원 가음정동 유적)

일본의 고대 문헌기록과 유적출토 목간을 검토한 연구성과(平川南, 1999, 표 2)를 참고로 하면 가야에도 早稻 이외에 중・만도가 있었을 가능성을 배제할 수 없다. 여기서 일본의 사례에 대한 平川南(1999)의 연구성과를 간단히 요약정리하면 다음과 같다.

가. 일본에서는 고대에 이미 조도・중도・만도 모두가 있었으며, 이들 각각의 파종기, 모내기 시기, 수확기를 알 수 있다.

<표 2> 일본의 유적출토 목간과 문헌기록에서 본 조·중·만도 (平川南, 1999)

품 종	문헌기록의 표현	목간의 표현	파종기	모내기시기	수확기
조 도	早稲	和早・早佐	2월 彼岸 3월10일・2월 3월	4월초~4월20일 4월・5월	6월말~7월초 7월・9월
중 도	なかての稲	畔越・荒木種 長非子	3월초・3월	4월말・5월	8월말・8월
만 도	おくてのいね		3월 중순 4월・5월10일	5월중순・6월 7월	9월초・9월 10월

나. 고대에서 근세까지 동일품종을 지속적으로 재배한 예도 있는데, 이러한 벼품종의 계획적인 매년 재배는 권력에 의한 강제와 관리하에 이루어졌다는 것을 시사한다. 또 벼품종 관련 목간(AD 7~9세기)이 거의 대부분 지역의 거점에 위치하는 郡司로 추정되는 유적에서 출토되고 있어 郡司가 벼품종도 통제 관리하였을 뿐만 아니라 직접 볍씨를 농민에게 분급했을 가능성이 있다고 보았다. 이는 결국 고대 논농사에 있어서는 품종관리조차도 권력에 의해 통제・관리되고 있었음을 알 수 있다.

「仮寧令給休仮條」에 따르면 大和國에서는 벼 품종에 조・중・만도의 3종이 있고, 郡에 따라 모내기 시기가 달랐으며 품종은 郡단위로 거의 동일하다고 한다. 그리고 이는 농번기에 고용 노동력을 확보하기 위한 것으로 보았다. 그런 한편으로 동일 품종을 동일 경지에 연작하는 것을 회피하고 풍수해의 피해를 경감시키기 위한 목적도 있었던 것으로 보았다.

이상과 같은 고대 일본의 논농사에 있어서 재배 벼품종과 이를 둘러싼 권력의 강제와 관리문제는 약간의 시간차는 있으나 가야의 조・중・만도 존재 문제와 당시 국가적 관심사였던 가야의 논농사 전반에 대해서도 시사하는 바가 많다고 생각된다.

가야에는 논・밭 각각이 고정적으로 운용되는 경우 이외에도, 논→밭으로의 전환 내지는 반복 전환이라는 기술체계 사례가 확인되고 있다(창원 반계동유적). 이러한 경지전환 이용은 문헌기록에서도 확인되는데, 『삼국유사』 가락국기의 新畓坪(反田), 조선시대 전기 『農書輯要』(1517년)의 回換農法, 『杏浦志』의 反田기록(反田者 翻陸田爲水田也…)등이 그것이며, 20세기 전반의 함북 길주의 輪畓도 이러한 사례로 보인다.

이 경지 전환의 목적은 시대·지역에 따라 반드시 꼭 같은 것만은 아니나 대개 다음과 같은 목적하에 시행되었던 것 같다(池泳鱗, 1935 ; 高橋昇, 1998 ; 李鎬澈, 1990 ; 郭鍾喆, 2001).

① 논의 노후화 방지를 위한 地力갱신.
② 밭의 연작에서 오는 장해를 극복하기 위한 토양의 中和나 除毒 등의 토양개선 목적.
③ 연간 강우량의 절대부족 내지는 集水域의 소규모에 따른 물부족에의 대처.
④ 잡초·병충해의 방제.
⑤ 홍수범람 또는 지하수위의 상승·하강에 따른 토지의 건조화 내지는 過濕化와 같은 토지조건의 변화에의 대처.
⑥ 논의 단위면적당 생산량의 제고 등.

뿐만 아니라 이 경지전환체계는 이른바 조선시대 후기에 성립한다고 하는 논 이모작의 기술적 전제가 되는 점에도 주목할 필요가 있다. 즉 논 이모작과 가야의 경지전환 이용체계는 기술원리면에서는 서로 통하는 바가 있으며(金容燮, 1988), 그것이 어떤 조건·배경하에서 어떻게 결합하였는가에 따라 여러 형태의 경지전환 이용 방식이 나타나며, 논 이모작은 그러한 흐름속의 한 표현인 것이다. 경지전환 이용체계면에서 본 가야 논농사의 기술적 수준과 진보를 엿볼 수 있게 하는 대목이다.

2. 논농사의 한계

한편 이러한 가야 논농사의 다양성과 진보와는 대조적으로 여전히 고대적 한계를 시사하는 부분도 있다. 가야의 논 가운데는 단위면적당 생산성이 낮은 반습답~습답이 여럿 있으며, 논이 조성된 谷의 규모 자체의 한계 때문에 일정이상의 인구나 마을규모를 유지하기 어려웠을 것으로 추정된다.

또 건답이든 습답이든 논은 일정기간 경작하면 필연적으로 논의 노후화 현상이 일어나며, 이는 결국 생산성의 감소, 더 나아가서는 일정기간 논의 방치와 타처 이동을 유발했을 가능성이 있다. 실제 일본에서는 논을 방치·휴경한 사례가 보고되고 있다. 일본 靜岡縣 靜岡市 曲金北유적 발굴조사에서는 AD 5세기 후반의 소구획논(전체면적 50,000m^{2}이상)의 토양에 대한 논 잡초분석과 plant-opal분석을 행한 결과, 전체 논 가운데 어떤 곳은 벼가 재배중인데 비해 어떤 곳은 잡초가 많거나 갈대가 많이 확인됨으로써 휴경 중이었음이 확인된 것이다(도면 3). 물론 휴경이 반드시 논의 노후화 현상에만 기인하는 것은 아니나 적어도 휴경실시의 한 배경으로서 논의 노후화 현상 문제를 간과하기는 어렵다. 이외에도 기후·기상재해, 병충해, 야생동물의 피해와 같은 재해도 빈발했을 것으로 추정된다.

이러한 이유들 때문에 『고려사』의 고려 성종 11년(AD 992)조 기록 등을 기초로 추정해 본 가야의 논 300평당 생산량은 34~72kg 전후(현재의 1/14~15)로 추산되기도 하였다(郭鍾喆, 2001). 따라서 이러한 생산성으로는 수용 가능한 인구수는 그리 많지 않았다고 추정된다.

3. 가야는 농경사회

그러나 이러한 가야 논농사의 한계는 인정되더라도 가야 생업의 주체가 농경이었음은 부정하기 어렵다. 가야의 유적에서 확인되는 논(밭)유구와 곡류 등의 생산물, 철제농구뿐만 아니라 농경지가 가야 취락의 공간구성요소의 하나로서 자리매김되는 예, 가야의 궁궐과 사옥 축조시 농한기를 골라지었다는 『삼국유사』의 기록도 있기 때문이다.

게다가 가야와 동시대의 고구려, 백제, 신라에 관한 다음과 같은 문

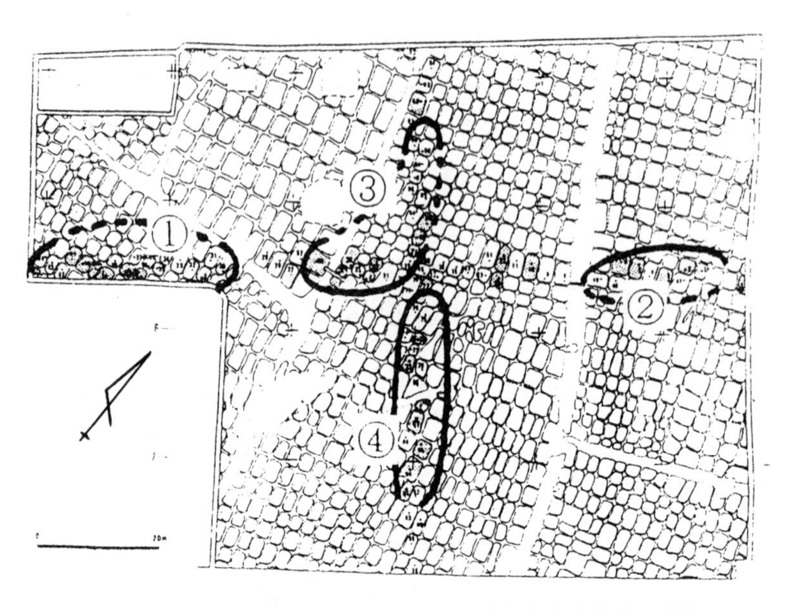

<도면 3> 일본 靜岡縣曲金北유적의 AD 5세기 후반의 휴경 논사례
(及田司, 1998 ; 佐藤洋一郎, 1999)
①, ② : 잡초가 많이 검출된 휴경 논 ③ : 벼재배 논 ④ : 갈대가 많이 검출된 휴경 논

헌기록도 가야생업의 주체가 농경이었음을 미루어 짐작케 한다.

가. 국가(왕)가 농경을 장려하고 농경지, 농경생산물, 농민층을 국가의 주요재원으로서 중점적으로 파악하며 이를 뒷받침하는 장치로서 토지제도를 실시하였다는 문헌기록의 존재.

고구려 유리왕대에 왕자 시신을 찾은 사람(祭須)에게 금과 농경지(田)를 하사하거나, 신라 진흥왕대에 가야 진압에 공이 큰 사다함에게 토지와 포로를 하사하거나, 신라 호소왕이 백률사에 토지를 기부하는 등 국가나 왕이 신하, 인민, 사원 등에 대한 포상・기부 품목의 하나가 농경지나 토지였다는 문헌기록의 존재.

나. 고구려, 백제에서는 조세제도의 실시대상과 기준이 인민, 농경생산물, 布 등이었다는 문헌기록의 존재(李昊榮, 1971).

고구려 - 賦稅則絹布及粟 隨其所有 量貧富差等輸之 (주서 49, 열

전 41, 이역상 고려조)

백제 - 賦稅以布絹絲麻及米等 量歲豊儉 差等輸之 (주서 49, 열전 41, 이역상 백제조)

다. 삼한시대 이래로 國·地域의 주요물산이나 공물의 하나가 농경생산물이라는 문헌기록의 존재.

고구려에 대한 동옥저의 공물 - 其國中大家不佃作 坐食者萬餘口 下戶 遠擔米糧魚鹽供給之(『삼국지』 위서 동이전 고구려전)

라. 하천의 치·이수, 저수지의 축조, 축력경의 도입 등과 같이 당시의 High Technology와 energy가 농경생산의 안정과 증진을 위해 투입된 사례.

春二月 下令 農者政本 食惟民天 諸州郡修完堤防(『삼국사기』 신라본기 일성이사금 11년조, 144년)

마. 저습지를 논으로 개발한 사례와 논을 뜻하는 「畓」이라는 한자 조어의 등장.

『삼국사기』 백제본기 고이왕 9년(242)의 命國人開稻田於南澤, 신라 진흥왕 창령 순수비의 畓, 부여궁남지유적 출토 목간의 「沓五形」.

바. 『삼국사기』 등에 나타나는 旱·地震·水·蝗·雹·霜·風·雪·疫·火災 등 11종에 달하는 자연재해 관련기사의 빈발과, 그 피해대상이 농경생산물, 농경지이며 더욱이 주로 재배작물 생장기간 중에 발생하는 점에 주안을 둔 각종 문헌기록.

사. 자연재해로 인해 발생한 기근·흉년에 대한 국가구제의 기본대상이 농경민 등의 「百姓」이며, 그 구제곡이 조 등의 농경 생산물인 점. 『삼국사기』 고구려본기 고국천왕 16년(194)조 등.

아. 농경에 의한 정주·정착 사회가 전개되면서 생겨난 회충, 편충 등의 기생충의 만연 사례- 광주신창동 유적, 대구칠곡 3택지 2구역 유적, 울산 옥현 유적 등.

자. 농경 생산·생활과 결합된 의례·세계관의 존재.

양산 하북정유적 조선시대 논경작토에서 출토된 常平通寶當二錢

(1742~1752년), 대구 동천동유적에서 검출된 보(洑) 시설내에 인위적으로 투기된 완형토기들과 복숭아씨 등에서 엿보이는 농경지・수리시설 및 수리시설 관련의례의 존재.

부여의 영고 등 봄・가을의 농경관련 집단의례와 기우제 등에 관한 문헌 기록(郭鍾喆, 2001).

이상의 자료 및 정황으로 보아 가야의 생업은 농경이 주체이며, 농경생산이 가야사회의 생산양식, 생활양식의 축이 되는 농경(농업)사회로 규정지어도 큰 무리는 없을 것 같다. 그리고 만일 이러한 추정이 타당하다면 농경, 농경사회, 생업이라는 관점에서 가야, 가야사를 점검해 보는 것도 장차 필요할 것이다.

Ⅲ. 해양어로

1. 어류・해서동물

1) 어류

가야의 유적에서 확인되는 해수산 어류는 目・科・屬・種 등의 여러 분류계급에 걸쳐 동정된 것이 21종류이며 불명 1종류를 포함 총 22종이 확인되고 있다(표 3). 이들 가운데 비교적 많이 확인되는 것으로는 참돔, 감성돔, 상어류, 농어류, 복어류 등이다. 이들 어류는 대부분 내만~연안에 서식하고 있어 신석기시대 이래로 주요 어로 대상이었다. 그런 한편으로 숭어, 참조기, 쏨뱅이과, 양태, 광어 등은 1~2개 유적에서만 확인되는 어류들로서 위의 어류들과는 현격한 차이를 보이며, 그 이유를 단순히 동물유존체분석을 위한 Block sampling시에 빠져버린 것으로 보기는 어려울 것 같다. 만일 그렇다면 가야의 어류는 참돔, 감성돔, 상어류, 농어류, 복어류 등 보편적으로 보이는 어류群과 1~2개 유적에서만 확인되거나 주체를 이루지 않는 어류群으로 나누어지며, 전자가 집중・선별 어획되었으며, 생업의 계획성을 시사하는 것이다.

가야의 어류群 가운데 또하나 주목되는 것은 신석기시대와는 달리 대구·청어 등이 거의 확인되지 않는 점이다. 가야의 어류群 가운데 난류성 어족이 이 시기에 현저하게 증가했다는 증거도 없으며, 대구·청어 등을 먹이로 하는 강치·물개 등도 보이고 있어 한류 세력의 약화에 기인한 것으로 보기도 어렵다. Block sampling시에 빠져버린 것인지 그 이유를 알기 어렵다.

2) 해서동물

① 고래·돌고래류(도면 4-a. b)

우리나라의 연근해에서 확인되는 고래·돌고래류는 총 35종이 알려지고 있다(국립수산진흥원, 2000). 이 가운데 가장 많이 회유하는 것이 참고래, 귀신고래, 보리고래 등이라고 한다.

참고래는 고래류 가운데 우리나라에 가장 많이 회유하는 종류로, 봄에는 수 천 마리가 무리를 지어 유영·회유하는 것으로 알려지고 있다. 고래 가운데 체격이 가장 크며 육질의 맛도 보통정도는 되며 기름도 꽤 얻을 수 있다고 한다. 귀신고래는 참고래 다음으로 많이 회유하는데, 경상·전라도의 해안에 겨울(주로 11월 하순~1월 하순)에 많이 접근한다. 이외에도 울산 반구대 암각화의 고래·돌고래류를 검토한 연구에 따르면, 고래 가운데 두 줄의 噴氣孔이 표현되어 있고 고래 윗턱이 아치형으로 표현되었으며 사후 뒤집혀 물에 뜨는 것은 긴수염고래로 추정된다고 한다(朴九秉, 1987). 밍크고래는 1986년 상업적 포경이 중지된 이후 최근까지도 정치망 등의 어망에 가끔 포획되는 종류의 하나이다.

그리고 가야에서는 몇 종류의 돌고래가 신석기시대 이래로 포획되는 것으로 알려지고 있는데, 그 대부분이 참돌고래이다.

② 강치·물개·바다표범(도면 5-a. b)

<도면 4-a> 우리나라 회유 주요 고래류
1 : 참고래 2 : 보리고래 3 : 귀신고래 4 : 긴수염고래 5 : 밍크고래

우리나라에 회유하는 강치의 생리, 생태 등에 대해서는 상세하게 알려져 있지 않다. 다만 솔피나 대형 상어류에 쫓겨 내만이나 연안으로 오기도 하며, 오징어, 문어, 각종어류 등을 먹기 위해 한류를 따라 남하하는 것으로 알려지고 있다. 겨울철 포획이 일반적이었을 것으로 추정된다. 가야지역에서는 외해계, 내만계 입지유적 모두에 확인되며, 경주 황남동지역에서 출토된 토우 가운데 강치로 보이는 것이 있다.

물개는 강치와 함께, 신석기시대에는 외해계 패총에서 많이 확인되

<도면 4-b> 우리나라 회유 주요 돌고래류와 바다거북

1 : 참돌고래 2 : 솔피 3 : 붉은 바다거북 4 : 푸른바다거북(橋口尚武, 1986)

었으나 가야에서는 외해계·내만계 입지 유적 모두에서 확인된다. 강치와 마찬가지로 겨울~봄에 한류를 따라 남하하는 명태, 대구, 청어 등을 좇아 경상도연안까지 내려온 것을 포획한 것으로 추정된다. 그리고 때로는 북상회유하지 못하고 미아가 된 개체도 포획 대상이었을 것이다. 패총에서의 확인 예 이외에도 경주 분황사 전탑 석상 가운데에 물개의 석상이 있음도 지적된 바 있다(渡邊誠, 1988).

바다표범은 가야의 유적에서는 아직 확인된 바 없으나 신라에서 바

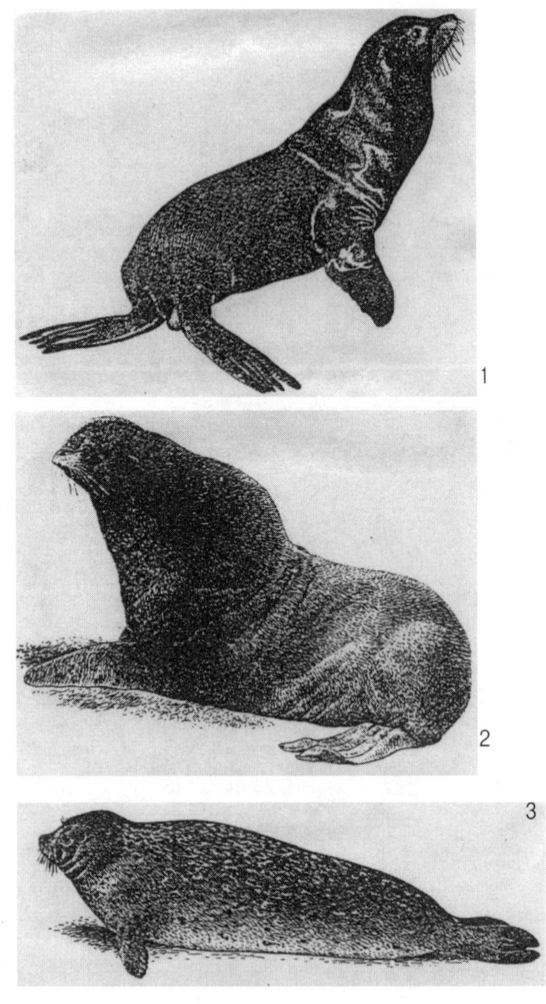

<도면 5-a> 우리나라 회유 주요 해서동물(西脇昌治, 1965)
1. 강치 2. 물개 3. 바다표범

다표범을 포획하는 문헌기록이 있으므로 가야에서도 장차 확인될 가능성이 있다. 바다표범과는 13종류가 알려지고 있으며, 우리나라에 회유하는 것은 2종류라고 한다(西脇昌治, 1965). 주로 겨울~봄에 걸쳐 한류를 따라 남하하는 명태・청어 등을 따라 가야 지역에도 내려온다.

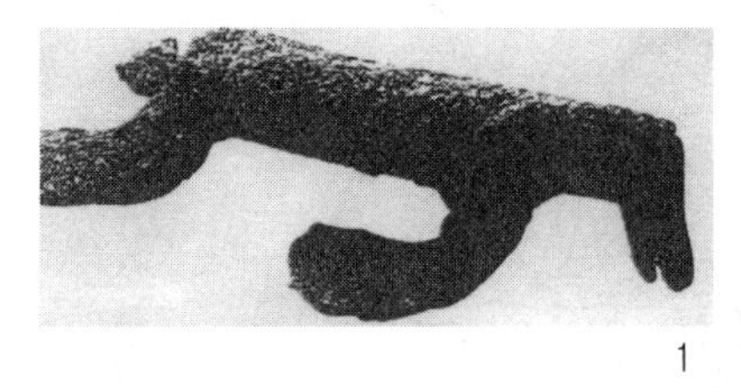
1

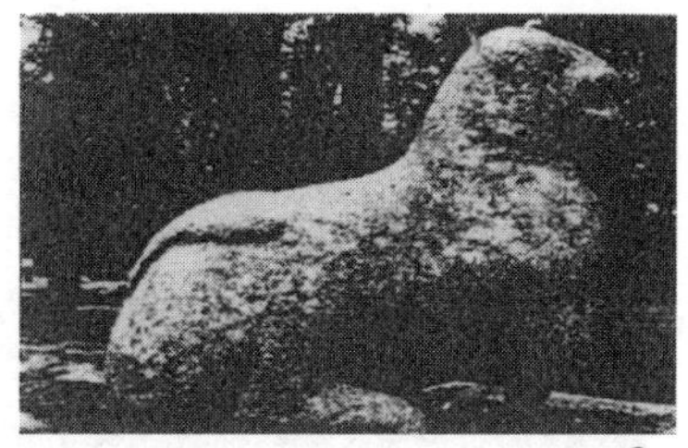
2

<도면 5-b> 해서동물 형상품

1 : 강치(?)형상품(경주 황남동 출토) 2 : 경주 분황사 전탑의 물개석상(渡邊誠, 1988)

바다표범은 외양에는 잘 나가지 않고 내만 또는 하구에 모여 주로 어류를 잡아먹고 사는데 연어·송어의 소하기(溯河期)에는 하구에 모여 이를 잡아먹고, 낮에는 해변의 바위에 올라와서 휴식하는 습성을 지니고 있다. 또 여름철에는 하천에 올라가기도 한다. 따라서 주 포획시기는 지역에 따라 다소 다르나 겨울~봄까지인 것으로 생각된다.

③ 바다거북

김해 회현리 패총에서 확인된 붉은 바다거북(赤海龜)은 태평양·인도양 등지의 열대·아열대에 서식하는 난류성이다. 우리나라에는 봄~여름에 난류를 따라 북상해 여름에 육상에서 산란할 때나 혹은 어망 등에 걸린 것을 포획하거나, 1999년 7월 13일자 부산일보 보도(부산 남구 용호동 이기대해안가에 죽은 채 발견된 것)처럼 우연 입수했을 것으로 추정된다. 고기·알 모두 약간 냄새가 나서 먹지 않는 지역도 있는 반면, 모두 먹는 지역도 있다. 등껍질은 장식품으로도 널리 쓰인다.

푸른바다거북은 붉은바다거북과 함께 난류성으로, 식용으로 적당한 종류이다. 해저에서 쉬거나 할 때 잠수해서 잡거나 작살(銛)을 이용해 포획하기도 하며, 산란을 위해 육상에 올라온 것을 잡거나 어망 등에 걸린 것을 우연히 얻기도 한다(橋口尙武, 1986).

3) 어류·해서동물의 포획법

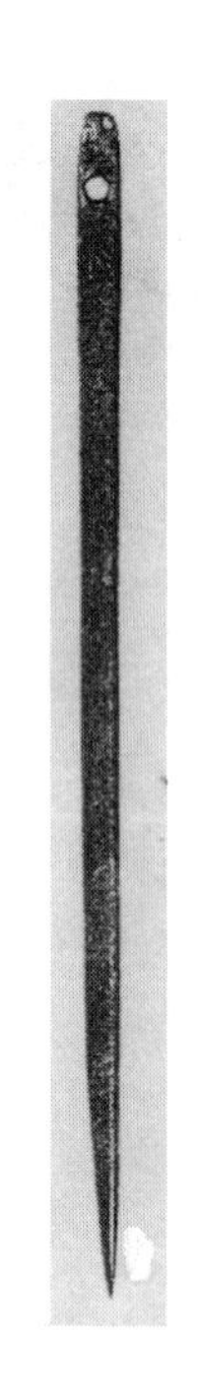

<도면 6> 어망관련 자료(축척부동)
좌 : 부산 동삼동패총 출토 토기편에 찍힌 어망흔적(신석기시대, 度邊誠, 1988)
우 : 사천 늑도유적 출토 골침(초기철기~삼한시대)

① 망어법(網漁法)

가야에 망어법이 존재했음은 다음과 같은 사실로서 짐작할 수 있다.

가. 망 그 자체의 존재

광주 신창동 저습지 유적에서는 실물의 망이 출토되었다 하나 상세는 알 수 없다. 부산 동삼동 패총의 최하층(Ⅰ기, 4,000~3,000 BC)출토의 押捺燃絲文 토기편에 結節網의 壓痕이 있다는 사실이 渡邊 誠에 의해 소개되었다(渡邊誠, 1983, 도면 6). 두께 1mm 정도의 가는 실을 꼬아 만든 2~3mm 정도의 망사로 이루어진 매듭 있는 망(結節網)으로, 그물코는 18~27mm로 비교적 넓다. 이 망은 그물코가 3cm미만이어서 수렵용으로 보기 어렵고, 정교하게 제작되어 있어 물건 담아 운반하는 망태기도 아닌 어로용이며, 중~대형어가 대상이었다고 추정하였다.

나. 어망 관련 도구의 존재

망의 제작에 관련되는 도구로는 망 제작용의 網針, 망사 제작용의 방추차 등이 있다. 網針으로는 사천 늑도유적 등에서 확인된 有孔骨針(도면 6)을 들 수 있으며, 방추차는 각지에서 확인된다. 그런데 가야의 토제 방추차는 청동기시대의 얇은 원판형보다는 중량이 증가한 것이 특징이다. 방추차의 중량증가는 撚絲의 굵기, 더 나아가 어망의 발줄(沈子網)의 굵기와 관련되는데, 어망추의 孔徑이 청동기시대의 그것에 비해 커지는 경향과 일치하고 있다. 이를 통해서도 가야에서도 망어법이 존재하였으며 그 발달정도를 미루어 짐작할 수 있다.

가야의 유적에서 뜸(浮子)의 출토 예는 없으나 일본에서는 미생시대 전기~중기 초두의 大阪府 新家유적, 미생시대 후기의 西岩田유적, 미생시대 후기~고분시대 초두의 和歌山懸 笠島유적 등에서 양단 가까이에 구멍이 있는 판상목제품의 예가 알려지고 있다(大野左千夫, 1992, 도면 7). 가야의 어망에도 목제품이 많이 사용되었을 것으로 보이는데, 오동나무, 대나무, 삼나무, 소나무 등이 최근까지도 사용되어왔다. 재료입수와 가공의 용이함 때문이었을 것이다. 어릴 적에 버려진 나무뜸재로 모형배를 만들어 띄워본 추억을 가진 독자는 이 점을 쉽게 이해할 수 있을 것 같다. 단, 목제품은 수중에서 물을 흡수해 부력이 감소할 뿐만 아니라 마모, 파손되기 쉽다.

화산 분출물인 輕石도 뜸 재료로서 이용한 것 같은데 한반도 주변지역에서 폭발·분출된 것이 해류를 타고 가야의 연안에 표착한 것을 이용하였다고 생각된다. 부산 조도Ⅰ패총유적, 부산 동래패총, 김해 회현리패총, 해남 군곡리패총 등에서 출토 예가 알려지고 있으나 그 모두가 뜸이라는 적극적인 증거는 없다.

수중에 어망을 고정시키는 멍, 닻으로는 제주도 곽지패총의 대형 石

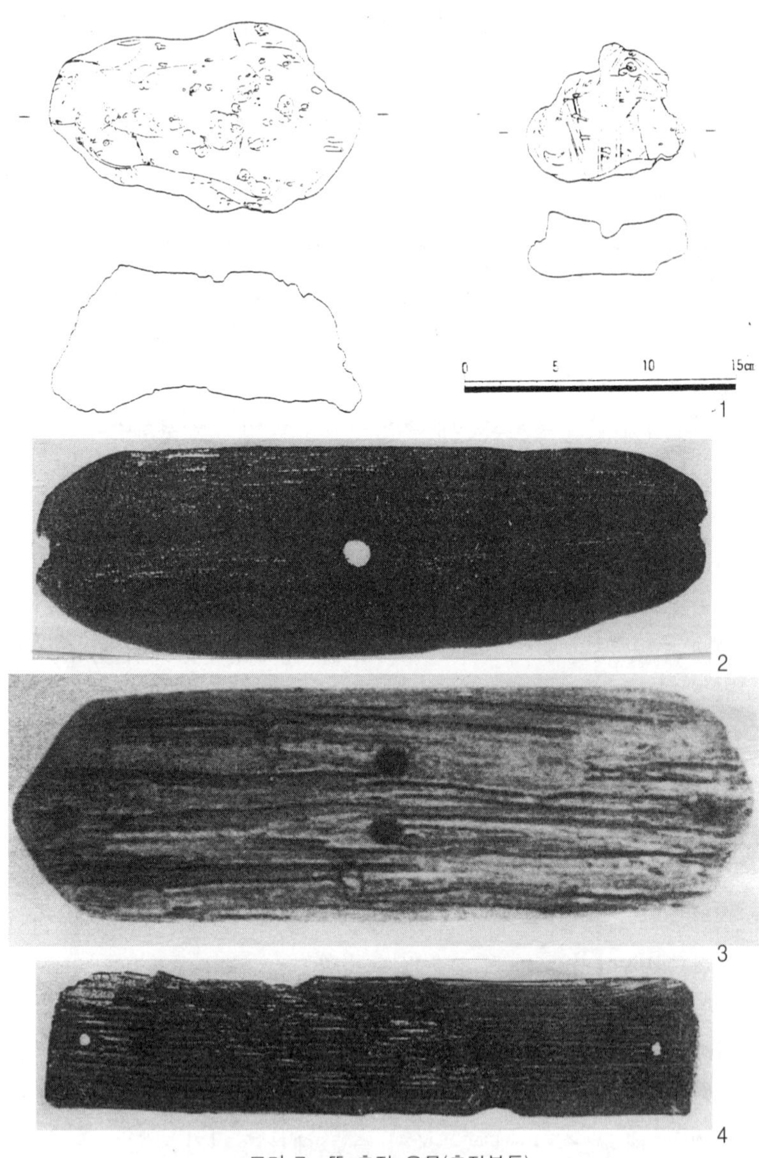

<도면 7> 뜸 추정 유물(축적부동)

1 : 부산 동래패총 출토 輕石 2 : 일본 大阪府新家유적 출토 목제품(미생시대 전기)

3 : 일본 和歌山縣笠島유적 출토 목제품(미생시대 후기)

4 : 일본 大阪府西岩田유적 출토 목제품(미생시대 후기)

錘, 진해 용원패총의 유공석기 등을 들기도 한다.

다. 망어법으로 포획된 소형어류의 존재

신석기시대의 김해 수가리패총에서는 전장 15~16cm 정도의 농어새끼 7마리분이 검출되었는데, 이는 알에서 부화해 아직 1년이 지나지 않은 것으로 어망에 의한 포획으로 추정되고 있다(金子浩昌, 1981). 또 부산 동삼동패총의 청어, 정어리 등도 어망포획으로 추정되고 있다.

② 가야의 어망추

가. 토수중심

가야의 어망추는 거의 대부분이 토수인데, 이는 크기 및 중량의 규격화가 가능하며, 어망에 부착하는 토수의 수를 가감하면 중량의 가감도 쉽다. 또 토수는 비슷한 규격의 것을 한꺼번에 대량 제작 가능하며 제작시에 구멍이나 홈을 자유로이 넣을 수 있어 망에의 결박력도 한층 강화되었다. 따라서 다양한 형태 · 크기의 어망 제작이 가능하므로 바다와 하천, 외양과 내만이라는 어장이나 특정어류를 대상으로 하는 망의 제작도 가능하게 되었다.

한편, 가야의 토수는 연~와질제와 도질제의 것 2자가 있는데, 전자는 물을 흡수해 평균 15% 정도 중량이 증가하나 사용시 파손되어도 망에 상처를 입히지 않는 장점이 있다. 이에 비해 도질제는 물속에서도 중량변화가 적은 반면, 파손되면 망에 상처를 입히기 쉽다.

나. 관상토수와 유공구상토수 2자 중심

가야의 토수는 유공구상토수, 관상토수 2자가 중심인데, 약간의 지역적 차이를 보인다. 해안부에서는 유공상토수와 관상토수가 공반되는 예와 관상토수 단독 출토예 2자가 있는 반면, 내륙부유적에서는 거의 관상토수 중심이 되고 있다. 더욱이 유공구상토수는 공경이 관상토수보다 두 배 이상 큰 것이 많다(부산 조도패총 I 지구 등). 이를 통해 볼 때 유공구상토수와 관상토수는 착장하는 어망의 종류나 사용어장의 차이 혹은 동일 어망내의 기능분화를 시사하고 있다.

다. 관상토수에 보이는 공경의 확대

청동기시대부터 출현하는 관상토수는 중국 북부의 황하 유역을 기원지로 하며, 농경과 어로 복합문화의 한 요소로서 우리나라에 전래된 것으로 알려지고 있다. 그런데 가야의 관상토수, 특히 내륙부 출토품 가운데에는 공경이 1cm 이상인 것이 몇 확인되고 있다(표 4).

眞鍋篤行에 따르면 토수의 공경(내지는 溝幅)은 토수를 착장하는 어망의 발줄 부분의 지름과 밀접한 관계가 있으며, 이 발줄의 $(지름)^2$은 발줄의 강도(항장력)에 비례한다. 따라서 토수의 $(공경)^2$은 발줄의 굵기, 어망의 크기, 망어업의 조업단위를 아는 지표가 된다고 하였다(眞鍋篤行, 1994). 더욱이 유적출토 토수를 전체길이/폭, $(공경)^2$로 plotting해 본 결과, $(공경)^2$의 수치가 0.25를 경계로 구분되며, 이를 어망민속자료와 대조해 본 결과, 0.25미만이 자망계통이며, 0.25이상이 曳網계통인 것으로 해석하였다. 어구어법학의 지식에 기초해 새로운 각도에서 토수를 검토한 사례로서 흥미롭다. 다만 제시된 도표를 보면 $(공경)^2$의 수치 0.25를 경계로 유적출토 토수가 뚜렷이 구분되지 않는다는 점이 문제이다.

한편, 하천과 같은 내수면어로에 사용되는 토수에 관한 것이기는 하나, 추연식은 합천 저포리 B고분군 20호 토광묘에서 출토된 198점의 관상토수를 대상으로 어구어법학적 검토와 민속예의 토수와의 비교검토 등을 통해 어망의 복원을 시도하고 있다(秋淵植, 1992).

즉, 토수의 공경은 발줄의 굵기와 기능적인 상관관계가 있으며, 20호 토광묘출토 토수와 월잠리의 현재사용 저자망의 토수가 수치・형태면에서 매우 유사한 특징을 보이므로 20호 토광묘출토 토수가 사용된 어망은 길이 40m 이상의 저자망일 것으로 추정하였다. 민속예의 어망과의 비교검토를 통한 어망의 복원가능성을 시사한 연구사례로 주목된다. 그런데 정확한 어망복원을 위해서는 장차 유적에서 그물감과, 거기에 연결된 발줄과, 거기에 매달린 토수 몇 개가 있는 당시 어망의 실물 일부가 출토되어야 한다는 사실도 부연해 두고 싶다.

③ 조어법(釣漁法)

가. 낚시바늘

가야의 낚시바늘은 창원 성산패총의 예 등을 제외하면 모두 철제화하고 있다. 또 형태면에서는 U자형, 單式이 주류를 이루나, 일부 逆T자형의 直鈎針도 보인다(도면 8). 어구어법학에서는 침낚시로, 민속학에서는 홀리개로 불리우고 있는 逆T자형 直鈎針은 중국에서는 산동반도~요동반도의 신석기시대, 청동기시대의 유적에서, 일본에서는 승문시대의 유적에서, 우리나라의 신석기시대 부산 동삼동패총에서 각각 출토예가 알려지고 있어 선사이래로 동아시아 각지에서 사용되어 왔음을 알 수 있다. 따라서 가야의 역T자형 직조침은 신석기시대의 전통을 계승한 어로문화의 한 요소임을 알 수 있다.

한편, 신석기시대와는 달리 가야의 낚시바늘은 외해, 내만계 입지유적 모두에서 확인될 뿐 아니라, 현재의 자료로 보는 한 내만계 입지유적에서의 출현빈도가 높다. 외해계패류가 외해, 내만계유적 모두에서 출토되는 점 등과 함께 주목되는 부분이다.

가야의 낚시바늘은 대개 길이가 3~4cm급에서 6~7cm급이 일반적이나, 12~13cm정도의 것도 있어, 중~대형어류의 어로에 사용되었을 것으로 추정된다. 어획대상 어류로는 낚시바늘의 크기·형태만으로 판단하기 어려우나 낚시바늘 출토 유적에서 확인된 어류와 대조해보면 상어류, 가오리류, 농어, 참돔, 강성돔, 복어류, 다랑어류 가운데 일부가 대상이었을 것으로 추정된다(표 5, 도면 9).

나. 봉돌

가야의 낚시용 봉돌로는 종래부터 지적되어 온 소형의 유공구상토

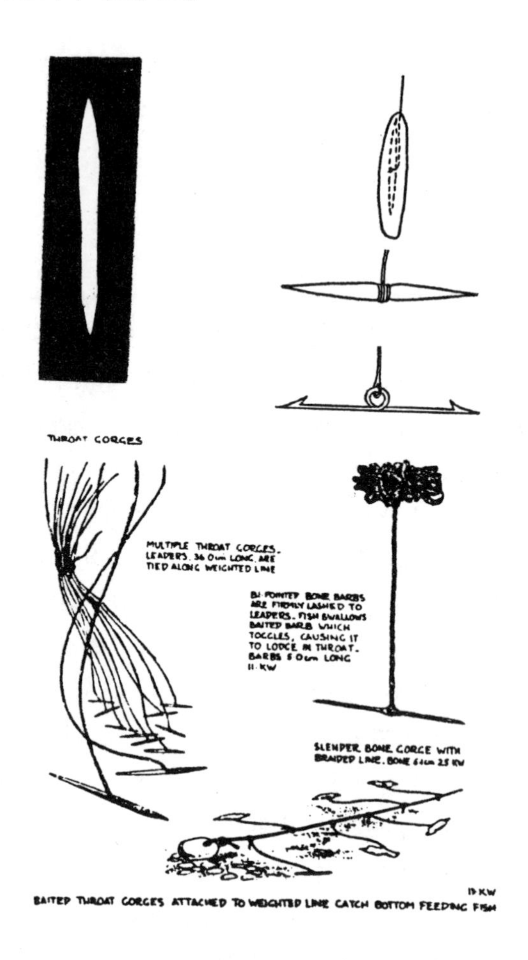

<도면 8> 역T자형 낚시 바늘(축척부동)
상좌 : 진해 웅천패총 출토품. 상우 : 현대의 침낚시
하 : 북미 북서부 인디안 사용 예(朴九秉외, 1987 등)

수 이외에도, 마산 현동고분군 56호 토광묘 출토의 속이 빈 짧은 대롱 모양의 용도불명 철제품(도면 10)도 봉돌일 가능성이 있다. 56호 토광묘에서는 낚시바늘도 1점이 확인되고 있다. 또, 사천 늑도유적에서 출토된 소위 九州型石錘는 일본의 현해탄 연안지역을 중심으로 분포하는 외래 반입품인데, 어망추 내지는 낚시용 봉돌로서 추정되고(立石葉

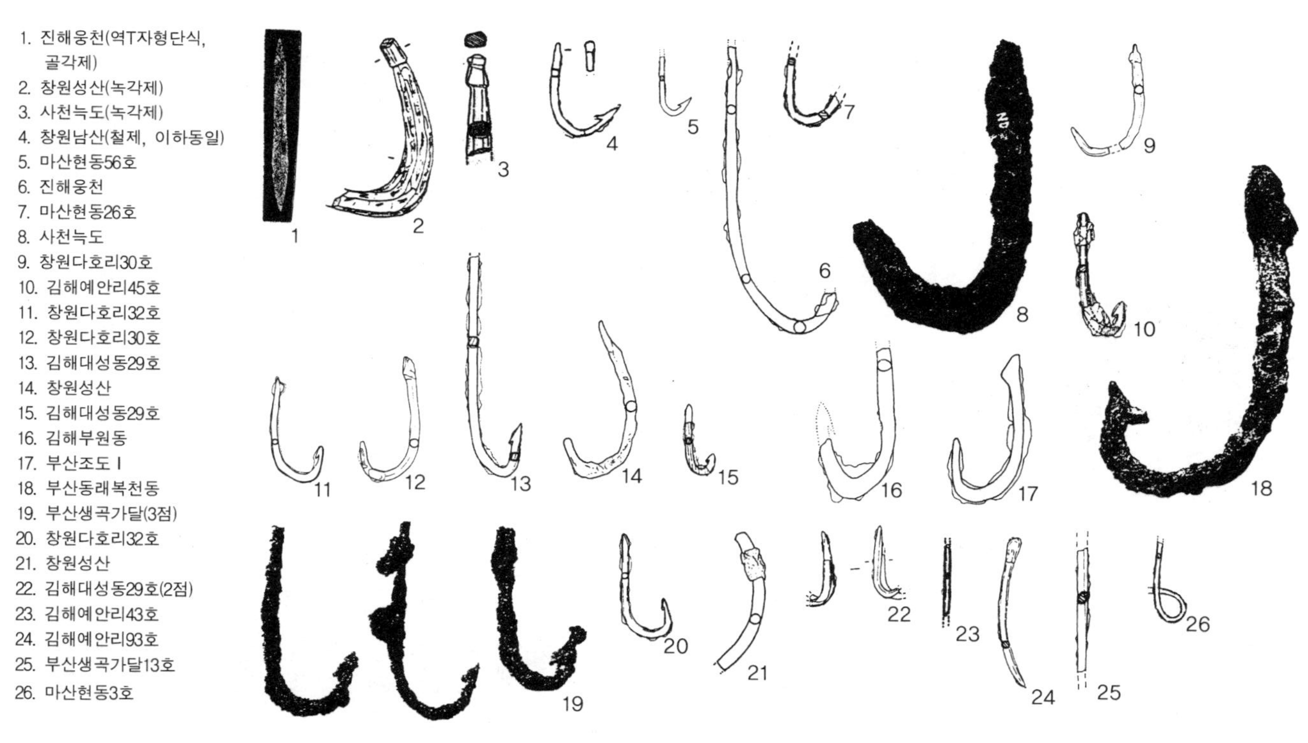

<도면 9> 가야의 유적출토 낚시바늘(축척부동)

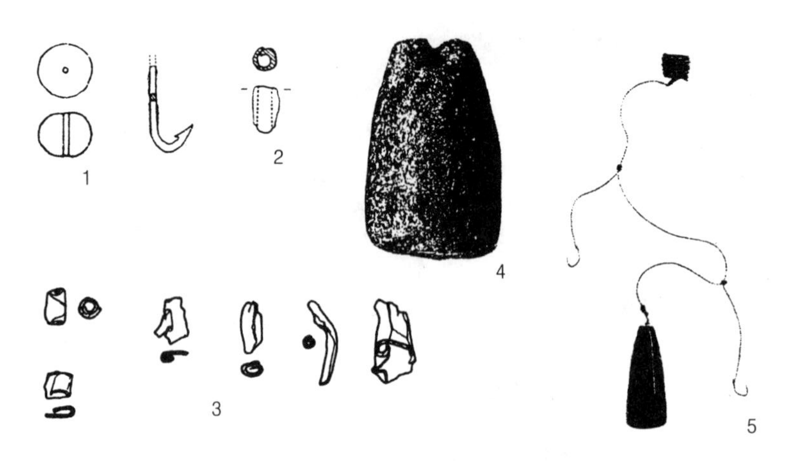

<도면 10> 낚시용 봉돌(沈子)추정품 (축적부동)

1. 소형유공구상토수(김해부원동패총출토품) 2. 소형용도불명 철제품(마산현동56호 토광묘출토품) 3. 소형용도불명 철제품(일본 福岡市 海の中道 유적출토품, 山崎純男, 1984) 4. 소위 九州型石錘(사천늑도유적B지구 출토품) 5. 낚시용 봉돌로서 복원한 九州型石錘(立石葉穗, 1987)

穗, 1987) 있어 상세한 검토가 필요하다.

다. 문헌기록의 釣漁

『삼국사기』 고구려본기에 따르면 고구려 태조왕이 동왕 7년(AD 59년)에 고안면에서 붉은 날개가 달린 흰고기를 낚았다는 기록이 있다. 왕권의 신장·강화의 한 상징적 표현으로서, 또는 오락으로서 행해졌음을 엿볼 수 있게 한다. 또 『삼국사기』 신라본기의 탈해왕은 본래 낚시를 생업으로 삼아 그의 노모를 봉양했다고 기록되어 있다. 신라에 있어서 전업 어로민의 존재를 시사하는 것으로서 주목해 두고 싶다.

③ 궁어법(弓漁法)

가야에서 화살을 어로구로 사용했는지는 알 수 없다. 다만 일본의 관동, 동북지방에서는 석촉이 박힌 돔의 두개골이 검출된 바 있고(兪

炳一, 1998), 우리나라에서도 독극물을 바른 화살로 어류를 포획하는 예, 소형 활로 담수어로를 행했던 예도 있다 하므로, 가능성있는 어법의 하나로서 제시해둔다.

④ 자돌어법(刺突漁法)

가. 고정식 자돌구(固定式 刺突具)

가야의 고정식 자돌구는 몇 종류가 있으며(도면 11-a. b), 그 대표적인 것이 사슴·멧돼지의 中手·中足骨 등으로 만든 골각제 단식자돌구이다. 신석기시대 이래로 외해·내만계 패총에서 모두 보인다. 물론 외해계 패총에서는 이두식 銛과 set되는 데 비해 내만계에는 고정식 자돌구가 주체를 이루는 차이는 있으나, 이는 크게 보면 신석기시대 이래의 전통이라고도 할 수 있다.

신석기시대뿐만 아니라 가야에서도 가오리류의 꼬리뼈(尾棘)를 이용해 만든 고정식 자돌구가 부산동래패총, 진해용원패총 등, 내만계·외해계 패총 모두에서 보이고 있다. 물론 이러한 자돌구는 골각제에 비해 많이 출토되지 않으나 색가오리과의 노랑가오리나 매가오리의 꼬리뼈는 강한 독을 가지고 있어 찔리면 어류는 물론 사람까지도 강한 고통을 느낀다고 한다(渡邊誠, 1983).

이외에도 가야에서는 철제품이 몇 종류 알려지고 있다. 단식의 것, 3개를 한데 묶은 것, 미늘까지 있는 多枝槍, 대형 장경의 철촉형 등이 그것이다. 그런데 이들 가운데 미늘달린 多枝槍은 해안부뿐만 아니라 내륙부에서도 확인되고 있어 어로구 이외에도 수렵구나 무기로서의 가능성도 배제하기 어렵다. 민속예에서는 연어 등의 어획에도 사용되었다고 한다. 부산 생곡 가달고분군 15호분에서는 매우 긴 莖을 가진 철촉형의 고정식 자돌구가 확인되었다. 또 대형의 철촉 가운데 일부는 고정식 자돌구일 수도 있으므로 유의할 필요가 있다. 사천 늑도유적에서는 골각제품으로서 역자가 있는 것이 1점 출토되었다. 이 형태는 일본의 서북 구주지방의 고정식 銛頭와 비슷하다.

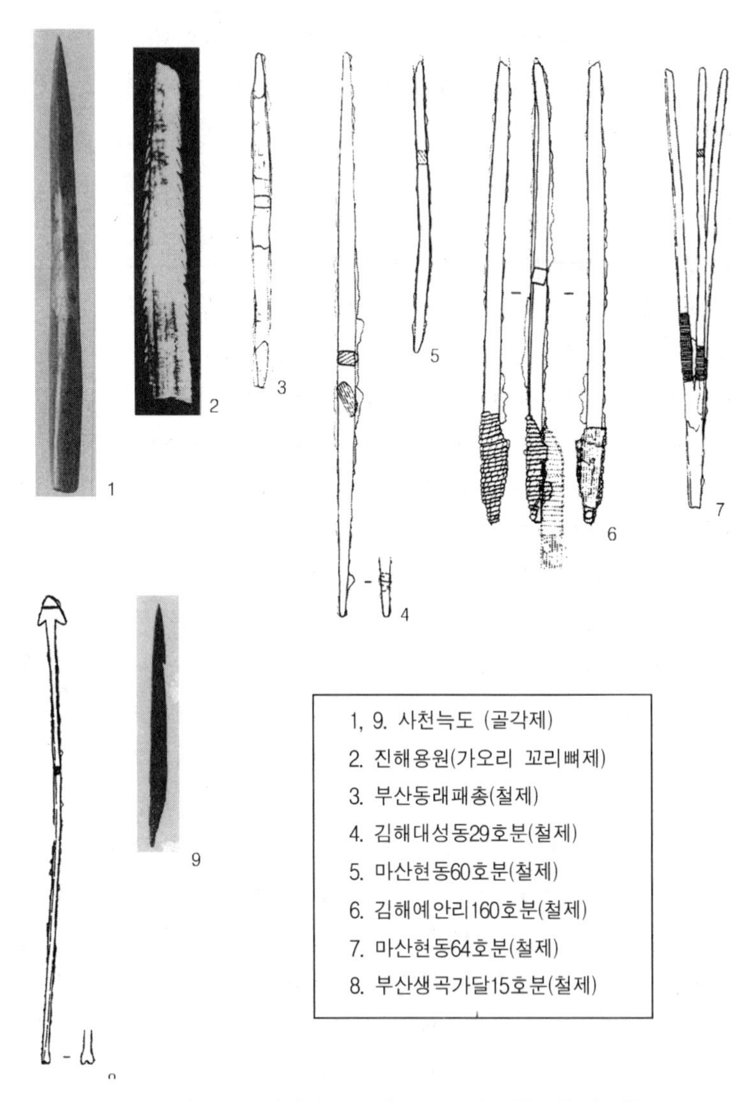

<도면 11-a> 가야의 유적 출토 고정식 자돌구(축척부동)

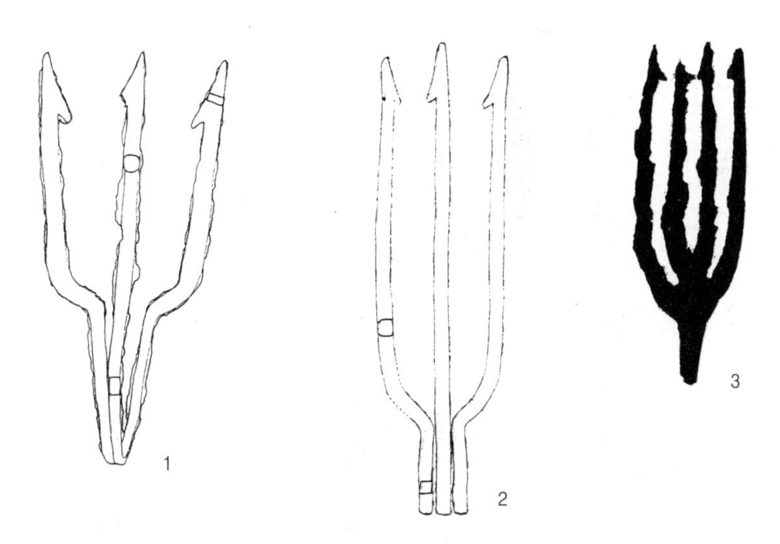

<도면 11-b> 가야의 유적출토 고정식 자돌구(축적부동)
1 : 부산동래복천동11호분(철제) 2 : 김해대성동2호분(철제) 3 : 합천옥전(철제)

나. 이두식 섬(離頭式 銛)

가야에서는 크게 보아 3종류의 이두식 섬이 확인되고 있는데(도면 12), 작용원리와 민족지적 사례로 보아 물속으로 숨어 들어가는 물개, 강치 등의 한류역 해서동물이나 고래·돌고래류, 다랑어류 등의 대형 어류의 포획에 사용된 것으로 추정되고 있다. 진해 웅천패총과 부산조도패총 I 에서는 반으로 쪼갠 골각재를 가공해 만든 것이 있는데, 일본에서는 소위 開窩式離頭銛이라 불리는 것이다. 사천 늑도유적에서는 역자 있는 삼각형의 銛이 확인되고 있으며, 진해 웅천패총에서는 철촉 형태와 비슷하며 역자가 달린 철제품이 확인되고 있다.

이상 살펴본 바와 같이 가야에서는 고정식 자돌구, 이두식 자돌구가 여러 종류 확인되고 있을 뿐만 아니라 재질도 다양하다. 게다가 가야의 자돌구는 철제화 등의 요소를 가미하고는 있으나 기본적으로 신석기시대 이래의 전통을 고수하고 있으며, 특히 골각제 자돌구, 회전식 이두식 銛, 가오리 꼬리뼈 이용의 고정식 자돌구 등은 신석기시대의

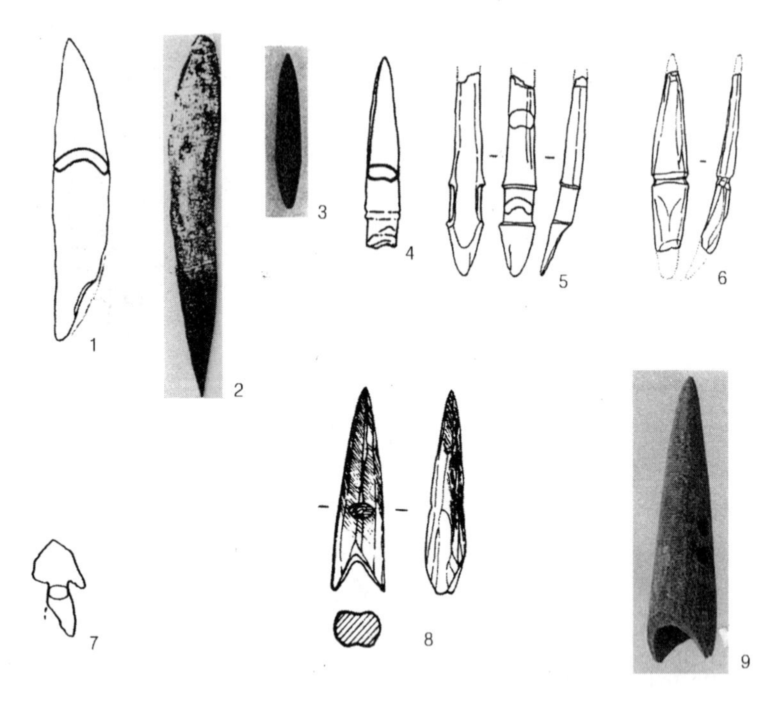

<도면 12> 가야의 유적 출토 회전식 이두 銛(축적부동, 7을 제외한 모두는 골각제)
1. 부산조도Ⅰ 2. 진해웅천 3. 사천늑도 5. 진해웅천 6. 진해웅천 7. 진해웅천(철제)
8. 사천늑도 9. 사천늑도

양상을 그대로 보는 듯하다.

그런 한편으로 이들 자돌구의 set관계는 지역적 차이를 보이고 있다. 내륙부에서는 철제다지창(多枝槍)만이 확인되며, 비교적 대형 내지는 중심적 분묘에 부장되는 경향을 보인다. 이에 비해 해안부에서는 자돌구의 종류가 다양하며, 분묘·패총 등에서 확인될 뿐만 아니라, 외해계 유적에서는 이두섬과 고정식 자돌구가 set되는데(표 6), 이는 신석기이래의 전통으로 보인다. 이를 통해 가야에 있어서 자돌어법의 발달과, 해안부에서는 신석기시대 이래로 해양어로를 생업의 무대로 하는 어로전통이 계승되고 있었음을 각각 알 수 있다. 뿐만 아니라 그러한 어로집단의 존재 또한 상정된다.

<표 6> 가야의 유적출토 자돌구의 종류와 분포

<table>
<tr><th colspan="2" rowspan="2">자돌구의 종류</th><th rowspan="2">내륙부</th><th colspan="2">해안부</th></tr>
<tr><th>내만</th><th>외해</th></tr>
<tr><td rowspan="6">고정식자돌구</td><td>골각제 단식 자돌구</td><td></td><td>○</td><td>○</td></tr>
<tr><td>가오리 꼬리뼈 자돌구</td><td></td><td>○</td><td>○?</td></tr>
<tr><td>철제 단식 자돌구</td><td></td><td>○</td><td></td></tr>
<tr><td>철제 복식 자돌구</td><td></td><td>○</td><td></td></tr>
<tr><td>철제 2~多枝槍</td><td>○</td><td>○</td><td></td></tr>
<tr><td>철제 장경촉형 자돌구</td><td></td><td>○</td><td></td></tr>
<tr><td colspan="2">회전식 이두섬</td><td></td><td></td><td>○</td></tr>
</table>

※ ○?는 신석기시대의 예 존재

4) 어류・해서동물의 포획시기(계절성)

가야의 패총에서 확인된 어류・해서동물에 대한 포획시기 즉, 어로의 계절성을 아는 방법으로서는, 먼저 주로 내만 및 하구나 연안에 서식하며 성장단계 및 계절에 따라 연안・내만에 접근하거나 淺所와 深所를 오가는 어류의 생리생태 및 생활사와 어류의 體長 복원, 비늘이나 耳石의 성장선 분석 등을 통해 포획시기를 구체적으로 파악하는 방법이 있다. 대상어류로는 크게 회유하지 않고 내만이나 하구 등에 서식하는 연안성 어류인 농어, 숭어, 참돔, 감성돔, 복어류 등이 있으며, 신석기시대의 김해 수가리패총 분석사례가 있다. 이 패총에서는 체장이 15~16cm급 농어 7마리분이 집중 검출되었으며, 이 체장은 알에서 부화한 그해의 것, 즉 아직 만 1년이 지나지 않은 것으로 여름 포획으로 추정된 바 있다(金子浩昌, 1981). 이외에도 산란기에 내만으로 접근해오는 어류 가운데 해류의 계절적 변화와도 관련있는 대구, 청어, 삼치, 다랑어류를 제외한 참돔, 감성돔, 농어, 숭어, 가오리 등은 봄~여름(가을)이 포획시기로 추정된다.

어로의 계절성을 아는 또 하나의 방법으로는 우리나라 동남해안에 있어서 난류와 한류의 계절적 세력변화에 따른 어류·해서동물群의 북상·남하시기 및 먹이사슬 관계에 기초해 포획시기를 추정하는 방법이 있다. 여기에는 한류역의 강치, 물개(바다표범), 고래류, 대구, 명태, 청어 등과 난류역의 상어류, 방어, 고등어, 정어리, 돌고래류, 붉은 바다거북, 푸른 바다거북 등이 포함된다. 봄에 해수온이 상승하면 난류인 對馬海流의 한 흐름이 대한해협을 통과해서 동해안을 따라 북진해오다가 남하해오는 리만해류(한류)와 조우해서 울릉도·독도 쪽으로 꺾인다. 이때 동해안의 남쪽에서는 한류는 동해의 저층으로 남하하며 난류는 한류위를 타고 북상한다. 이 난류의 북상을 타고 삼치·방어·정어리·고등어 등의 온대성 어류와 돌고래류·붉은 바다거북·푸른 바다거북 등의 난대성 해서동물은 북으로 회유하게 된다.

가을이 되면 해수온이 낮아져 한류세력이 증대되는데, 연해주를 따라 남하하는 한류는 동해안을 남진해서 강원도부근에서 동쪽으로 꺾이나 그 일부는 저류가 되어 더욱이 해안을 따라 남하해 부산부근까지 그 영향이 나타난다. 이 한류의 세력증대에 따라 북상했던 온대성 어류는 남하하게 되고 동시에 한대성어류가 출현·남하하게 된다(韓國水産誌, 1908).

이처럼 가야지역이 위치하는 우리나라 동남해안에서는 계절에 따른 난·한류 세력의 확대축소가 있으며, 이에 따라 북상·남하하는 어류와 해서동물을 대상으로 어로대상물, 어기 등이 뚜렷하게 구분되는 것이다. 즉, 청어, 명태, 대구, 고래류, 강치, 물개, 바다표범 등과 같이 겨울~봄에 걸쳐 한류세력의 남하에 따라 출현·포획되는 군과, 고등어, 정어리, 삼치, 방어, 돌고래류, 상어류 등 봄~가을에 걸쳐 난류세력의 북상에 따라 출현·포획되는 군으로 대별되는 것이다. 단, 가야지역에서는 다랑어류, 방어는 오히려 늦가을~겨울(10~2월)이 주어기이다(단 참다랑어는 여름). 특히 고래류는 우리나라에서는 매년 늦가을 무렵 한류가 세력을 확대해 가게 되면 북으로부터 남하하기 시작해 겨울에는 동해안과 경상도 연안을 통과하며 다음해 봄~초여름에 걸쳐서는 난류에 쫓겨 같은 코스를 북상·회유하는 것으로 알려지고 있다. 따라서 고래류의 포획은 원칙적으로 연중 가능하다고 생각되며, 이는 문헌기록을 통해서도 엿볼 수 있다.

『삼국사기』 등의 문헌기록에 나타나는 고래류의 포획시기를 보면, 신라 점해이사금 10년(256) 3월, 실성 이사금 15년(416) 3월, 백제 의자왕 19년(659) 5월, 통일신라시대의 태종무열왕 6년(679) 9월 등으로 나타나며, 조선시대에는 태종 5년(1405) 11월, 이순신장군의 난중일기에는 1596년 3월 등도 보이고 있어 고래류의 포획은 연중 가능한 것으로 생각된다. 다만 귀신고래는 겨울~봄무렵에, 봄~여름(가을)까지는 참고래, 보리고래, 밍크고래가 주로 잡혔다고 추정된다.

한편 한류세력 남하군과 난류세력 북상군 각각에 포함된 어류와 어류 간, 어류와 해서동물 간, 해서동물과 해서동물 간에는 먹이사슬 관계가 알려지고 있는데, 이 때문에 가야지역의 신석기시대 패총에서는 대구·청어와 물개, 강치, 바다표범 등의 한대성어류·해서동물이 특히 외해계 패총을 중심으로 많이 보이게 된다. 가야시대에도 기본적으로는 같으나 물개, 강치만 보일 뿐이며, 대구·청어 등이 보이지 않는다는 것은 앞서 언급한 바 있다.

이상을 정리해보면, 가야의 패총에서 이루어지고 있었던 어류·해서동물의 포획시기는 기본적으로 연중 계속되며, 어떤 어류·해서동물을 대상으로 하는가에 따라 그 포획시기가 달라짐을 알 수 있다.

5) 해서동물의 이용

① 고래류

고래류는 肉·油뿐만 아니라 뼈, 이빨, 힘줄 등도 이용되는, 버릴 것이 없는 식료이다. 식용의 예로서는 신석기시대의 김해 수가리패총 출토의 고래 肋骨을 불에 구운 흔적이 있으며, 통일신라시대의 태종무열왕대에는 고래·돌고래류를 먹고 죽었다는 기록(프토마인중독?)도 보인다(朴九秉, 1987). 일본에서도 『일본서기』 신무천황조에 고래고기가 맛있었다고 하는 기록이 있으며, 奈良시대에는 불교의 융성에 따른 육식금지·수렵금지라는 종교·권력측의 강제에도 불구하고 고래는 어류로서 파악해 여전히 식용으로 하였다고 한다.

고래에서 기름을 짠 예로는 고려 원종 14년(1273)에 중국 원나라의 관리가 함경도·경상도에서 고래기름을 구하였다는 기록(『고려사』)이나, 조선시대의 『五洲衍文長箋散稿』나 『林園十六誌』 등에서 많은 고래기름을 짰다는 기록 등이 있다(朴九秉, 1987 ; 朴九秉 외, 1987 등).

고래의 뼈, 이빨 등이 각종 생산의 도구로서 사용된 예는 우리나라의 패총에서 산견된다. 함북 웅기 굴포리 서포항 패총에서는 고래뼈 골기가, 부산 동삼동 패총에서는 고래뼈 낚시바늘 등이 확인되고 있다. 일본에서도 승문~미생시대에는 고래이빨을 이용한 장신구, 고래 척추뼈를 이용한 토기제작대, 고래뼈를 이용한 작살(銛), 전복 채취구인 빗창 등을 제작한 사례가 있다고 한다.

② 물개, 바다표범

물개, 바다표범과 같은 해서동물은 대외 수출품목으로서 일찍부터 주목받아 왔다. 중국의 문헌기록에는 신라의 해구신이 약용으로 널리 알려져 있었으며, 이는 바다표범도 마찬가지였던 것 같다. 한반도 북부지역 등의 물산 가운데 바다표범이 포함되어 있으며, 『삼국지』와 『후한서』의 동이전 예조에서는 동예가 바다표범가죽을 漢에 조공했다는 기록, 신라 성덕왕 22년(723), 29년, 33년에 바다표범가죽을 바쳤다는 『삼국사기』의 기록이 있다. 이들 해서동물의 수렵은 대외조공품목, 교역품의 하나로서 자리잡고 있었으며, 이의 포획을 전업으로 하는 집단의 존재는 가야의 해양어로의 일단을 아는 데 중요한 참고가 된다.

2. 패류·성게

1) 패총 패류의 종류

가야의 패총 등에서 확인되는 패류는 해수산, 기~담수산을 포함해 116종류 정도이며, 학명 변화 등으로 인해 불명인 것을 합하면 120종류 이상이 된다(표 7). 이들 패류 가운데 식용 또는 주로 장신구 등의 제작재료 등으로 이용하기 위해 의도적으로 포획한 것이 70~80종 정도이다.

이들 패류에 대해서는 이미 필자나 金建洙, 兪炳一 등에 의해 검토된 바 있으므로(郭鍾喆, 1990 ; 金建洙, 1999 ; 兪炳一, 1998), 여기서는 강조부연해 두고 싶은 부분만 언급하기로 한다.

가. 가야의 패류 가운데 복족류와 부족류의 구성비를 살펴보면, 복족류는 종류는 다양하되 종류별 개체수가 적으며, 부족류는 역으로 종류는 상대적으로 적되 종류별 개체수가 많은 집중포획의 양상을 보이고 있다(兪炳一, 1998).

이는 부족류가 복족류에 비해 개체당 肉양이 많아 식료로서 보다 적합했기 때문으로 생각된다.

나. 가야지역의 패류를 신석기시대와 가야시대로 나누어보면 패류 조성상에 변화가 엿보인다. 즉, 신석기시대에는 부족류로서 굴류 이외에 특히 꼬막의 출현빈도가 높은 데 비해, 가야시대 및 그 이후의 패총에서는 백합, 새꼬막, 재첩의 출현빈도가 높아지게 된다(郭鍾喆, 1990). 이러한 현상은 김해, 진해, 창원 등지에서 공통적으로 보이는데, 그 배경으로서는 김해지역의 경우, 고김해만 형성 이후의 내만 底質이 뻘에서 모래중심으로 전환된 데서 비롯되는 것 같다(潘庸夫, 郭鍾喆, 1993).

다. 가야의 내만계, 외해계 패총의 패류 조성이 신석기시대의 그것만큼 뚜렷한 차이를 보이지 않는다는 점이다. 다시 말하면 내만계 입지 패총=내만계 패류 중심, 외해계 입지 패총=외해계 패류 중심이라는 기계적 구분이 어렵다는 것을 의미하는 것이다. 물론 외해계 패총으로서 외해계 패류가 우세를 보이는 부산 조도 패총 I지구의 예도 있고 내만계 패총은 내만계 패류가 주체를 이루는 경우가 많다. 그런데 내만계

<표 7> 가야의 유적 출토 패류

해수산	복족류	외해	식용포획	(까막)전복·시볼트전복·오분자기·참전복·소라·테두리고둥·밤고둥·명주고둥·팽이고둥·보말고둥·개울타리고둥·큰배말·비단고둥·두드럭고둥·큰긴뿔고둥(?)·털탑고둥	17
			비식용포획	애기삿갓조개·진주배말	4
			우연수반	침배고둥	1
			기　타②	좁쌀무늬고둥, イモガイ·ヤコウガイ	1
		내만	식용포획	갯비틀이고둥·비틀이고둥·얼룩비틀이고둥·동다리·검정비틀이고둥·갯고둥·댕가리·점갯고둥·큰구슬우렁이·피뿔고둥·대수리·수랑	12
			비식용포획		
			우연수반	고운띠무륵	1
			기　타		
		외해~내만 내지는 불명	식용포획	밤고둥과·남방울타리고둥(?)·눈알고둥·총알고둥·어깨뿔고둥·맵사리·입뿔고둥·보라골뱅이·매끈이고둥·긴고둥과	10
			비식용포획	삿갓조개과·흰삿갓조개·제주개오지(?)	3
			우연수반	큰뱀고둥·납작고깔고둥·보리무륵·따개비·뱁고둥과	5
			기　타	보석고둥	1
	부족류	외해	식용포획	홍합·국자가리비·큰가리비·조선백합·대복·명주개량조개	6
			비식용포획	투박조개	1
			우연수반		
			기　타		
		내만	식용포획	꼬막·새꼬막·피조개·키조개·토굴·참굴·긴굴·갓굴·새조개·반지락·개조개·백합·가무락조개·떡조개·동죽·맛조개·우럭과·우럭	18
			비식용포획		
			우연수반	두줄돌조개·잠쟁이·돌고부지	3
			기타		
		외해~내만 내지는 불명	식용포획	홍합과·동해담치·비단가리비·흔한가리비·짝귀비단가리비(?)·국화조개과·굴과·일본굴·백합과·비단조개(?)	10
			비식용포획		
			우연수반	맵시조개(?)·그림조개(?)·복털조개·물맛조개·돌맛조개	5
			기타		1
	기타①	외해~내만 내지는 불명	우연수반	뿔조개·여덟뿔조개·군부	3
			불명③	カジメガヒ·ムラサキチャクガイ·クチラガイ·シシガヒ	4

종류	漁期	신석기시대										
		부산 동삼동	부산 영선동	부산 북정	김해 수가리	진해 안골포1	통영 연대도	통영 산등	통영 상노대도	하동 목도리	부산 동래	부 조
고등어과.속		○		○			○					
고등어	5-7. 4-10(경남)	○										
참치류												
다량어류	10-2	●										
참다랑어							○					
새치류							○					
새치다래												
칼치꼬치과		○										
능성어류							○					
능성어	4-11 (7-8)											
쏨뱅이과							●					
점감펭				○								
성대							○					
양볼락과	11-4	○										
양태	7-9						○					
쥐노래미과							○					
양놀래기		○										
넙치	10-4	○					○					
광어												
복어목.과.속		○				○	○				○	
참복과		○										
졸복	3-5				○		○		○			
쥐치류(과)							○					
게류												
성게류	7-4	●										
자라류	2월하-3월중. 9-10(중심)										○	
거북					○							
바다거북									○			
붉은바다거북												
푸른바다거북												
수달											○	
강치		○				○	○		○		○	
물개	겨울-봄								○			○
바다표범	겨울-봄	○	○									
고래류		●			○		○	○	○			○
고래		○			○						○	
돌고래류		○			○	○	○	○	○	○		○
돌고래		○			○		○					
불명												

● 비교적 집중포획

출토유적															
초 기 철 기 · 삼 한 ~ 가 야 시 대															
김해 예안리	김해 회현·봉황	김해 부원동	진해 용원	창원 성산76	창원 성산94	창원 성산98	창원 가음정	창원 남산	창원 내동	창원 반계동	창원 외동	마산 현동	함안 성산산성	고성 동의동	사천 늑도
			○												
			○												
				○		○						○			
				○		○									
							○								
															○
			○												
													○		
			○		○	○	○	○							
					○										
				○									○		
			○												
	○														
															○
			○												
	○		○			○		○							○
														○	
			○						○						○
	○														○
		○													
			○						○						

<기> 담수산	복족류	식용포획	논우렁과·논우렁이·큰논우렁이·기수우렁이·다슬기과·다슬기·곳체다슬기·주름다슬기	8
	부족류	식용포획	말조개·대칭이·재첩과·재첩·참재첩·콩조개	6
합 계				120

기타① : 복족류· 부족류이외의 패류 등
기타② : 식용인지 비식용포획인지 우연수반인지가 불명
불명③ : 학명·종명의 기재가 달라 판단불가
(?) : 학명이 약간 달라 한국어명이 다소 애매한 경우
( ) : 외국반입패류

패총 패류 가운데에는 외해계 패류가 일정 종류가 수반되는 것이 일반적인데, 여기에는 약간의 외해계 패류가 수반되는 예와 많은 종류가 수반되는 예가 있으며, 후자의 예로서는 김해 부원동, 회현리·봉황대 패총, 부산 동래 패총 등을 들 수 있다. 이들 패총은 그 입지 관계상 굴류·백합·바지락·재첩 등의 내만조간대 군집이 주체를 이루지만, 시볼트전복·참전복·큰배말·테두리고둥·보말고둥·명주고둥·눈알고둥·긴뿔고둥·홍합·국자가리비·조선백합·대복 등 외해~만구부 서식패류도 확인되고 있다. 이들 패류는 외해계 패총의 주요 패류 조성과 같을 뿐만 아니라, 더욱이 식용으로서 포획하고 있다는 점 또한 같다.

이렇게 본다면 김해 부원동, 회현리·봉황대 패총 등은 소수의 외해계패류를 동반하는 기존의 내만계 패총의 그것과는 의미하는 바가 다른 것 같다. 이러한 현상의 배경을 명확히 밝혀내기는 어려우나, 패총이 내만오부에 입지하면서도 그 패총 집단 내부에 외해계 패류를 집중적으로 포획하는 소집단이 있었거나(집단내 분업화), 외해계 패류를 입수할 수 있었던 Network를 조직하고 있었거나 외해계 패류 포획 집단을 장악·재편성하고 있었던 데 비롯된 것인지도 모른다. 이는 이들 패총이 비교적 규모가 크고 생태적 다양성이 보장되는 육지역의 지형적 변이점에 위치하며, 해외의 文物이 어느 정도 확인되는 점 등과 무

관하지 않을 것이다.

2) 패류의 포획활동 세부

가야의 패총에서 확인되는 패류 조성은 당시 바다에서 서식하고 있는 패류 가운데 인간에 의해 선택 포획됨으로써 본래 서식하고 있던 패류 군집과는 변형된 형태로서 패총에 잔존하는 것이다. 따라서 패총 패류만으로 당시 패총인들의 포획활동의 세부를 아는 데는 한계가 있으며, 패총패류와 당시 주변바다의 서식 패류를 비교해 볼 필요가 있다. 필자는 이미 김해 예안리 유적지내의 2개소의 패총의 패류와 부근 일대의 충적지 해성층 조사에서 얻어진 패류와의 비교 검토를 통해 가야의 패총 형성인들의 패류 포획활동 세부를 점검해 본 바가 있다(郭鍾喆, 1990). 이하에서는 그 결과만을 제시해 둔다.

가. 예안리의 패총패류 총 19종 가운데 대부분은 당시 바다였던 유적지 부근의 남・북방 어느 지역에서도 포획 가능한 것들이다. 즉 적어도 15종은 현지 포획이 가능하며, 주 식용패류인 굴류・백합・꼬막・바지락 등도 다량 산출되고 있어 패총 형성인들이 부근의 해안(조간대)에서 그 대부분을 포획했음을 알 수 있다.

나. 이들 주요 식용패류는, 일반적인 포획시기를 참조해보면 봄을 중심으로 하는 시기에 집중 포획되어졌을 가능성이 높다.

다. 해성층에서 확인되지 않은 4종, 뿔고둥・뱀고둥・토굴・조선백합은 이들 모두가 외해~만구부 서식이며, 특히 후2자는 아마도 패총에서 멀리 떨어진 외해나 그 가까운 지점에서 포획 반입해 온 것으로 보인다. 따라서 예안리유적인들은 패총 부근일대의 조간대에서 일상적으로 식용패류를 포획하였으나 어떤 특정의 패류들은 보다 원거리에서 포획・반입해오기도 하였을 것이다.

라. 식용패류 가운데에는 해성층에서는 비교적 산출량이 많은데도 패총패류에서 확인되지 않는 것도 있다. 떡조개・동죽・가무락조개・맛조개 등으로, 이들 패류는 패각이 약해서 파쇄되기 쉬워 식용으로서

포획되었다 하더라도 세심한 관찰 없이는 그 존재유무를 판단할 수 없었을 가능성이 먼저 고려되어진다. 그러나 보다 주목하고 싶은 것은, 이들 패류는 식용 가능하나 애초부터 포획하지 않았거나 포획했어도 당시의 인간들에게 그다지 선호되지 않았을 가능성이 있다는 점이다. 특히 동죽·가무락조개 같은 것은 體內에 모래가 많거나, 백합·바지락에 비해 맛이 떨어지기 때문에 포획하지 않았거나 소량밖에는 이용하지 않았을 가능성이 있다. 타 내만역의 패총에서도 극소량밖에는 검출되지 않는다는 사실이 이를 입증하고 있다.

3) 패류의 포획법 및 포획도구, 처리·조리법, 식용 이외의 패류이용, 패류 포획의 계절성

가야의 패총패류를 대상으로 하는 포획법 및 포획도구, 처리·조리법, 식용 이외의 패류이용, 패류 포획의 계절성에 관해서는 郭鍾喆(1990) 등에 의해 언급하고 있으므로 생략하나, 다만 몇 가지 점에 대해서만 부언해 두고자 한다.

가. 기존의 연구에서는 외해계 패류 포획에 대해서는 잠수어법이, 내만계 패류에 대해서는 조간대 포획이 중점적으로 강조되어 왔다. 물론 이는 대세적으로는 타당하나, 외해계 패류 가운데 잠수어법에 의한 포획은 전복류, 소라, 홍합, 긴뿔고둥, 큰 긴뿔고둥, 털탑고둥 등으로 비교적 제한되며 오히려 외해 조간대 포획 패류가 더 많다는 점을 강조해 두고 싶다. 동시에 내만계 패류도 대부분 조간대 포획이나 새조개, 수랑 등은 수심 5~30m 정도에서 서식하므로 잠수어법에 의한 포획이 필요한 패류들이다. 다시 말하면 내만계 패총에서도 잠수어법에 의한 패류포획이 행해지고 있었음을 강조해 두고 싶다.

나. 외해계 패류 가운데 특히 전복류는 조간대 포획이 가능한 것도 있으나 대부분은 잠수어법에 의한 포획이 일반적이었던 것 같다. 이 잠수어법에 의한 전복류의 포획은 「빗창」이라는 전복 전용 채취구가 우리나라와 일본의 신석기시대와 승문시대에 이미 확인되고 있다. 뿐

만 아니라, BC 3세기경의 위지왜인전에 「倭水人好沈沒捕魚蛤」이라는 기록이 있어 왜(倭)의 전업 어로민(水人)이 잠수어법으로 포획한 것 중의 하나가 전복임을 알 수 있다. 이를 통해 왜에 전업 어로민이 존재했으며, 이를 통해 바다를 접하고 있는 가야에서도 전업 어로민이 존재했을 가능성을 엿볼 수 있다는 점이다. 그런 한편으로 잠수어법은 반드시 전업 어로민만의 산물은 아니며 우리나라나 일본의 민속예에서 보면 반농반어민, 즉 해안부의 농경민의 어로활동의 하나로서도 잠수어법이 행해졌다는 점 또한 유의할 필요가 있다.

또 일본의 경우 전복은 귀중한 貢物로서 도성으로 보내지고 있었던 사실이 平城京跡 출토 목간을 통해 알 수 있어, 가야・신라에서도 전복을 비롯한 해산물의 일부가 해안부의 지역적 특산물로서 포획되어 貢物 내지는 교역품의 하나로서 운반되었을 가능성이 있다는 점이다.

다. 패총패류의 포획 계절을 아는 방법으로서는 패류패각에 대한 성장선 분석, 현재의 패류 포획계절을 참고하는 방법 등이 알려지고 있다. 패각의 성장선 분석을 통해 패류 포획의 계절성 분석사례로는 신석기시대 군산 노래섬패총 가지구 패총 최하층 출토 백합 25개를 분석해 2월 15일을 전후하는 시점이었다는 결과를 얻은 연구가 있다(金建洙, 2001). 또 충남 서산의 신석기시대 대죽리패총의 경우 2, 4, 5층에서 총 5점의 말백합을 산소 동위원소분석으로 포획 계절분석을 행한 결과, 1점은 가을, 나머지 4점은 봄, 여름, 가을로 각각 채집되었다는 연구결과도 있다(安德任・李仁盛, 2001).

한편 현재의 패류 포획 계절을 참고하면 패류 포획은 연중 가능하며, 계절에 따라 포획 대상 패류가 달라지는 것을 알 수 있다. 그런데 이러한 포획 계절 추정법은 어디까지나 간접적, 2차적이기는 하나, 패각의 성장선 분석이 사례가 상당히 이루어지지 못한 현시점에서는 전체 패총패류의 포획 계절, 그리고 生業暦의 복원에 참고가 될 수 있다는 점에서 결코 무시해 버릴 것이 아니다.

4) 성게

가야의 패총에서 성게의 자침이 확인된 예로서는 김해 회현리·봉황대 패총, 창원 성산패총 등이 있다. 원래 체부가 파손되기 쉬워 세심한 관찰 없이는 확인하기 어렵다.

우리나라에서 알려진 성게의 주요 종은 말똥성게·분홍성게·보라성게·북쪽말똥성게 4종이며, 이 가운데 말똥성게는 비교적 내만천해성이며 사력의 저질에, 분홍성게는 외해 암초시대 서식으로, 양자 모두 조간대 이하의 비교적 얕은 곳에 서식한다(奈良崎和典 외, 1977). 그런데 가야의 패총에서 확인된 성게는 種까지 동정되지 않아 더 이상은 알 수 없으나 가야 패총인들의 식료 리스트 가운데 성게의 문제도 장차 취급되어져야 할 것의 하나로 생각되어져 여기에 부가해 둔다(郭鍾喆, 1990).

3. 가야의 해양 전업 어로민과 어촌

가야 혹은 전후의 시대에, 농경을 행하더라도 해양어로와 해양 관련 업무에도 종사하며, 자가소비를 목적으로 한 어로가 아니며, 특정의 어구어법을 구사하며, 특정의 해산물의 생산을 전담하며 이를 貢物이나 대외 교역품 등으로 타지에 반출도 하며, 해안가의 일정한 지리적 범위에 결집하며, 취락구성요소의 하나로서 바다가 포함되는 어촌 내지는 어촌적 취락이 과연 존재했을까.

현재의 자료로 명확하게 제시하기는 어려우나 필자는 있었다고 생각하고 있다. 비록 간접적, 정황적이기는 하나 다음과 같은 점에서 그 가능성을 엿볼 수 있다고 보고 있다.

가. 『삼국사기』 신라본기의 탈해 이사금조에는 탈해가 처음에는 釣魚를 업으로 삼아 노모를 봉양하였다는 기록(脫解 始以漁釣爲業 供養其母)은 비록 신라의 것이기는 하나 이를 통해 인접한 동시대의 가야에서도 이런 해양 전업 어로민의 존재를 상정할 수 있다.

나. 가야의 패총 등에서 확인되는 어구어법을 필자는 <표 8>과 같

<표 8> 가야의 어로·어구어법

신석기시대 이래의 전통·계승 요소	청동기시대 이래의 전통·계승 요소	초기철기~가야시대에 출현·부가된 요소
골각제·가오리꼬리뼈 고정식 자돌구	·	철제화
회전식 이두 銛	·	철제화
역T자형 단식 낚시 바늘	·	·
U자형 단식 낚시 바늘	금속제화	철제화
전복 채취용 빗창	·	·
잠수 어법	·	·
해서동물의 포획	·	·
船의 사용	·	·
석수·토수	토수 중심. 관상·유공구상토수 주체화	관상토수의 주체화
·	·	어로구의 분묘부장. 분묘바닥 패각부설

이 이해하고 있다. 다시 말하면 가야시대에 토수중심에, 관상토수, 유공구상토수와 같은 토수 주체화, 철제에의 재질 전환 등과 같이 추가·출현된 것은 있어도, 골각제와 가오리꼬리뼈의 고정식 자돌구, 회전식 이두銛, 역T자형 단식낚시바늘, U자형 단식낚시바늘 등은 신석기시대 이래의 요소·전통을 계승하고 있다고 생각한다.

그런데 이 신석기시대~가야의 어구어법은 종류와 형태의 차이 등은 있어도 크게 보아 함북 웅기 서포항, 송평동 유적, 청진 농포동 유적 등과 같은 우리나라 북부 동해안지역, 일본 승문시대의 관동·동북지방·북해도, 더 나아가 러시아의 연해주, 베링해, 알래스카, 북미대륙 북부 등을 포괄하는 환태평양 북반구의 어로 문화의 전통을 계승하고 있다는 시각에서 살펴볼 필요가 있다(도면 13).

그리고 이 환태평양 북반구의 어로 문화에 보이는 어류·해서동물 대상 어구어법은 물개, 강치, 바다표범, 바다사자 등의 해서동물과 다량어류 등의 어류를 대상으로 하는 해양 전업 어로민의 소산으로 알려지고 있다. 따라서 물개, 강치, 고래·돌고래류, 다랑어류, 상어류 등의 해서동물과 대형어류를 고정식자돌구, 회전식이두銛, 철제 낚시바늘, 골각제 역T자형 단식낚시바늘 등으로 포획하는 가야에서도 해양 전업 어로민 내지는 집단이 존재했다고 볼 수도 있는 것이다.

다. 이들 해양 전업 어로민 내에는 잠수어법으로서 특정 해산물을 포획하는 어로민(집단)도 있었다고 생각된다. 가야의 패총에서 확인되는 전복류, 소라, 홍합, 가리비류, 긴뿔고둥류, 털탑고둥류, 새조개, 수랑 등은 잠수어법에 의해 포획되는 것이 일반적이다. 이러한 사실은 더욱이 동북아시아의 문헌기록인 위지동이전, 延喜式이나 『고려사』 등을 보더라도 해조류, 전복, 진주 등은 잠수어법으로 포획된다는 사실을 알 수 있다.

그런데 잠수어로에 종사하는 이들 어로민(집단)과 관련되는 것으로서 文身이 있다. 『삼국지』 위지 동이전에 의하면 마한, 진한에서는 문신을 하는 습속이 있으며, 마한에서는 남자에게, 진한에서는 남녀가 倭와 가깝고 역시 문신을 한다고 하였다. 여기서 진한의 남녀가 왜와 가깝고 문신을 한다는 것은 역시 잠수어법과의 관련을 전하는 것으로 생각된다. 즉 倭의 水人은 즐겨 잠수하여 魚蛤을 잡는데 그들 역시 문신을 하여 大魚·水禽의 害를 피하였다. 뒤에 가서는 문신을 점차 치장으로 삼았다는 기록이 그것이다. 이렇게 보면 진한과 접한 가야의 해안에서도 잠수어로민의 존재는 충분히 상정 가능하며, 이를 직접적으로 입증하는 것이 신석기시대의 통영연대도, 욕지도 유적출토 인골과 가야시대의 김해 예안리 고분군 출토 인골에 보이는 外耳道 骨腫이다(金鎭晶 외, 1993).

외이도 골종은 유전에 의한 경우와 외이도에의 冷水자극에 의한 후천적인 경우 등으로 생겨나는 신체의 자기방어의 한 형태로, 후자의 경우는 말하자면 잠수어로에서 오는 직업병으로 볼 수 있다. 최근 방송된 KBS 역사스페셜 「패총」에서 소개된 현재의 부산의 해녀 3인 가운데 2인에게서 외이도 골종이 확인된 것도 이 때문이다. 그런데 이 외

한 반 도			일 본
북부동해안(신석기)	남부동해안(신석기)	초기철기~가야	(승문~고분)
나진초도		부산동래	高津
		진해 용원	赤御堂

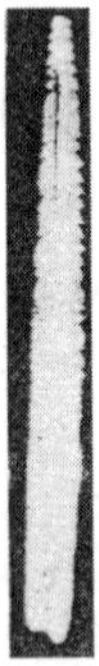

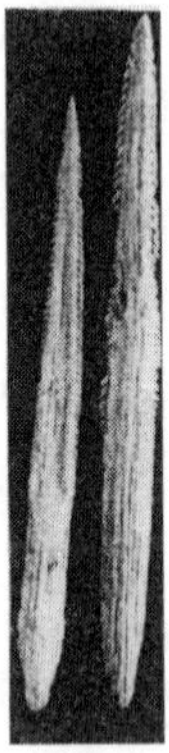

<도면 13-1> 우리나라와 일본의 고정식 자돌구 · 회전식 이두섬 · 낚시바늘의 유사성

한 반 도			일 본
북부동해안(신석기)	남부동해안(신석기)	초기철기~가야	(승문~고분)
 청진농포동	 부산동삼동		 鉈切  貝ケ窪

<도면 13-2> 우리나라와 일본의 고정식 자돌구 · 회전식 이두섬 · 낚시바늘의 유사성

한 반 도			일 본
북부동해안(신석기)	남부동해안(신석기)	초기철기~가야	(승문~고분)
	 부산동삼동		 余山
 웅기서포항	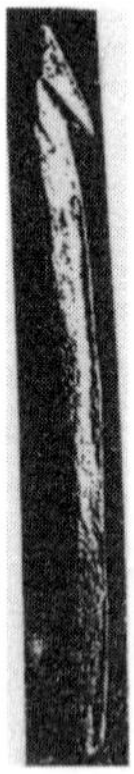 부산동삼동	 사천늑도	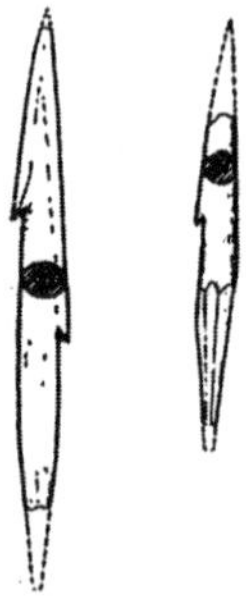 原の辻

<도면 13-3> 우리나라와 일본의 고정식 자돌구 · 회전식 이두섬 · 낚시바늘의 유사성

한 반 도			일 본
북부동해안(신석기)	남부동해안(신석기)	초기철기～가야	(승문～고분)
	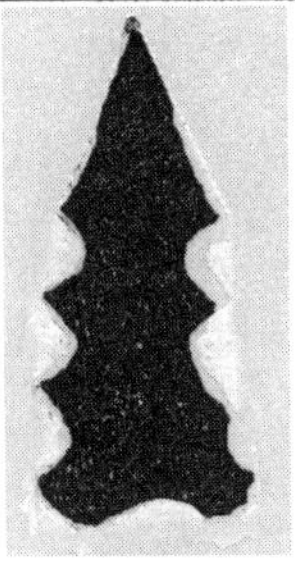 부산동삼동		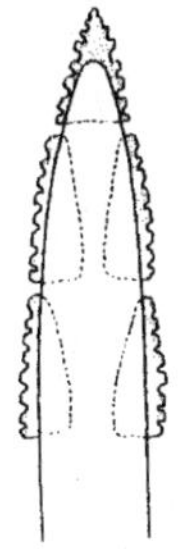 모식도  爪鄉
	부산동삼동 	 부산조도	 大曲 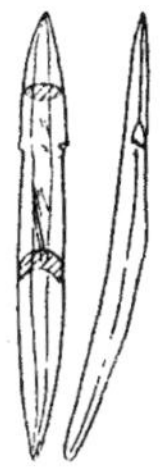 北黃金

<도면 13-4> 우리나라와 일본의 고정식 자돌구 · 회전식 이두섬 · 낚시바늘의 유사성

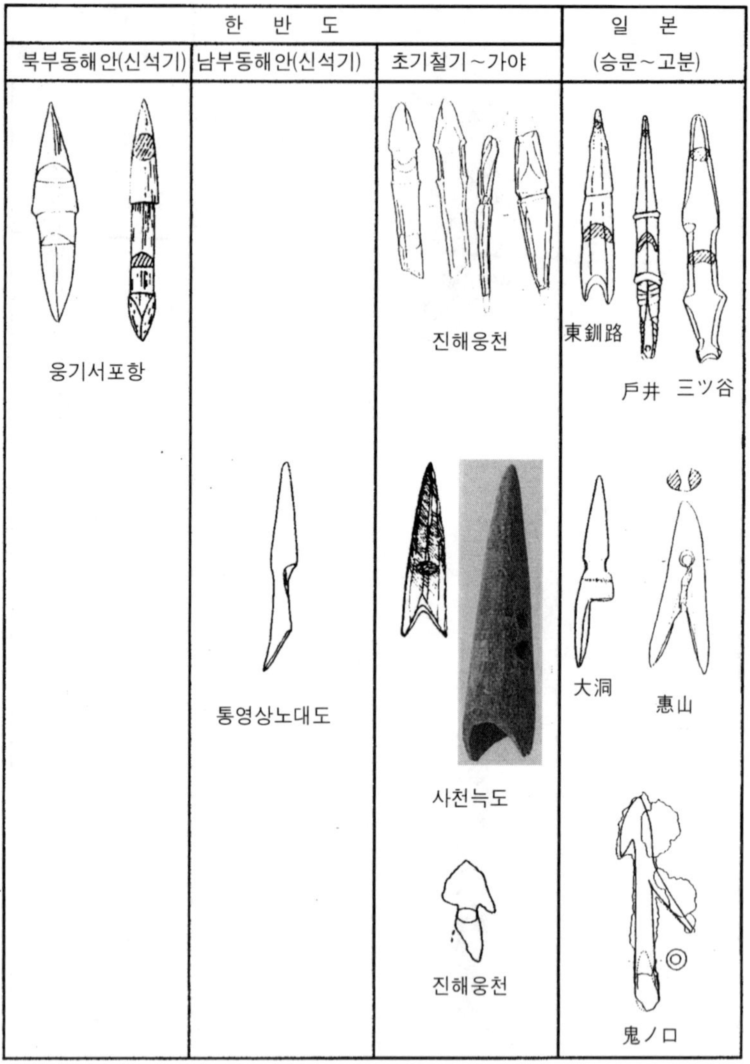

한 반 도			일 본
북부동해안(신석기)	남부동해안(신석기)	초기철기~가야	(승문~고분)
웅기서포항	통영상노대도	진해웅천 사천늑도 진해웅천	東釧路 戸井 三ツ谷 大洞 惠山 鬼ノ口

<도면 13-5> 우리나라와 일본의 고정식 자돌구 · 회전식 이두섬 · 낚시바늘의 유사성

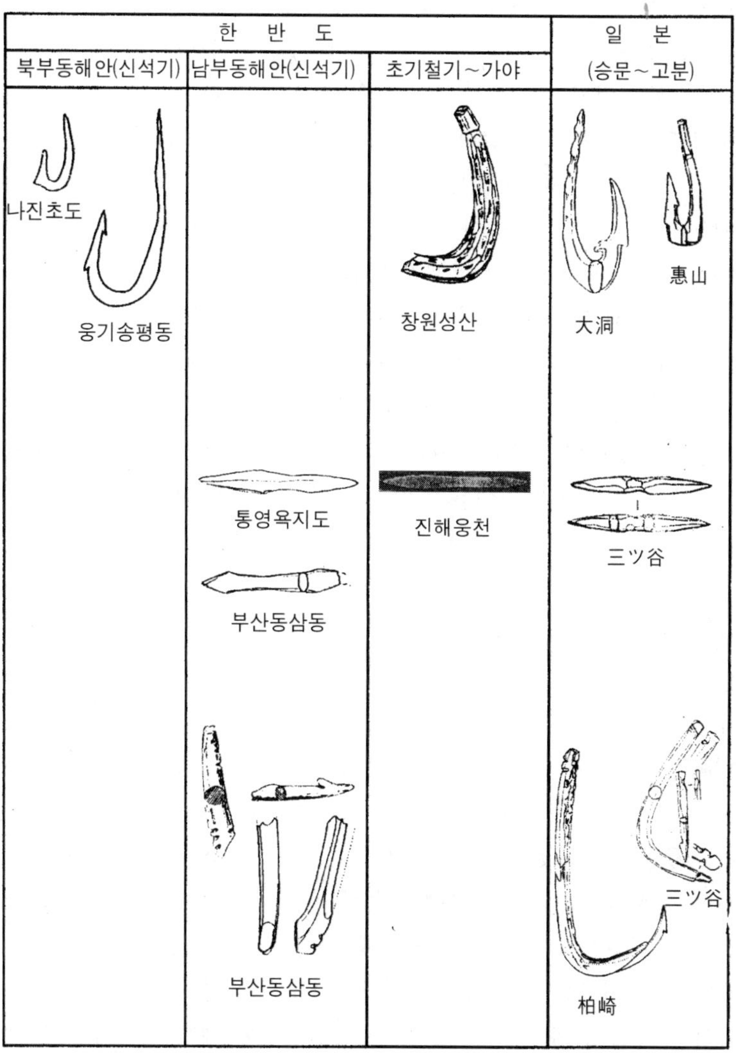

한 반 도			일 본
북부동해안(신석기)	남부동해안(신석기)	초기철기~가야	(승문~고분)
나진초도 웅기송평동		창원성산	惠山 大洞
	통영욕지도 부산동삼동	진해웅천	三ツ谷
	부산동삼동		三ツ谷 柏崎

<도면 13-6> 우리나라와 일본의 고정식 자돌구 · 회전식 이두섬 · 낚시바늘의 유사성

이도 골종이 김해 예안리 고분군 출토 인골에서도 확인됨으로써 가야에서도 잠수어법이 성행했을 가능성이 더욱 높아졌다.

라. 정복 내지는 정치적 지배관계하에서 동옥저가 지역의 특산물로서 짐승의 가죽이나 해산물을 貢物로 고구려에 받치는 상황이 『삼국지』 동옥저전에 전하고 있으며, 이 가운데 해산물로서는 魚, 塩, 海中食物이 기재되어 있다. 이 가운데 海中食物로 표현된 海藻類의 채취 또한 해양 전업어로민과 무관하지 않다.

신석기시대인 김해 수가리 패총패류 가운데 무륵과의 일종인 ノミニナモトキ, 고운띠무륵, シマハマツボ는 모두 소형복족류로 패총에서 검출량이 적을 뿐만 아니라 비식용인 점에서 보아 우연 수반된 것일 가능성이 높다(金子浩昌, 1981). 즉, 당시의 패총인들이 이들 패류가 서식하고 있던 해조류(예를 들면 거머리 말 등)를 이용하고 있었고 그 결과 이들 패류가 패총에 남겨진 것으로 추정되고 있다. 이러한 해조류의 채취와 이용에 관해서는 『삼국유사』에 전하는 연오랑과 세오녀에 관한 전설 가운데 아달나왕 4년(157)에 연오가 東海濱에서 해조류를 채취했다는 기록이 있다. 이는 전후 문맥에서 보아 일상 생활상의 자가소비를 위한 채취로 추정된다. 그런 한편으로 중국 唐代의 『本草拾遺』(713~741년)에서는 해조류가 신라의 深海에서 서식하며 海人이 새끼를 허리에 매고 잠수하여 이를 채취한다고 전하고 있다(大葉藻 生新羅國深海中 葉如水藻而大海人以繩繫腰 沒水取之 立月以後 有大漁傷人 不可取也). 이 기록에서 우선 주목되는 점은 「海人」이라는 표현으로, 바다를 무대로 잠수어법 등을 통해 특정 해산물을 포획하는 해양 전업 어로민(집단)이 통일신라시대에 이미 존재하고 있었음을 시사하는 것으로 해석할 수 있다. 그리고 허리에 새끼줄을 매고 잠수하여 심해의 해조류를 채취한다는 표현은 잠수어로의 위험성과 전업도를 리얼하게 표현한 것 같다. 아마도 이 심해 해조류는 일반적인 裸潛水深인 20~30m 내지는 그 이상의 깊이까지 잠수해야 포획 가능하며, 이때 海人은 아마도 몸에 추를 달고 바다위에 떠있는 배와 자신의 허

리에 연결된 새끼줄을 생명선으로 삼아 잠수했을 것이다. 심해잠수 작업 중 흔히 생겨나는 잠수병 등으로 인한 사고도 방지하고자 하였을 것이다.

또 AD 8세기 무렵 저술된 중국의 『南海藥譜』에서는 배를 이용한 다시마(昆布)의 포획과 선상건조, 그리고 중국 수출이라는 신라의 상황을 전하고 있다. 이를 통해 중국에 貢物 내지는 수출품으로서 보내기 위한 신라의 해조류 생산을 알 수 있게 한다.

이처럼 적어도 AD 8세기 무렵의 신라의 해양에서는 잠수어법 내지는 선상어로를 통한 해조류의 채취와, 채취된 해조류의 일부가 貢物 내지는 수출품으로서 중국에 보내졌다는 사실, 그리고 이를 담당하는 어로민을 海人이라고 구분 표기했다는 사실을 알 수 있다. 가야의 해양 전업 어로민의 존재를 상정하는 데 시사하는 바가 많다.

마. 가야지역에서 소금이 어떻게 생산되었는지를 알 수 있는 자료로서 명확하게 보고된 것은 아직 없다. 다만 『삼국지』 위지동이전 고구려조에 소금을 해안지방에서 운반해 왔다는 기록으로 보아 소금도 해안지역의 특정생산물, 貢物로서 자리매김되고 있었음을 알 수 있다.

바. 바다표범의 가죽이 일찍부터 중국에 貢物로서 반출된 것은 『삼국지』 위지 동이전 예조에 보이고 있으며, 통일신라시대 성덕왕 22년(723), 29년, 33년(734)에도 각각 唐에 보내어진 기록이 있다. 또 唐의 『藥性本草』에는 신라의 물개 腎이 반입되었다는 기록도 보이고 있다.

이들 해서동물의 포획에는 일반적으로 고도의 기술과 위험이 수반되며, 이동의 신속성이 보장되는 준구조선 내지는 구조선이 때로는 필요하며, 여기에 십수 명이 승선해서 하나의 어로작업단위를 구성해 공동 작업을 해야 할 필요도 때로는 있다. 그리고 이러한 어로에는 연중 항상적이지는 않더라도 계절 내지는 필요에 따라 조직되어지는 특정 집단의 존재가 전제가 되어야 한다.

사. 가야의 유적에서 확인되는 많은 종류의 해외문물[1] 가운데 특히

---

1) 가야에서 확인되는 외래문물로는 한식토기, 청동촉, 한경, 동복, 철복, 화폐류,

일본열도산의 반입이나, 대중국, 대일본과의 외교적 교섭이나 전쟁수행 등에는 배를 이용한 원양항해와 그 담당자를 절대 필요로 한다. 나침판이나 六分儀, 海圖도 없는 이들 원양항해자들은 천문지식, 계절풍, 해류의 흐름, 철새나 나그네 새의 이동 등과 같은 다양한 자연현상을 이용해 습득한 항해술로 장거리의 원양항해를 완수하였을 것이다. 이때 사용된 배는 울주 川前里 암각화(통일신라시대)에 보이는 돛을 단 준구조선 내지는 구조선이 이용되었을 것이다(도면 14, 郭鍾喆외, 1988). 그리고 이 원양항해자들이야말로 해양 전업 어로민이자 정통한 항해술을 가진 導海者로서, 때로는 水軍으로서 활약하기도 하였을 것이다. 또 특정 해산물을 貢物로서 바치기도 하였으나, 때로는 해적으로서 농경생산물, 토지, 사람, 배 등을 약탈하기도 하였을 것이다.

필자는 이들 해양 전업 어로민이 원양항해자, 導海者로서 활약한 사례의 일단을 박제상의 설화에서 엿볼 수 있다고 생각한다. 즉, 신라 눌지왕 즉위 원년에 왜에 볼모로 간 왕의 동생을 구하기 위해 박제상이 지금의 울산에서 왜를 향해 떠날 때 導海者로서 안내한 사람들이 울산의 해양 전업 어로민 집단이었을 것으로 추측된다.

또 3세기 후엽에서 4세기 전반 무렵에 걸쳐 지금의 창원 이동, 곤양 이서에 위치했다는 浦上八國의 동맹군들이 동남해안을 누비며 침략을 일삼으며(白承玉, 2000), 특히 신라의 대외창구인 울산 등의 침공에는 배와 항해술을 갖춘 水軍的 편성이 절대 필요한 것은 더 말할 나위가 없다.

이상 살펴본 바와 같이, 비록 간접적, 정황적이기는 하나 가야에도 해양 전업 어로민(집단)이 존재했을 가능성이 크다고 생각된다. 그리고 이들 집단의 존재를 직접적으로 시사하는 것이 중국의 문헌『本草拾遺』에 나타나는 통일신라시대의「海人」,『삼국지』위지 왜인전의「水

도자기류, 유리제장신구(이상 중국, 낙랑, 북방계) 등이, イモガイ와 ヤコウガイ 패제품 내지는 원소재, 파형동기, 석제모조품각종, 방제경, 삼각판병류단갑,미비부주, 녹각제도자병의 직호문, 미생토기, 하지끼, 스에끼, 九州型石錘, 일본계석실(이상 왜계) 등이 있다.

<도면 14> 가야~통일신라시대의 배(郭鍾喆외, 1988)
상좌 : 호림미술관 소장품(AD 5세기?) 상우, 하 : 울주 川前里암각화(통일신라시대)

人」일 것이다. 이들 집단은 연안부, 도서에 생활의 근거지를 두며, 보통은 농경에도 종사하나, 낚시, 자돌어법, 잠수어법 등으로 각종 해산물을 포획하는 어민이었으며, 아마도 海神 신앙을 신봉하는 집단이었을 것이다. 그리고 이들 가운데 일부는 생산한 어패류·해조류, 소금 등을 내륙부 등에 판매하기 위해 자유통행권을 확보하고 상인으로서 교통업자로서 순회하는 부류도 있었을 것이다.

그런데 생업의 중심이 농경으로 옮아가는 가야시대의 전반적인 흐름속에서도 여전히 신석기시대 이래의 어로 전통을 유지하면서 海지향적인 색채가 농후한 이들 집단은 더더욱 일반의 농경민과는 달리 소수화, 이질화되어갔던 것으로 추측된다. 더욱이 권력의 입장에서는 특정해산물의 전업적 생산과 공급을 위해, 해상교통·교역을 통한 필수물자의 확보와 세금착취를 위해, 전쟁이나 정치·외교적 교류에 필요한 導海者의 확보 및 水軍的 편성 등의 필요 때문에 이들 집단을 어떻게 장악·편성하는가가 중요 관심사항으로 부각되었을 것이다. 동시에 이러한 흐름에 연동해서 이들 해양 전업 어로민들의 생업과 집단조직은 이미 변화·변질되어 갈 수밖에 없게 되었다(網野善彦, 1986). 그런데 과도한 貢納의 부담, 자유통행권, 상업과 교역 분야에까지의 과세나 박탈, 교환되는 농경생산물 가격의 앙등, 漁期에 차출되는 導海者·水軍으로서의 역할 등은 당연히 이들 집단의 반발을 불러 올 수 있을 것이다. 이러한 막다른 상황에서 그들이 택할 수 있는 것은 해적이 되어 약탈을 하거나, 정치적 변란에 개입하거나, 전쟁에 참여해 일정 몫을 확보하는 것이었을 것이다.

2) 어촌

이들 해양 전업 어로민의 터전인 어촌(적 취락)의 후보유적으로서는 사천 늑도유적을 들고 싶다. 리아스식 해안에 위치한 離島인 늑도유적은 밭농사 정도가 약간 될 정도로 농경의 적지라고 할 수 없고, 섬 전체에 패총이 산재하며 주거역과 무덤도 확인되고 있다. 그리고 이 유적에서는 회전식이두銛과 고정식 자돌구, 강치, 고래류 등의 해서동물 유체가 확인되고 있고, 중국제 청동촉, 한식계토기, 화폐, 일본의 미생토기 등 원양항해에 의한 대외교역의 흔적도 엿볼 수 있다. 해양 전업 어로민의 거주역으로서, 자가소비가 아닌 타처에의 반출을 목적으로 하는 어업기지 내지는 중계기지로서의 어촌 내지는 港의 전형으로서 추정된다.

그런 한편으로 사천 늑도유적과는 다소 성격을 달리하나 바다지향적 생업의 흔적을 강하게 남기고 있는 김해 예안리 유적도 주목된다. 물론 김해 예안리 유적은 분묘와 패총이 좁은 범위내에서 중첩 형성하고 있는 데다가 주거역은 아직 확인되지 않아 유적의 공간구성 양상을 확인할 바가 없다. 그러나 이하의 몇 가지 점에서 보아 김해 예안리 유적도 해양어로도 행하는 집단의 무덤 및 패총이라고 추정된다.

가. 김해 예안리 고분군이 입지한 곳은 과거 이 일대가 바다였던 무

렵에 형성된 육계사주로, 이러한 해안지형에 무덤을 쓰는 것은 통상 어로민(반농반어, 내지는 약간의 농경을 행하는 해양 전업 어로민)이다.

나. 김해 예안리유적지에 패총이 형성된 것은 과거 이 일대가 아직 바다였던 시점(潘鏞夫, 郭鍾喆, 1993)이며, 이 예안리 패총 부근에 주거역이 있었다고 본다면, 이 주거역은 당시의 바다 가까운 곳에 위치하며, 패총을 만들었으며 해안지형에 무덤을 쓰는 집단이었다는 것이 된다. 해양 어로민의 색채가 물씬 풍기는 대목이다.

다. 김해 예안리 패총 형성 집단의 무덤으로 보이는 예안리 고분군에서는 바다와 관련된 事象이 여럿 확인된다. 우선 예안리 고분군의 B호 옹관에서는 옹관 위에 조선백합 2개가, P호 옹관내에는 조선백합 1개가 각각 부장되어 있었다. 더욱이 이들 조선백합은 예안리 유적지 부근의 바다가 아닌 외해 것을 반입한 것이다.

그리고 무덤 내부에는 철제 낚시(45호, 93호 그리고 43호?), 고정식 자돌구 추정의 철제품(160호?) 등이 부장되었으며, 일본 오키나와 등지의 아열대산 패류를 가공한 패제 장신구(77호)도 부장되어 있었다.

또 김해 예안리 유적지 부근 일대의 해역이 소멸하기 직전인 6세기 후반~7세기 무렵에 축조된 횡혈식 석실(5, 17, 40, 49, 50호실) 바닥에는 굴류 등의 조개껍질을 깐 뒤 사체를 안치하였다. 이러한 습속은 김해 유하리 전 왕릉 등에도 보이며 해외의 사례로서는 해양 어로민의 무덤으로 추정되는 일본의 内房연안의 분묘군에서도 확인되고 있다(小澤重雄, 1987).

라. 김해 예안리 고분군 부장품 가운데에는 중국제의 施釉磁器(18호), イモガイ科 貝製品(77호), 일본제토기(120호) 등의 외래계 문물도 확인되고 있어 김해지역의 해안부유적이나 패총의 그것과 공통되고 있다.

마. 김해 예안리 고분군에서 출토된 많은 인골 가운데 잠수어로의 직업병으로 추정되는 外耳道 骨腫이 확인되고 있어 무덤피장자가 잠

수어법도 행했던 사람 내지는 집단의 일원으로 생각된다.

이상에서 보아 김해 예안리 유적도 비록 내만오부에 위치하나 바다를 무대로 하는 생업부문이 중요한 비중을 차지하는 그런 생업집단으로 추정된다. 따라서 김해 예안리 유적의 성격을 간단히 농경민의 유적으로 파악(金斗喆, 2000 ; 金承玉, 2001)하는 것은 신중을 요한다.

그런 한편으로 김해 예안리 유적에서는 고분군의 여러 무덤에서 鐵鎌이 확인되고 있어 부분적인 농경도 행했을 것 같다. 게다가 사천 늑도유적처럼 회전식 이두銛이나, 고정식 자돌구, 물개, 강치 등의 해서동물의 흔적도 확인되지 않고 있다. 또, 많은 출토 인골 가운데 잠수어법에 의한 외이도 골종이 극히 일부만 확인되었을 뿐이다.

이런 점들에 주목한다면 김해 예안리 유적인들을 해양 전업 어로민이라고 규정하기에는 한계가 있다. 그렇다고 김해 예안리 유적지인들을 농경민으로 보기에는 앞서 언급한 여러 점들을 보아 부정적이다. 이상과 같은 해양 어로와 농경의 공존양상을 보이는 김해 예안리 유적인들의 성격을 이해하는 데 도움이 되는 것이 山中英彦의 연구인데, 고고자료에서 본 해양 어로민에는 세 type이 있다고 한다(山中英彦, 1988).[2)]

貝島 type - 砂浜 입지, 외양어로 중심, 이동성 강한 항해민, 해양 전업 어로민

喜兵衛島 type - 내만, 내해의 砂浜 입지, 망어법, 소금 생산

四ツ池 type - 연안부의 砂浜 입지, 망어법, 문어잡이, 정착성이 높은 해양 어로민(반농반어)

이 세 type 구분에 굳이 김해 예안리 유적 집단을 대입시켜 본다면, 喜兵衛島 type 내지는 四ツ池 type에 속한다고 할 수 있을 것 같다.

---

2) 한편, 淸野孝之는 어로구부장 고분의 성격을 문헌기록에 보이는 海人 등의 묘로 상정하고, 그 어로민을 항해기술자・수군의 역할을 가진 집단으로 파악한 山中의 견해에 문제제기를 하고 있다. 동시에 고분부장 어로구 가운데 자돌구의 분묘내에서의 매납위치, 상태, set유물의 검토를 통해 어로구의 부장의례는 바다, 하천에 있어서 제활동의 군사적・생산적 측면과 관계를 가지는 것으로 파악하였다(淸野孝之, 1999).

그리고 사천 늑도유적의 경우는 貝島 type에 속할 것 같다.

한편 농경을 수반하면서도 해양 어로민적 색채를 뚜렷이 지닌 김해 예안리유적 집단과 권력과의 관계에 대해서는 무덤부장의 철제무기류, 철제어로구, 몽고발형주와 같은 무구류 등의 검토를 필요로 하나, 이에 대해서는 아직 필자는 어떤 견해도 갖고 있지 않다. 다만 7세기 전반~중엽 편년의 예안리49호 출토 대금구는 신라권역하에 편입되어 재편성되어간 예안리유적 집단의 일단을 시사하는 것으로 이해하고 있다.

Ⅳ. 담수어로

담수어로(내수면어로)는 일반적으로 그 대상지역에 따라 하천어로, 호소·소택지·저습지·저수지 어로, 논어로, 養魚 등으로 구분되나, 이 글에서는 하천어로와 논어로에 대해서만 살펴보고자 한다.

1. 하천어로

1) 하천어로의 존재

청동기시대에서 통일신라시대에 이르기까지의 고고자료와 문헌기록을 통해 확인되는 우리나라의 담수산 어류로서는 다음과 같은 것들이 있다(도면 15).

은어- 나진 초도 유적

메기- 광주 신창동 유적, 경주 황남동 출토 토기 부착토우

잉어- 삼국시대 고구려 천무신왕 11년(28)의 성내 못의 잉어 양식 기록

누치- 고령 지산동 고분군

붕어- 대구 칠곡 3택지 2구역 유적 출토 간흡충의 제2중간 숙주로서 잉어, 붕어 등의 잉어과 담수어의 존재가 추정. 해동역사 발해고의 기록

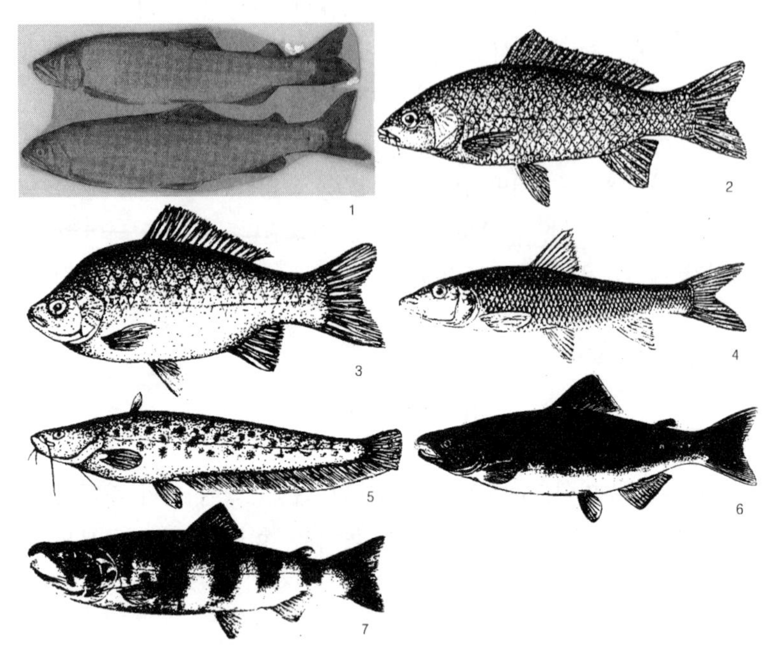

<도면 15> 우리나라의 유적출토 · 존재추정 담수어류
1. 은어 2. 잉어 3. 붕어, 참붕어 4. 누치 5. 메기 6. 연어 7. 송어

참붕어- 대구칠곡 3택지 2구역 유적 출토 간흡충의 제2중간 숙주의 하나로서 존재 추정

이 가운데 특히 고령 지산동 고분군에 부장된 누치의 존재는 가야에 하천어로가 존재했으며 분묘 부장 품목 가운데 담수어도 포함된다는 것을 밝혀 준 사례에서 주목된다. 이외에도 가야의 내륙부 유적에서 출토되는 관상토수와 철제 多枝槍, 광주 신창동 유적 출토의 筌(?), 내만계 패총에서 확인되는 논우렁이류, 재첩류, 다슬기류와 같은 담수산 패류의 존재, 유적의 기생충란분석에서 확인된 잉어과 담수어류를 중간숙주로 하는 간흡충의 존재 등은 청동기시대 이래로 농경이 주요 생업부문으로 자리매김되면서 농경에 수반된 하천어로가 가야에서도 이루어져 왔음을 시사하고 있다.

2) 하천어로의 어구어법, 개관

① 망어법

가야의 내륙부 유적에서 비교적 여럿 확인되는 것이 토수로, 하천어로의 대표적인 어로 형태가 망어업임을 알 수 있다. 하천수계별 토수 출토 유적을 살펴 보면 다음과 같다.

가. 남강수계

낙동강 하류역의 지류하천인 남강수계내에서 토수가 출토되는 유적의 지리적 범위는 낙동강 합류점 부근에서부터 상류역에 해당되는(가까운) 산청 상촌토기요지 유적과 함양 손곡리 분묘군까지이다. 단 대부분의 지표조사에서 확인된 것이 많아 남강의 상·중·하 유역별 토수의 출현빈도를 상세하게 파악하기는 어려우나 대개는 1~수 점 정도가 확인되고 있다. 단 유역별·유적간·유구간 차이는 뚜렷하게 나타나지 않는다(표 9).

한편, 유적의 입지조건과 토수의 관계를 보면 낙동강과의 합류점 부근인 하류역의 함안·의령 일대는 배후습지성 호소가 넓게 발달하고 있는 지역으로, 이 지역내에 있어서 망어업은 남강본류 수계와 배후습지성 호소를 무대로 이루어졌음을 짐작케 한다. 이에 비해 넓은 곡저평야와 협곡부가 반복되는 중·상류역에서는 토수 출토 유적은 대부분 남강 본류역에 인접하거나 소지류와 남강이 합류하는 지점 부근에 위치하고 있으며, 이는 청동기시대 이래로 보편적인 현상이다. 하천에서의 망어업의 경우, 하천의 폭과 수심이 일정 이상 되어야만 가능하기 때문이며, 더욱이 대소 하천의 합류점 일대는 물의 변화가 심해 담수어의 이동이 많아지며 물에 용존되는 영양분의 다양성으로 인해 담수어의 먹이인 藻類의 서식이 양호하기 때문으로 보인다.

이 남강수계에서 확인되는 토수는 황강수계 등과 마찬가지로 관상토수가 대부분이며 유공구상토수가 set되는 해안부의 패총유적과는 다소 다르다. 이 관상토수를 사용하는 어망의 종류·형태는 알 수 없다.

한편 1987년 환경청의 자연생태계 조사결과에 따르면 상류역에서는 25종, 중류역에서는 29종, 하류역에서는 34종이 각각 확인되었다(環境廳, 1987). 그런데 유역별 확인어류는 인간에 의한 인위적인 파괴와 간섭 때문에 원래의 유역별 서식 어류상을 반영하고 있지는 않으나, 상·중류역에서는 쉬리, 미꾸리, 갈겨니, 돌고기, 돌마자, 기름종개, 모래무지 등이, 하류역에서는 납지리, 참미자, 긴몰개, 피라미, 붕어, 문어, 잉어, 각시붕어, 몰개 등이 본류역과 지류수계에서 각각 우점종으로 나타나고 있으며, 이들 어류의 일부가 망어법의 대상이었던 것으로 짐작된다.

나. 황강수계

낙동강 하류역에 합류하는 황강수계에서 토수 출토유적은 합류점 가까운 합천 옥전고분군에서부터 중류역의 거창 대야리 가야시대 주거지까지만 보이고 있다. 그러나 상류역인 거창읍 일대도 넓은 분지를 이루고 있어 장차 이 지역에서도 토수의 발견이 예상된다(표 10).

황강수계의 토수 출토 유적도 그 입지면에서 대부분이 황강에 인접하거나 소지류의 황강 합류점 부근이어서, 남강수계에서의 양상과 거의 같은 것 같다. 다만 합천 저포리 B고분군의 예처럼 다량의 토수가 일괄출토되고 있는 유적도 있는 점이 주목된다(20호 토광묘 198점, 29호 토광묘 주변 12점).

황강수계 출토 토수는 관상토수 중심인 점은 남강수계의 그것과 같다. 그리고 1987년 환경청 조사 등에 따르면 상류역의 경우 16종 정도이며 갈겨니, 돌고기, 돌마자가 비교적 우점종으로 나타났다. 협곡부인 중류역 내지는 중상류역에서는 35종 전후 확인되었으며 피라미, 갈겨니, 쉬리, 돌고기, 돌마자 등이 비교적 우점하는 것으로 나타났다. 범람원 지역인 하류역에서는 17종 정도이며 붕어, 피라미, 몰개, 칼납자루 등이 우점종으로 확인되었으며, 이들의 일부가 망어법의 대상이었던 것으로 짐작된다.

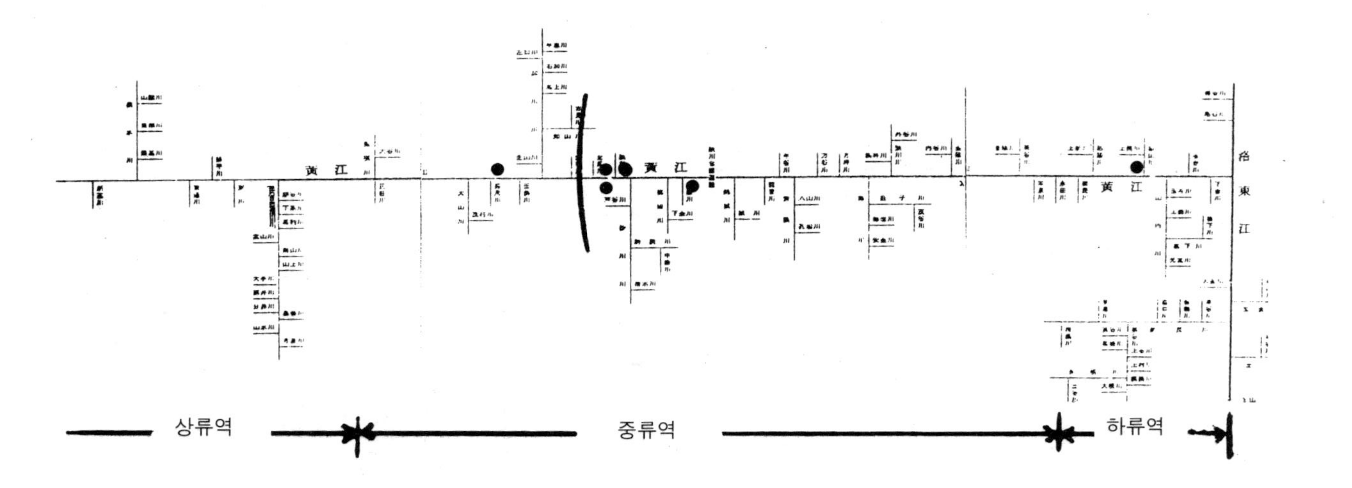

<표 10> 황강수계의 토수출토 유적(기본도는 全國河川調査書, 1992)
●토수출토유적, ━━ 는 외래계 문물 반입 범위

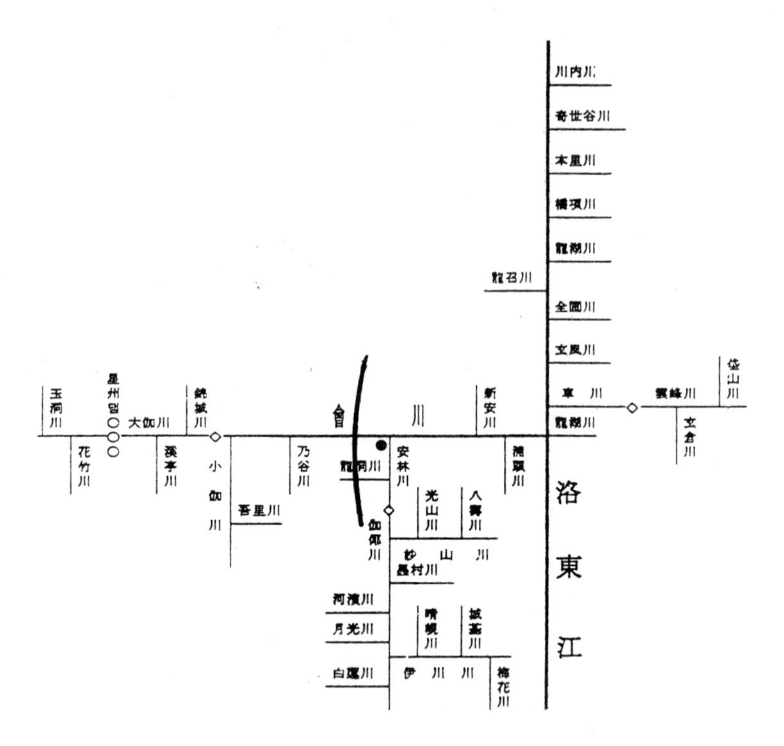

<표 11> 회천수계의 토수출토 유적(기본도는 全國河川調査書, 1992)
●토수출토유적, ▬▬▬ 는 해수산패류, 외래계 문물 반입 범위

한편, 황강수계 사용의 어망에 대해 추연식은 합천 저포리 B고분군 20호 토광묘 출토 토수(198점)를 대상으로 속성분석과 창원 다호리 유적부근의 월잠리 일대에서 현재 사용하고 있는 刺網과의 비교검토를 통해, 20호 토광묘 출토의 토수 착장 어망은 한 벌의 길이가 40m 이상 되는 刺網계통이라고 추정 복원하고 있다(秋淵植, 1992).

다. 회천수계

낙동강의 중·하류역 경계부근에서 합류하는 회천수계에서 토수가 확인되는 유적은 고령 지산동 고분군이며, 모두 관상토수이다. 여기서는 30호분의 구내부에서 21점이, 대가야 역사관 부지 28호분에서 224

점이 각각 일괄출토되었는데, 또한 회천과 지류가 합류하는 소분지 내지는 다소 넓은 곡저평야부인 점은 황강수계의 양상과 비슷하다(표 11).

한편, 회천유역별 담수어류를 보면 기본적으로 대하천의 중류역적 어류군집상을 나타내며, 종별 개체수가 가장 많은 것이 갈겨니, 피라미, 돌마자 등이다. 고령 지산동 고분군에서 확인된 누치는 아마도 망어 내지는 낚시에 의해 어획되었을 것이다.

이상, 가야의 내륙부 유적 가운데 토수출토 유적을 하천수계별로 간단히 살펴보았다. 여기서는 다음과 같은 점을 부연해둔다.

먼저, 원래 망어는 투망을 제외하면 큰 강이나 일정의 하천 폭과 수심을 가진 곳에서 행해지기 때문에 상~하류 하구역 모두에서 사용되기는 하나 대개는 중~하류 하구역에서 집중적으로 행해지는 것이 일반적이다. 가야의 내륙부 어망추 출토 유적의 양상도 기본적으로 이와 같을 것으로 생각된다.

다음, 내륙부 유적에서의 토수 출토 양상을 보면, 하나의 분묘군내에서 토수는 소수의 분묘에서만 확인된다. 그리고 대개는 1~수 점 정도이다. 이를 통해 볼 때 내륙부 유적에서 토수는 보편적으로 부장하는 품목이 아니라는 것을 알 수 있다. 무엇보다도 먼저 어망의 제작과 입수가 그리 간단치 않은 高價인 데다가, 특히 망어업은 특정의 계층이나 집단에게 독점적으로 권리를 부여·실시하게 했거나, 혹은 망어업이 대개는 최소 2인 이상의 협업 체계로 이루어져야 하므로 주도적 인물·집단에게 어망의 관리, 망어의 시기 결정과 작업단위의 조직, 망어의 실행, 어획물의 처리·분배 등을 맡겼을 가능성도 배제하기 어렵다. 내륙부 유적에 있어서 담수어는 수렵동물 등과 함께 중요한 동물성 단백질 공급원이었기 때문이다.

다음, 가야의 내륙부 유적 출토 토수 가운데 200점 전후를 일괄 사용한 어망의 종류는 알 수 없으나 추연식의 주장처럼 刺網도 있었을 것으로 추정된다. 단, 서일본의 赤野井灣유적, 粟津패총의 예처럼 어획된 붕어의 체장 복원을 통한 빈도 분포 및 분산치의 검토를 통해 投網의 존재도 추정되는 예도 있으므로 좀더 다각적인 검토가 필요하다(内山純藏, 2001).

다음, 가야의 내륙부 유적 출토토수가 관상 토수로 거의 통일되는 것은 시대적 흐름과도 무관하지 않은 것 같다. 가야의 해안부 유적에서도 전반적으로 관상토수 중심이 되고 있으며, 이는 이후의 고려~조선시대를 거쳐 지금에까지 연속되는 것이다. 이외에도 관상토수 주체화의 배경으로서 주사용지역이 하천의 중하류역이므로 底質의 모래~뻘이라는 점, 관상토수가 원래 농경과 set되는 담수어로구라는 점 등을 들 수 있을 것 같다.

② 낚시어법

가야의 내륙부 유적에서 낚시바늘이 출토된 예는 창원 다호리 유적의 예가 있으나, 이 유적 인접 하천은 때로 해수가 역류하는 하류 감조하천에 속하므로 다호리의 예는 오히려 해안부의 연장선상에서 파악할 수도 있다. 지금도 취미・오락이 아닌 자가소비나 판매를 목적으로 하는 낚시어법은 대개 중~하류역에서 이루어지며, 대형어류, 집중어획 대상어류, 육식성 어류 등을 대상으로 한다. 그러나 낚시바늘 등의 낚시어법 관련 유물의 출토예가 거의 없는 점을 고려하면 가야의 내륙부 유적에서는 이들 어류는 낚시 대신 망어법, 작살 등의 자돌구어법 등으로 포획하였던 것 같다.

③ 자돌구 어법

합천 옥전고분군 등에서 출토되는 철제 多枝槍이 하천어로구로서도 이용되었음은 조선시대 중기 尹貞立(1571~1627년)의 漁獵圖(도면 16)를 통해 엿볼 수 있다. 민속예에서는 비교적 맑은 곳에서 중~대형어류이거나 돌, 저층, 풀속에 숨는 어류를 대상으로 하는데 갈겨니, 연어, 송어(이상 상류역), 메기, 붕어, 잉어, 눈동자개, 누치, 모래무지(이

<도면 16> 조선시대 회화에 보이는 담수어로(漁具展, 1999)
상 : 윤정립의 漁獵圖 하 : 유숙의 溪深魚肥圖

상 중류역), 가물치, 숭어(이상 하류 하구역) 등이 알려지고 있다.

④ 거랭이

거랭이는 쪽대, 뜰망이라 불리며, 긴 손잡이 끝에 타원형의 틀을 붙이고 여기에 그물을 달아맨 것이다. 냇가 풀숲에 숨은 고기를 이것으로 훑거나 떠올리기도 하며, 선망에서 잡은 고기를 떠올리거나 낚시의 보조구로도 사용된다. 이 거랭이는 아직 우리나라에서는 출토예가 보고되지 않았으나 일본에서는 미생시대 전기의 예를 비롯해 중기의 福岡縣 板付유적, 大阪府 池上유적 등의 예(도면 17)가 알려지고 있어 우리나라에서도 출토될 가능성이 있다.

⑤ 통발(筌)

우리나라에서 유적 출토 통발이 처음 알려진 것은 광주 신창동 저습지 유적이다(趙現鍾·張薺根, 1992). 단, 이 예는 보고자들도 언급하고 있듯이 테두리, 몸체부분을 묶은 흔적이 확인되지 않아 통발인지 여부를 단정하기 어렵다(도면 17).

또 하나 통발여부가 주목되는 것은 동유적 출토로 소쿠리테로 보고된 반원형의 목제품이다(도면 17). 이는 출토상황에서 보아 2개의 반원형의 목제틀이 하나의 set가 되며, 이 2개의 틀 사이에는 다시 연결부재가 있는 형태가 상정된다. 통상의 통발이 나팔형이기는 하나 어획대상물이나 설치 장소 등에 따라 형태가 다양할 것으로 알려지고 있어 혹 이 신창동의 예가 箱形의 통발일 가능성도 있다(도면 18). 물론 적극적인 증거는 없다.

한편 일본에서는 미생시대~고분시대의 실물 출토예와 문헌기록도 보이고 있다. 실물의 예로서는 大阪府 八尾市 山賀유적(미생 전기, 하천설치), 福岡縣 辻田유적(미생시대 후기, 大溝설치), 靜岡縣 浜松市 伊場유적(AD 7세기 후반) 등이 알려지고 있으며(도면 19), 『萬葉集』, 『和名抄』 등의 문헌기록에서는 「筌」 또는 「取魚竹器也」로 알려지고

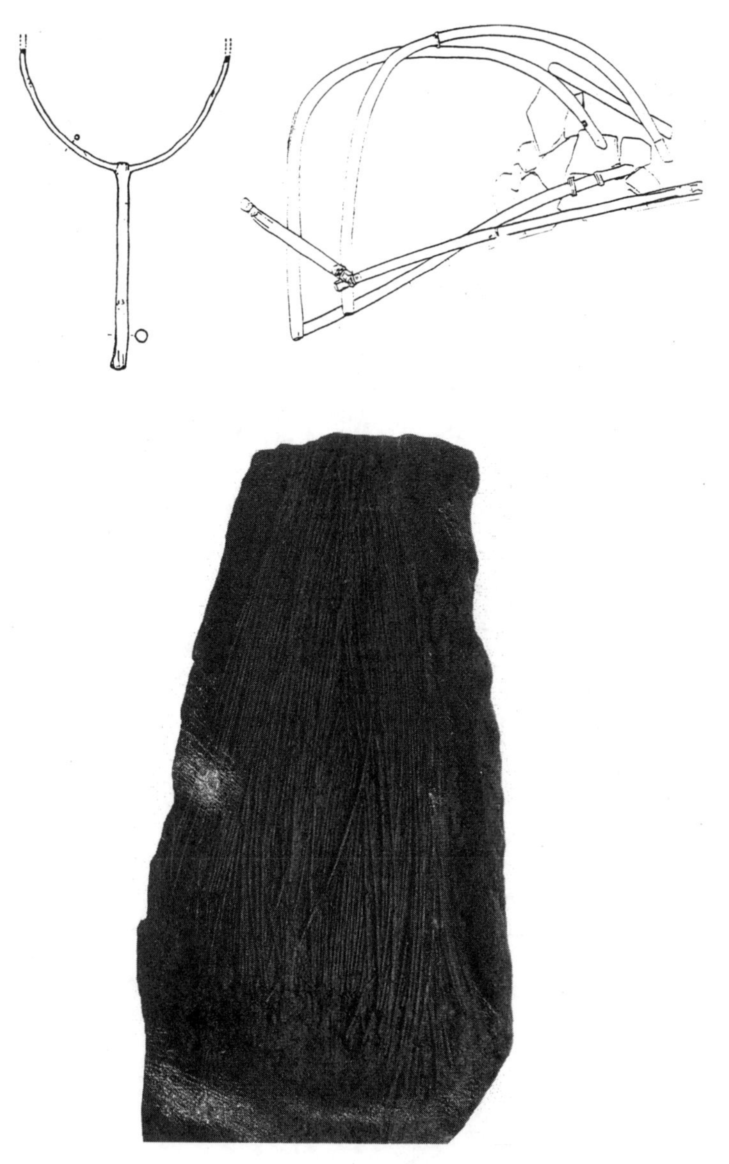

<도면 17> 우리나라와 일본의 유적출토 거랭이와 추정 통발

상좌 : 일본 大阪府池上유적 출토 거랭이 틀(미생시대, 大野左千夫, 1992)

상우, 하 : 광주신창동유적 출토 추정통발(光州新昌洞低濕地遺蹟II, 2001)

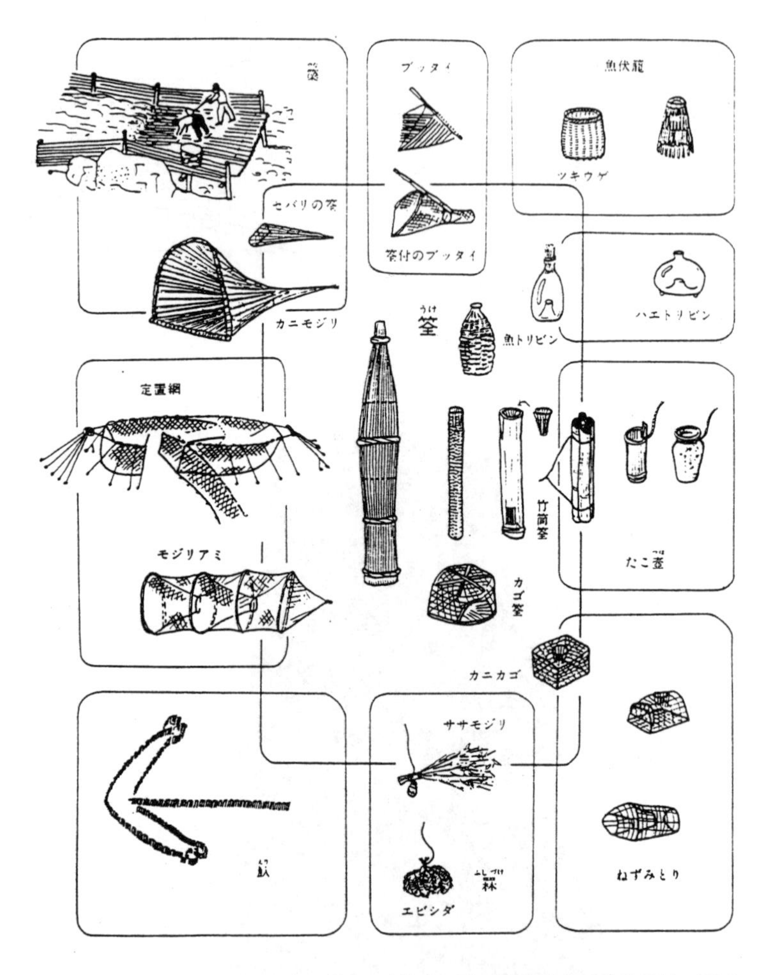

<도면 18> 일본의 민속예에 보이는 담수어로구(沼津市歷史民俗資料館, 1981)

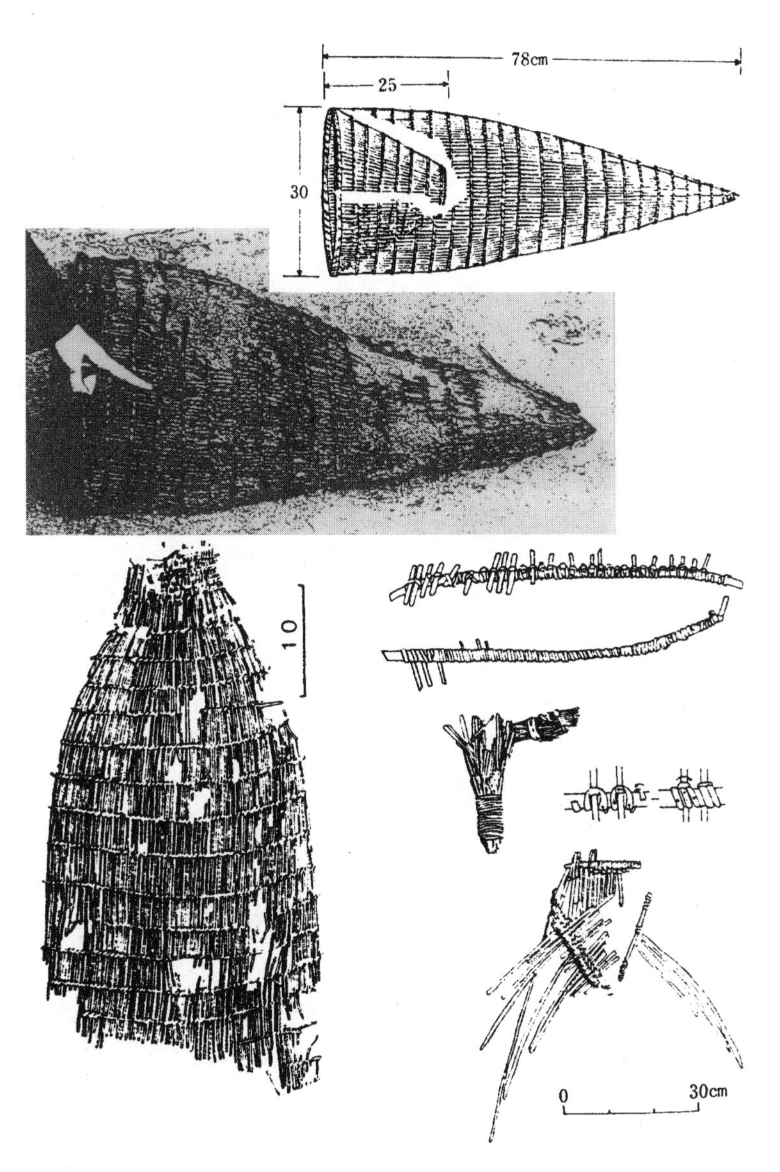

<도면 19> 일본의 유적출토 통발(沼津市歷史民俗資料館, 1981, 축적부동)
상 : 일본 大阪府山賀유적 출토품과 그 구조모식도(미생시대 전기의 자연하천에 설치)
하좌 : 일본 福岡縣辻田유적 출토품. 하우 : 일본 靜岡縣伊場유적 출토품(奈良시대)

있다.

통발은 대나무로 만드나 대나무 입수가 어려운 곳에서는 나뭇가지 등을 이용해 만드는데, 형태는 다양하나 공통적인 것은 담수어의 전진 방향으로 입구를 두고 한번 들어가면 빠져나오기 어려운 구조로 되어 있다는 점이다. 통발 내에는 유인미끼를 넣는 경우와 그렇지 않은 경우가 있으며, 설치후 사람이 강제적으로 담수어를 통발속으로 몰아 넣기도 하나 대개는 자연 상태에 맡겨 둔다. 설치시에는 무거운 돌을 얹어 두거나 말목을 박고 끈으로 고정시켜 두기도 한다. 그리고 통발은 단독사용의 경우도 있으나 어망이나 簗(箭)과 set로서 이용하는 경우도 있다.

통발사용 어획대상어류는 일반적으로 다양하나 특정 어류나 게 등을 대상으로 한 것도 있다. 그러나 대개는 농경민이 자가소비를 목적으로 행하는 것이 일반적이며, 제작과 사용이 간단하다. 즉, 통발은 설치 이후에 별다른 노력이 필요없어, 예를 들면 논농사시에 논과 집으로 오갈 때 설치해 두거나 거두어 들이면 된다. 따라서 논농사와 결합된 하천어로구, 논어로구로서도 자리매김할 수 있는 것이다.

⑥ 가리(魚伏籠)

통발이 고정·함정식 어구인데 비해, 가리는 사람이 직접 들고 다니면서 물고기가 있을 만한 곳에 덮어 씌운 다음 위에서 손을 집어 넣어 끄집어 내도록 되어 있다. 형태는 통발과 비슷하나 위 아래가 관통되어 있으며 물이 탁한 곳에서 사용한다.

중국의 漢代에 이미 그 예가 알려지고 있으며 동남아시아의 濁水域에 많이 사용한다고 한다. 우리나라에서는 조선시대의 그림 「천렵」에 가리의 모습이 보인다(도면 20). 민속예에서는 봄철에 못의 물이 줄면 사람이 흙탕을 쳐서 물을 흐려 놓는다. 그러면 이를 견디지 못한 고기들이 물 위로 떠오를 때 먼저 가리에 가두었다가 손으로 집어내는데, 붕어·가물치·메기 등을 잡는다고 한다.

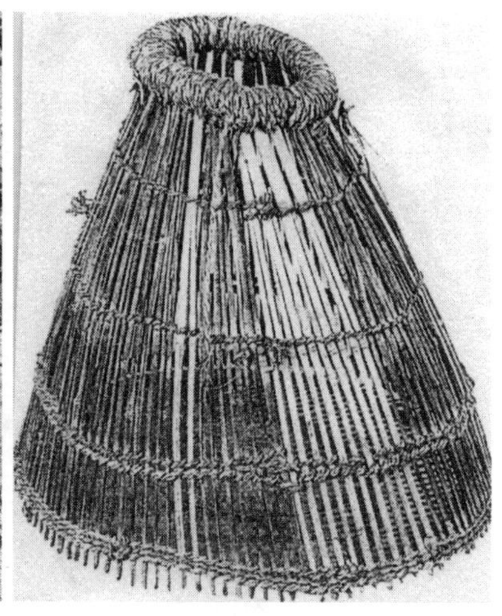

<도면 20> 조선시대 회화와 민속예의 가리
좌 : 김득신의 「천렵」의 가리. 우 : 민속예의 가리

⑦ 簗(箭)

하천의 물흐름 방향과 교차되게 설치하는 定置어로시설로, 『삼국사기』 고구려 본기에 이에 관한 기록이 몇 보인다. 고구려 주몽의 탄생설화에 나오는 「梁中魚」(단, 바다인지 하천설치인지는 불명), 유리왕 21년(AD 2)의 압록강 일대의 어별관련기록, 영양왕 24년(613)조에 "수양제가 흙을 담은 푸대 백여 만 개를 쌓아올려 너비 30보에 이르는 성곽 높이의 어량식(魚梁式) 굴 길을 만들었다"는 기록 등이 그것이다. 이 어량이란 이름은 고려를 거쳐 조선시대 초기까지 이어져 내려오다가 성종때(1469)부터 '漁前' 또는 '漁箭'으로 바뀌었다. 이는 돌이나 흙으로 쌓은 살을 대나무나 잔나무로 대신하게 된 데에 따른 것이라 한다.

그런데 아직 우리나라에서 어량에 관한 유적 확인예가 없어 그 실상을 알 수 없으나, 일본에서는 미생시대 후기의 愛知縣 朝日유적에서 자연하천내 약 6m 구간에 걸쳐 하천소상어류를 포획하기 위해 말목을 박고 網代로 둘러 막은 어량이 확인된 것을 비롯해, 승문시대부터 중세에 이르기까지 여러 유적에서 확인되고 있다(田中禎子, 1989). 그리고 『일본서기』 신무기에 '梁'이라는 표현이, 천무기에서는 '比彌沙伎理梁'이라는 표현이 각각 보이며, 그림 石山寺 緣起에서는 宇治川에서 설치된 어량의 모습이 표현되어 있다. 우리나라에서도 하천역의 발굴시 검출될 가능성이 있다.

3) 하천어로의 유역별·어류별 어구어법

이외에도 현재의 담수어를 대상으로 한 어구어법도 가야의 하천어구를 이해하는 데 도움이 될 것 같다. 가야의 故地인 경남의 담수산어류(일부의 소하성어류 포함) 90종의 생리생태와 하천의 상·중·하유역별 각종 어구어법을 정리한 것이 <표 12, 13>이다.

먼저, 어류의 성체 크기와 어구어법과의 관계를 검토해보면 10cm 미만의 소형어류는 쪽대, 뜰망, 망 등의 비특정 어구어법에 의해 포획되는 경우가 많은 것 같으며, 사용되는 어구어법이 비교적 단순하다. 이에 비해 10cm 이상의 어류에 대해서는 상대적으로 어구어법의 종류가 다양해지며 어떤 특정 어구어법 중심이라는 경향을 보이지 않는다.

한편, 하천의 상·중·하류역별로 보면, 상류역 중심 서식어류는 총 13종으로 어종수가 그리 많지 않다. 어류의 성체 크기도 연어, 송어 등을 제외하면 10~19cm급 정도이며, 망어, 낚시어법, 자돌어법, 도약받이를 포함한 유인어법 등이 구사되나 비교적 단순하다. 단 가야에서는 확인되지 않는 낚시어법 등이 포함된 점이 주목된다.

중류역 중심 서식어류는 총 38종으로 가장 많다. 게다가 어류의 성체 크기도 소형에서 대형까지 다양하며, 망어, 낚시어법, 자돌어법 이외에도 다양한 어구어법이 구사되며, 담수어류 관련 어구어법 대부분이 확인되고 있다. 또 논에 소상·산란하는 어종도 11종이나 확인되고 있는 점도 주목된다. 개인~소수인 중심 어로에 어획물의 자가소비성 어로 이외에도 전업 어로민의 존재도 상정된다.

하류역을 중심으로 서식하는 어류수는 10종으로 가장 적다. 이는 하류역이 바다로 점이해 가는 구간이어서 담수산 어류가 상대적으로 감

<표 13> 현재 알려진 어구어법과 어획 대상 담수어류

어구어법		어획대상어류
망사용 내지는 유사 어구어법	망 어	연어·송어·메기·잉어·붕어·은어·누치·모래무지·가물치·황어·줄공치·싱어·숭어·학공치·농어·뱅어류
	거랭이	붕어·미꾸라지 등
	반 두	기름종개·꾹저구·메기·둑중개·붕어·피라미·밀어·잉어·모래무지·미꾸리·미꾸라지·검정망둑
	훑이불(흡착)	밀어
	바구니뜨기	학공치
낚 시		쉬리·버들치·갈겨니·돌고기·피라미·메기·뱀장어·붕어·은어·잉어·누치·모래무지·치리·살치·가물치·숭어·학공치 등
자돌구 관련 어구어법	작 살	갈겨니·연어·송어·메기·붕어·잉어·눈동자개·누치·모래무지·가물치·숭어
	톱사용	메기·붕어·잉어·미꾸리
	칼 퀴	뱀장어
유인·함정 어구어법	섬	연어·송어·붕어·가물치
	통 발	연어·송어·메기·뱀장어·붕어·미꾸리·미꾸라지·문절망둑·가물치
	죽 통	뱀장어
	보 쌈	송사리·붕어· 가물치 등
기타 어구어법	도약받이	연어·송어·붕어·은어·잉어·황어
	가 리	메기·붕어·잉어·문절망둑·가물치
	충격어법	피라미·붕어·숭어·열목어
	발로차기·밟기	은어·모래무지
	맨손포획	피라미·메기·뱀장어·붕어·은어·잉어·모래무지·미꾸리
	잠수어법	잉어·눈동자개
	가마우지 이용	잉어
	독약 사용	붕어
	기 타	잉어

소하기 때문이다. 또 어류의 성체 크기도 다양하나, 유인어법, 쪽대·뜰망사용, 톱사용 등은 소멸하고 특정 어구어법에 집중되고 있다. 이는 특정의 몇 종류 어류가 포획대상이 되며, 어로의 규모가 커지고 있음을 시사하고 있다. 그리고 이미 상·중류역에 보이는 어획물의 자가소비의 범주를 벗어나 판매·교환·공물 등을 목적으로 하는 것이었을

<표 14> 하천유역별로 본 담수어로의 추정모식도

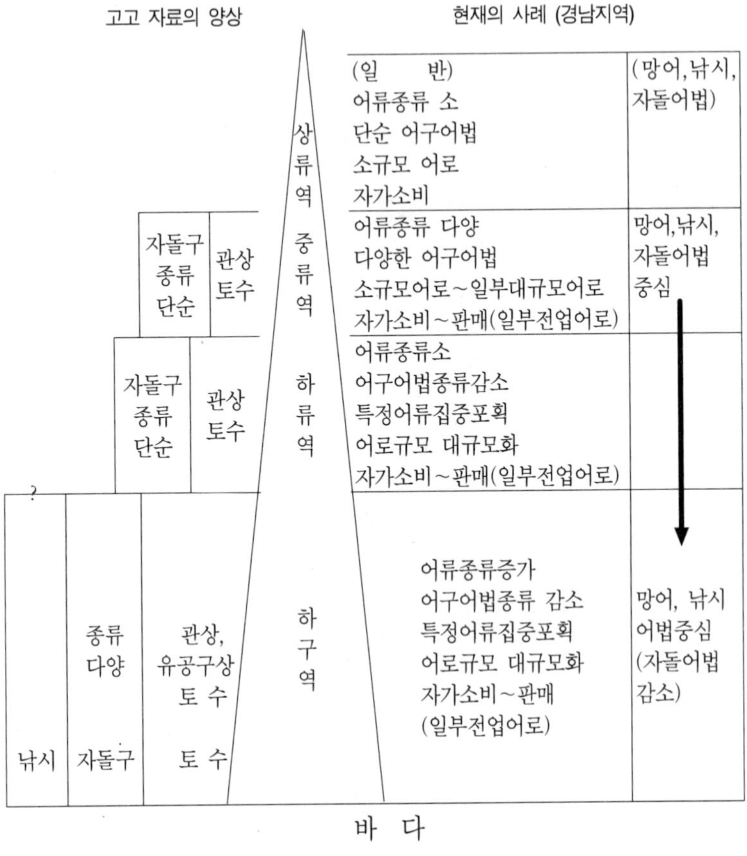

고고 자료의 양상				현재의 사례 (경남지역)	
			상류역	(일 반) 어류종류 소 단순 어구어법 소규모 어로 자가소비	(망어,낚시, 자돌어법)
	자돌구 종류 단순	관상 토수	중류역	어류종류 다양 다양한 어구어법 소규모어로~일부대규모어로 자가소비~판매(일부전업어로)	망어,낚시, 자돌어법 중심
	자돌구 종류 단순	관상 토수	하류역	어류종류소 어구어법종류감소 특정어류집중포획 어로규모 대규모화 자가소비~판매(일부전업어로)	↓
? 낚시	종류 다양 자돌구	관상, 유공구상 토 수 토 수	하구역	어류종류증가 어구어법종류 감소 특정어류집중포획 어로규모 대규모화 자가소비~판매 (일부전업어로)	망어, 낚시 어법중심 (자돌어법 감소)

바 다

지도 모른다.

하구역 중심의 서식어류는 총 28종으로 하류역의 2배 이상이다. 이는 하구역에는 담수역과 해수역의 점이구간이어서 담수어류뿐만 아니라 해수어류의 서식역 확대나 산란 회유 등도 있기 때문으로 보인다. 어류의 수가 많은 데 비해 어구어법의 수는 상류역·하류역과 크게 다르지 않은 것은 망어법과 낚시어법의 집중과, 어로의 규모의 대규모화, 특정어류들에 대한 집중 포획의 결과로 보인다. 자돌어법의 감소도 눈에 띈다(표 14).

4) 하천어로의 어기(漁期)

하천어로의 어기는 대개 다음과 같은 조건에 따라 결정된다.

먼저, 일생동안 서식범위가 비교적 한정되는 어류는 특정어기라는 것이 없이 연간어로가 가능하다.

다음, 하천어로의 집중시기는 수온이 20℃ 가까이까지 올라가 어류의 활동이 활발해지는 5~10월, 그 가운데서도 산란기인 5~7월말 무렵인 것 같다(강언종 선생님 도움말씀). 이 무렵은 더욱이 장마기로 크고 작은 하천이 범람해 수역화(水域化)하면 잉어과 어류 등은 거슬러 올라와 산란하므로 이때가 어기가 되는 것이다. 內山純藏이 서울 암사동 유적의 하천어로를 복원 추정하면서 제시한 장마기의 한강유역 범람과 하천어로의 관련성은 한강유역뿐만 아니라 남강, 낙동강, 밀양강 유역 등에서도 확인되는 보편적인 것이다(도면 21).

낙동강 하류역인 부산 강서구 강동동 천자도 마을에서는 장마기에 물이 불어난 농수로에서 반두 등으로 미꾸라지를 잡는 조선일보 1997년 7월 7일자의 모습이나, 또 그해 7월 17일 국제신문에 실린 부산 강서구 녹산동 농수로에서 비를 맞으며 미꾸라지 통발을 설치하는 모습은 이를 반영한다(도면 22). 여름 장마에 물이 불어난 하천을 통해 농수로나 논으로 담수어가 소상하게 되고 이를 기다려 (농한기의) 농민어로가 이루어지는 것이다.

남강수계의 진주 장흥리 유적 부근 일대를 흐르는 소하천은 남강과 합류하는 지류인데 여름의 홍수로 범람하게 되면 유적지 일대는 완전 수몰되어 범람원화하게 된다. 이때 남강 본류에서 잉어 등의 어류가 이 소하천으로 거슬러 올라오는데 이때가 농민들에게는 절호의 어기가 된다고 한다(현지주민 전언). 일시적으로 마을민 모두가 행하는 집단어로인 셈이다.

그런 한편으로 산란기에도 비활동성인 어류는 위와 같이 일률적으

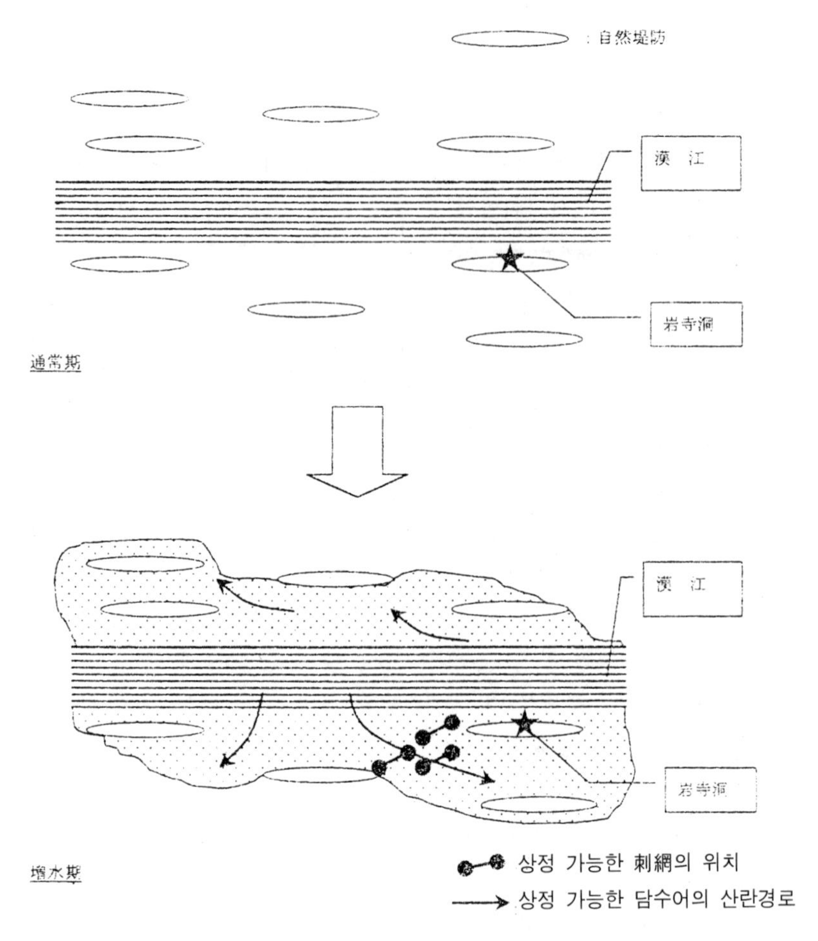

<도면 21> 서울 암사동 유적과 한강의 홍수 범람에 따른 하천어로 전개 모식도(內山純藏, 2001)

로 고려하기 어려우며, 바다와 하천을 오가며 산란하는 어류는 이 산란회유시기가 곧 어로의 시기가 된다. 연어, 송어가 11~1, 2월, 은어는 9~10월, 싱어, 농어, 황어, 황복, 칠성장어 등은 3~4월이 어기이다.

다음, 담수어의 漢字名이나 詩 속의 담수어를 통해 어기를 알 수 있는 경우도 있다. 미꾸라지가 鰍魚로 표기되므로 가을이 어기라는 것을

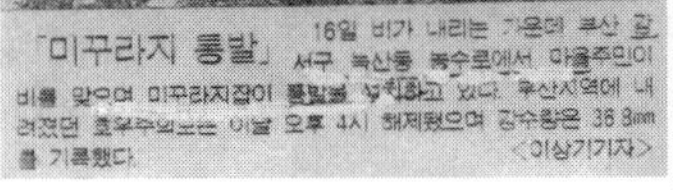

<도면 22> 여름장마기의 농수로에서의 농민어로(낙동강 하구역)

좌 : 부산 강서구 녹산동 농수로 설치 미꾸라지 통발(국제신문, 1997. 7. 17)
우 : 부산 강서구 강동동 천자도 마을앞 농수로에서 반두로 미꾸라지 포획(조선일보, 1997. 7. 7)

알 수 있는 것도 한 예이다(강언종 선생님 도움말씀).

5) 담수어의 처리 · 조리, 가공

담수어는 쉽게 鮮度가 떨어지기 때문에 일반적으로 장기보존이 어렵다. 또 자가소비를 원칙으로 하며 살아있는 담수어를 유통대상으로 하므로 유통범위 또한 제한적일 수밖에 없다. 『삼국사기』 고구려 본기에 城內池中에서 양식한 잉어를 수초에 싸서 운반하는 것도 선도유지가 어려운 담수어의 특성을 잘 반영하고 있다.

그런데 훈제, 식혜는 비교적 장기보존이 가능한 방법인데, 밀양지역에서는 은어를 훈제한 사례가 있다. 또 일본에서는 쌀밥과 붕어 등으로 식혜를 만들기도 하는데, 이는 平城京跡 출토 목간에서도 확인될 정도로 오래된 것이다. 논농사 문화의 한 요소로서 파악되고 있으나, 왠지 우리나라에서는 담수어 사용 식혜는 아직 알려진 바 없다.

한편 대구 칠곡 3택지 2구역 유적에서는 통일신라시대의 수혈, 구 퇴적물에 대한 기생충란의 분석 결과 회충, 편충, 촌충과 함께 간흡충란(간디스토마)이 확인되었다. 이 간흡충은 담수 우렁이류를 제1중간 숙주로 하고 잉어, 붕어, 참붕어 등의 잉어과 담수어를 제2중간 숙주로 하는데, 이들 담수어를 생으로 혹은 불완전한 조리상태에서 먹었을 때 걸리는 것이다. 따라서 대구 칠곡 3택지 2구역 유적인들은 잉어과 담수어를 먹었을 것으로 보이며, 이를 증명하듯이 동 유적에서는 어종불명의 담수어와 민물조개가 검출되고 있다.

또 요꼬가와 흡충란도 기타의 유적에서 확인되는데 이는 민물다슬기류를 제1중간 숙주로 하고 주로 은어 등의 담수어를 제2중간 숙주로 하는 것으로, 이를 통해 은어를 먹었다고 추정할 수 있다. 감염되면 급성복통, 설사를 유발한다.

이외에도 연어, 송어의 조충류, 미꾸라지 등의 악구충류, 민물게의 폐디스토마 등도 알려지고 있다(鈴木了司, 1982).

2. 논어로

1) 논어로의 성립배경

논은 인간이 자연에 간섭해 만들어낸 半人工・半自然의 小生態系로, 농경뿐만 아니라 어로, 수렵, 채집도 행해지는 복합생업의 무대이기도 하다(표 15). 논의 조성과 운용이란 단지 논농사를 위한 관리장소를 만드는 것뿐만 아니라, 논농사 기간내의 湛水와, 논과 용배수로 더 나아가서는 하천 내지는 저수지 등과 관련되어 광역의 水域환경을 조성한다는 것을 의미한다. 그런데 우리나라를 비롯한 동아시아 각지에서 이 논에 소상・산란・서식하는 담수어류의 존재가 확인되고 있다(최기철, 1983 ; 齊藤憲治 외, 1988 ; 根木修 외, 1992 등). 이들 논 소상·산란·서식어류는 원래 논과 비슷한 자연의 수역에 소상·산란·서식하는 것들이나 논이라는 유사한 수역이 조성됨에 따라 논에 소상·산란·서식하게 된 것으로, 결국은 논농사의 전개 이래로 나타나는 보편적인 현상임을 알 수 있다.

중국 漢代(특히 전한말~서진, BC 1세기~AD 4세기 초두)의 양자강유역이남의 운남, 귀주, 광서, 광동자치구에서는 陂塘·稻田 模型에 개구리, 뱀장어, 우렁이, 草魚, 자라, 붕어, 새, 거북 등의 동물이 묘사되어 있는 것도 이를 방증하는 것이다(渡部 武, 1993, 도면 23).

우리나라에서도 논과 용수로에 소상·산란·서식하는 담수어류로는 피라미, 쌀미꾸리, 메기, 뱀장어, 붕어, 잉어, 흰줄 납줄개, 참붕어, 미꾸리, 송사리, 드렁허리(어린 개체), 미꾸라지 등 12종류가 알려지고 있다. 이외에도 게, 새우, 논우렁이, 말조개 등도 확인된다.

이들 담수어류 가운데 가장 일반적인 것이 미꾸라지로, 비가 오거나 논농사를 위해 논에 물을 대는 시기에 미꾸라지는 산란한다. 그러나 미꾸라지는 논에 소상도 하지만 논에 서식하기도 해 논농사기간 내내 포획할 수도 있고 겨울에도 포획하기도 한다. 미꾸라지는 논 흙속을 파헤치고 다녀 논 흙속의 通氣를 좋게 해 벼의 성장에 도움을 주므로 일부러 논에 넣어 키우기도 하였다. 요즘에는 붕어도 모심기한 후의 논에 방류해 키우는데 병충해 방제, 시비·제초효과를 노린 것이다. 논농사 전개 이래로 있어 왔던 담수어의 소상·산란·서식과정에서 자연히 방제되던 것이 최근에 다시 유기농법, 천연 농법, 자연 농법의 도입이라는 기치 아래 인위적으로 도입된 것이다.

2) 논어로구

논어로구에 대한 가야의 사례는 아직 알려진 바 없으나, 일본 大阪府 長原 유적 논유구에서 철제 고정식 자돌구(길이 12cm의 역자있는 二枝槍)가 출토된 바 있으며, 중국의 四川省출토 후한대의 陂塘·稻田 模型 가운데에는 陂塘의 수문쪽에 설치된 捕漁具나 논 모서리 부

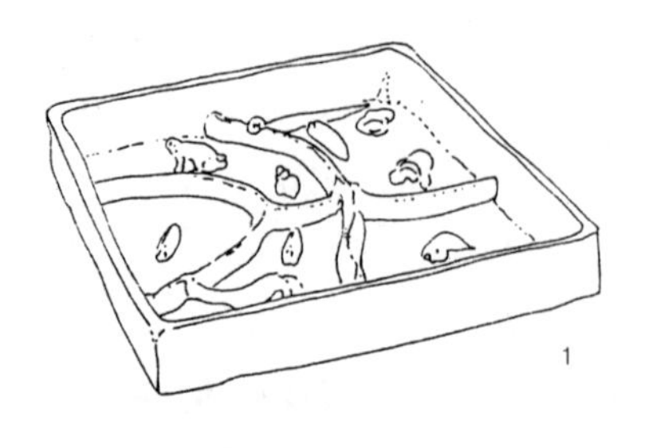

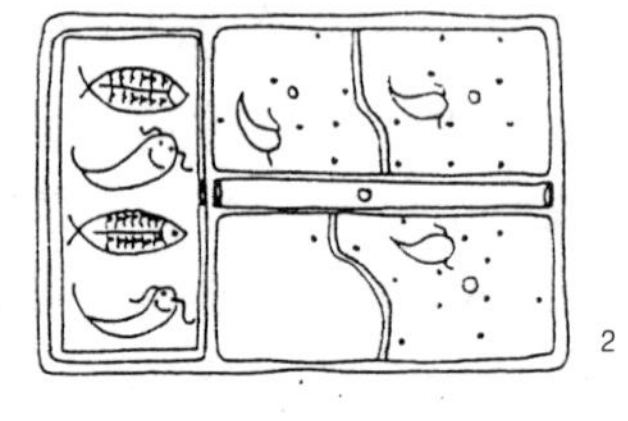

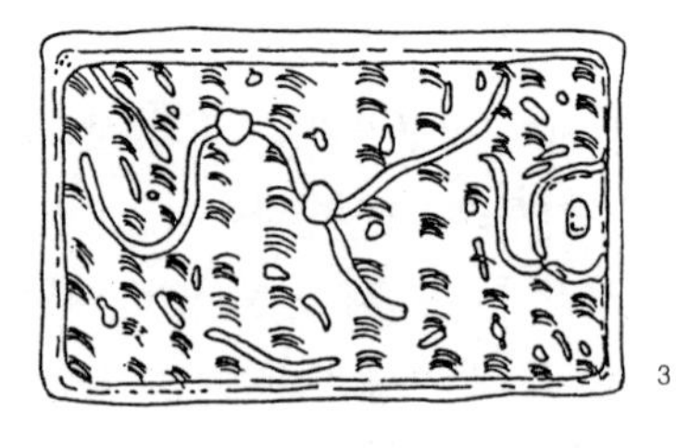

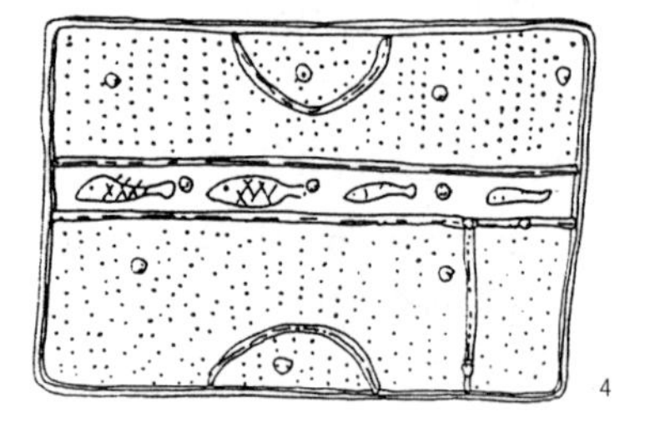

<도면 23> 중국후한대 저수지·논모형 明器에 보이는 논·농수로·저수지의 담수어류와 기타 동식물(渡部武, 1993)

1. 陝西省勉縣老道寺後漢4号墓出土綠釉陶製水田模型(논내에 개구리, 뱀장어, 논우렁이류, 초어, 붕어, 자라)

2. 四川省彭山縣後漢崖墓出土 陶製陂池稻田模型(논내에 메기 3마리)

3. 四川省西昌市後漢6号磚室墓出土陶製水田模型(논내에 담수어, 자라, 새, 蓮, 菱角)

4. 四川省新津縣寶子山出土 後漢代陶製水田模型(논의 우렁이류와 농수로의 담수어와 논우렁이류)

분의 깔대기 모양 도구의 예도 있다(도면 24). 이 가운데 후자의 깔때기 모양 도구에 대해서는 논의 기경·써레질시에 관개배수 조절 누수구(漏水口)로 설명되기도 하나, 논의 수구로 보이는 모서리에 있는 데다가 깔때기 모양 도구의 입부분이 논 안쪽으로 설치된 점에서 보아, 논에 물을 댈 때 소상해 왔던 담수어류가 기경·써레질하면서 생기는

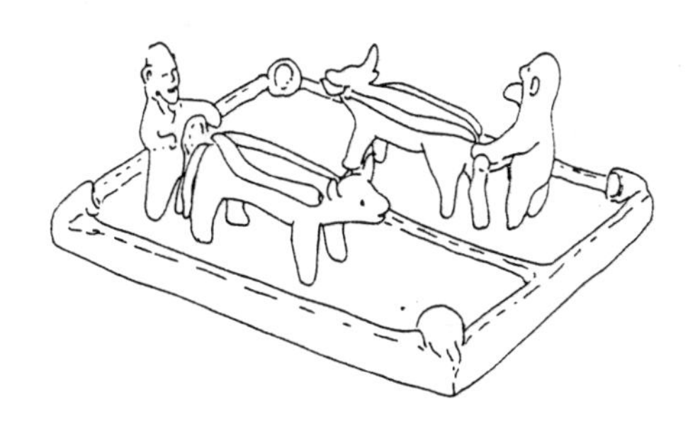

環境要因の利用 / 時期	水流の利用 (魚の生殖行動、その他)	水温差の利用 (魚の生理的要求)	餌による誘導 (魚の捕食行動)
田植え前 (取水) ↓ 稲の花の咲く頃 (土用)	魚 ノボリ 水流 尻水口(排水)	暖水 冷水	水は掛け流し
稲の花の咲く頃 (土用) ↓ 稲刈り前 (排水)	水口(取水) クダリ 筌	—	—
稲刈り後 ↓ 苗代作り	—	—	深み ドブッタ(止水期)

<도면 24> 중국과 일본의 논어로구

상 : 廣東省連縣附城龍口西晉墓出土陶製犁田耙田模型(하나의 논면에 각각 2개의 통발(?)설치모습, 渡部武, 1993)

하 : 일본의 민속예에 보이는 논에의 통발설치 기본pattern 모식도(安室知, 1998)

흙탕물을 피해 달아날 때 이를 포획하기 위해 설치한 통발(筌) 같은 것으로도 볼 수 있을 것 같다. 논에서의 농작업시에 수구쪽에 통발을 설치해 담수어류를 포획하는 민속예가 일본에서 알려지고 있기 때문이다(安室知, 1998 등).

3) 일본 민속예에서 본 두 종류의 논어로

논은 水利・水文조건에 따라 건답~(강)습답으로 나뉘어지며, 이에 따라 논어로의 세부 및 성격이 달라지며, 같은 논이라도 농번기와 농한기 간에도 어로의 세부와 성격이 달라진다(安室知, 1998).

먼저, 건답~반건답에서의 물관리체계는 논에 물 대는 시기(4~9월)와 물 빼는 시기(10~다음해 3월)로 크게 구분되며, 이를 못자리 조성시, 논기경전후, 모심기 시기의 물대기, 논 제초시의 물대기, 물빼기, 물대기, 7월 무렵의 논 건조기 전후의 물빼기, 그리고 그 직후의 물대기, 9~10월 수확전의 물빼기 등으로 더욱 세분할 수 있다. <표 16>은 일본의 민속예에서 논의 농작업과 물의 대고 빼기 시점에 맞춘 논어로의 내용을 정리한 것이다.

이 논어로는 벼의 재배단계, 즉 논농사의 세부적인 과정에 맞추어 행해지는 것으로 논농사라는 틀 속에서 행해지는 농민어로, 도작민의 어로의 전형적인 한 모습인 것이다. 동시에 앞서 언급한 하천어로와 함께 담수어로의 논농사에의 內部化라고 표현할 수 있을 것이다(安室知, 1998). 그리고 이때 사용되는 통발은 농민이 자가 제작하며 농작업시에 논으로 오가는 동안 설치하고 걷으면 되므로 시간과 노력을 절약하면서도 훌륭한 찬거리를 마련할 수 있는 것이다.

한편, 논농사에 내부화하지 않고 병립하는 논어로도 있다고 한다(安室知, 1998). 대하천의 배후습지나 호소성 소택지 연변에 조성된 습답~강습답이 장마기의 홍수 등으로 완전 수몰했을 때의 논어로가 그러하다. 대하천이나 대소하천의 합류점 부근에 생기는 배후습지 내지는 소택지 가까이에 조성된 습답~강습답은 여름 장마기뿐만 아니라

<표 16> 일본 민속예에 보이는 논농사와 어로 (安室知, 1998)

계절·농작업		논의 상태	대상 어패류	어구어법	어로·채집 주체
4~5월 논기경	논기경전 강우	담수상태	논흙속의 논고동이 기어나온다	맨손포획	논 소유자 (경작자)
	논 기경	습기	기경하면서 논흙속에 있는 미꾸라지 포획	맨손포획	논 소유자 (경작자)
	논 못자리 조성	못자리조성을 위한 취수	논 우렁이	맨손포획	논 소유자 (경작자)
6월 논 모내기		취수	산란시 논으로 소상하는 붕어, 미꾸라지	붕어-밤에 작살사용포획 미꾸라지-논의 취배수구에 筌설치 포획	논 소유자 (경작자)
7월 논 제초		취·배수	미꾸라지	논의 취배수구에 筌설치 포획	논 소유자 (경작자)
7~8월 논 배수		습기	미꾸라지, 붕어	논의 배수구에 筌설치포획	논 소유자 (경작자)
8월 논 취수		담수	논 가운데 회유어	논 가운데 筌설치포획	논 소유자 (경작자)
9월 수확전		배수	미꾸라지	논 배수구에 筌설치포획	논 소유자 (경작자)
		보(洑), 웅덩이의 해체준설	잉어,붕어,뱀장어등	보, 웅덩이 등의 물을 퍼내고 포획	마을공동 내지는 입찰참가
10월 수확후 강우		담수	미꾸라지	논의 배수구에 筌설치포획	논 소유자 (경작자)

약간의 비에도 수몰되면 이미 논으로서의 기능을 상실하고 오히려 담수어로의 무대, 즉 漁場으로 변해 버린다. 이때 산란기를 맞은 담수어(잉어과 등)는 수몰지구의 연변부에 있는 논까지 올라와 산란하게 된다. 논에 심은 벼는 수몰되거나 담수어가 어린 벼까지도 먹어 치워버리기도 해 물빠진 뒤의 논에는 벼 한포기조차 살아 남지 못하는 경우도 있었다. 벼가 전멸해 버리면 대체작물로서 피를 심기도 하지만 농

민에게 그리 큰 손해는 없다. 논의 수몰로 인해 논은 이미 논이 아닌 어장이 되며, 이를 무대로 한 담수어로의 이익이 어떤 형태로든 생계에 보탬이 되기 때문이다. 이런 논을 가진 농민들은 때로는 쌀보다는 魚 쪽에, 밭작물에 더 기대를 걸게 되는 것이다. 어쨌든 이런 논에서의 어로는 건답~반건답의 어로와는 달리 어기구분이 별로 없고 통발 이외에도 비교적 다양한 어구어법이 구사되며, 대상어류의 생태나 어장조건에 따라 때로는 대규모 어구어법이 구사된다고 한다. 물론 이때의 어로는 어떤 의미에서는 논농사의 논리와 병립하는 어로의 논리로서 이루어지는 것이다.

3. 담수어로의 생업내 자리매김 - 농민어로의 입장에서-

지금까지 농경이 생업의 중심이었다고 추정되는 가야의 내륙부 유적을 중심으로 하천어로, 논어로가 존재했을 가능성을 타진해 보았다. 그리고 이들 담수어로는 그 실시주체가 농민층임은 민속예를 통해 알 수 있다.

그런데 고고자료로서 농경+담수어로의 복합형태를 엿볼 수 있는 예로는 대구 칠곡 3택지 2구역 유적을 들 수 있다. 가야의 영역 밖인데다가 통일신라시대이기는 하나, 수혈과 구에서 회충, 촌충, 편충과 함께 간흡충란이 확인된 데다가 종류 불명의 담수어, 담수패류 등도 검출 됨으로써 대구 칠곡인이 담수어로를 행했으며 잉어과 어류를 먹었음을 알 수 있다.

더욱이 이 유적은 팔계천이 형성한 선상지성 곡저평야의 일각에 위치한 유적의 하나로, 동지역에는 삼국시대의 논, 밭, 대규모의 하천치수·이수시설, 보(洑) 등이 확인된 대구 동천동, 동호동 유적 등이 인접하고 있다. 따라서 대구 칠곡인들은 농경을 행하면서도 담수어로도 행하고 있었다는 것을 알 수 있다.

그런데 이들 유적이 위치하는 선상지성 곡저평야(黃相一, 2000)는 가야의 내륙부 곳곳에 보이는 꽤 보편적인 지형이므로 가야의 내륙부 유적에서도 대구 칠곡인과 같은 농경+담수어로라는 생업복합이 존재했을 가능성은 충분히 있다고 생각된다.

한편, 농경+담수어로 내지는 농경민이 행하는 담수어로의 구체적인 내용에 대해서는 민속예가 참고가 될 것 같다. 농경민의 담수어로에 사용되는 어구어법으로는 맨손 포획, 쪽대, 반두, 통발(筌), 가리, 투망 및 자망 등이 있으나, 주로 사용하는 어구어법은 1~수 종 미만의 단순한 것으로 알려지고 있다. 어로대상 어류로는 미꾸라지, 붕어, 메기 등으로 비교적 그 종류가 적고 대개는 자가소비를 목적으로 한다. 단, 때로는 작은 저수지, 보, 용수로 등에서 마을 단위로 행해지는 경우도 있었다고 한다.

이러한 농경민어로는 어기, 어장, 어구어법이 논농사의 제단계에 적절히 대응해 이루어지는 것이 특징이며, 이때의 어로는 논농사에의 내부화(內部化)로 파악될 수 있다. 즉, 논농사가 타 생업부문을 제치고 단일화(특화)되어갈 때 타 생업부문의 시간, 공간, 노력 3요소 모두는 논농사에 수렴되어가는 형태로 존재하는 것이다(安室知, 1998). 그리고 이러한 논농사의 단일화와 타 생업부분의 논농사의 내부화는 논농사에 내재하는 잠재력뿐만 아니라, 필요 동물성 단백질을 얻기 위한 담수어로, 수렵, 조류사냥과 같은 타 생업부문을 복합적으로 구성함으로써 비로소 가능했던 것이다(도면 25).

끝으로 농경민의 담수어로와 관련되는 풍경을 조선시대 金得臣의 그림 風俗八曲屛의 한 장면에서 연상해보고 싶다. 산 자락의 끝 내지는 낮은 언덕 위에 잎이 무성한 나무 두 그루가 서 있고 남녀 여럿이 앉아 식사를 하고 있다. 점심인가 농작업간의 새참인가. 언덕 아래에는 모내기(?)를 한 논과 먹이를 찾는 새들이 보인다. 논들의 아래에는 개울이 보이고 나무와 풀로 개울물의 흐름을 막은 보(洑) 같은 웅덩이 안에서는 가리로 고기잡이에 몰두한 사람이 둘 보인다. 서둘러 밥을 먹은 뒤 이날 저녁의 찬거리를 마련코자 함이었을까. 그 뒤에 보이는 그물 같은 것이 무엇인지는 모르겠다. 개울을 막은 돌 위를 건너가려

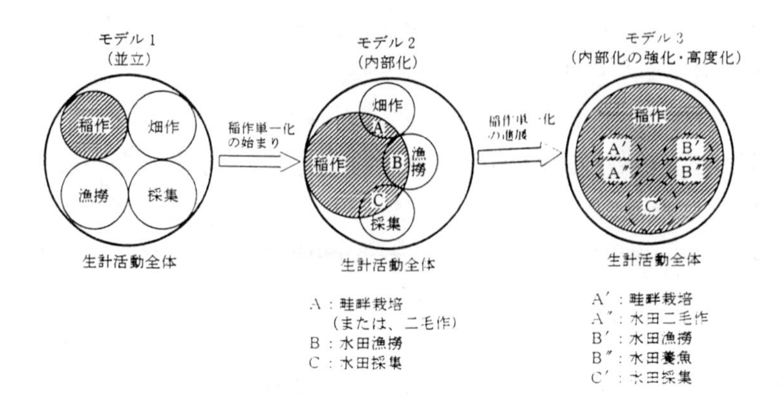

<도면 25> 논농사 지역에 있어서 생계유지시스템의 역사적 전개(安室知, 1998)

는 부채를 든 노인과 아이도 보인다. 아마도 초여름~여름의 논농사 기간 중에 틈을 내어 담수어를 잡는 농경민의 어로 풍경으로, 가야의 논농사지대에서도 이런 풍경을 볼 수 있지 않았을까(도면 26).

V. 수렵

1. 육상 동물의 수렵

1) 육상 수렵동물의 종류

가야의 유적에서 확인되는 육상 수렵동물은 11종류로, 사슴류, 노루, 멧돼지, 곰과 등의 대형동물과, 수달, 너구리, 오소리, 족제비, 쥐과 그리고 파충류, 양서류 등의 중소형 동물로 구성된다(표 17). 그러나 전반적으로 신석기시대 유적에 비해 종류수가 적으며, 특히 신석기시대 유적에서 보이던 삵, 여우, 산달, 검은 담비 등은 확인되지 않는다. 원래 서식개체수가 적었거나, 경계심이 강하고 사람의 인기척이 적은 곳에 서식해 포획하기 어려웠기 때문으로 추정된다.

한편, 가야에서는 한 유적에서 확인되는 종류는 2~3종류에서 5~7

<도면 26> 조선시대 회화에 보이는 농민어로(김득신의 「風俗八曲屛」, 『韓國의 美 19-風俗畵』, 1985)

종류 정도인데, 신석기시대의 그것과 큰 차이를 보이지 않는다. 게다가 사슴류, 노루, 멧돼지, 곰과, 수달, 너구리, 오소리, 족제비 등은 신석기시대에도 집중포획 동물이었다. 이들 동물을 대상으로 하는 수렵활동지역이 변함없이 유적주변의 평야 및 주변구릉지대였기 때문일 것이다.

이들 집중포획 동물군 가운데 사슴류, 멧돼지가 특히 주포획 대상이었던 것은 대형동물이라서 마리당 얻는 肉量이 많고(숫컷 멧돼지는 한 마리당 대략 50~150kg 정도), 뿔, 뼈, 이빨 등은 신석기시대 이래로 다양한 도구제작 재료이자 의례용으로 이용되는 동물이기도 하였기 때문이다. 또 신라가 왜에 보낸 물품 가운데 하나가 사슴 가죽(天武 10年 10月)이 포함되어 있듯이 모피로서 이용되기도 한 동물이었다.

더욱이 사슴류, 멧돼지는 인간과 서식영역을 공유하고 있는 데다가 농경지나 재배작물을 망치는 害獸로 인식되어 구제해야 할 필요성도 있었다. 일본의 『播磨風土記』에서는 사슴이 전답을 망치는 해수이므로 포획 구제하는 경우도 있었다는 기록은 이를 방증하는 것이다.

사슴류, 멧돼지와는 달리 곰과, 수달, 너구리, 족제비, 오소리 등은 그 종류별 개체수는 많지 않다. 수렵의 주대상이 아니었던 데다가, 모피의 획득이나 사육가축인 닭 등을 노리는 害獸로서 구제하는 데 그치는 정도였기 때문일지도 모르겠다.

신석기시대 이래로 확인되는 쥐과, 집쥐, 등줄쥐 가운데 집쥐는 민가 내부나 창고, 야외의 논 밭둑 등에 살며, 등줄쥐는 산림과 농경지의 경계부근인 풀밭 등에 서식한다. 이들 종류는 특히 청동기시대 이래로 농경의 전개와 인간의 정주·정착 생활에 따라 급격히 증가했을 것으로 추정되는데 인간에게는 害獸이자 식료이기도 하였다.

2) 수렵구·수렵시설

육상 수렵동물에 대한 수렵구, 수렵시설로는 화살, 자돌구, 덫 및 함정, 망 등이 사용되었으며, 문헌기록을 통해서는 더욱이 개나 매 같은 수렵보조구도 알려지고 있다.

① 화살, 창

신석기시대의 서포항유적 출토 사슴 다리뼈에 석촉이 박힌 채로 검출된 사례에서 보아(金建洙, 1999), 가야에서 확인되는 골촉, 철촉도 주요 수렵구의 하나인 것은 분명하다. 화살은 빨리 움직이는 동물을 원거리에서 포획하는 수단으로서 평가되지만 창보다는 가벼워 나뭇가지나 잎에 스치는 정도로도 빗나가 버려 살상력면에서는 한계가 있다. 이 때문에 화살은 새나 소형동물, 상처에 약한 사슴 등이 주대상이었던 모양이다.

그런데 일본의 愛知縣 朝日유적에서 확인된 사슴(頸椎骨)에는 석촉이 박혀 있기는 하나 석촉 주변의 뼈가 증식하고 있는 것으로 보아 치명상을 입히지는 못했던 것 같다. 멧돼지도 화살로 수렵하는 예는 있으나, 털과 가죽이 튼튼하고 상처에 대한 저항력이 커서 화살은 그리 적절한 수단은 아니었던 모양이다.

때문에 울주 반구대 암각화에서는 창으로 멧돼지를 잡는 모습이, 경주 출토 견갑형 동기에는 창에 꽂힌 사슴의 모습이 각각 표현되어 있는 것도 이러한 정황을 시사하는 것으로 생각된다(도면 27).

② 덫류

덫류는 작동원리, 대상동물, 지역, 계절에 따라 다양한 것이 알려지고 있으며, 고고자료로서는 진주 대평리 옥방 1지구 유적 128호 청동기시대 수혈유구를 함정(陷穴)유구로 고려하고 싶다(도면 28). 평면타원형에 수혈 바닥에는 끝을 뾰족하게 가공한 나무를 박고 있다. 우리나라의 민속예에서 함정은 위는 좁고 아래로 내려갈수록 넓게 파며, 빠진 동물이 뛰어 올라올 수 없을 정도의 깊이로 판다. 멧돼지가 파헤쳐 무너뜨린 벽의 흙으로 구덩이를 메우고 달아나는 일이 있기 때문이다. 또 바닥에는 참나무로 깎은 여러 개의 창을 박아 놓기도 하는 모양

<도면 27> 사슴사냥법 · 사냥도구

상 : 울주반구대 암각화　하좌 : 견갑형동기(兪炳一, 1998)
하우 : 일본 승문시대 佐賀패총출토 鹿笛(古門雅高, 2001)

<도면 28> 진주 대평리 옥방 I 지구 유적의 추정 함정유구(128호수혈유구, 청동기시대, 경남고고학연구소 조사, 慶尙南道·東亞大學校博物館, 1999)

이다. 설치 위치는 대상동물이 다니는 통로에 설치하며, 함정의 입구는 나뭇가지나 잎으로 덮어 위장한다.

함정은 사슴이나 멧돼지가 떨어질 때까지 기다리는 경우도 있으나 활 또는 개를 이용해 몰아 넣는 방식도 생각해 볼 필요가 있다(일본 승문시대의 예). 일반적으로 함정은 중소형 동물도 대상으로 하나 주로 사슴류, 멧돼지가 주대상이다. 농경지와 재배작물을 망치기 때문인데, 진주 대평리 옥방1지구의 추정 함정 유구도 이러한 배경하에 설치되었을 가능성도 있다. 또 일본의 민속예에서는 함정에 떨어진 동물은 죽여서 잡기도 하나, 살려서 가축화하기 위해 포획하는 경우도 있다고 한다. 야생동물의 순화와 가축화의 과정을 이해하는 데 흥미로운 부분이다.

③ 그물, 울타리, 기타

울주 반구대 암각화에서는 그물(울타리병용)을 이용한 수렵의 모습이 알려지고 있다. 또 독을 바른 화살이나 창을 이용하는 방법도 문헌기록에 보인다.

④ 개, 매 등의 수렵보조구

수렵에 개, 매를 이용해 꿩이나 산토끼 등의 소형동물을 잡았거나 사냥매 사육에 관한 문헌기록으로는 다음과 같은 것이 있으며(裵桃植, 1933), 특히 『삼국사기』 김후직전의 경우에는 집단렵의 일단을 엿볼 수 있다.

가. 『삼국사기』 백제본기 아신왕대(392~405년)의 "壯志氣豪邁 好鷹厚…"

나. 『삼국유사』 二惠同塵條의 "養鷹"

다. 『삼국사기』, 『삼국유사』의 백제 법왕 원년(599)의 불교전개와 살상 금지령 가운데 나오는 민가에 기르는 매에 관한 기록

라. 『삼국사기』 김후직전의 "今殿下日與狂夫獵士放鷹犬 逐雉兎"

마. 『고려사』의 고려 충렬왕 2년(1276)의 새매를 다루는 기록, 동왕 9년(1283)의 매 사육과 훈련 담당부서인 鷹坊都監 설치기록, 그리고 『고려사절요』에 신하에게 매를 기르지 못하도록 한 왕의 칙령에 관한 기록 등.

바. 『조선왕조실록』의 태조 7년(1398)의 鷹坊설치 기록(이상 裵桃植, 1993)과 조선시대의 그림 猛鷹圖의 존재 등.

한편, 일제시대 무렵에는 사냥매 한 마리 값이 보통 쌀 대여섯 가마 값을 하였으며 사냥을 잘하는 것은 황소 한 마리와 바꾸기도 하였다고 한다. 그런데 이러한 매 사냥의 오랜 전통은 사냥총의 보급에 따라 급격히 감소했으며, 현재는 극소수의 사람들에 의해서만 겨우 그 명맥이 유지되고 있다고 한다.

⑤ 鹿笛

長崎縣 佐賀패총에서는 사슴 수렵보조구인 鹿笛이 출토되었는데 그 형태와 구조가 20세기 전반대까지 일본에서 사용되던 민속예의 그것과 매우 흡사하다고 한다(古門雅高, 2001).

3) 육상 수렵동물의 해체 · 조리 · 이용

창원 분지의 패총 출토 동물유체를 분석한 兪炳一에 따르면, 사슴의 경우는 머리, 뿔, 앞·뒷다리뼈는 거의 모든 패총에서 확인되나, 몸통뼈, 허리뼈, 목뼈는 패총에서 확인되는 경우와 그렇지 않은 경우가 있어 패총별 출토 골격부위에 차이가 있다고 하고 있다. 그러나 대개의 패총에서 이들 뼈가 확인되므로 사슴은 포획후 거주지로 운반한 뒤 해체 조리의 과정을 거쳤을 것으로 추정하고 있다. 그리고 해체 조리의 과정을 거친 사슴의 골격을 보면 온전한 것보다는 절단되거나 깨어진 것이 많은데, 이는 골격을 골각기둥의 제작 재료로 이용하기 위한 것이거나 뼈속의 골수를 먹기 위한 과정의 산물로 보고 있다(兪炳一, 1998, 도면 29).

사슴뿔은 頭蓋骨과 연결되는 부위와 뿔표면에 도구 흔적이 있는데 이는 해체시 타격력이 있는 쇠도끼를 사용한 데서 비롯된 것으로 보인다. 그리고 上腕骨, 肩胛骨에 보이는 자국의 길이 방향이 일정치 않은 도구 흔적이나, 척골, 요골의 전지골, 대퇴골, 경골, 종골의 후지골에 보이는 제도구 흔적은 서로 연결된 이들 각각의 뼈를 분리시킬 때 또는 뼈부분의 육질을 발라낼 때 생긴 것이며, 중수골, 중족골의 도구 흔적은 육질을 발라낸 후의 골각기 제작과정에서 생긴 것으로 각각 판단된다(兪炳一, 1998 등).

이상과 같은 골격에 보이는 제해체흔은 부위별 뜨기와 고기 바르기 단계에서 집중적으로 생긴 것으로 보이며, 이들 부위별 해체흔에 기초해 추정되는 해체과정은 가죽 벗기기→내장 꺼내기→부위별 뜨기→고기 바르기→골수빼기라는 순서로 진행된 것 같다고 한다.

멧돼지의 경우 창원 가음정동 유적출토 예를 보면, 전지골과 후지골이 부위별로 깨어져 출토되는 예가 많다. 이는 골수를 빼먹기 위한 것이며, 쇠도끼나 공이돌을 사용한 것 같다고 한다.

한편, 획득된 동물의 가죽, 피, 내장, 지방, 살, 골격, 뿔, 이빨 등 각 부위는 다양하게 이용되었던 것으로 확인·추정된다. 사슴의 가죽은 의복 내지는 방한복, 교역품으로, 멧돼지의 털은 신발을 삼는 재료로,

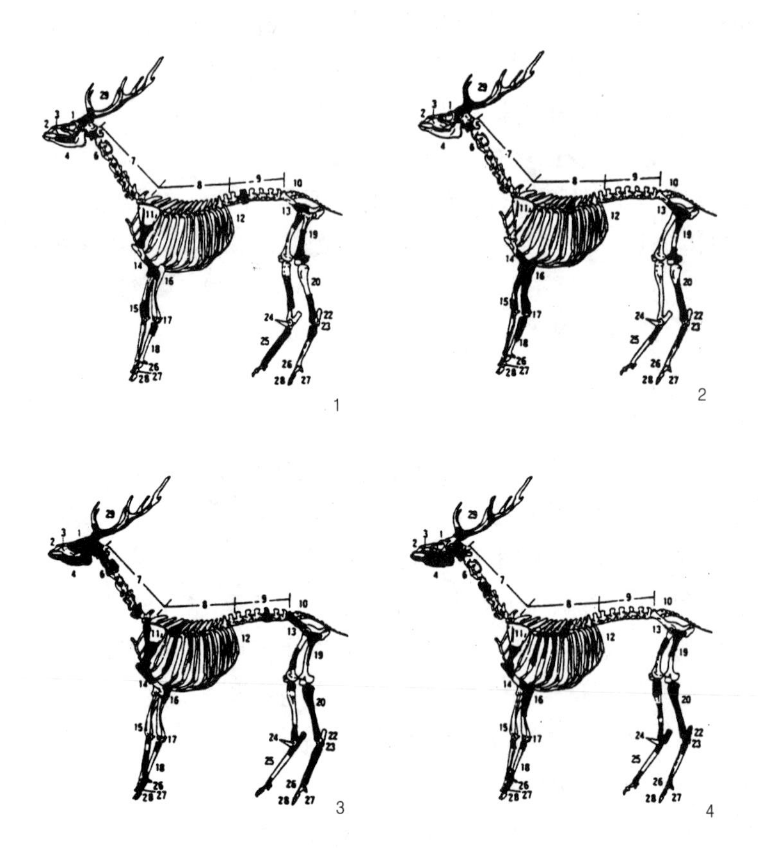

<도면 29> 창원분지내 유적출토 사슴골격부위(兪炳一, 1998)
1. 성산패총 2. 내동패총 3. 남산패총 4. 가음정동패총

剛毛는 針 등으로, 가죽은 옷과 방패로(『삼국사기』) 각각 이용되었다.

동물의 피, 내장 이용에 관한 예는 고고자료에서 확인되지 않고 있으나, 민속예에서는 사슴의 피는 식용, 약용으로, 내장은 대부분 식용으로 하는 것으로 알려지고 있다. 그런데 곰의 내장, 심장은 먹지 않고 점을 치거나 산신께 받치는 제물로 이용한다고 한다.

동물의 지방분은 방한용, 조명용 등잔사용 기름으로 이용된 예가 있다. 전자의 사례로는 돼지기름을 사람 몸에 발라 추위를 막았다는 『후

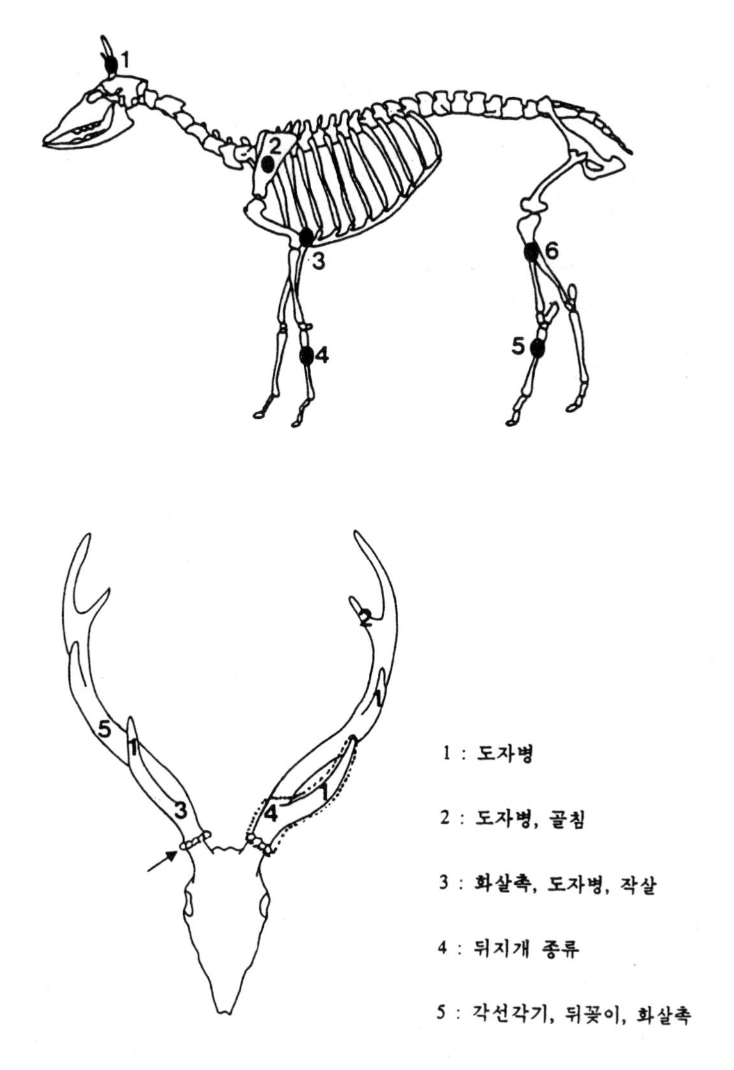

<도면 30> 창원분지내 유적출토 사슴골격부위와 제작도구 · 장신구(兪炳一, 1998)

한서』 동이전 읍루조의 기록을 들 수 있으며, 후자의 사례로는 부여 능산리 사지 출토 등잔 부착물이 등잔용 기름이며 사슴기름과 식물성 기름(들기름)이 사용되었다는 잔존지방산 분석결과를 들 수 있다(兪惠仙

외, 2000).

한편, 가야의 유적출토 육상 수렵동물의 골격을 골각기, 장신구, 占卜도구의 제작재료로 이용하였는데, 주로 사슴류, 멧돼지가 이용되었다(도면 30).

이상과 같은 이용양상을 보면 육상동물의 수렵은 무작위가 아닌 식용, 생활도구·장신구 등의 제작재료의 확보를 위해 의도적·선택적으로 포획했을 가능성이 있다.

골격부위	사슴	멧 돼 지	개·고라니·족제비
뿔	철제도자병·화살촉·뒤지개·장신구·刻線器·낚시바늘·찌르개·작살		
견갑골	卜骨		
척골	자돌구(첨두기)		
중수골·중족골·경골	화살촉·자돌구		
하악골			장신구(족제비)
이빨		장신구·화살촉·낚시바늘	장신구(개·고라니)

(兪炳一, 1998에서 인용)

4) 수렵의 시기

우리나라에서는 사슴류의 落角 등에 기초해 수렵시기 추정(봄)이 이루어진 예는 있으나, 동물 이빨 분석 등은 아직 이루어지지 않았다.

한편 수렵시기에 대한 민속예를 통해서 보면 함정 사냥은 주로 여름에 이루어지며, 곰은 굴속에 들어가 동면하는 시기(겨울)에는 포획하기 쉬우며 곰쓸개를 노린 경우는 출생 후 몇 년 지난 것을 봄에 잡는다고 한다. 사슴류는 먹이 때문에 가을의 수확기, 결실기에 농경지로 근접하므로 이때를 노리며 겨울에 눈이 많이 내려 먹이를 찾아 민가

<표 18> 丙子日記에 보이는 南以雄家의 노루수렵(朴根必, 2002)

時 期	內 容
1637/06/03・04	보리5필을 사용
06/17	말을바꾸어 옴
07/19	세바리에 23필을 바꾸어 옴
09/17	곡식을 모음
11/14	목화 132근
1638/02/25	**노루 3마리**
03/01	종이를 맞춤
03/23	메조18말. 팥17말. 팥3말(장리).팥2말
03/24	**노루2마리**
03/28	조기18뭇. 소금6말
04/28	**노루2마리**
04/13	나무2바리
04/20	소주9복자. 오라알10개
04/22・23	마전한 안감2필. 혜모1필. 콩5.5말
04/24	마전한 베1필. 혜아모 베짠 것
04/27	**노루1마리**
05/04・05	종순이메조5.5말. 延安의 벼15섬. 延安쌀2섬(품삯). 延安쌀1섬
05/13	미역117동. 대구36마리
05/19	벼3섬
1639/01/28	콩을 사옴
01/29	料米
02/07	콩을 실어옴
02/25	벼9섬
02/29	給料
03/05	나무3바리
03/24	짐15섬
05/21	무명베16덩이
06/18	쌀10말
06/21	쌀6섬6말. 보리3섬
07/28	베41덩이
07/28	무명베83덩이
08/19	소1마리
10/19	삼십여근
10/20	짐
10/21	짐. 새초미역
1640/01/14	환곡
01/23・24	벼9섬
01/30	무명2동반. 면화140근
02/08	종이

가까이로 내려올 때도 수렵의 적기이다. 노루도 1년 가운데 서식지 고도가 달라지는데, 한겨울~초봄 무렵 먹이가 부족해 민가, 농경지 가까이로 내려올 때가 수렵의 적기이다.

이렇게 보면 육상동물의 수렵은 대개가 가을~겨울 내지는 초봄 무렵이 중심 시기인 것 같은데, 물론 이는 수렵민의 주생업이 무엇인가에 따라서 달라질 수 있을 것이다. 특히 농경이 주생업으로 자리매김되는 농경민, 농경사회에 있어서 수렵은 주로 해수구제, 식료 보충, 오락 등으로서 이루어졌을 것이다.

5) 수렵의 계층성- 왕의 수렵, 농민의 수렵

① 왕의 수렵

수렵 그 자체도 다양한 의미를 가지는데 특히 계층적 차이를 보인다는 기존의 연구는 주목된다. 왕, 귀족의 수렵은 식료 획득이나 도구제작 재료 획득이라는 1차적 기능보다는 다른 의미에서 행해진 것이 일반적인 것 같으며, 이는 농민층의 수렵과는 그 성격을 달리하는 부분도 있다.

『삼국사기』에는 왕과 귀족의 수렵 관련 기사가 고구려 19건, 백제 24건, 신라 1건으로 상당히 많이 나타나는데, 물론 이 가운데에는 오락, 취미 차원에서 이루어진 것도 있다. 『삼국사기』 열전의 김후직전에 보면 진평왕이 사냥을 너무 좋아했으므로 김후직이 간곡하게 간하였으나 듣지 않고 여전히 매와 사냥개를 놓아 꿩과 토끼를 잡기 위해 산야를 누볐다고 하는 기록이 그것이다.

그런 한편으로 왕의 수렵에는 특히 왕을 왕답게 하는, 왕답게 보이려는 의식이 깔려 있음을 알 수 있는데(이하 李道學, 2000 ; 전호태, 2002 ; 佐原眞, 1985), 왕의 완력, 용기, 역량을 신하와 백성 앞에 과시하는 무대가 바로 왕의 수렵이다. 또 왕의 수렵은 영토 확인을 목적으로 하는 왕의 순시때 수반되는 경우도 있는데 이는 광개토왕 비문에서 확인된다. 게다가 이때의 왕의 수렵은 동시에 수렵이 행하여지는 산림이 왕의 물적 기반으로서의 의미도 지녔기 때문이었다. 종래 각 마을에서 공동 이용하였던 삼림에 대한 장악이라는 차원에서 무력 시위적인 성격이 짙은 수렵 행사를 확대시킴으로써 왕은 물적 기반을 넓혀나갈 수 있었던 것으로 보인다.

다음, 제사·의례 기능으로서의 왕의 수렵이다. 『삼국사기』 온달전에서 "고구려에서는 언제나 삼월 삼짓날이면 낙랑의 언덕에 모여서 사냥을 하여 잡은 돼지와 사슴으로 하늘과 산천신에게 제사를 올린다"라고 하였듯이, 사냥터에서 생산과 풍요를 기원하는 제사를 올렸으며, 사냥은 제사에 쓰일 희생짐승을 준비하는 과정, 곧 祭義 절차의 일부이기도 하였다. 또 아신왕대에는 한발이 들자 수렵하던 산악에서 제사를 올렸더니 이내 비가 내렸다고 한다. 이렇듯 사냥터는 기우처(祈雨處)를 비롯한 종교적 기능을 가졌던 신성한 장소였다.

뿐만 아니라 중국에서는 占卜을 위한 수렵도 행해지고 있었다. 중국에서는 殷代부터 왕의 수렵이 성행했는데 仲哀記에는 祇狩라 해서 占卜을 위한 수렵도 보인다고 한다.

왕의 수렵은 전쟁수행과 관련된 전투 훈련 기능, 즉 대규모 군사훈련이기도 하였다. 고구려에서는 매년 삼월 삼짇날 낙랑언덕에서 왕과 5부의 군사가 모두 참여하는 대규모 사냥 대회인 樂良會獵이 열렸는데, 그 내용과 고구려 벽화고분의 수렵도를 한데 어우러서 보면 활에 의존하는 기마사냥, 창을 주로 쓰는 도보사냥, 매를 이용하는 매사냥, 몰이꾼과 사냥개를 이용한 짐승몰이 등이 복합된 사냥은 적진 탐색과 정보수집, 전략·전술의 토의 및 수립, 수색, 기마전과 도보백병전의 효과적 배합과 전개, 전략적 전진과 후퇴, 매복, 역공, 다양한 기구를 이용한 攻城 등으로 이루어지게 마련인 군사작전과 내용상 크게 다를 것이 없었다. 사냥은 산야의 짐승을 적으로 상정한 모의전투였던 것이다. 그리고 이러한 실질적인 군사훈련 속에서 왕이 장군이하의 병사를 장악하고 연대감을 가지게 해 왕권 강화를 더불어 꾀하는 측면도 있었을 것이다.

수렵과 사냥터는 왕위를 둘러싼 모의·정변의 기회로도 이용되기도 하였다. 사냥터에서의 고구려 봉상왕의 폐위와 미천왕의 즉위사건, 백제의 진사왕, 문주왕, 동성왕의 사냥터에서의 피살 등이 그러한 예이다. 요컨대 고대의 왕 내지는 국가 차원의 수렵은 정치, 군사, 경제, 종교적 배경하에 이루어진 것이다.

② 농민의 수렵

우리나라에 전래된 농경은 畜産이 결합된 형태가 아니었다. 게다가 청동기시대 이래로 유적별 가축의 출현 빈도는 증가하나 가축 그 자체가 제한적이었던 데다가 주로 식용 이외의 용도에 이용되었던 관계로 농경민들은 동물성 단백질을 별도로 확보할 필요가 있었다. 즉, 농경이 생업의 주체로 추정되는 가야의 내륙부 농경민들은 농한기인 겨울에 산토끼, 꿩 등을 잡거나, 농경지나 농수로, 저수지 등에 날아오는 각종의 철새, 텃새에 대한 鳥獵을 통해 동물성 단백질을 확보하였을 것이다. 몇십 년 전만 하더라도 겨울의 꿩, 산토끼잡이는 주변의 농촌, 산촌에서 볼 수 있던 것들이었다.

또 기존의 산림, 초원을 개척해 논, 밭, 화전과 같은 농경지를 만들고 농사를 짓게 되면 인간과 먹이 경쟁관계에 있는 동물들은 빼앗긴 땅, 부족한 먹이만큼 민가, 농경지에 근접하거나 농경지, 농작물을 망칠 수밖에 없게 된다. 그러나 이러한 상황은 인간, 즉 농경민의 입장에서 본다면 害獸 그 이상 그 이하도 아닌 대상으로 인식하게 되는 것이다. 따라서 이들 야생동물을 대상으로 한 덫, 함정 등을 이용한 수렵은 어떤 의미에서는 해수구제라는 것이 더 적절한 표현일지도 모르겠다.

이러한 사슴류, 멧돼지 등에 대한 害獸라는 인식과 구제와는 대조적으로 『삼국사기』의 고구려, 백제 본기의 神鹿, 白鹿이라는 표현도 보이고 있어 사슴을 신성시하는 왕, 귀족계층의 인식과는 차이를 보이는 말하자면 계층 간에 수렵동물과 수렵의 의미가 서로 달랐던 것이다.

한편, 수렵은 유적의 입지조건, 생업복합형태, 수렵의 전업도 여부에

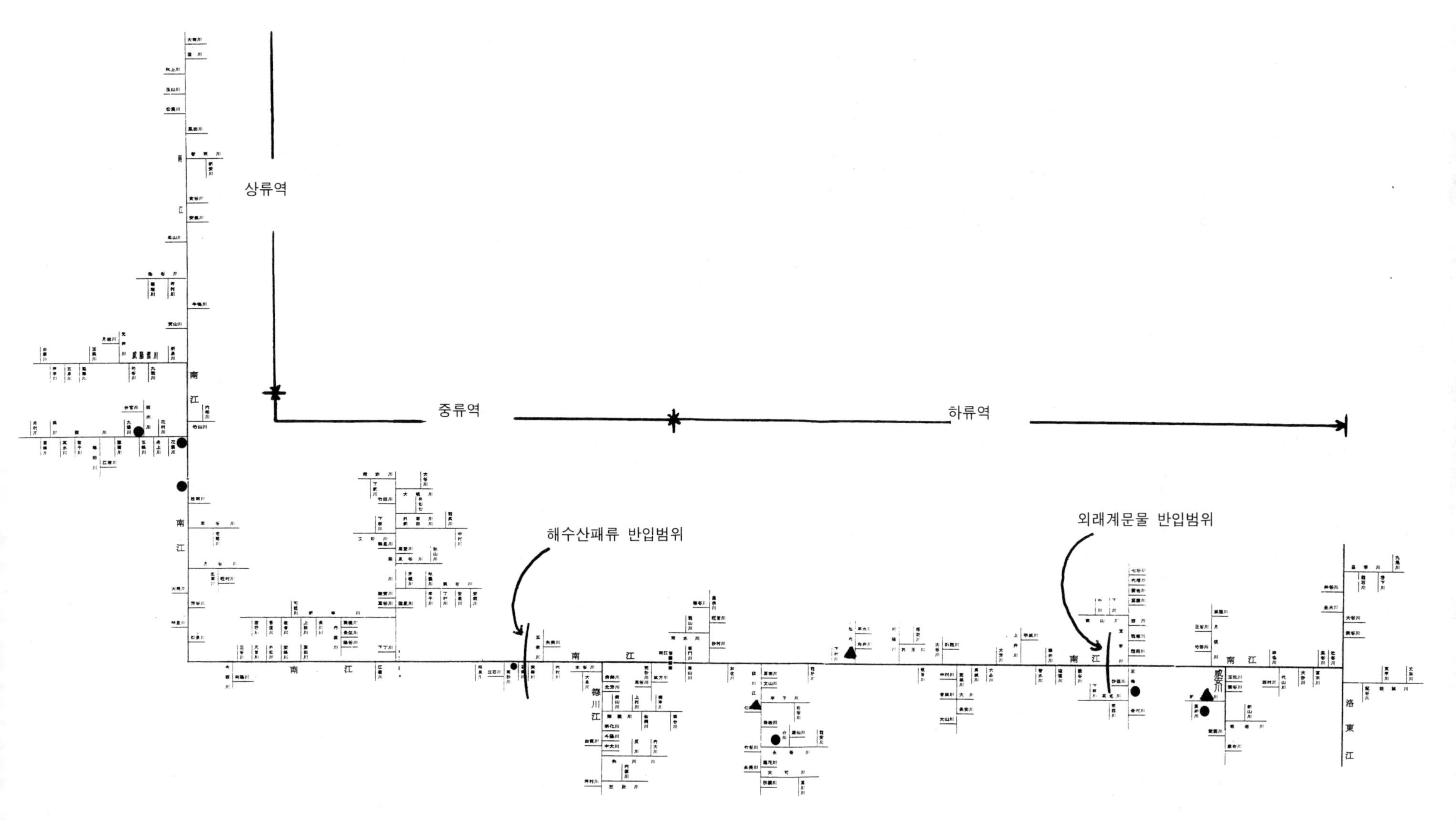

<표 9> 남강수계의 토수출토 유적(기본도는 全國河川調査書, 1992)

●토수출토유적 ▲가야시대 및 전후시대의 논유구 확인・추정유적

━━━━ 는 해수산 패류, 외래계 문물 반입 범위

<표 12> 현재의 경남지역의 담수어류와 생리생태·하천유역별·어구어법

종명: 한국명	종명: 학명	하수계서식처구분: 상류역	중류역	하류역	하류사구~바다	기타서식처	논회유어종	어류의 생태형: 회유의 생태형 시기 (12 1 2 / 3 4 5 / 6 7 8 / 9 10 11)	목적	수질	수심(m)	低質	기타	산란기	어기	어구·어법 관련 사항: 개체크기(cm) 일반크기 (드문크기)	생태형	어구·어법
쉬리	Coreoleuciscus splendidus(Mori)	●	○			하천				맑은물				5~6	5(동강)-산란기	10 (15)	육식성,군집유영	낚시
버들개	Phoxinus lagowskii Dybowski	●	○			산간부계류				맑은물				6~7		10~15 (20)	군집유영(상.중.하종),잡식성	
버들치	Phoxinus oxycephalus(Sauvage et Dabry)	●	○			산간부계류							유속완만	5~6		8~15 (16)	잡식성	낚시
새코미꾸리	Cobitis rotundicaudata Wakiya et Mori	●	○			산간부계류				맑은물		큰 자갈	유속완만	5~6		15 (20)	잡식성	
수수미꾸리	Niwaella multifasciata(Wakiya et Mori)	●	○			산간부계류				맑은물		자갈		5~6		10~13 (14)	저서,식물성	
꼬치동자개	Pseudobagrus brevicorpus(Mori)	●	○			산간부계류				맑은물		자갈		6~7		11	야행성,육식성	
미유기	Silurus microdorsalis(Mori)	●	○			하천				맑은물		자갈		5		15~20 (40)	육식성	
자가사리	Liobagrus mediodiposalis Mori	●	○			하천				맑은물		자갈		5~6		10 (14)	야행성,육식성	
둑중개	Cottus poecilopterus Heckel	●	○			하천				맑은물		돌밑		4		10 (15)	육식성	반두
갈겨니	Zacco temminckii(Temminck et schlegel	●	○	○		하천				맑은물		모래.자갈(산란처)	유속완만	6~8		10~15 (20)	육식성	낚시,작살류
왕종개	Cobitis longicorpus Kim, Choi et Nalbant	●	○	○		하천						자갈	유속완만	6~8(7)		10~15 (18)	육식성	
연어	Oncorhynchus keta (Walbaum)	○	○	○	○	바다 → 하천 (소하회유)		↔ 하천소상.산란	산란	맑은물		자갈(산란처)		9~11	(하천소상시기)가을	60~80	산란회유	작살,그물,도약받이어법,유인어법,통발
송어	Oncorhynchus masou (Brevoort)	○	○	○	○	바다 → 하천 (소하회유)		↔ 하천소상.산란	산란	맑은물		자갈(산란처)		9~10	(하천소상시기)가을	60	산란회유	작살,그물,도약받이어법,유인어법,통발
납지리	Acheilognathus rhombeus (T. et S.)	○	●			하천						수초	조개체내 산란	6~9		6~8 (13이상)	잡식성	
모래주사	Microphysogobio koreensis Mori	○	●			하천				맑은물		모래	유속완만.보통	늦은봄~초여름		8~10 (12)	저서,잡식성	
흰수마자	Gobiobotia naktongensis(Mori)	○	●			하천						모래		6		7	군집유영,육식성	
눈동자개	Pseudobagrus koreanus Uchida	○	●			하천						모래,진흙.자갈		5~6		10~20 (30)	육식성	낚시,잠수어법
꺽지	Coreoperca herzi(Herzenstein)	○	●			하천				맑은물		자갈		5~6		15~20 (30)	육식성,야행성,텃새행동	
쏘가리	Siniperca scherzeri(Steindachner)	○	●			하천						바위	유속빠른곳	5~7	4(임진강),12 (임진강)	20~30 (50)	육식성	
다묵장어	Lampetra reissneri(Dybowski)	○	●	○		저수지,작은개울						진흙		4~6		20	야행성	
줄납자루	Acheilognathus yamatsutae(Mori)	○	●	○		연못,늪지,하천						수로	조개체내 산란	4~6(5)		6~10 (15~16)	잡식성	
참마자	Hemibarbus longirostris(Regan)	○	●	○		하천				맑은물		자갈		5~6	4(임진강)	15~18 (20)	하저층,잡식성	
중고기	Sarcocheilichthys n. morii Jordan et Hubbs	○	●	○		깊지않은 소							조개체내산란, 유속완만	5~6		10 (15)	육식성	
참중고기	Sarcocheilichthys variegatus wakiyae Mori	○	●	○		하천,소				맑은물				4~6		8~10 (12)	육식성	
돌고기	Pungtungia herzi (Herzenstein)	○	●	○		하천				맑은물		큰돌밑,압삽통	유속완만	5~6		10~15 (20)		낚시
참몰개	Squalidus japonicus coreunus(Berg)	○	●	○		연못,저수지,늪					얕은물			6~8		8~10(14)	포~중층유영,잡식성	
긴몰개	Squalidus gracilis majimae(J. et H.)	○	●	○		하천의 소,호소						수초	유속완만	5~6		7~8 (10)	포~중층유영,육식성,군집유영	
돌마자	Microphysogobio yaluensis Mori	○	●	○		하천의 소,호소				맑은물		모래.자갈	유속완만	5~7		5~7(10)	저서,잡식성	
피라미	Zacco platypus(Temminck et schlegel)	○	●	○		하천	●					모래.자갈(산란처)	유속완만	6~8	가을등	10~15(20)	잡식성,얇은물속유영	맨손포획,충격어법,낚시,반두
기름종개	Cobitis sinensis Sauvage et dabry	○	●	○		하천						자갈.모래		4~6(5)		10(15)	저서,잡식성	반두
쌀미꾸리	Lefua costata(Kessler)	○	●	○		호소(농수로),늪	●					수초		4~6(5)		5~6(7)	저서,육식성	
메기	Silurus asotus Linnaeus	○	●	○		호소(농수로),늪	●					해감	유속완만	5~7	봄	30~50(100)	야행성,육식성	작살류,그물류,낚시류,덮치기어구,가리,통발,톱으로찍기,맨손포획,반두
동사리	Odontobutis platycephala Iwata et Jeon	○	●	○		호수,연못						진흙.자갈(산란)		4~7(봄~초여름)		10~15(20)	야행성,육식성,저서성	
뱀장어	Anguilla japonica(Temminck et schlegel)	○	●	○	○	바다 → 하천 (강하회유)	●	↔ 하천소상 (3 4 5); ↔ 바다(산란) (9 10 11)	서식					봄~여름	음5등	70	육식성,야행성	칼퀴,통발,죽통,맨손포획,낚시
붕어	Carassius auratus(Linnaeus)	○	●	○	○	호소,늪,논,농수로	●							4~7(5)	연간	5~20(40이상)	잡식성	작살,그물,낚시,충격어법,반두,통발류,쪽대,보쌈,맨손포획,도약받이어법,톱의등으로 내려치기,가리,독약사용
은어	Plecoglossus altivelis(Temminck et schlegel)	○	●	○	○(산란)	바다 → 하천 (소하회유)		바다 → ← 하천소상.서식 → 산란 → 바다	서식.산란			모래.자갈		9~10	봄,가을	20~30(40)	텃새행동,산란회유	놀림낚시,그물,맨손포획,발로차서잡기,도약받이
밀어	Rhinogobius brunneus(Temminck et schlegel)	○	●	○	○	호수,늪,바다 → 하천 (서식역확대)				맑은물		자갈.모래		5~8	봄(음3~4),초여름	6~8(12)	잡식성,자갈흡착	훌이불흡착포획,반두
묵납자루	Acheilognathus signifer(Berg)		●	○		연못,저수지,늪						수초	조개체내산란, 유속완만	5~6		5~7(10)	잡식성	
잉어	Cyprinus carpio Linnaeus		●	○		호소,논,늪	●					수초(산란)		5~6	연간	50(100이상)	잡식성,중~하층유영	작살,그물,낚시,덮어치기어구(가리),가마우지이용,맨손포획,도약받이어법,잠수어법,톱의등으로내려치기,반두,양식
흰줄납줄개	Rhodeus ocellatus(Kner)		●	○		연못	●					수초(산란)	조개체내산란, 유속완만	5~6		4~6(8)	잡식성	
각시붕어	Rhodeus uyekii(Mori)		●	○		호소,연못						수초	조개체내산란, 유속완만	4~6(5)		3~4(5)	잡식성	
칼납자루	Acheilognathus koreanus Kim et Kim		●	○		하천						수초	조개체내산란	4~7(5~6)		5~8(10)	잡식성,군집유영,중~하층유영	
참붕어	Pseudorasbor parva(Temminck et schlegel)		●	○		호소,하천 얕은곳, 논, 농수로	●							5~6		6~8(12)	중층유영,군집유영	旰吸의 중간숙주

<표 19> 가야의 유적출토조류

명칭			생태형					서식기·수렵시기(영남지역) 12~11월	먹이	주요서식지	출토유적											
			텃새	철새			迷鳥				신석기시대					삼한~삼국시대						
글명	학명	일본명		여름새	겨울	나그네새					부산 동삼동	부산 북정	통영 연대도	통영 상노대도	하동 목도리	부산 동래	진해 용원	창원 성산98	창원 가음정동	창원 남산	고성 동외동	사천 늑도
비과	Family Gaviidae	アビ科			○			산란기(아비)	어류,게류,조개	해안부근의 호소,습지 물가의 초지			○			○	○					
아리과	Family Podicipedidae	カイツブリ科	○					산란기(논병아리)	어류,조개,갑각류,곤충류,과일	호조성 조류,하천,호수,저수지,언못 물가의 갈대숲	○		○			○	○					
병아리	Podiceps griseigena	アカエリカイツブリ			○			산란기	어류,개구리,갑각류,수서곤충	호수습지의 갈대 등이 무성한곳			○									
ㅐ(구, ㅐ)과	Family Procellariidae	オオミズナギドリ科		○		○		산란기(섬새)	어류,조개,낙지,해조	섬 (해양성조류)			○	○								
우지과	Family Phalacrocoracidae	ウ科			○											○						○
우지	Phaiacrocorax filamentosus(TEMMINCK &SCHLEGEL)	ウミウ			○			산란기	바다어류	해안가~하천하구	○		○				○					
마우지	Phaiacrocorax pelagicus pelagicus PALLAS	ヒメウ			○			산란기	어류,갑각류	해안			○	○								
로과	Family Ardeidae			○					어류,갑각류,곤충,조개 등	산,하천,하구							○					
가리	Ardea cinerea jouyi CLARK	アオサギ?	○ (최근)	○ (과거)				산란기	어류,개구리,뱀,쥐,새우,곤충	소택지,호습지,논,개울,하천,하구											○?	
리과	Family Anatidae	カ?ン科			○					연안,하구,하천		○	○		○	○		○	○	○		○
기속	Anser Brisson				○											○						
고니?	Cygnus cygnus (LINNAEUS)	オオハクチョウ			○			산란기	담수산수생식물의 줄기,뿌리,수서곤충	저수지,호소,소택지,논,내만						○						
오리	Anas platyrhynchos platyrhynchos LINNAEUS	マガモ			○			산란기	풀씨,나무열매,곤충류,무척추동물	내만,호소,소택지,간척지,하천,해안,농경지							○					
리과	Family Acipitridae	ワシ科														○	○					○
개?	Milvus migrans lineatus (J.E.GRAY)	トビ	○					산란기	조류,양서류,파충류,곤충소포물	산지,해안의 산림교목						○						
수리속 (리수리?)	Haliaeetus albicilla (LINNAEUS) ?	オジロワシ?			○			산란기	어류,소동물,조류	해안가,소택지,내륙호소,하천,하수,산림			○									
가리속	Buteo LACEPEDE	ノスリ類			○								○									
수리	Haliaeetus pelagicus pelagicus (PALLAS)	オオワシ			○			산란기	어류,산토끼,새	해안,하천하류,하천,호소,하구				○								
수리	Aegypius monachus (LINNAEUS)	クコハゲワシ			○			산란기	썩은 동물,오리 등의 물새	하천,하구,내륙								?	○			
매과	Family Falconidae	タカ科	○							해안,섬,마을							○					

명칭			생태형					서식기·수렵시기(영남지역)												먹이	주요서식지	출토유적										
			텃새	철새			迷鳥															신석기시대					삼한~삼국시대					
한글명	학명	일본명		여름새	겨울	나그네새		12	1	2	3	4	5	6	7	8	9	10	11			부산 동삼동	부산 북정	통영 연대도	통영 상노대도	하동 목도리	부산 동래	진해 용원	창원 성산 98	창원 가음정동	창원 남산	고성 동외동
꿩과	Family Phasianidae	キジ科																						○								
꿩	Phasianus colchicus karpowi BUTURLIN	コウライキジ	○										산란기							식물성,곡식알,메뚜기,개미	구릉,산간초지,산림,도심지공원,산야.섬			○			○	○				○?
두루미	Grus japonensis (P.L.S.MULLER)	タンチョウ			○						산란기									민물어류,개구리,잠자리,메뚜기	하구,하천,소택지,농경지			○								
갈매기속	Larus LINNAEUS		○		○			괭이 갈매기 붉은머리 갈매기					산란기	산란기						어류,양서류,조개류,곤충류, 어류,곤충류	해안가,섬하구,항구,어장,해안가,호수,습지,하천,못			○								
바다쇠오리	Synthliboramphus antiquus (GMELIN)	ウミスズメ	○								산란기									소형어류,갑각류,패류 등	해안가 섬,동해 서해의 무인도						○					
비둘기속	Columba LINNAEUS	ハイ屬																						○								
멧비둘기	Streptopelia orientalis orientalis (LATHAM)	キジバト	○																	곡식알,식물씨	소림,산림,농경지,마을부근,산야~도시							○		○		
직박구리	Hypsipetes amaurotis hensoni STEJNEGER	ヒヨドリ	○									산란기								식물열매,곤충	민가근처,수목이 있는 어느곳			○								
까마귀속	Corvus LINNAEUS	カラス屬																						○								○
까치	Pica pica sericea GOULD	カササギ	○									산란기								동물성,식물성	평지,마을부근,논			○					?	○	?	
까마귀	Corvus corone orientalis EVERSMANN	ハシボンガラス	○										산란기							조류,쥐,곡식,과일,갑각류,잡식성,곤충	농촌마을 부근,산지,해변						○	○	?	○		
큰부리 까마귀?	Corvus macrorhynchos mandshuricus BUTURLIN	ハシブトガラス	○										산란기							잡초,곡식,과일등 포유류,양성류,곤충,잡식성	높은산(산지,바닷가)				○							
신천옹류(속)	Diomedea LINNAEUS	アホウドリ屬					○														외양			○								
신천옹(알바트로스)	Diomedea albatrus Pallas	アホウドリ					○												산란기	조개류	외양,먼바다의 섬 등(해양성조류)	○		○					○			

※ 이하의 참고문헌과 이종남박사의 도움말씀을 기초로 유적출토 조류는 다음과 같이 정리 기재하였다.

1. 경성대학교 조류관,「경성대 조류관의 한국산 야생조류 표본 및 알표본 소장 목록」,『鳥類館報』창간호, 1999, 1~50쪽.
2. 원병호,『한국동식물도감 제25권 동물편(조류생태)』, 문교부, 1981.
3. 우용태·이종남,「우리나라 새이름의 유래와 잘못된 이름의 바로잡기」,『鳥類館報』창간호, 1999, 51~69쪽(54쪽)

아비과 : 영남지역에서는 아비, 회색머리 아비, 큰 회색머리 아비 3종이 알려지고 있다.

가마우지과 : 영남지역에서는 민물가마우지, 가마우지, 쇠가마우지 3종이 알려지고 있으며 90%이상이 민물가마우지이며,그 다음이 가마우지, 쇠가마우지 순이다.
보고서에 기재된 바다가마우지는 일본어명 ウミウ를 그대로 직역한 것이므로 이는 가마우지로 정정해서 집계하였다

신천옹 : 현재우리나라에서는 迷鳥(길 잃은 새)로 분류하고있다. 1885년 6월 2일 Jouy라 는 외국인이 부산에서 채집하였다는 기록이 있다고 한다.
보고서에서 백조로 기재된 것을 '고니'로 정정 기재하였다.

청둥오리 : 오리과가 오래 가장 많이 확인되는 종

매과 : 바닷가인 경우는 '매'일 가능성이 있으며 내륙부에서는 황조롱이의 가능성. 고려시대의 문헌기록 중에서 보이는 사냥용 매는 '참매'의 가능성이 있다고 한다.

두루미 : 이 외에 재두루미 등도 보인다.

갈매기과 : 보고서의 갈매기속은 갈매기과로 정정 기재하였다. 바닷가인 경우 괭이 갈매기(텃새), 철새인 경우 붉은 부리 갈매기의 가능성이 있다.

비둘기 : 바닷가인 경우 흑비둘기일 가능성이 있고 일부 염주비둘기도 보인다.

까마귀 : 텃새이며, 철새인 경우에는 떼까마귀, 갈가마귀

섬참새 : 보고서의 바다 참새를 섬참새로 정정 기재했다.

섬새과 : 먼 외해의 섬 등에서 사는 조류

기러기 : 큰 기러기, 쇠기러기가 주로 확인된다.

<표 17> 가야의 유적출토 육상수렵동물

종류	학명	일본명	생리·생태(월)												먹이	서식처	출토유적														
																	부산	김해	김해	김해	김해	부산	김해	진해	창원	창원	창원	창원	창원	마산	사천
			12	1	2	3	4	5	6	7	8	9	10	11			동래	예안리	회현 봉황대	대성동	유하리 하손	북정II	칠산동 A	용원	성산	가음정동	남산	내동	외동	현동	늑도
사슴류	CERVIDAE	シカ科																													
사슴																	○		○					○	○	○	○?	○	○	○	○
대륙 사슴(민주사슴)	Cervus nippon manchuricus SWINOE	トウホクジカ(マンシュウジカ)			落角			출산기					교미기																		
일본 사슴	Cervus nippon	ニホンジカ						落角	출산기					교미기	나뭇잎,줄기,이끼,곡류,밤,떡갈나무	산림,초원						○									
우수리 사슴	Cervus nippon hortulorum SWINHOE	ウスリージカ			落角			출산기					교미기		여름-초분과식물 가을,겨울-교목,관목잎	산지의 초원,수림									○						
꽃사슴	Cervus nippon taiouanus																														
노루	Capreolus caprelus bedfordi THOMAS	ノル						출산기							보리싹,풀,나무뿌리,산초,고구마,나무손,먹새	산림지대,초원	○					○		○	○	○	○				○
고라니(복작노루)	Hydropotes inermis argyropus HEUDE	キバノルガショウ													갈잎 등	억새군생지,산중턱의 우거진곳,산야,논									○						
멧돼지	Sus scrofa coreanus HEUDE	チョウセンイノシシ	교미기					출산기							초목뿌리,나무껍질,곤충,농작물,토끼,들쥐,소짐승,어류	산악지대,마을근처 출몰,논,밭,깊은산	○		○	○?	○	○		○	○	○	○	○		○	○
곰과	URSIDAE	クマ科													잡식성		○														
큰곰				동면기		출산기(곰의 경우)					교미기			동면기	과실,견과류,곤충,게,어류,사슴,소동물(곰의 경우)	활엽수,혼합림등이 있는 산지(곰의 경우)															
여우	Vulpes Vulpes Peculiosa KISHIDA	コウライキツネ					출산기								들토끼,쥐,고슴도치	산림,산야															
너구리	Nyctereutes procyonoides Koreenis	コウライタヌキ				교미기			출산기						소동물,쥐,뱀도마뱀,곤충,과실,곡식,근채류	산지,산림,마을 부근,도심의 야산								○							
족제비과	MUSTELIDAE	イタチ科																													

종류	학명	일본명	생리·생태(월)												먹이	서식처	출토유적														
			12	1	2	3	4	5	6	7	8	9	10	11			부산 동래	김해 예안리	김해 회현 봉황대	김해 대성동	김해 유하리 하손	부산 북정II	김해 칠산동 A	진해 용원	창원 성산	창원 가음정동	창원 남산	창원 내동	창원 외동	마산 현동	사천 늑도
족제비	Mustela sibirica coreana DOMANIEWSKI	チョウセソイタチ			교미기		출산기								쥐,뱀,개구리,새,곤충,마을의 닭,양어장의 어류	마을 근처 농경지,냇가큰돌밑										○					
오소리	Meles meles melanogenys ALLEN & ANDREWS	チョウセンアナグマ				출산기							교미,동면기		개구리,도마뱀,뱀,곤충,어류,조개,갑각류,가축	구릉사면,산림									○	○					
삵(살쾡이)	Felis bengalensis manchurica MORI	チョウセンヤマネコ						출산기							들토끼,쥐류.뱀.도마뱀,개구리,곤충,닭	산림지대의 계곡,암반,연못,깊은산 속의 계곡															
수달	Lutra lutra LINNAEUS	チョウセンカワウソ		교미기				출산기							어류,소동물	하천,호소,산람의 물가	○							○							○
산달	Martes melampus coreensis KURODA & MORI	コウライキテン			교미기		출산기								들토끼,쥐류,동백꽃의 꿀,야생조류,도마뱀,개구리	산림, 고산의 삼림지대															
담비(검은담비)	Martes zibellina hamgyenensis KISHIDA	コウライクロテン					출산기(검은담비)								소동물 포식	산지의 삼림															
쥐과(류)	MURIDAE jwika	ネズミ科																○							○						○
두더쥐	Mogera Wogura Coreana THOMAS	チョウセンモグラ					교미기	출산기							지렁이,곤충,개구리,달팽이	마을주변		○							○						
쥐																						○									
등줄쥐	Apodemus agrarius coreae THOMAS	チョウセンセスジネズミ					연 4회 번식								곡물,사초과,화본과,식물종자	황무지,경작지,산지,늪지															
집쥐(시궁쥐)	Rattus norvegicus BERKENHOUT	ドブネズミ					주 임신기		출산-계절분만반복						식성폭이 넓다. 곡물,과일,야채,어패류	사람사는 곳,집안,배수구,식량창고,야외															
초식동물																															
동물뼈																							○								
파충류	Reptilia															밭,풀밭,계곡									○						
두꺼비과	Family Bufonidae						산란기																		○						
개구리목	Family Ranidae																								○						

※ 해당유적이 없는 것은 가야지역의 신석기시대의 유적출토 육상수렵동물

종명 학명	하수계서식처구분				기타서식처	논회유어종	회유어의 생태형	어류의 생태형					산란기	어기	어구·어법 관련사항		
학명	상류역	중류역	하류역	하류사구~바다			시기 (12 1 2 3 4 5 6 7 8 9 10 11)	목적	수질	수심(m)	低質	기타			개체크기(cm) 일반크기 (드문크기)	생태형	어구·어법
Hemibarbus labeo(Pallas)		●	○		하천				맑은물	깊은 못	모래.자갈		5	4(임진강)	10~15,20~30 (50)	저하층,잡식성	낚시,그물,작살
Squalidus chankaensis tsuchigae(J. et H.)		●	○		하천의 소,호소						수초	유속완만	6~8		10(14)	잡식성,군집유영,표~중층유영	
Pseudogobio esocinus(Temminck et schlegel)		●	○		하천						모래.자갈		5~6	4(임진강),12(임진강)	10~20(25)	육식성,하층유영	낚시,작살,그물,맨손포획,반두,발로밟아잡기
Microphysogobio springeri Banarescu et Nalbant		●	○								모래.자갈	유속완만	6~7		6~8(10)	군집우영,잡식성	
Abbottina rivularis(Basilewsky)		●	○		호소,늪						모래,진흙	유속완만	4~6(5)		8~10(12)	잡식성	
Misgurnus anguillicaudatus Cantor		●	○		늪,논,농수로	●					진흙,모래		4~7(5~6)	가을등	10~17(20)	저서,야행성,수면위산란	통발,맨손포획,톱의등으로내려치기,반두
Oryzias latipes(Temminck et schlegel)		●	○		논,호소,농수로	●							5~9		3(4.8)	표층성,야행성,잡식성	보쌈
Monopterus albus(Zuiew)		●	○		연못,논	●(소형)					진흙		6~7		30~50(60)	육식성	
Macropodus chinensis(Bloch)		●	○		연못,늪						수초		6~7		5~7(8)	육식성	
Acheilognathus intermedia(T. et S.)	○	○	●		호소,늪						수초	조개체내산란,유속완만	4~6(5)		5~9(13)	잡식성	
Microphysogobio uchidai(M.tungtingensis)		○	●		하천						진흙,모래				70~90	저서성	
Misgurnus mizolepis Gunther		○	●		늪,논	●					해감,진흙,모래		4~6(5)	봄등	15(20이상)	수면위산소호흡,저서,잡식성	통발,반두,쪽대
Acanthorhodeus asmussi(Dybowski)		○	●	○	호소,하천						수초	조개체내산란	4~6(5)		6~10(18~20)	하~저층유영,잡식성	
Hemiculter eigenmanni(Jordan et Metz)		○	●	○	하천,호수,늪							유속완만	6~7		15~20(25)	잡식성	낚시
Hemiculter leucisculus(Basilewsky)		○	●	○	하천,호수,늪						수초(산란)	유속완만	6~8	여름	18~20(25)	육식성	낚시
Culter brevicauda(Gunther)		○	●	○	창녕우포,하천							유속완만	5~7		20~25(30)	육식성	낚시
Anguilla marmorata (Quoy et Gaimard)			●		바다 → 하천 강하회유										200	육식성,열대성어류	
Channa argus Cantor			●		연못,늪				흐린물	1	수초	고인물	5~8		30~50(100	육식성,공기호흡	낚시,그물,작살,섬(유인어법),가리
Rhinogobius giurinus(Rutter)			●	○	소,저수지 양측회유						모래,돌(산란)	유속완만	7~10		7~9(12)	잡식성	
Tribolodon hakonensis(Gunther)	○	○	○	●	바다 → 하천 소화산란		하천소상.산란	산란	맑은물		모래,자갈(사란처)		3~4	3~4(하천소상기)	15~20(45)	잡식성	그물(도약받이)
Trachidermus fasciatus Haeckel	○	○	○	●	바다 → 하천 강하회유		강하 산란(바다)				자갈,모래,해감	조개껍데기내면산란	2~3		10(17)	야행성,육식성	
Salangichthys microdon (Bleeker)		○	○	●	바다 → 하천 소하회유		하구산란 바다	산란		2~3 (산란처)	수초,모래(산란처)		3~4	겨울	5~7	동물성 플랑크톤	그물(얼음깬뒤 투망)
Salanx ariakensis(Kishnouye)		○	○	●	바다 → 하천 소하회유		하천소상.산란	산란					10~11		최고 14		그물(안강망)
Neosalanx andersoni(Rendahl)		○	○	●	바다 → 하천 소하회유		하천소상.산란	산란					3~4	3~4(산란기)			그물
Chaenogobius urotaenia(Hilgendorf)		○	○	●	양측회유						돌		5~7		10(14)	육식성	반두
Hemiramphus intermedius(H.kurumeus)		○	○	●	서식역확대		바다 하천소상 산란 바다	산란			수초(산란)		5~6		18(20)		낚시,밤에 그물뜨기
Coilia ectenes Jordan et Seale			○(산란)	●	바다 → 하천		하천소상.산란 바다	산란					4~5	4~5(산란기)	30	육식성	
Coilia mystus(L.)			○(산란)	○	바다 → 하천		하천소상.산란 바다	산란					5~8	5~8(산란기)	25		그물
Neosalanx jordani(Wakiya et Takahasi)			○	●	바다 → 하천 소하회유												
Mugil cephalus Linnaeus			○	●	하류까지 서식역확대								10~11	동해:3~5 서해:봄~가을	30~50(80)	잡식성	작살,그물,낚시,충격어법
Liza haematocheila T. et S,			○	●	하류까지 서식역확대								10	8~9	90		
Hemiramphus sayori Temminck et Schlegel			○	●	서식역확대						해조,해초(산란)		4~7	봄~초여름	20~30(40)	표층유영,야행성	바구니뜨기,낚시,그물뜨기
Gasterosteus aculeatus aculeatus(L.)			○	●	바다 → 하천		하천소상.산란 바다	산란			모래,해감,수초	유속완만	5~6		7~8(10)	육식성	
Lateolabrax japonicus(Cuvier)			○	●	하류까지 서식역확대								가을,겨울(바다연안)	봄~가을	50~70(90)	육식성	낚시,그물
Acentrogobius pflaumi(Bleeker)			○	●	하류까지 서식역확대 어종										5~7		
Synechogobius hasta(Temminck et schlegel)			○	●	하류까지 서식역확대 어종								3~4	봄.가을 하천소상	20(30~46)	육식성	
Acanthogobius flavimanus(Temminck et schlegel)			○	●	하류까지 서식역확대 어종					2~7	모래,갯벌		3~5		10~20(25)	잡식성	통발,낚시,
Acanthogobiuslactips(Hirgendorf)			○	●(산란)	하류까지 서식역확대 어종						모래,자갈		5~7		7(9)	잡식성	
Chaenogobius castaneus(O'shaughnessy)			○	●(산란)	하류까지 서식역확대						모래,갯벌		4~7		7	잡식성,저서~중층	
Favonigobius gymnauchen(Bleeker)			○	●	하류까지 서식역확대						모래	조개껍데기내면산란	6~9(6~7)		7~8(10)	육식성	
Leucopsrion petersi Hilgendorf			○	●	양측회유						돌(산란)	유속완만	3~4		6		
Periophthalmus modestus Cantor			○	●	양측회유								6~7		10미만(10)	육식성	
Tridentiger obscurus(Temminck et schlegel)			○	●	하류하구,양측회유,호수,늪						돌(산란)		5~8		7~10(13)	잡식성	반두
Tridentiger trigonocephalus(Gill)			○	●	하류까지 서식역확대							조개껍데기내면산란	4~8		7(9)	육식성	
Takifugu obscurus(Abe)			○	●	바다 → 하천 소하회유		하천소상.산란				자갈		4~5	4~6(임진강)	20(30)	육식성	
Takifugu niphobles(Jordan et synder)			○	●									5~8(5~6)			육식성	
Leucogobius guttatus Gill			○	●	하류까지 서식역확대						돌		2~5		7~8		

<표 15> 논과 동식물

월·계절	논 농작업과 논의 상태		식 물			동 물						
	논 농작업	논의 상태	건답~반건답	습 답	논둑 및 주변	곤충·양서류·파충류	패류	어류	조류			육상동물
									철새		텃새	
~초봄(3월)		건조	뚝새풀(독새풀) 벋음씀바귀 자운영 벼룩나물 논냉이	고마리 개구리 자리 (둑동이 풀)	황새냉이 개구리자리 쑥 쑥부쟁이 광대나물 씀바귀, 수영, 뜰엉겅퀴, 콩 강아지풀 개망초꽃 논미나리 한련초	개구리, 물장군, 물방개, 물자라, 게아재비, 장구벌레, 잠자리, 메뚜기, 이화명충, 벼멸구, 거미, 먹노린재, 사마귀, 도마뱀, 물뱀		미꾸라지	겨울철새	기러기 청둥오리 농병아리과	까치, 까마귀 꿩 멧비둘기 참 새	멧돼지 사슴 노루 고라니 너구리 족제비 쥐과
4월~5, 6월	논(못자리) 기경 모내기	물대기	금방동사리, 피, 좀개구리밥, 가래, 물달개비, 올미, 보풀, 물질경이, 자귀풀, 물옥잠				논우렁이	미꾸라지, 피라미, 쌀미꾸리, 메기, 뱀장어, 붕어 잉어, 흰줄납줄개, 참붕어, 미꾸리, 송사리, 드렁허리, (숭어)	여름철새	백로 뜸부기 흰뺨검둥오리 제비		
7월~8월	논 건조 제초 개화.출수기	물빼기 물대기 물빼기										
9~10월	결실기 수확기	물대기 물빼기										
11~2월		건조	잡초나 풀씨의 동면			동면	동면	동면	겨울철새	기러기 청둥오리 농병아리과		

※ 이 표는 김준호, 『논의 동식물』, 한국의 자연탐험 5, 웅진출판, 1997 ; ㈜ 한농, 『原色圖鑑 한국의 논잡초』, 1993 등을 참고로 작성.
※ 논식물, 비래조류는 보다 다양하나 이 표에서는 대표적인 것만을 제시.

따라 생업내에서의 자리매김이 달랐을 것이다. 민속예에서 보듯이, 농경 특히 논농사가 생업의 중심이 되는 내륙부, 평야부에서는 덫과 같은 소형 수렵도구를 이용해 꿩, 산토끼 등을 잡으며, 농번기를 지난 농한기에 비일상적, 비주기적으로, 자가소비·오락·害獸 구제를 목적으로, 개인 또는 소규모 인원으로, 논농사의 농작업의 틀과 조화를 이루면서 행하는 수렵이었을 것이다. 소위 논농사에 內部化한 모습을 상정해 볼 수 있을 것 같다.

그런 한편으로 생업내에 해양어로의 비중이 높은 해안부의 소위 반농반어민이나, 밭농사나 화전경작 그리고 채집, 하천어로, 땔감이나 숯의 제조, 목기 생산 등을 행하는 산촌민의 수렵은 평야부 농경민의 수렵과는 더더욱 다른 의미였을 것이다.

2. 조류사냥

1) 가야의 유적출토 조류

현재 우리나라에서 알려지고 있는 야생조류 약 400종 가운데, 가야의 유적에서 확인되고 있는 조류(닭은 일단 가축에 포함)는 불명 1종을 포함해서 총 22종류이다(표 19).[3] 그런데 이들 확인조류는 그 모두가 의도적·계획적 수렵의 산물은 아닐 것이고 우연 포획된 것도 있었을 것이다. 문제는 이러한 구분이 현실적으로 어렵다는 점인데, 조류학자의 조언을 기초로 굳이 무리해서 구분해 본다면 다음과 같은 조류가 우연 포획·수반된 것으로 추정해 볼 수 있을 것 같다.[4]

원래 우리나라가 서식역, 이동권역에 속하지 않는 길 잃은 새(迷鳥),

3) <표 19>에 제시된 가야유적출토 조류의 동정문제, 명칭, 생활사 등에 대해서는 경성대학교 조류연구소 이종남 박사님으로부터 조언을 들었다.
한편, 우리나라와 만주지역에서 시조, 설화, 관직명, 일상생활 등과 관련해 문헌기록에 나타나는 조류로는 가야의 유적에서도 확인되는 까마귀, 까치, 오리, 닭, 꿩 이외에도 봉황, 물총새, 공작, 제비, 꾀꼬리 등이 있다(金恩微, 2001).

4) 경성대학교 조류연구소 우용태 소장님의 조언.

일반적으로 포획하기가 어렵다고 알려진 조류, 전통적으로 금기, 신성시되어 포획하지 않거나 식용으로 하지 않는 조류, 패총 가까운 곳에서 자연사한 조류, 조류끼리의 Territory 확보나 쟁탈을 위한 싸움 중에 있거나 싸우다가 부상하거나 죽어서 잡힌 조류, 어망이나 낚시 등에 우연히 걸린 조류, 맹금류가 오리, 꿩 등을 포획한 직후에 덮쳐서 맹금류와 기타 조류를 동시에 포획한 경우, 번식기에 알 품고 있는 상황에서 덮쳐 잡은 조류 등.

이들 우연 포획·수반되었을 가능성이 있는 조류 가운데 신천옹은 가야의 창원 성산패총 이외에도 신석기시대의 부산 동삼동패총, 통영 연대도패총에서도 확인되고 있어 선사~고대에는 길 잃은 새가 아니었을 가능성도 있다. 즉, 지금과는 달리 우리나라도 서식역이어서 사람의 근접에 대한 경계심이 적은 신천옹을 잡거나 어망 등에 걸린 것을 우연 포획했을 가능성도 있다.[5]

우연 포획·수반 가능성이 있는 조류는 이외에도 여럿 있으나 문제는 의도적 수렵과 딱히 구분되지 않는 한계가 있다는 것이다.

한편, 의도적·계획적 수렵의 가능성이 큰 조류로는 일반적으로 서식개체수가 많은 텃새나 철새, 마리당 肉量이 많고(대형 조류), 골격 등이 도구나 장신구 등의 제작재료로 쓰이는 조류, 수렵법이나 식용사례가 문헌기록에 나타나는 조류, 논 등의 농경지로 날아와 농작물을 먹이로 하거나 해서 害鳥로 인식되는 조류, 무덤 부장품목의 하나로 확인되는 조류, 골격 등에서 인위적인 해체흔이 확인되는 조류, 둘 이상의 유적에서 확인사례가 있거나, 유적확인 조류 가운데 주류를 이루는 조류 등인데, 가야의 유적출토 조류 대부분은 의도적, 계획적 수렵의 산물일 가능성이 크다

2) 가야의 유적출토 조류의 양상

5) 의도적, 계획적 수렵이 생업상의 의미를 가진 것은 더 말할 나위가 없으나, 오락, 우연 포획도 생업상의 비중은 미미하더라도 영양면, 기호면 등을 고려하면 결코 무의미한 것이 아니다(安室知, 1998 등).

한편 가야의 유적출토 조류를 유적입지별로 정리해 보면, 아직은 자료의 부족과 공백 때문에 외해계, 내만계라는 뚜렷한 구분이 보이지 않는다. 그리고 신석기시대에 비하면 포획조류의 종류는 감소하는 경향을 보이기는 해도 여전히 일정비율의 鳥獵을 전개하고 있었던 것은 무엇보다도 유적부근의 자연조건이 그 배경이 되었기 때문으로 보인다.

즉 해안부의 외해계 입지유적의 경우, 주변에 산지, 구릉, 곡, 하천 등이 있는 데다가 바다는 난류와 한류의 교차지역으로 어족이 풍부해 이를 먹이로 하는 많은 조류가 몰려들었기 때문일 것이다. 또 내만계 입지유적에서는 당시의 해수면의 재상승 이후 안정과 해퇴로 곡의 매립이 진행되어 습지, 갯벌과 같은 환경이 조성됨으로써 오리과 등의 철새들의 도래 Route가 되거나 월동, 서식지로서 적합했기 때문이었을 것이다.

가야의 유적(패총)별 출토확인 조류는 대개 5~10종류 정도가 일반적이다. 그러나 유적별로는 부산 동래, 진해 용원 패총에서는 9~10종류 정도, 창원 성산, 가음정동, 사천 늑도유적 등에서는 5종류 정도인데 비해, 창원 남산, 고성 동외동패총 등에서는 1종류만 확인되는 차이를 보인다. 이처럼 유적별 출토종류에 차이가 크게 나타나는 것은 무엇보다도 발굴조사보고서가 미간행이어서 유적출토 조류의 상세한 내용을 아직 알 수 없는 데서 비롯된 것으로 생각된다.

유적출토 조류 가운데 진해 용원 유적에서는 가마우지가, 부산 동래 패총에서는 오리과, 꿩 등이, 사천 늑도유적에서는 꿩이 각각 주류를 이루고 있다. 꿩이나 오리과는 비교적 체격이 크고 육량이 많아 식료로서의 가치가 높기 때문으로 보인다.

그런 한편으로 수리과, 매과 등은 포획하기가 어려운데도 유적에서 출토되는 것은 식료 이외의 이용목적, 즉 中空의 管骨이 골침이나 장신구의 재료 등이 되기 때문인지도 모른다.

조류는 일반적으로 포획이 쉽지는 않다. 그럼에도 불구하고 대개의 유적에서 확인되며, 종류는 의외로 다양하나 종류별 개체수는 많지 않다. 이러한 배경에는 조류사냥이 생업의 일환으로서의 계획하에 이루어지기는 하나 그리 쉽게 잡을 수 있는 것이 아니었기 때문으로 보인다. 비록 칼로리는 낮지만, 안전하게 그리고 비교적 쉽게 포획 가능한 패류채집이 패총인의 주요 생업활동의 하나인 점과도 일맥상통하는 것이다. 다시 말하면 식료가치가 적으나 비교적 쉽게 포획되는 것과 사슴류, 멧돼지처럼 식료가치는 높으나 포획이 어려운 것 모두를 한데 어우름으로써 결과적으로 유연하고도 안정적인 생업을 이루어 나갈 수 있었기 때문인 것으로 보인다(新美倫子, 1994).

가야의 유적출토 조류 가운데에는 텃새와 겨울철새를 많이 포획하고 있다는 것을 알 수 있다(표 20). 겨울철새의 경우 오리과가 가장 확인사례가 많고 그 다음이 아비과, 가마우지과 등인데, 이 가운데 가마우지는 외해성 입지인 진해 용원 유적에서, 오리과는 내만계 입지인 부산 동래 패총에서 각각 주요 포획 조류이어서 유적의 입지와 주요 포획 조류 간에 상관성을 엿볼 수 있다. 게다가 인간의 생활공간 가까이에 오는 조류들도 의외로 여럿 포획하고 있어 조류사냥이 유적부근에서 집중적으로 이루어졌음을 알 수 있다.

유적출토 조류는 텃새와 철새가 대개 비슷한 비율을 이루므로 이를 통해 조류사냥이 연중 이루어졌음을 알 수 있다. 그러면서도 겨울철새가 전체의 약 42%를 점하고 있어 조류사냥이 집중되는 시기는 겨울~초봄이었을 것으로 추정된다. 즉, 해안부의 가야 패총인들은 겨울~초봄에 걸쳐 강치, 물개와 같은 해서동물과 일부의 패류와 함께 겨울철새도 집중 포획하고 있었던 것이다. 그리고 이러한 포획 집중시기는 해안부의 가야패총인들이 농경을 행하더라도 그 農作業暦과는 중첩되지 않는다는 것을 의미한다. 가야의 패총인들이 농경과 어로, 수렵, 조렵 등과 같은 복합 생업형태를 유지할 수 있었던 것은 유적의 입지, 유적주변의 자연조건, 서식, 비래, 회유 동물의 종류와 분포 및 생활사 등에 기초한 생업전략을 조화롭게 계획하고 실행하고 있었기 때문인 것

<표 20> 가야의 유적 출토 조류

습 성	종 류	출토 유적수	부산 동래	진해 용원	창원 성산	창원 가음정동	창원 남산	고성 동의동	사천 늑도
텃새	농병아리과	2	○	○					
	솔 개	1	○						
	매 과	1		○					
	꿩	4	●	○				○?	●
	바다쇠오리	1	○						
	멧비둘기	2		○		○			
	까치	3			○?	○	○?		
여름 철새	까마귀	4	○	○	○?	○?			
	백로과	1		○					
	왜가리	1						○?	
겨울 철새	아비과	2	○	○					
	가마우지과	2	○						○
	가마우지	2		●	○?				
	오리과	5	●		○	○	○		
	큰고니	1	○						○
	청둥오리	1		○					
	독수리	2			○?	○			

● 주체종류 ○? 학명대비가 불충분
※신천옹, 종류불명 등은 제외

이다.

3) 논 비래조류

① 논 비래조류의 종류

논에 비래하는 조류로는, 가야의 유적에서도 확인되는 농병아리, 왜가리, 청둥오리, 까치, 까마귀, 꿩, 큰고니, 멧비둘기, 까치, 까마귀 이외에도, 쇠오리, 흑머리오리, 흰뺨검둥오리, 알락오리, 황오리 등의 오리류, 뜸부기, 쇠뜸부기 사촌, 개개비, 쇠물닭, 물닭, 꼬마물떼새, 흰목물떼새, 뱁새, 종다리, 굴뚝새, 멧새, 노랑턱멧새, 참새, 제비, 쇠기러기, 쇠백로, 따오기, 황새, 두루미, 재두루미, 검은목두루미, 메추라기, 해오라기, 덤불해오라기, 검은댕기해오라기, 큰덤불해오라기, 황로 등 매우 다양하다. 그리고 이들 조류가 연중 논이나 근처에 비래하는 것은 앞서 언급한 논에 소상·산란·서식하는 어패류, 갑각류, 양서류, 파충류, 곤충류, 그리고 곡식 낟알 등을 먹기 위해서이다.

가야에서는 조류 비래에 관한 사례는 아직 확인되지 않았으나, 조선시대의 「백로군조도」와 김득신의 「천렵」 등을 통해 볼 때 논농사 전개 이래로 논에 조류 비래가 있어 왔을 것이며 가야의 논에서도 이러한 정황은 마찬가지였을 것이다(도면 31).

가야의 농경민들은 이들 논 비래 조류에 대해 서로 상반되는 인식을 동시에 가지고 있었다고 추측된다. 그 하나는 농경에 대한 益鳥라는 인식이었을 것이다. 최근의 논농사에서는 오리농법이 각광받고 있다는데, 이는 야생 청둥오리 등을 모내기 직후부터 이삭이 필 때까지 논에 풀어 사육하는 일종의 환경 유기농법이다. 논에서 자라는 잡초나 해충을 잡아먹어 병충해를 예방하는 데다 배설물 또한 유기질 비료 역할을 해 수확때까지 농약이나 화학비료를 사용할 필요가 없다. 게다가 헤엄치거나 논잡초 등을 먹을 때 벼뿌리 주변을 교란시킴으로써 벼뿌리를 튼튼하게 해 벼에 활력을 주고 건전한 성장을 돕는 것으로 알려지고 있다. 아마도 이러한 점을 인식한 가야의 농경민은 볍씨 파종기를 제외한 봄부터 가을의 농작물 결실기 전까지는 익조로서, 혹은 그리 해를 끼치지 않는 것으로 인식해 이들 조류를 구제하지는 않았을 것이다.

그런데 가을의 농작물 결실기~수확기 무렵에는 이들 논 비래 조류에 대한 인식은 달라졌을 것이다. 농작물을 먹이로 하는 종류도 있어 당연 해조로서 인식되며 어떤 형태로든 구제해야 할 대상이었기 때문이다. 이 조류구제와 관련해 주목되는 것이 일본의 『古事記』에 보이는 허수아비(案山子)이다. '山田の そほど'는 사람의 형태를 하면서도 걸을 수 없고 논에 있으므로 허수아비로 해석되는 것이다. 더욱이 일본의 평안시대의 『古今和歌集』 권19 등에 보이는 '山田の そほつ'도 같은 의미로 해석되고 있어(小島瓔札, 1962), 농경 기술체계의 하나인 허

<도면 31> 조선시대 회화에 보이는 논과 백로(「白鷺群鳥圖」, 韓國民畵圖錄 I, 2000)

수아비가 고대의 가야에서도 존재했을 가능성은 충분히 있다고 생각된다.

② 조류사냥법과 도구

조류사냥법과 도구로서 민속예에서는 활, 망(網), 덫, 유인구이용

(목제, 짚제), 독극물의 이용 등이 알려지고 있으나, 이 가운데 극히 일부가 중국, 우리나라, 일본의 고고자료, 문헌기록 등에서 확인되고 있다.

활을 이용한 조류사냥은 중국 후한대의 四川省 成都 揚子山 화상석을 통해 엿볼 수 있다. 연꽃이 피어 있는 저수지나 소택지에서 비상하는 조류를 활로 겨냥하고 있는 두 사람의 모습이 보이며, 그 옆에는 화살에 맞아 물에 떨어진 새를 잡아 끌어오기 위한 도구에 화살이 연결된 모습도 보인다(도면 32). 또 일본의 승문시대 見鳥 패총에서는 선단부가 둥근 골제촉도 주목된다. 이는 조류나 소형 毛皮獸의 신체에 상처를 내지 않고 기절시켜 잡기 위한 것으로 알려지고 있는데 이와 유사한 형태의 것이 부산 동래패총에서 확인되고 있다(도면 32).

가을의 농작물 결실기에 논 등에 날아드는 참새, 까치, 까마귀 등을 막기 위해 망을 설치하는 예는 지금도 농촌에서 가끔 볼 수 있다. 일본의『萬葉集』권13에는 鳥網을 이용한 조류사냥을 전하고 있으며, 가마우지를 이용한 어로가 8세기 전반의 正倉院文書에 보인다고 한다.

③ 농경민의 조류사냥의 의미

농경민의 조류사냥은 주로 농한기인 늦가을, 겨울, 초봄에 걸쳐 시행되는 예가 많은데, 이는 자가소비를 목적으로 동물성 단백질 공급원의 확보와 오락이라는 측면에서 이루어지는 것 같다. 그런데 농경의 전개 이후 후대로 올수록 조류사냥은 식료확보를 위한 생업으로서의 특성은 점차 옅어지고 농한기의 작은 생업활동으로서 자리매김되어가는 수렵과 담수어로 일반의 현상과도 맥락을 같이 하고 있다(安室知, 1998).

이와 동시에 농경민의 조류사냥도 수렵, 담수어로와 마찬가지로 농경(논농사)에 내부화해 간다고 한다.

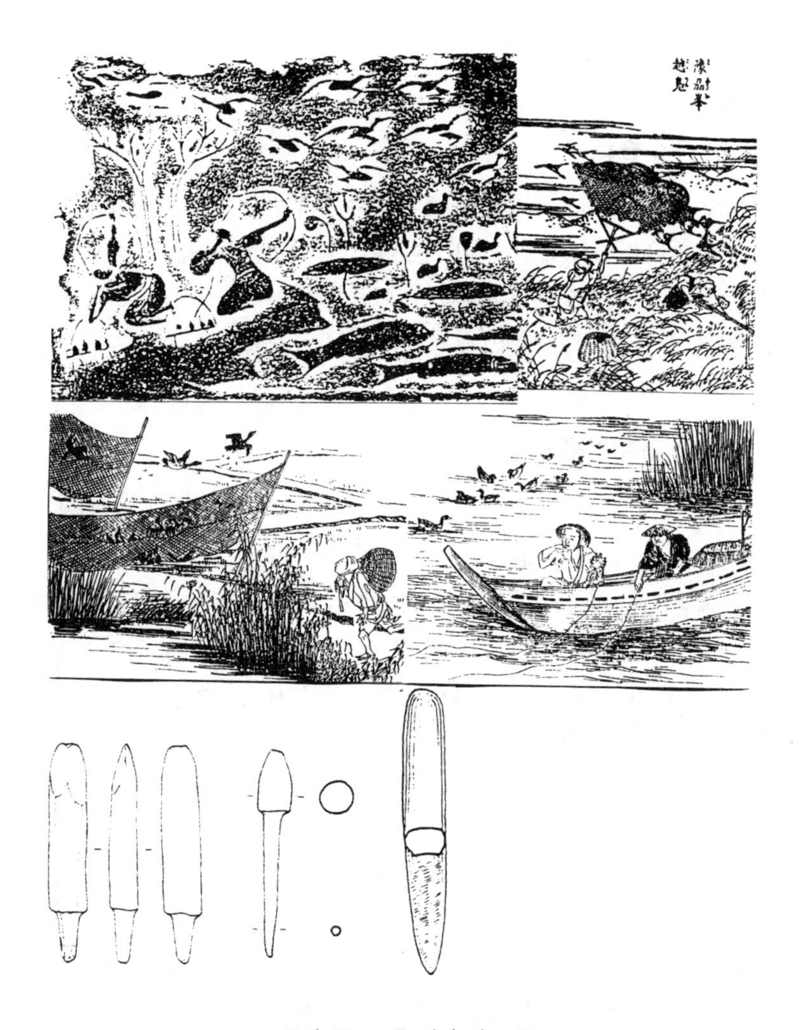

<도면 32> 조류 사냥 및 도구

상좌 : 중국 四川省成都楊子山화상석(한대)-화살
상우 : 「日本山海名山圖繪」(江戸期)-망
중좌우 : 일본 「狩獵圖說」(1892년)-망, 낚시
하좌 : 부산동래패총출토 골촉(2점, 초기철기~삼한시대)
하우 : 일본 貝鳥패총출토(승문시대 후기)

Ⅵ. 가축

1. 가축의 종류

1986년 농림수산통계연보에 기재된 우리나라의 15종류의 가축 가운데 가야의 유적에서 확인된 가축으로는 개, 소, 말, 돼지, 닭이 있다(표 21). 이외에도 문헌기록을 통해 산양, 나귀와 낙타, 거위와 오리, 사냥매, 양봉 등도 확인되고 있다.

2. 주요 가축의 용도

1) 개(犬)

신석기시대 이래로 여러 시대의 유적에서 확인되고 있는 가축의 하나로, 패총출토 개뼈에는 절단흔, 타격흔이 확인되는 것이 있어 비교적 이른시기부터 식용으로 이용되었던 것 같다. 이후 고려시대에는 개를 식용으로 하기도 했으나 불교의 성행에 따른 食肉禁斷의 시행과정 중에는 특히 개는 不淨한 것으로 믿어져 그 식용이 금지되기도 하였다. 그러나 유교적인 면에서는 도리어 권장되었으므로 조선시대에는 그 식용이 성행하였다.

『산림경제』(1715년), 『중보산림경제』(1766년) 등의 농서와 『규합총서』(1875년)와 같은 가정백과서 등에는 개고기의 효능을, 그리고 17세기 말의 『飮食知味方』에는 개고기요리에 대한 상세한 조리법이, 19세기 초의 『동국세시기』 등에는 한여름의 삼복에 자양보급을 위해 개장국을 먹는다고 기록하는 등, 조선시대에는 개의 식용이 크게 성행하였다(田中靜一, 1982).

개사육의 또 하나의 목적은 수렵보조구로서의 이용이었다. 고구려 벽화고분에는 개를 이용한 사냥모습이 보이며, 『삼국사기』 권제45, 열전제5의 김후직전에서도 개 이용 사냥의 모습을 전하고 있다. 고대 일본에서는 犬養部를 두어 衛門과 창고의 番犬을 사육했다고 전하며,

<표 21> 가야의 유적 출토 가축

시대	유 적	총수	개	소	물소	말	돼지	닭
신석기시대	부산 동삼동	1	○					
	부산 영선동	1				○		
	부산 북정Ⅰ	2	○	○				
	김해 수가리	2	○	○				
	통영 연대도	4	○	○		○		○
	통영 상노대도	1	○					
	하동 목도리	2	○		○			
∫ 가야시대	부산복천동고분군	1				○		
	부산 동래	4		○		○	○?	○
	김해예안리고분군	2		○		○		
	김해회현리·봉황대	2		○		○		
	김해대성동고분군	3		○		○	○?	
	부산 북정Ⅱ	1						○
	진해 용원	2	○	○				
	창원 성산	3	○			○		○
	창원 가음정동	2	○					○
	창원 남산	2	○					○
	창원 내동	1	○					
	함안 성산산성	1		○				
	진주 무촌	1				○		
	사천 늑도	1	○					

※진주 무촌 유적은 통일신라시대

奈良시대에는 대륙계의 개를 엽견, 애완견으로 수입하였으며 蜀狗, 倭子 등의 소형견도 수입하였는데 민간에까지는 보급되지 않았다고 한다(千葉德爾, 1986).

이러한 인간과 개의 오랜 역사 때문에 부여에서는 狗加라는 관직명이 있을 정도였으며, 사천 늑도유적 등에서는 개가 완전하게 매장된 예도 확인되었으며, 가야에서는 개 모양의 토우도 확인되고 있다.

2) 돼지

돼지는 본래 야생동물인 멧돼지를 가축화한 것이라고 한다. 1989년 일본의 西本豊弘가 大分市 下君桑苗유적 출토 미생시대 전기의 멧돼지를 가축화한 돼지라고 발표한 이래 최근에는 승문시대에도 돼지가 존재했을 가능성까지 언급하기에 이르게 된 것 같다.

이러한 영향하에 우리나라에서도 패총출토 멧돼지에 대해 주목하게 되었고, 부산 동래패총에서 출토한 멧돼지 가운데 3층 출토의 멧돼지의 환추는 거의 돼지의 특성에 가까우며, 5층 출토의 멧돼지의 오른쪽 하악골에 남아있는 제1~3대구치는 모두 마모가 심하고 썩어있는 치주병의 흔적 등에서 보아 사육돼지에 가깝다고 결론지었다(서영남, 1998). 이렇게 보면 기존보고의 유적출토 멧돼지 가운데 일부는 돼지일 가능성도 재점검해볼 필요가 있다. 『삼국지』 동이전 읍루조의 養猪나 동 한전의 養牛及猪라는 문헌기록의 표현에서 보아 초기철기~삼한시대에는 이미 돼지가 사육되고 있었다고 보여지기 때문이다.

다만 해부학적인 측면에서 돼지와 멧돼지의 구분에 관해 전문가 간에도 견해가 달라, 이를 고고학의 입장에서 어떻게 받아들여야 할지가 문제이다.

돼지는 식용, 의복용, 방한용, 의례용 등으로 이용되었던 것 같다. 앞서의 읍루조에 돼지를 키워 그 고기를 먹고 껍질로 옷을 만들며, 겨울에는 돼지기름을 몸에 발라 추위를 막았다는 기록이나, 동 한전에 제주도에서는 개와 돼지 가죽으로 옷을 만든다는 기록 등이 그것이다. 이외에도 사람이 죽어 장사 지낼 때 돼지를 잡아 관 위에 올려놓거나, 고구려의 郊祀에서는 돼지를 희생수로 바치거나 하는 등의 기록도 있어 돼지가 의례용, 희생수로서도 이용되었음을 알 수 있다.

한편, 민속예에서는 돼지는 인간이 남긴 찌꺼기나 배설물을 먹으므로 돼지 축사와 화장실이 set를 이루는 소위 猪圈文化에 관한 것도 흥미롭다.

3) 닭

고고자료에서 확인되는 바에 따르면 우리나라에서 닭의 본격적인 사육은 삼한시대, 더 나아가서는 사천 늑도유적의 삼한시대 중기까지

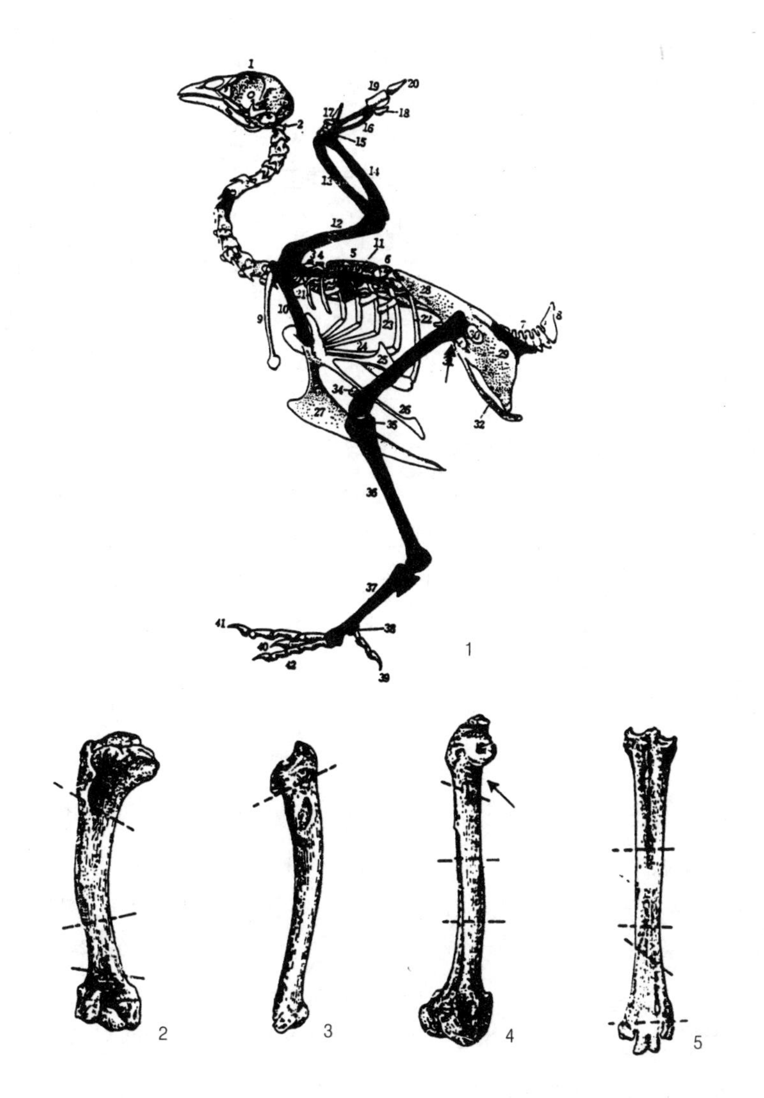

<도면 33> 창원가음정동패총 출토 닭 골격 부위와 인위적인 해체흔(兪炳一, 1998)
1. 닭골격부위도 2. 상완골출토부위 3. 척골출토부위 4. 대퇴골출토부위 5. 중족골출토부위

소급할 가능성이 있다고 한다(서영남, 1998). 닭이 식용으로서 이용된 것은 유적출토의 닭 골격부위 및 그 인위적인 해체흔에서 알 수 있는데, 창원 분지내 패총 출토 닭의 날개와 다리부분 골격이 집중 출토되는 데 비해 머리부분, 중수골, 중족골은 출토되지 않거나 극히 적다고 한다. 그 이유로서 식용을 위한 가공시에 쓸모없는 부분이므로 버렸기 때문으로 보고 있다(兪炳一, 2000, 도면 33). 이외에도 『삼국지』 위지 한전에 細尾鷄라는 닭이 맛이 있다고 한 점도 식용사례로서 들 수 있다. 이에 비해 일본에서는 미생시대에 사육되기 시작했어도 平安시대까지는 닭을 그리 먹지 않았고 오히려 야생조류가 식용의 중심이었다고 한다. 그러다가 平安시대에 이르러 야생조류의 남획의 결과 닭을 먹게 되었다고 한다. 미생시대~平安시대까지는 주로 시간을 알려주는 告時鳥로서의 역할을 고려하고 있는 것 같다.

한편, 가야의 고령 지산동 44, 45호, 김해 대성동 고분군 1호분 등에서는 시신을 안치한 후 토기 등에 닭을 담아 부장하고 있는 사례도 확인되고 있다(兪炳一, 2000).

4) 소

소의 골격은 신석기시대의 유적부터 출토되며, 『삼국지』 동이전 부여전에 牛加라는 관직명의 존재, 동옥저전의 少牛馬, 한전의 不知乘牛馬 및 養牛及猪, 『신당서』 변진조의 乘駕牛馬에서 보아 초기철기~삼한시대 무렵에는 우리나라 각지에서 사육되고 있었음을 알 수 있다. 가야에서도 출토 예가 있으나 단 그 개체수는 많지 않다.

가야시대에 소가 식용목적으로 사육되었는지는 명확하지 않다. 대구 칠곡 3택지 2구역유적 출토의 소의 각 골격부위에 보이는 인위적인 해체흔은 뼈와 肉부분의 분리시 생긴 것이라는 점(도면 34, 35)과, 경주 황남대총남분의 부장토기내에서 소의 늑골이 검출된 점은 식용의 가능성도 엿보인다(兪炳一, 1994). 그러나 가야에서도 그 출토 예가 적고, 무덤·구 등에의 의례용으로 매납되고 있는 점, 소의 가죽을 옷감

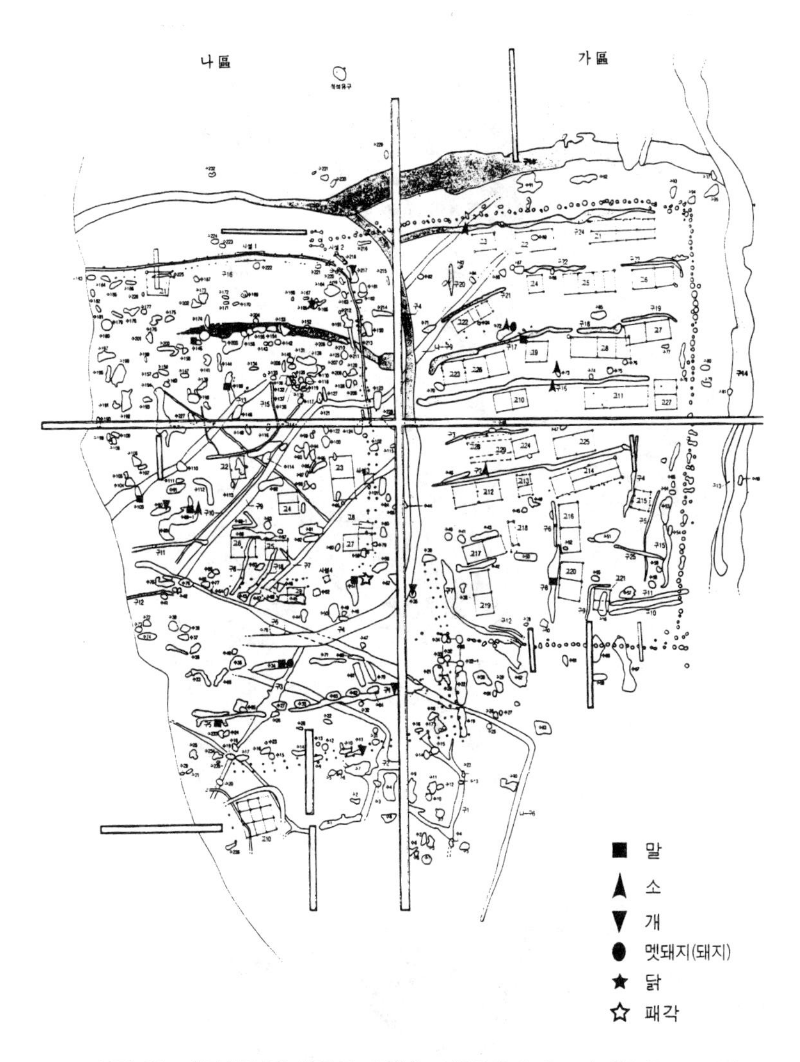

<도면 34> 대구칠곡3택지2구역 유적출토 동물유체 출토위치(兪炳一, 2000)

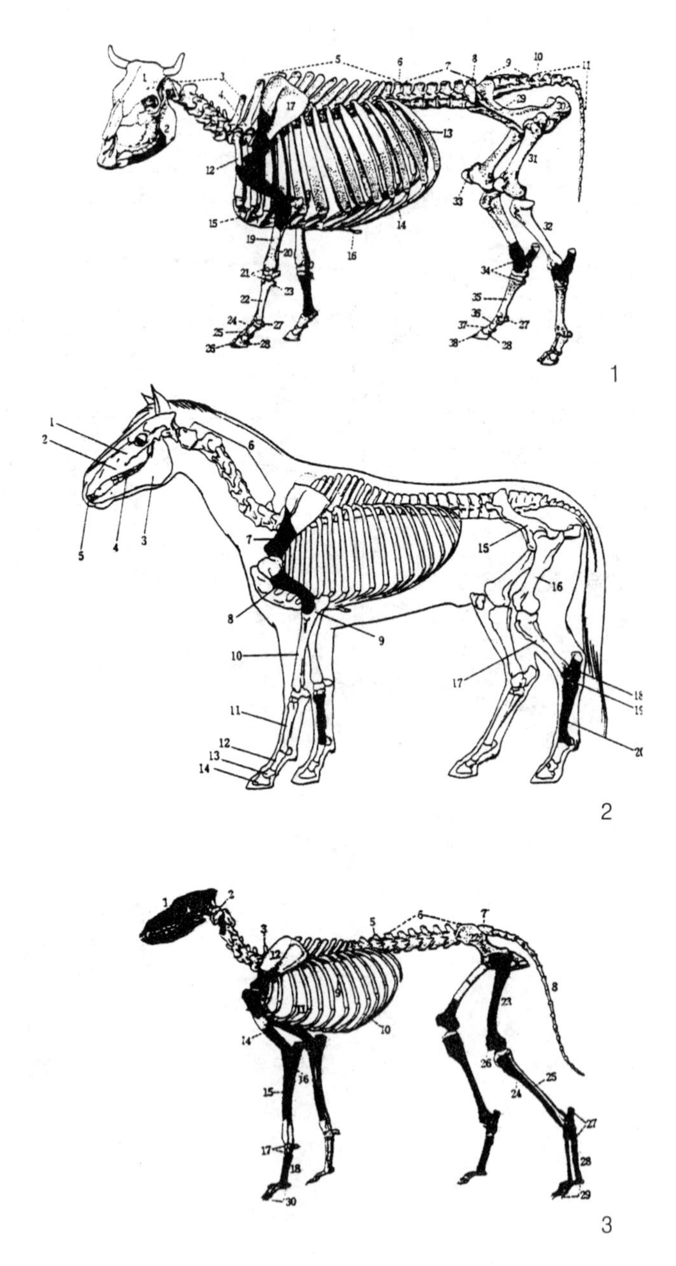

<도면 35> 대구칠곡3택지2구역 유적출토 가축의 골격부위(兪炳一, 2000)

으로 이용한 『삼국지』 한전의 기록(又有州胡…但依韋好養牛及猪者), 교통·운송수단으로 이용된 고구려의 벽화무덤 쌍영총에 보이는 牛車 그림과 『삼국사기』 신라본기 눌지왕 22년(438)조의 牛車之法이라는 기록, 『신당서』 변진조의 乘駕牛馬라는 기록, 농경에 이용된 『삼국사기』 신라본기 지증왕 3년조의 始用牛耕이라는 기록과, 창원 반계동유적 논유구 등에 보이는 소발자국과 쟁기흔적 등에서 보아 소를 반드시 식용만을 위한 목적으로 사육했다고 보기 어렵게 한다.

한편, 소가 분묘에의 부장용, 희생수, 卜占의 제작재료 등으로 이용된 점도 주목된다. 먼저 분묘에의 부장용 사례로서는 김해 유하리 고분의 봉토중에서 소의 골격이 출토된 예가 있으며, 울진 봉평비에 신라의 왕과 육부의 대표들이 국가제사시나 지방순행에 앞서 이루어지는 제사에 소를 희생수로 이용한 사례가 있다(兪炳一, 1998). 또 소의 견갑골이나 소발굽을 하늘에 제사를 지낼 때 占卜하는 도구 제작재료로서 이용한 사례로는 함안 성산산성에서 소의 견갑골로 만든 卜骨 출토사례(도면 36)와 『삼국지』 동이전 부여전, 『진서』 동이전 부여전에 보이는 "有軍事亦祭天殺牛觀蹄以占吉凶蹄解者爲凶合者爲吉"이라는 기록 등을 들 수 있다.

5) 말

신석기시대 이래의 여러 시대 유적에서 확인되고 있으며 가야에서도 패총, 무덤 등에서 그 유체가 확인되고 있을 뿐만 아니라, 무덤출토의 마구나 토우, 장식토우, 선각문 등을 통해서도 그 존재를 추정할 수 있다.

우리나라의 재래말은 대개 소~중형인 것 같다. 고려말의 李穡은 "吾東方馬有 二種曰胡馬北方來者也曰鄕馬中國所出也國馬如驢無足以得良焉"이라 하여 우리나라의 재래말에는 두 종류가 있다 하였다(張權烈, 1988). 호마는 몽고말계통의 중형말로 북방에서 전래된 것으로 주로 북한 지방에 존재하였다는 것은 『삼국지』 "基國善養特出名

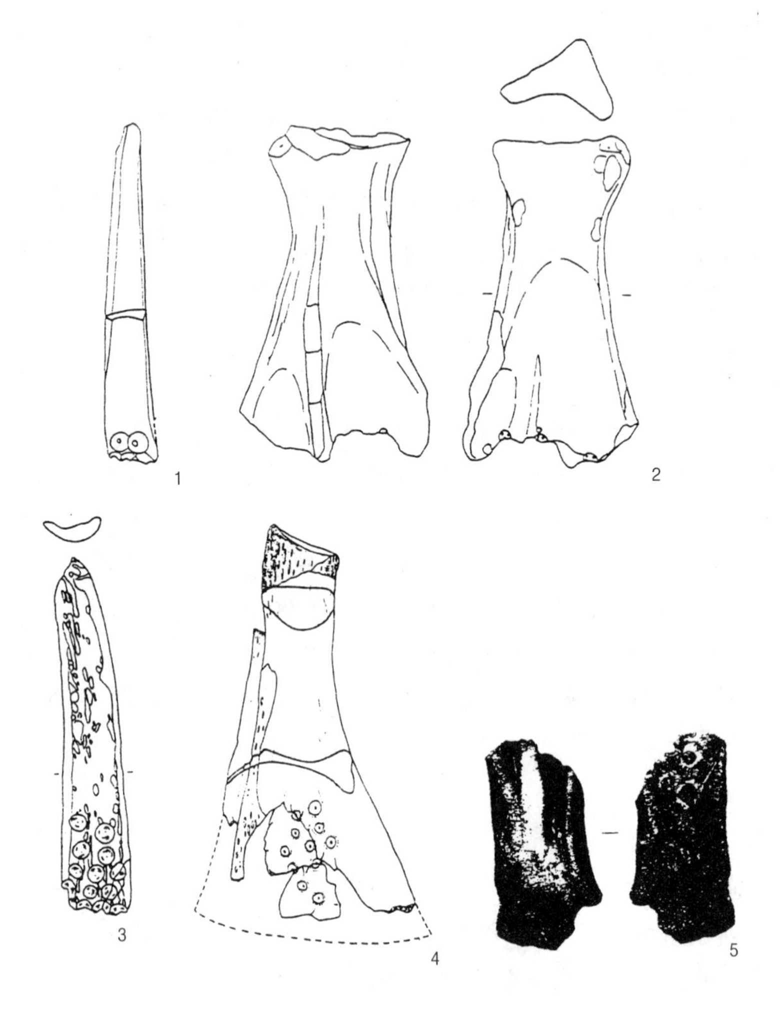

<도면 36> 가야의 복골
1, 2. 부산조도패총 I 3. 김해부원동패총 4. 김해봉황대유적 5. 함안성산산성

馬"라는 데서 알 수 있다. 그런데 부산 동래패총 출토 말도 중형마에 가깝다고 하므로(서영남, 1998) 남부지방에도 파급되어 있었던 모양이다. 향마는 우리나라 재래종으로 『삼국지』, 『삼국사기』, 『해동역사』 등

에 보이는 果下馬가 이에 해당되는 것 같다.

말도 식용으로 이용되었을 가능성은 있으나, 오히려 타 용도로 많이 쓰인 것 같다. 대구 칠곡 3택지 2구역 출토의 말의 상완골, 소골, 중수골에 보이는 타격흔이나, 경주 성동동 386-6번지 생활유적 출토의 말 두개골 정상부에 남겨진 타격흔과 절단흔 등은 뼈의 골수나 뇌수를 빼내어 가죽무두질에 사용하기 위한 것으로 추정되고 있다(兪炳一, 1998).

말이 무덤 부장용, 의례용, 희생수로서 사용된 예로는 고령 지산동 고분군, 김해 예안리 고분군, 합천 반계제 고분군, 김해 대성동 고분군 등의 무덤 내부나 봉토에서 그 골격이 출토되고 있는 데서 알 수 있으며, 말이 교통, 운송수단, 군용으로 사용된 것은 『삼국지』 위지 동이전, 『삼국사기』, 『삼국유사』 등의 문헌기록과 가야의 무덤출토 마구, 기마인물형토기 등을 통해 엿볼 수 있다.

6) 산양, 나귀, 낙타

산양은 경주 안압지에서 그 골격이 여럿 출토되었으며, 중국의 후한초의 釋名에 보이는 "韓羊韓兎韓鷄本法出韓所爲也"의 羊을 산양으로 추정할 수 있다면 우리나라에서 산양 이용의 역사는 더욱 소급될 수 있다.

나귀와 낙타에 대해서는 『일본서기』 추고천황 7년(599)에 백제가 일본에 보낸 동물 가운데 나귀와 낙타가 포함되어 있다(秋九月癸亥朔百濟貢駱駝一疋驢一疋羊二頭白稚一雙).

3. 무덤부장, 의례용으로 이용되는 가축의 의미

가야·신라에서는 육상 수렵동물과 가축 그 자체 및 형상품이 무덤부장, 의례용으로 이용되는 상황이 확인되고 있다. 전자의 사례로서는 합천 옥전 M3호분에서 뿔, 척추뼈, 이빨 등이 검출된 사슴의 예와, 사슴류·멧돼지의 견갑골을 이용한 卜骨의 예, 그리고 가야·신라 지역에서의 사슴, 멧돼지(?)의 장식토우의 예 등이 있다.

가축을 무덤부장, 의례용, 희생수로서 이용한 사례로는 가야·신라의 무덤매장의례에 관련되어 무덤 부장토기내나 봉토내 주변의 호석이나 주구내에 전신골격 내지는 일부의 골격이 부장되는 사례와, 울진 봉평비에 국가제사와 지방순행과 관련된 제사에 소를 희생수로서 이용하는 사례도 있다는 기록, 토우, 선각화, 기마인물형토기의 존재 등을 들 수 있다.

이상의 제상황을 종합해 보면, 육상 수렵동물 및 그 형상품을 무덤부장, 의례용으로 이용하는 것은 수렵이라는 신석기시대의 생업상의 전통이 가야에서도 계승되고 있었음을 의미하는 것으로 보고 싶다. 그런 한편으로 가야시대로 오면서는 무덤부장, 의례용, 희생수로서 소, 말, 개, 돼지(닭)와 같은 가축의 이용이 현저해지게 된다. 그 배경에는 새로운 국가제사 형태의 수입과 같은 점도 고려해야 하지만, 직접적으로는 가축(사육)과 수렵 및 육상 수렵동물에 대한 인식이나 생업내 비중의 변화를 시사하는 것으로 보고 싶다. 즉 가축 이용이 현저화하게 된 배경에는 농경중심이라는 가야생업의 내용과 그 흐름에 대응해 무덤부장, 의례용, 희생수로서 가축을 이용해가는 흐름이 감지된다는 것이다. 그리고 이러한 가축 이용의 무덤부장, 의례용, 희생수 사례의 정점에 달한 것이 殺牛·殺馬로 이해되는 것이다.

Ⅶ. 요약 및 맺음말

가야에서 행해진 생업 부문으로는 농경, 해양어로, 담수어로, 육상동물과 조류의 수렵, 가축, 채집 등이 있으며, 가야인의 생계와 생활은 이들 개개 생업 부문의 선택적 복합 위에서 비로소 유지되었을 것이다. 그러나 가야의 생업 복합형태는 현재의 자료만으로는 뚜렷하게 제시하기 어렵다. 개개 생업 부문의 실상 역시도 명확하게 제시하기 어려우나 대략 다음과 같은 것이었다고 추측된다.

농경

가야의 농경, 특히 논농사에는 다양성과 진보가 감지되는 측면과 고대적 한계를 실감케 하는 측면 2자가 있는 것 같다. 먼저 가야의 논은 해안부와 내륙부 모두에서 확인되며, 개석곡저에서부터 곡저평야 내지는 중소 하천의 범람원, 선상지(단구면)까지 확대이용하고 있어 유적 주변의 다양한 지형조건도 논으로 개발하였음을 알 수 있다. 또 기원지·계통을 달리하는 것으로 보이는 계단식 논과 소구획 논이 존재하며, 단위면적당 생산성이 서로 다른 논도 공존하고 있어 가야 논농사의 다양성과 지역적 격차를 짐작케 한다.

가야의 논에서 재배된 벼품종은 수륙미분화도, 조·중·만도와 같은 다양한 품종군이 존재했을 것으로 추정되며, 논에서 밭으로 전환 내지는 반복전환하는 기술체계도 확인되고 있다. 이러한 경지전환 이용 사례는 『삼국유사』와 조선시대의 농서에서도 확인될 뿐만 아니라, 20세기 전반의 함북 길주의 윤답(輪畓)에서도 확인된다.

이 경지전환 이용의 목적은 지력갱신, 밭토양의 개선, 물부족에의 대처, 잡초·병충해의 방제, 토지조건 변화에의 대처, 단위면적당 생산량의 제고 등이었으며, 발달된 농법의 하나로서 자리매김될 수 있는 것이다.

뿐만 아니라 이 가야의 경지전환의 이용체계는 조선시대 후기에 성립하는 논 2모작과 기술원리면에서는 서로 통하는 바가 있어 가야 논농사의 기술적 수준과 진보를 엿볼 수 있게 하는 대목이다.

그런 한편으로, 가야 논농사에는 여전히 고대적 한계를 시사하는 부분도 있다. 가야의 논 가운데에는 단위면적당 생산성이 낮은 논도 여럿 있으며, 谷조성의 논은 그 규모 때문에 일정 이상의 인구나 마을 규모를 유지하기 어려웠을 것으로 추정된다.

또 논을 일정기간 경작하면 필연적으로 생기는 논의 노후화 현상 때문에 결국 생산성의 감소, 일정기간 논의 방치가 생길 수도 있었다. 실제로 일본에서는 AD 5세기 후반의 논토양을 분석한 결과, 전체 논가운데 일부가 휴경상태였음을 추정케 하는 사례가 보고되고 있다. 게다가 기후기상재해, 병충해와 같은 재해도 빈발했을 것으로 추정된다.

그 때문인가 『고려사』의 고려 성종 11년(992)조 기록 등을 기초로 추정해 본 가야의 논 300평당 생산량은 약 34kg 전후(현재의 1/14~15)로 추산되기도 하였다. 따라서 이러한 생산성으로는 수용 가능한 인구수는 그리 많지 않았다고 추정된다.

그러나 이러한 가야 논농사의 한계는 인정되더라도 가야생업의 주체는 농경이었음을 부정하기 어렵다. 가야의 유적에서 확인되는 논(밭)유구와 곡류 등의 생산물, 철제농구, 그리고 농경지가 가야취락의 공간구성요소의 하나로서 자리매김되는 예가 있으며, 가야의 궁궐과 사옥 축조시 농한기를 골라지었다는 문헌기록도 있기 때문이다.

게다가 가야와 동시대의 고구려, 백제, 신라에 관한 문헌 기록에는 농경의 장려, 농경지·농경생산물·농민층을 국가의 주요재원으로서 중심적으로 파악하며 이를 뒷받침하는 장치로서 토지제도와 조세제도의 실시, 하천의 치·이수, 저수지의 축조, 축력경의 도입 등에 당시의 High Technology와 energy가 투입된 사례, 저습지를 논으로 개발한 사례와 畓이라는 한자 조어의 등장, 농산물과 농경지에 대한 자연재해 관련기사의 빈발, 기근·흉년시의 국가구제곡이 조 등의 농경 생산물인 점, 농경에 의한 정주·정착 사회가 전개되면서 생겨난 회충·편충 등의 기생충의 만연 사례, 농경 생산·생활과 결합된 의례·세계관의 존재 등이 확인되고 있기 때문이다.

이를 통해 가야의 생업은 농경이 주체이며, 농경생산이 가야사회의 생산양식, 생활양식의 축이 되는 농경(농업)사회로 규정지어도 큰 무리 없을 것 같다.

해양어로

가야에서 확인되는 해수산어류는 총 22종류로, 참돔, 감성돔, 상어류, 농어류, 복어류 등이 비교적 많이 확인된다. 이들 어류는 대부분 내만~연안 서식어류여서 신석기시대 이래로 주요 어류대상이었던 것 같다. 해서동물로는 고래류, 돌고래류, 강치, 물개, 바다거북류 등이 알려지고 있다.

이들 어류・해서동물을 어획하는 어구어법의 하나로서 망어법은 어망압흔 토기, 골침, 망어법으로 포획해야만 하는 소형어류의 존재, 어망추의 보편적 출토 등을 통해 그 존재를 짐작할 수 있다. 가야의 어망추는 거의 대부분이 토수이며, 관상토수, 유공구상토수로 구성된다. 더욱이 내륙부 유적에서는 관상토수가, 해안부에서는 관상+유공구상토수 구성이나 관상토수가 주류를 이룬다. 게다가 관상토수 가운데에는 孔徑이 1cm 이상의 것도 소수 있는데 공경의 확대는 결국 어망의 발줄부분의 굵기와 연계되므로 어망을 크고 튼튼한 것도 사용했음을 알 수 있다.

가야의 낚시바늘은 대부분이 U자형단식, 철제품, 중~초대형이다. 돔종류, 상어류, 가오리류, 농어, 복어류, 다랑어류 등이 어획 대상이었던 것 같다. 그런데 일부의 유적에서는 역T자형 직조침, 골각제 U자형 낚시바늘도 확인되고 있어 신석기시대 이래의 요소가 계승되고 있음을 알 수 있다. 단 낚시바늘이 외해계, 내만계 유적에서 확인되는 점은 신석기시대와는 다르다.

낚시용 봉돌로서는 소형의 유공구상 토수 이외에도, 속이 비고 짧은 대롱모양의 철제품과, 일본 북부 구주지역 중심의 구주형(九州型) 석수와 같은 외래 반입품도 있다.

가야에서는 다양한 종류의 고정식 자돌구, 회전식 이두銛이 있으며, 재질도 사슴뼈 등의 골각제, 가오리 꼬리뼈, 철제품 등을 이용하고 있어 자돌어법의 발달을 짐작케 한다.

한편, 이들 자돌구의 set관계는 지역에 따라 차이를 보이는데, 내륙부에서는 철제 多枝槍만이 확인되며, 비교적 대형 내지는 중심적분묘에 부장되는 경향을 보인다. 이에 비해 해안부에서는 자돌구의 종류도 다양하며, 분묘, 패총 등에서 확인될 뿐만 아니라, 외해계 유적에서는 이두섬과 고정식 자돌구가 set되는 데 비해 내만계 유적에서는 고정식 자돌구가 주류를 이루고 있다. 신석기시대 이래의 전통으로 보인다.

어류・해서동물의 漁期는 우리나라 동남해안에 있어서 난류와 한류의 계절적 세력변화에 따른 북상・남하시기와, 어류의 체장복원과 생활사, 비늘이나 耳石의 성장선 분석 등을 통해 알 수 있는데, 기본적으로 연중 어로가 가능하며, 어로대상에 따라 어기가 달라지는 것으로 추정된다.

가야의 패총 등에서 확인되는 해수산・담수산 패류는 120종류 전후이며, 식용 또는 주로 장신구 등의 제작재료 등을 목적으로 의도적으로 포획한 것이 70~80종 정도이다. 패류 구성비를 보면 복족류의 종류는 다양하되 종류별 개체수가 적으며 부족류는 역이라는 점이 먼저 눈에 띈다. 또 가야의 내만계 패총 일부에서는 외해계 패류가 여럿 확인되는데 이는 내만계 패총이라도 그 패총 집단내부에 외해계 패류를 집중적으로 포획하는 소집단이 있었거나(집단내 분업화), 외해계 패류를 입수할 수 있었던 Network가 조직되어 있었던 데서 비롯된 것으로 추측된다.

패류는 기본적으로 연중포획이 가능하며, 계절에 따라 포획대상이 달라지는 것을 알 수 있다.

한편, 가야에는 해양 전업 어로민 집단과 그들의 근거지인 어촌 내지는 어촌적 취락이 있었다고 추정된다. 가야의 유적출토 골각제 고정식 자돌구, 회전식 이두섬, 역T자형 직조침 등은 신석기시대 이래의 요소・전통으로, 이들 어구어법은 종류, 형태의 차이 등은 있어도 계통면에서 함북 웅기 서포항유적 등과 같은 우리나라 북부 동해안지역, 일본 승문시대의 관동・동북・북해도, 알래스카, 북미대륙 북부 등의 환태평양 북반구의 어로 문화권과 연결되는 것 같다. 그리고 이 어로문화권 내에서 이들 어구어법은 물개, 강치, 고래・돌고래류, 다랑어류 등의 해서동물·대형어류를 대상으로 하는 해양 전업 어로민의 소산으로 알려지고 있다. 따라서 이들 어구어법이 확인되는 가야에서도 해양 전업 어로민 집단이 존재했음을 추측케 한다.

또 가야의 패총패류 가운데에는 잠수어법이 아니면 포획 불가능한 종류가 존재하며, 고고자료와 문헌기록에 보이는 잠수어법과 外耳道骨腫, 文身의 관련성, 심해의 해조류와 바다 표범가죽의 중국수출기록 등에서 보아 가야에서도 고정식 자돌구와 회전식 이두섬을 이용해 대형어류와 해서동물을 포획하거나 잠수어법을 통한 패류, 해조류 등을 전업적으로 포획하는 집단의 존재가 상정된다. 신라의 海人, 왜의 水人도 이러한 부류였을 것으로 추정된다.

이외에도 가야에서는 여러 종류의 해외문물이 확인되며, 가야의 대일본 교섭도 문헌기록에서 확인된다. 이러한 정치, 외교, 군사적 교섭에는 아무래도 원양항해자, 導海者, 그리고 때로는 水軍의 역할도 담당할 수 있는 집단이 필요했을 것이다. 이 역할의 담당자가 다름아닌 해양 전업 어로민이었을 것이다.

한편, 이를 해양 전업 어로민의 거주지인 어촌(내지는 港)으로는 사천 늑도유적을 들 수 있을 것 같다. 이 유적은 농경의 적지라고 할 수 없고, 섬 전체에 패총이 산재하며 주거역과 무덤도 확인되고 있다. 또 회전식 이두섬과 고정식 자돌구, 강치 등의 해서동물유체가 확인되고 있고, 중국제 청동촉, 한식계토기, 화폐, 일본의 미생토기와 같은 대외교섭의 흔적도 확인할 수 있기 때문이다.

하천어로

가야에서 하천어로가 행해졌다는 것은 다음과 같은 사실을 통해 엿볼 수 있다. 먼저 고령 지산동 고분군에서의 누치 출토는 가야에 하천어로가 존재했으며 분묘부장품 가운데 담수어도 포함된다는 것을 밝혀준 사례로서 주목된다.

내륙부의 가야 분묘군에서 출토되는 토수도 하천어로의 존재를 나타내는 근거의 하나이다. 이들 토수는 하나의 분묘군 가운데서도 소수의 분묘에서만 확인될 뿐만 아니라 대개 1~수 점 정도이다. 토수가 하천어로의 존재를 시사한다. 토수의 출토 양상을 보면 보편적인 분묘부장 품목이 아니라는 것을 알 수 있다. 어망의 제작과 입수가 그리 간단치 않은 고가인 데다가 하천어로의 망어업은 특정의 계층이나 집단에게 독점적으로 권리를 부여・실시하게 했을 가능성도 있기 때문이다.

합천 옥전 고분군 등에서 출토된 철제 다지창이 하천어로구로도 사용되었음은 조선시대 윤정립의 어렵도를 통해 알 수 있으며, 민속예에서는 갈겨니, 연어, 숭어 등이 대상어류로 알려지고 있다.

이외에도 가야지역에서는 아직 확인 예가 없으나 일본의 선사~고대 유적에서 확인되는 거랭이, 중국 漢代 출토 예나 우리나라의 조선시대 회화에 보이는 가리(魚伏籠), 문헌기록에 보이는 고구려의 魚梁 등도 하천어로구로서 중요하다. 또 현재의 경남지역 담수어 90종류를 대상으로 한 하천유역별, 어류 성체 크기별 어구어법도 가야의 하천어로구를 이해하는 데 도움이 될 것 같다.

한편, 이들 담수어의 어기는 기본적으로는 연중 가능하나 수온이 올라가 어류의 활동이 활발해지는 5~10월, 그 가운데에서도 산란기인 5~7월말 무렵이 집중시기이다. 이 무렵은 더욱이 장마기에 해당되는데 하천의 증수와 범람에 맞추어 잉어과 어류 등이 거슬러 올라와 산란하므로 이때가 어기가 되는 것이다. 內山純藏이 서울 암사동유적 일대의 하천어로를 논하는 가운데 제시한 장마기의 한강유역 범람과 하천어로의 관련성은 남강, 낙동강 등에서도 확인되는 보편적인 것이다.

논어로

우리나라를 비롯한 동아시아 각지에서는 논에 소상・산란・서식하는 담수어류의 존재가 확인되고 있다. 이는 논농사의 전개 이래로 나타나는 보편적인 현상인 데다가, 중국 한대의 양자강 이남지역에서 陂塘・稻田 模型에 개구리, 뱀장어, 우렁이, 草魚, 자라, 붕어, 새, 거북 등의 동물이 묘사되어 있어 가야에서도 이러한 상황이 존재했을 것으로 짐작된다.

이들 논 소상·산란·서식어류에 대한 논어로구의 사례는 아직 알려진 바가 없으나, 일본에서는 고분시대 논 유구에서 철제 고정식 자돌구가 출토된 바 있고, 중국에서도 사천성출토 후한대의 陂塘·稻田模型 가운데 陂塘의 수문쪽에 설치된 捕魚具와 논 모서리 부분의 깔때기 모양 도구(통발 추정)의 예가 있다.

한편, 대구 칠곡 3택지 2구역 유적의 통일신라시대의 수혈과 구에서 회충란, 촌충란, 편충란과 함께 간흡충란이 확인된 데다가 종류 불명의 담수어, 담수패류 등도 검출됨으로써 대구 칠곡인이 하천어로를 행했으며 잉어과 어류를 먹었음을 알 수 있다. 게다가 이 유적은 팔계천이 형성한 선상지성 곡저평야의 일각에 위치한 유적의 하나로 동지역에는 가야시대의 논, 밭, 대규모의 하천치수·이수시설, 보(洑) 등이 확인된 대구 동천동·동호동유적이 있다. 따라서 대구 칠곡인들은 농경을 행하면서도 하천어로(내지는 논어로)를 행하고 있었다는 것을 알 수 있다.

그런데 이들 유적이 위치하는 선상지성 곡저평야는 가야의 내륙부에 곳곳에 보이는 꽤 보편적인 지형으로, 실제로 진주 창촌리 유적, 함안 사내리 유적 등에서는 토층단면에서 논유구의 존재가 예상되고 있다. 따라서 가야의 내륙부 유적에서도 농경+하천어로(내지는 논어로)라는 생업형태가 존재했을 가능성은 충분히 있다고 생각된다. 그리고 이러한 농경+하천어로 복합형태의 구체적인 내용에 대해서는 일본의 민속예가 참고가 될 것 같다. 즉, 농경민(도작민)의 담수어로에 사용되는 어구어법으로는 맨손 포획, 쪽대, 반두, 통발, 가리, 투망 및 자망 등이 있으나, 주사용 어구어법은 단순하며 어로대상어류의 종류도 적고 대개는 자가소비를 목적으로 실시되었다. 더욱이 이러한 도작민어로는 어기, 어장, 어구어법이 논농사의 제단계에 적절히 대응해 이루어지는 것이 특징이며, 이때의 어로는 논농사의 內部化로 이해할 수 있다.

이처럼 타 생업 부문이 논농사에 내부화해 가는 데에는 논농사의 잠재력뿐만 아니라 어로나 수렵을 통한 필요 동물성 단백질의 공급이 가능했기 때문으로, 논농사를 중심으로 하는 농경민의 생계유지는 결코 논농사만이 아니고 타 생업 부문을 복합적으로 구성함으로써 생계 유지가 비로소 가능하게 된다는 것을 시사하고 있다.

육상동물의 수렵

가야의 유적에서 확인되는 육상 수렵동물은 11종류로 사슴류, 노루, 멧돼지, 곰과 등의 대형동물과, 수달, 너구리, 오소리, 족제비, 쥐과 그리고 파충류, 양서류 등의 중소형 동물로 구성된다. 그리고 이들 육상 수렵동물은 하나의 유적에서 대개는 2~3종류에서 5~7종류 정도 확인될 뿐만 아니라 신석기시대에도 집중포획되었다. 수렵활동의 범위가 유적부근의 평야·구릉지대였기 때문이다.

사슴류, 멧돼지는 특히 주포획 대상인데 대형동물이라서 개체당 肉量이 많고, 뿔, 뼈, 이빨 등은 신석기시대 이래로 다양한 도구 제작재료이자 의례용으로 사용되었기 때문으로 보인다. 더욱이 서식영역을 인간과 공유하고 있는 데다가 농경지나 재배작물을 망치는 害獸여서 구제의 필요성도 있었기 때문으로 보인다.

수렵법으로는 활, 창, 함정유구, 그물(울타리와 병용?), 매나 개 이용 예가 알려지고 있으며, 이외에도 사슴수렵 보조구로서 鹿笛 사용 예(일본)도 알려지고 있다. 수렵 시기는 대개가 늦가을·겨울~봄 무렵이 중심시기인 것 같으며, 포획된 이들 동물의 가죽, 피, 내장, 지방, 골격, 뿔, 이빨 등 각 부위는 식용, 각종도구, 장신구, 신발, 의복 내지는 방한용, 교역품, 방패, 조명용, 약용, 의례용 등으로 다양하게 이용되었다.

한편, 수렵이 특히 계층적 차이를 보이는 점은 주목된다. 왕, 귀족의 수렵은 주로 취미·오락, 왕의 역량과시, 영토확인 및 경제적 기반의 확보, 제사·의례, 전쟁수행과 관련된 전투훈련기능 등을 주목적으로 이루어졌으며, 수렵과 사냥터는 왕위를 둘러싼 모의·정변의 기회로도 이용되기도 하였다. 이에 비해 농민의 수렵은 필요한 동물성 단백질의 확보와 도구 제작재료의 확보라는 1차적 기능과 취미·오락, 害獸구제라는 측면에서 주로 이루어졌던 것 같다.

조류사냥

가야의 유적에서 확인되는 조류는 총 22종류이며, 개개 유적에서는 5~10종류 정도가 확인되고 있다. 이들 조류 가운데 비교적 많이 확인되는 것은 오리과, 꿩, 가마우지 등인데, 비교적 체격이 크고 육량이 많아 식료로서의 가치가 높기 때문으로 보인다. 그런 한편으로 수리과, 매과 등은 서식 개체수가 적고 포획하기가 어려운데도 유적에서 출토되는 것은 식료 이외의 이용목적이 있었던 때문일지도 모른다.

한편, 가야에서는 텃새와 겨울철새를 많이 포획하고 있어 조류사냥이 연중 이루어졌음을 알 수 있다. 그러한 가운데서도 겨울철새가 전체의 약42%를 점하고 있어 조류사냥이 집중되는 시기는 겨울~초봄이었을 것으로 추정된다. 그리고 이러한 집중포획 시기는 農作業曆과는 중첩되지 않아 가야의 패총인 등이 농경과 어로, 수렵, 조류사냥 등과 같은 복합 생업형태를 유지할 수 있었다고 추측된다.

논에 비래하는 조류로서 가야의 유적에서 확인되는 농병아리, 왜가리, 청둥오리, 까치, 까마귀, 꿩, 큰고니, 멧비둘기, 까치, 까마귀 이외에도 수십 종류가 알려지고 있다. 이들 조류는 논에 소상·산란·서식하는 어패류나 갑각류, 곤충류, 곡물 등을 먹기 위해 날아오는데 조선시대의 '백로군조도' 등을 통해 볼 때 가야의 논에서도 이러한 정황은 마찬가지였을 것이다.

한편, 논 비래 조류 가운데 농작물을 먹이로 하는 조류들은 당연 해조로서 인식되며 어떤 형태로든 구제해야 할 대상이었을 것이며, 이와 관련해 주목되는 것이 일본의 『古事記』에 보이는 허수아비(案山子)이다.

가야에서 조류 사냥도구로 쓰인 것은 활이었을 가능성이 있다. 중국 후한대의 화상석에 활 사용 예가 보이며, 조류나 소형 毛皮獸의 신체에 상처를 내지 않고 기절시켜 잡기 위해 선단부가 둥근 골제촉이 일본의 승문시대 見鳥 패총에서 출토되고 있는데, 이와 유사한 형태의 것이 부산 동래패총에서 확인되고 있다.

이외에도 일본의 『萬葉集』 권13에는 鳥網을 이용한 조류사냥과 가마우지를 이용한 어로가 8세기 전반의 正倉院文書에 보이고 있다.

이상과 같은 조류사냥은 농경의 전개 이래 후대로 올수록 조류사냥을 비롯한 수렵 전체가 식료확보를 위한 생업으로서의 특성은 점차 옅어지고 농한기의 작은 생업활동으로서 자리매김되어가는 수렵, 담수어로 일반의 현상과도 맥락을 같이 하고 있다. 농경(논농사)에 내부화해가는 것이다.

가축

가야의 가축으로는 개, 소, 말, 돼지, 닭 등이 있으며, 가야 이외 지역의 고고자료나 문헌기록을 보면, 산양, 나귀, 낙타, 거위, 오리, 수금류, 사냥매, 양봉 등도 확인되고 있다. 그리고 유적에서의 출토양상, 골격부위의 인위적인 해체흔 검토, 문헌기록 등을 통해 보면 이들 가축은 식용, 엽견, 애완용, 의복용, 방한용, 의례용, 告時用, 교통운송용, 番犬, 농경용, 군용, 가죽무두질용, 점복재료용 등으로 이용되고 있어 가축으로서의 특성을 잘 반영하고 있다.

한편, 가야・신라에서는 육상수렵동물과 가축 그 자체와 형상품이 무덤부장, 의례용으로 사용되는 상황이 확인되고 있다. 특히 주목되는 것은 가야시대에는 가축 및 그 형상품 이용사례가 육상 수렵동물의 그것에 비해 증가하고 있는 점이다. 이는 수렵이라는 신석기시대의 생업상의 전통이 가야에서도 계승되면서도, 농경중심 내지는 농경+가축이라는 생업내용의 변화에 대응해가고 있음을 반영한 것이며, 그 정점에 도달한 것이며 殺牛・殺馬로 이해된다.

지금까지 고고자료, 문헌기록, 민족지적 사례 등을 통해 확인·추정되는 가야의 생업 개개부문에 대해 나름대로 살펴보았다. 그러나 지형조건, 지리적 위치에 따른 생업 복합형태의 다양성과 차이 그리고 유형화문제, 복합생업으로서의 가야 생업의 윤곽, 통시적인 가야생업의 내용과 변화 등에 대해서는 언급할 수 없었다. 이는 필자의 역량부족이기도 하며 동시에 장래의 과제이기도 하다.

세상사람들의 인구에 회자되는 말로 "다 먹고살자고 하는 짓이다"는 말이 있다. 이는 천박한 의미를 담고 있기는 하나, 어차피 외부에서 영양분을 확보 섭취하지 않으면 생명과 생계를 유지할 수 없는 인간의 숙명, 즉 먹거리 확보라는 생업의 1차적 기능과 중요성을 이보다 더 정확하게 표현한 말도 없다고 생각된다. 가야라고 해서 별로 다를 것이 없을 것이다. 인공유물 중심의 연구, 분묘 중심의 연구, 정치·외교·군사적 측면 중심의 기존의 가야연구도 그 나름대로 매우 중요하나, 어떤 시대, 어떤 지역을 대상으로 하는 고고학적 연구라도 자연환경, 생업이라고 하는 물적 기초, 경제적 기반의 검토 없이는 총체적인 해석을 내릴 수 없다는 점을 강조해 두고 싶다.

끝으로 이 글을 작성하는 데에는 다음과 같은 분들의 도움을 받았다. 감사드립니다. (경칭생략)

문백성, 남훈철, 이진주, 장순자, 고용수, 곽혜화, 이은진, 유병일, 백승옥, 권진숙(경기대학교박물관), 박연규(밀양대학교), 우용태, 이종남(이상 경성대학교 조류연구소), 강언종(국립수산과학원 진해내수면연구소), 박종화, 배봉성(이상 국립수산과학원), 小林謙一, 南秀雄.

참고논문

발굴조사보고서는 원칙적으로 제외하였음을 양해바랍니다.

京畿大學校博物館, 『韓國民畵圖錄』 I.II.III, 2000.
곽종철, 「우리 나라의 선사~고대 논 밭 유구」, 『제25회 한국고고학 전국대회 한국농경문화의 형성』, 2001, 21~73쪽.

郭鍾喆,「先史・古代 稻 資料 出土遺蹟의 土地條件과 稻作・生業」,『古文化』42・43, 韓國大學博物館協會, 1993.

郭鍾喆,「發掘調査를 통해 본 우리나라 古代의 水田稻作」,『韓國古代의 稻作文化(國立中央博物館 學術심포지움 發表要旨)』, 國立中央博物館, 2000, 67~107쪽.

郭鍾喆・楊花英,「第1章 埋沒 水田 遺構」,『昌原 盤溪洞遺蹟Ⅱ』, 昌原大學校博物館 學術調査報告 第27冊, 2000, 5~144쪽.

郭鍾喆,「洛東江河口域의 先史~古代의 漁撈活動 -貝塚貝類를 中心으로 본 一側面-」,『伽倻文化』3, 1990, 137~229쪽.

郭鍾喆,「한국과 일본의 고대 농업기술」,『韓國古代史論叢』4, 1992, 68~69쪽.

郭鍾喆,「場所의 象徵性・境界性과 遺蹟의 性格」,『古文化』57, 2001, 77~112쪽.

國立水産振興院,『現代韓國漁貝圖鑑』, 1985.

國立水産振興院,『韓國近海 資源調査事業報告』59, 1983.

김광언,「한국의 전통적어구와 어업방법」,『漁具展』, 부산광역시립박물관, 1999, 69~76쪽.

金建洙,『한국 원시・고대의 어로문화』, 학연문화사, 1999.

金建洙,「群山 노래섬貝塚 食料資源의 季節性檢討」,『第4回 韓・日 新石器文化學術세미나 發表資料集 新石器時代의 貝塚과 動物遺體』, 2001, 57~64쪽.

金基興,「신라의 '水陸兼種'농업에 대한 고찰 -'回換農業'과 관련하여-」,『韓國史研究』94, 1996, 23~44쪽.

金大安・高冠瑞,『漁具學』, 敎文出版社, 1985.

金斗喆,「金海 禮安里遺蹟의 再檢討-性・年齡을 통한 社會構造 復原 試案」,『韓國 古代史와 考古學』, 2000, 309~339쪽.

金承玉,「金海 禮安里古墳群 築造集團의 社會構造와 性格」,『嶺南考古學』29, 2001, 43~70쪽.

金容燮,「朝鮮後期農學史研究」, 一潮閣, 1988.

김익수,『춤추는 물고기』, 도서출판 다른세상, 2000.

金恩微,「조선말기 그림에 나타난 새의 상징적 의미」, 嶺南大學校大學院碩士學位論文, 2001.

朴九秉,「韓國漁業技術史」,『韓國文化史大系 Ⅲ 科學・技術史』, 1968.

朴九秉,『韓國漁業史』正音文庫, 1975.

朴九秉,『韓半島 沿海捕鯨史』, 太和出版社, 1987.

朴九秉 외,『現代韓國水産史』, (社)水友會, 1987.
朴九秉,『韓國民俗綜合報告書』(漁業用具篇), 文化財管理局, 1993.
朴根必,「『丙子日記』를 통해 본 17세기 氣候와 農業」, 慶北大學校 大學院 博士學位論文, 2002.
朴根必,『19世紀初(1799~1825)의 氣候變動과 農業危機』, 慶北大學校 大學院 碩士學位論文, 1995.
裵桃植,「매사냥」,『韓國民俗의 現場』, 集文堂, 1993, 439~466쪽.
白承玉,『加耶 各國成長과 發展에관한 硏究』, 釜山大學校 大學院 文學博士學位論文, 2000, 70~80쪽.
백운기,「새와 환경(우리나라의 새)」,『바다문화학교』, 국립해양유물전시관 사회교육강좌 제3집, 2001, 193~196쪽.
부산광역시립박물관 학예연구실,『삼국시대의 동물원』, 1997.
서영남,「東萊貝塚出土動物遺存體」,『釜山의 三韓時代遺蹟과 遺物 I -東萊貝塚-』, 부산 광역시립박물관 복천분관, 1998, 205~216쪽.
송승달 외,『낙동강지역 생태보고서』, 영남자연생태보존회 · (사) 자연생태연구소, 1996.
신숙정,「우리나라 청동기시대의 생업경제 -경기도를 중심으로 한 시론-」,『韓國上古史學報』35, 2001, 1~31쪽.
安輝濬,『韓國의 美 ⑲ 風俗畵』, 中央日報社, 1985.
漁船漁具料,『韓國漁具圖鑑』3號, 國立水産振興院, 1970.
우한정,『한국의 자연탐험 노루』, 웅진출판, 1997.
우용태,「鳥類의 생태에 따른 分類」,『경성대학교 조류연구소보』2, 1998, 133~137쪽.
李道學,「삼국시대 사냥터엔 '큰일' 많았다」,『뉴스피플』2000. 10. 26, 72~73쪽.
이두표,『한국의 자연탐구 텃새』, 웅진출판, 1997.
이두표,『한국의 자연탐험 여름철새』, 웅진출판, 1997.
이상균,「동물고고학의 양상과 금후의 연구방향」,『全州史學』6, 1998, 79~106쪽.
李宗峯,『高麗時代度量衡制 硏究 -結負制와 관련하여-』, 釜山大學校 大學院 文學博士 學位論文, 1999.
李宗峯,『韓國中世度量衡制 硏究』, 혜안, 2001.
李鎬澈,「『農書輯要』의 農法과 그 歷史的 性格」,『經濟史學』14, 1990, 1~41쪽.
李弘鍾,「韓國古代의 生業과 食生活」,『韓國古代의 人間과 生活』(韓國古代

史研究會 第10會 學術討論會), 1997, 10쪽.
원병휘,『한국동식물도감 동물편(포유류)』제7권, 문교부, 1967.
李昊榮,「韓國古代社會의 災害와救貧策 -三國및 統一新羅時代를 中心으로-」,『史學志』5, 1971, 3~50쪽.
李秉錄·朴丞原·金鎭乾,『沿近海漁業概論』改訂增補版, 太和出版社, 1985.
李盛雨,『高麗以前의 韓國食生活史 硏究』, 鄕文社, 1978.
이경아,「古民族植物學의 硏究方向과 韓國에서의 展望」,『嶺南考古學』23, 1998, 61~89쪽.
李相吉,「南江流域의農耕 -大平地域 밭(田)을 中心으로-」,『晉州南江遺蹟과 古代日本』, 2000, 329~353쪽.
李武煥,『사슴』, 東明社, 1977.
兪炳一,「動物遺體에 對한 考察」,『皇南大塚』, 文化財管理局 文化財硏究所, 1994, 248~253쪽.
兪炳一,『原三國時代 貝塚出土 動物遺體와 骨角器의 硏究 -昌原盆地內 貝塚出土 資料를 中心으로-』, 東義大學校 大學院 文學碩士 學位論文, 1998.
兪炳一,「大邱漆谷 3宅地開發地區內 2區域遺蹟 出土의 動物遺體에 대하여」,『大邱 漆谷3宅地(2·3區域) 文化遺蹟 發掘調査 報告書(II)』, 2000, 67~91쪽.
兪炳一,「新羅·伽倻社會의 葬送儀禮에 대한 檢討 -무덤출토 動物遺體를 中心으로-」,『韓國古代史와 考古學』, 2000, 387~417쪽.
兪惠仙·安秉燦·李相洙·中野益南,「부여 능산리사지 출토 등잔(燈盞)의 기름분석」,『陵寺』, 국립부여박물관, 2000, 249~271쪽.
尹世英,「考古學的으로 본 猪(豬)」,『韓國의 農耕文化』5, 1996, 151~177쪽.
一然 著(李民樹 譯),『三國遺事』, 乙西文化社, 1983, 75~76쪽.
원병오,『한국동식물도감 동물편(조류생태)』, 문교부, 1981.
전호태,「놀이와 훈련을 겸한 행사, 사냥」,『박물관신문』319호, 2002.
鄭文基,『魚類博物誌』, 一志社, 1974.
鄭文基,『韓國魚圖譜』, 一志社, 1977.
張權烈,『農業哲學』, 鄕文社, 1988.
조선의 민속전통편찬위원회,『조선의 민속전통』4, 과학백과사전종합출판사, 1994, 188~189쪽.
(주)한농 技術部, 普及部,『원색 한국의 논잡초』, (주)한농, 1993.
趙現鍾·張齊根,「光州新昌洞遺蹟 -第1次調査報告」,『考古學誌』4, 韓國考古學美術硏究所, 1993, 31~134쪽.

趙現鍾・申相孝・張齊根, 『光州新昌洞遺蹟低濕地遺蹟Ⅰ 95年調查報告-木製遺物을 中心으로-』, 國立光州博物館學術叢書 第33冊, 1997.
최기철, 『慶南의 自然 淡水魚編』, 慶尙南道敎育委員會, 1983.
최기철, 『민물고기를 찾아서』, 한길사, 1991.
최기철, 『우리가 정말 알아야 할 우리 민물고기 백가지』, 현암사, 1994.
추연식, 「考古學推論에 있어서 文化特殊的 相關類推의 活用」, 『韓國上古史學報』 10, 1992, 439~501쪽.
呂恩暎, 「高麗時代의 量制 -結負制 이해의 기초로서-」, 『慶尙史學』 3, 1987.
安德任・李仁盛, 「酸素同位元素分析를 이용한 大竹里貝塚 조개채집의 季節性 研究」, 『第4回 韓・日 新石器文化學術세미나 發表資料集 新石器時代의 貝塚과 動物遺體』, 2001, 85~91쪽.
채종일, 「대구 칠곡 3택지유적출토 기생충분석」, 『大邱漆谷3宅地(2・3區域) 文化遺蹟 發掘調查報 書(Ⅱ)-2-나區域(本文)-』, 韓國文化財保護財團・韓國土地公私 慶北支社, 2000, 93~98쪽.
국립수산진흥원, 『고래류』, 2000.
慶尙南道・東亞大學校博物館, 『南江流域文化遺蹟發掘圖錄』, 1999.
함규황, 『한국의 자연탐험 주남저수지의 겨울철새』, 웅진출판, 1997.
黃相一, 「칠곡 팔계평야의 지형분류 및 지형발달」, 『大邱 漆谷 3宅地(2・3區域) 文化遺蹟 發掘調查 報告書(Ⅱ)-2-나區域(本文)-』, 2000, 15~24쪽.
環境廳, 「87 自然生態系全國調查(Ⅰ) 第二次年度(淡水魚類・水棲昆蟲), 1987.
新美倫子, 「繩文時代の鳥類狩獵」, 『動物考古學』 3, 1994, 43~54쪽.
小島瓔禮, 『案山子系圖』ひでばち民俗談話會(자비출판본), 1962.
諸岡靑人, 「房總の「わな」-主として小型鳥獸を對象とする 捕獲用具-」, 『山と民具』, 日本民具學會, 1988, 55~69쪽.
菅豊, 「『水辺』の生活誌」, 『日本民俗學』 181号, 1990, 41~81쪽.
河岡武春, 「漁民の水鳥獵」, 『民具マンスリー』 10-4, 1977.
河岡武春, 「低濕地文化と民具 一・二」, 『民具マンスリー』 9-3・4, 1976.
岡正雄, 「日本文化の基礎構造」, 『日本民俗學大系 二』, 平凡社, 1958, 5~21쪽.
奈良崎和典・渡邊誠, 「古代遺跡出土のウニ類」, 『古代文化』 29-5, 1977, 14~33쪽.
河岡武春, 「手賀沼の鴨獵」, 『日本民俗文化大系14 技術と民俗』(上) 小學館, 1985, 404~406쪽.

簗田貴司,「加賀・鴨池の坂網獵」,『アニマ』169, 1986, pp 91~92에서 재인용.
金子浩昌·牛澤百合子·申敬澈 譯,「<附錄>水佳里貝塚出土 骨角貝製品 및 動物遺存體」,『金海水佳里貝塚Ⅰ』, 釜山大學校博物館, 1981, 225~300쪽.
朝鮮總督府 農商工部水産局,『韓國水産誌』1, 1908.
天野武,「素朴で 精緻なワナ獵」,『アニマ』169, 1986, 95~96쪽.
西原悅男, 『北東アジア陸生哺乳類誌』 朝鮮半島・中國東北編, 島海書房, 1995.
安室知,「水界をめぐる稻作民の生活 -稻作民による漁撈活動の意味-」,『信濃』39-1, 1987, 10~26쪽.
眞鍋篤行,「弥生時代以降の瀨戶內地方の漁業の發展に關する考古學的考察」,『瀨戶內海歷史民俗資料館紀要』7, 1994, 19~124쪽.
加賀ひろ子,「漁村における麻糸撚りの技術」,『神奈川縣立博物館硏究報告』1-2, 1969.
中村ひろ子,「伊豆・相模のテスリツム」,『日本民俗文化大系13 技術と民俗』(上), 1985, 568~570쪽.
大野左千夫,「彌生時代の漁具と漁撈生活」,『考古學ジャーナル』344, 1992, 15~19쪽.
大野左千夫,「漁撈」,『三世紀の考古學』中卷, 學生社, 1981, 158~192쪽.
關雅之,「古代細型管狀土錘考」,『北越考古學』3, 1990, 21~37쪽.
金鎭晶・小片丘彥・峰和治・竹中正巳・佐熊正史・徐姈男,「金海禮安里古墳群出土人骨(Ⅱ)」,『金海禮安里古墳群Ⅱ』, 釜山大學校博物館, 1993, 281~334쪽.
中川毅人,「微小貝からみた海洋植物利用-長崎縣福江市中島遺跡の事例-」,『第4回 韓・日 新石器文化 學術세미나 發表資料集 新石器時代의 貝塚과 動物遺體』, 2001, 95~105쪽.
東京水産大學 第8回公開講座編輯委員會編.『暮らしとさかな』, 成山堂書店, 1986.
山中英彥,「古墳時代の鐵製漁撈具について」,『まがたま』, 福岡縣立小倉高等學校 考古學部, 1988, 87~106쪽.
佐原眞,「王者狩るべし」,『歷史公論』5, 1985, 126쪽.
渡辺誠,「韓國の蘇塗と弥生時代の鳥形木製品」,『日韓交流の民族考古學』, 名古室大學出版會, 1995, 127~140쪽.
寺前直人,「猪・鹿・鳥」,『池上曾根遺跡史跡指定20周年記念彌生の環濠都市の巨大神殿』, 池上曾根遺跡史跡指定20周年記念事業失行委員會,

1996, 124~125쪽.
根木修・湯淺卓雄・土肥直樹, 「水稻農耕の伝來と共に開始された淡水漁撈」, 『考古學硏究』 39-1, 1992, 87~100쪽.
齊藤憲治・片野修・小泉顯雄, 「淡水魚の水田周辺における-時的水域への侵入と産卵」, 『日本生態學會誌』 38, 1988, 35~47쪽.
菅豊, 「水辺の生活誌 -生計活動の複合的展開とその社會的意味-」, 『日本民俗學』 181号, 1990.
渡邊誠, 「西北九州の繩文時代漁撈文化」, 『列島の文化史』 2, 1985, 45~96쪽.
渡邊誠, 「朝鮮海峽の回轉式離頭銛」, 『日本民族・文化の 生成』, 1988, 801~810쪽.
渡邊誠, 『日韓本交流の民族考古學』, 1995.
沼津市 歷史民俗資料館, 『特別展 原始漁法の民俗 モジリ·ウケの世界』, 1981.
田中禎子, 「愛知縣朝日遺跡のヤナ」, 『季刊考古學』 25, 1989, 45~49쪽.
松井章, 「「サケ·マス論」の評價と今後の展望」, 『考古學硏究』 31-4, 1985, 39~67쪽.
渡部武, 「漢代陂塘塘稻田模型明器および關連畵像資料集成」, 『中國先史・古代農耕關連係資料集成』, 京都大學東南アヅア硏究センタ-, 1993, 1~37쪽.
古門雅高, 「長崎縣峰町佐賀(さか)貝塚の再評價と課題」, 『第4回 韓・日 新石器文化 學術세미나 發表資料集 新石器時代의 貝塚과 動物遺體』, 2001, 167~172쪽.
仲村恒明, 「但馬地方の狩獵習俗とその用具」, 『山と民具』, 日本民具學會, 1988, 41~54쪽.
高桑守史, 「「農民漁業」と『海民漁業』-傳統的漁民の類型-」, 『歷史公論』 10-5, 1984, 48~54쪽.
立石葉憓, 「漁具の考古學-さかなをとる-」, 『特別展漁具の考古學-さかなをとる-』, 1987, 133~137쪽.
潘鏞夫・郭鍾喆, 「洛東江河口金海地域の環境と漁撈文化」, 『古文化談叢』 31, 1993, 255~286쪽.
淸野孝之, 「古墳副葬漁撈具の性格」, 『國家形成期の考古學』, 1999, 307~321쪽.
松井章・石黑直降・本鄉一美・南川雅男, 「琉球(沖繩)先史文化におけるブタの移入と系譜」, 『第4回 韓・日 新石器文化 學術세미나 發表資料集 新石器時代의 貝塚과 動物遺體』, 2001, 39~48쪽.

網野善彦,「製鹽・漁撈・廻船」,『周刊朝日百科 日本の歴史』534号, 1986, 174~178쪽.

田中靜一,「犬料理」,『周刊朝日百科 世界の食べもの』342号, 1982, 251쪽.

千葉德爾,「犬と人」,『周刊朝日百科 日本の 歷史』565号, 1986, 98쪽.

松井章,「考古學から見た動物利用」,『部落解放』9, 1997.

鈴木了司,「魚介類の寄生蟲」,『周刊朝日百科 世界の食べもの日本編』365号, 1982, 38쪽.

和田晴吾,「弥生・古墳時代の漁具」,『小林行雄博士古稀記念文集考古學論考』, 平凡社, 1982, 305~339쪽.

江坂輝彌・渡邊誠,『裝身具と骨角製 漁具の知識』, 東京美術, 1988.

渡邊誠,『繩文時代の知識』, 東京美術, 1983.

富岡直人,「動植物遺存體の分析・論爭-海外の硏究事例を含めて-」,『食の復元-遺蹟・遺物から何を讀みとるか』, 1999, 145~157쪽.

大阪市立自然史博物館,「台風漂着物を拾おう!」,『Nature Study』48巻7号, 2002, 8쪽.

佐々木高明,『東・南アジア農耕論 -燒畑と稻作-』, 弘文堂, 1989, 10~13쪽.

佐藤洋一郎,「DNA分析からみたイネ・稻作の渡來と展開」,『水田跡・畑跡をめぐる自然科學その檢と栽培植物-第9さ回東日の水田跡を考える會- 資料集』, 1999, 48~51쪽.

石森秀三,「太平洋の遠洋船海者」,『周刊朝日百科世界の歷史』 14(通巻679号), 朝日新聞社, 1989, 90~93쪽.

郭鍾喆・延敏洙・池賢柄,「韓半島の船舶資料解說-先史から古代まで-」,『古代の船 -いま甦起きる海へのメッセージ-』, 福岡市立歷史資料館. 1988, 67~72쪽.

金鎭晶・小片丘彦・峰 和治・竹中正巳,「煙臺島(煙谷里)遺跡出土の新石器時代人骨について」,『煙臺島Ⅰ』, 國立晉州博物館, 1993, 403~451쪽.

松戶市立博物館,『企劃展 稻と魚 -水田をめぐる漁・獵・採集-』, (株)東京美術, 1995.

安室知,「稻の力 -水田における漁撈活動の 意味-」,『日本民俗學』 178号, 1989, 61~99쪽.

內山鈍藏,「繩文遺跡からみた岩寺洞遺跡の經濟活動」,『동아시아 속에서 본 암사동 신석기문화의 위치 제3회 암사동 선사주거지 국제학술심포지움 발표요지』, 강동구청・한국선사고고학회, 2001, 49~54쪽.

安室知,『水田をめぐる民俗學的硏究 -日本稻作の展開と構造-』, 慶友社,

1998.
渡部忠重,『學研生物圖鑑 貝』I・II, 學習硏究社, 1983.
及田司,「靜岡縣 靜岡市 曲金北遺蹟の水田遺構について」,『第8回東日本の水田跡を考える會-資料輯-』, 1998, 63~71쪽.
寺澤薰,「稻作と植物食」,『シンポジウム彌生人の四季』, 1987.
寺澤薰,「日本初期稻作段階の生産力と植物食素材」,『山梨考古』49, 1994, 76~92쪽.
安藤廣通,「彌生時代水田の立地と面積」,『史學』62-1・2, 1992, 136쪽.
畑耕一郎,「漁介類の包丁技術」,『週刊 朝日百科 世界の食べもの 日本編, 魚介』102, 1982.
小澤重雄,「石室內に貝を敷く古墳について」,『遡航』4, 1987.
西脇昌治,『鯨類・鰭脚類』, 東京大學出版部, 1965.
橋口尙武,「伊豆諸島の海龜漁」,『日本民俗文化大系14 技術と民俗』(下), 1986, 436~437쪽.
山崎純男,「福岡市海の中島遺跡出土 自然遺物の檢討」,『九州文化史硏究所紀要』29, 1984, 25~70쪽.
金子浩昌・西本豊弘・土肥孝・牛澤百合子,「大自然の中に生きる縄文人の狩獵と漁撈」,『アニマ』96, 1981, 14~21쪽.
池泳鱗,「咸鏡北道 吉州地方の輪沓に關する調査」,『朝鮮農會報』9, 1935.
高橋昇,『朝鮮半島の 農法と 農民』, 未來社, 1998.
三井進午,『土と肥料』, 博友社, 1960, 78~91쪽.
堅田直,「彌生時代の 水田の 老朽化」, 大阪府文化情報センター發表資料, 1994, 1~9쪽.
平川南,「新發見「種子札」と古代の稻作」,『國史學』169호, 1999, 1~55쪽.
木下尙子,「古代 朝鮮・琉球交流試論-朝鮮半島における紀元一世紀から七世紀の大型巻貝使用製品の考古學的檢討」,『靑丘學術論集』18, 2001.

加耶土器의 地域色과 政治體

조 영 제*

Ⅰ. 序言

가야의 토기는 시기와 지역에 따라서 다종다양한 것들이 만들어졌으며, 이러한 토기 중 일정한 기간 동안 한정된 지역에서 발견되는 독특한 토기를 지역색이 강한 토기로 인식하고 있다. 그리고 이 지역색이 강한 토기는 그 지역에 존재했던 가야 정치체를 상징하는 유물이라고 이해되어 왔으며, 이러한 특징적인 토기의 성립과 발전, 주변지역에로의 확산이 그 지역에 있었던 가야 정치체의 성립과 발전이라고 해석되어 왔다.[1]

그러나 한 정치체의 성립과 발전, 소멸의 과정은 단순하지 않은 복잡한 요인들을 내포하고 있기 때문에 토기만으로 한 정치체의 실체를 밝히기는 어려우며, 주거지, 묘제, 금속유물 등 거의 모든 고고자료를

* 경상대학교 인문대학 인문학부 교수
1) 李熙濬, 「토기로 본 大加耶의 圈域과 그 변천」, 『加耶史硏究』, 1995.

복합적으로 해석했을 때 이것은 어느 정도 가능한 작업이다.

그럼에도 불구하고 본고에서와 같이 토기의 지역색에 의해 가야의 정치체를 파악할 수밖에 없는 것은 보수성이 강하여 변화가 거의 보이지 않는 묘제나 제작에 있어서 새로운 기술이 넓은 지역에 걸쳐서 채용됨으로써 시기적인 변천이나 지역색이 거의 추출되지 않는 금속유물, 그리고 아직은 조사가 충분하게 이루어지지 않고 있는 집자리보다는 모든 면에서 유리한 정보를 제공해 주고 있는 것이 토기라고 생각되기 때문이다.

그러나 모든 토기가 검토의 대상이 되는 것은 아니다. 왜냐하면 短頸壺나 軟質甕 등은 시간의 흐름에 따른 형식변화나 강한 지역색이 거의 나타나지 않는 자료들이기 때문이다.

따라서 가야토기의 지역색을 가장 잘 반영하고 있을 뿐만 아니라 시간의 경과에 따른 변화상도 가장 민감하게 반영하고 있는 자료는 高杯이기 때문에 본고에서는 이 고배를 주대상으로 검토하고 여기에 器臺나 蓋와 같은 몇몇 특색이 있는 器種을 부차적으로 검토하여 한 지역의 독특한 토기문화를 파악하고, 이러한 자료의 대체적인 분포범위를 통해서 그 지역의 정치체를 추적해 보고자 한다.

다만 가야의 정치체가 존재한 지역 중 경북의 북부지역에서 출토된 자료는 필자가 잘 알지 못하므로 제외시켰다. 아울러 가야토기의 연구에 가장 기본이 되는 각 지역 토기의 자세한 편년은 본고가 추구하는 주된 목적이 아니기 때문에 토기의 세부적인 편년 검토는 지양하고 대체적인 흐름을 파악하는 정도에서 그친다.

Ⅱ. 硏究의 方法

가야지역에서 발견되는 高杯는 뚜껑의 유무에 의해 無蓋(式)高杯와 有蓋(式)高杯로 나눌 수 있으며, 臺脚에 베풀어진 장식에 의해 無透窓高杯와 透窓高杯로 대별할 수 있다.

그리고 無透窓高杯는 臺脚에 透孔이 뚫린 것과 그렇지 않은 것, stamp문이 찍힌 것으로 세분되며, 透窓高杯는 透窓의 段數에 의해 1, 2, 3단으로 나뉘어지고, 透窓의 형태에 의해 長方形, 三角形, 火焰形, 方形, 예외적인 형태인 異形으로 다시 나뉘어지며, 二段透窓의 경우 上下一列로 透窓이 뚫린 것과 交互透窓의 것으로 세분된다. 그리고 예외적인 고배로서는 杯部에 把手가 붙은 것과 臺脚에 透窓이 여러 개 뚫린 多透窓高杯 등을 들 수 있다. 뿐만 아니라 無蓋無透窓 高杯인 경우 口緣部의 형태에 의해 外切口緣, 外反口緣, 直立 또는 外傾口緣의 高杯로 세분할 수 있다.

이러한 高杯의 제속성에 의해 가야의 고배를 형식 분류하면 外切口緣 無蓋無透窓 高杯, 有蓋式 長方形 二段透窓 高杯, 無蓋式 火焰形 一段透窓 高杯 등 거의 30여 형식으로 나눌 수 있다. 그리고 이렇게 함으로써 전 가야고분에서 출토되는 고배를 망라하여 형식 분류할 수 있고, 또 外切口緣 高杯가 김해·부산, 火焰形透窓 高杯가 함안지역을 중심으로 밀집분포하고 있음을 알 수 있는 편리함이 있다.

그러나 가야의 고배를 상기한 바와 같이 일률적인 기준에 입각하여 분류하여 거의 30여 가지에 달하는 형식 분류가 이루어진다면 이것은 정보를 압축하는 효과가 있는 형식 분류가 오히려 독자들로 하여금 더 복잡하여 이해하기 어렵게 만들 뿐만 아니라 하나의 형식, 이를테면 外切口緣 無蓋無透窓 高杯나 無蓋式 火焰形透窓 高杯와 같은 1형식의 고배가 시간의 흐름에 따라 미묘하게 변화하는 양상을 형식 분류상 뚜렷하게 표시할 수 없으며, 더욱 중요한 것은 가야지역에서 광범위하게 분포하고 있는 長方形 二段一列透窓 高杯의 경우 透窓의 넓이와 길이의 차이에 의해 시간의 선후관계뿐만 아니라 지역적인 차이 - 다른 정치체의 존재마저 상정되고 있기 때문에 加耶高杯의 속성분석에 의한 형식 분류는 가능하다고 하더라도 그것을 통해 자료를 편년하고 지역색을 추출하는 것은 거의 불가능에 가깝다.

따라서 필자는 전 加耶高杯를 대상으로 속성분석에 의한 형식 분류는 실시하지 않고 이미 알려진 바대로 특징적인 형태의 高杯나 다른 器種을 찾아서 지역색을 추출한다.

그리고 토기의 지역색, 특히 정치체와 관계가 있는 토기의 지역색을 추출하기 위해서는 무엇보다도 먼저 각 지역의 중심고분군 출토자료를 주목하고자 한다. 예를 들면 김해지역은 大成洞, 良洞里古墳群, 부산지역은 福泉洞古墳群, 함안지역은 道項里·末山里古墳群, 고령지역은 池山洞古墳群, 합천지역은 玉田, 磻溪堤古墳群, 함양지역은 白川里古墳群, 산청지역은 中村里古墳群, 고성지역은 松鶴洞, 內山里, 蓮塘里古墳群 등을 대상으로 한다. 그 이외의 소형고분군인 김해 禮安里나 창원 道溪洞, 함안 篁沙里遺蹟 등은 부차적으로 활용하고자 한다.

끝으로 토기의 분포권을 통해 어떤 정치체의 존재를 상정하고 나아가서 특색이 있는 토기가 광역의 분포권을 보일 때, 이것을 곧바로 한 정치체의 확산된 범위로 파악하는 것에는 찬성하지 않는다. 예를 들면 대가야의 특징적인 토기가 지산동고분군 출토 토기라면 이 토기가 집중적으로 출토되는 지역은 대가야이며, 이것이 서부경남, 나아가서 호남 동부일대에 확산된 것을 곧바로 대가야연맹체의 범위로 파악하는 등의 방법에 대하여 필자는 달리 생각하고 있기 때문이다.

왜냐하면 한 정치체의 독특한 문물이 주변지역으로 확산되어 나가는 양상은 다양하고, 또 이러한 양상의 차이는 전혀 다른 배경이 작용하고 있다고 생각되기 때문이다. 예를 들면 대가야 양식의 문물이 주변지역으로 확산되어 나갈 경우, 여기에는 크게 볼 때 3가지의 유형이 존재한다. 즉 묘제와 유물이 한꺼번에 확산된 지역(A형)과 묘제는 在地系를 고수하면서 유물만 대가야 양식으로 바뀐 지역(B형), 그리고 토기 몇 점, 그것도 이동이 쉬운 고배나 蓋杯 등의 소수 유물이 확산된 지역(C형) 등이 그것이다.

이러한 구분 속에서 A형과 B형의 경우 이들 지역을 대가야의 영역, 또는 대가야연맹체의 일원으로 파악하는 것은 가능하겠지만 C형의 확산이 일어난 지역을 대가야의 영역이나 대가야연맹체와 관계가 있는 지역으로 파악하기는 어려울 것이다. 오히려 C형은 교류나 교섭에 의해 일어날 수 있는 현상이기 때문에 이것을 반드시 정치적인 의미로 해석할 필요는 없다는 것이다.[2)]

이상과 같은 방법을 염두에 두고 가야토기의 지역색과 정치체의 관계를 파악함에 있어서 크게 김해·부산지역과 함안지역, 고령지역, 고성지역, 창녕지역, 옥전고분군, 그리고 서부경남의 나머지 지역으로 나누어서 살펴보고자 한다.

Ⅲ. 各 地域 出土 土器에 대한 檢討

1. 김해·부산지역

金海 大成洞과 良洞里, 東萊 福泉洞古墳群에서는 이른바 外切口緣高杯를 필두로 外反口緣의 無蓋無透窓 高杯, 直立 또는 外傾하는 無蓋無透窓 高杯, 有·無蓋式의 一段長方形, 三角形, 方形透窓 高杯, 有·無蓋式의 長方形 上下一列, 上下交互透窓 高杯, 多透窓 高杯, 把手附 高杯 등이 발견되었다.

이 중 가장 많이 발견되는 것은 김해지역의 경우 外切口緣 高杯(도면 1-③~⑦, 2-③, ④), 동래지역에서는 外切口緣 高杯(도면 2-⑨, ⑩)와 有蓋式 長方形 交互透窓 高杯(도면 2-⑪, ⑫)이다. 그런데 복천동의 경우 대성동과 동시기인 4~5세기 전엽까지는 外切口緣 高杯가 압도적으로 많지만 5세기 중엽 이후가 되면 外切口緣 高杯는 완전히 자취를 감추고 交互透窓 高杯가 中心高杯로 등장하고 있다.

그런데 이미 선학들에 의해 지적된 바처럼 交互透窓 高杯는 신라양

---

2) 趙榮濟, 「5·6世紀代の加耶と倭」, 『古墳時代の加耶と倭』, 2001.
趙榮濟, 「考古學에서 본 大加耶聯盟體論」, 『盟主로서의 금관가야와 대가야』, 2002.

식에 속하는 특징적인 고배이기 때문에 김해·부산지역의 가야 정치체를 대표하는 고배는 될 수 없다.

따라서 김해·부산지역의 대표적인 고배는 外切口緣 高杯임이 분명하며, 이러한 점은 김해지역의 소형 분묘군인 龜旨路, 七山洞, 禮安里, 退來里遺蹟 출토 자료에서도 잘 증명되고 있다. 즉 이러한 지역에서는 간혹 筒形高杯가 발견되기도 하지만 절대다수를 차지하는 것은 外切口緣 高杯이다. 특히 예안리분묘군의 경우는 5세기 전엽까지 이 外切口緣 高杯가 절대다수를 차지하다가 安在晧 분류[3] V단계(申敬澈 분류[4] IIb단계)인 5세기 중엽부터 外切口緣 高杯가 자취를 감추고 신라양식인 有蓋式 交互透窓 高杯(도면 2-⑦, ⑧)가 집중적으로 등장하는 것은 복천동고분군과 그 양상을 같이 한다.

그러면 이러한 김해·부산지역식 高杯는 언제, 어떻게 성립되는 것일까?

지금까지 조사된 김해·부산지역의 고분에서 출토된 外切口緣 高杯는 모두 4세기 중엽 이후에 해당된다. 즉 4세기 전반까지는 外切口緣 高杯가 등장하지 않고 있다. 따라서 이 外切口緣 高杯는 4세기 중엽경 김해·부산지역에서 성립되었다고 볼 수 있다. 그런데 이 外切口緣 高杯와 형태가 거의 같으면서 단지 口緣部만 外反하는 高杯가 있어서 주목되며, 이 外反口緣 高杯는 器形上 보다 이른 시기인 3세기 중엽 또는 말의 瓦質土器 高杯와 연결되고 있다. 즉 釜山 老圃洞 35호와 金海 良洞里 235호 출토 高杯(도면 1-①, ②)가 그것이다.

결국 外切口緣 高杯는 앞 시기의 瓦質土器 外反口緣 高杯가 형식변화를 일으키면서 발전하는 과정에서 성립된 것으로 생각된다. 다만 口緣部의 형태가 전대의 전통을 계승하면서 外反하는 것과 새롭게 外切하는 것이 공존하는 현상은 日本 土師器의 內彎口緣 土器(도면 1-⑫, 2-⑤, ⑥)의 영향 때문일 가능성도 있다.

3) 安在晧, 「1. 古墳의 編年」, 『金海 禮安里古墳群 II』, 1993.
4) 申敬澈, 「IV. 考察」, 『金海 禮安里古墳群 I』, 1985.

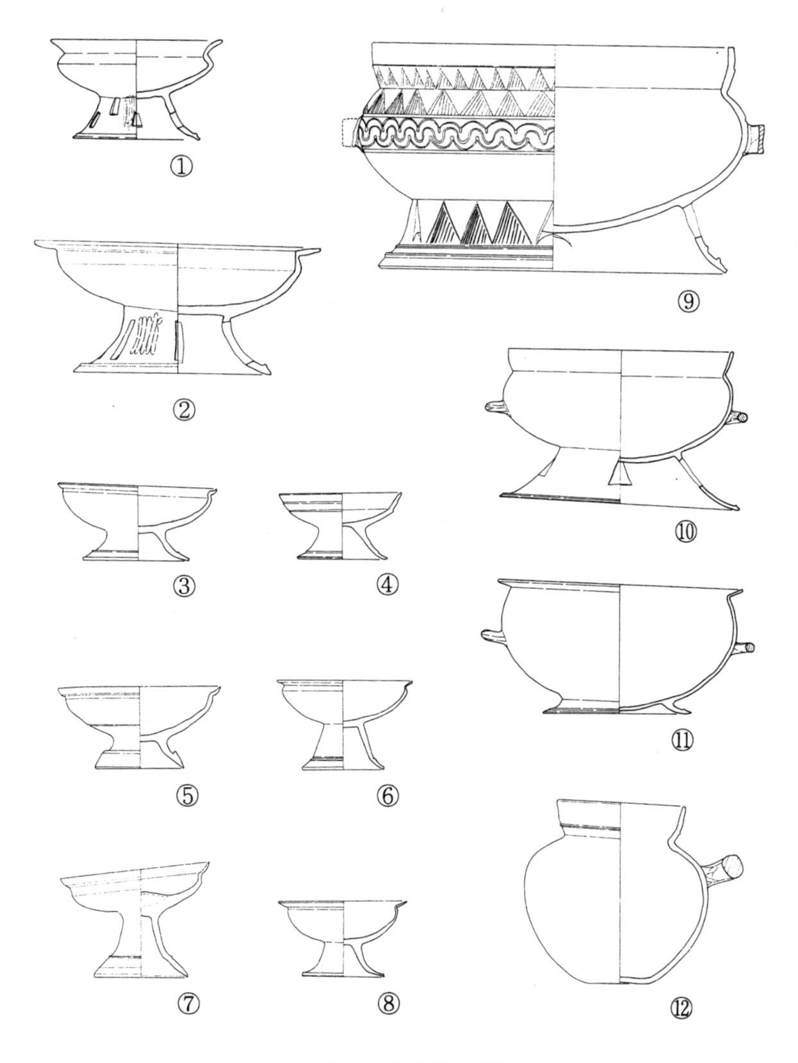

도면 1. 金海地域 土器

① 良洞 235號, ② 老圃洞 35號, ③·④ 大成洞 23號, ⑦ 大成洞 1號, ⑤·⑨·⑫ 大成洞 2號, ⑥·⑧ 大成洞 3號, ⑩·⑪ 大成洞 18號

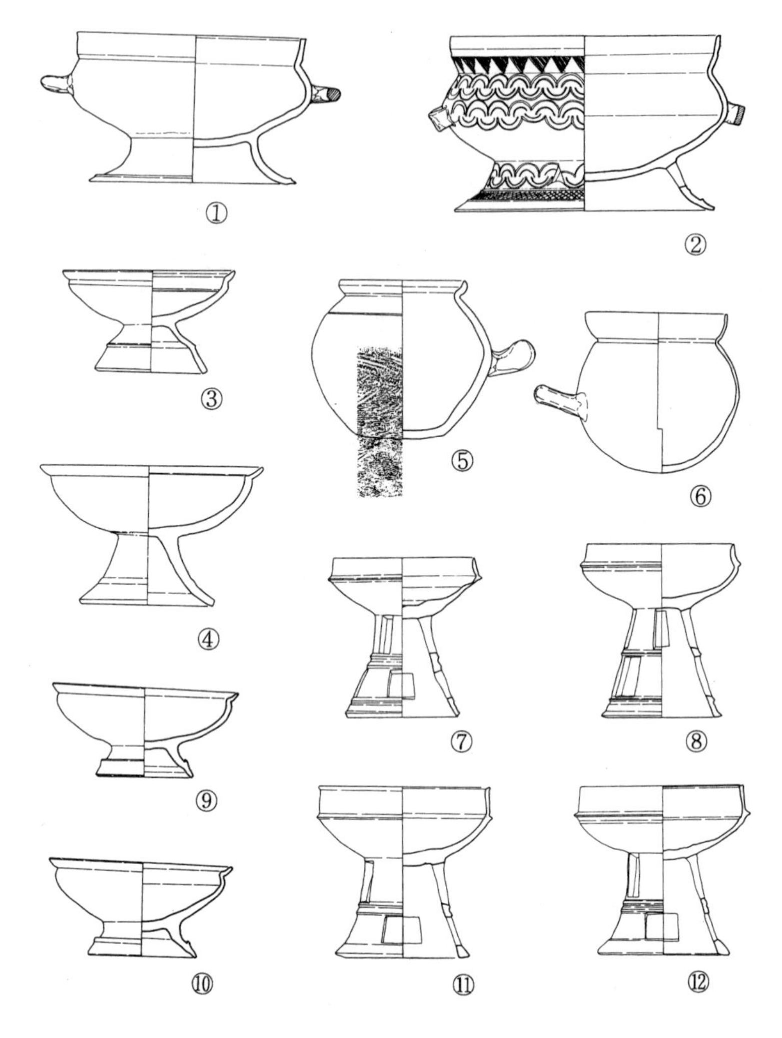

도면 2. 金海・釜山地域 土器

①・②・⑨・⑩ 福泉洞 57號 主槨, ③・④ 禮安里 86號, ⑤・⑦・⑧ 禮安里 122號, ⑥ 禮安里 93號, ⑪・⑫ 福泉洞 10號

김해·부산지역의 독특한 토기로서 外切口緣 高杯와 함께 들 수 있는 것은 把手가 달린 爐形土器(器臺, 도면 1-⑨~⑪, 2-①, ②)이다. 이 爐形土器는 삼한시대의 後期瓦質土器단계에서 발현하여 존속하다가 4세기대를 기점으로 김해·부산지역과 서부경남식으로 형태분화를 하면서 확연하게 분리되고 있음은 이미 밝혀졌다[5].

다만, 把手가 부착되지 않는 爐形土器를 서부경남식으로 파악한 것은 현재의 상황에 비추어 볼 때 다소 문제가 남는다. 이 문제에 대해서는 筒形高杯와 함께 뒤에서 살펴 볼 예정이다.

한편 위에서 살펴 본 김해·부산지역을 대표하는 外切口緣 高杯와 把手附 爐形土器는 대체적으로 김해·부산지역이라는 한정된 분포범위를 보인다.

김해지역을 벗어나서 이 고배가 확인되는 지역은 창원지역이다. 즉 창원 可音丁洞 木槨墓와 道溪洞古墳群 출토 자료가 그것이다. 가음정동 목곽묘에서는 6점의 外切(反)口緣 高杯와 1점의 無蓋式 一列透窓 高杯가 발견되고 있으며, 도계동고분군에서는 11점의 外切口緣 高杯와 11점의 筒形高杯, 3점의 火焰形透窓 高杯, 一段 또는 二段의 長方形透窓 高杯 등이 출토되었다.

이상에서 알 수 있듯이 김해지역에 보다 가까운 가음정동 유적에서는 金海式 高杯가 절대다수를 차지하고 있으며, 도계동고분군에서는 김해식과 筒形高杯가 같은 비율로 발견되고 있다. 반면에 馬山 縣洞 遺蹟에서는 수많은 고배 중 단 2점만이 김해식 고배가 포함되어 있다.

따라서 김해식 고배는 도계동고분군이 위치하고 있는 창원과 마산의 경계지역에서 筒形高杯 문화권과 접경을 이루고 있음을 알 수 있으며, 이 점은 도계동고분군에 인접하고 있는 三東洞遺蹟에서 발견된 爐形土器에서도 잘 나타나고 있다. 즉 삼동동유적에서는 甕棺의 막음용과 부장용으로 모두 15점의 爐形土器가 발견되었는데 이 중 김해식의 把手가 부착된 것이 9점, 把手가 없는 형태의 것이 6점에 달하는

5) 趙榮濟, 「西部慶南 爐形土器에 대한 一考察」, 『慶尙史學』 2, 1986.

것에서 여실히 나타나고 있다.

이상에서 살펴보았듯이 김해지역의 중심고분군이 대성동과 양동리 유적 출토품에서 나타나고 있는 김해식 토기, 즉 外切(反)口緣 高杯와 把手附 爐形土器는 4세기에서 5세기 전엽까지 김해·부산지역을 중심으로 성행하였으며, 창원과 마산의 경계지역에서 筒形高杯와 無把手 爐形土器와 접경을 이루고 있음을 알 수 있다. 그러다가 5세기 중엽이 되면 신라양식인 交互透窓 高杯가 일시에 유입해 옴으로써 外切口緣 高杯는 완전히 자취를 감추는 것이 김해 예안리와 동래 복천동 고분군에서 동시에 나타나고 있으며, 중심고분군인 대성동고분군은 무덤이 더 이상 축조되지 않음으로써 소멸[6]하고 있는데, 이와 같은 중대한 변화는 신라의 확장에 의한 김해지역 가야 정치체의 소멸, 내지는 약화로 이해할 수 있고, 이러한 현상이 일어나게 된 배경은 A.D 400년 고구려군의 南征에 있었던 것은 많은 사람들에 의해 지적된 바이다.

그러나 5세기 중엽 이후 예안리고분군 출토 신라양식의 고배와 다른 토기들을 자세하게 검토한 安在晧는 이러한 토기들이 형태는 신라식이지만 생산은 이 지역에서 이루어졌음을 밝히고 이것을 또 다른 김해식 토기라고 파악[7]하고 있는데, 이러한 김해식 토기문화의 성립은 김해지역의 정치체는 큰 타격을 입었으나 小墳墓群을 營造한 일반인들은 여전히 그 지역에서 살고 있었음을 반영하는 것으로 생각된다.

한편 김해지역의 가야 정치체의 성립은 김해식 토기의 성립만으로는 해명할 수가 없으며, 대성동과 양동리의 木槨墓의 규모와 구조, 부장된 금속유물을 함께 검토해야 밝힐 수 있는 문제이기 때문에 이것은 본고의 범위를 벗어나는 것이다.

따라서 본고에서는 김해식 토기라는 外切口緣 高杯와 把手附 爐形土器가 성행했던 4세기~5세기 전엽의 김해·부산지역의 토기 양상과 분포범위가 이 시기 김해지역의 가야 정치체, 즉 駕洛國 또는 金官加

6) 申敬澈, 『金海 大成洞古墳群에 대한 報告書』 考察부분 參照.
7) 安在晧, 앞의 논문 주3) 參照.

耶의 실체와 범위를 의미하는 것으로 파악하는 데 그친다.

2. 함안지역

함안지역에 있었던 가야소국은 安羅國 또는 阿羅加耶이며, 중심 고분군은 道項里·末山里古墳群이다.

이 고분군에서 조사된 遺構는 木棺墓, 木槨墓, 竪穴式石槨墓, 橫穴式石室墓 등 다양하며, 토기 또한 瓦質土器를 비롯하여 다양한 陶質土器들이 발견되었다.

이 중 高杯는 소위 筒形高杯를 비롯하여 有·無蓋式 長方形透窓高杯와 三角形, 火焰形透窓 高杯, 그리고 把手가 부착된 예외적인 高杯가 보이며, 器臺는 無把手의 爐形土器(器臺)와 鉢形器臺, 圓筒形器臺 등이 확인된다.

이러한 다양한 자료 중 함안지역의 특징적인 토기들은 無把手의 爐形土器(도면 3-⑤~⑦)와 함께 筒形高杯(도면 3-①~④), 三角形(도면 4), 火焰形透窓(도면 5-①~⑤) 高杯, 把手附高杯(도면 5-⑫, ⑬), 그리고 1, 2단의 長方形透窓 高杯 중 臺脚의 下方이 다소 부풀어 올라서 깔떼기의 형태를 한 高杯(도면 5-⑩, ⑪, ⑭)를 들 수 있으며, 長方形 二段一列透窓 高杯는 범 가야적인 것이지만 함안지역의 특색으로서는 臺脚의 外反度가 다른 지역보다 다소 완만한 것(도면 5-⑥~⑨)을 지적할 수 있다.

이처럼 다양한 형태의 토기들은 동시기에 존재하기도 하지만 다른 한편으로는 時期差를 반영하기도 한다.

이러한 자료 중 이른 시기인 古式陶質土器[8] 단계에 있어서 함안지역의 특징적인 토기는 筒形高杯와 無把手 爐形土器이며, 5세기대를 중심으로 한 토기는 火焰形透窓 高杯와 臺脚의 外反度가 다소 완만한 長方形透窓 高杯, 5세기 후반 이후의 늦은 시기에는 把手附 高杯

8) 安在晧·宋桂鉉, 「古式陶質土器에 대한 약간의 고찰」, 『嶺南考古學』 1, 1986.

와 깔떼기형 臺脚을 가진 高杯임이 분명해졌다.

그런데 이른 시기의 함안지역 토기로 인식되고 있는 筒形高杯와 爐形土器는 많은 검토가 필요하다.

최근 이 지역 출토 자료에 대한 면밀한 검토9)에 의하면 陶質의 無把手 爐形土器는 4세기 초부터 출현하고 있지만, 筒形高杯는 4세기 후엽에 초현하는 것을 알 수 있는데, 성행한 시기는 그렇다고 하더라도 이러한 자료의 분포범위가 전 서부경남뿐만 아니라 김해·부산지역, 심지어는 경주에서도 발견되고 있기 때문에 과연 함안지역에 국한되는 자료들인가 하는 것은 의문시되고 있다.

그렇다면 이 筒形高杯는 언제, 어디에서 발생했을까?

김해·부산지역은 앞에서 살펴 본 바와 같이 瓦質土器 高杯를 계승한 外切(反)口緣 高杯가 특징적인 고배로 자리잡은 반면에 함안지역에는 古式 瓦質土器가 출토되는 木棺墓가 도항리·말산리유적에서 확인되고 있지만 筒形高杯의 전신으로 생각되는 자료는 발견된 바 없다. 그리고 대성동이나 양동리처럼 대형의 木槨墓도 확인되지 않는다.

이러한 현상은 비록 함안지역에 瓦質土器라는 새로운 문화가 유입되었지만, 이 문화를 기반으로 하는 강력한 정치체는 존재하지 않았음을 반영하는 것이며, 筒形高杯가 발견되는 古式陶質土器 단계에서도 양상은 같다. 따라서 筒形高杯는 瓦質土器 중의 고배를 계승한 것이 아니며 또한 도항리·말산리 일대가 이 토기의 중심지도 아님을 알 수 있다.

결국 이 고배의 발생지에 대해서는 이 고배가 부장된 중심 고분군이 발견되지 않는 한 반드시 함안지역으로 한정해서 생각할 필요는 없으며, 광역 분포범위, 즉 전 서부경남과 경주 등지를 감안한다면 이 토기는 함안과 같은 어떤 한 곳에서 만들어지기 시작하여 넓은 지역으로

---

9) 金正完, 「咸安圈域 陶質土器의 編年과 分布變化」, 慶北大學校 碩士學位論文, 1994 ; 李柱憲, 「阿羅加耶에 대한 考古學的 檢討」, 『가야 각국사의 재구성』, 2000 ; 禹枝南, 「咸安地域 出土 陶質土器」, 『道項里·末山里遺蹟』, 2000.

확산된 것이 아니라 여러 곳에서 동시 다발적으로 발생했을 가능성이 있다.

爐形土器는 新式 瓦質土器의 器形을 계승하고 있다. 따라서 이 토기는 瓦質土器가 성행한 지역에서 등장하여 급속도로 확산된 것으로 추정되며, 外切口緣 高杯와 마찬가지로 把手附 爐形土器가 김해·부산지역의 특징적인 토기로 자리잡음으로써 이러한 지역에서는 유행되지 못하고 그 이외의 지역에서 보편화되었던 것으로 추정된다.

따라서 4세기대를 중심으로 한 古式陶質土器 단계의 筒形高杯와 無把手 爐形土器는 비록 함안 일대에서 다량으로 발견되고 있지만, 함안지역에서 이러한 자료들이 부장된 중심 고분군이 확인되지 않는 한 이 자료들을 함안지역의 이른 시기의 토기로 파악하는 것은 아직 무리라고 생각된다.

한편 5세기대 이후가 되면 양상은 일변한다. 무엇보다도 도항리·말산리유적에서 대형의 木槨墓가 등장하고, 이 木槨墓에 甲胄와 馬具, 大刀 등의 威身財가 부장됨으로써 강력한 정치체의 등장을 의미하는 중심 고분군이 확인되는 것이다.

이러한 木槨墓에서 출토되는 고배는 有·無蓋式의 三角透窓 高杯를 필두로 火焰形透窓 高杯, 有蓋式 長方形 一列透窓 高杯, 신라양식과는 다른 交互透窓 高杯, 그리고 예외적인 二段 三角形透窓 高杯와 상단은 長方形, 하단은 三角形透窓인 高杯도 보인다.

이 중 有蓋式 長方形 一列透窓 高杯와 火焰形透窓 高杯는 도항리·말산리고분군의 중심적인 고배로서 지속적으로 부장되고 여기에 5세기 후반이 되면 把手가 부착된 고배가 첨가되거나 1, 2단의 長方形透窓 高杯의 臺脚 下方이 다소 부풀어 오른 이른바 깔떼기형 臺脚으로 바뀌는 변화가 나타나고 있다.

따라서 함안지역의 특징적인 고배는 이른 시기에는 長方形 一列透窓 高杯와 火焰形透窓 高杯, 늦은 시기에는 把手附 高杯와 깔떼기형 臺脚을 가진 고배임을 알 수 있으며, 이러한 고배들을 함안지역에 있었던 가야 정치체, 즉 安羅國의 대표적인 고배라고 할 수 있다.

그런데 도항리·말산리고분군 출토 고배 중 주목되는 것으로서 三角透窓 高杯가 있다. 이 고배는 禹枝南 分類[10] Ⅴ, Ⅵ단계, 즉 5세기 전반대에 다양한 형태의 것들이 만들어지고 있는데, 예를 들면 有·無蓋式의 三角透窓 高杯가 있는가 하면, 이단 엇갈린 透窓 高杯도 확인되며, 상단은 長方形, 하단은 三角形의 것과 상단은 三角形인데 하단은 半圓形 또는 小孔인 것까지 여러 형태의 것들이 성행되고 있다. 그러다가 이 三角透窓 高杯는 일시 소멸한 뒤 5세기 말 6세기대가 되면 有·無蓋式의 三角透窓 高杯가 다시 상당량 부장되고 있다.

이처럼 도항리·말산리고분군에서 상당히 오랫동안 꽤 많은 양이 발견되고 있는 三角透窓 高杯는 어떤 의미를 가진 것일까?

먼저 5세기 말 이후에 해당되는 三角透窓 高杯는 필자가 일찍이 늦은 시기 서부경남의 대표적인 토기,[11] 나아가서 그 중심지가 山淸 中村里古墳群에 있을 것으로 판단하여 '中村里式' 高杯로 파악[12]한 토기이기 때문에 이 시기의 三角透窓 高杯는 함안식으로 파악하기 어렵다.

그러나 5세기 전반대의 다양한 형태의 三角透窓 高杯는 그 의미가 전혀 다르다.

서부경남 일대에서 三角透窓 高杯는 광범위하게 분포하며 형식학적인 변화도 나타나고 있다. 이러한 三角透窓 高杯 중 이른 시기의 것은 필자의 Ⅰa, Ⅱa식에 해당되는 것들로서 가장 큰 특징은 臺脚이 1조의 突帶에 의해 2단으로 구성되고 있는 점이다.

이와 같은 특징을 가진 三角透窓 高杯는 최근에 지표조사가 아닌 발굴자료로서 양호한 자료들이 공표되고 있어서 이 종의 고배에 대한 새로운 검토가 가능하게 되었다. 즉 山淸 中村里와 晉州 雨水里古墳群 출토 자료들이 그것인데, 이러한 유적에서 확인된 三角透窓 高杯

---

10) 禹枝南, 앞의 논문.
11) 趙榮濟, 「三角透窓 高杯에 대한 一考察」, 『嶺南考古學』 7, 1990.
12) 趙榮濟, 「水平口緣 鉢形器臺에 대하여」, 『韓國考古學報』 44, 2001.

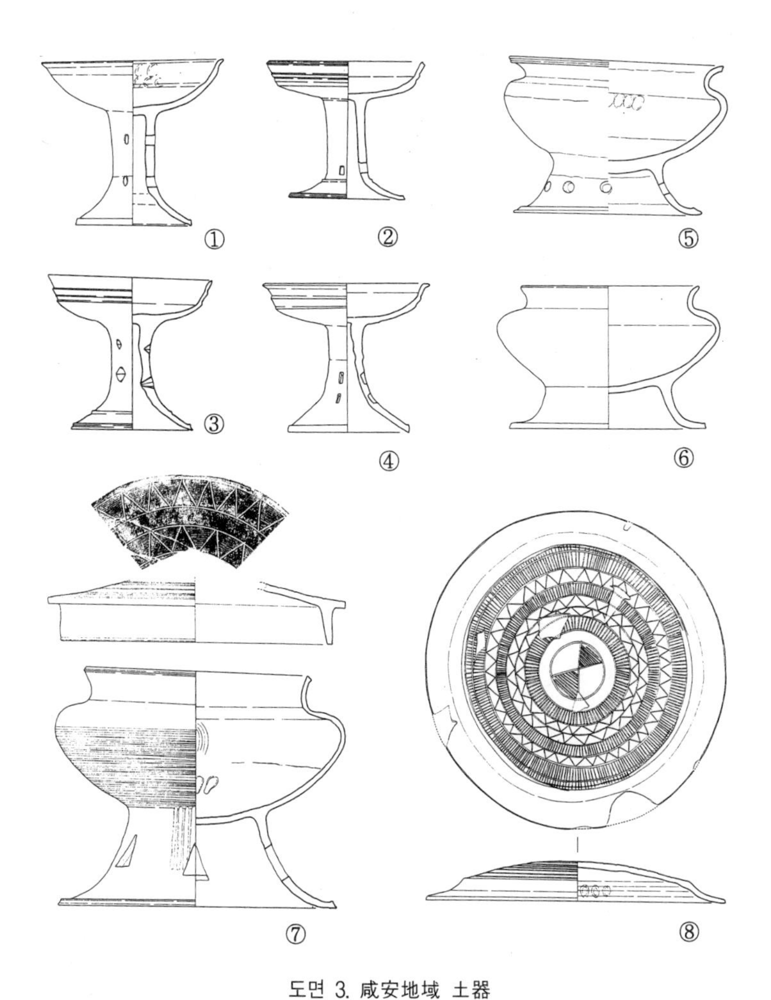

도면 3. 咸安地域 土器

① 末山里 10號, ② 道項里 42號, ③ 道項里 49號, ④·⑤·⑦ 道項里 33號, ⑥ 道項里 68號, ⑧ 末山里 8號

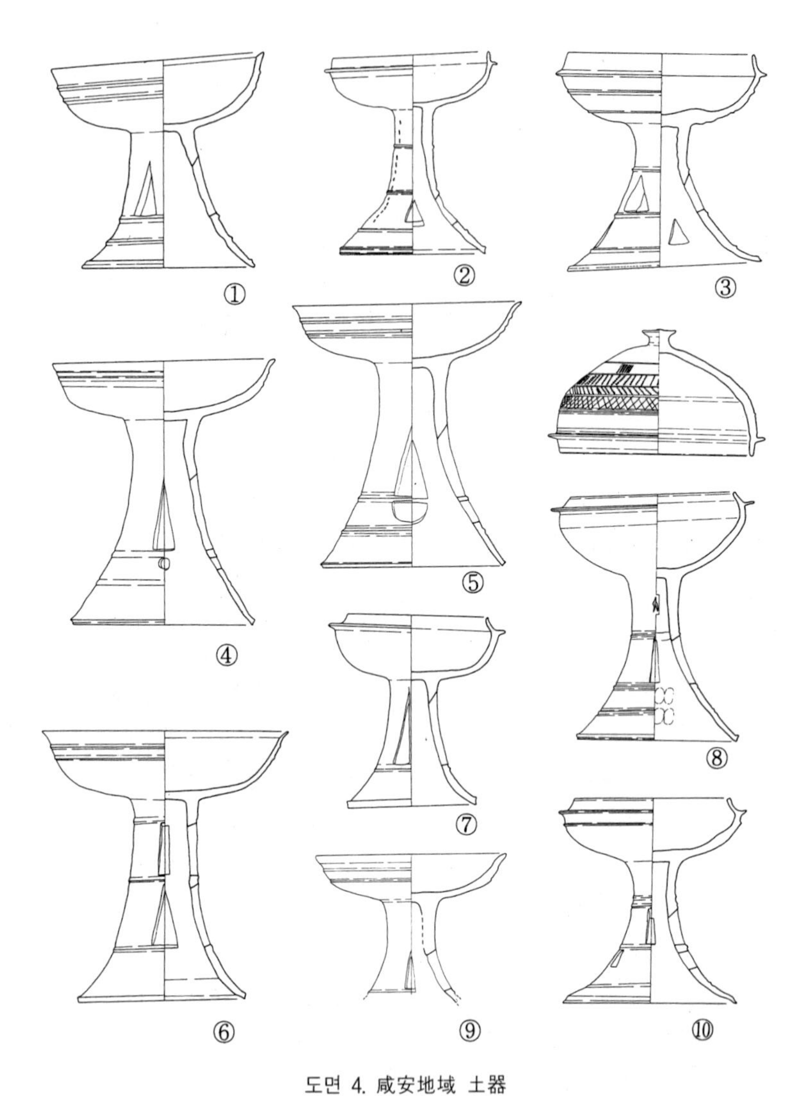

도면 4. 咸安地域 土器

① 道項里 1號, ② 道項里 6號, ③ 道項里 48號, ④·⑤·⑩ 道項里 3號, ⑥·⑦ 道項里 36號, ⑧ 道項里 13號, ⑨ 道項里 파괴분

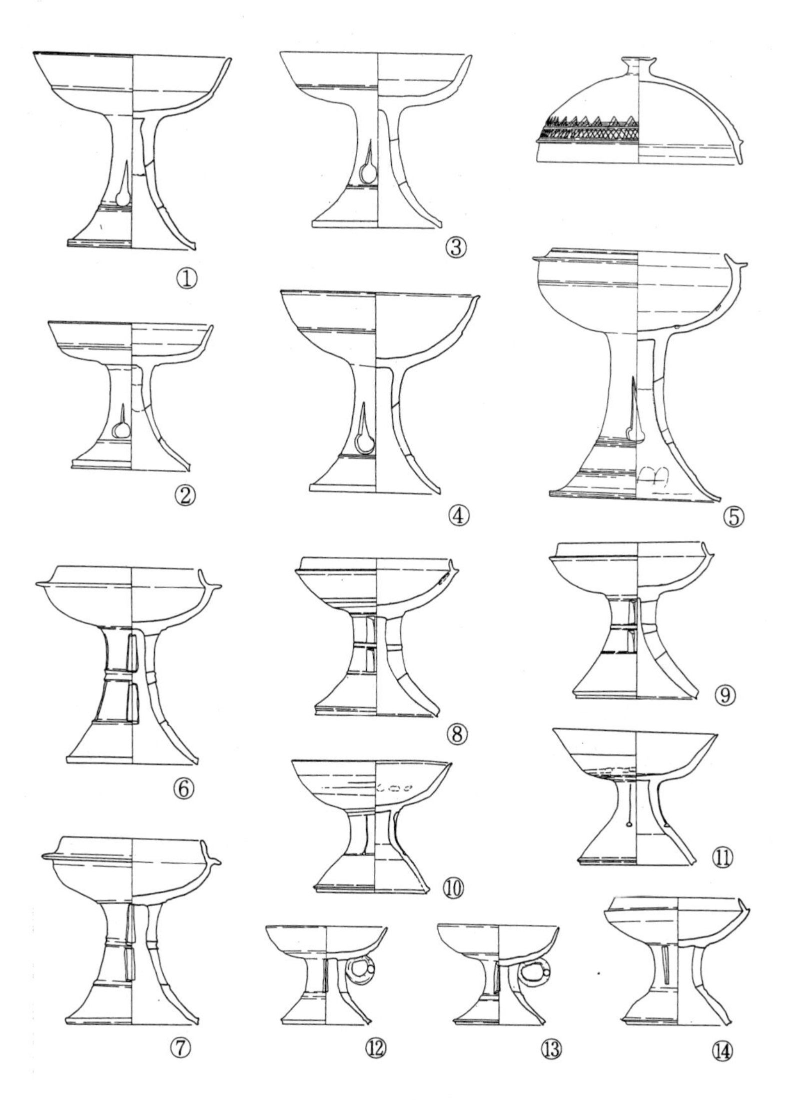

도면 5. 咸安地域 土器

①·② 道項里 37號, ③·④·⑥·⑦ 道項里 38號, ⑤ 道項里 13號, ⑧~⑪ 道項里 岩刻畫 古墳, ⑫~⑭ 道項里 47號

는 모두 木槨墓에서 출토된 자료들로서 대부분 無蓋式이지만 중촌리에서는 有蓋式도 1점 포함되어 있다.

이 중 雨水里木槨墓 출토 자료(도면 8-⑤~⑦)는 杯部의 깊이에서 약간의 차이는 있지만 모두 형태가 같은 것들로서 필자 분류 Ⅱb식에 해당되는 자료들임에 비해 中村里木槨墓 출토 高杯(도면 8-①~④)들은 필자 분류 Ⅱb식도 포함되어 있지만 대부분 Ⅱa식에 해당되는 것들이며 有蓋式은 Ⅰa식이다. 특히 Ⅱb식 高杯 속에는 상단에 三角形, 하단에 方形透窓이 서로 엇갈리게 배치된 것이 있는가 하면 杯部나 臺脚의 형태가 다양한 것들이 포함되어 있다.

따라서 三角透窓 高杯만을 기준으로 한다면 중촌리목곽묘가 우수리목곽묘보다는 이른 시기에 축조되었음을 알 수 있으며, 이러한 점은 우수리목곽묘에서 출토된 다른 高杯가 透窓이 뚫린 것임에 비해 중촌리목곽묘에서는 古式陶質土器의 전통을 잇는 stamp문이 찍힌 高杯가 공반되고 있는 것에서 충분히 보증된다.

그렇다면 이 중촌리목곽묘 출토 고배와 도항리·말산리고분군 출토 고배는 어떤 관계에 있는 것일까?

도항리목곽묘에서 출토되는 三角透窓 高杯는 4세기 말의 도항리 6호분부터 5세기 3/4분기인 도항리 파괴분까지 발견되고 있으나 6호분 출토 三角透窓 高杯는 透窓의 형태가 작은 正三角形의 것으로서 일반적인 三角透窓과는 구별되고 있을 뿐만 아니라 함께 stamp문이 찍혀 있기 때문에 이 高杯(도면 4-②)를 三角透窓 高杯의 범주에 넣기는 어렵다. 그리고 파괴분에서는 단 1점만 확인되고 있기 때문에 도항리·말산리고분군에서 三角透窓 高杯의 성행시기는 5세기 전반대임을 알 수 있다.

그리고 도항리·말산리고분군의 三角透窓 高杯는 有·無蓋式이 있을 뿐만 아니라 臺脚도 2단만 있는 것이 아니라 3~4단 구성도 있으며, 透窓도 엇갈린 2단 三角形 透窓과 半圓이나 圓孔, 細長方形 透窓과 조합을 이루면서 二段一列을 이룬 것도 많다. 그리고 대체로 器高

가 높은 특징을 보여주고 있다.

반면에 중촌리목곽묘 출토 자료들은 1점의 有蓋式을 제외하면 모두 無蓋式들이며, 臺脚은 3단 구성도 있으나 1 내지 2단 구성이 많이 보인다. 그리고 透窓은 긴 이등변 삼각형을 이루는 것뿐이며 3단 구성 高杯 중 1점만 하단에 方形透窓과 결합되어 있다. 무엇보다도 중촌리목곽묘 출토 三角透窓 高杯는 器高가 대체로 낮은 것들이며, 無蓋式의 경우 口緣端의 내측에 1조의 홈이 돌려져 있는 것이 특징적이다.

서부경남 일대에서 확인되는 三角透窓 高杯는 有·無蓋式 모두 대체로 器高가 낮은 것들이며 臺脚의 구성은 늦은 시기가 되면(필자 분류 Ⅰb, Ⅱb식) 모두 1단으로 구성되고 있다. 그리고 無蓋式인 경우 口緣端 내측에 1조의 홈이 형성되어 있다.

이 점을 염두에 두고 중촌리목곽묘 출토 三角透窓 高杯를 살펴보면 공반된 다른 유물, 이를테면 stamp문이 찍힌 高杯라든지 鉢深이 약간 깊은 鉢形器臺와 같은 유물이 다소 고식의 요소가 있다고 하더라도 5세기 초까지 연대가 소급될 가능성은 없는 자료들이며 대개 5세기 3/4분기 이후에 속하는 자료들일 가능성이 높다.

따라서 중촌리목곽묘 출토 三角透窓 高杯들보다는 도항리·말산리 목곽묘 출토 三角透窓 高杯들이 시기적으로 이른 시기에 속함을 알 수 있으며, 器形的으로도 5세기 3/4분기에 편년되고 있는 도항리 파괴분 주구 출토 無蓋式 高杯(도면 4-⑨)를 중촌리목곽묘 출토품들이 계승하고 있음을 알 수 있다.

결국 이 三角透窓 高杯는 함안지역에서 먼저 등장하여 5세기 전반대에 성행하다가 火焰形透窓이나 長方形透窓 高杯와는 달리 함안지역에서 정착하지 못하고 그 중심지가 산청 중촌리 일대로 이동하였으며, 이후 중촌리고분군으로 대표되는 가야 정치체의 특징적인 고배로 정착하고 6세기대까지 형식변화를 일으키면서 존속하였던 것으로 추정된다.

이상에서 살펴 본 바와 같이 5세기 초부터 등장한 함안식 토기는 현 함안군 일대에 강한 지역색을 보이면서 분포하고 있는데, 이러한 자료가 출토된 유적은 梧谷里와 明館里, 院北里遺蹟이 대표적이며, 함안의 주변지역에서는 남강 북쪽의 宜寧郡 禮屯里, 泉谷里, 西洞里, 中洞里, 鳳頭里古墳群, 동쪽의 마산 현동, 창원 도계동유적 등에서 발견되고 있다.

그런데 함안의 주변지역 중 현동유적에서는 火焰形 透窓, 二段一列 透窓, 이른 시기의 三角透窓 高杯와 같은 함안식 고배가 집중적으로 출토되고 있음에 비해 나머지 의령군의 제 고분군과 창원 도계동유적에서는 火焰形 透窓이나 깔떼기형 臺脚, 把手附 高杯와 같은 함안식 고배가 극소수 발견되고 있다. 이러한 현상은 현동유적을 제외한 주변의 제 고분군은 함안식 토기가 유입되었다 하더라도 이것이 어떤 정치적인 상황을 반영하고 있는 것을 의미하는 것으로는 생각되지 않는다.

결국 함안식 토기의 분포권에 의한 함안의 가야 정치체, 즉 안라국은 오늘날의 함안군과 마산의 서부지역(현동유적)을 중심으로 존재했으며, 주변의 창원, 의령 등지에 약간의 영향을 미치고 있었던 것으로 추정된다.

3. 고령지역

고령지역에 존재했던 가야소국은 加羅國 또는 大加耶이며, 이 지역의 중심 고분군은 快賓洞과 池山洞古墳群인데, 이러한 고분군에 대해서는 절대연대의 비정에 약간씩의 이견은 있지만 형식학적인 편년서열에 있어서는 연구자들의 견해가 거의 일치하고 있다.[13] 이것을 정리하면 아래와 같다.

13) 禹枝南, 「大加耶古墳의 編年」, 서울대大學院 碩士學位論文, 1986 ; 權鶴洙, 「加耶古墳의 綜合編年」, 『嶺南考古學』 12, 1993 ; 李熙濬, 「高靈樣式 土器 出土 古墳의 編年」, 『嶺南考古學』 15, 1994 ; 朴天秀, 「大加耶圈 墳墓의 編年」, 『韓國考古學報』 39, 1998 ; 金世基, 「古墳資料로 본 大加耶」, 啓明大學校 博士學位論文, 2000 ; 金斗喆, 「大加耶古墳의 編年 檢討」, 『韓國考古學報』 45, 2001.

쾌빈동 1호분 → 지산동 35호분 → 지산동 30호분 → 지산동 32, 33, 34호분 → 지산동 44호분 → 지산동 45호분 → 고아동 벽화고분.

이러한 편년서열 속에서 이른바 고령식이라고 할 수 있는 토기, 즉 이 지역 최고 지배자층의 무덤에서만 나타나면서 일정한 기간 동안 지속되고 있는 토기를 적출하면 아래와 같다.

高杯 : 二段一列透窓 高杯(도면 6-①~③), 一段透窓 高杯(도면 6-④)

器臺 : 圓筒形器臺(도면 6-⑦), 鉢形器臺(도면 7), 小形器臺(도면 7-⑥).

기타 : 長頸壺(도면 6-⑤), 短頸壺와 軟質蓋(도면 6-⑧), 蓋杯(도면 6-⑨, ⑩), 臺附把手附小壺(도면 6-⑥), 兩耳附小壺(도면 6-⑪).

그렇다면 고령식 토기는 어느 단계에서 등장하여 확립되는 것일까? 먼저 쾌빈동목곽묘 출토 유물을 살펴보면, 토기는 爐形土器, 鉢形器臺, 圓筒形器臺, 長頸壺, 壺, 大壺, 蓋, 兩耳附壺 등이며, 철기는 鏃, 刀子, 有刺利器, 낫형철기, 도끼형철기, 따비형철기 등이 발견되었다.

이러한 木槨墓 중 11점의 鉢形器臺가 발견된 쾌빈동 1호분은 주목되는 유구로서 현재까지 조사된 고령지역의 최초의 지배자층 무덤이다. 그런데 1호분 출토 鉢形器臺와 長頸壺는 형태와 문양에 있어서 김해지역과 연결되는 것[14]들이기 때문에 이러한 자료를 고령식으로 파악하기는 어렵다.

그 다음 지산동 35호분에서는 有蓋式 長頸壺와 鉢形器臺, 平底 短頸壺와 蓋 등 이른바 고령식의 특색이 농후한 자료들이 발견되고 있다. 다만 鉢形器臺에 있어서 鉢部의 문양이 密集波狀文이나 葉脈文

14) 趙榮濟, 「加耶の鉢形器臺について」, 『福岡大學綜合研究所報』 240, 2000.

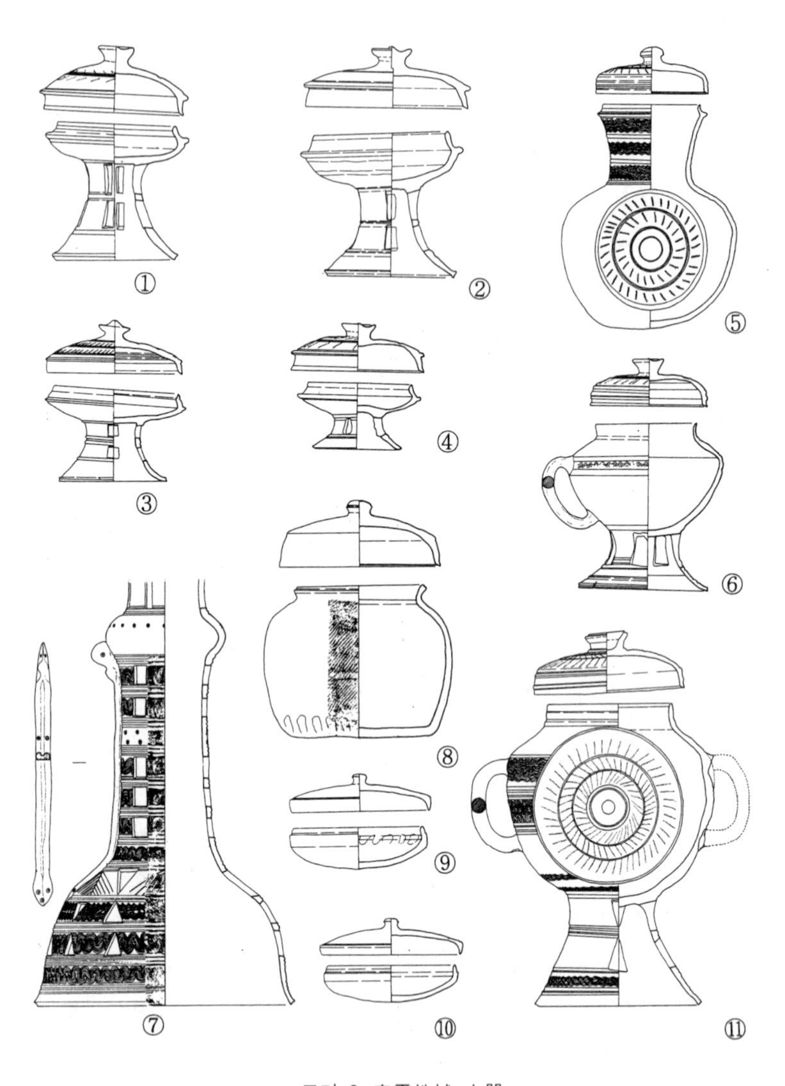

도면 6. 高靈地域 土器

① 池山洞 33號, ② 池山洞 30-2號, ③・⑧~⑩ 池山洞 45-2號, ④・⑥ 池山洞 連結石槨, ⑤・⑪ 池山洞 32號, ⑦ 池山洞 合祀遺構

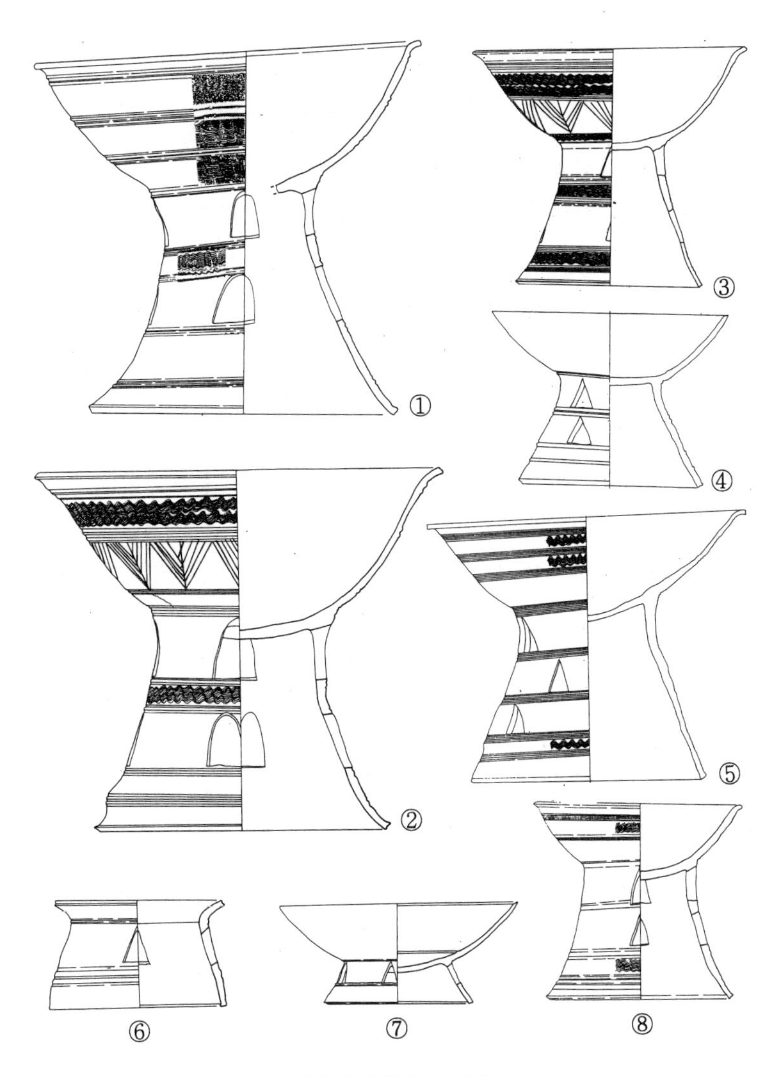

도면 7. 高靈地域 土器

① 池山洞 30號, ② 池山洞 33號, ③ 池山洞 32號, ④·⑤ 池山洞 44號, ⑥·⑧ 池山洞 45-2號, ⑦ 池山洞 45-1號

뿐만 아니라 鋸齒文, 点列文 등이 시문되었거나 臺脚의 透窓이 Arch 형이나 三角形 상하일렬의 형태가 아니라 長方形이거나 예외적인 것들이 보인다.

지산동 30호분에서는 器臺, 長頸壺 등에서 고령식의 특징이 현저하게 나타나지만 高杯 등에서는 아직 고령식의 특징이 확인되지 않는다. 그렇지만 30-2호분에서 발견된 高杯(도면 6-②)는 이른 형태의 고령식 유물이라고 생각되기 때문에 이 단계에서 고령식의 토기문화가 확립되었다고 보아도 좋을 것이다.

이와 같이 성립된 고령식의 토기문화는 이후 지산동 32, 34호분 단계를 거쳐서 44, 45호분 단계까지 지속되고 있다.

따라서 고령지역의 중심 고분군인 쾌빈동과 지산동고분군을 통해서 볼 때 고령식의 유물이 성립하기 시작하는 것은 지산동 35호분 단계부터이며, 이러한 것이 완성되는 것은 지산동 30호분 단계임을 알 수 있다.

한편 5세기 4/4분기가 되면 고령식의 토기문화는 서부경남 일대에 광범위한 분포를 보이는 주목할 만한 현상이 나타나고 있으며, 고고학자와 문헌학자들은 이러한 현상에 근거해서 전 서부경남 일대의 가야 정치체들이 대가야연맹체를 형성했던 것으로 파악하고 있다.

그러나 필자는 이 점에 대하여 생각을 달리하고 있다. 왜냐하면 고령식 문물의 대외확산에는 여러 유형이 있으며, 각 유형에 따라서 의미가 다를 것으로 생각되기 때문에 이것을 일괄적으로 해석할 것이 아니라 유형에 따라서 다른 해석이 필요하다고 생각한다.

대체적으로 고령식 문물의 확산에는 아래와 같은 3가지 유형으로 나눌 수 있다.

◦ A형 : 유구[15]와 유물이 모두 고령식인 경우 - 대가야의 지방세력

15) 加羅國式 遺構란 한 封土內에 主·副槨이 나란히 배치되어 Ⅱ형을 이루는 것을 말하며, 이러한 형태의 유구가 확립된 것은 池山洞 32號墳부터이다.

이거나 아니면 대상이 되는 정치체는 완전히 예속되어 독자성을 상실.

◦B형 : 대부분의 유물만 고령식인 경우 - 불완전한 예속. 대상이 되는 정치체는 독자성을 유지.

◦C형 : 소량의 유물만 고령식인 경우 - 단순한 교류의 차원.

이러한 유형에 따라서 고령식의 무덤이나 유물이 출토된 서부경남 지배집단의 무덤(首長墓, 高塚古墳)을 유형별로 정리하면 아래와 같다.

◦고령지역 - 本館洞古墳群 : A형
◦합천지역 - 玉田古墳群 : B형
磻溪堤古墳群 : A형
三嘉古墳群 : C형
◦거창지역 - 末屹里古墳群 : C형
武陵里古墳群 : A형일 가능성이 있다(미조사)
東部洞古墳群 : 불명
◦함양지역 - 白川里古墳群 : A형
◦산청지역 - 中村里古墳群[16] : A형
生草古墳群 : A형일 가능성이 있다(미조사)
◦의령지역 - 中洞里古墳群 : C형
雲谷里古墳群 : C형
景山里古墳群 : C형
◦진주지역 - 水精峰・玉峰古墳群 : C형

16) 中村里古墳群은 1982년 부산여자대학교(현 신라대학교) 박물관에 의해 조사된 유적이지만 아직 보고서가 출간되지 않아서 자세한 내용은 알 수 없으나 최근에 발간된 圖錄에 그 일부가 소개되어 있다. 이 유적에서의 加羅國式 유구와 유물은 발굴조사시 필자가 현장을 방문하여 확인한 것이며, 앞에서 살펴 본 三角透窓 高杯가 발견된 木槨墓와는 위치와 시기를 달리하는 유구들이다.

◦ 고성지역 - 栗岱里古墳群 : C형
　　　　　　蓮塘里古墳群 : C형
◦ 남원지역 - 月山里古墳群 : C형

이상에서 알 수 있듯이 서부경남 일대에 분포하고 있는 5세기 후반에서 6세기 전반대에 속하는 각 지역의 지배집단의 무덤을 유형별로 나누어서 살펴 본 결과, A형은 고령의 서남부지역, 즉 합천의 서부와 함양, 그리고 다소 불확실하지만 산청지역을 중심으로 나타나고 있다. 이러한 지역은 유물뿐만 아니라 유구까지도 완전히 고령식이 확산되어 있음을 알 수 있다. 따라서 이러한 지역은 가라국에 의해서 직접 지배를 받았던 지역이었을 것으로 추정되며, 이처럼 가라국의 영역이 크게 넓어진, 바꾸어 말하면 고령지역에 중심을 둔 정치체가 한 단계 발전하여 가라국에서 대가야로 성장한 것을 의미하는 것으로 생각되며, 苧浦里 E-4호분에서 출토된 銘文土器에서 나타나고 있는 '下部'는 이러한 상황을 반영하고 있는 것으로 생각된다.[17]

반면에 고령에서 낙동강을 따라서 남하하는 지역에 위치하고 있는 합천의 동부와 의령, 진주, 고성지역은 B형인 옥전고분군을 제외하면 모두 C형에 속하는 고분군만 분포하고 있다. 따라서 대가야는 고령의 서남부지역과는 달리 남쪽으로는 강력한 영향력을 행사한 것 같지는 않으며, 가장 가까이에 존재했던 多羅國만은 일시적[18]으로 간접적인 영향권에 들었거나, 아니면 대가야연합체를 형성했던 것으로 추정된다.

이렇게 본다면 지금까지 고령식의 일부 유물이 발견된 전 서부경남 일대를 대가야연맹체로 파악한 것은 잘못이며, 대가야는 고령을 중심으로 합천의 서부와 거창, 함양, 산청일대를 포괄하는 지역에 존재했던 정치체이며, 여기에 극히 짧은 기간이지만 연합체로서 참가한 것이 다

17) 盧重國, 「大加耶의 政治·社會構造」, 『加耶史硏究』, 1995.
18) 玉田古墳群에서 大加耶式 유물이 나타나는 것은 M3號墳 단계에서 M6號墳 단계까지이다.

라국이고 나머지 지역인 합천 동부와 의령, 진주, 고성이나 남원, 장수와 같은 호남의 동부지역은 대가야의 영향을 얼마간 받았다고 하더라도 그것은 상호간의 교류와 같은 것이지 연맹체와 같은 강력하고 직접적인 관계를 형성했다고 보기는 어렵다.

그렇더라도 서부경남 일대에 대가야가 성립되었다는 것은 가야의 역사에서는 획기적인 일이며, 이 시기에 대가야의 문물이 서부경남을 넘어서 영남 각지에 파급되고, 나아가서 일본열도에까지 나타나고 있는 것[19]은 이러한 대가야의 발전된 역사를 고고학적으로 잘 보여주는 현상일 것이다.

4. 고성지역

고성지역의 가야소국은 古自國 또는 小加耶이며, 중심 고분군은 松鶴洞, 주변 고분군은 蓮塘里, 內山里古墳群이다.

이 중 송학동고분군은 1999년 11월부터 2001년 여름까지 3차례에 걸쳐서 동아대학교 박물관에 의해 조사되었으며, 출토유물에 대해서는 극히 단편적으로 공개[20]되었는데, 토기는 신라양식 有蓋高杯와 함께 一段長方形과 二段交互透窓 高杯들이 집중적으로 출토되었으며 소수이지만 水平口緣壺와 器臺, 有孔廣口小壺 등이 발견되었다.

내산리고분군은 1997년부터 지금까지 5차례에 걸쳐서 창원문화재연구소에 의해 조사[21]되었는데 토기는 신라양식의 瓔珞附 臺附長頸壺

---

19) 朴天秀, 「日本속의 加耶文化」, 『加耶史의 새로운 理解』, 1996 ; 朴天秀, 「三國・古墳時代における韓・日交渉」, 『渡來文化の波』, 2001 ; 定森秀夫, 「日本出土の'高靈タイプ'系陶質土器(1)」, 『朱雀』 2, 1989 ; 定森秀夫, 「大加耶と倭」, 『大加耶와 周邊諸國』, 2001.

20) 東亞大博物館, 「경남 고성 송학동고분군 발굴조사」, 『박물관신문』 351호, 2000 ; 東亞大博物館, 「固城 松鶴洞古墳群 現地說明會 資料」, 2000 ; 東亞大博物館, 『固城 松鶴洞 ⅠB-1號 古墳 發掘調査 中間報告』, 2000.

21) 昌原 文化財硏究所, 『固城 內山里古墳群 發掘調査(1~5차)』, 1997~2001 ; 金大成, 「固城 內山里古墳群」, 『묘제와 출토유물로 본 소가야』, 2000 ; 申昌秀, 「固城 內山里古墳群 發掘調査와 成果」, 『松鶴洞古墳群』, 2001.

와 함께 有孔廣口小壺, 蓋杯, 一段長方形透窓 有蓋高杯, 水平口緣壺가 출토되었다.

고성의 외곽지대에 속하는 연당리고분군에서는 1점의 三角透窓 高杯를 비롯하여 一段長方形, 二段交互透窓 高杯, 蓋, 신라후기양식 高杯, 長·短頸壺, 水平口緣壺, 臺附長頸壺, 臺附直口壺, 筒形器臺, 鉢形器臺, 把手附杯, 軟質甕 등이 발견되었다.

이러한 토기 중 水平口緣壺(도면 9-④)와 水平口緣 鉢形器臺(도면 9-③), 三角透窓 高杯, 一段長方形透窓 高杯(도면 9-①), 二段交互透窓 高杯(도면 9-②)를 대부분의 가야토기 연구자들은 소가야식 토기[22]로 파악하고 이러한 토기들이 분포하는 지역을 소가야의 영역으로 인식함으로써 서부경남의 대부분의 지역을 소가야의 영역으로 파악하고 있다.[23]

그러나 필자는 前稿[24]를 통하여 一段長方形透窓 高杯와 二段交互透窓 高杯는 고성식 토기이지만 三角透窓 高杯는 고성식이 아니라 前章에서 살펴보았듯이 중촌리식 토기이며, 고성의 중심 고분군에서도 발견되고 있는 水平口緣壺와 水平口緣 鉢形器臺는 서부경남 일대에서 광범위한 분포권을 보여주고 있기 때문에 이 토기들은 특정지역의 독특한 토기라기보다는 광범위한 지역내에 있었던 복수의 정치체가 공유했던 토기이고, 이 토기를 공유한 정치체는 서로 긴밀한 net-work를 형성[25]했거나 연맹체[26]와 같은 깊고도 직접적인 관계를 형성했던

22) 固城式 一段長方形·二段交互透窓 高杯란 대체적으로 杯部가 얕고, 臺脚에 뚫린 透窓의 바로 아래에 강한 突帶가 돌려지고, 이 突帶를 경계로 내면이 한 번 꺾이면서 밖으로 들려지는 一群의 고배를 일반적인 가야의 一段長方形透窓 高杯나 신라식의 二段交互透窓 高杯와 구별하여 固城式 高杯로 파악한다.

23) 定森秀夫, 「韓國慶尙南道泗川·固城地域出土陶質土器について」, 『角田文衛博士古稀記念古代學論叢』, 1983 ; 朴天秀, 「器臺를 통하여 본 加耶勢力의 動向」, 『가야의 그릇받침』, 1999 ; 安在晧, 「鐵鎌의 變化와 劃期」, 『伽倻考古學論叢』 2, 1997 ; 尹貞姬, 「小加耶土器의 成立과 展開」, 慶南大大學院 碩士學位論文, 1997.

24) 趙榮濟, 주12)의 論文 參照.

것으로 추측한 바 있다.

그것은 어떻든 이 고성식 토기는 고성지역을 중심으로 고성의 북부인 진주 일부와 의령, 사천지역에 밀집분포하고 있기 때문에 이 지역들이 소가야의 영역으로 편입되었음을 알 수 있다. 그러나 진주의 서부와 산청, 하동, 남원 월산리 등지는 이 고성식 토기가 발견되고 있더라도 그 수량이 적을 뿐만 아니라 비고성식의 토기의 발견빈도가 훨씬 높기 때문에 이러한 지역을 소가야의 영역으로 편입시키는 것은 무리다. 다만 하동지역은 아직 충분한 조사가 이루어지지 않은 지역이기 때문에 차후의 조사에서 다소 양상이 바뀔 가능성은 있다.

이처럼 고성식의 토기에 의한 소가야의 영역은 고성지역을 중심으로 진주 남부와 사천, 의령 일대였을 것으로 추정된다.

그런데 이러한 고성식 토기와 소가야의 영역은 지금까지의 가야토기의 연구에 의하면 5세기 후반에서 6세기 전반대의 상황을 반영하고 있기 때문에 다른 지역의 가야 정치체와 같이 5세기 전반대의 상황을 보여주지는 못하고 있다.[27]

이렇게 된 이유는 말할 것도 없이 고성지역에 대한 조사에서 5세기 전반대까지 소급되는 유적이 확인되지 않은 것에서 비롯되었다. 다만 금년의 송학동고분군 조사에서 木槨墓의 존재가 확인되었기 때문에 장차의 조사에서 이 목곽묘의 유물들이 알려진다면 고성지역의 이른 시기의 토기문화와 여기에 근거한 정치체를 추구해 볼 수 있을 것으로 기대한다.

---

25) 李盛周, 「小加耶地域의 古墳과 出土遺物」, 『묘제와 출토유물로 본 소가야』, 2000.

26) 金泰植, 「歷史的으로 본 小加耶의 政治體」, 『묘제와 출토유물로 본 소가야』, 2000 ; 李炯基, 「小加耶聯盟體의 成立과 그 推移」, 『民族文化論叢』 17, 1997.

27) 다만 朴天秀만은 鉢形器臺를 분석하여 小加耶式 土器가 5세기 전반대부터 성립되었다고 주장하고 있으나 필자는 氏가 분석한 小加耶式 鉢形器臺가 小加耶式이라고 한정할 만한 특징이 나타나지 않는다고 생각하고 있다.(朴天秀, 주23)의 論文 參照)

5. 창녕지역

창녕지역에 있었던 가야의 정치체는 比斯伐國 또는 非火加耶이며, 중심을 이루는 고분군은 校洞, 松峴洞古墳群이고 주변의 주목되는 고분군은 桂城古墳群이다.

이러한 고분군에서 출토된 자료 중 창녕지역의 대표적인 토기는 臺脚縮小形 꼭지(도면 8-⑪~⑬), 소위 창녕형 꼭지가 붙고 표면에 幼虫文이 시문된 뚜껑과 脚緣部에 突帶없이 脚端으로 연결되는 高杯(도면 8-⑧, ⑨, ⑬, ⑭)를 들 수 있으며, 이외에도 창녕형 토기는 대체적으로 胎土에 사립의 함유량이 적고 내외면이 흑색 내지 유흑색을 띠고, 속심은 암자색인 것이 특징적이다.[28]

이와 같은 창녕지역의 고분문화에 대하여 유물의 형식편년과 주변지역에로의 확산에 대해서는 많은 연구자들이 언급[29]하고 있는데, 대체적으로 창녕식 토기는 5세기 3/4분기가 되면 모든 器種에서 창녕식 토기문화의 요소가 표현되는, 즉 정형화가 이루어지고 있으며 이때가 이 지역 정치체의 최성기에 해당된다.

그러나 토기문화와는 달리 금속유물 속에는 신라식의 威勢品이 대형의 봉토분을 중심으로 발견되고 있기 때문에 이 시기부터 신라의 영향력이 이 지역에 미치기 시작했음을 알 수 있다.

이처럼 5세기 중엽경에 성립된 창녕식 토기문화는 6세기 초까지 형식변화를 일으키면서 존속하다가 6세기 1/4분기의 늦은 시기에 완전히 자취를 감추고 있다. 반면에 5세기 3/4분기부터 나타나기 시작한 신라문화적인 요소는 5세기 말이 되면 금속유물뿐만 아니라 토기에서도 신

28) 鄭澄元・洪潽植, 「昌寧地域의 古墳文化」, 『韓國文化硏究』 7, 1995.

29) 鄭澄元・洪潽植, 위의 글 ; 朴天秀a, 「5~6世紀代 昌寧地域 陶質土器의 硏究」, 慶北大大學院 碩士學位論文, 1990 ; 朴天秀b, 「三國時代 昌寧地域 集團의 性格硏究」, 『嶺南考古學』 13, 1993 ; 朴天秀c, 「考古資料로 본 가야시기의 昌寧地方」, 『가야시기 창녕지방의 역사・고고학적 성격』, 2001 ; 定森秀夫, 「韓國慶尙南道昌寧地域陶質土器の硏究」, 『古代文化』 33-4, 1981 ; 定森秀夫, 「加耶土器の地域色と年代」, 『考古學と年代』, 1982 ; 藤井和夫, 「昌寧地方古墳出土陶質土器の編年について」, 『神奈川考古』 12, 1981.

도면 8. 昌寧과 其他地域 土器

①~④ 中村里 木槨墓, ⑤ 雨水里 1號, ⑥·⑦ 雨水里 6號, ⑧·⑨ 桂南里 1號, ⑩~⑫ 可達 5號, ⑬ 校洞 1號, ⑭ 校洞 5號

라토기의 양이 증가하고 있으며 궁극적으로는 6세기 1/4분기가 되면 창녕식 토기를 완전히 축출하고 이 지역의 주된 토기문화로 자리잡게 되며, 그 결과 신라는 창녕지역에 下州를 설치하고(555년), 巡狩碑를 건립(561년)하는 등 이 지역에 대한 지배력을 강화하면서 낙동강 서안의 가야지역에로의 진출을 위한 전진기지로서 요충화하고 있다.

그렇다면 창녕식 토기문화는 언제 성립되는 것일까?

지금까지 창녕지역의 조사에서 5세기 전반대에 해당되는 유적의 조사 예가 없기 때문에 단언하기 어렵지만, 창녕지역의 채집자료 중에 桂南里 1호분 출토 자료보다 이른 형식의 창녕식 토기가 보일 뿐만 아니라 金海 加達 5호분에서도 5세기 2/4분기에 해당되는 창녕식 토기(도면 8-⑩~⑫)가 출토되고 있기 때문에 창녕식 토기문화의 성립은 5세기 2/4분기였을 것으로 잠정적으로 파악해 둔다.[30]

이렇게 성립된 창녕식 토기문화는 주변지역인 합천, 대구뿐만 아니라 경주, 부산, 김해지역까지 확산되고 있다. 예를 들면 부산지역에서는 복천동고분군을 비롯하여 당감동고분군, 괴정동고분군의 여러 유구에서 상당히 많은 양의 창녕식 고배들이 발견되고 있으며, 김해지역에서는 예안리고분군과 가달고분군에서 高杯, 短頸壺, 有蓋把手附 直口壺, 器臺 등이 발견되었다. 합천지역에서는 옥전고분군의 여러 유구에서 有蓋式 一段透窓 高杯, 交互透窓 高杯, 臺附盌, 컵형토기, 長頸壺, 鉢形器臺 등 다양한 형태의 창녕식 토기들이 출토되었다. 그리고 이러한 창녕식 토기의 확산은 5세기 후반을 중심으로 이루어지고 있기 때문에 이때가 창녕지역에 있었던 정치체, 즉 比斯伐國의 최성기였을 것으로 추정된다.

그런데 창녕식 토기의 주변지역으로의 확산은 비교적 이동이 용이한 몇 점의 高杯 중심으로 이루어지고 있으나, 유독 합천 옥전고분군과 김해 가달고분군에서는 高杯뿐만 아니라 다른 많은 형태의 토기들

30) 朴天秀는 昌寧式 토기문화의 성립시기를 4세기 4/4분기로 파악하고 있으나 그의 연대관은 받아들이기 어렵다.(朴天秀, 위의 글 c의 論文 參照)

이 함께 확산되고 있어서 주목된다. 이 중 옥전고분군은 낙동강을 사이에 두고 창녕과 마주보는 가까운 곳에 위치하고 있기 때문에 이 지역에 창녕식 토기가 대량으로 발견될 가능성은 대단히 높다. 그러나 김해의 가달 고분군은 창녕지역에서 멀리 떨어진 곳에 위치하고 있기 때문에 가달고분군에서 창녕식 토기가 집중적으로 발견되는 현상에 대해서는 쉽게 예상하기 어려운 어떤 배경이 있을 것으로 추측되지만 보고서가 간행되기 전까지는 단정하기 어렵다.[31]

6. 옥전고분군

황강 하류역인 옥전지역에 존재했던 가야 정치체는 多羅國이며, 그 중심 고분군은 玉田古墳群이다.

옥전고분군에서는 4세기 전반부터 6세기 중엽까지 해당되는 111基의 무덤이 조사되었는데 다양한 형태의 유구와 유물이 확인됨으로써 國名만 전해지고 있는 다라국의 역사와 문화를 복원하는 데 결정적인 기여를 하고 있다.

이 고분군에서 발견된 유구와 유물, 그리고 이러한 자료에 근거한 다라국의 역사복원은 주로 필자에 의해서 이루어졌는데 그 결과는 아래와 같다.[32]

옥전고분군에서 무덤이 축조되기 시작한 것은 4세기 전반부터이며

31) 李熙濬은 이러한 현상에 대하여 新羅에 의한 昌寧集團 일부의 강제적인 徙民때문일 것으로 추정하고 있다.(李熙濬, 「4~5세기 新羅의 考古學的 硏究」, 서울대大學院 博士學位論文, 1998)

32) 趙榮濟, 「玉田古墳 出土 鐵鏃에 대한 小考」, 『伽倻文化』 5, 1992 ; 趙榮濟, 「外來系 文物을 통해 본 5C代 玉田古墳群의 性格」, 『馬韓・百濟文化』 13, 1993 ; 趙榮濟, 「陜川 玉田古墳群の墓制について」, 『朝鮮學報』 150, 1993 ; 趙榮濟, 「多羅國의 經濟的 基盤」, 『伽倻諸國의 鐵』, 1995 ; 趙榮濟, 「玉田古墳의 編年研究」, 『嶺南考古學』 18, 1996 ; 趙榮濟, 「玉田古墳群의 階層分化에 대한 硏究」, 『嶺南考古學』 20, 1997 ; 趙榮濟, 「多羅國의 成立에 대한 硏究」, 『가야 각국사의 재구성』, 2000 ; 趙榮濟, 「玉田古墳群을 통해 본 多羅國의 成立과 發展」, 『韓國 古代史와 考古學』, 2000.

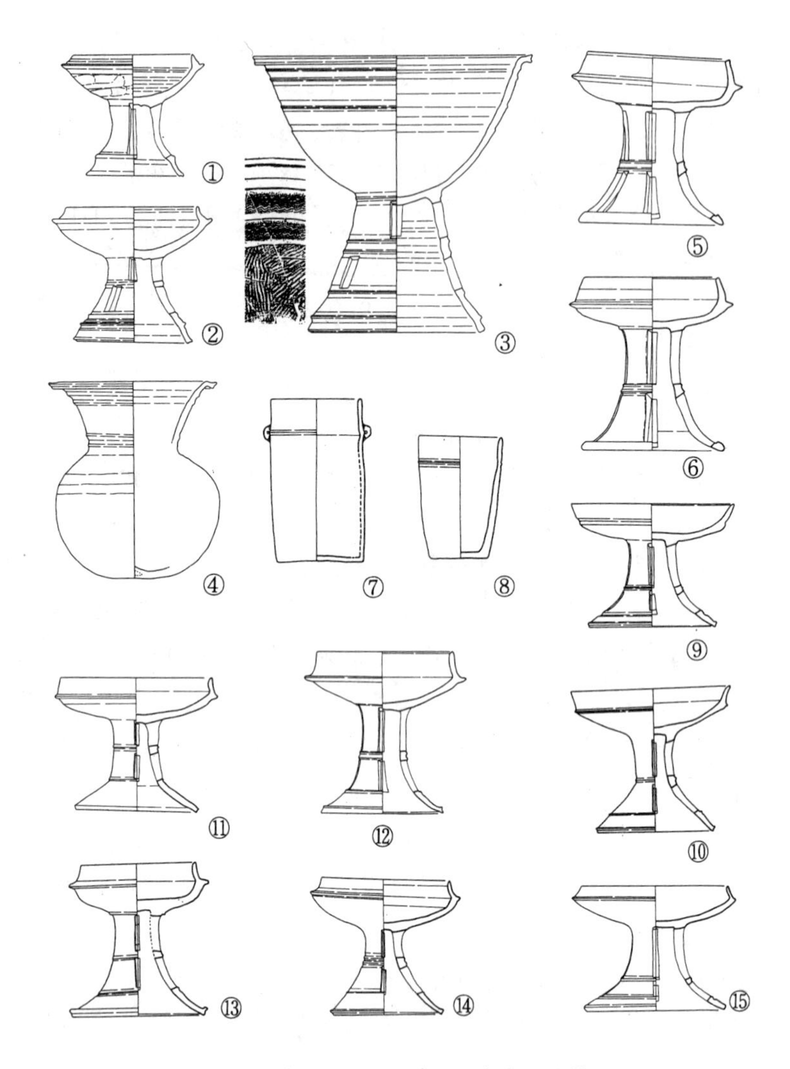

도면 9. 固城地域과 玉田古墳群 土器

①~③ 蓮塘里 18號 主構, ④ 蓮塘里 18-1號, ⑤·⑥ 玉田 23號, ⑦ 玉田 51號, ⑧ 玉田 40號, ⑨·⑩ 玉田 32號, ⑪ 玉田 28號, ⑫ 玉田 31號, ⑬ 玉田 47號, ⑭ 玉田 M1號, ⑮ 玉田 M2號

이때의 무덤형태는 소형의 細長한 木槨墓이다. 그리고 이 시기에 해당되는 유구에서 출토되는 유물은 古式陶質土器를 중심으로 화살촉을 주로 하는 몇 점의 철기만이 발견되고 있다. 따라서 4세기대의 옥전지역에는 階層分化도 거의 이루어지지 않은 일반인들이 거주하고 있었으며, 강력한 지배자를 중심으로 한 어떤 정치체의 존재를 보여주는 자료는 발견되지 않았다.

그러나 5세기 전반대(2/4분기)가 되면 양상은 일변한다. 즉 이전까지의 세장한 목곽묘와는 달리 엄청나게 규모가 큰 장방형의 목곽묘가 축조될 뿐만 아니라 이러한 유구에서 출토되는 유물 또한 冠帽를 비롯한 裝身具와 馬具, 甲冑 등 가야고분에서 출토되는 최고 수준의 금속유물들이다. 토기 또한 이전의 古式陶質土器의 전통에서 벗어난 전혀 새로운 형태의 것들이 폭발적으로 등장하고 있으며, 유구와 유물에 기초한 계층분화도 4계층으로 나타나고 있다. 따라서 이 시기는 다라국의 성립기였을 것으로 추정된다.

그런데 유구와 유물에서 나타나는 이러한 변화는 앞 시기부터 서서히 진행된 결과가 아니라 돌발적으로 일어나고 있을 뿐만 아니라 이러한 변화가 고령과 함안 등지에서도 거의 동시에 이루어지고 있기 때문에 이 변화의 배경에는 전 영남일대에 걸쳐서 이루어진 역사적인 사건, 즉 A.D 400년 고구려군의 남정과 김해세력의 몰락이라는 커다란 역사적인 사건의 충격 때문이었을 것으로 추정되며, 이 점은 이 지역 최초의 王墓인 옥전 23호분에서 발견된 토기와 마구 등의 원류가 김해지역에 있는 것이 확인됨으로써 충분히 보증되고 있다.

이렇게 성립된 다라국은 5세기 3/4분기가 되면 거대한 封土墳이 축조되고 갑주나 마구의 복수부장이 이루어지는 등 한층 발전된 모습을 보여주는데, 이 시기의 주목되는 현상은 Roman-glass와 扁圓魚尾形杏葉, 창녕식 토기 등 신라계 문물이 대량으로 유입되고 있는 것이다. 그러나 이것이 신라의 영향력이 다라국에 미쳤던 것을 의미하는 것은 아니며, 오히려 다라국이 발전하면서 가까이 있는 창녕지역을 매개로 신라의 선진문물을 적극적으로 흡수한 결과물일 것으로 생각된다.

그러나 5세기 4/4분기가 되면 양상은 일변한다. 비록 무덤은 더욱 커지고 금속유물은 더욱 화려하게 변했지만, 토기는 고령계 일색으로 전환되는 것이 그것인데, 이것은 다라국과 대가야가 일정한 정치적인 관계를 맺고 있었음을 의미하는 것으로 추정된다. 그러나 이것이 대가야에 의한 다라국의 복속이라든지 또는 다라국이 대가야연맹체의 일원으로 편입되었음을 의미하는 것은 아니다. 오히려 다라국의 전통적인 묘제를 고수하고 있을 뿐만 아니라 유구의 규모가 더욱 커지고 있는 것에서 알 수 있듯이 다라국은 독자성을 유지한 채 더욱 발전하고 있었으며, 이 발전된 힘을 바탕으로 후기 가야의 패자로 성장하고 있는 대가야와 연합체를 형성했던 것은 아닐까 추측되며 다라국과 대가야의 이러한 관계는 6세기 1/4분기까지 지속되고 있다.

그러다가 6세기 2/4분기가 되면 대가야 일색의 토기문화에서 벗어나서 出字形 金銅冠이나 橫口式石室墓가 새롭게 채용되는 것에서 알 수 있듯이 이 지역에 신라의 영향력이 점차 증대되고 있는데, 이 점은 다라국뿐만 아니라 서부경남의 대부분의 가야 정치체에 거의 동시에 이루어지고 있는 것이 최근에 조사된 의령이나 고성지역의 제 고분군에서 잘 나타나고 있다.

6세기 3/4분기가 되면 옥전고분군에는 신라계를 대신하여 백제계의 유물이 유입될 뿐만 아니라 유구에 있어서도 백제계의 橫穴式石室墓가 채용되고 있기 때문에 다라국은 백제와 긴밀한 관계를 형성했음이 분명하며, 그 계기는 541, 544년 백제의 주도하에 이루어진 任那復興(建)會議에 있었을 것으로 추정된다.

그러나 이 모든 노력은 실패로 돌아가고 신라에 의해서 대가야를 비롯한 전 서부경남의 가야소국들이 562년 멸망당함으로써 다라국도 멸망당했으며, 이러한 상황은 M11호분을 끝으로 더 이상의 고분축조가 이루어지지 않고 있는 것에서 잘 나타나고 있다.

그러면 이러한 역사과정을 보여주는 다라국에 있어서 이 지역만의 독자적인 토기문화는 무엇일까?

옥전고분군에서 출토된 토기는 다양한 형태를 가지고 있지만 대부분은 범 가야식이라고 할 수 있는 그다지 지역색이 나타나지 않는 것들이다. 다만 有蓋高杯에 있어서 杯部가 얕고 臺脚에 극단적으로 폭이 좁은 細長方形 透窓이 상하일렬로 뚫린 고배는 크게 보면 가야양식에 속하지만 다른 지역에서는 발견된 예가 없는 것들이기 때문에 이 고배를 옥전식으로 파악할 수 있을 것이다.

이와 같은 고배를 옥전식이라고 한다면 이 고배의 성립시기는 옥전 47호분과 28, 31, M1, M2호분의 예(도면 9-⑪~⑮)에서 볼 때 5세기 2/4~3/4분기의 사이에 해당되며, 이 고배의 祖形은 앞 시기의 옥전 32, 23호분에서 찾을 수 있다. 즉 옥전 23호분에서 출토한 다양한 고배 중 도면 9-⑤, ⑥의 고배는 杯部가 대단히 얕은 것으로서 일반적인 가야양식 고배와는 차이가 있으며, 32호분 출토 無蓋式 高杯(도면 9-⑨, ⑩)는 臺脚에 뚫린 透窓이 극단적으로 폭이 좁은 細長方形인 것으로서 옥전식 고배의 선구형태를 보여주고 있다. 그리고 이들과 거의 동시기이지만 약간 늦다고 생각되는 47호분 출토품에서는 양자가 결합된 형태(도면 9-⑬)의 高杯가 초현하여 다른 형태의 고배와 공존하고 있다.

따라서 옥전식 고배는 47호분 단계에서 성립하고, 28, 31호분 단계에서 이 지역만의 특징적인 토기로 자리잡았던 것으로 추정된다. 그러나 5세기 4/4분기인 M3호분부터는 고령식 토기문화가 대거 유입됨으로써 주도적인 위치를 상실하고 있다.

한편 이와 같은 옥전식 고배는 주변지역의 조사부족으로 어느 지역까지 확산되고 있는지에 대해서는 전혀 알 수 없다. 그러나 옥전과는 멀리 떨어진 김해 예안리 36호분에서 동형의 고배가 3점 발견되고 있어서 주목된다. 즉 예안리 36호분에서 출토된 고배는 옥전식 고배에 비해 透窓의 하방이 상방보다 길다는 차이점은 있지만 전체적으로 본다면 이 고배들은 옥전식임이 분명하다. 그리고 이 고배가 김해지역에서 발견된 이유에 대해서는 보고자들의 주장33)처럼 이 시기 김해지역과 창녕, 옥전지역과의 활발한 교류의 소산물이었을 가능성이 높을 것이다.

7. 기타지역

서부경남 일대에서 高塚古墳이 밀집해서 분포하고 있는 지역은 앞에서 살펴 본 지역 이외에도 여러 곳이 있다. 예를 들면 陝川 三嘉, 磻溪堤古墳群, 宜寧 中里와 雲谷里古墳群 일대, 山淸 中村里, 生草古墳群, 咸陽 白川里古墳群, 居昌 東部洞, 武陵里古墳群 등이 그것이다. 그러나 이러한 고분군은 대부분 미조사의 것이거나 조사되었더라도 아직 보고서가 발간되지 않고 있기 때문에 그 구체적인 내용을 알 수 없다.

다만 보고서가 발간되어 내용을 알 수 있는 것 중 함양 백천리와 합천 반계제고분군은 유물뿐만 아니라 유구마저도 대가야식이기 때문에 이들 지역은 이 고분군들이 축조되는 시기에 이미 대가야의 영역으로 편입되었다고 생각되기 때문에 지역색을 가진 토기문화는 찾아지지 않으며, 생초고분군과 무릉리고분군도 필자의 지표조사에서 확인한 자료에 의하면 백천리고분군과 양상이 같을 것으로 추정된다.

한편 삼가고분군은 일찍이 조사되어 그 내용이 공개되었지만 전체 고분군에 비하면 지극히 부분적으로 조사되었을 뿐만 아니라 시기적으로도 신라화가 상당히 진행된 늦은 시기의 것들이기 때문에 삼가고분군의 실체를 밝히기에는 적당하지 않다. 그러나 필자가 수 차례 지표조사를 실시한 바로는 이 고분군이 엄청난 규모에 달하고 있을 뿐만 아니라 시기적으로도 古式陶質土器 단계의 토기들도 채집되고 있기 때문에 이 고분군을 중심으로 강력한 정치체가 있었을 가능성이 높으며, 따라서 독특한 토기문화가 있었을 것으로 예상되지만 현재로서는

33) 安在晧, 「考察」, 『金海 禮安里古墳群 Ⅱ』, 1993.

그것이 무엇인지는 알 수 없다.

그리고 삼가고분군 못지 않게 규모도 클 뿐만 아니라 시기적으로도 4세기대부터 6세기대까지 지속적으로 고분이 축조되었던 유적은 산청 중촌리고분군인데, 이 고분군에 대한 부분적인 조사가 1982년 부산여대 박물관에 의해 이루어졌고, 아직 보고서가 발간되지 않아서 전모는 알 수 없지만 최근에 공개된 圖錄에 의하면 고분군의 규모에 걸맞게 金銅裝 馬具나 單鳳環頭大刀와 같은 가야 정치체의 존재를 알려주는 자료가 포함되어 있기 때문에 이 지역에도 강력한 가야소국이 있었음이 분명하다. 그리고 일부 알려진 자료와 서부경남 일대의 토기의 양상을 고려할 때 함안지역의 항목에서 살펴 본 바처럼 三角透窓 高杯가 이 지역을 대표하는 특징적인 토기임을 알 수 있으며, 水平口緣의 壺와 器臺는 소가야와 공유하는 토기임이 밝혀졌고, 이것이 어쩌면 소가야를 중심으로 형성된 연맹체, 이를테면 小加耶聯盟體를 형성했던 흔적이 아닌가 하는 필자의 생각을 이미 발표한 바 있다.[34]

끝으로 의령지역의 고분문화에 대해서 살펴보면, 가장 큰 고분군은 中洞里, 西洞里, 碧華山城古墳群을 주위에 두고 중심에 위치하고 있는 中里古墳群이며, 雲谷里古墳群도 규모면에서 볼 때 주목되는 고분군이다. 그러나 중리고분군은 아직 조사가 이루어지지 않았으며, 운곡리고분군은 극히 부분적으로 조사되었지만 발견된 横穴式石室墓의 형태가 이른바 切端舟形(胴張形)의 현실 평면에 돌선반(石棚)이 奥壁에 붙은 것으로서 국내에서는 유래가 없고 오히려 日本 九州地域의 고분군과 연결되는 요소를 가지고 있어서 주목되지만, 그러나 이것을 근거로 어떤 정치체를 상정하기는 어려우며, 더욱이 지금까지의 의령지역의 조사에서는 이 지역만의 특색을 가진 토기가 발견된 바 없기 때문에 의령지역의 토기의 지역색과 가야 정치체에 대한 논의는 보다 많은 시간이 있어야 할 것으로 생각된다.

34) 趙榮濟, 주12)의 論文 參照.

Ⅳ. 加耶土器의 地域色

신라를 대표하는 高杯가 長方形 交互透窓 高杯라면 가야를 대표하는 高杯는 長方形 一列透窓 高杯라는 사실은 이제 상식이 되었다.

그런데 이 가야의 高杯라는 長方形 一列透窓 高杯는 臺脚의 형태와 透窓의 길이와 폭, 透窓의 하방에 돌려진 突帶의 형태, 杯部의 깊이와 뚜껑받이 턱의 돌출도의 차이에 의해 지역적인 차이뿐만 아니라 시간적인 차이도 나타나고 있다.

뿐만 아니라 가야의 각 지역에서는 이 長方形 一列透窓 高杯 이외에도 無透窓의 外切口緣 高杯를 비롯하여 一段 長方形透窓, 三角透窓, 火焰形透窓 등 다양한 透窓을 가진 高杯들이 발견되고 있으며, 이러한 고배 역시 형식변화를 일으키면서 일정한 지역에 분포하고 있음은 이미 전장에서 살펴보았다.

이하에서는 이러한 다양한 고배들이 어떤 지역에서 주로 발견되고 있는가를 정리함으로써 토기의 지역색을 일목요연하게 파악하고자 한다.

- 김해지역- 外切口緣高杯(원칙적으로는 無透窓이지만 透窓이 뚫린 것도 극소수 보인다.)
- 함안지역- 長方形 上下一列透窓, 三角形, 火焰形透窓 高杯, 把手附高杯, 깔때기형 臺脚.
- 고령지역- 長方形 上下一列透窓 高杯.
- 고성지역- 一段 長方形透窓, 交互透窓 高杯.
- 창녕지역- 黝黑色의 長方形 上下一列透窓, 一段 長方形透窓 高杯.
- 옥전고분군- 細長方形透窓 高杯.
- 중촌리고분군- 三角透窓 高杯.

한편 高杯 이외의 器種으로서 지역색이 나타나는 것으로는 아래와 같은 것을 들 수 있다.

- 김해지역- 把手附 爐形土器(器臺).
- 고령지역- 有蓋式 長頸壺, 平底 短頸壺, 鉢形器臺, 圓筒形器臺, 小形器臺, 臺附把手附 小壺, 兩耳附 小壺, 대형의 軟質蓋.
- 함안지역- 文樣蓋(도면 3-⑦, ⑧).
- 고성지역- 廣口壺, 水平口緣의 壺와 器臺.
- 창녕지역- 창녕형 꼭지.
- 옥전고분군- 無把手이거나 兩耳附 컵형토기(도면 9-⑦, ⑧).
- 중촌리고분군- 水平口緣의 壺와 器臺.

이상에서 알 수 있듯이 가야의 토기는 각 지역마다 특징적인 것들이 만들어져서 사용되었다.

그런데, 몇몇 器種은 2지역에서 공통적으로 나타나고 있다. 예를 들면 三角透窓 高杯가 함안과 중촌리고분군에서 모두 발견되고 있는 것과 水平口緣의 長頸壺와 鉢形器臺가 고성과 중촌리고분에 골고루 분포하고 있는 것이 그것이다.

그러나 이미 앞에서 살펴보았듯이 三角透窓 高杯는 함안과 중촌리고분군에서 모두 발견되었다 하더라도 이것은 시기적으로 차이가 있기 때문에 분리되어야 하며, 더욱이 함안지역의 三角透窓 高杯는 長方形 一列透窓 高杯나 火焰形透窓 高杯와는 달리 이 지역에서 주도적인 자리를 확보하지 못하고 소멸되는 器種이기 때문에 비록 5세기 전반대라는 한정된 시기에 함안지역에서 대량으로 발견되더라도 이 고배를 함안식 고배로 파악하기는 어렵다. 반면에 다소 늦게 나타나기 시작한 중촌리고분군에서의 三角透窓 高杯는 이 이후 형식변화를 일으키면서 서부경남 일대에 광범위하게 분포하고 있기 때문에 이 일대의 중심 고분군인 중촌리고분군 지역의 특징적인 토기로 파악할 수밖에 없다.

그리고 水平口緣의 長頸壺와 鉢形器臺는 어느 특정한 지역에 중심을 둔 토기가 아니라 서부경남 일대에서 광범위하게 발견되는 자료이기 때문에 해석에 다소 어려움이 있지만, 그 중에서도 서부경남을 대표하는 중심 고분군인 고성지역의 제 고분군과 중촌리고분군에서 확연하게 구별되는 고배들과 함께 이 자료들이 발견되고 있는 것에서 양 지역에 존재했던 정치체의 관계, 이를테면 小加耶聯盟體와 같은 상황을 반영해 주는 자료들로 추측할 수 있을 것이다.

한편, 가야지역, 나아가서 영남 일대에서 광범위하게 발견되는 토기로서 이른바 筒形高杯와 無把手 爐形土器가 주목된다.

이러한 토기들은 지금까지 이른 시기의 함안식 토기라고 인식되어 왔으나, 아직 함안지역에서 이 토기들을 대표할 만한 중심적인 고분군이 확인되고 있지 않을 뿐만 아니라 이 토기들이 경남지역뿐만 아니라 가야지역이 아닌 경주지역에서도 광범위하게 발견되고 있기 때문에 함안지역은 물론 가야의 어떤 특정한 지역을 대표하는 특징적인 토기문화로 인식하기는 어려운 실정이다. 그렇기 때문에 최근의 많은 연구자들이 이러한 토기들을 지역색이 나타나는 토기가 아니라 모든 지역이 공통적으로 가졌던 토기, 즉 공통양식의 토기라고 인식하고 이 토기들이 성행되었던 시기를 古式陶質土器 단계로 파악하고 있는 것은 다 아는 바다.

그러나 이 시기의 김해·부산지역만은 앞에서도 살펴보았듯이 外切口緣高杯와 把手附 爐形土器(器臺)로 대표되는 아주 특징적인 토기문화가 존재하고 있었기 때문에 이 지역만의 토기의 지역색은 인정되어야 하며, 이것은 궁극적으로 가야의 어떤 지역보다도 먼저 김해·부산지역을 중심으로 가야의 정치체가 형성되고 활발한 활동을 전개한 것을 보여주는 물적인 증거라고 생각된다.

V. 結言

加耶는 역사기록에 의하면 20여 개의 소국[35]들로 나뉘어져 있었기 때문에 이 소국들을 중심으로 특징적인 토기문화, 이른바 지역색을 가진 토기문화가 소국의 수만큼 존재할 가능성이 있다.

그러나 정치체의 성립과 발전, 멸망의 과정은 토기문화뿐만 아니라 유구와 금속유물 등을 모두 검토해야만 어느 정도 파악할 수 있는 복합적인 문제이기 때문에 토기의 지역색이 성립되고 이 특징적인 토기문화가 외부로 확산된 것을 곧 바로 그 지역의 정치체의 성립과 발전이라는 역사과정과 결부시키기도 어려울 뿐만 아니라 일치되지도 않는다.

더욱이 토기는 다종다양한 것들이 만들어지고 그 속에 시간성과 지역성을 대단히 민감하게 반영하고 있는 高杯와 같은 것이 있는가 하면 수량은 많지만 거의 특색이 나타나지 않는 短頸壺와 軟質甕 같은 것도 있기 때문에 지역색을 가진 토기의 추출은 상당히 어려운 문제이다.

그럼에도 불구하고 지금까지 조사된 자료와 이러한 자료에 대하여 유적이나 지역별로 검토한 先學들의 연구에 의해 고배를 중심으로 살펴봤을 때 앞에서와 같이 여러 지역의 특징적인 토기문화를 찾을 수 있었다.

그 결과 가야지역에서 지역색이 가장 먼저 나타나는 곳은 김해・부

---

35) 『三國遺事』의 六加耶와 『三國史記』의 浦上八國, 『日本書紀』의 加羅七國(神功紀 49年)과 任那十國(欽明紀 23年)에 나타나고 있는 加耶小國은 중복되는 국명을 고려하면 20국으로 나타나고 있으며, 이 속에는 문헌학자들의 비정에 의하여 加耶小國에서 제외되는 것도 있다.
이러한 加耶小國을 정리하면 아래와 같다.
南加羅國(駕洛國, 金官加耶), 加羅國(大加耶國), 安羅國(阿羅加耶), 古自國(古史浦國, 古嵯國, 小加耶), 星山加耶, 古寧加耶, 骨浦國, 柒浦國, 史勿國, 保羅國, 比自炑國(比斯伐國), 喙國, 多羅國, 卓淳國, 斯二岐國, 卒麻國, 子他國, 散半下國, 乞湌國, 稔禮國.

산지역이며, 이 지역의 특징적인 토기는 外切口緣高杯와 把手附 爐形土器(器臺)임을 알 수 있었다. 그리고 이처럼 김해·부산지역에서 토기의 지역색이 먼저 등장했다는 것은 가락국이 가야소국 중 가장 일찍 등장하여 활발한 활동을 전개했다는 역사기록과 잘 부합되고 있다.

반면에 김해·부산지역과는 달리 함안과 고령 등 나머지 가야지역에 있어서 토기의 지역색은 한 단계 늦은 5세기대 이후에 들어서야 나타나고 있으며, 그 분포범위도 극히 한정적이다.

그러나 고령의 특징적인 토기문화, 즉 加羅國式의 토기는 서부경남 일대에 광범위한 분포범위를 보이며 심지어 호남 동부지역에까지 확산되고 있다. 이와 같은 가라국식 토기의 광역 분포범위에 근거하여 많은 문헌사학자들과 고고학자들은 대가야연맹체를 상정하거나 대가야를 고대국가 단계까지 도달한 정치체로 파악하기도 한다.

그러나 한 지역에서 다른 지역에로의 문물의 전파는 다양한 형태로 나타나고 있으며, 이러한 다양한 형태는 한 지역과 다른 지역이 서로 다채로운 관계를 맺고 있는 상태를 반영하고 있다. 예를 들면 가라국식의 묘제와 유물이 모두 확산되어 있는 지역과 유구는 在地系이지만 유물은 전부 가라국식으로 바뀐 지역, 그리고 이동이 손쉬운 몇 점의 가라국식 토기만이 유입되어 있는 경우가 그것이며, 이러한 차이는 가라국식 문물이 확산되어 있는 지역과 고령지역과의 상호관계를 서로 다르게 반영하고 있음이 분명하다.

한편 한 지역의 토기문화를 2개 이상의 지역이 공유하는 경우도 나타나고 있는데, 이를테면 함안과 중촌리고분군에 나타나는 三角透窓高杯와 고성과 중촌리고분군 일대에 보이는 水平口緣의 長頸壺와 鉢形器臺가 그것이다.

이 중 三角透窓 高杯는 양 지역에서 성행된 시기가 다르기 때문에 이 高杯는 먼저 함안지역에서 일정한 기간 동안 성행하다가 그 중심지가 중촌리고분군 일대로 옮겨졌음을 보여주는 데 비해, 水平口緣의 長頸壺와 鉢形器臺는 양 지역에서 동시기에 성행되고 있기 때문에 이 토기의 공유가 의미하는 것은 양 지역이 net-work의 형성이나 小加耶聯盟體와 같은 직접적이고도 긴밀한 관계를 형성했던 자료로 해석된다.

끝으로 가야토기의 지역색에 근거해서 가야의 정치체를 밝히기에는 몇몇 중심적인 고분군이 아직 조사되지 않았거나 조사가 이루어졌더라도 보고서가 미처 발간되지 않아서 충분치 못한 부분이 많다.

서부경남 지역에서 옥전고분군이 철저한 조사와 놀랄 만한 부장유물 때문에 각광을 받고 있지만 이 옥전고분군보다 규모가 훨씬 더 큰 삼가고분군과 중촌리고분군에 대해서는 지금까지 알려진 사실만 가지고 추론하기는 어렵다. 언젠가 이 양 고분군이 충분히 조사되어서 그 실체가 알려지면 본고와 같은 주제를 가진 글은 많은 부분 수정되어야 할 것으로 생각된다.

弁韓·加耶의 對外交涉
-樂浪郡과의 교섭관계를 중심으로-

鄭 仁 盛*

Ⅰ. 對樂浪郡 교섭관계 연구의 동향

古代國家나 複合社會 형성과정을 연구함에 있어 서구의 학자들은 오래전부터 대외교섭이나 원거리 교역의 형태와 그 변화를 주요 분석 대상의 하나로 삼아왔다(西村, 1996).

한국에서 三韓社會 成長과정의 動因을 밝히는 네 대외 교섭관계가 주요한 연구과제로 대두된 것은 1980년대부터이다. 이는 대외교섭 문제가 한반도의 고대국가 형성과정에 대한 논의에서도 그 중요성이 부각된 점과 함께(尹龍九, 1999 : 1~4), 고고학적 조사·연구의 進展에 힘입어 삼한지역으로 이입된 외래계 유물에 대한 인식수준이 높아졌기 때문이다.

특히 변한사회의 성장과 관련해 대외교섭 차원의 연구가 많은데, 이는 변한의 철생산과 대외교역에 관련된 문헌기록이 일찍부터 주목되

* 東京大學 文學部 考古學硏究室 객원 외국인 연구원

어 왔던 것이 1980년대 이후 변한·가야관련 유적의 발굴조사를 통해 입증되면서 그 관심이 고조되었기 때문이다.

변·진한사회의 형성과 그 성장과정을 검토한 연구자들은 특히 樂浪郡과의 교섭을 강조하며 나가서는 이 시기에 나타나는 물질문화 변화의 주요 動因을 낙랑군과의 교섭관계에서 찾으려는 경향이 있다. 와질토기를 둘러싼 논쟁을 비롯하여 철기, 각종 청동기, 장신구 등에서 관찰되는 변화의 배경에는 낙랑군과의 교섭, 혹은 주민이주를 통한 낙랑문화의 영향이 있다고 보는 것이다. 이러한 연구경향은 개별사항에 대한 구체적인 검증작업이 결여된 채 어느새인가 일반론으로 정착되어 버리는 경우가 많았다.

近年 들어서는 전라도 지방에서 양이부호의 등장을 낙랑토기의 영향으로 보거나(金鍾萬, 1999 ; 林永珍, 2000), 가야토기의 기원을 낙랑 청동기 및 토기에 있다고 한다든지(朴廣春, 2000), 경기 전라도 지역을 중심으로 출토되는 帶頸壺를 요동지방 및 낙랑의 대경호와 관련된다고 하는(박순발, 2001) 등의 논의로 확대되고 있는 듯하다.

1. 樂浪郡과의 교섭과 관련된 선행연구

삼한사회의 성장과정을 낙랑군과의 교역관계[1]를 통해 설명하고자

1) 弁韓을 포함한 삼한사회와 낙랑군과의 교섭관계 연구는 교역 차원에서 다루어지는 경우가 많다. 이는 낙랑군과 삼한사회 사이에 이루어진 교섭관계를 조공형식을 빌린 교역형태로 이해하는 경우가 많기 때문이다(李鍾旭, 1994 ; 李賢惠, 1994a·1994b) 그러나 三韓地域으로 이입된 외래계 유물을 전부 교역이라는 차원에서 이해할 수는 없다. 이는 주민의 이동이나 전쟁 등 교역 이외의 다양한 요인으로도 설명되어질 수 있기 때문이다. 대외교섭 문제와 관련하여 고고학계에서 교역, 상호작용, 교통, 교류, 교환, 무역 등의 용어들이 정리되지 않은 채 애매하게 사용되는 이유는, 삼한지역 內로의 외래계 유물의 이입배경을 일관성있게 설명하기 힘든 데에도 이유가 있다. 이와 관련하여 적절한 개념정리가 필요할 것이나, 일단 본고도 변한을 포함한 삼한사회와 낙랑군과의 대외 교섭은 교역관계가 중심이었을 것으로 이해하고 있음을 밝혀 둔다.

한 대표적인 연구자로 이현혜를 들 수 있다. 氏는 삼한 소국의 성장 배경을 철기 생산과 보급에 따른 생산력의 향상과 樂浪과의 交易관계를 통해서 설명하고자 하였다(李賢惠, 1984). 氏는 韓사회에서의 철기보급 그 자체가 樂浪과의 교섭관계를 통해서 성립되었다고 보면서, 이것이 권역내 소국들 간의 대내교역을 활성화시켜 각 지역세력의 생산력이 급속히 향상된다고 하였다. 또한 이것이 各 小國 지배권력 성장의 중요한 배경이 되었다고 설명하였다. 교역의 주체와 그 단위에 대해서는 변·진한사회가 3세기 이전까지는 소국단위로 분리되어 대외교역권을 장악한 특정 집단의 돌출이 확인되지 않는다고 보았다. 氏는 이후 논의를 더욱 구체화시켜 樂浪郡과의 무역형태는 朝貢貿易 중심이고, 부분적으로 私貿易이 병존한다는 의견을 제시하였다(李賢惠, 1994a·1994b). 또한 대외 교역망은 김해를 중심으로 하는 낙동강 하구를 변·진한사회 대외교역의 거점으로 생각하는 입장을 고수한다(李賢惠, 1994a, 2000). 이현혜의 연구는 낙랑군과의 교섭과 관련된 문헌기록을 기본으로 하면서도, 관련 고고자료도 적극적으로 활용하는 등 對낙랑 교섭관계 연구의 기본틀을 제시했다고 평가할 수 있다.

이 후 낙랑군과의 대외 교섭관계를 보다 구체화시킨 연구자로 윤용구를 들 수 있다. 그는 낙랑군과 삼한의 대외교역 형태를 관련 문헌의 해석을 통해 밝히고자 하였다. 그 내용을 살피면, 낙랑군으로 이입된 中原의 고급 물품은 대개 낙랑군에서 소비되었으며, 이를 제외한 일부 한정된 상품만이 삼한사회로 이입된 것으로 보았다. 고급 한식문물의 삼한지역 출토 예가 드문 이유는 이의 구득 기회인 조공이 간헐적으로 이루어진 점, 또는 사치품이 삼한의 문화와 생활에 맞지 않아 수요가 적었던 점, 마지막으로 禁輸 대상이 되는 물품이 많았기 때문으로 설명한다. 반면 삼한사회에서 낙랑으로 이입된 물건은 낙랑산으로 바뀌어 중국으로 수출되는 경우가 있었다고 하였는데, 이는 위만조선과 주변민족과의 교섭형태를 답습한 결과라고 판단하고 있다(尹龍九, 1995).

한편 高久健二는 낙랑군을 통해서 삼한사회로 이입된 자료를 漢式

과 非漢式으로 구분하여 변·진한사회와 낙랑군과의 교섭형태에 접근하고 있다. 氏는 낙랑군과 삼한사회 간의 교역형태는 이중적이라 결론짓고 있다(高久, 1995·1997). 즉 낙랑사회와 삼한사회의 교역형태는 상위계층 간에 이루어지는 일종의 朝貢무역과, 하위계층 간에 이루어지는 私貿易이 병존한다고 보았다. 상위계층 간의 교섭은 체계적이지 않은데, 이는 변·진한사회에 이입되나 수용되지 않는 漢式 유물로 설명된다고 하였다. 반면 非漢式 유물은 대부분 변·진한사회의 문화요소의 일부로 수용되어 변용되어 가는데 이는 하위계층 간의 교섭이 보다 체계적으로 이루어진 결과로 설명한다. 윤용구의 해석과는 상반되는 그의 주장은 고고자료의 분석을 바탕으로 낙랑군과의 교섭형태를 구체적으로 복원하고 있어 一見 매력적이나, 명백하게 계급사회였을 郡縣이 처음부터 하위계층의 독자적인 對東夷 교섭을 허용했을 것인지는 의문이다.[2)]

최근 이재현은 漢鏡이라는 개별 교역품의 분석을 중심으로 변·진한사회와 낙랑군 간의 대외 교역관계를 재구성하고자 하였다. 우선 변·진한사회로 이입된 漢鏡을 검토하여 이를 크게 3期로 구분하고 각 시기별 교역형태의 변화를 검토하였다. 그는 낙랑군이 설치되기 전에는 마한지역과의 교섭이 중심이라 보며, 경북내륙에서 마한으로 통하는 루트와 서해와 남해안을 연결하는 2개의 교섭루트를 상정하고 있다. 또한 이 시기 마한지역에서 출토되는 중국식 동검과 銅鏟, 평장리의 蟠螭文鏡 등의 유물을 戰國時代의 楚와 연결시켜 중국 남부지방과의 교섭관계가 확립되어 있었다고 판단하고 있다(李在賢, 2001 : 65~66). 그가 구분한 第Ⅰ기의 교섭양상에서 주목되는 해석이 있다. 첫째 변·진한지역에서 확인되는 호형대구는 낙랑 출토품보다 중국 중원

2) 그의 논리대로라면 다종 다양한 漢式유물이 이입되었지만 현지사회에 체계적으로 수용 정착된 요소가 거의 없는 일본 야요이 사회는 시기에 관계없이 상위계층에 의한 조공무역만이 이루어졌다고 해석되어야 한다. 그러나 야요이시대 후기에 북부구주를 중심으로 漢式토기가 급증하는 현상은 결코 조공무역만으로는 설명할 수 없다.

(琉璃閣, 152호)에서 출토된 유물과 유사하다는 것을 이유로 낙랑상인보다는 중국상인의 활동을 암시한다고 해석한 점, 또한 변・진한지역의 오수전은 위세품이라기보다는 시장에서의 교환수단, 즉 화폐로서의 기능을 가진다고 보는 점 등이 그러하다. 第Ⅱ기는 변・진한지역의 대외교역 관계에서 김해의 역할이 강조되는 시기로 보았는데, 그 근거로 대부분의 후한경이 김해를 중심으로 출토된다는 점을 들고 있다. 第Ⅲ기는 삼국시대로 접어드는 시기로 새로이 선비족이나 고구려와 같은 북방민족과의 관련이 강조되는 시기라 하였다. 교역루트에 대해서는 남-서해안을 잇는 해상루트와 육로가 동시에 존재하였다고 보고 낙랑과의 위세품 교역(조공무역)은 육로를 통해서, 그리고 철을 매개로 하는 대규모의 교역은 海路를 통해서 이루어졌다고 판단하고 있다. 교역의 방식에 대해서는 중세의 교역형태를 참고로 조공, 사행무역, 사헌무역, 사상무역 등을 상정하여 기존 조공무역과 사무역으로 구분되던 對낙랑군 교역 형태를 보다 구체화시키고 있다. 그가 지적한 낙랑군과의 단계별 교역형태에 대한 해석과 그 변화와 관련된 견해에는 수긍되는 부분도 있으나, 세부적으로는 견해를 달리하는 부분도 있다. 구체적으로는 본문에서 살피기로 한다.

2. 본고의 목적

위에서 살핀 것처럼 弁韓을 포함한 三韓社會의 성장과정은 낙랑군과의 관계사 속에서 설명되지 않으면 이해하기 힘든 부분이 많다.

낙랑군과의 교섭관계를 검토한 이상의 선행연구에서 확인되는 가장 큰 흐름은 문헌자료의 해석이 중심이던 연구에서, 차츰 고고자료의 분석을 중시하는 연구로 전환되고 있다는 점이다. 이는 낙랑군과의 교섭관계를 설명하는 문헌자료의 제한성과 그 한계가 반영된 결과이다. 결국 변・진한지역에서 출토되는 중국, 혹은 낙랑군과 관련된 고고자료에 대한 이해수준의 향상이 전제되지 않으면 앞으로 낙랑군과의 교섭관계 연구의 획기적인 진전은 기대하기 어렵다고 할 수 있겠다. 그러나 여기에는 명확한 한계가 존재한다. 그것은 낙랑군의 물질문화에 대한 기초연구가 충분히 이루어지지 않았다는 것인데, 이는 현실적으로 한국의 연구자들이 낙랑과 관련된 기초자료에 대한 접근이 자유롭지 못하다는 것이 가장 큰 이유가 될 것이다.

필자는 근년 동경대학 고고학연구실 및 건축학연구실에 보관되어 있는 낙랑토성, 왕우묘, 석암리 고분 출토유물 등에 대한 정리 분석작업을 계속해 왔다. 본고는 이러한 작업을 통해 얻어진 낙랑유물에 대한 기초 지식과 위에서 언급한 선행연구에서 얻어진 성과를 참조하여, 낙랑군의 주변에서 확인되는 낙랑관련 유물의 성격을 살펴보고 변한을 중심으로 하는 삼한사회와 낙랑군과의 교섭 관계의 일면을 검토하는 것을 목적으로 한다.

Ⅱ. 韓·日출토 漢式土器의 제작지로 본 樂浪郡의 위치

1. 樂浪郡의 위치에 대한 논쟁의 흐름

먼저 변한 사회와 낙랑군과의 교섭관계를 논하기 전에 낙랑군의 위치를 고고학적으로 검증해 둘 필요가 있다. 이는 그 위치가 어디로 정해지느냐에 따라 낙랑군과 관련된 교섭관계 전반의 해석자체가 달라지기 때문이다.

현재 한국고고학계에서는 樂浪郡이 한반도의 서북지방에 존재하였다고 보는, 즉 '樂浪郡平壤說'이 일반적이기에 낙랑군의 위치를 새삼 거론하는 것 자체의 효용성에 의문을 가질지도 모르겠다. 그러나 지금까지 한국 고고학계에서는 낙랑군의 위치에 대한 그 어떤 검증 절차나 구체적인 논의가 이루어지지 않았다는 사실을 명심할 필요가 있다.

우선 낙랑군의 위치를 둘러싼 논쟁의 흐름을 간단히 살펴보자.

鳥居龍藏에 의해 낙랑군이 평양에 존재할 가능성이 제기된 후, 關野貞 등의 비판도 있었지만, 樂浪富貴, 樂浪禮官 등의 명문와당의 발견과 각종 封泥의 발견, 王…銘의 칠기 부속 銅器의 出土, 선교리에서의 銘文銅鍾의 발견, 낙랑토성 등의 발굴을 통해 얻어진 성과에 힘입어 '낙랑군평양설'은 일본 고대사, 고고학계의 정설로 받아들여졌다.

해방 후 '낙랑군평양설'은 남·북한에서 그대로 수용되는 것처럼 보였으나, 1970년 이후로 현재까지 북한 학계에서는 이와 전혀 다른 '낙랑군요녕설'을 주장하며, 일부 한국의 문헌사학자들도 이와는 접근방법이 相異하나 '낙랑군요녕설'을 인정하려고 하는 경향도 있다(谷, 1987). 북한 학계의 주장에 대해서는 그 根底에 학문 외적인 이유가 있다는 이유로 무시되는 경향도 있으나, 谷 豊信에 의해 정리된 바(谷, 1987 : 23~32)처럼 낙랑군의 위치를 기록한 문헌에는 낙랑군이 요녕지방에 존재한 것처럼 해석되는 부분이 상존하는 것이 사실이기 때문에 이러한 주장을 원천적으로 무시할 수는 없다. 향후 통일 한반도 고대사 연구의 동질성 회복을 위해서라도 반드시 검증하고 넘어가야 할 문제이다.

'樂浪郡平壤說'의 가장 결정적인 증거의 하나로 제시되어 온 樂浪郡 관련의 봉니나 명문와당들은 日帝强占期에 조사·보고되었기 때문에, 출토정황의 신뢰성에 의문을 제시하는 북한 학계의 주장에 결코 자유로울 수 없다. 김원룡은 평양의 東寺에서 539년에 제작된 고구려불상의 낙랑 관련 명문을 통해 낙랑군의 위치를 평양으로 비정하고 있으나(金元龍, 1986 : 119), 평양역구내 고분에서는 현도군과 관련된 명문塼도 확인되고 있어(국립중앙박물관, 2001 : 179) 이것만으로 '낙랑군평양설'을 주장하기에는 무리가 있다. 高久健二는 谷豊信의 연구성과를 바탕으로 '낙랑 재평양설'을 지지하고 있으나(高久, 1995), 谷豊信에 의한 정리도 遼東 및 遼西지방에서 낙랑군과 관련된 문자자료가 확인되지 않는다는 점을 근거로 제시하고 있기 때문에 '낙랑군평양설'을 고고학적으로 검증했다고는 볼 수 없다(谷, 1987).

이러한 상황에서 낙랑군의 위치를 고고학적으로 검증하기 위한 방법으로, 필자는 한반도 東·南部地方이나 日本列島에서 출토되는 漢

式토기의 제작지를 밝히는 것이 유효한 작업의 하나가 될 것으로 믿고 있다. 즉 낙랑군과 관련된 문헌기사만으로 낙랑군의 위치를 직접 확인하는 것은 무리이지만, 三韓, 濊의 諸 小國과 일본열도 諸 小國들의 對중국교섭 관계를 기록한 많은 문헌이 그 교섭창구로 樂浪郡(帶方郡)을 기록하고 있다는 데에 주목할 필요가 있다. 여기에 遼東지방의 漢式토기와 평양지방 漢式토기의 구분이 前提되고, 한반도 남부지방과 일본열도에서 출토되는 漢式土器가 어디에서 제작되어 원거리 교역활동의 과정에서 이입되었는지를 확인할 수 있다면 이 시기 東夷諸國의 交涉窓口로 이해되는 낙랑군의 위치에 대한 고고학적인 검증이 어느 정도 가능할 것으로 믿는다.

이는 逆으로 변한·가야지역이나 일본열도에서 출토되는 漢式土器는 물론, 실제 제작지 확인이 곤란한 각종 漢式유물을 무비판적으로 樂浪郡과의 교역에 의한 것으로 믿어 온 그간의 연구경향에 대한 검증작업의 역할을 할 것으로 믿는다.[3)]

2. 韓·日 출토 漢式土器의 제작지

韓半島의 중남부 지역과 일본열도에서 출토되는 漢式토기는 여러 器種이 있으나 그 대부분이 精選된 점토로 제작된 것이다. 燒成度는 변·진한지역의 와질토기에 가깝다. 또한 개체수는 많지 않으나 일부 滑石粒이 다수 혼입된 태토로 제작된 토기가 포함되나 석영립이 다수

---

3) 漢鏡이나 반량전, 오수전 같은 화폐, 漢式 車輿具 등은 실제로는 제작지를 확인하기가 어렵다. 최근 일본으로 이입된 漢鏡 및 三角緣神獸鏡의 낙랑군 주조설(西川, 2000)을 둘러싼 논쟁은 이러한 사실을 잘 말해 주고 있다. 때문에 이들 漢式文物을 아무 문제의식 없이 낙랑군과의 교역의 산물로 이해하는 태도는 곤란하다. 요동반도나 산동반도, 황하 이남 등 중국의 다른 지역을 통해 이입되었을 가능성도 배제할 수 없으며 실제로 중국상인의 활동을 언급하는 연구자도 적지 않다. 漢人 상인의 활동여부, 戰國 초나라와의 교섭 등의 논의를 위해서는 먼저 제작지 파악이 용이한 토기를 통해 이를 검증하는 작업이 선행되어야 할 것이다.

혼입되는 일명 '백색토기'는 아직까지 출토 예가 없다.

이를 대표적인 기종을 중심으로 기형 및 제작기법상의 특성을 同時期 평양지역의 토기 및 요동지역의 토기와 비교해 보기로 하겠다.

長(中)頸壺

현재까지 한국과 일본에서 출토된 漢式토기 장경호 중 대표적인 것을 정리한 것이 <도면 1>이다. <도면 1-5>는 동해 송정동 유적에서 출토된 유물인데 점토띠쌓기로 성형되었는데 내경접합이다. 성형단계에서 타날되었음이 頸部에서 확인되며, 성형타날이 끝난 다음 회전물손질을 통한 성・정형이 이루어졌음을 알 수 있다. 회전대에서 토기를 분리할 때는 정지 切絲法을 사용하였다. 저부의 외연과 저면에는 깎기가 이루어졌으며, 頸部에는 上下方向의 마연이 이루어졌다. 소성도는 와질이다. 이 토기는 평양의 낙랑토성이나 왕우묘 등에서 출토된 長(中)頸壺에서 관찰되는 기형상 또는 제작기법상의 諸 속성이 동일하기 때문에 평양지역에서 제작된 것임을 알 수 있다. <도면 1-6>은 강릉 교항리 출토이다. 소형이지만 기형 및 제작기법상의 특징은 송정리 출토유물과 흡사하다.

<도면 1-7・8>은 壹岐의 하루노츠지(原の辻) 유적에서 출토된 유물이다. 이 중 <도면 1-7>은 바닥에 낮은 굽이 부착된 유일한 예인데, 굽이 부착된 底面에서는 회전 헤라깎기 痕이 관찰되어 주목된다. 저부의 회전 헤라깎기는 동경대학 소장의 낙랑토성 출토토기 및 왕우묘, 석암리 고분출토토기에서는 전혀 확인되지 않는 기법이다. 반면 요양지방의 漢墓에서 출토된 토기[4]를 관찰하면 반건조 상태에서의 회전 헤라깎기를 이용한 정형이 일반적으로 이루어지는 사실이 확인된다. 또한 이 토기는 <도면 3-1・2>의 요동지방 출토 와질소성 단경호와

4) 현재 동경대학 고고학연구실에는 1941, 1942, 1944년도에 중국 요양 주변에서 조사된 석실, 전실묘에서 출토된 다수의 後漢・魏晉代의 토기가 보관되어 있다.

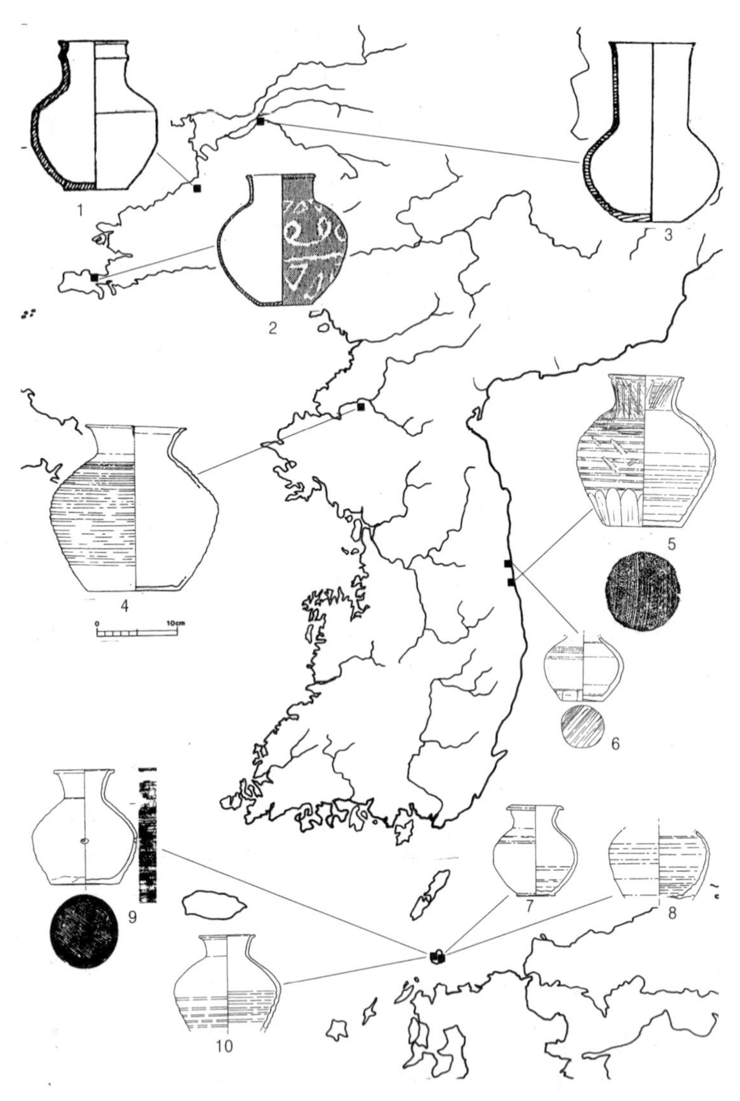

<도면 1> 韓·日出土 漢式土器 長(中)頸壺와 平壤· 遼東地方 土器와의 比較

1. 遼寧 蓋縣蓋東1號(許玉林 1993) 2. 營城子貝墓22號(于臨祥 1958) 3. 瀋陽上伯官2號(徐俊岩1964) 4. 平壤 王盱墓(東京大學考古學硏究室所藏 - 鄭仁盛 原圖), 5. 江陵 松亭洞(鄭仁盛 原圖) 6. 江陵 橋項里(江陵大學所藏- 鄭仁盛 原圖) 7·8, 日本 原の辻 遺蹟(鄭仁盛 原圖) 9·10. 日本 カラカミ遺蹟(小田 1991) 縮尺 약1/8.

구연단의 형태에서도 유사성이 인정된다.

이 외 일본 壹岐의 가라카미 유적에서 출토된 토기(<도면 1-9, 1-10>)나 하루노츠지에서 출토된 長(中)頸壺는 성·정형시에 생긴 요철의 형태, 底部의 切絲조정흔과 底部外緣의 깎기흔, 태토의 특성 등이 평양의 낙랑토성 출토토기와 동일하다. 또한 안인리 2호에서 출토된 漢式토기 壺의 경우에도 태토에서 그리고 동체에 시문된 문양에서 약간의 차이가 인정되나 전체적인 제작기법이나 기형은 평양지역의 토기와 유사성이 높으므로 이를 모방한 토기일 가능성이 높다.

반면 <도면 1-1>과 같이 단을 가지는 低部나, <도면 1-2>와 같이 토기의 내·외면에 회전정면시에 생긴 요철을 깨끗하게 없애거나, 외면을 문양채색한 토기, 또는 <도면 1-3>과 같이 구연이 동체에 비해 극단적으로 길어지는 형태의 토기, 즉 이 시기 요동지방의 특징적인 와질 장경호류는 한반도의 남부지방이나 일본열도에서는 아직까지 확인되지 않고 있다.

정리하면 지금까지 한반도 남부나 일본열도에서 확인된 漢式토기 장(중)경호는 하루노츠지에서 출토된 자료(<도면 1-7>)를 제외하고는 평양 주변에서 제작되어 이입된 것으로 판단할 수 있다.

盆形土器 및 碗形土器

長頸壺와 함께 출토량이 많은 漢式토기는 盆形토기와 碗形토기이다. <도면 2-8·9>는 강릉 교항리에서 출토된 것으로 구연단의 외반형태, 회전에 의한 成·整形時에 생긴 凹凸의 정도, 회갈색 색조 등의 諸 속성이 평양의 낙랑토성에서 출토된 분형토기와 동일하다. 이들 토기는 변·진한지역의 후기 와질토기에 비교될 만한 소성도를 가진다. 반면 요동반도의 목양성에서 출토된 분형토기(<도면 2-1·2>)를 살피면 태토는 니질점토에 소성이 와질이라는 점에서는 일치하나, 미세사립이 태토에 포함된다는 점에서 평양의 낙랑토성 출토유물과 차이를 보인다. 기형상으로도 구연단이 짧으면서 직각에 가까운 각도로 외반하는 낙랑토성의 분형토기에 비하여, 목양성 출토 유물(<도면 2-1·2>)은 구연부가 경사를 띠면서 비교적 길게 외반하는 것이 많다. 또한 <도면 2-4>와 같이 胴 중하위가 段을 이루는 것은, 요동지방을 중심으로 출토되는 분형 및 완형토기에서 흔하게 관찰되는 속성이지만, 낙랑토성에서 출토된 수십 점의 분형토기 중에서는 이와 비슷한 유물은 1점만이 확인된다. <도면 2-14·15·17·18> 등도 분형토기의 파편인데 낙랑토성에서 출토된 유물과 강한 유사성을 보인다. 평양주변의 낙랑토성과 주변의 고분에서 확인되는 분형토기는 저부의 형태에 의해 평저와 말각평저로 구분된다. 평저는 切絲法으로 회전대에서 토기를 분리한 다음, 헤라에 의한 약간의 깎기조정으로 마무리되는 반면, 말각평저는 분리 후 타날조정(대부분 繩文)으로 底外緣을 약간 원저화시키는 것이다. 이에 반하여 요동지방에서 출토되는 분형토기는 <도면 2-5>에서 보는 것처럼 미묘한 단을 가지는 저부가 많은데, 이는 반 건조후의 회전 헤라깎기에 의한 조정의 결과이다. 이는 평양주변에서 출토된 유물에서는 확인되지 않는 제작기법상의 특징이다.

碗의 경우 쓰시마와 구주를 중심으로 출토량이 많다. 底部는 대개가 평저인데 切絲法으로 회전대에서 분리하며, 저부 외연은 停止상태에서의 헤라깎기[5]에 의한 조정이 많다. 또한 <도면 2-13>처럼 器內面에 집선문을 시문하는 경우가 있는데, 이는 낙랑토성에서 출토된 유물(<도면 2-6>)에서 동일하게 확인되는 속성이다. 구연단은 <도면 2-10>이나 <도면 2-12>처럼 수평상의 것, <도면 2-13·16>처럼 약간 둥글게 외반하는 것, <도면 2-19·20>처럼 직립하거나, 구연 아래에 돌대가 형성된 것으로 구분되는데, 모두 평양의 낙랑토성 출토자료에서 확인된다. 반면 <도면 2-3>처럼 胴部에 노끈을 감아 둔 흔적이 남는 碗形토기는 현재까지 평양지역이나 한반도 중·남부, 그리고 일본열도에서는 출토 예가 보고되지 않았다.

5) 일본고고학에서는 이를 '手持ちヘラ削り'라고 하는데, 글자 그대로 손에 쥐거나 들고 돌려가면서 헤라로 깎는 것을 의미한다.

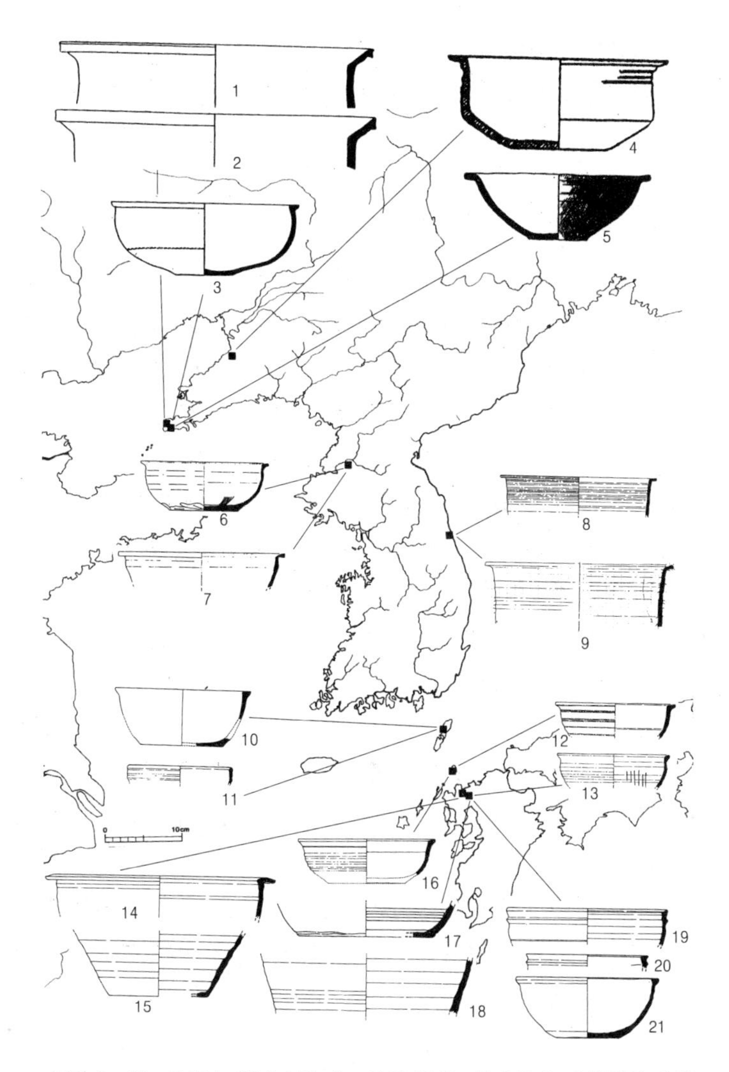

<도면 2> 韓·日出土 漢式土器 盆·碗과 平壤·遼東地方 土器와의 比較

1·2. 牧羊城(東亞考古學會 1931) 3. 牧羊城 주변 貝墓(東亞考古學會 1931) 4. 遼寧 蓋縣蓋東1號(許玉林 1993) 5. 南山裡西墓(東亞考古學會 1933) 6·7. 平壤 樂浪土城(谷 1985) 8·9. 江陵 橋項里(鄭仁盛 原圖) 10. 對馬島 木坂 2號石棺(小田 1991) 11. 對馬島木板 1號石棺(小田 1991) 12. 原の辻 遺蹟(鄭仁盛 原圖) 13. 深江井牟遺跡出土遺物 14·15·17~21. 三雲番上遺蹟(福岡縣敎育委員會 1982) 16. カラカミ 遺蹟(長崎縣勝本 1985) 縮尺 약 1/8.

결국 한반도 중남부지역이나 일본열도에서 확인된 漢式의 盆形, 그리고 碗形토기는 평양지역에서 제작되어 이입된 것으로 판단할 수 있다.

短頸壺

한반도 중남부지방과 일본열도에서 확인되는 漢式토기 중 가장 많은 개체수가 확인되는 것이 원저 타날문 단경호이다. 특히 <도면 3-7>은 壹岐의 하로노츠지 유적에서 출토된 유물로 거의 완형에 가까운 상태로 출토되었는데, 평양지역 출토 타날문 단경호와 형태 및 제작기법이 동일하다. 이를 통해 평양지역 타날문 원저단경호의 특징을 살피면, 우선 동체는 球形에 가깝고, 구연은 직립하며 동체에 비해 비교적 口徑이 큰 것이 특징이다. 저부는 승문타날에 의해 원저화되었으며 태토는 정선된 니질점토, 소성은 와질이며 색조는 회색이 많다. 구연외면에는 성형타날의 흔적이 남는 경우가 많고, 구연의 형태를 조정하는 과정에서 회전물손질이 이루어진다. 저부 원저화를 위한 승문타날 후에는 肩部를 횡으로 평행타날[6]하여 無文様帶를 만든다. 성형타날과 저부 원저화를 위한 타날시에 남은 내박자의 흔적으로 보아 목제의 내박자를 일반적으로 사용하였음을 알 수 있는데, 이는 견부 이하가 확인되는 한반도 남부지방 및 일본열도 출토의 漢式 타날문 단경호에서 거의 예외없이 관찰되는 것으로 같은 시기 삼한의 타날문 단경호와는 명확히 구분되는 점이다. <도면 3-10>과 같이 견부의 무문양대를 만들기 위한 목적으로 타날을 하는 과정에서, 별도의 내박자를 사용하는 것도 삼한지역의 토기에서는 일시적으로 보이는 현상일 뿐이다.

<도면 3-13>의 토기는 제시된 도면에는 견부 및 구연부 내면의 제작기법과 관련된 표현이 생략되었지만, 실물을 관찰하면 견부에 뚜렷하게 평행타날흔이 관찰되며, 구연의 외면과 내면에는 繩文의 타날흔

6) 목판에 의한 무문양 타날이나, 목판 나이테의 무른 부분이 상대적으로 빠르게 수축, 혹은 마모되어 전체적으로 평행타날처럼 보이는 것이다.

이 회전물손질흔의 아래에서 관찰된다.

타날문 단경호의 이러한 속성은 <도면 3-4·5>와 같은 평양의 낙랑토성에서 출토된 자료에서 일반적으로 관찰되는 기법이다. 특히 <도면 3-4>는 구연내면에는 成形時에 남은 繩文 내박자의 흔적이, 그리고 2단계 성형시의 목제 내박자 흔, 그리고 肩部에는 저부 圓低化 과정에서 이루어진 승문타날흔 위로 무문양 타날이 뚜렷이 관찰되는 자료이다.

반면 요동지방에서 확인되는 漢代 이후의 (圓低)단경호에는 韓·日에서 출토되는 漢式의 원저 타날문 토기는 확인되지 않는다. 요동지방의 단경호는 우선 구연 端에 凹部가 형성되는 것이 많으며(<도면 3-1, 3-2>) 원저화를 위한 타날이 가미되는 경우에도 胴體의 중하위에만 이루어지는 것이 많다. 경우에 따라서는 성형타날흔을 남기지 않기도 한다(<도면 3-2> 참조). 나아가 <도면 3-3>과 같이 燒成前에 기형의 변형을 막기 위해 동체에다 노끈을 둘렀던 흔적이 관찰되는 경우가 있는데 이는 단경호에 한정되는 것이 아니라 碗이나 장경호 등에도 채용된다.(<도면 2-3> 참조).

<도면 3-3>은 요동반도 牧洋城 주변의 貝墓에서 출토된 것인데, 이와 기형 및 제작기법상의 제 속성이 동일한 것이 일본 壹岐의 하루노츠지 유적에서 출토되었다(<도면 3-14>). 보고자는 이를 한반도의 서북지방을 염두에 두고 낙랑토기라 하였으나(長崎縣教育委員會, 1998·2000), <도면 3 -3>자료와의 비교를 통하면 명백하게 요동지역에서 제작된 것임을 알 수 있다.

변한지역인 늑도유적에서도 평양지역에서 유행한 타날문단경호와 유사한 토기자료의 보고가 있다(小田·韓炳三, 1991). 또한 강릉 교항리에서 확인되는 단경호의 구연부(<도면 3-6>)는 평양의 낙랑토성에서 흔히 확인되는 것과 동일한 것이며, 북구주의 三雲 유적 등지에서 출토된 漢式土器 단경호의 파편도 평양지역의 漢式토기와 동일함을 알 수 있다.

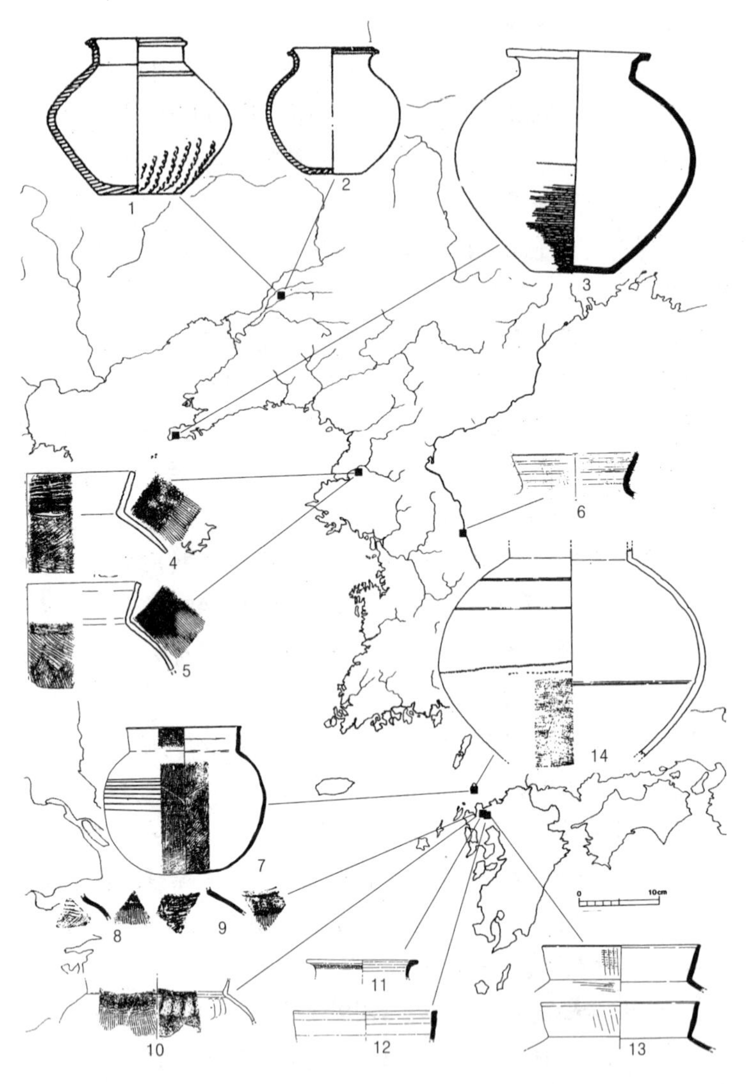

<도면 3> 韓・日出土 漢式 瓦質系 短頸壺와 平壤・遼東地方 土器와의 比較

1・2. 瀋陽 上伯官2號(徐俊岩 1964) 3. 牧羊城 주변 貝墓(東亞考古學會 1931) 4・5. 平壤 樂浪土城(谷豊信 1985・1986) 6. 江陵橋項里 A-22號(鄭仁盛 原圖) 7. 原の辻 遺蹟(長崎縣敎育委員會 1995) 8・9・13. 三雲番上遺蹟(福岡縣敎育委員會 1982) 10・11・12. 深江井牟遺跡出土遺物(二丈町敎育委員會 1994) 縮尺 約 1/8, 7은 1/12.

이상을 정리하면 한반도 중・남부지방과 일본열도에서 확인되는 漢式土器 단경호는 거의 대부분이 평양지역에서 제작된 것으로 판단되나, 이 속에는 일부이긴 하나 요동지방을 통해서 이입된 토기가 포함되어 있음에 유의할 필요가 있다.

滑石混入土器 및 원통형토기

한반도 중・남부지역과 일본열도에서 출토되는 漢式土器에는 활석혼입토기와 니질점토계의 원통형토기(筒杯)도 포함된다.

활석혼입계 토기로는 최근 늑도유적에서 출토된 심발형토기를 비롯하여 日本 壹岐의 하루노츠지(長崎縣教育委員會, 1999・ 2000 ; 角, 2000), 北九州의 御床松原 유적에서 출토된 바 있으며, 오키나와의 嘉門貝塚에서도 출토되었다(下地, 1999). 활석혼입계의 토기는 태토에 의도적으로 활석립을 섞은 토기를 말한다. 한국과 일본에서 출토되는 활석혼입토기는 오키나와의 嘉門貝塚에서 출토된 유물을 제외하고는 대부분 직각에 가깝게 외반하는 구연을 가지는 것인데, 내면에 布를 댄 흔적이 남는 경우(<도면 4-16>, <도면 4-13>)가 있다. 직각에 가깝게 외반하는 구연을 가진 활석혼입계의 심발형토기는, 평양지역의 낙랑토성이나 고분에서 흔하게 확인되는 기종인데, 토기내면의 布痕은 일명 형뜨기[7]로 제작되었다는 증거이다.

반면 요동반도에서도 활석혼입계 토기가 다수 확인되는데 동경대학 고고학 연구실에 보관된 자료를 중심으로 관찰하면 한반도 남부지방이나 일본열도 각지에서 출토되는 토기와는 구연단에서 비교적 큰 형태차를 보인다(<도면 4 -1・2>). 또한 요동지방의 漢・위진대의 고분에서 확인되는 토기자료 중 활석혼입 외반구연 鉢形토기의 副葬例는 확인되지 않는다. 목양성에서 출토되는 활석혼입토기 甕은 오키나와에

---

7) 원통형의 틀에 포를 대고 활석이 혼입된 점토를 붙인 다음, 성형타날로 형태를 만드는 것이다. 이를 반건조시킨 후 틀에서 분리한 후 포를 제거하고 뒤집어서 구연단을 붙여낸 다음 물손질을 거치는 것으로 이해된다.

서 출토된 토기와 기형이 닮아 있는데, 목양성의 초축 연대가 戰國時代로 소급되는 점과 오키나와의 패총에서 명도전(東京大學 考古學硏究室 所藏)이 출토되는 점을 고려하면 오키나와 출토의 활석혼입토기는 낙랑군 설치 이전으로 이입연대가 소급될 가능성이 있다.

이상을 정리하면 변한지역과 오키나와를 제외한 일본열도에서 출토된 활석혼입토기는 평양지역에서 제작된 것으로 이해할 수 있을 것이다.

圓筒形 토기는 <도면 4>에서 보는 것처럼 北九州의 三雲유적, 原の辻유적, 石崎 曲り田유적 등지에서 출토된 바 있다. 저부는 切絲法으로 회전대에서 분리하였으며, 저부 외연과 외저면 일부에는, 헤라에 의한 깎기 흔적이 남는 경우가 있다.[8] 또한 저부의 외면을 上下로 마연한 토기도 확인된다. 이 중 <도면 4-14>는 原の辻에서 출토된 유물인데 기형 및 정면기법상 漢式 원통형토기와 통하는 데가 있다. 그러나 실제 자료를 관찰한 결과, 태토에 석사립이 다량 혼입된 것으로 在地産의 태토임을 알 수 있었다. 즉 漢式토기를 모방하여 在地에서 제작된 토기인 것이다. 원통형 토기를 在地에서 모방하여 제작한 예는 岡山縣의 山陽町 門前池東方遺蹟에서도 출토된 바 있다(川上, 1995).

食器의 일종으로 이해되는(谷, 1986) 원통형토기는 평양지방의 낙랑토성에서 다수 확인된다. 낙랑토성 출토의 원통형토기는 점토띠쌓기 후 타날로 1차 성형이 이루어진다. 회전물손질을 통해 成·整形이 완료되면 切絲法으로 회전대에서 분리하는데 저부 外緣 및 胴下位面을 헤라깎기로 조정하는 경우도 있다.

이에 반해 요양한묘 출토(東京大學 所藏) 통형토기를 관찰하면, 평양지역의 통형토기에 비하여 기벽이 얇으며, 器 외면 凹凸이 整面되어 비교적 매끈하게 처리되는 것을 알 수 있다. 태토에 미세사립이 포함되어 평양지역의 원통형토기에 비하여 미묘하게 거칠게 느껴지는 것

8) 회전력을 이용한 헤라깎기가 아니라, 정지상태의(手持ちヘラ削り) 깎기를 의미한다.

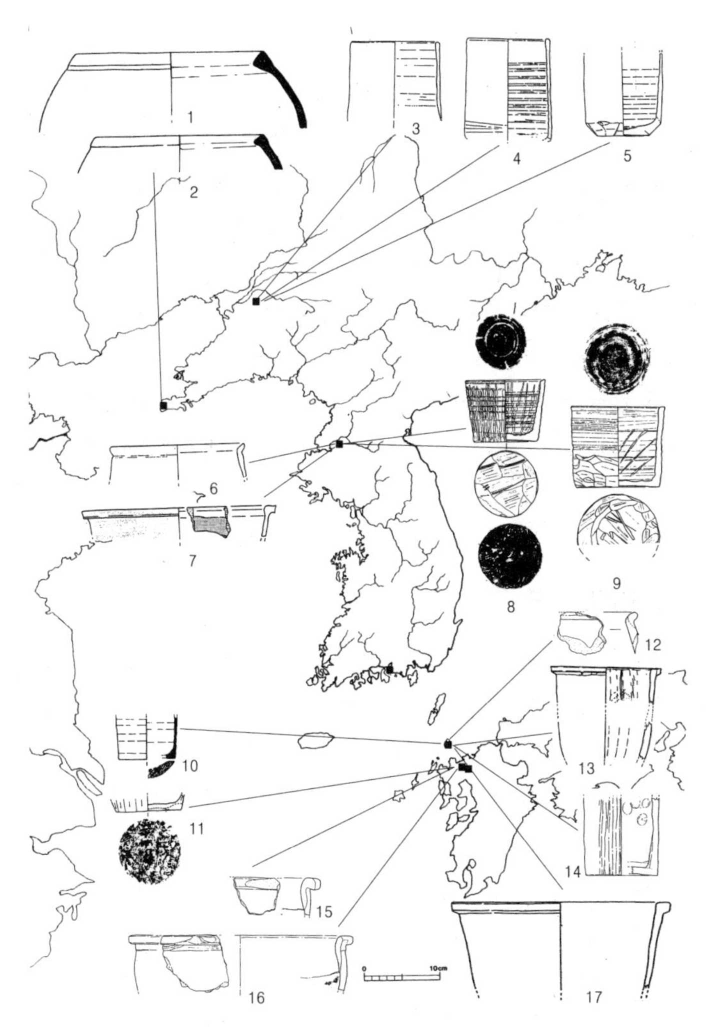

<도면 4> 韓·日出土 漢式土器(滑石混入 深鉢形土器, 瓦質系 圓筒形土器)와 平壤·遼東地方 土器의 比較

1·2. 牧羊城(東亞考古學會 1931) 3~5. 遼陽地域 出土(東京大學 考古學研究室所藏 鄭仁盛 原圖) 6·7. 平壤 樂浪土城 出土滑石 혼입토기 (谷 1985·1986) 8·9. 樂浪土城 (鄭仁盛 原圖) 10. 原の辻 유적(長崎縣教育委員會 1995) 11. 三雲番上 (福岡縣教育委員會 1982) 12·原の辻 유적의 滑石 혼입토기(鄭仁盛 原圖) 13·14·17 . 原の辻 유적(長崎教育委員會 1995) 15·16. 御床松原 遺蹟(鄭仁盛 原圖)

도 차이라고 할 수 있다. 이 중 回轉臺에서 토기를 분리하는 방법으로 切絲法을 사용하였는지를 확인할 수 있는 자료는 없으나, <도면 4-5> 처럼 外 저면 모서리를 경사지게 깎기한 자료가 포함된다. 평양지역의 漢・위진대 墳墓에는 원통형토기가 부장되는 경우가 없는 듯하나, 요동지방의 이 시기 분묘에서 부장이 확인되는데, 이는 양 지역 간 토기 부장 관습의 차이로 설명할 수 있을 것이다.

정리하면 일본열도에서 확인되는 원통형토기는 2가지로 나누어진다. 하나는 평양지방에서 제작되어 이입된 것이며 나머지 하나는 이를 모방하여 在地에서 제작된 것이다. 반면 요동지방이나 中國의 다른 지역에서 제작되어 이입되었다고 판단되는 원통형토기는 현재로서는 확인되지 않는다.

3. 樂浪郡의 位置

위에서 살핀 것처럼 현재까지 한반도 남부지방과 일본열도에서 확인된 漢式토기는 거의 대부분은 지금의 평양지역에서 제작된 것이며, 일부 이를 재지에서 모방한 것이 포함되어 있다. 물론 여기에는 일부에 지나지 않으나 요동지역에서 제작된 토기가 포함되어 있다. 그러나 지금까지의 자료로 보는 한, 중국의 다른지역에서 제작된 토기는 확인되지 않는다.

한반도 중남부 지역 및 일본열도로 이입된 漢式토기의 대부분이 지금의 평양지역에서 제작되어 이입된 것이라면, 제작지 확인이 용이하지 않음에도 불구하고 그간 무비판적으로 樂浪관련 유물로 이해하여, 낙랑군과의 교섭관계를 설명하는 자료로 취급해 온 漢式 유물(漢鏡, 貨幣, 馬具, 車輿具)의 대부분이 실제 평양지역을 통해 이입된 것임을 비로소 입증하게 된다.[9] 이러한 사실은 逆으로 이 시기 弁韓을 포함하

9) 이는 이입 漢式 토기는 대외교역 활동의 부산물일 가능성이 큰 반면, 그 자체가 가지는 교역품으로서의 가치는 크지 않다고 판단하기 때문이다(白井, 2001).

는 三韓 諸國, 그리고 濊, 倭와 중국과의 교섭관계를 기록한 문헌에 등장하는 樂浪郡(대방군을 포함하는 의미)의 위치는 지금의 평양이라는 사실을 고고학적으로 검증하는 결과가 된다.

앞으로 필자는 韓國과 日本 각지에서 출토되는 漢式土器의 대부분이 지금의 평양지역에서 제작되었다는 以上과 같은 고고학적 검토 결과를 바탕으로 '樂浪郡平壤說'의 견지에서 論을 진행할 것이다.

나아가 극히 일부에 지나지 않으나 중국 遼東지방에서 제작되어 유통되던 토기가 北九州지역에서 확인됨으로써, 弁韓을 포함한 東夷諸國의 對中國 교섭의 樣態와 그 변화에 대한 해석의 폭이 넓어졌다고 할 수 있다. 요동지역으로부터 이입된 漢式 토기는, 금후 제작 및 이입 시기에 대한 좀더 구체적인 검토가 필요하나, 현재로서는 기원후 2세기 後半에서 3세기 전반대에 걸쳐 요동군에서 일시 독립한 공손씨 정권과 帶方郡의 설치 등과 같은 일련의 정치변동과 관련시켜 이해할 수 있지 않을까 한다.[10]

아울러 이 시기에 한국과 일본으로 이입된 漢式 토기 중에 낙랑군과 요동지역 이외의 中國에서 제작되어 이입된 것으로 판단되는 토기자료가 확인되지 않는 것은, 이 시기 三韓과 倭를 대상으로 한 교역활동에서 참가한 상인들의 성격을 이해하는 데 참고가 된다.

Ⅲ. 弁·辰韓지역 출토 樂浪郡 관련유물의 검토

1. 靑銅器

10) 낙랑군이 지금의 평양에 존재하였음을 뒷받침하는 또 하나의 고고학적 근거로, 요동지방을 중심으로 확인되는 공손씨 관련의 명문 및 도장을 주목할 수 있다. 공손씨 일족과 관련된 명문(公孫夫人)이 遼陽의 三道壕(李文信, 1955) 벽화묘에서, 銅印(公孫■■)이 唐戶屯 37호묘(文物參考資料 제55號, 1955)에서 출토된 바 있다. 이들 고분은 대개 3세기대로 편년되는 것으로, 공손씨가 요동지역에서 세력을 떨치는 시기와도 일치한다.

洛東江流域圈에서 樂浪郡을 통해 이입되었거나, 혹은 樂浪郡과의 강한 관련이 상정되는 청동기로는 청동금구로 장식된 칠검집을 동반하는 세형동검류, 漢鏡, 容器, 馬具, 車輿具, 武器類 등이 있다.

細形銅劍

낙랑군이 설치된 후에도 세형동검 및 동탁 등 재지의 청동기가 계속해서 제작되었음은 평안남도 대동군 栗里面 將泉里에서 출토된 鍔金具 주조용의 용범을 통해서 추론할 수 있다[11](梅原考古資料 No.1629). 또한 비교적 이른 시기의 낙랑분묘에서 출토되는 많은 수의 세형동검은 고조선 단계에 제작된 것이 傳世되었다기보다는, 낙랑군 설치 후에도 상당기간 세형동검의 需要가 있었기 때문에, 樂浪郡 내의 수공업 생산 품목에 세형동검과 관련된 청동기가 포함되어 있었다고 판단하는 것이 바람직할 것이다. 특히 낙랑군 설치 후의 세형동검은 <도면 5>에서 보는 것처럼 청동금구와 조합되는 漆 검집을 동반하는 경우가 많다. 弁·辰韓지역의 세형동검, 특히 조립식 검집을 가지는 銅劍이 낙랑군의 조립식 세형동검들과 강한 유사성이 있음은 <도면 5>의 하단에 제시한 자료를 통해 명확해진다. 특히 대구 팔달동 99호 출토품이나, <도면 5-10>의 비산동 출토 세형동검의 검집은 上段의 부조예군묘, 전 평양, 정백동 채토장에서 출토된 세형동검의 검집과 靑銅金具의 형태가 매우 흡사하다.

단지 弁·辰韓지역의 조립식 세형동검에서 흔한 靑銅盤部가 낙랑군 지역에서는 확인되지 않기 때문에, 이들의 실제 제작지는 弁·辰韓지역일 가능성이 높다. 그렇다고 하더라도 검 손잡이나 검파두식의 유사성과 변화과정의 동질성, 그리고 변·진한지역의 鳥形 검파두식의 전개과정(<도면 9> 참조)에서 확인되는 낙랑군 지역과의 강한 유사성은 낙랑군과 변·진한지역의 상시적인 교섭관계를 웅변하는 사실이다.

---

11) 이 鍔金具는 낙랑군이 설치된 이후 시기의 분묘에서만 출토되는 것이기 때문이다.

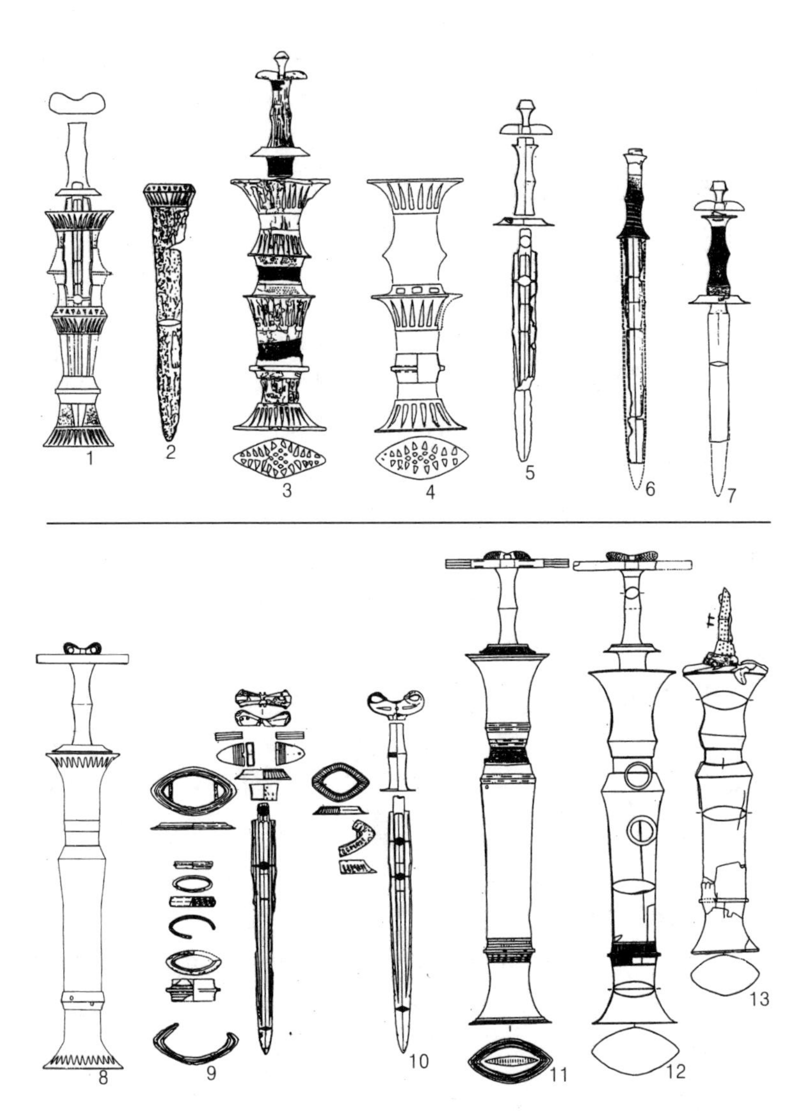

<도면 5> 樂浪郡의 細形銅劍(상단)과 弁·辰韓의 細形銅劍(하단)
1·2. 夫租濊君墓 3. 傳 平壤 4. 貞柏里 採土場 5. 鰲村里 6·7. 傳 平川里 8. 大邱 八達洞 99호 9·10. 大邱 飛山洞 11~13. 昌原 茶戶里 1號

이들 조립식 세형동검은 한강유역권은 물론 금강유역권, 강원도권에서의 발견 예가 없기 때문에 낙랑군 설치 후 對樂浪郡 교섭관계의 중핵이 변・진한사회였음을 말해주는 자료가 된다. 또한 팔달동 출토유물을 통해 기원전 1세기 중반 이전에 이미 낙랑군과의 교섭관계가 구축되었음을 확인할 수 있다.

漢鏡

漢鏡은 三韓地域 특히 弁・辰韓지역에서 확인되는 漢式 유물 중 樂浪郡과의 교섭관계를 설명하는 표식적인 자료의 역할을 해왔다. 근년 安京淑, 李在賢, 姜銀英 등에 의한 연구로 삼한지역에서 출토되는 이 시기의 동경에 대한 인식의 수준이 한층 높아졌다고 평가된다(安京淑, 1998 ; 李在賢, 2000 ; 姜銀英, 2001). 나아가 최종규에 의해 임당동 E-58호 출토의 '臣樂'銘 銅器가 초엽문경을 재가공한 것임이 밝혀진 것도 성과라 하겠다(崔鍾圭, 2001).

지금까지 弁・辰韓지역에서 출토된 銅鏡을 집성하여, 이를 岡村秀典의 漢鏡 연구성과(岡村, 1988, 1989, 2000)를 전체적으로 참고하여 단계별로 구분한 것이 <도면 6>이다. 오카무라의 銅鏡 편년의 방법은 개별 型式의 銅鏡을 초월하여 공통적으로 존재하는 諸 속성을 추출해내고, 이의 조합관계의 변화를 확인하는 것이다. 물론 그의 漢鏡에 대한 편년안이 검증의 여지없이 안정된 것으로 보이지는 않는다. 예를 들어 그가 漢鏡 5期로 편년하는 내행화문경 內區의 集線紋 모티브는 그가 설정한 3단계 이른 시기에 이미 나타난다는 것을 알 수 있다(岡村, 1988). 그러나 이러한 문제점이 있음에도 불구하고 그의 편년안이 널리 평가받는 것은, 漢鏡 개별 형식의 단순한 순서배열이 아니라 鏡을 구성하는 하위속성의 조합을 기준으로 하는 편년이라는 장점과 효용성이 인정되기 때문일 것이다.

어쨌거나 三韓地域에서 출토된 漢鏡을 그의 編年觀에서 살피면, 漢鏡 1기의 자료로는 마한지역인 익산 평장리에서 출토된 蟠螭文鏡이

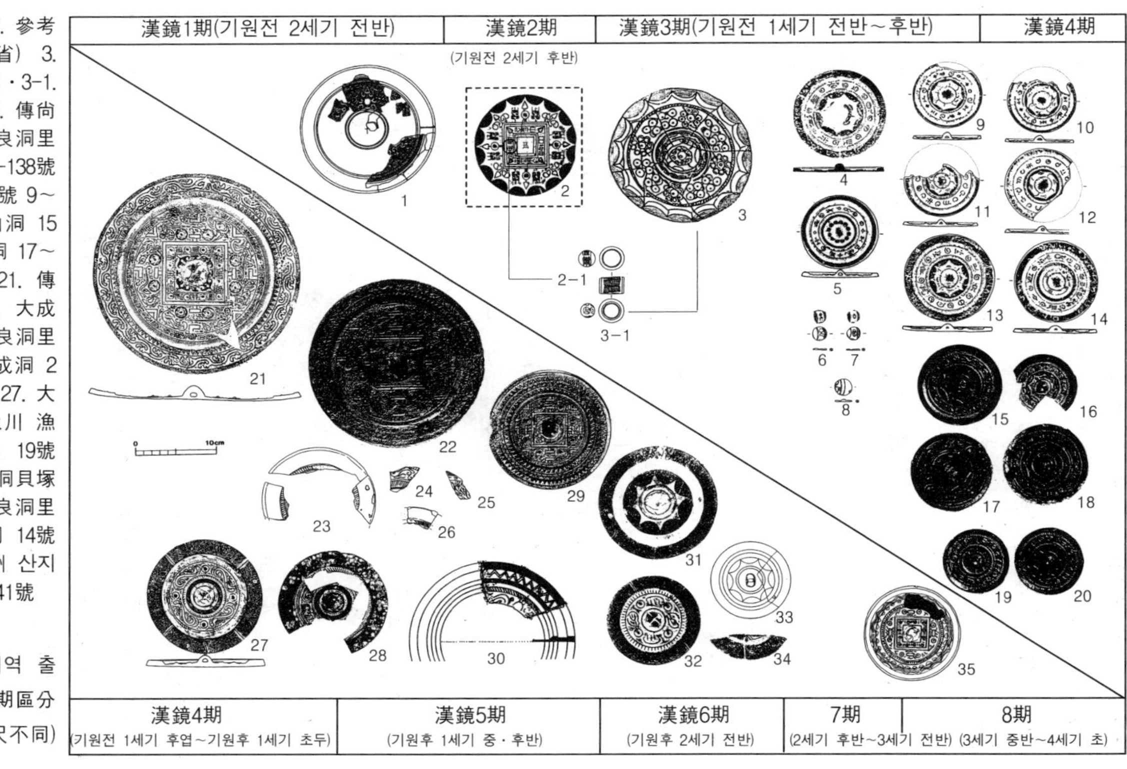

1. 익산 平章里 2. 参考遺物(中國 四川省) 3. 茶戶里 1號 2-1·3-1. 林堂洞 E-58號 4. 傳尙州 5. 傳 金海 良洞里 6·7. 林堂洞 E-138號 8. 林堂洞 A- 122號 9~14. 傳 大邱 池山洞 15·16. 永川 漁隱洞 17~20. 朝陽洞38號 21. 傳 金海 良洞里 22. 大成洞23號 23. 金海 良洞里 24·25. 金海 大成洞 2號 26. 金海貝塚 27. 大邱 坪里洞 28. 永川 漁隱洞 29. 內德里 19號 30. 固城 東外洞貝塚 31·32. 金海 良洞里 162號 33. 大成洞 14號 34. 参考資料(濟州 산지항) 35. 良洞里 441號

<도면 6> 三韓지역 출토 漢鏡과 時期區分 (2·24·25는 縮尺不同)

유일함을 알 수 있다. 漢鏡 2期의 유물은 임당동에서 출토된 재가공된 草葉文鏡 片을 들 수 있다. 다호리 1호에서 출토된 성운문경과 임당동 출토의 재가공 星雲文鏡 편은 漢鏡 3期에 해당하는 유물이다. 漢鏡 3期와 4期 이른 시기의 대표적인 鏡式은 異體字銘帶鏡인데, 변・진한 지역에서 출토된 漢鏡 중 가장 많은 출토량을 차지한다. 영천 어은동, 대구 지산동, 경주 조양동 38號, 대구 평리동, 傳 김해, 傳 尙州 등에서의 출토가 보고되어 있다. 특히 조양동 38號에서 출토된 4점의 이체자명대경은 다호리 1호 출토 성운문경, 그리고 良洞里 162號 출토 내행화문경과 더불어 변・진한지역의 이 시기 遺構, 유물의 절대연대를 정하는 기본자료로 활용되고 있다. 漢鏡 5期를 대표하는 方格規矩鏡은 주로 김해를 중심으로 출토 예가 확인되는데, 아직까지 경주 및 경북지역에서의 출토 예는 보고되지 않고 있다.

이상과 같이 지금까지 알려진 漢鏡의 분포는 낙랑성립 前에는 마한지역이, 낙랑성립 후 왕망의 新을 포함시킨 前漢代에는 경북지방이, 後漢代 이후에는 김해를 중심으로 하는 변한지역이 분포의 중심을 이루는 현상은 이미 高倉洋彰이나 이재현에 의해 지적되었다(高倉, 1994 ; 李在賢, 2001). 또한 이러한 사실을 통해 낙랑군과의 교역 중심이 후한대가 되면 대구・경북지역에서 변한지역으로 이동하였다고 보기도 한다(李在賢, 2001). 그러나 다호리 1호의 성운문경, 늑도 출토의 半兩錢, 다호리 1호의 五銖錢, 늑도 B지구 출토 활석혼입 심발형토기의 예를 통해서 알 수 있듯이, 변한지역 집단 역시 紀元前부터 낙랑군과 활발히 교섭하고 있었음을 간과해서는 안 된다.

변한지역으로 수입되던 漢鏡은 기원후 2세기 전반대로 편년되는 6期를 마지막으로 거의 자취를 감춘다. 7期에 속하는 漢鏡은 아직까지 변한지역에서 출토된 예가 없다. 양동리 441호에서 출토된 8期에 속하는 퇴화형의 방격규구경(<도면 6-35>)은 중국 동북지방 제작이입설(森下, 1991)과 일본열도에서의 수입설(松浦, 1994)로 견해가 나누어져 있다.

漢鏡 6기를 경계로 弁韓지역에서 漢鏡의 출토량이 급격하게 감소하는 이유에 대해서는 낙랑군 내부의 정치불안으로 인한 漢鏡 공급체계의 붕괴에 있다는 견해가 우세하다(岡村, 2000). 그러나 이 시기에 제작된 漢鏡이 일본열도 야요이 사회로 계속해서 이입되고 있는 것을 참고하면 단순히 낙랑군 내부의 정치불안에 의한 공급체계만을 문제시 삼는 것은 설득력이 약하다.

銅鼎

한반도 남부지방에서 확인되는 銅鼎은 크게 2가지 계열이 있는데, 그 중 하나는 樂浪郡을 통해 三韓사회로 이입된 것이고, 나머지 하나는 고구려에서 제작되어 신라사회로 이입된 것이다(鄭仁盛, 1996). 이 중 낙랑군을 통해서 입수되었다고 판단되는 자료는 하대 23號와 양동리 332號 출토의 銅鼎이다.

이들 銅鼎에 대해서 필자는 중국 중원에서 제작된 것이 낙랑군으로 이입되어, 다시 삼한사회로 賜與된 것이라 판단한 바 있다(鄭仁盛, 1996). 그러나 최근 낙랑토성 출토유물을 정리하는 과정에서 樂浪郡治이자 朝鮮縣治인 낙랑토성 내의 工房에서도 漢式 청동기의 자체 제작이 이루어졌음은 물론, 대형의 청동 용기류도 제작되었음을 확인하였기에(鄭仁盛, 2001, 2002), 銅鼎의 낙랑군 자체 제작여부를 검토할 필요성을 인식하게 되었다.

낙랑유적에서 출토된 청동정을 살피면 낙랑토성에서 1점,[12] 정백동 8호에서 2점, 정오동 1호에서 1점, 석암리 9호에서 1점, 선교리에서도 1점이 출토되었다.[13] 이 중 동경대학 고고학 연구실에 보관되어 있는 낙랑토성 출토품과 석암리 9호분 출토 유물을 관찰한 결과, 두 유물에서 확인되는 주조기술의 수준이 크게 다르다는 것을 알았다. 우선 석

12) 낙랑토성 출토 유물에는 완형으로 출토된 1점을 제외하고도 靑銅鼎의 脚部로 판단되는 유물이 포함되어 있다.

13) 이 외에 동경대학 문학부의 關野貞의 사진자료를 검토하면, 낙랑 고분출토로 믿어지는 유물 중 미보고의 청동정이 존재함을 알 수 있다.

암리 9호분 출토 鼎은 脚部와 兩耳가 시간차를 두었거나, 혹은 따로 제작되어 접합된 것으로 보이지만 접합흔이 깨끗하게 마무리되어 마치 一鑄인 것처럼 보인다. 또한 器 전면이 마연 정면되었음에도 불구하고 기포가 거의 보이지 않아 高度의 주조기술로 제작되었음을 알 수 있다. 반면 낙랑토성 출토품은 대각을 접합하는 과정의 땜질흔이 마무리 마연조정을 거쳤음에도 불구하고 두껍게 남은 것이 확인되며, 동체의 일부에서는 기포마저 확인된다. 정백동 8호 출토 청동정 역시 대각이 胴部에 접하는 부위에 두꺼운 땜질흔이 남아 있다(조선유적유물도감, 1989 : 157). 낙랑군의 청동정에서 확인되는 이러한 주조기술의 차이는 중국 중원에서 낙랑군으로 수입된 청동기와 낙랑군 자체에서 제작된 청동기의 차이를 반영하고 있을 것으로 판단된다.

이러한 가능성을 염두에 두고 변한지역에서 출토된 청동정을 살피면 하대 23호 출토 靑銅鼎은 우선 형태면에서 중국 中原에서 유행하는 청동정과 비교하여 이질적임을 지적할 수 있다. 동체에 비하여 兩耳가 극단적으로 크다는 것이 그러한데, 이러한 형식의 銅鼎은 중국에서 찾기가 힘들다. 또한 하대 23호 출토품과 비슷한 형식의 청동정이 유행하는 것은 戰國・前漢代인데 이 시기의 銅鼎이 대체로 소형임에 비해 하대 출토품은 이례적으로 대형이다. 이는 <도면 7>의 양동리 322호 출토 鼎과 그 크기를 비교하면 알 수 있는데, 중국 중원의 同 형식에 속하는 청동정의 크기는 대체로 양동리 출토품과 크기가 유사하다. 또한 낙랑토성에서 출토된 활석혼입계 토기 중에 방형의 귀가 크게 부착된 鼎이 있다는 사실 등을 고려하면 하대 23호 출토 靑銅鼎은 낙랑군에서 자체적으로 제작되었을 가능성이 있다.

한편 양동리 322호에서 출토된 동정은 각부와 동체의 일부에 약간의 기포가 확인됨에도 불구하고 크기나 형식면에서 中原의 청동정과 유사성이 높다. 또한 견부에는 명문이 새겨져 있어 중국에서 제작되어 낙랑군을 거쳐 이입되었을 가능성이 있으나 확실치 않다. 명문은 연구자에 의해'西■宮…'으로도, 혹은 '谷■宮…'으로 읽혀 보고되었으나,

실제로 유물을 관찰하면 첫 글자 역시 판독할 수 없다는 것을 알 수 있다.

이들 자료를 변한 사회의 대외교섭과 관련된 자료로 삼기 위해서는 우선 이입시기를 파악해둘 필요가 있다. 이재현은 최근의 논고에서 이를 요동지방에서 공손씨 정권의 일시독립과 대방군의 설치, 魏에 의한 공손씨 정권의 멸망으로 이어지는 정치적 격변기에 禮器로서의 기능을 상실한 銅鼎이 弁·辰韓 세력의 정치체에 賜與된 것이라 보았다(李在賢, 2000 : 70). 즉 전세기간 없이 부장되었다고 판단하는 것이다. 반면 필자는 이들의 이입시기를 우선 중국측의 동일 형식 청동정의 유행시기가 戰國에서 前漢 초라는 사실을 바탕으로, 낙랑군에서 변·진한사회로 소위 漢式 청동유물의 유입이 많은 기원전 1세기 이후의 어느 시점이라고 판단한 바 있다(鄭仁盛, 1998).

이재현은 이 시기의 漢鏡이 전세되지 않는다는 사실을 근거로 하나, 대성동 23호에서 출토된 방격규구경의 예처럼 岡村의 漢鏡 5期, 즉 기원후 1세기 中後半에 제작·유행한 것인데도 기원후 4세기대의 분묘에 부장된 유물이 있음을 간과해서는 안 된다. 또한 대성동 2호에서 출토된 鏡片도 漢鏡 5期에 이입된 것이 전세되었을 가능성이 있는 것이다.

이러한 사실을 염두에 두고 이들 靑銅鼎을 관찰하면 전세의 가능성을 어렵지 않게 발견할 수 있다. 우선 양동리 322호 출토유물을 살피면 底部에 청동으로 두껍게 수리된 부분이 있음을 확인할 수 있는데 동체와는 부식색이 전혀 다르다(<도면 7-7>에서 화살표로 표시한 부분). 물론 이 부위는 鎔銅의 주입구에 해당하기 때문[14]에 주조시에 鎔銅이 닿지 않아 생긴 구멍을 보수한 흔적은 아닐 것이다. 또한 땜질한 후 마연 등의 整面흔이 전혀 남아 있지 않은 것을 보면 이는 製作工程과는 관계없는, 즉 장기간의 사용과정에서 생긴 파손부위의 수리라는 것을

14) 낙랑토성출토 청동정을 살피면 저부의 아래에 장방형의 湯口흔이 뚜렷하게 남아 있다.

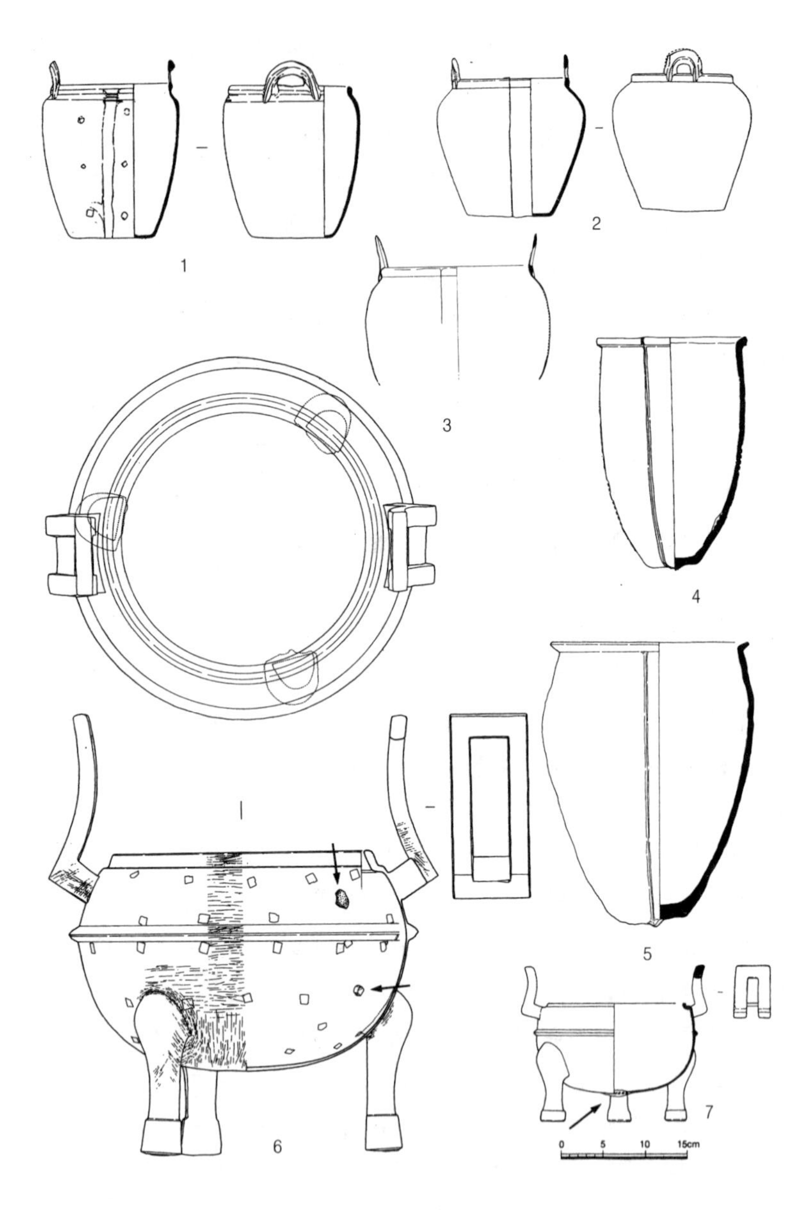

<도면 7> 弁·辰韓地域에서 出土된 銅鼎과 銅(鐵)鍑

1. 大成洞 29號 2. 大成洞 47號 3. 良洞里 235號 4. 舍羅里 130號 5. 良洞里 162號 6. 下垈 23號 7. 良洞里 322號

짐작할 수 있다. 하대 23호 출토 鼎에도 제작공정과 관계 없는, 후대의 수리흔이 관찰된다. 형지흔과는 별도로 동체의 중하위와 上位에서 각각 소형의 청동봉이 돌출된 채로 整面처리되지 않고 남아있는 부분이 그것이다(<도면 7-6>의 화살표 부위). 이는 形持가 脫落한 자리를 별도의 청동봉으로 리베팅한 흔적일 가능성이 높다.

즉 양동리와 하대에서 출토된 청동정은 부분적으로 파손될 때까지 사용되다 부장된 것이므로 일정기간의 전세를 상정해야 하는 자료이다. 전세기간을 구체적으로 추정하는 것은 어렵지만 일단 여기서는 김해를 중심으로 하는 변한지역으로 中大形의 방격규구경이 이입되는 것과 궤를 같이 하는, 즉 西紀 1세기대의 가능성이 큰 것으로 판단해 둔다.

車輿具 및 馬具

弁·辰韓지역에서 낙랑군을 통해 입수하거나 혹은 이를 모방하여 제작한 것으로 보이는 車輿具 및 馬具로는 大邱 비산동 출토의 蓋弓帽, 평리동과 안계리에서 출토된 笠形동기, 평리동 출토의 마면과 재갈, 경주 탑리에서 출토되었다고 전하는 재갈 등을 들 수 있겠다. 이중 안계리와 평리동에서 출토된 笠形銅器는 낙랑유적에서 출토된 유물과는 일정 정도 형식차이가 인정되는 것으로 현지에서 제작된 방제품일 가능성이 높다. 낙랑에서 이입된 청동유물의 재지화 현상은 앞에서 살펴 본 조립식 세형동검, 그리고 역시 낙랑군을 통해 이입된 호형대구(金邱軍, 2001, <도면 8> 參照)에서도 동일하게 확인되는 현상이다.

반면 笠形銅器는 일시적인 모방제작 과정을 거치는 것으로 보이나 변·진한사회 물질문화의 한 요소로 정착하지 못한다. 蓋弓帽나 馬面 역시 마찬가지이다. 그러나 재갈과 'S'字形 재갈멈추개는 虎形帶鉤나 雙鳥式 검파두식과 마찬가지로 변·진한사회로 수용되어 변용되어 가는 양상을 나타낸다(李相律, 1996).

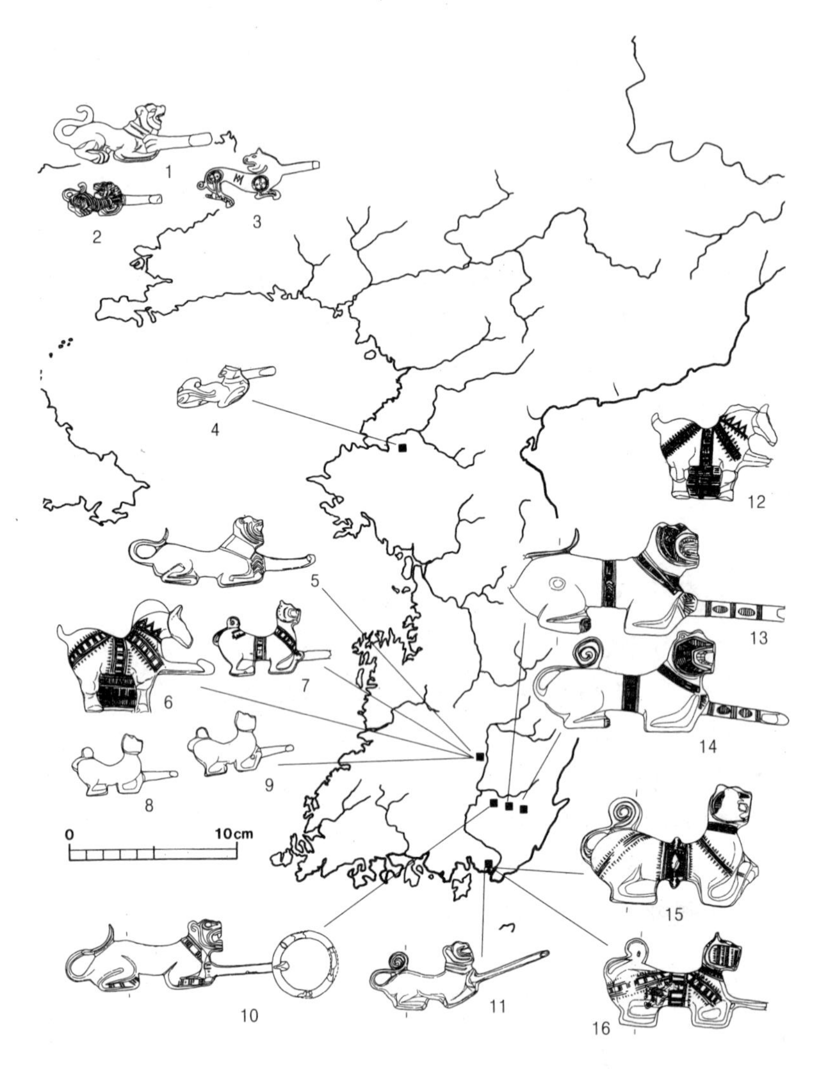

<도면 8> 虎形帶鉤의 變遷과 그 분포(金邱軍 2000을 引用하여 再作圖)

1. 琉璃閣 152號 2· 長廣敏雄 資料 3. 山西 長治分水嶺 4. 平壤 마장리 5~9. 傳 善山 10. 大邱 飛山洞 11. 傳 慶尙南道 12. 朝陽洞 60號 13. 永川 漁隱洞 14. 慶州 舍羅里 130號 15. 傳 慶尙南道 16. 大成洞 11號

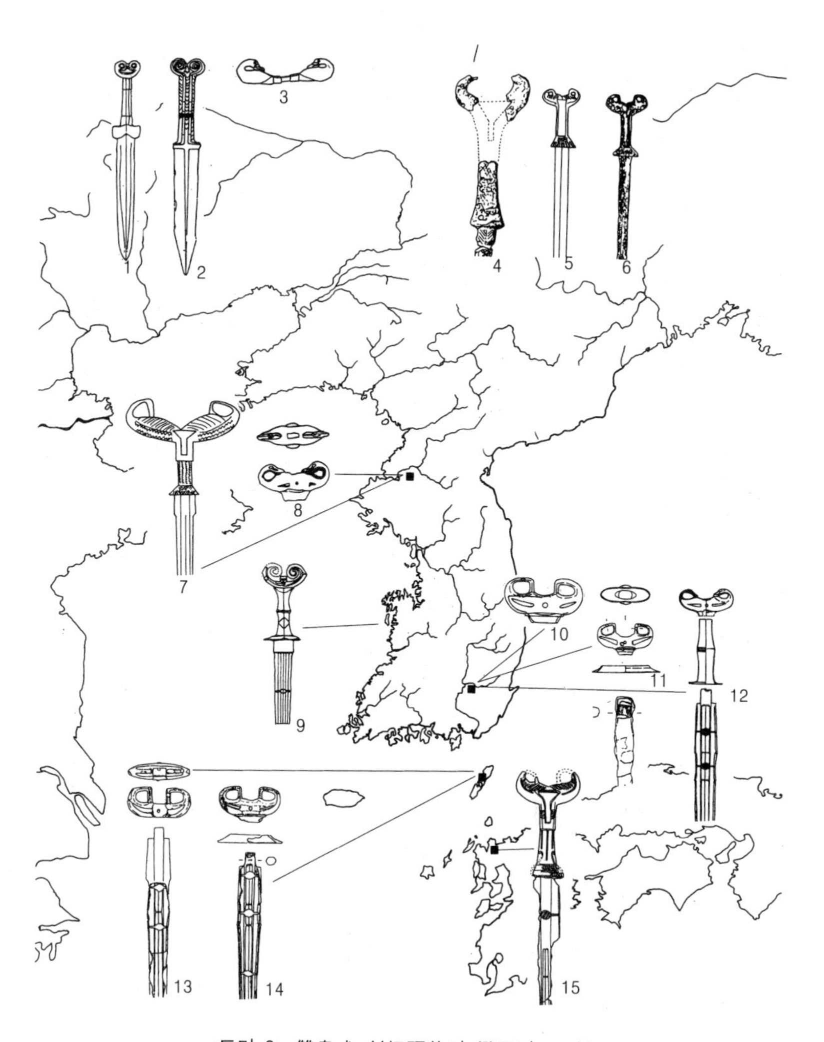

<도면 9> 雙鳥式 劍把頭飾의 變遷과 그 분포

1. 傳 慶尙道 2. 毛慶溝 60號 3. 파지리크 3號 4. 吉林 西荒山屯 5. 西豊西岔溝 6. 東遼縣採嵐墓 7. 平壤 土城洞 486號 8. 傳 平壤 9. 傳 忠淸南道 10. 大邱 池山洞 11. 林堂洞 E-132號 12. 大邱 飛山洞 13. 對馬島 사카도우 14. 對馬島 타카마츠노단 15. 佐賀縣 柏崎貝塚

銅鏃

지금까지 對中 교섭관계 연구에서 그다지 주목받지 못하였으나, 변·진한지역에도 중국의 戰國·漢代에 유행한 弩 전용의 청동삼릉촉이 출토된 바 있다. 우선 경주 구정동에서 다량의 청동기, 철기와 함께 삼릉촉 1점이 출토된 바 있다. 莖과 芯棒이 철인지 청동인지는 명확하지 않으나 촉신의 3면에 홈이 형성된 것이다(崔鍾圭, 1993 : 139). 또한 최근 사천 늑도유적에서도 경부가 철인 삼릉촉이 확인되었다고 한다(李在賢, 2001 : 58).

변·진한지역은 아니지만 제주도 삼양동, 광주 신창동 등지에서도 삼릉촉의 출토가 보고되어 있어 이 당시 낙랑군과 東夷 諸國의 교섭관계를 이해하는 자료가 된다.

지금까지 낙랑유적에서 출토된 청동촉은 크게 양익형, 삼익형, 삼릉형, 사릉형, 평면삼각형으로 구분된다. 이 중 삼릉형의 경우 흔히 三角錐鏃이라 불리기도 하지만 평면 삼각촉과 구분하기 위해서는 삼릉촉이라는 용어가 유용할 것이다(鄭仁盛, 2002). 삼릉촉은 莖部가 철인 것이 보편적이나 청동으로 되어 촉신과 동시에 주조되기도 한다. 촉신에는 홈이 1개인 것과 3개인 것이 일반적이지만 2개인 것이 정백동 1호분에서 출토되었다 한다(이순진, 1964). 이러한 청동촉은 대개 목곽묘 단계의 낙랑고분에서 출토되는 경우가 많은데 전실묘에서의 출토 예는 극히 드물다. 중국에서 청동촉의 발생순서는 삼익에서 삼릉으로 변해갔을 것으로 판단된다. 낙랑토성 내에서 출토된 청동촉 중에서는 사릉촉이 상대적으로 발생시기가 늦은 것으로 이해되는데 이는 소재만 철인 동일형식의 鏃이 존재하기 때문이다. 삼릉촉은 경부가 철인 것과, 촉신과 동시에 주조된 청동으로 구분되는데, 둘 중 어떤 것이 선행하는지는 중국측의 자료를 통해서도 쉽게 판단할 수 없다.

삼릉촉은 燕下都 등 중국에서 지금까지 발견된 자료를 참고하면 거푸집 3장으로 주조하는 것이 일반적이나, 낙랑토성에서 출토된 동촉 중에는 이와는 달리 上下 2장의 거푸집으로 제작한 것이 있다. 또한 낙랑토성에서 출토된 청동기 제작관련 유물을 통해 漢式靑銅器의 제작사실이 확인되는 것으로 보아 낙랑군에서도 청동촉의 제작이 자체적으로 이루어졌을 가능성이 있다(鄭仁盛, 2002). 삼릉촉은 위원 용연동에서의 출토 예로 보아 낙랑군 설치 이전에 이미 한반도에 이입되었던 것으로 보인다. 그러나 낙랑토성이나 낙랑 목곽묘에서 출토되는 청동촉의 대부분이 삼릉촉인 것으로 보아 변·진한지역에서 확인되는 삼릉촉은 낙랑군 설치 이후에 이입되었을 가능성이 높다. 또한 전실묘 단계가 되면 화살촉이 대부분 철촉으로 전환된다는 사실을 참조하면 弁·辰韓사회로 청동 삼릉촉이 이입된 시기는 낙랑군에서 전실묘가 축조되기 이전일 가능성이 높다.

쇠뇌는 발사된 화살이 직선적으로 목표물을 향해 나는 것이다. 漢代의 화상석에 표현된 쇠뇌의 취급 장면을 보면 쇠뇌는 화살을 재는데 보통의 활과는 비교되지 않을 정도의 강한 힘이 필요한 것임을 알 수 있다. 때문에 弩는 금속제의 弩機(방아쇠를 포함하는 발사장치) 없이는 사용하기 힘든 것이다. 이 시기 삼한지역이나 일본열도에서는 쇠뇌용의 촉은 발견되지만 弩機가 발견되지 않는 것을 보면 이러한 청동화살촉도 본래의 기능과 유리되어 단지 위세품의 성격으로 이입된 것임을 알 수 있다. 뿐만 아니라 쇠뇌용의 청동촉은 변·진한사회의 물질문화의 일부로 수용·정착되지 않는다.

貨幣

弁·辰韓지역에서 출토된 중국화폐로는 반량전과 오수전 그리고 화천이 있다.

이 중 반량전은 최근 늑도유적의 조사에서 확인된 것이다. 반량전은 시황제가 중국을 통일하고 중앙집권화를 목적으로 제작한 화폐로 12銖가 기본이나 실제로는 일정치 않다. 대개 단합범으로 주조되는데, 쌍합범으로 제작하는 오수전과는 주조방식에 차이를 보인다. 반량전은 漢代에 와서도 계속 제작되었는데, 漢代 초기에는 민간에서도 주조되었다 한다. 이러한 폐단을 없애기 위해 기원전 119년에 새로 오수전을 제작하고 반량전의 제작을 금지시켰으나, 민간이나 일부 변방의 군현에서는 일정기간 반량전의 주조가 계속되었던 것으로 보인다.

낙랑토성에서도 활석으로 만든 반량전의 거푸집이 출토된 바 있다(鄭仁盛, 2001). 결국 늑도에서 출토된 반량전은 낙랑군에서 제작되었거나, 유통되다 이입되었을 가능성이 높은데 변・진한사회로의 이입시기는 기원전으로 소급될 가능성이 높다.

前漢의 武帝에 의해 서기 119년에 주조가 개시된 오수전은 변한지역의 경우 다호리 1호에서 3점, 성산패총에서도 1점이 출토되었다. 변한지역은 아니지만 경산 임당동 유적에서는 A-Ⅰ-74號, A-Ⅰ-121호, E-132호에서 각각 오수전의 출토가 확인되었으며, 4세기대의 유물이 집중적으로 출토된 저습지 구간에서도 출토된 바 있다.

서기 14년 왕망에 의해 주조가 개시되어 後漢 光武帝때까지도 단속적으로 제작된 貨泉은 김해 회현리 패총에서의 출토가 알려져 있다.

변・진한지역은 아니나 제주도 산지항, 군곡리, 여천 거문도 등지에서도 오수전, 화천 등의 화폐가 출토되어 郡縣과의 교섭루트를 추정하는 재료로 이용되고 있다. 특히 거문도에서는 해안가에서 980점의 오수전이 동일지점에서 출토되어 주목되는데, 이 중에는 後漢代의 것이 포함되어 있다고 한다(池健吉, 1990). 거문도는 해안에서 꽤 떨어진 小島로 군곡리 패총↔마도↔ 소초도↔늑도↔동외동패총↔성산패총으로 연결되는 해안 교역루트에서 꽤 벗어나 있다. 또한 규모로 보아 섬 자체가 교역의 주체가 되지 못할 것으로 보여, 근년 일본의 出雲地域의 鹿島町의 바닷속에서 낙랑토기가 인양된 예(龜田, 1999)를 참고하면 당시 낙랑과 弁・辰韓, 倭를 왕래하던 낙랑 무역선의 難破를 생각케 한다.

또한 1,000점에 가까운 銅錢이 한꺼번에 운반되고 있었다는 사실은, 오수전 등의 동전이 단순히 위세제의 성격으로 교역되지 않았음을 반영한다. 일본의 경우 야요이 중・후기에 제작된 중・광형동모나 동탁 등의 납동위원소의 분석결과를 살피면 그 대부분이 中國産의 원료로 제작되었음이 밝혀져 있다(平尾, 1999). 이 시기 일본에서 제작, 매납된 청동기의 양을 보면 상당한 양의 원료(地金)가 수입되었을 것임에도 불구하고 아직 뚜렷하게 청동기의 원료로 판단될 만한 자료는 확인되지 않고 있다. 그렇다면 1,000여 점의 단위로 유통되며, 무게단위의 파악이 용이한 이러한 동전은 청동기의 원료로 교역되었을 가능성이 있다.

2. 낙랑토기

변·진한지역에서 낙랑토기 즉, 이 시기 평양지역에서 제작되어 이입된 토기는 지금까지 늑도유적에서만 확인되었다. 늑도에서는 다수의 낙랑토기가 출토되었다 하나, 사진으로나마 자료가 공개된 것은, 니질점토계의 대옹과 타날문 단경호 片[15](小田·韓炳三, 1991), 활석혼입계 심발형토기가 전부이다(李在賢, 2001 ; 國立中央博物館, 2001).

활석혼입 심발형토기는 일명 화분형토기로 불리는 것으로, 口緣이 직각에 가깝게 외반하는 것이다. 이 토기는 낙랑군의 이른 시기 고분에서 주로 출토되는 것이나, 의외로 사용기간이 길어 낙랑 후기고분에서의 출토 예도 확인된다. 그러나 늑도 출토품처럼 구연이 직각으로 외반하는 것은 전실묘 출현 이전의 분묘 부장이 대부분이므로 그 이입시기를 짐작할 수 있다.

니질점토계의 타날문 단경호와 대옹은 낙랑고분의 경우 기원후로 편년되는 고분에서의 출토 예가 많은 것이 주목된다. 특히 앞 장에서 살핀 것처럼 일본으로 이입된 낙랑 타날문토기의 대부분이 야요이 후

15) 이 토기편은 실물을 확인하지 않았기 때문에 낙랑토기인지 弁·辰韓地域의 타날문 단경호편인지 명확하지는 않다. 만약 토기 내면에 목제 내박자흔이 지워지지 않은 채 명확하게 남았다면 낙랑토기일 것이다. 여기서는 일단 보고자의 의견을 존중하여 낙랑토기로 판단하고자 하나 추후 다시 한 번 검토할 필요가 있다.

기의 토기와 공반되는 점도 늑도출토 타날문 단경호의 이입시기를 판단하는 데 도움을 준다.

낙랑군에서 제작된 것은 아니나, 낙랑토기의 영향하에서 제작되었을 것으로 판단되는 토기로 다호리 57호 출토의 상자형 토기가 주목된다(李健茂 外, 1995). 이 자료는 낙랑토성 출토 니질점토계 상자형토기와 비교되는 자료인데(谷, 1985 : 168), 태토에 세사립이 혼입된 점, 낙랑토기와 같이 깎기나 타날에 의한 조정흔이 확인되지 않는 점으로 보아 현지에서의 모방 제작일 것으로 보인다. 주목되는 것은 다호리 57호분의 연대이다. 안재호는 57호를 그의 편년안에서 Ⅳ단계로 위치짓고 기원후 1세기 전반대로 판단하고 있으나(安在晧, 2000), 공반된 주머니호나 두형토기, 그리고 굽을 가지는 소형 장경호의 존재로 보아 기원전 1세기 후반 이전으로 소급될 가능성이 높다. 그렇다면 늑도출토 활석혼입 심발형토기와 함께, 기원전 1세기대에는 이미 변한지역에 낙랑토기가 이입되어 있었음을 뒷받침하는 자료가 될 수 있다. 또한 토기는 아니지만 다호리 1호에서 출토된 원통형의 木器 역시 낙랑 원통형토기와 형태적 유사성이 지적된다.

변한지역은 아니지만 경산의 임당동 DⅡ-205號에서 출토된 把手附원통형토기(文化財保護財團, 1998Ⅵ)도 낙랑토성에서 출토된 토기와 흡사하다. 태토에 사립이 혼입된 점, 토기 내외면에 남은 지두흔 등 제작기법상의 특징으로 보아 현지에서 제작된 유물일 가능성이 높으나 이 시기 변・진한지역으로 유입된 낙랑문물의 종류를 암시하고 있다.

또한 늑도유적 B지구에서 출토된 漢式 靑銅壺를 모방한 듯한 와질토기(李在賢, 2001 : 63) 역시 낙랑군과의 관련을 시사하는 토기자료이나, 아직 실물을 관찰하지 못했으며, 정식으로 보고되지 않은 유물이기 때문에 구체적인 판단은 보류한다.

앞으로 늑도유적에서 출토된 낙랑관련 토기자료의 정리가 진전되면 낙랑군과의 교섭, 특히 교섭시기와 교섭형태와 관련된 많은 정보를 제공해 줄 것으로 기대된다.

3. 玉類

水晶製 玉

변·진한지역에서 목곽묘가 등장하는 시기가 되면 팔달동, 조양동, 양동리, 임당동 등의 유적에서 확인되는 것처럼 다량의 수정제 옥이 출토된다. 특히 弁·辰韓지역의 수정제 절자옥에 대해서는 최종규에 의해 낙랑군을 통한 수입품의 가능성이 제기된 이래 이현혜 등의 연구자에 의해 낙랑군과의 교역을 설명하는 재료의 하나가 되어왔다(李賢惠, 1994a, 1994b). 그러나 최근 낙랑군이나 중국에서는 보이지 않는 수정제 曲玉이 변·진한의 유적에서 출토된다는 점을 들어 자체제작설이 제기되기도 하였다(李在賢, 2000 ; 김길식, 2001).

낙랑토성에서는 완성된 수정제 절자옥과 함께 제작 과정상의 수정 원석이 확인되므로, 낙랑토성내에서 실제로 수정옥의 제작이 이루어졌음을 알 수 있다. 그러나 수정제 곡옥은 낙랑고분에서와 마찬가지로 낙랑토성 출토유물에는 확인되지 않는다. <도면 11-1>의 낙랑토성 출토 미완성 수정옥은 역시 단면 6각형의 절자옥을 제작하기 위한 것으로 보인다. 결국 대성동 29호나 양동리 322호, 382호, 200호, 212호, 235호 등지에서 집중적으로 출토되는 수정옥(林孝澤, 2000)은 이재현이 이미 언급한 것처럼 정교하게 가공된 曲玉형 수정옥을 동반하고 있어 在地에서 제작된 것이 확실하다고 판단된다. 그러나 변·진한사회에 수용된 수정가공 기술 그 자체는 낙랑군과의 교섭과정에서 습득했을 가능성이 높다.

유리구슬

원거리 교역 연구에서 중요한 분석대상의 하나로 취급되는 것이 유리제품이다. 이는 형태분석이나 성분분석을 통한 제작지의 판단이 비교적 용이하기 때문이다. 그러나 변·진한과 낙랑군과의 교역 관련 연구에서 유리제품을 구체적인 분석대상으로 삼은 연구는 보이지 않는데 이는 낙랑군의 유리제품에 대한 연구가 부족했기 때문으로 여겨진다.

여기서는 실물 관찰이 가능한 낙랑토성 출토의 유리구슬을 통해, 낙랑 유리구슬의 특성을 전체적으로 살펴보기로 한다. 낙랑토성에서 출토된 자료에는 耳當 등의 전형적인 漢式 유리제품은 물론, <도면 11>에서 보는 것처럼 대롱형(管形), 連珠형, 花弁형, 切子形, 평면원형의 납작구슬 등이 포함되어 있다. 소형의 원형 유리구슬은 色調에 의해 청색, 녹색, 적갈색 등으로 나누어지는데 특히 적갈색이 많은 비율을 차지한다. 또한 금박 샌드위치 유리구슬도 확인된다.

먼저 낙랑토성에서 출토된 유리제 管玉은 <도면 10-2>에서 보는 것처럼 엔타시스형과 직선형으로 구분된다. 제작기법은 耐火土를 바른 봉에 용융상태의 유리액를 감아 말아서 제작한 것이다. 아직까지 낙랑군을 통해서 입수한 것으로 이해되는 유리 관옥은 변한지역에서 확인되지 않는다. 그러나 야요이 시대에는 北九州를 중심으로 福岡의 平原유적이나 요시노가리, 須玖岡本 유적 등에서 이런 류의 유리 玉이 다수 출토되는 것으로 보아 앞으로 弁韓지역에서의 출토도 기대해 볼 만하다. 반면 낙랑토성뿐만 아니라 낙랑고분에서도 부여 합송리나 소소리 등지에서 출토된 긴 대롱형의 유리구슬은 확인되지 않는 것으로 보아, 이들은 낙랑군이 설치되기 이전에 유통된 것임을 알 수 있다.

<도면 10-3>은 耐火土를 바른 芯棒에 용융 상태의 유리액을 묻혀 내어 1차로 모양을 만든 다음, 굳기 전에 上下로 눌러서 최종적으로 모양을 갖춘 것이다. 김해 회현리 패총에서 이와 동일한 형태의 유리구슬이 출토된 바 있다(濱田耕作, 1934).

<도면 10-4>는 連珠형 유리구슬인데 孔의 단면이 전체가 직선임에도 불구하고, 연결된 개개 구슬의 직경이 서로 다른 것으로 보아서, 輪 하나하나를 감기기법으로 만들되, 이를 연접시켰음을 알 수 있다.

<도면 10-5>는 花弁形의 유리구슬이다. 감기기법으로 기본형태를 만들고, 2차로 가열한 다음 날카로운 도구로 외연을 따라 홈을 내어 완성하는 것이다. 다호리 1호에서 출토된 청색의 유리구슬 중에 이와 유

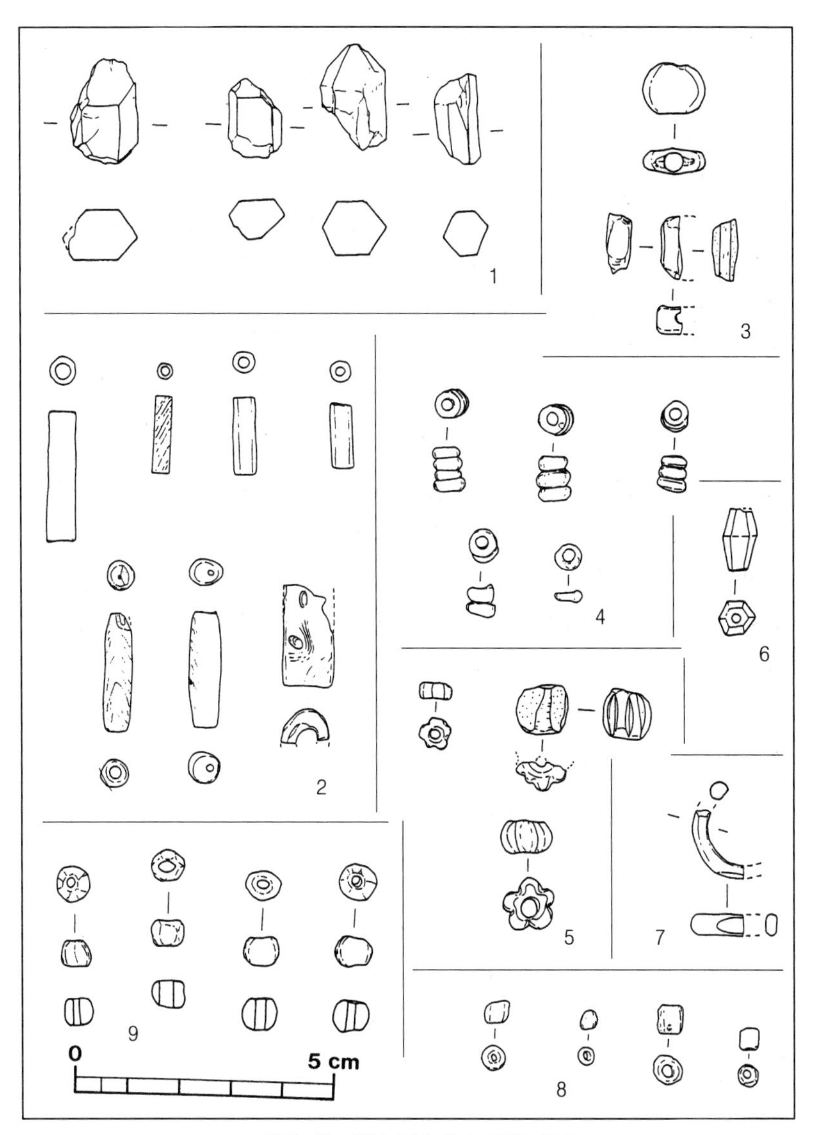

<도면 10> 樂浪土城 出土 각종 구슬

1. 未完成 水晶玉 2. 琉璃製 대롱옥 3. 琉璃製 扁平玉 4. 琉璃製 連玉 5. 花邊形 琉璃玉 6. 琉璃製 切子玉 7. 琉璃製 指輪 8. 琉璃製 小玉 9. 琉璃製 赤褐色 小玉

사한 것이 포함되어 있다(李健茂 外, 1989). 또한 영남대학에서 조사한 임당동 8호출토 유리구슬 중에도 평면이 化弁形을 띠는 것이 있어 주목된다(韓國文化財保護財團, 1998).

<도면 10-8>은 청색 혹은 녹색, <도면 10-9>는 적갈색의 소형 유리구슬이다. 제작방법으로는 용융상태의 유리를 당겨 늘려 대롱으로 만들어 식힌 다음, 이를 끊어내고 최종적으로는 2차 가열을 통해 面을 만들어 나가면서 모양을 갖추는 것이 일반적이다. 그러나 청색이나 녹색 등의 유리옥은 분리기능을 겸한 내화토를 바른 棒에 유리액을 감아서 제작한 것이 있다.

낙랑토성에서 출토된 이들 유리 소옥 중, 특히 적갈색의 것은 '무티사라(mutisalah)'로 불리는 것으로 동남아시아 방면에서 직접 이입된 것으로 보는 것이 일반적인 견해인 듯하다(大賀, 2001). 이는 이들 구슬이 중국계의 납·바륨계가 아니라, 소다석회 유리라는 분석결과를 통해서 뒷받침된다. 그러나 제작지가 동남아시아 지역임을 근거로 하여 이 시기에 동남 아시아와 변한, 혹은 왜와의 直교역 관계를 설정하는 것은 현재의 자료로선 성급한 판단인 것처럼 보인다. 우선 야요이 후기를 중심으로 하는 시기에 반입된 것으로 보이는 적갈색 유리 소옥의 분포를 살피면, 그 대부분이 앞 장에서 살핀 낙랑토기가 출토되는 지역을 중심으로 분포하는 특징이 있다. 즉 쓰시마, 이키, 북부 九州지역이 초기 '무티사라'의 중심 분포지역인 것이다. 반면 지리적으로 동남아시아에서 가까운 오키나와나 南九州에서의 '무티사라'의 출토 예는 전혀 보고되지 않고 있다. 또한 '무티사라'가 출토되는 야요이 유적에서 유리구슬 이외에 동남아시아 혹은 중국 남부지방과 관련시켜 생각할 수 있는 유물의 출토가 확인되지 않는다는 것도 자연스럽지 못한 부분이다.

반면 이 시기 중국 남부지방과의 교역사실이 확인되는 곳은 낙랑군이다. 즉 낙랑고분에서 확인되는 玳瑁製의 머리장신구가 구체적인 예가 되며, 또한 낙랑고분의 木棺으로 이용된 木材 중에는 중국 남부지방에서 수입된 것이 있다 한다(原田, 1940 : 457~466). 나아가 後漢代 이후 낙랑군에서 출토되는 銅鏡의 경우 華南産의 비율이 높다는 점과 (岡村, 1999 ; 西川, 2000) 토성동 등지에서 출토되는 施釉陶器가 중국 남부지역 토기와 흡사하다는 선행연구를 참고하면 중국 남부지방과 낙랑군 사이에 당시 빈번한 원거리 교역이 이루어지고 있었음은 명확하다 하겠다. 그렇다면 이 시기의 유리구슬 역시 1차적으로 樂浪郡이 수입하여 변・진한이나 왜로 재공급하였을 가능성이 재기된다.

여기서 변・진한지역 출토 유리소옥 중 성분분석 결과가 알려진 자료를 살펴보자. 우선 기원전으로 편년되는 대구 팔달동 72호 출토 구슬은 중국 화북산 납이 첨가되었다. 창원 다호리 출토 구슬은 화북산 납의 중심 분포역에서 벗어나 있는데(金奎虎・李午憙, 2000 : 65~83) 이는 한반도 북부지역, 혹은 중국 북부지역의 것으로 해석된다(平尾, 1999 : 135). 즉 기원전후나 그 이전에 이입된 유리구슬, 혹은 그 원료는 낙랑군을 통해서 수입되었다고 판단할 수 있다.

문제는 포항 옥성리에서 출토된 유리구슬이다. 납동위체의 분석결과가 알려져 있는 자료는 옥성리 91號, 123호, 48호 출토 유리구슬로 시기는 공반토기류가 빈약하여 명확하지 않으나 대략 3・4세기대의 遺構인 것으로 보인다. 이들 유리구슬의 납동위체비는 중국 華南産 납의 분포영역과 정확하게 일치한다(金奎虎・李午憙, 2000 : 65~83). 포항 옥성리 출토 유리구슬에는 곡옥형의 구슬이 포함되어 있는 것으로 보아, 현지에서도 충분히 유리구슬을 제작하였을 가능성이 있으나, 최소한 이들 구슬을 제조하는 과정에서 사용된 원료의 일부는 수입된 것이 틀림없다. 단 이것이 낙랑군을 통해서 이입된 것인지 동남아시아나 중국 남부지방과의 직교역을 통해 입수한 것인지는 명확하지 않지만, 위에서 든 3가지 사항을 참고하면 前者의 가능성이 높다고 본다.

Ⅳ. 樂浪郡과의 단계별 교섭관계의 변화

이상에서 살핀 변・진한지역 출토 낙랑관련 유물의 이입시기를 고려하면, 이를 크게 3단계로 나누어 볼 수 있다. 1단계는 樂浪郡이 설치되기 이전의 시기, 즉 대략 필자의 세형동검 문화기의 1, 2단계에 해당한다(鄭仁盛, 1997). 2단계는 낙랑군이 설치된 이후로 변・진한사회에서 목관묘가 주체가 되는 시기이다. 이 시기는 변・진한사회내에 세형동검 문화 전통이 잔존하며 주머니호도 여전히 남아 있다. 2단계는 크게 前漢鏡(<도면 6>의 2~4단계)이 이입되는 前半과 후한경이 주체가 되는 後半으로 구분해 볼 수 있다. 3단계의 시작은 세형동검 문화 전통은 물론 주머니호가 소멸되는, 즉 대형 목곽묘가 등장하는 2세기 중・후반대를 分期로 한다.

1. 1段階의 교섭양상(樂浪郡 설치 前)

낙랑군이 설치되기 以前의 對中交涉과 관계된 자료는 그 대부분이 마한지역을 중심으로 출토된다(<도면 11> 참조). 우선 漢郡縣이 설치되기 이전에 이입된 蟠螭文鏡이 익산 평장리에서 출토되었음은 앞 장에서 살핀 바와 같다(<도면 6-1>).

이 외에 낙랑군 설치 전의 對중국 교섭과 관련해서는 함평 초포리 유적이 주목된다. 함평 초포리 유적의 중국식검은 세형동검 등의 공반유물(<도면 11-1>)을 통해 볼 때 늦어도 기원전 2세기대에 부장된 것임을 알 수 있다. 때문에 초포리 출토 중국식 검은 완주 상림리 출토 중국식검 역시 낙랑군 설치 전의 자료임을 확인시켜 주기에 충분하다. 이들 유물은 단면 형태가 전형적인 중국식검과는 차이가 있으며, 성분분석 결과도 중국산의 납을 '地金'으로 사용한 것이 아니라는 것이 밝혀져 있어 재지에서 제작되었을 가능성이 높다(平尾, 2000). 그럼에도 불구하고 이 시기 중국과의 교섭관계를 나타내는 자료로 보는 데는 문제가 없다.

부여 합송리와 당진 소소리 등지에서 출토되는 유리제 대롱옥(<도면 11-6, 11-7>)은 납·바륨계로 중국계임이 이미 밝혀져 있다(李仁淑, 1990, 1993). 이러한 형식의 유리옥은 앞 장에서 살핀 것처럼 낙랑토성 및 낙랑고분에서는 출토되지 않는 형식이라는 점과, 공반유물의 시기 등을 참조하면 낙랑군 설치 전에 이입된 유물임에 틀림없다.

<도면 11-3·4·5>는 하북성 燕下都에서 출토된 세형동과와 그 공반 유물의 일부이다(河北省文物管理局, 1996). 이 세형동과는 한반도에서 제작되어 戰國 燕의 귀족묘에 묻힌 것으로 낙랑 설치 전의 對中國 교섭관계의 일면을 보여주는 귀중한 자료이다. 또한 연하도에서도 출토되는 주조철부와 철착(<도면 11-4·5>)과 유사한 형식의 것이 마한지역을 중심으로 분포하는 사실 역시 이 시기의 對中國 교섭관계의 일면을 보여준다.

<도면 11-8>은 전남 강진 혹은 무안에서 출토되었다고 전하는 명도전(朝鮮總督府, 1923 : 131~134)인데, 출토정황에 대해서는 약간의 논란이 있는 것으로 보이나 전라도 지역에서 출토된 것은 틀림없는 것으로 보인다. 이 명도전 역시 낙랑 설치 전의 마한지역 정치체와 中國과의 교섭관계를 알려주는 자료이다.

이 시기 삼한지역 諸 정치체의 對中 교섭관계와 관련하여 이재현은 익산 평장리 출토 銅鏡의 형식, 삼한 각지에 분포하는 銅鍦의 존재 등을 예로 들어 이 시기 중국 남부지방 楚와의 관계를 상정하기도 하였다(李在賢, 2001). 그러나 중국 남부지방에서 가까운 오키나와에서는 오히려 전국 燕과 관련이 있는 명도전과 함께, 요동지방의 목양성에서 출토된 활석혼입계 옹과 유사한 甕이 출토되는 사실을 참고하면 이 시기의 對中 교섭은 역시 위만조선의 주도로 전개되었다고 보는 것이 타당할 것이다. 銅鍦의 경우에도 솔뫼골 돌돌림 무덤에서 출토된 동사나 위원 용연동에서 동사와 같은 모양의 鐵鍦 등이 출토되는 것으로 보아 굳이 楚와의 관련을 고집할 필요는 없을 것으로 보인다.

반면 이 시기의 弁·辰韓지역은 다른 지역과 마찬가지로 아직 지석

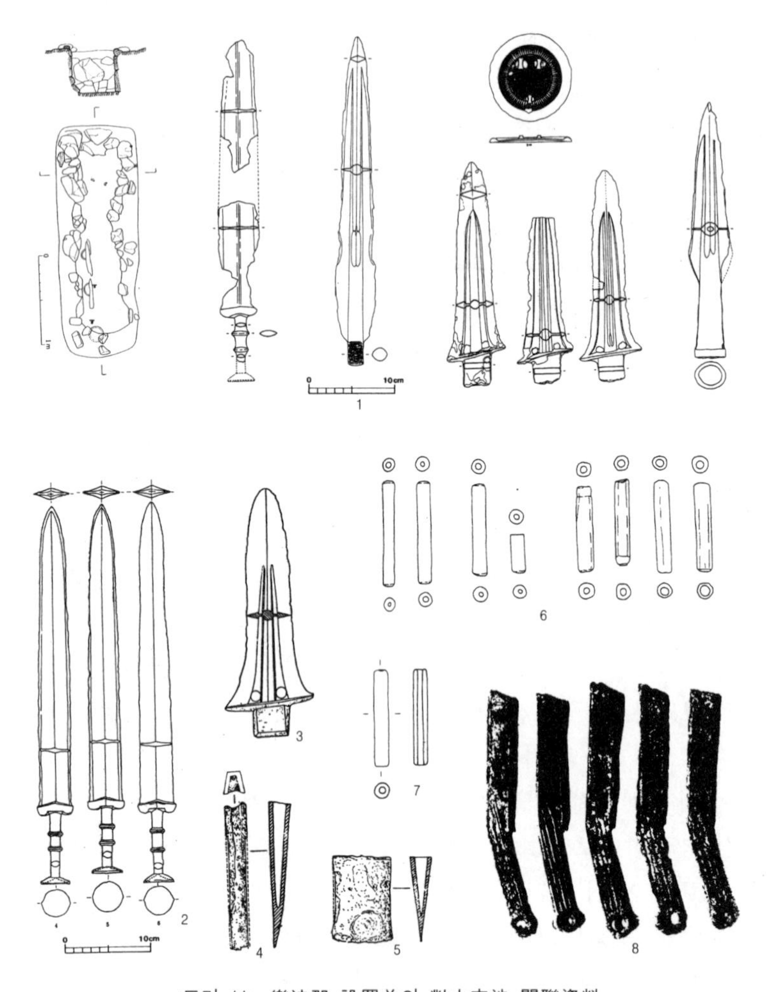

<도면 11> 樂浪郡 設置前의 對中交涉 關聯資料

1. 함평 초포리 出土遺物 2. 傳 完州 上林里 3~5. 中國 河北省 燕下都 辛庄頭 30號墓 出土 6. 부여 합송리 7. 당진 소소리 8. 全羅南道 康津(務安?) (8은 축척부동)

묘가 존속하는 시기이다(鄭仁盛, 1997, 1999). 어느 정도 계층사회를 이룬 지석묘 축조집단을 대신하여 세형동검 집단이 이 시기 이후 사회변동의 중심축으로 급성장하는 것은, 先進 政治·사회조직에 대한 경험이 바탕이 된 것은 물론이며, 여기에 집단 간 교섭망의 구축과 이의 常時的 운용이 중요한 역할을 했을 것으로 판단된다(鄭仁盛, 1997). 이는 낙동강유역권내의 중심 지석묘 집단이 비교적 자기완결적인 곳에 입지하는 것에 비해, 대개의 세형동검 집단은 대내외 교역에 유리한 교통로를 중심으로 입지하는 사실을 통해서 추론된다(鄭仁盛, 1997·1999). 물론 여기서 말하는 이 시기 변한사회의 교섭활동에는 아직 對中國 원거리 교역이 포함되어 있지 않다. 단지 낙동강유역권을 초월하여 마한지역과 교섭하였음은 상주나 경주지역을 중심으로 출토되는 일부 의기성동기를 통해 추론할 수 있다(李在賢, 2000). 또한 김해패총 출토 야요이 옹관이나, 늑도유적에서 출토되는 城ノ越式 토기의 존재, 그리고 北九州 지역에 한정되어 출토되는 비교적 이른 시기의 점토대토기의 분포(白井, 2001 : 165)로 보아 北九州 지방을 상대로 교역활동을 중심으로 한 활발한 對外交涉이 이루어졌을 것이다.

또한 최근 조사된 늑도유적에서는 濟州道産의 현무암 편을 혼입한 토기가 출토되었다고 한다(李在賢, 2001). 아직 정식으로 보고되지 않았기에 이 단계에 속하는 유물인지 다음 단계인 기원전 1세기~기원 2세기 전반대에 속하는지 명확치 않은 부분이 있으나, 제주도 지역 집단이 변한지역 정치체의 중요한 교역관계의 한 축임을 짐작케 해준다.

2. 2단계 전반대의 양상

弁·辰韓사회의 부각

기원전 108년 한반도 서북지방에 낙랑군이 설치된 후에는 삼한사회 내의 교섭관계의 중심이 크게 변한다. 즉 弁·辰韓지역을 중심으로 낙랑군을 통해서 수입된 유물, 혹은 이러한 유물을 모방하여 現地에서 제작한 유물이 급증하게 된다. 반면 전단계까지 위만조선 및 對中 교섭의 중심이었던 마한지역에서는 낙랑군을 통해 입수되었다고 판단되는 유물의 출토 예가 거의 확인되지 않아 대조적이다. 이는 낙랑군이 설치된 후 교섭의 중심축이 일거에 마한지역에서 弁·辰韓지역으로 이동하였음을 보여주는 것이다.

삼한사회 內의 對中 교섭권이 弁·辰韓사회로 이동한 배경을 이해하기 위해서는 우선 군현이 설치되기 前의 주변 諸 상황을 살필 필요가 있다.

한반도의 서북부지역에 군현이 설치되기 전 단계의 마한지역은 한반도 서북지역에 버금가거나 오히려 능가할 정도의 고급 청동기를 제작하고 유통시켰으며, 위만조선이 설치된 뒤로는 앞에서 살핀 바와 같이 對中交涉의 중심지로 성장해 있었다. 또한 馬韓은 지리적으로도 郡縣과 가깝기 때문에 이들 마한지역 정치체의 성장 및 통합은 郡縣의 입장에서는 정치·군사적 부담으로 인식되었을 가능성이 크다. 때문에 군현이 설치된 후 의도적으로 마한을 배제시키고, 마한의 배후에 위치한 변·진한 세력과 대외교역을 중심으로 한 교섭관계를 맺어 이를 지원한 결과, 弁·辰韓지역을 중심으로 낙랑군을 통해서 輸入된 물자가 집중되는 결과로 나타났을 가능성이 있다. 이러한 사실은 마한지역 출토 銅鏡의 분석을 통하여 마한의 對郡縣교섭의 추이를 郡縣側의 羈縻策 차원에서 살핀 박순발에 의해서도 지적된 바 있다(박순발, 2001).

對樂浪郡 交涉 개시 시기

弁韓사회가 낙랑군과 교섭을 개시한 시기에 대해서는 낙랑군이 설치되고 내부질서가 어느 정도 확립되기까지의 시간을 감안하거나, 혹은 다호리 1호 출토 星雲文鏡의 연대를 들어 기원전 1세기 후반으로 보는 경향이 있다(李盛周, 2000 : 128, 高久, 2000 ; 尹龍九, 1995 ; 李賢惠, 2001). 그러나 다호리 1호의 年代는 성운문경의 부장 시점을 고려하여 얻어진 것이기 때문에 岡村의 漢鏡 編年을 참고(<도면 6>)하면 변한지역으로의 이입시기는 이보다 이른 시기로 소급될 수 있다.

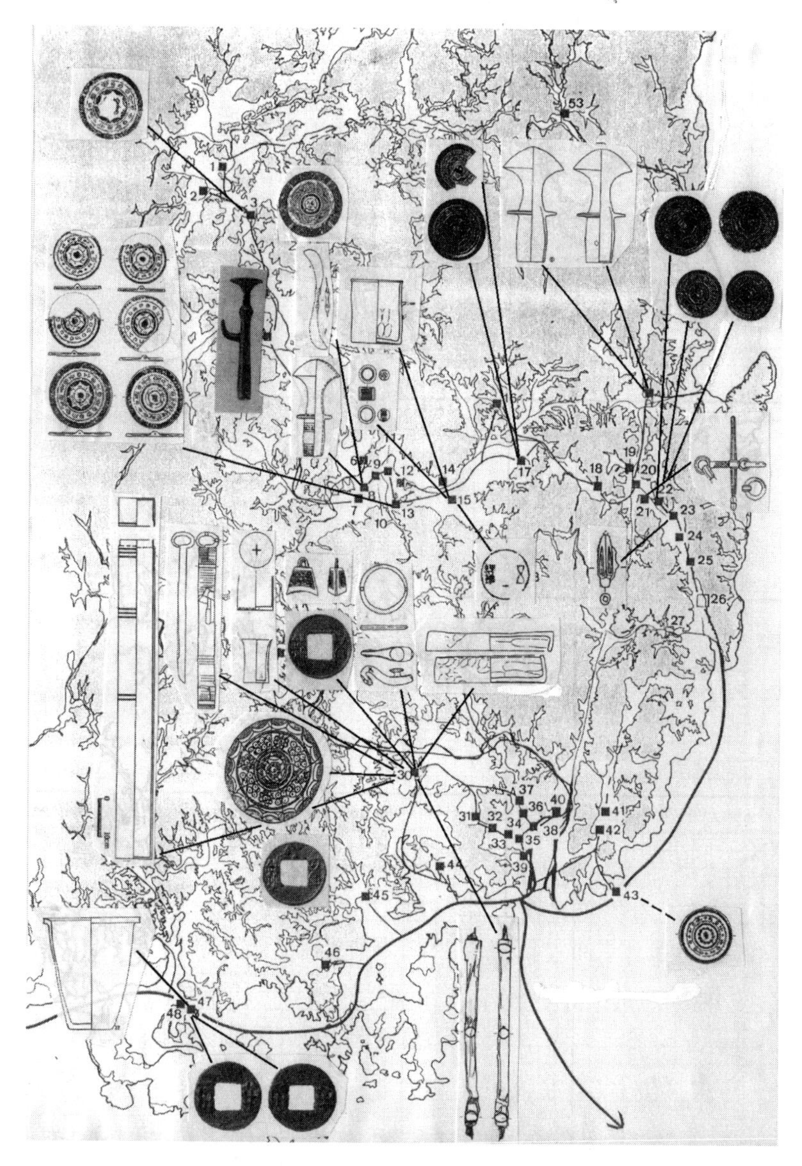

<도면 12> 2段階 前半 樂浪關聯 遺物의 分布

(늑도출토의 활석혼입계 토기는 아직 도면이 공표되지 않아, 평양 상리 출토 유물을 참고로 대신 편집한 것임)

또한 기원전 1세기 후반은 낙랑군을 통해서 입수한 각종 청동기의 재지화가 이미 진행된 시기이기도 하다. 組立式 세형동검이나, 笠形銅器, 雙鳥式 검파두식, 虎形帶鉤 등을 보면 이미 낙랑군을 통해서 입수된 청동기들의 재지화 현상이 뚜렷하게 진행되었음을 알 수 있다(<도면 8>, <도면 9> 參照). 낙랑군에서 이입된 각종 유물이 모방되거나 변용이 이루어진 시기가 기원전 1세기 후반이라는 것은, 교섭이 개시된 시기는 이보다 이르다는 것을 의미한다.

근년 임당동 E-58호에서 출토된 草葉文鏡의 再加工品은 변・진한 지역과 낙랑군과의 교섭 개시 시기를 기원전 1세기 전반대까지 소급시킬 수 있는 가능성을 제공해 주었다. 또한 공반된 부장토기의 연대가 기원전 1세기 중반 이전으로 편년될 수도 있는 팔달동 99호 출토 조립식 세형동검에서 인지되는 낙랑지역 세형동검과의 유사성, 그리고 늑도에서 출토된 2枚의 반량전, 같은 늑도유적 출토 활석혼입계 심발형토기도 낙랑군과의 교섭 개시 시기가 기원전 1세기 전반대 이전까지 소급될 가능성을 시사하는 자료이다.

교역품의 종류

이 시기에 낙랑군을 통해서 이입된 유물 중 고고학적으로 확인할 수 있는 것은 漢鏡이 대표적이며, 蓋弓帽, 馬面, 帶鉤, 笠形銅器, 銅鏃 등의 청동기류가 대표적인 교역품이었던 것으로 보인다. 또한 늑도의 반량전, 다호리 1호의 오수전, 임당동 목관묘에서 출토된 오수전 등으로 보아 銅錢도 이 시기의 중요한 교역품의 하나이다.

다호리 유적에서 출토된 칠기 화살통(<도면 12> 參照)을 보면, 일부 완성된 칠기나 혹은 칠가공 기술이 이입되었을 가능성이 있으나 낙랑고분에서 출토되는 것과 같은 고급칠기의 이입은 확인되지 않는다.

늑도 B지구의 활석혼입 심발형토기는 이 시기 실제로 평양에서 제작된 토기가 弁韓지역으로 반입되어 있었음을 확인시켜 준다. 나아가 다호리의 상자형토기나 원통형목기, 임당동의 파수부 원통형토기 등의 자료는 낙랑군에서 변한지역으로 이입되었을지도 모르는 낙랑유물의 종류를 암시하고 있다.

또한 이 시기의 교역품의 하나로 유리구슬을 들 수 있다. 최근의 다호리나 팔달동, 임당동 등지에서 출토되는 유리 소옥은 성분분석의 결과를 참조하면, 대개 낙랑군과의 교역을 통해서 이입되었을 것으로 짐작된다. 그러나 아직 이 시기에 속하는 적갈색 유리 小玉(무티사라)의 출토 예는 보고되어 있지 않다.

반면 이 시기 弁(辰)韓지역에서 낙랑군으로 獻上되거나 수출된 물건을 고고학적으로 확인하기란 쉽지 않다. 지금까지의 연구를 살피면 갈현리에서 출토된 판상철기와 소라리 토성에서 출토된 판상철기를 변한지역에서 낙랑군으로 수출된 것으로 이해하기도 한다(東, 1995 : 84~87). 이들 판상철기가 변한지역에서 수출된 것이라면 이미 大樂浪郡이 형성되기 이전에 변한세력이 낙랑군은 물론 임둔군과도 개별적인 교섭관계를 형성하고 있었음을 입증하는 자료가 된다. 그러나 갈현리 토광묘의 축조연대가 기원전 1세기 이전으로 소급될 가능성이 있는 점, 낙랑군이나 臨屯郡에서 嶺東七縣의 고지로 이해되는 지역의 철기문화에 대한 기초연구가 부족한 현시점에서 쉬이 결론을 내리기 어려운 점이 있다.

교역 루트

이 시기는 경주·대구·상주를 중심으로 하는 경북지방에 漢鏡이 집중된다(<도면 6> 參照). 그러나 이를 통해서 이 시기에 辰韓 집단이 육로를 통해 낙랑군과 교섭하였을 것으로 판단하는 데에는 자료면에서 빈약한 감이 있다(李在賢, 2000). 즉 한강유역권이나 금강유역권에서는 이 시기 낙랑군과 교섭하였음을 보여주는 자료가 거의 확인되지 않기 때문이다. 반면 창원 다호리 1호에서 출토된 성운문경, 오수전, 유리구슬을 비롯하여 늑도의 활석혼입 심발형토기와 반량전, 청동삼릉촉, 성산패총의 오수전 등의 자료를 참고하면 이 시기 낙랑군과의 중심 교역루트는 남해의 연안 해로였을 가능성이 높다.

단지 이 시기 진한지역으로 입수된 漢式유물이 김해를 관문으로 낙동강 수계를 따라 이입된 것인지, 혹은 김해↔양산↔경주를 연결하는 谷間을 따라 이동하였는지, 아니면 울산지역을 관문으로 하여 경주↔영천↔대구↔상주로 연결되는 교역로를 따라 이동하였는지는 명확하지 않다. 단지 낙랑군과 일본열도에서도 출토되는 有文銅戈가 현재까지 대구와 경주, 경주에서 울산으로 향하는 곡간을 중심으로 분포하는 반면, 낙동강 하류역이나 서부경남 지역에서는 일절 출토 예가 보고되지 않는 것을 보면 울산을 관문으로 내륙으로 연결되는 루트가 중심이 되었을 가능성이 있다.

그렇다면 이 시기의 교역루트는 크게 2개로 구분할 수 있다. 그 중 하나가 김해를 관문으로 하여 낙동강 하류역의 제 집단을 연결하는 것이며, 또 하나는 상주↔대구↔영천↔경주↔울산으로 연결되는 낙동강 中上流의 제 집단을 연결하는 루트가 된다. 물론 낙동강유역권을 크게 상하로 구분하는 이러한 교역망이 상호 폐쇄적인 구조였다고 판단하지는 않으며 상호 교역망을 초월하여 물자의 이동도 이루어졌을 것으로 이해되나 개별 교섭망 내부와 비교하여 일반적이지 않았을 것이다.

아울러 이 시기에 이미 上下로 구분된 낙동강유역권내의 교섭망은 종국적으로 弁·辰韓사회를 분화시켜나가는 중요한 요인 중의 하나로 작용하였을 것으로 판단된다.

교역의 형태

이 시기 낙랑으로부터 이입된 물품은 대개 위세품의 성격을 띠는 청동기가 주류를 이루기 때문에 교역의 형태는 조공무역이 중심이었을 가능성이 높다. 이는 이 시기에 변한지역을 포함하여 일본열도, 한반도 중남부, 동해안 등의 지역에서 낙랑토기의 출토 예가 드문 것을 통해서도 이해할 수 있다. 물론 이 시기에 늑도로 이입된 낙랑토기(煮沸用의 심발형토기)의 존재로 보아 낙랑상인도 부분적으로는 교역활동에

참가하여 변한지역까지 진출하였던 것으로 짐작되는데, 이는 부분적이나마 낙랑상인에 의한 私무역이 병존하였음을 말하는 것이다.

낙랑군에서 이입된 물품이 내륙의 諸 집단으로 운반되는 과정과 그 주체는 분명치 않다. 그러나 이 시기 낙랑상인의 활동을 암시하는 낙랑토기와, 北九州의 야요이 집단의 활동을 암시하는 야요이 토기가 늑도, 김해패총, 온천동 등 해안지역에서만 확인되는 것을 참조하면 낙랑인과 야요이인이 낙동강유역권 內의 對內 교역망을 이용하여 권역내부의 집단들과 직접 접촉했을 가능성은 희박하다. 토기와는 대조적으로 낙랑 청동기나 야요이 사회에서 수입된 청동기 등은 내륙지역까지 운반된 상황을 참고하면 원거리 무역품을 권역내로 유통시키는 주체는 낙동강유역권 내부의 집단들이었음을 알 수 있다.

또한 이 시기는 아직까지 변·진한지역에서 낙랑군과의 교역권을 장악한 집단이 등장한 것으로 보이지 않는다.

3. 2단계 후반의 양상

교역품의 종류

이 시기 낙랑군에서 변(진)한 사회로 이입된 물건은 방격규구경과 細線式獸帶鏡, 내행화문경 등의 漢鏡이 중심이다. 또한 良洞里와 下垈의 청동정이 이 시기에 이입되었을 가능성이 높다. 경주 사라리 130호에서 출토된 철복 역시 이 시기 낙랑군에서 출토되는 철복, 혹은 煮沸用의 활석혼입 심발형토기와 형태상 유사한 점이 있다. 김해 회현리 패총에서 출토된 貨泉과 납작유리구슬 등도 이 시기에 이입되었을 것으로 보인다.

교역품의 감소와 그 배경

이 시기의 가장 큰 특징으로는 낙랑군을 통해서 이입되었을 것으로 보이는 교역품의 數가 극단적으로 줄어드는 현상을 들 수 있다. 이는 전 단계에 이입되었던 漢式유물이 弁·辰韓사회 내에서 이미 선택적으로 수용되거나, 혹은 변용단계를 거쳐 재지화됨으로써 변·진한사회 내에서 漢式유물이 갖는 위세품으로서의 가치가 줄어든 것이 이유가 되었을 것으로 보인다. 낙랑군을 통해 이입된 器物이 변·진한사회 내에서 재지화되는 양상은 金邱軍의 연구를 참고하여 作圖한 虎形帶鉤[16]의 分布圖(<도면 8> 참조)와 쌍조식 검파두식[17](<도면 9> 참조)의 형식별 분포도를 보면 명확해진다. 이 외에도 이러한 변용과정이 확인되는 유물로는 조립식 검초를 동반하는 세형동검, 그리고 재갈과 재갈멈추개 등이 있음은 이미 앞에서 살핀 바이다.

수입 漢式유물의 偏在

또한 前 단계 漢鏡 및 낙랑군을 통해서 이입된 물건이 중심적으로 분포하던 경북지역에서 청동기의 출토가 급격히 줄어드는 반면 낙동강 하류역, 특히 김해지역을 중심으로 그 분포가 집중되는 현상을 보인다. 이를 통해 보면 이 시기부터 낙동강 하류역에서 금관가야의 모체가 되는 김해지역 집단이 낙랑군과의 대외교섭에서 주도권을 행사하기 시작했을 가능성이 추론된다. 이는 서기 1세기 후반대가 되면서 양동리에서 직선거리로 약 15km 정도 떨어진 곳에 위치하는 다호리

16) 우선 호형대구는 그간 막연하게 북방식으로 이해되던 것이었으나 金邱軍이 지적한 것처럼 호형대구가 가진 動物意匠 그 자체는 북방문화에 계보를 두지만, 실제로 비교적 이른 시기에 중국 중원지역으로 수용되어 형태변화를 거쳐 중원화되는 것을 알 수 있다(金邱軍, 2001). 이것이 다시 낙랑사회로 유입되어 변용되었음은 평양의 마장리 목곽묘 출토유물을 통해서 알 수 있다(<도면 8-4> 참조). 낙랑군을 통해서 弁·辰韓사회로 이입된 虎形帶鉤는 변·진한사회로 수용되어 형태적·문양적 속성을 중심으로 변화를 거듭하여 4세기대까지 존속한다.

17) 원래 쌍조식 동검은 다종 다양한 오르도스식 청동검의 한 형태이다. 동검에 이 쌍조식의 모티프가 수용되는 것은 평양지방과 길림지역인 것으로 보인다. 변·진한지역으로 이입된 쌍조식 동검 중 가장 고식은 비산동 출토품인 것으로 보이는데, 이 비산동 출토유물의 직접적인 계보관계에 있는 것이 <도면 9-8>의 傳평양 출토 유물이다.

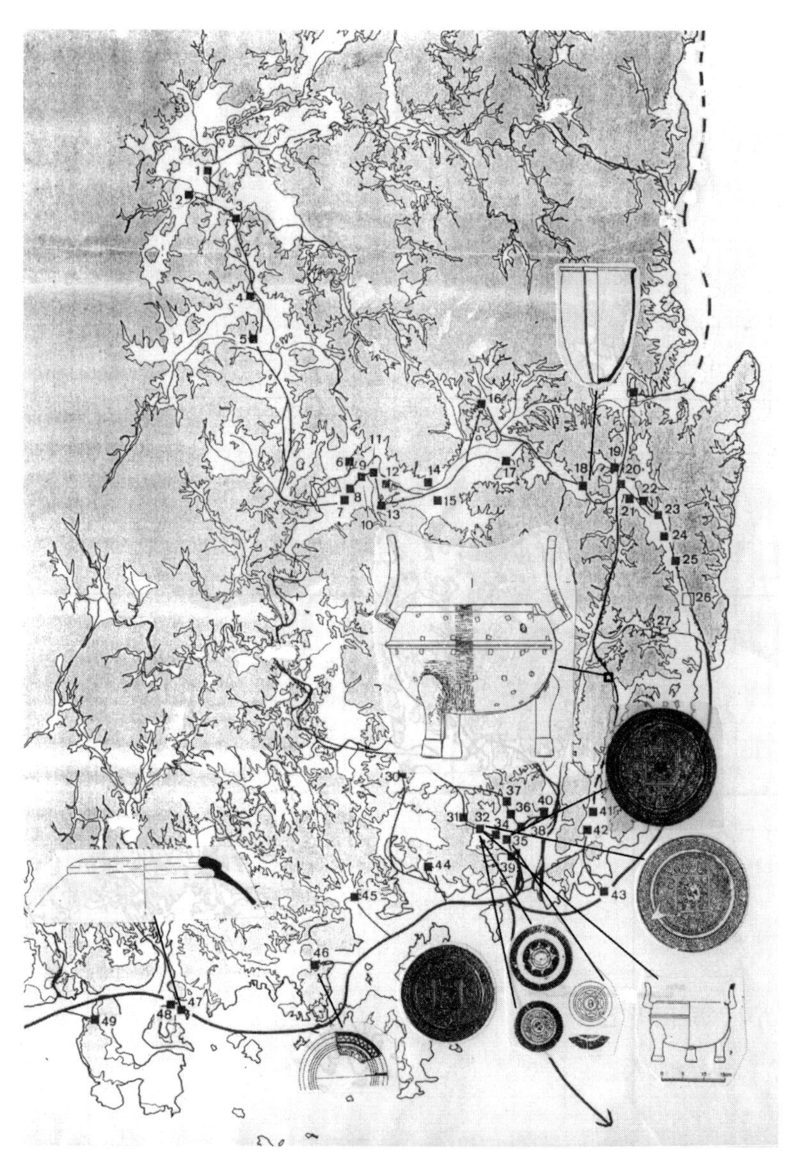

<도면 13> 2段階 後半 樂浪關聯 遺物의 分布

(늑도출토의 大甕은 아직 도면이 공표되지 않아 참고로 비슷한 형식의 낙랑토성 출토 유물을 제시한 것임)

집단이 급격하게 쇠퇴하는 것과는 대조적으로 낙동강 河口에 위치하는 양동리 집단이 급격히 성장하는 것을 통해서도 확인할 수 있다.

교역의 형태와 루트

이 시기 前半代의 교역형태는 출토된 漢式유물을 통해 보면 前段階와 변함없이 조공무역이 중심이 되었을 것으로 추정할 수 있다. 그렇지만 늑도유적에서 출토되는 이 단계에 속하는 낙랑토기의 존재는 낙랑상인 역시 변한지역까지 진출해 교역활동에 종사했음을 시사한다. 뿐만 아니라 北九州를 중심으로 하는 일본열도에는 기원후 2세기대가 되면서 낙랑토기의 출토량이 급격히 늘기 시작하는 것을 참조하면 이 단계의 후반 즉 기원후 2세기대가 되면 낙랑군과의 대외교섭관계가 조공무역 중심에서 사무역 중심으로 바뀌어 갔을 것으로 판단된다.

또한 일본의 出雲地域까지 낙랑토기가 확산되는 것을 참고하면 이 시기 교역에 종사한 낙랑상인의 교역활동 범위를 짐작할 수 있다.

낙랑군과의 교역루트는 여전히 해안루트가 중심인데 경북내륙에서 마한지역을 거쳐 낙랑으로 통하는 육상 교역로는 아직도 개통되지 않은 것으로 보인다. 반면 최근 강원도 지역에서 출토되는 이 단계의 늦은 시기에 속할 것으로 보이는 낙랑토기[18]를 참고하면 동해안을 통한 교역루트가 새로이 개설되었을 가능성이 있지만 변・진한지역의 자료를 통해 이를 확인하기는 힘들다.

4. 3段階의 양상

교역품의 종류

이 시기는 완제품으로 수입된 낙랑관련 유물이 적은 시기이다. 고고

18) 동해안 지역에서는 서기 2세기대가 되면 안인리, 교항리, 가평리 등지에서 낙랑토기의 출토가 확인된다. 또한 동해 송정동에서도 낙랑토기가 출토된 바 있다.

학적으로 확인되는 교역품으로는 김해를 중심으로 출토되는 동복과 철복이 전부이다. 이들 유물의 경우 흔히 북방민족과 관련시켜 이해하는 경향이 있으나, 낙랑고분에서도 출토 예가 있어 앞에서 살핀 虎形帶鉤나 쌍조식 검파두식과 마찬가지로 낙랑군에 1차적으로 수용되었다가 재차 변·진한사회로 이입된 물질문화로 이해해야 할 것이다.

이 시기는 경상북도 상주와 선산 등지를 중심으로 馬形帶鉤가 다수 확인되는데, 이는 소백산맥을 넘어 그 以北에 위치하는 청당동이나 송대리에서 출토되는 유물과 형식적으로 유사한 것이어서 주목되는 점이다. 물론 이들 마형대구는 <도면 8>에서 보는 바와 같이 변·진한 지역화된 호형대구와 마찬가지로 낙랑지역에서는 확인되지 않는 것이기 때문에 現地에서 제작된 것으로 볼 수 있다(金邱軍, 2001). 청당동과 송대리 유물은 물론 상주 城洞里에서 출토된 마형대구의 납동위원소 분석결과를 보면 이들이 中國 화남산의 원료를 사용하였다는 것을 알 수 있다(金奎虎·李午憙, 2000 : 65~83). 또한 이 시기에 속하는 포항 옥성리 출토 유리구슬의 납동위원소도 역시 중국 화남산이라는 결과가 제시되어 있다(金奎虎·李午憙, 2000 : 65~83).

결국 이를 종합하면 이 시기는 청동기나 유리구슬의 경우, 완제품의 교역보다는 원료의 교역이 보다 활발하게 이루어졌을 가능성이 있다. 이러한 맥락에서 보면 앞에서도 설명했듯이 통상적인 교역로에서 벗어나 약 1,000점 단위로 출토된 거문도의 오수전은 화폐나 위세품의 성격으로 이입되었다기보다는 청동기의 원료로서 이입되었을 가능성이 지적된다.

교섭형태

이 시기의 교섭형태는 조공무역보다는 私무역이 중심이었을 것으로 보인다.[19] 이는 낙랑으로부터의 위세품 수입이 거의 확인되지 않는 반

19) 물론 이 시기의 낙랑군과의 교섭형태에서 조공무역이 존재하지 않았다고 판단하는 것은 아니다. 상주에서 출토되었다고 전하는 '魏率善韓伯長'의 銅印

면 앞의 2장에서 이미 살핀 것처럼 北九州나 對馬, 壹岐를 중심으로 낙랑토기의 출토량이 많기 때문이다. 이 시기 낙랑토기의 출토량이 급격히 늘어난 배경으로는, 대외교역의 측면 이외에도 낙랑군의 쇠퇴에 따른 주민이주도 고려해 볼 수 있겠으나, 이들 토기가 해상교통로를 중심으로, 혹은 내륙 해안가만을 중심으로 분포하며 내륙에서는 전혀 확인되지 않는 점 등을 고려하면, 역시 교역과 관련된 것이 중심이었을 것이다. 즉 이 시기 역시 전단계의 後半과 마찬가지로 樂浪商人을 주축으로 한 교역활동이 일반적이었을 것이다.

또한 일본열도의 경우 이 시기에 이입된 낙랑토기도 역시 교역루트를 따라, 혹은 교역항을 중심으로만 출토되는 반면 漢鏡 등의 청동기는 내륙지역까지 이동한다. 이를 통해 일단 낙랑상인을 통해 교역항까지 이동된 물자는 현지의 조직 및 조직망을 통해 내륙지역으로 운반되었음을 짐작할 수 있다.

또한 이 단계의 對郡縣교섭은 대방군의 설치로 인해 그 중심창구가 낙랑군에서 대방군으로 옮겨졌을 가능성이 있으나, 낙랑군과 대방군 물질문화의 지역성에 대한 연구가 이루어지지 않은 현단계에서 고고학적으로 이를 분명히 하기에는 무리가 있다.

교역루트의 변화

이 시기도 남해안을 통하는 해상루트가 교역의 중심이 되었을 것으로 보인다. 이는 쓰시마와 이키, 北九州 등에서 출토되는 낙랑토기의 분포를 통해서도 확인된다.

그렇지만 이 시기에는 교역루트와 관련된 변화도 인지된다. 즉 경북내륙지역과 마한지역을 연결하는 교역망이 복귀된 것으로 보이는데, 이는 위에서도 설명하였듯이 경북지역과 충청도지역 출토 馬形帶鉤에서 확인되는 型式的 유사성과 변・진한지역 와질토기의 확산 등을 통해서 이해된다. 물론 충청도와 연결된 이 교통로가 낙랑군까지 연결되

은 조공무역을 통해서 하사받은 것으로 이해할 수 있기 때문이다.

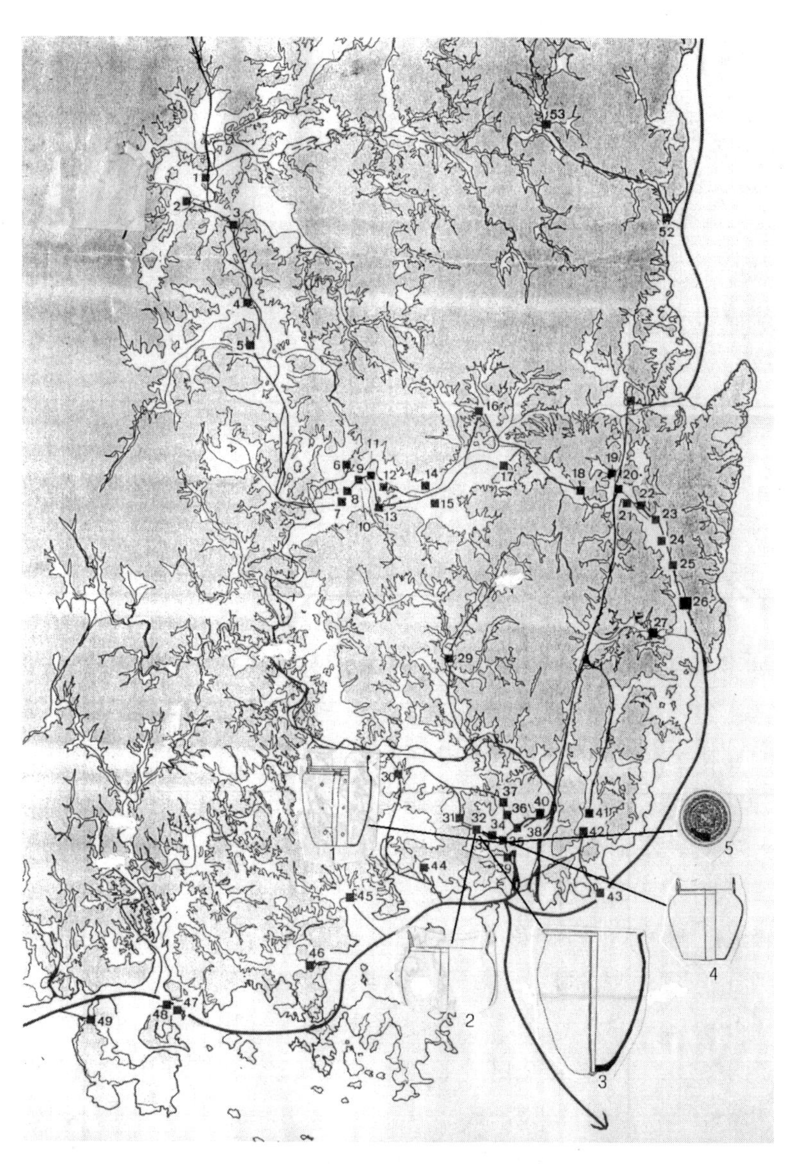

<도면 14> 3段階 樂浪關聯 遺物의 分布

는 陸路의 기능을 하였을 가능성이 있으나, 고고학적으로 이를 설명하기에는 자료가 부족하다.

3단계에도 강원도 해안을 통하는 교역루트가 개통되어 있었을 가능성이 대단히 높은데, 이는 前段階의 늦은 시기부터 동해안을 따라 출토되기 시작하는 다수의 樂浪土器와 영일군 신광면에서 출토되었다고 전해지는 '晉率善濊佰長' 銅印의 예(國立中央博物館, 2001 : 211)를 통해서 추론할 수 있다.

5. 樂浪郡 멸망 後의 對外交涉

낙랑군이 고구려에 의해 축출되는 4세기대 초반, 즉 삼국시대로 이행하는 시기가 되면 弁韓지역은 물론이고 辰韓지역에서도 郡縣이나 中國과 교섭한 흔적을 고고유물을 통해서는 확인하기 힘들다.

이 시기의 對中交涉은 다시 마한(백제)지역을 중심으로 전개되었음이 출토유물을 통해서 확인된다. 즉 풍납동 토성에서 출토된 晉代의 鐎斗를 비롯하여 몽촌토성과 홍성의 신금성에서 출토된 西晉대의 錢文도기 편, 원주 법천리에서 출토된 양형청자, 천안 화성리의 청자호 등의 자료를 통해 보면 4세기대에는 마한지역, 즉 초기 백제세력이 중국과 빈번히 교섭하였음을 알 수 있다. 물론 이러한 對中교섭은 군현을 통하지 않고 직접 이루어졌을 것이다.

반면 낙동강 하구역을 중심으로 하는 김해집단이 위에서 살핀 2단계와 3단계에 보유하던 군현 및 중국과의 교섭권은 낙랑군의 멸망으로 인하여 그 의미가 상실된 것으로 보인다. 이는 철생산과 대외교역을 중심축으로 성장하고 있던 금관가야 세력에 있어서는 정치·경제적인 면에서의 一大 위기상황으로 인식되었을 것이다. 이후 김해 집단은 일본열도 內 諸 정치체와의 교섭을 강화하는 것으로 이러한 위기상황을 극복하고자 한다. 즉 이전까지 北九州를 중심으로 비교적 일원적으로 이루어지던 對倭交涉이, 이 시기를 기점으로 畿內地域은 물론 山陰地域까지 확대·다원화되어 나타나는 양상을 각종 고고유물을 통해 확인할 수 있다(申敬澈, 2000).

V. 맺음말

이상으로 변(진)한과 낙랑군과의 교섭관계를 크게 3단계로 나누어 그 변화양상을 살피었다.

원래 본고의 목적은 변한·가야의 성장과정과 그 動因을 대외교섭이라는 측면에서 살피는 것이었으나, 이를 충족시키기에는 역부족이었다. 단지 낙랑군을 통해 입수한 것으로 보이는 외래계 유물, 혹은 이와 관련된 것으로 이해되는 유물의 성격을 개관하고 그 변화과정을 단계별로 구분·서술하는 수준에 그치고 말았다.

그럼에도 불구하고 이 과정에서 얻어진 약간의 성과를 정리하면서 글을 마무리하고자 한다.

1. 韓日出土 漢式土器의 제작지와 낙랑군의 위치

변한지역을 포함한 그 주변 지역으로 搬入된 漢式토기가 대부분 지금의 평양에서 제작되어 이입되었음을 중국 요동지방 토기와의 비교를 통해 확인하였다. 이를 통해 당시의 對中國 교섭의 창구로 이야기되는 낙랑군(대방군)의 위치가 평양주변이었음을 토기자료를 통해 설명할 수 있게 되었다. 또한 극히 일부에 지나지 않으나 중국 요동지방에서 제작된 토기가 일본열도에서 출토되는 것을 확인할 수 있었다. 이는 앞으로 弁韓의 대외교섭 관계를 검토하는 데 있어서도 중국 요동지방의 움직임을 낙랑군과 구분하여 생각할 수 있는 고고학적 기준의 하나가 될 것으로 믿는다.

2. 삼한사회와 對中交涉의 추이

낙랑군이 설치되기 前에는 마한지역이 對中교섭의 중심이었음이 확인된다. 그러나 낙랑군이 설치되고 나면 이것이 돌연 변·진한지역으로 바뀌는데 그 이유는 변·진한지역집단의 교섭의지와 함께 군현측의 정치적 의도가 동시에 작용하였을 가능성이 있다. 대외교섭관계에서 변한이 두각을 나타내는 것은 대략 서기 1세기대부터이나 낙동강 하구에서 본격적으로 교섭권을 행사하는 것은 서기 2세기 중반 이후인 것으로 보인다. 이 문제는 최근 조사된 늑도유적의 정리작업이 마무리되어, 勒島가 가지던 원거리 교역과 관련된 기능과 역할이 없어지고, 이것이 낙동강 하류역의 김해지역으로 집중되는 시기가 확인되면 더욱 명확해 질 것이다.

낙랑군이 쇠퇴·축출된 후에는 마한지역, 즉 초기 백제가 對中교섭의 전면으로 재등장하는 것을 고고자료를 통해 확인할 수 있다. 대외교섭의 중심축을 잃은 변한·가야세력은 그간 북부 九州를 중심으로 이루어지던 對倭교섭의 범위를 山陰지역이나 近畿지역으로 확대시키는 등 對倭교섭의 강화에 힘을 쏟는다.

3. 낙랑군과의 교섭 개시 시기

지금까지 변(진)한 세력의 낙랑군과의 교섭 개시 시기는 기원전 1세기 후반으로 보는 경향이 강하였으나, 근년 조사된 新자료를 근거로 이를 기원전 1세기 전반대 이전으로 상향조정하였다.

4. 교섭형태의 변화

낙랑군과의 교섭형태는 각종 선행연구에서 이미 제시된 것처럼 조공무역과 사무역이 존재함을 확인할 수 있다. 위세품으로 이해되는 청동기류와 낙랑상인의 활동을 암시하는 낙랑토기의 출토양상을 통해 보면, 교섭개시 직후에는 비교적 안정된 조공무역이 중심을 이루지만 시기가 내려올수록 조공무역보다는 사무역의 비중이 커지는 것을 확인할 수 있었다.

5. 교섭루트의 변화

변·진한사회와 낙랑군과의 교섭루트는 흔히 해로와 육로가 공존하는 것으로 이해되고 있지만, 변·진한과 낙랑군과의 중간 지역인 마한지역에서 확인되는 고고유물의 양상으로 보아 육로가 개설된 것은 서기 3세기대일 가능성이 있다. 海路는 교섭관계가 확립된 이래로 서남해안 루트가 중심이지만, 서기 2세기부터는 동해안을 통한 교역로가 새로이 개통되었을 개연성이 높다.

6. 변·진한지역 내부에서 원거리 교역물품 유통의 주체

낙랑에서 이입된 각종 청동제 위세품은 변·진한지역 내부로 이동하고 있지만, 낙랑토기는 대체로 해안의 교역로나 교역항의 주변에서만 확인되는 것을 알 수 있는데, 이는 야요이 청동기와 토기의 분포 역시 마찬가지이다. 즉 낙랑상인에 의해 운반된 물자를 해안의 교역항에서 내륙의 제 집단으로 유통시키는 것은 변·진한지역권 내부의 조직망이었을 것으로 보인다. 조공무역의 경우, 특히 이른 시기의 경우에는 각 지역정치체가 개별적으로 교섭활동을 수행하였을 가능성이 있다.

7. 낙동강유역권의 2대 교섭망과 변·진한사회의 분화

변·진한지역, 즉 낙동강유역권은 크게 上下로 구분되는 교섭망이 존재하였다.

이 교섭망은 상호 폐쇄적인 구조는 아니었지만 상대적으로 개별 교섭망을 중심으로 보다 활발한 교섭활동이 이루어졌을 것으로 보인다. 낙랑과 교섭관계가 확인되는 시점에 이미 구분되었던 이러한 교섭망은 점차 변·진한사회를 분화시켜 나가는 중요한 動因 중의 하나로서 기능하였을 것이다.(2002년 5월 원고제출)

참고문헌

- 논 문 -

<國 文>

姜銀英, 「漢鏡의 제작과 辰·弁韓 지역 유입과정」, 서울大學校大學院 國史學科 文學碩士學位論文, 2001.

金邱軍, 「虎形帶鉤의 形式分類와 編年」, 『慶北大學校 考古人類學科 20周年紀念論叢』, 2001.

김길식, 「삼한지역출토 낙랑계유물」, 『낙랑』, 국립중앙박물관, 2001.

金元龍, 『韓國考古學槪說』 第三版, 一志社, 1986.

金鍾萬, 「馬韓圈域 出土 兩耳附壺 小考」, 『考古學誌』 10, 韓國考古美術研究所, 1999.

朴廣春,「加耶土器의 始原과 金海·釜山地域 土器編年再檢討」,『嶺南考古學』26, 嶺南考古學會, 2000.
박순발,「馬韓 對外交涉의 變遷과 百濟의 登場」,『百濟硏究』第33輯, 忠南大學校百濟硏究所, 2001.
白承玉,「加耶 對外交涉의 展開過程과 그 擔當者들」,『加耶의 對外交涉』, 金海市, 1999.
安在晧,「昌原茶戶里 遺跡의 編年」,『韓國古代史와 考古學』, 學硏文化社, 2000.
安在晧·洪譜植,「三韓時代 嶺南地方과 北九州地方의 交涉史 硏究」,『韓國民族文化』12, 釜山大學校 韓國民族文化硏究所, 1998.
申敬澈「三國時代의 韓半島南部와 北部九州의 相互交流에 관한 考古學的硏究」,『韓國民族文化』16, 釜山大學校 韓國民族文化硏究所, 2000.
辛勇旻,「辰弁韓 地域의 外來系 遺物」,『고고학으로 본 변·진한과 왜』, 영남고고학회·구주고고학회 제4회 합동고고학대회2000, .
오영찬,「낙랑토기의 제작기법」,『낙랑』국립중앙박물관2001, .
尹龍九,「낙랑중기 군현지배세력의 재편과 교역활동」,『한국고대사연구회 제23회 정기발표회 발표요지』, 1992.
尹龍九, 「三韓의 대외교역과 樂浪」,『三韓의 社會와 文化』, 韓國古代史硏究會 第8會 合同討論會, 韓國古代史硏究會, 1995.
尹龍九,「三韓의 朝貢貿易에 대한 一考察」,『歷史學報』162, 歷史學會, 1999.
李南圭,「1-3세기 낙랑지역의 금속기문화」,『韓國古代史論叢』5, 韓國古代史硏究所, 1993.
李尙律,「三韓時代의 鑣轡에 대하여」,『碩晤尹容鎭敎授停年退任紀念論叢』, 1996.
李盛周, 「三國時代 土器의 類型·系譜·編年·生産體制」,『韓國古代史論叢』2, 韓國古代社會硏究所, 1991.
李盛周,「1~3세기 가야정치체의 성장」,『韓國古代史論叢』5, 韓國古代史硏究所, 1993.
李盛周,「紀元前 1世紀代의 辰·弁韓地域」,『第24回 韓國上古史學會 學術發表大會』轉換期의 考古學Ⅲ, 韓國上古史學會, 2000.
李榮勳,「韓半島南部の中國系靑銅器」,『日韓交涉の考古學』彌生時代篇, 1991.
李仁淑,「韓國 古代 유리의 考古學的 硏究」, 漢陽大學校博士學位論文, 1990.
李仁淑,『한국의 古代 유리』, 創文, 1993.
李在賢,「加耶地域出土 銅鏡과 交易體系」,『韓國古代史論叢』9, 韓國古代社會硏究會, 2000.

李在賢,「勒島遺蹟 B地區 發掘調査概要」,『勒島遺蹟을 통해 본 韓·中·日 古代文化交流』, 慶尙南道·慶尙大學校 博物館, 2001.
李賢惠,『三韓社會形成過程硏究』, 一朝閣, 1984.
李賢惠,「4世紀 加耶社會의 交易體系의 變遷」,『韓國古代史硏究Ⅰ』 가야편, 한국고대사연구회, 지식산업사, 1988.
李賢惠,「三韓의 對外交涉體系」,『韓國史學論叢』(上)古代編, 李基白先生古稀紀念論, 一潮閣, 1994a.
李賢惠,「1~3世紀 韓半島의 對外交涉 體系」,『古代東亞細亞의 재발견』, 호암미술관 학술총서, 1994b.
李賢惠,「加耶의 交易과 經濟 -낙동강 하구지역을 중심으로-」,『韓國古代史 속의 加耶』, 釜山大學校 韓國民族文化硏究所, 2001.
林永珍,「百濟 建國이전 馬韓社會의 변모」,『第24回 韓國上古史學會 學術發表大會』 轉換期의 考古學Ⅲ, 韓國上古史學會, 2000.
鄭仁盛,「韓半島 出土 (靑銅)鼎의 性格」,『古文化』 48, 韓國大學博物館協會, 1996.
鄭仁盛,「낙동강 유역권의 細形銅劍 文化」,『嶺南考古學報』 22, 嶺南考古學會, 1998.
鄭仁盛,「支石墓文化에서 細形銅劍文化로의 轉換」,『第22回 韓國上古史學會 學術發表大會』 轉換期의 考古學Ⅱ, 韓國上古史學會, 1999.
池健吉,「南海岸地方 漢代貨幣」,『昌山 金正基博士華甲記念論叢』, 1990.
崔夢龍,「古代國家成長과 交易」,『韓國古代의 國家와 社會』, 1985.
崔鍾圭,「三韓社會에 대한 考古學的 硏究-土器를 중심으로-」, 東國大學校 大學院 博士學位論文, 1993.
咸舜燮,「천안 청당동유적을 통해 본 馬韓의 對外交涉」,『馬韓史의 새로운 認識』, 충남대백제연구소 백제연구학술대회 발표요지, 1997.
洪潽植,「考古學으로 본 金官加耶」,『고고학을 통해 본 가야』, 韓國考古學會, 1999.
東潮,「弁辰과 加耶의 鐵」,『加耶諸國의 鐵』, 仁濟大學校加耶文化硏究所, 서신원, 1995.
高久健二,「韓國出土 鐵鉾의 傳播過程에 대한 硏究」,『考古歷史學誌』 8. 1992.
高久健二,『樂浪古墳文化硏究』, 學硏文化社, 1995.
高久健二,「樂浪郡과 三韓과의 交涉形態에 대하여」,『文物硏究』 創刊號, 1997.

<日 文>

角浩行,「伊都局の遺跡と遺物-系島地區出土朝鮮半島係遺物について-」,『嶺南考古學會・九州考古學會 第4回合同考古學大會』, 2000.
岡村秀典,「前漢鏡の編年樣式」,『史林』67-5, 京都大學文學部, 1984.
岡村秀典,「後漢鏡の編年」,『國立歷史民俗博物館硏究報告』第55集, 1993a.
岡村秀典,「樂浪漢墓出土の鏡」,『彌生人の見た樂浪文化』, 大阪府立彌生文化博物館圖錄7, 1993b.
岡村秀典,「樂浪出土鏡の諸問題」,『月刊考古學ジャ-ナル』392, 1995.
岡村秀典,『三角緣神獸鏡의 時代』, 歷史文化ライブラリ-66, 吉川弘文館, 1999.
原田淑人,「漢代の木棺に就いて」,『東亞古代史硏究』, 座佑寶刊行會.
申敬澈・河仁秀,「韓國出土の彌生土器系土器」,『韓日交涉の考古學』彌生時代篇, 1991.
白井克也,「勒島貿易と原の辻貿易」,『弥生時代の交易』, 第49回 埋藏文化財硏究集會, 2001.
東潮,「古代朝鮮との交易と文物交流」,『海をこえての交流』, 中央公論社, 1987.
片岡宏二,『渡來人と土器・靑銅器』, 雄山閣, 1999.
高久健二,「樂浪郡と弁・辰韓の墓制」,『嶺南考古學會・九州考古學會 第4回合同考古學大會』, 2000.
小田富士雄・韓炳三,『韓日交涉の考古學』, 六興出版, 1991.
高倉洋彰,「後漢・原三國・彌生時代の銅鏡」,『古代東亞細亞의 再發見』, 호암미술관, 1994.
谷豊信,「樂浪土城址出土の土器(上)」,『東京大學考古學硏究室硏究紀要』第3號, 1984.
谷豊信,「樂浪土城址出土の土器(中)」,『東京大學考古學硏究室硏究紀要』第4號, 1985.
谷豊信,「樂浪土城址出土の土器(下)」,『東京大學考古學硏究室硏究紀要』第5號, 1986.
谷豊信,「樂浪郡の位置」,『朝鮮史硏究會論文集』24, 1987.
西村正雄,「長距離 交易モデル」,『國家の形成』, 三一書房, 1996.
西川壽勝,『三角緣神獸鏡と卑彌呼の鏡』, 學生社, 2000.
下地安廣,「沖繩縣嘉門貝塚出土の樂浪系土器」,『人類學史硏究』11, 人類史硏究會, 1999.
藤田等,『彌生時代ガラスの硏究』, 名著出版, 1994.
松浦宥一郎,「日本出土の方格T字文鏡」,『紀要』東博291, 994.
森下章司,「古墳時代方製鏡의 變遷과 그 特質」,『史林』第74卷 第六號, 1991.

大賀克彦,「インド洋の紅い風」,『ガラスのささやき』, 島根縣立八雲立つ風土記の丘, 2001.

平尾良光,『古代青銅の流通と鑄造』, 鶴山堂, 1999.

金奎虎・李午憙,「韓國で出土した資料の鉛同位體比」,『古代東アジア青銅の流通』, 鶴山堂, 2001.

川上洋一,「樂浪郡と彌生時代の倭-主に樂浪系土器の出土の樣相から-」,『考古學ジャ-ナル』392, 1995.

鄭仁盛,「樂浪土城と青銅器製作」,『東京大學考古學研究室研究紀要』16, 2001.

鄭仁盛,「樂浪土城の青銅鏃」,『東京大學考古學研究室研究紀要』17, 2002.

- 報告文 -

<國 文>

申敬澈・金宰佑,『金海大成洞古墳群』Ⅰ, 慶星大學校博物館, 2000.

嶺南文化財研究院,『大邱八達洞遺蹟』Ⅰ, 2000.

李健茂,「扶餘 合松里遺蹟 出土 一括遺物」,『考古學志』第2輯, 韓國古美術研究所, 1990.

李健茂,「唐津 素素里遺蹟 出土 一括遺物」,『考古學志』第3輯, 韓國古美術研究所, 1991.

李健茂・李榮勳・尹光鎭・申大坤,「義昌 茶戶里遺蹟 發掘進展報告(Ⅰ)」,『考古學誌』第1輯, 韓國古美術研究所, 1989.

李健茂・尹光鎭・申大坤・金斗喆,「昌原 茶戶里遺蹟 發掘進展報告(Ⅱ)」,『考古學誌』第3輯, 韓國古美術研究所, 1991.

李健茂・尹光鎭・申大坤・鄭聖喜,「昌原 茶戶里遺蹟 發掘進展報告(Ⅲ)」,『考古學誌』第5輯, 韓國古美術研究所, 1993.

李健茂・宋義政・鄭聖喜・韓鳳圭,「昌原 茶戶里遺蹟 發掘進展報告(Ⅳ)」,『考古學誌』第7輯, 韓國古美術研究所, 1995.

李在賢,「勒島遺蹟B地區 發掘調査 概要」,『勒島遺蹟을 통해 본 韓・中・日 古代文化 交流』, 慶尙南道・慶尙大學校博物館, 2001.

林孝澤・郭東哲,『金海良洞里古墳文化』, 東義大學校博物館, 2000.

韓國文化財保護財團,『慶山林堂遺蹟』Ⅰ~Ⅵ, 1998.

조선유적유물도감 편찬위원회,『조선유적유물도감 -고조선・부여・진국편-』, 1989.

국립중앙박물관,『낙랑』, 2001.

<中 文>

徐俊岩,「審陽上伯官漢墓整理報告」,『遼海文物學刊』1991-2, 遼寧省考古博物館學會外1991, .
于臨祥,「營城子貝墓」,『考古學報』1958-4期, 1958.
撫順市博物館,「撫順小甲邦東漢墓」,『遼海文物學刊』1992-2期, 遼寧省考古博物館學會 外, 1992.
許玉林,「遼寧蓋縣東漢墓」,『考古』1993-4期, 1993.
河北省文物研究所,『燕下都』, 文物出版社, 1996.
東亞考古學會,『牧羊城』, 1931.
遼寧省博物館・遼陽博物館,「遼陽舊城東門里壁畵墓發掘報告」,『考古』1985-6期, 1985.
「東北文物工作隊1954年工作簡報」,『文物參考資料』55號, 1995.

<日 文>

東亞考古學會,『南山裡』, 東方考古學叢刊 第三冊, 1933.
東亞考古學會,『營城子』, 東方考古學叢刊 第四冊, 1934.
東亞考古學會,『牧羊城』, 東方考古學叢刊 第2冊, 1931.
福岡縣教育委員會,『三雲遺跡』I, 福岡縣文化財調査報告書 第58集, 1980.
福岡縣教育委員會,『三雲遺跡』III, 福岡縣文化財調査報告書 第63集, 1982.
福岡縣教育委員會,『三雲遺跡』IV, 福岡縣文化財調査報告書 第65集, 1980.
福岡市教育委員會,『比惠遺跡』-第6次調査・遺物編-, 福岡市埋藏文化財調査報告書 第130集, 1986.
福岡市教育委員會,『比惠遺跡群(8)』, 福岡市埋藏文化財調査報告書 第174 集, 1988.
二丈町教育委員會,『深江井牟田遺跡』, 二庄町文化財調査報告書 第8集, 1994.
長崎縣教育委員會,『原の辻遺跡』, 長崎縣文化財調査報告書 第124集, 1995.
長崎縣教育委員會,『原の辻遺跡』, 原の辻遺跡調査事務所調査報告書 第9集(上・下), 1998.
長崎縣教育委員會,『原の辻遺跡』, 原の辻遺跡調査事務所調査報告書 第16集, 1999.
長崎縣教育委員會,『原の辻遺跡』, 原の辻遺跡調査事務所調査報告書 第19集, 2000.
長崎縣教育委員會,『原の辻遺跡』, 原の辻遺跡調査事務所調査報告書 第21集, 2001.
長崎縣勝本町,『カラカミ遺跡-範圍調査報告書-』, 勝本町文化財調査報告書, 1985.
濱田耕作・梅原末治,「金海貝塚發掘調査報告」, 昭和九年度古蹟調査報告, 1934.
朝鮮總督府,『大正十一年度古蹟調査報告』, 1923.

墓制로 본 加耶社會

金 世 基*

Ⅰ. 머리말

근래에 이르러 가야에 대한 관심이 높아지고 있는 가운데 가야사를 새로운 각도에서 다루어 보려는 노력이 많이 시도되고 있어 고무적인 현상이라 하겠다. 그러나 역시 가야사료의 절대부족으로 문헌사료만으로는 더 이상의 진전을 기대하기 어려운 것도 또한 사실이다. 이러한 가운데 최근에는 가야 고분 자료의 증가에 힘입어 가야사를 좀 더 발전적으로 보려는 경향이 대두되면서 가야 각국사에 대한 고고학 연구가 활발히 진행되고 있다.

따라서 이에 대한 보다 실증적인 접근을 하기 위해서는 고고학 자료와 문헌사료의 접목이 반드시 필요하다는 것도 주지의 사실이다. 고고학 자료를 통한 가야사의 접근은 여러 가지가 있지만 묘제에 의한 접

* 대구한의대학교 역사관광학과

근은 꼭 필요한 방법이다. 고고학 자료 가운데서도 당시 정치체의 성격과 사회상이 많이 반영되어 있고 그 전통이 잘 변화되지 않아 지속적 관찰이 가능한 것이 묘제이기 때문에 이것은 매우 유익한 방법의 하나라고 생각된다. 특히 가야 지역의 고총 고분을 중심으로 한 묘제는 시기별 변화양상과 지역차가 드러나고, 그것이 일정부분 그 지역의 정치집단의 성격이 반영된다고 생각되어 가야의 정치 사회 복원에 매우 필요한 자료가 될 것이다.

본 연구는 이상과 같은 필요성 인식에 따라 가야 지역 묘제의 시기별 변화 양상과 지역별 묘제의 차이를 분석하여 가야사회의 발전과 지역 간의 관계를 밝히는 데 목적을 둔다. 그러한 목적을 달성하기 위하여 가야 정치체 가운데 대표적 세력이었던 김해의 금관가야, 함안의 아라가야, 고령의 대가야지역의 묘제의 변화와 지역차를 집중 분석하여 묘제를 통해 본 가야의 사회상을 규명해 보려고 한다.

Ⅱ. 가야지역 墓制의 類型과 分布

1. 木槨墓

목곽묘는 땅에 구덩이를 파고 시신을 나무관에 넣어 매장하는 木棺墓가 생산력이 증대되고 사회가 발전하면서 분묘가 단순히 시신을 매장하는 시설에서 신분과 권력을 과시하고 이를 확대 재생산하는 의미로 변모되어 나타난 묘제이다. 목곽묘는 기본적으로 목관묘의 목관을 보호하는 시설로 판자나 角材 혹은 통나무로 곽을 짜서 목관을 덧씌운 형태라는 것은 주지의 사실이다.[1] 그런데 이렇게 목관묘에서 목곽묘로의 확대발전이 단순히 목관을 보호하는 장치가 하나 늘어나는 것에 그치는 것이 아니라 정치사회적인 복합적인 의미가 내포되어 있기 때문에 가야 묘제로서 목곽묘는 가야사회 변화에 지대한 영향을 미친 매우

---

1) 金元龍, 『韓國考古學槪說』, 一志社, 1986, 116~117쪽.

중요한 요소의 하나이다. 특히 原三國時代 영남지방에서 시작된 목관묘에서 목곽묘로의 변화 과정은 가야뿐만 아니라 초기신라의 발전에도 중요한 발판의 하나로 작용하고 있다고 할 수 있다.

목관묘나 목곽묘는 땅에 구덩이를 파고 나무관을 묻은 墓制이기 때문에 나무가 썩어 없어지면 구덩이만 남게 되어 木棺 없이 시신을 그대로 묻은 소위 '순수움무덤'과 차이가 없게 된다. 따라서 보통 土壙墓라고 불러 왔으나, 내부에서 목관이나 목곽의 흔적이 확인됨으로써 순수토광묘와 구분하기 위하여 일반적으로 土壙木棺墓나 土壙木槨墓로 부른다.[2] 한편 이 토광목곽묘의 변화가 가야 정치체 발전의 시발점이 된다는 점과[3] 영남지방의 특징적인 묘제를 강조하는 의미에서 목곽묘로[4] 부르는 경향이 강하지만 신라의 積石木槨墳이나 낙랑의 목곽묘와 구분하는 의미에서도[5] 가야의 목곽묘는 土壙木槨墓로 부르는 것이 합리적이라 생각된다. 그러나 이 글은 한반도 전체의 묘제를 논하는 것이 아니고 가야의 특정 묘제를 대상으로 하므로 특별한 경우가 아니면 설명의 중복을 피하기 위하여 토광목관묘는 목관묘로, 토광목곽묘는 목곽묘로 표기한다.

가야지역의 목관묘는 기원전 2세기 후반 낙동강 하류지역에 나타나기 시작하여 가야지역뿐만 아니라 영남지역 전체에 퍼져 있었다. 물론 이 목관묘는 중국이나 만주를 포함한 서북한 일대의 초기철기시대 묘제에서 유래되어 한반도 전역에 퍼져 있는 토광묘(목관묘)와 맥을 같이 하는 것이므로 이 시기의 목관묘는 가야뿐만 아니라 영남전역과 호남, 중부지방과도 공통된 묘제이다.[6]

그 후 영남지역의 목관묘는 한반도 북쪽 고조선의 정치적 변동에 따른 유이민 이동이나 한-낙랑과의 교역과 문화적 영향을 받아 규모가

---

2) 崔秉鉉, 「신라와 가야의 墓制」, 『韓國古代史論叢』 3, 1992, 5~59쪽.
3) 申敬澈, 「金海禮安里 160號墳에 對하여 -古墳의 發生과 관련하여-」, 『伽耶考古學論叢』 1, 1992, 107~167쪽.
4) 이재현, 「영남지역 목곽묘의 구조」, 『嶺南考古學』 15, 1994, 53~88쪽.
5) 金元龍, 앞의 책, 1986, 116~117쪽.
6) 崔秉鉉, 앞의 논문, 1992.

커지기도 하고, 유물 부장위치나 부장유물의 종류와 양이 많아지고 동경이나 철기 등 유물의 질적 변화를 거듭한다. 즉, 묘광의 규모가 길이 200cm내외, 너비 100cm미만, 깊이 90cm미만의 소형에서 길이 200~300cm내외, 너비 80~180cm, 깊이 143~205cm의 대형으로 변하지만 입지의 탁월성이나 유물의 월등한 차별성이 두드러지는 현상은 나타나지 않고 있다. 그러므로 이와 같은 목관묘 단계까지는 아직 가야묘제로 보기 어렵다.[7] 이 시기의 가야지역 목관묘 유적은 낙동강 하류의 김해 양동리유적, 남해안의 창원 다호리, 도계동유적, 남강 하류의 함안 도항리유적 등이 조사되었는데[8] 대개 비슷한 양상을 보이고 있다. 그러나 마침내 서기 2세기 전반에는 대형목관묘와 함께 목곽묘가 등장하게 된다.[9]

그러나 가야지역의 목곽묘가 보편화되는 것은 대체로 2세기 후반부터 3세기에 들어서라고 생각되는데, 이때부터 여러 가지 변화가 나타나게 된다. 즉, 분묘의 입지가 평지에서 구릉으로 옮겨가고 주위의 다른 고분보다 규모가 큰 대형분은 구릉의 정상부에 자리잡고 부장유물도 토기가 다량으로 늘어날 뿐 아니라 철제 무구류가 부장 되어 구릉사면에 입지하는 소형분과 차별화된다. 이와 같이 고분 입지의 우월성과 규모의 확대, 부장유물의 양과 질의 차이 등이 현저하게 변화되는 것이 목곽묘 단계부터이다. 이러한 변화를 통해 가야 각 지역에서 정치체가 발생하고, 나아가 소국이 성립되는 것으로 파악된다.

그러한 변화가 시작되는 대표적인 목곽묘가 김해 양동리 162호분인데, 묘광의 길이 494cm, 너비 344cm, 깊이 123cm로 비교적 얕은 묘광에 평면 방형의 형태이다.[10] 이와 같이 묘광의 길이가 5m로 대형화될 뿐 아니라 부장유물도 內行花文鏡 등의 漢鏡, 鐵鍑, 재갈, 다량의 판

7) 林孝澤, 「洛東江下流域 加耶의 土壙木棺墓 硏究」, 漢陽大學校 大學院 博士學位 論文, 1993.
8) 李柱憲, 「三韓의 木棺墓에 대하여 -嶺南地方 出土 資料를 中心으로-」, 『고문화』 44, 1994, 27~50쪽.
9) 林孝澤, 위의 논문, 1993.
10) 林孝澤·郭東哲, 『金海良洞里古墳文化』, 東義大學校博物館, 2000.

상철부, 유리구슬 목걸이 등이 출토되어 권력의 집중화가 이룩된 首長墓의 모습을 보여주고 있다. 이러한 방형 평면의 대형 목곽묘는 부산 노포동, 울산 하대나 경주 조양동유적에서 공통적으로 보이고 있고, 또 묘광 길이 3~4m의 소형목곽묘는 이외에도 가야지역의 창원 도계동, 함안 도항리, 고령 반운리, 합천 저포리 유적과 대구, 경산지역에도 분포되어 있어 이 시기 목곽묘는 영남지역의 공통된 묘제라고 생각된다.

그러나 장폭비 1 : 1의 방형목곽묘는 3세기 후반부터는 김해를 중심으로 장폭비 2 : 1의 장방형 목곽묘로 변화하게 되는데 대체로 두 가지 유형으로 나누어진다(도면 1).

제1유형은 평면장방형으로 묘광이 깊어지면서 대형화되고 후장과 순장이 이루어지는 단곽목곽묘이다. 김해지역에서 시작되는 이 유형은 대성동 29호분이 대표적인 것으로 묘광의 길이 960cm, 너비 560cm로 대형화되고 순장이 행해지는 등 전시기와 비교할 수 없을 정도의 급격한 변화가 일어나 최고수장묘가 된다.[11] 김해지역 이외 다른 지역에서는 함안 도항리,[12] 고령 쾌빈리에[13] 일부 이 유형의 대형목곽묘가 축조되고 있으나 늦은 시기이며 그 지역에서 최고지배층의 묘제가 되지 못하고 고총고분은 수혈식 석실분으로 변하게 된다.

제2유형은 제1유형인 단곽목곽묘에 부곽이 추가되어 평면형태가 日字形을 이루는 主副槨式 목곽묘이다. 이것은 예안리 160호분에서 보이는 것처럼 4세기에 이르러 평면형태가 장방형으로 정형화되면서 묘광도 더 깊어지고 부곽이 발생하게 된다.[14] 이러한 형태의 목곽묘를 김해식(금관가야식) 목곽묘로 부르기도 하는데,[15] 대형 주부곽식 목곽

11) 申敬澈 · 金宰佑, 『金海大成洞古墳群 I』, 慶星大學校博物館, 2000.
申敬澈 · 金宰佑, 『金海大成洞古墳群 II』, 慶星大學校博物館, 2000.

12) 洪性彬 · 李柱憲, 「咸安 말갑옷(馬甲)出土 古墳 發掘調査槪報」, 『文化財』 26, 1993, 116~164쪽.

13) 嶺南埋藏文化財硏究院, 『高靈快賓洞古墳群』, 1996.

14) 申敬澈, 앞의 논문, 1992.

15) 申敬澈, 「금관가야의 성립과 연맹의 형성」, 『가야각국사의 재구성』, 부산대학교 한국민족문화연구소, 2000, 27~62쪽.

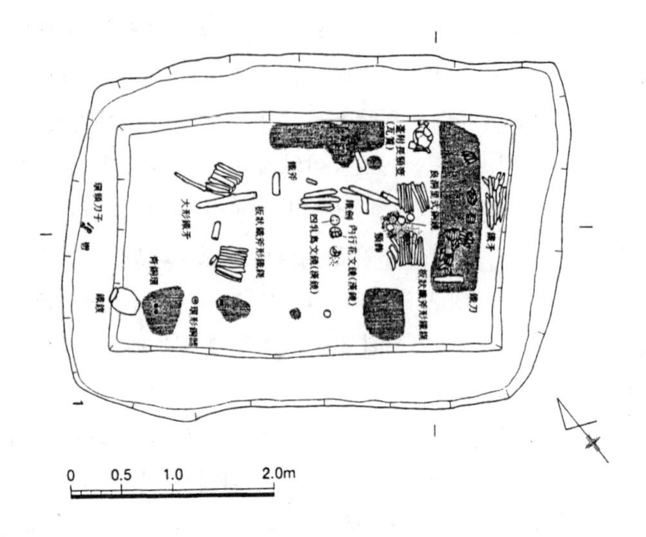

① Ⅰ류형 단곽목곽묘(김해 양동리162호분)

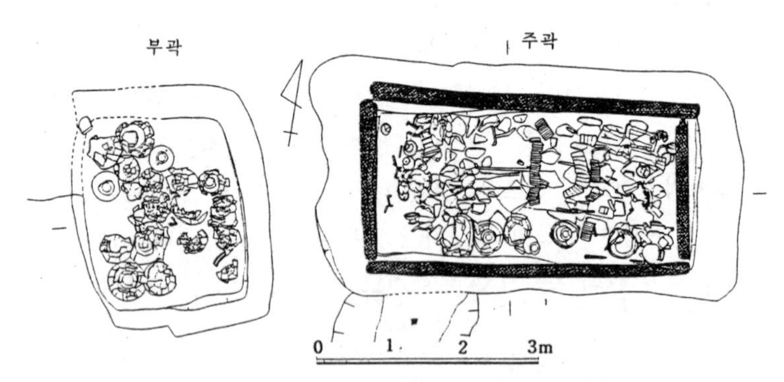

② Ⅱ류형 주부곽목곽묘(김해 대성동39호분)

<도면 1> 목곽묘의 유형(Ⅰ,Ⅱ유형)

묘는 김해지역의 최고 지배층 묘제로 5세기까지 계속되지만 다른 지역에서는 축조되지 않는다. 다만 합천 옥전고분군의 경우는 제1유형 목곽묘에서 제2유형 목곽묘로 발전하여 대형목곽묘가 최고지배층의 묘제로 축조되어 고총고분이 되지만[16] 이것도 5세기 후반 이후는 대가야식 수혈식 석실분으로 변화하고 있다.[17]

2. 竪穴式 石室墳

수혈식묘제란 땅을 파고 板石이나 割石으로 매장부의 4벽을 쌓고 시신을 위에서 아래로 매장하는 묘제로 석관묘(석상분), 석곽묘를 통칭하는 말이다. 시신의 매장방법으로만 따진다면 목관묘나 목곽묘도 수혈식이라 하겠지만 일반적으로는 돌로 벽을 축조한 석관묘나 석곽묘를 의미한다.[18] 그리고 석곽묘 중에서 길이×너비×깊이의 규모가 5㎥이상의 체적을 가진 석곽묘를 수혈식 석실묘라고 부른다.[19] 이에 대하여 橫穴式 石室墳만 석실분이고 수혈식은 크기에 관계없이 石槨墓라는 주장도 있지만,[20] 횡구식이나 횡혈식 고분 중에는 규모가 아주 작아 석실로 부를 수 없는 소형도 있어[21] 매장 방법의 대표성만으로 室과 槨을 구분하는 것은 고분의 사회·문화적 성격을 제대로 반영하

---

16) 합천 옥전고분군 중 필자가 대형목곽묘로 판단하고 있는 옥전M1, M2, M3호분에 대하여 발굴보고서에서는 수혈식 석실분으로 기술하고 있다.
趙榮濟, 朴升圭, 『陜川玉田古墳群 Ⅱ』, 慶尙大學校博物館, 1990.
趙榮濟 외, 『陜川玉田古墳群 Ⅲ』, 慶尙大學校博物館, 1992.

17) 金世基, 2000, 「古墳資料로 본 大加耶」, 啓明大學校大學院 博士學位論文, 94~98쪽.

18) 金世基, 「竪穴式墓制의 硏究 -加耶地域을 中心으로-」, 『韓國考古學報』 17·18, 1985, 41~89쪽.

19) 金鍾徹, 「大加耶墓制의 編年硏究 -高靈池山洞 古墳群을 중심으로-」, 『韓國學論集』 9, 啓明大學校韓國學硏究所, 1982, 131~160쪽.

20) 金元龍, 『韓國考古學槪說』, 一志社, 1986, 219~228쪽.
崔秉鉉, 「신라와 가야의 墓制」, 『韓國古代史論叢』 3, 1992, 5~59쪽.

21) 曺永鉉, 「嶺南地方 橫口式古墳의 硏究(Ⅰ) -類型分類와 展開를 중심으로-」, 『伽耶古墳의 編年 硏究 Ⅱ』(第3回 嶺南考古學會學術發表會 發表 및 討論要旨), 1994, 53~74쪽.

지 못한다고 생각한다. 즉, 수혈식 석실묘는 단순히 규모의 대형과 소형에 따르는 단순한 구분이 아니라 입지의 탁월성, 高大한 봉분, 부장품의 수량과 품격의 차별성, 墓葬의 형태 등을 종합적으로 구분한 용어이므로[22] 여기서는 수혈식 석실묘로 쓴다. 이 수혈식 석실분은 가야 각 지역의 정치체의 최고지배층 묘제로 발전하여 가야사회의 변화와 성격을 이해하는 데 가장 핵심적이고 의미 있는 묘제라고 할 수 있다.[23]

삼국시대 한강이남 지역에 광범위하게 분포되어 있었던 묘제는 목곽묘와 함께 수혈식 석곽묘이다. 수혈식 묘제는 판석조 석관묘와 할석조 석곽묘로 구분되지만 이들 중 소형고분들은 축조재료와 방법 등 구조상으로는 선사시대 것인지 가야시대 것인지 구분하기 어렵다. 이것은 가야시대의 수혈식 묘제가 대체로 석관묘나 지석묘의 하부구조인 선사시대 석곽묘의 전통을 이어 계속 축조되어온 것을 말해주는 것이다.[24] 이와 같은 석곽묘가 5세기 전반에는 고총고분인 석실묘로 발전하게 되는데, 이러한 확대 발전계기가 선사시대 묘제에서 그대로 석실분으로 발전되는 것이 아니라 목곽묘에서 석실분으로 발전되었다는 견해가 제시되었다. 즉, 부산 복천동 고분군에서 보이는 것처럼 대형 목곽묘에서 토광과 목곽 사이는 충전토로 채우는데 이를 보강하기 위하여 충전토에 돌을 채워나가다가 점차 흙 대신 돌로 충전하는데서 대형 석곽묘(석실묘)로 발전되었다는 것이다.[25] 그러나 선사시대 석곽묘와 가야시대 석곽묘를 연결하는 원삼국시대 석관묘(석곽묘)도 발굴 조사된 바 있고,[26] 고령지산동 고분군에서는 석곽분에서 석실분으로 발전해 가는 중간 단계로 볼 수 있는 중형분이 발굴되기도 하였다.[27] 이

22) 金世基, 「加耶地域 竪穴式墓制의 硏究」 啓明大學校大學院 碩士學位 論文, 1983.
23) 金世基, 「大伽耶 墓制의 變遷」, 『加耶史硏究 -대가야의 政治와 文化-』, 慶尙北道, 1995, 301~364쪽.
24) 金世基, 앞의 논문, 1985.
25) 崔秉鉉, 앞의 논문, 1992.
26) 安春培, 『昌原 三東洞 甕棺墓』, 釜山女子大學博物館, 1984.

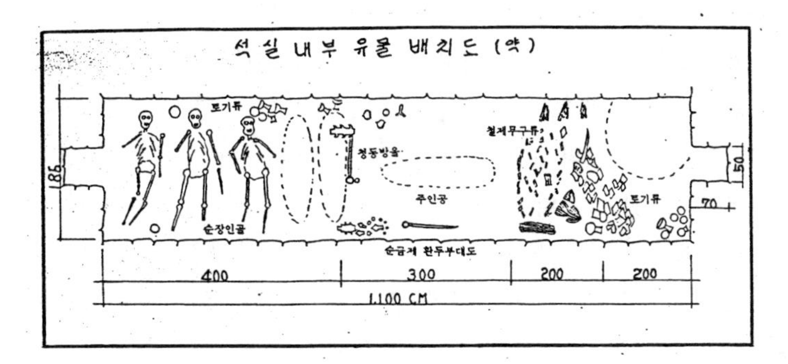

① 도항리8호분의 석실평면도

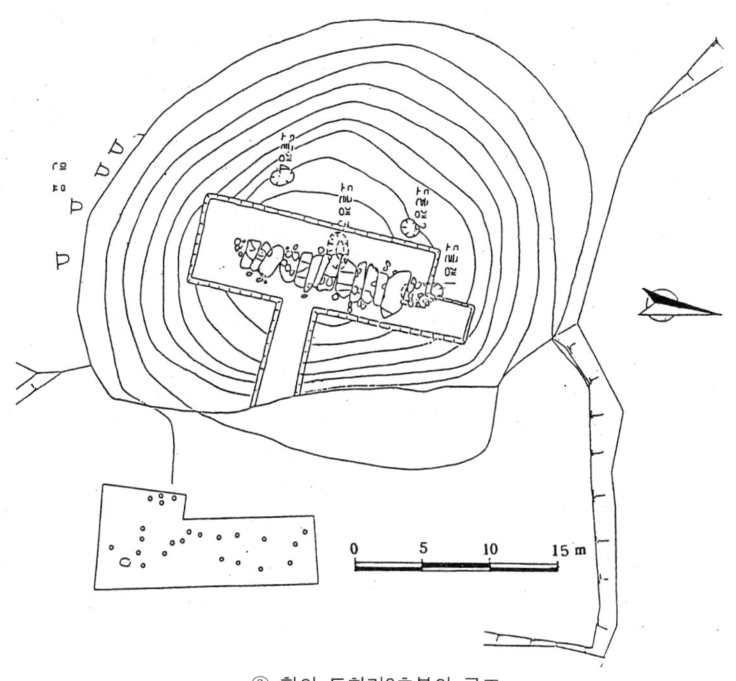

② 함안 도항리8호분의 구조

<도면 2> 수혈식 석실분의 유형(Ⅰ유형)

27) 金世基, 앞의 논문, 1995.

와 같은 사실에서 볼 때 석곽묘에서 석실분으로의 확대발전은 목곽묘에서 석실묘로 변화된 것이 아니라 선사시대 이래 지속되어온 석곽묘의 전통에 대형 목곽묘의 보강석 축조의 방법이 결합하고, 정치사회의 발전에 따른 지배층의 고분에 대한 인식 변화 등이 복합 작용하여 일어난 것이라고 생각된다.

수혈식 석실분은 평면형태가 장폭비 5 : 1의 세장한 형태로 정형화되어 가야지역 고총고분의 대부분을 차지하고 있으며, 지역적으로도 가야 전지역을 망라하고 있어 가야지역 지배층 묘제의 핵심이라고 할 수 있다. 그런데 가야지역의 고총고분은 봉토내부의 묘실구조에 따라 세 가지 유형으로 나누어진다.

제1유형은 單室구조로 한 봉토 안에 매우 細長한 수혈식 석실 1기만 축조하는 유형으로 함안 도항리고분군과 말산리고분군 등 주로 咸安지역에 분포한다. 단실식 석실의 중앙에는 주인공이 안치되고 발치에는 주인공과 직교하는 방향으로 고분의 규모에 따라 2~6명의 순장자를 매장하고 있다. 그리고 석실 장벽과 단벽에는 壁龕을 설치하는 것이 특징이다.[28] 이와 같은 벽감단실분 구조는 주로 함안지역에만 분포하며 아라가야식 토기가 출토되고 있어 아라가야식 묘제라 할 수 있다(도면 2).

제2유형은 호석으로 둘러진 한 봉토 안에 주석실과 소형 순장석곽으로 이루어진 多槨石室墳 구조로 고령 지산동 고분군에서 5세기 초엽에 나타난다. 이 묘형에서 주실에는 물론 묘의 주인공이 묻히며 석곽에는 순장자가 묻히는 고분이다. 물론 순장자는 주실의 주인공의 발치나 머리맡에도 부장품과 함께 매장되는 경우가 많다. 처음에 주석실 하나에 순장곽 하나만 배치된 단곽순장형태에서 규모가 커지면서 주실 외에 부장품용 석실이 추가되고 순장석곽도 5개, 11개, 32개로 늘어난다.

---

28) 李柱憲, 「阿羅伽耶에 대한 考古學的 檢討」, 『가야각국사의 재구성』, 부산대학교민족문화연구소, 2000, 219~285쪽.

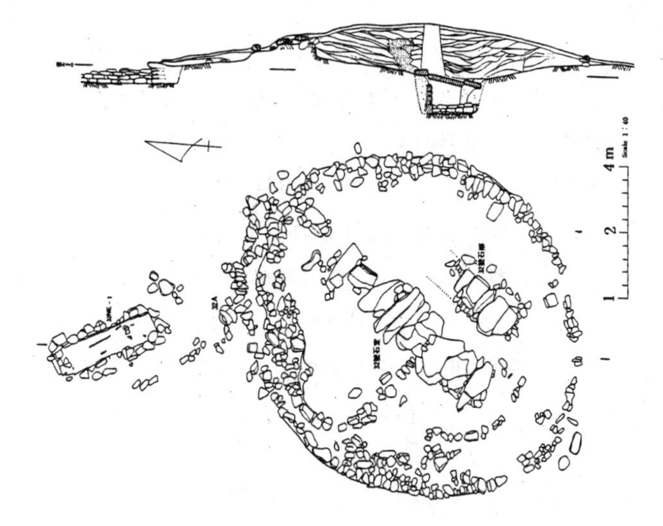

① II류형 다곽석실분(고령 지산동32호분)

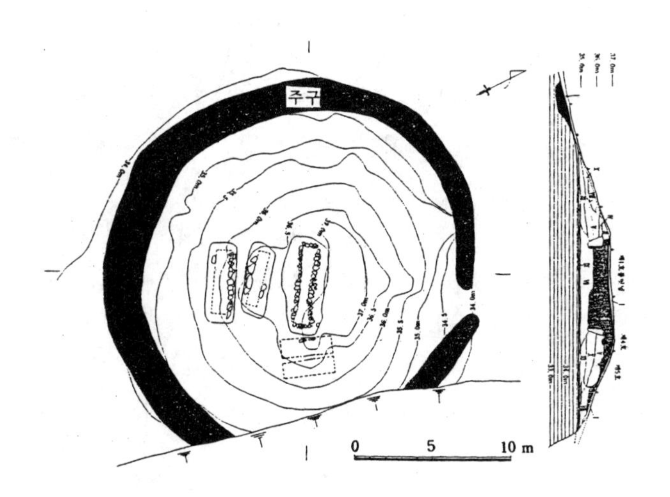

② III류형 결합식다곽분(고령 율대리2호분)

<도면 3> 수혈식 석실분의 유형(II,III유형)

이와 같은 순장곽과 석실로 이루어진 다곽석실분이 분포하는 지역은 고령의 지산동고분군과 본관동고분군, 합천 반계제고분군, 봉계리고분군, 옥전고분군, 거창 동부동고분군, 함양 백천리고분군, 산청 중촌리고분군 등으로 출토유물에서도 대가야양식 토기가 주류를 이루고 있어 제2유형은 대가야식 묘제라 할 수 있다.[29](도면 3-①)

한편 남원 월산리고분군과 두락리고분군의 경우는 순장석곽이 없는 單室墳이지만 제1유형인 함안식의 벽감시설이 전혀 없고 석실축조 방법이나 개석구조 및 평면형태가 지산동 35호분과 같은 세장형 단실구조이다. 또 부장유물의 대부분이 대가야양식 토기이다. 따라서 이러한 단실분도 순장곽 없는 대가야식 석실분으로 보아 제2유형에 포함시킨다.

제3유형은 하나의 봉토 안에 1기의 석실과 1~3기의 석곽이 추가로 결합되는 結合式 多槨墳구조로 5세기 후반 固城지역에 축조되는 小加耶式 묘제이다(도면 3-②). 이 3유형은 묘곽의 평면구성만 보면 대가야식 묘제와 비슷하나 축조방법에서 차이가 난다. 즉 대가야식 묘제는 生土를 파고 주실과 석곽을 동시에 축조하며 주실은 지하에 위치한다. 따라서 주실과 석곽의 피장자는 주인공과 순장자의 관계가 분명하다. 그러나 소가야식 묘제는 표토를 정지하고 그 위에 흙을 다져 쌓아 올려 봉토를 어느 정도 만든 다음 봉토의 한 부분을 다시 파내고 그 안에 묘곽을 축조하는 방법이다. 그리고 대개는 석실과 석곽의 축조도 동시가 아닐 수도 있어 피장자의 관계도 확실하지 않다. 고성 율대리2호분이 대표적인 고분이며[30] 송학동고분군도 횡구식과 횡혈식 석실분이 후에 추가된 연접고분이지만 기본은 3유형의 수혈식 석실분이다.[31]

---

29) 金世基, 「古墳資料로 본 大加耶」, 啓明大學校大學院 博士學位論文, 2000, 73~117쪽.

30) 김정완・권상열・임학종, 『固城 栗垈里 2號墳』, 국립진주박물관, 1990.

31) 東亞大學校博物館, 「固城 松鶴洞古墳群 發掘調査」, 『嶺南考古學』 29, 2001, 109~112쪽.

3. 橫穴式 石室墳과 橫口式 石室墳

1) 횡혈식 석실분

목곽묘나 수혈식 석실분이 아무리 규모가 크고 화려한 유물이 많이 부장되어도 그것은 기본적으로 한 번의 사용으로 끝나는 묘제임에 비해 횡혈식 석실분은 묘실로 들어가는 연도가 있어 2회 이상 사용할 수 있는 묘제이다. 이렇게 시신을 현실에 안치하기 위해 들어가는 연도가 붙어 있어 시신을 매장할 때 옆으로 넣기 때문에 횡혈식 고분이라고 한다. 횡혈식 고분의 경우 현실은 사람이 서서 다닐 수 있는 규모가 대부분이고, 현실의 개념도 관을 안치하는 것만이 아니라 사후의 생활공간이라는 의미에서 연도가 달려 있는 횡혈식고분을 일반적으로 석실분이라 부른다. 그러나 형식은 횡혈식고분이지만 길이가 1m 정도에 높이도 1m미만의 소형 횡혈식 석실분도 상당수 있기 때문에 일률적으로 그렇게 부르기 어려운 면이 있다.

그리고 횡혈식고분과 비슷하지만 연도가 없고, 한쪽 短壁을 출입구로 하여 2회 이상의 追加葬을 실시하는 橫口式古墳도 있기 때문에 역시 연도의 유무로 석실을 규정하는 것은 무리가 있다. 그러므로 앞의 수혈식 석실분에서 본 바와 같이 이를 보완하고 고분이 갖는 사회적 의미를 정확하게 이해하기 위해 대형 수혈식 고분을 석실로 구분하는 방법이 사용되기도 하는 것이다.

횡혈식고분은 고구려의 석실봉토분에서 시작하여 그것이 백제를 거쳐 6세기에 들어와 가야지역에 전해진 것으로 가야지역 고분에 횡혈식이 수용된 양상은 크게 두 가지 유형으로 나타난다.[32] 제1유형은 재지의 세장방형 수혈식 석실 축조구도에 연도부의 형식만 채용한 횡혈식 석실로서 서부 경남의 晉州 水精峰 2호분과 3호분[33]에 나타난다. 진

---

32) 曺永鉉, 「嶺南地方 後期古墳의 築造推移」, 『6~7세기 영남지방의 고고학』(第10回 嶺南考古學會 學術發表會 발표요지), 2001, 91~114쪽.

33) 朝鮮總督府, 『朝鮮古蹟圖譜』 第三冊, 1916, 277~292쪽 ; 定森秀夫, 吉井秀夫, 內田好昭, 「韓國慶尙南道晉州 水精峰2號墳·玉峰7號墳出土遺物」, 『伽倻通信』 19·20, 1990, 19~51쪽.

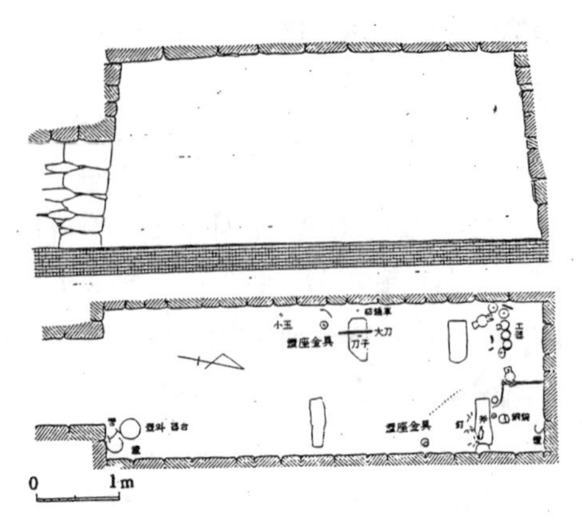

① Ⅰ류형 세장방형 횡혈식석실분(진주 수정봉2호분)

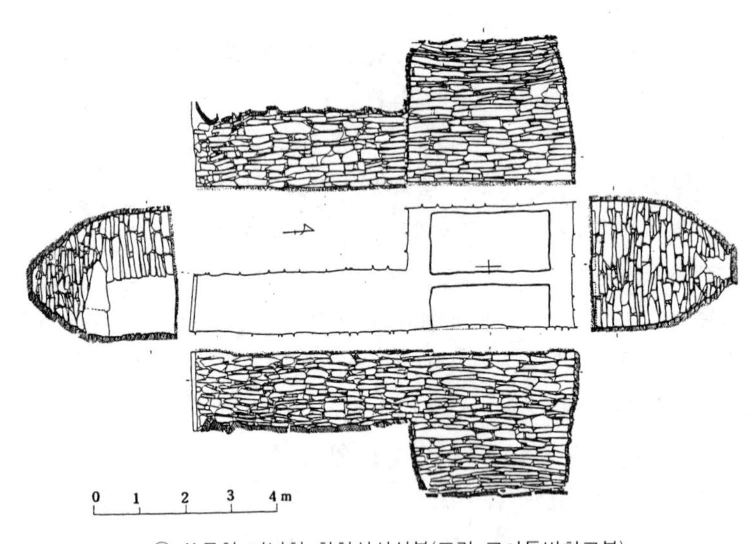

② Ⅱ류형 터널형 횡혈식석실분(고령 고아동벽화고분)

<도면 4> 횡혈식 석실분의 유형(Ⅰ,Ⅱ유형)

주지역 정치체의 최고 지배층의 분묘로 보이는 이 고분은 대가야 수도인 고령지역보다 먼저 횡혈식 석실을 수용하고 있는 것으로 이는 백제의 가야지역에 대한 본격적 진출이 이 지역부터 시작되는 것으로 볼 수 있다. 그러나 부장품은 대가야양식 토기가 주류이며 특히 대가야식 제사토기의 상징이라 할 수 있는 원통형기대가 출토되고 있어 대가야의 정치적 영향하에 있는 것으로 판단된다.[34](도면 4-①)

제2유형은 주로 大加耶의 都邑地인 고령지역과 수혈식 석실분 중에서 대가야식인 다곽석실분을 축조하던 지역 즉 대가야지역에 나타나는 세장방형보다 너비가 약간 넓은 장방형으로 축조된 횡혈식 석실이다.[35] 이 석실들은 공주지역에서 각지로 파급된 宋山里型 또는 公州型 橫穴式 石室이며[36] 고령지역은 그 분포권의 하나로 보인다. 이 유형 중에서 대표적인 것이 고령 고아동 벽화고분이다.[37] 이 고분은 무령왕릉과 같은 구조인 터널형 석실분이지만 축조재료가 벽돌이 아니라 길쭉한 割石이라는 점이 다르다. 따라서 할석으로 천장을 완전한 아치형을 만들기 어려우므로 양 단벽은 곧게 세우고 장벽은 곧게 쌓다가 서서히 안으로 내밀어 쌓아 공간을 좁힌 다음 맨 꼭대기에 판석으로 천정을 덮어 터널형으로 만든 구조이다. 할석으로 쌓은 석실이므로 벽돌구조인 무령왕릉처럼 정제되지 못하므로 안에 회를 바르고 天井과 벽면에 벽화를 그려 넣어 최고의 화려함과 엄숙함을 다한 것이다. 그러므로 이 벽화고분은 무령왕릉의 영향을 받아 축조한 횡혈식 석실분으로 가야지역의 다른 석실분과는 달리 대가야왕릉으로 판단된다(도면 4-②). 그리고 陜川 苧浦里의 D-I-1號墳[38]과 같이 송산리형 횡혈식 석실의 축조요소들이 복합되어 축조된 것이 있는데, 이는 대가야

34) 金世基, 앞의 논문, 2000.

35) 曺永鉉, 「三國時代の橫穴式石室墳」, 『李刊考古學』 45, 雄山閣, 1993, 21~27쪽.

36) 曺永鉉, 「三國時代 橫穴式石室墳의 系譜와 編年硏究」, 忠南大學校大學院 碩士學位 論文, 1990.

37) 啓明大學校博物館, 『高靈古衙洞壁畵古墳實測調査報告』, 1985.

38) 尹容鎭, 『陜川苧浦里D地區遺蹟』, 慶北大學校考古人類學科, 1987.

왕릉의 영향을 받은 지방의 하급지배자가 축조한 것으로 생각된다.

2) 횡구식 석실분

횡구식 고분은 횡혈식과 마찬가지로 입구가 있어 시신을 옆으로 들여가 안치하는 구조의 고분을 말한다. 그러므로 기본적으로 입구를 통하여 추가장을 할 수 있는 같은 속성의 묘제라 할 수 있다. 그러나 횡혈식이 현실과 연도 및 墓道로 이루어진 구조인 데 비하여 횡구식은 연도가 없고 현실과 墓道로만 구성된 점이 다른 점이다. 즉 횡구식 고분은 현실의 한 쪽 단벽의 전부 혹은 일부를 입구로 남기고 축조한 뒤, 이 입구를 통하여 피장자를 안치하고 입구와 묘도를 막아 매장을 완료하는 고분이다.[39]

가야지역 횡구식 고분도 그 평면구조나 축조방법에 따라 대개 두 가지 유형으로 나누어 볼 수 있다. 제1유형은 초현기 횡구식 고분으로 횡혈식 석실분의 제1유형처럼 在地의 세장방형 수혈식 석실 구조에서 한 단벽을 입구로 사용하고 바깥에서 폐쇄한 유형이다. 일반적으로 竪穴系 横口式이라 부르는 것으로 陜川 玉田M10號墳[40]과 苧浦里 D-II-1號墳처럼 횡혈식이 수용된 직후에 횡혈식의 묘도만 적용해 축조한 형태이다. 이것은 입구 단벽의 사용방법이나 천정부의 형태에 따라 여러 가지로 세분하기도 한다.[41]

제2유형은 복합 횡구식 고분으로 지표면 위에 방형 혹은 장방형으로 석실을 축조하되 입구부를 전벽 중앙에 설치한 유형이다. 이것을 제1유형처럼 말한다면 横穴系 横口式古墳이라 할 수 있다. 합천 저포리 E고분군이나 昌原 茶戶里B1號墳처럼[42] 지표면 위에 정방형으로

---

39) 曺永鉉, 앞의 논문, 2001.

40) 趙榮濟 外, 『陜川玉田古墳群V』, 慶尙大學校 博物館, 1995.

41) 曺永鉉, 「嶺南地方 横口式古墳의 硏究(Ⅰ) -類型分類와 展開를 중심으로-」, 『伽耶古墳의 編年 硏究 Ⅱ -墓制-』(第3回 嶺南考古學會學術發表會 發表 및 討論要旨), 1994, 53~74쪽.

42) 任鶴鐘・洪鎭根・蔣尙勳, 『昌原茶戶里遺蹟』, 國立中央博物館・慶尙南道, 2001.

석실을 축조하되 입구부를 전벽 중앙에 설치하는 것이다. 횡혈식 석실분의 영향으로 나타나는 것으로 생각되는 이 유형은 처음부터 횡혈식 석실분과 같은 구조로 축조하되 연도가 없는 형태인 것으로 횡혈식과 횡구식 판단에 논란이 야기되기도 한다. 따라서 횡혈식과 비슷한 요소가 많고, 입구부의 사용범위, 폐쇄위치, 천정부의 구조 등에 따라 여러 가지로 세분할 수 있다.

이런 유형들로 보아 가야 각지에서 나타나는 횡구·횡혈식 석실은 지역별 수용시기에 약간의 차이가 있고, 축조형태도 지역차가 있으나 재지의 대형분에서 처음 나타나는 것은 공통적인 현상이다. 이후 6세기 후반에 이르면 대형분에 이어서 중형분에도 수혈식묘제가 횡구·횡혈식으로 전환된 뒤 가야 최말기에 이르면 소형분에도 파급되는데, 이와 같은 묘제 변화의 확산은 비교적 짧은 기간에 이루어진 것으로 보인다. 가야 여러 지역의 횡구·횡혈식 석실에서 初葬은 가야계 유물, 追加葬은 신라계 유물이 출토되는 것은 이런 사실을 말해 주는 것이라 하겠다.[43]

Ⅲ. 각 지역 首長墓의 변화와 政治體

1. 김해지역

낙동강하구에 위치한 김해지역은 이른 시기부터 바다를 통한 활발한 해상 교역활동으로 영남지방의 다른 지역보다 빨리 발전할 수 있었고, 그것을 기반으로 기원전후 시기부터 변진 12국 중 월등히 우세한 狗邪國이 성립될 수 있었다. 김해지역 여러 곳의 소분지를 이어주는 하천 수계 주변에 형성된 고분군들이 이러한 사실을 말해 주고 있다.

김해지역에서 首長墓로 볼 수 있는 고분군은 주류가 목곽묘로 이루어진 양동리고분군과 대성동고분군이 중심이다. 그 외에 목관묘, 목곽

43) 曺永鉉, 앞의 논문, 2001.

묘, 수혈식 석곽묘, 횡구식 석실분 등 다양한 묘제가 중첩되어 이루어진 예안리고분군이 있으나 여기서도 수장묘로 볼 수 있는 묘제는 장방형 대형목곽묘이다. 그 중에서도 양동리고분군으로 대표되는 조만천수계의 집단은 낙동강 하류의 지리적 이점을 활용하여 대외교역을 주도하면서 성장하였다. 이들 양동리고분군 집단은 김해지역 전체를 장악하지는 못하였으나 3세기 전반까지는 해반천 수계의 대성동고분군 집단보다 우세한 김해세력의 중심이었다.[44] 그러므로 이 시기 구야국의 중심세력은 바로 양동리 고분군 집단임이 분명하다. 대성동고분군이나 봉황대유적에서는 이에 비견할 만한 유구와 유물이 아직 출토되지 않고 양동리고분군에서만 대형 목곽묘가 존재하고 漢鏡과 靑銅劍把頭飾 등 많은 威勢品이 출토되고 있어 이를 증명하고 있다.

1) 장방형 목곽묘

이 시기 양동리고분군에서 가장 먼저 등장하는 수장묘는 장방형 목곽묘인 양동리162호분이다. 이 고분은 목곽의 길이 388cm, 너비 240cm, 깊이 59cm 규모의 대형장방형 목곽묘일 뿐 아니라, 부장유물에서 종전의 다른 목곽묘에서는 볼 수 없는 漢鏡 2매를 포함한 10매의 동경과 수정다면옥, 유리구슬목걸이 등 질 높은 위세품과 다량의 철정, 철촉, 철모 등 철제무구, 재갈 등을 부장하고 있다.[45]

2세기 후반 狗邪國 國邑의 주고분군인 양동리고분군에서 최고 수장묘인 162호분과 이와 비슷한 규모와 부장품을 가지고 있어 首長墓라고 판단되는 235호분도 목곽의 장폭비가 2 : 1미만의 장방형 목곽묘이다. 이는 울산 하대43호분이나[46] 부산 노포동35호분의[47] 장폭비와 비

44) 홍보식, 「考古學으로 본 金官加耶」, 『考古學을 통해 본 加耶』, 한국고고학회, 2000, 1~48쪽.

45) 林孝澤・郭東哲, 『金海良洞里古墳文化』, 東義大學校博物館, 2000.

46) 釜山大學校博物館, 『蔚山下垈遺蹟-古墳Ⅰ』, 1997.

47) 洪潽植, 「老圃洞墳墓群의 分期와 編年」, 『釜山의 三韓時代 遺蹟과 遺物Ⅱ』, 釜山廣域市立博物館 福泉分館, 1998.

슷하여 아직까지 영남지역 공통적인 목곽묘형태가 계속되고 있음을 알 수 있다.

그러나 3세기에 들어서면 구야국의 중심지가 서서히 양동리고분군에서 대성동고분군으로 이동하게 된다. 이와 같은 사실은 3세기 후반으로 편년되는 대성동고분군에서 대형목곽묘들이 축조되고 종전과는 비교할 수 없을 정도로 많은 양의 유물을 부장하는 이른바 후장이 이루어지고 있으나 종전의 양동리고분군에서는 이러한 변화가 지속되지 않는 것으로 보아 알 수 있다. 이것은 어떠한 이유에서든지 구야국의 세력권이 양동리고분군의 조만천 수계집단에서 대성동고분군의 해반천 수계집단으로 이동되었음을 의미한다.[48] 이것은 집권세력이 장소를 이동한 경우와 양 세력간의 경쟁에서 해반천 수계집단이 승리한 경우를 상정해 볼 수 있으나 아마도 후자일 가능성이 크다고 생각된다.

이와 같은 변화의 대표적인 고분이 대성동29호 목곽분이다. 이 고분은 묘광의 길이가 960cm, 너비 560cm, 잔존깊이 130cm의 규모에 목곽길이 640cm, 너비 320cm, 높이 40cm의 이전에 비해 비교할 수 없을 정도의 대형목곽묘이다.[49] 이를 묘제의 형태상으로 보아도 규모가 커지면서 목곽의 길이가 약간 길어지기는 했으나 장폭비는 2 : 1의 김해형 목곽묘의 특징을 보여주고 있다. 이렇게 길이 5m 이상의 대형 목곽을 축조하기 위해서는 종전에 비해 축조기술면에서 크게 진전되어야 하고 또 축조재료의 획득이나 인력의 동원에서 강력한 정치력이 발휘되어야 가능한 墓制의 변화라고 하겠다.

묘제의 변화와 아울러 유물의 부장에서도 비교할 수 없을 정도의 큰 변화가 일어나는데 그것은 가야지역에서 최초로 殉葬이 실시되고 토기의 다량부장인 厚葬[50]이 시작되는 것이다. 순장자는 1인으로 주인공의 발치공간 즉 토기의 다량부장 공간과 주인공피장 공간의 사이에 주

48) 홍보식, 앞의 논문, 2000.

49) 申敬澈·金宰佑, 『金海大成洞古墳群 II』, 慶星大學校博物館, 2000.

50) 申敬澈, 「금관가야의 성립과 연맹의 형성」, 『가야각국사의 재구성』, 부산대학교 한국민족문화연구소, 2000, 27~62쪽.

피장자의 안치방향과 직교되게 배치하고 있으며 유리구슬 목걸이를 착장하고 있었다. 한편 유물의 부장방법도 종전의 철제품 위주의 품목과 주인공 주변에 부분적으로 副葬하던 방법에서 토기의 다량부장과 다양한 유물 품목과 함께 부장품을 위한 공간이 목곽내에서 중요한 공간으로 확보되었다는 점이다. 이는 목곽 규모의 확대가 이러한 殉葬과 厚葬을 하기 위한 것임을 말하는 동시에 이를 통해 권력 집중을 과시하여 일반하위 집단과의 차별성을 더욱 강화하기 위한 것이라 생각된다. 그리고 이와 같은 변화는 양동리고분군이나 봉황대유적에서는 나타나지 않은데 이것은 대성동고분군 세력이 이들 지역을 통제하기 때문으로 생각된다. 따라서 이 시기에 김해 대성동고분군의 정치체는 정치·군사적 권력이 확립되어 서서히 狗邪國에서 金官加耶가 성립하는 것으로 이해된다(도면 5-①).

2) 主副槨式 日字形木槨墓

위에서 본 바와 같이 장방형 목곽묘는 대성동29호분에서 보이는 것처럼 구조면에서 대형화되고 유물면에서 위치의 집중화와 질량이 대량화되는 특징적 변화가 일어난다. 그런데 4세기가 되면 이러한 현상은 묘제의 변화를 더욱 가속화시켜 장방형 목곽묘에서 부장품 공간이 따로 독립되어 主·副槨 木槨墓의 형태로 나타나게 된다. 따라서 김해지역 목곽묘의 가장 대표적 묘제인 주부곽이 일렬로 배치되는 日字形木槨墓가 성립되는 것이다.[51]

51) 필자가 사용하는 主槨(主室)의 의미는 분묘의 主被葬者를 매장하기 위한 시설을 말하는 것이며, 副槨(副室)이란 고분의 규모나 墓制에 관계없이 주피장자의 부장품을 넣기 위한 시설을 의미한다. 그러므로 고령, 합천, 함양 지역의 대가야고분처럼 殉葬者를 위한 시설은 주곽(주실)과 나란히 설치되고 규모가 작다고 하여도 副槨이라 하지 않는다. 그럼으로 부곽에는 주인공을 위한 부장품을 넣는다는 의미이므로 유물 이외에 순장자나 순장동물이 부장되는 경우도 있다. 김해지역의 주·부곽식 목곽묘에서 副槨도 동일한 의미로 사용한다.
金世基,「加耶地域 竪穴式墓制의 硏究」啓明大學校大學院 碩士學位論文, 1983.

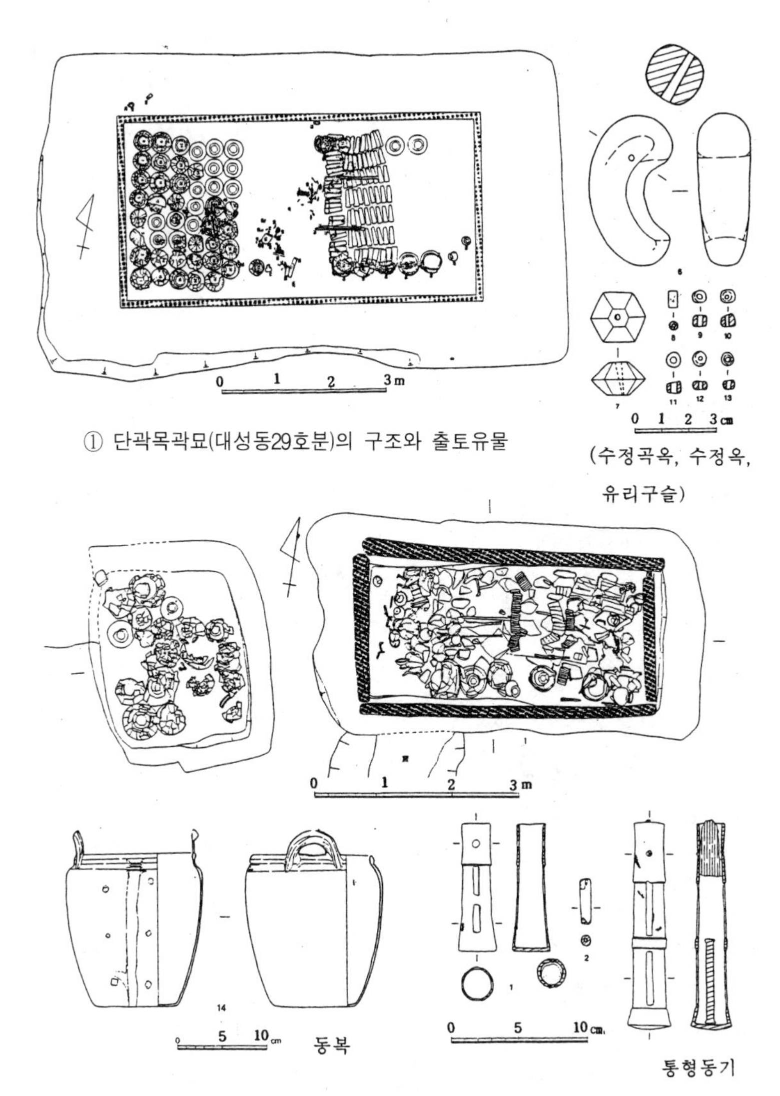

② 주부곽목곽묘(대성동39호분)의 구조와 출토유물

<도면 5> 김해지역 수장묘의 변화

주부곽 일자형목곽묘 중 가장 이른 것은 김해 예안리 160호분[52]이지만, 금관가야 최고지배층 고분군인 김해 대성동고분군에서 주부곽식 목곽묘로 가장 이른 고분은 대성동 13호분이다. 이 고분은 후대에 조영된 다른 고분에 의해 많이 파괴되어 유물의 전모는 알 수 없지만 일부 남아 있는 유물이 巴形銅器 6점, 頸飾用 유리옥 등 당시 최고의 威勢品인 점을 보면 금관가야의 왕급묘라고 판단된다. 고분의 규모는 주곽 묘광의 길이 602cm, 너비 394cm, 깊이 145cm, 목곽의 길이 500cm, 너비 240cm, 부곽은 묘광 길이 370cm, 너비 398cm, 깊이 42cm, 목곽 길이 165cm, 너비 270cm이며, 목곽의 높이는 약 100cm 전후이다. 장축방향이 東西인 주곽은 서쪽에 배치하고 부곽은 주곽의 동쪽에 2m정도 떨어져 배치하고 있는데 주곽의 장폭비는 김해형 목곽묘의 單槨墳인 29호분과 마찬가지로 2 : 1이다.

주부곽 목곽묘인 대성동13호분에도 주곽에 순장자가 매장되었는데 주피장자의 머리맡과 발치에 각 1인과 주인공의 좌측 옆에 1인 등 모두 3인이 순장되었다. 부곽의 순장여부는 파괴가 심하여 확실하지 않으나 13호분보다 조금 후대의 고분이지만 역시 주부곽식 목곽묘인 3호분의 부곽에 순장자가 있는 것으로 보아 부곽에도 1인 정도 순장시킨 것으로 생각된다.[53]

이와 같은 주곽과 부곽이 일자형으로 배치된 주・부곽식 목곽묘는 금관가야의 주묘제로서 김해 대성동고분군에서는 5세기 초까지 계속되고 그 후로는 조영되지 않는다. 대성동고분군 이외 김해 예안리고분군과 동래 복천동고분군에서도 조영되나 그 범위는 김해지역과 부산지역에서 크게 벗어나지 않는다. 그 밖에 합천 옥전고분군에서도 일자형 주부곽 목곽묘가 조영되나 대성동고분군과 달리 주부곽을 나란히 놓고 중간에 막돌로 목곽을 보강하는 격벽을 쌓아 구분하고 있다(도면 5-②).

---

52) 申敬澈,「金海禮安里 160號墳에 對하여 -古墳의 發生과 관련하여-」,『伽耶考古學論叢』1, 1992, 107~167쪽.

53) 申敬澈・金宰佑,『金海大成洞古墳群 I』, 慶星大學校博物館, 2000.

2. 함안지역

咸安은 南江 下流域과 남해안에 근접한 南高北低의 분지로 이루어진 지역이다. 이 지역은 谷底平野를 이용한 식량생산과 수로를 이용한 외부와의 교역으로 일찍부터 정치체의 성장을 가져와 阿羅加耶의 중심을 이룬 곳이다. 따라서 함안지역에는 청동기시대의 지석묘로부터 原三國時代 목관묘와 목곽묘, 가야시대의 수혈식 석실묘에 이르기까지 많은 분묘들이 존재하고 있어 선사시대 이래 加耶時代 세력기반을 이해할 수 있는 자료가 되고 있다.

함안지역 고분군 중에서 首長墓로 볼 수 있는 고분군은 末伊山의 능선과 구릉사면에 걸쳐 넓게 형성된 道項里古墳群이다. 도항리고분군은 고대한 대형봉토를 가진 수혈식 석실분이 대부분이지만 지석묘, 목관묘, 목곽묘 및 횡혈식 석실분도 일부 섞여 있어 이른 시기부터 중심지로서의 역할을 해 온 것을 알 수 있다.

함안지역은 김해의 狗邪國과 함께 弁辰 12국 중 가장 유력한 소국이었던 安邪國[54]의 故地이며 이것이 발전하여 安羅國, 혹은 阿羅加耶로 발전한 곳이다. 그러나 적어도 3세기 이전부터 유력한 정치세력으로 성장하여 중국에까지 알려지게 되었을 뿐만 아니라 『三國志』 동이전에 優號를 칭한 有力한 나라로 기록되어 있어[55] 이 시기의 유적이 있었을 것이지만 안야국의 수장묘라고 생각되는 고분은 현재까지 고고학적으로 알려지지 않고 있다. 그 시기의 묘제는 김해지역과 마찬가지로 목관묘 혹은 목곽묘였을 것으로 보이나, 창원 다호리 유적이나 김해 양동리고분군처럼 대규모의 목관묘유적이나 목곽묘유적은 보이지 않는다. 이러한 이유에서 목곽묘가 도항리보다 많은 황사리유적이 처음의 중심지였을 것이라는 주장[56]도 제기되고 있지만 함안 황사리

54) 「…臣智에게는 간혹 우대하는 호칭인 臣雲遣支報 安邪踧支 濆臣離兒不例 狗邪秦支廉의 호칭을 더하기도 한다.」(臣智惑加優呼 臣雲遣支報 安邪踧支 濆臣離兒不例 狗邪秦支廉之號)(『三國志』 魏書 東夷傳 韓條).

55) 위의 『三國志』 魏書 東夷傳 韓條의 기록.

56) 李柱憲, 「阿羅伽耶에 대한 考古學的 檢討」, 『가야각국사의 재구성』, 부산대

유적에는 김해 양동리162호와 같은 우세한 목곽묘는 보이지 않는다. 오히려 조금 늦은 시기의 목곽묘이지만 지배자의 무덤으로 판단되는 馬甲塚[57]이 도항리 유적에 존재하고 있어 阿羅加耶의 중심지는 처음부터 道項里遺蹟이었음을 짐작케 한다. 그러나 도항리고분군의 주묘제는 수혈식 석실분이므로 함안지역도 처음 안야국 시기에는 목곽묘가 지배층 묘제였으나 점차 아라가야 시대에는 수혈식 석실분으로 바뀌어 갔던 것이라고 생각된다.

1) 장방형 목곽묘

함안지역의 목곽묘유적은 도항리고분군의 북쪽 구릉지대와 南江 연안의 篁沙里古墳群, 윤외리고분군, 칠원 옥곡리고분군에서 다수 확인되었다. 이 고분군들은 대체로 4세기까지도 길이 4m내외의 중소형 목곽묘가 구릉 경사면에 무질서하게 조영되어 있고, 부장유물도 통형고배, 노형토기, 파수부잔 등의 토기류가 대부분으로 아직까지 首長墓는 없는 상태이다.

유구의 평면형태에 있어서도 묘광의 장폭비가 대체로 2.5 : 1로 김해지역의 2 : 1보다 약간 세장한 편이다. 이와 같은 細長한 평면적 특징은 이후 이 지역의 주묘제인 수혈식 석실분에도 그대로 이어져 지역적 특징으로 이해할 수 있다.

함안에서 수장묘로 볼 수 있는 목곽묘는 도항리고분군의 馬甲塚을 들 수 있는데, 아파트배수관 매설공사 중에 발견된 이 고분은 墓壙의 길이 890cm, 너비 280cm, 깊이 110cm이며, 목곽의 규모도 길이 600cm, 너비 230cm, 깊이 100cm의 대형목곽묘에 속하고 출토유물도 상태가 매우 양호한 말갑옷 일습과 銀象嵌環頭大刀와 철모, 철겸 등의 철제품이 출토되어 상류지배층 분묘로 판단된다. 이 목곽묘의 장폭

학교 한국민족문화연구소, 2000, 219~285쪽.

57) 洪性彬·李柱憲, 「咸安 말갑옷(馬甲)出土 古墳 發掘調查概報」, 『文化財』 26, 1993, 116~164쪽.

비도 함안의 다른 대형목곽묘와 마찬가지로 장폭비 2.5~3 : 1의 비율을 보이고 있어 김해지역의 장방형목곽묘보다 약간 세장한 형태를 하고 있다[58](도면 6-①). 김해지역에서는 장방형목곽묘에서 다량의 유물 부장과 정치지배력이 확대되면서 主副槨式 日字形木槨墓로 발전하는데, 함안의 경우 목곽묘에서는 순장이 행해지지 않고 더 이상 발전하지도 않는다. 이후 首長墓의 묘제는 내부주체가 세장방형 수혈식 석실분으로 변화되면서 봉토가 대형화되고 殉葬이 행해지게 된다.

2) 수혈식 석실분

阿羅加耶의 主古墳群은 함안의 중심지인 伽倻邑을 남북으로 뻗어내린 해발 50m정도의 末伊山의 주능선과 사면에 걸쳐 분포된 도항리, 말산리고분군이다. 이 고분군에는 대, 소형봉토분 100여 기가 밀집 분포되어 있는데 행정구역이 달라 두 개의 고분군이 되었지만 원래 末伊山의 능선과 사면에 연결되어 있다. 그러므로 이를 통틀어 末伊山古墳群이라고 부르기도 하고 특히 高塚古墳이 집중되어 있는 道項里古墳群으로 지칭하기도 한다.

도항리고분군의 대형 봉토분들은 대부분 수혈식 석실분이다. 일제시대에 발굴 조사된 구34호분이 당시 횡구식 석실분으로 알려지기도 했으나, 근래 다른 봉토분들의 발굴 조사 결과와 당시 보고서의 분석연구에 의해 수혈식 석실분으로 밝혀짐으로써[59] 아라가야 왕을 비롯한 최고지배층의 묘제는 수혈식 석실분임이 분명해졌다.

이들 대형 봉토분들은 가야지역 고총고분의 일반적 입지와 마찬가지로 구릉의 頂上部를 따라 일정한 간격을 유지하며 隆起部에 자리잡거나 혹은 구릉의 사면에 조영된 경우는 등고선의 방향과 나란히 축조하여 더욱 크게 보인다. 도항리고분군에서 최대의 고분인 4호분(구34

58) 洪性彬, 李柱憲, 앞의 논문, 1993.
59) 李柱憲, 「末伊山 34號墳의 再檢討」, 『碩晤尹容鎭敎授停年退任紀念論叢』, 1996, 403~418쪽.

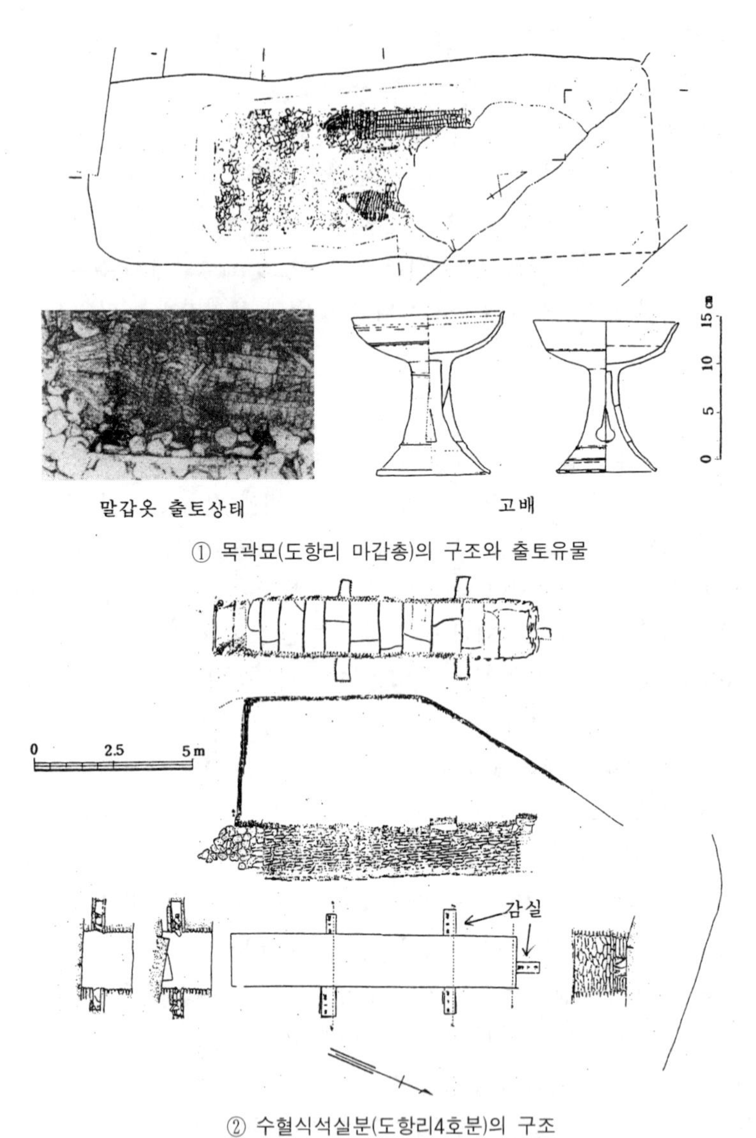

① 목곽묘(도항리 마갑총)의 구조와 출토유물

② 수혈식석실분(도항리4호분)의 구조

<도면 6> 함안지역 수장묘의 변화

호분)[60]은 북에서 남으로 뻗은 나즈막한 구릉의 中心 隆起部에 입지한다. 고분은 봉토 직경 39.3m, 높이 9.7m의 대규모의 봉토 중앙에 수혈식 석실 1기만 설치한 단실구조이다. 석실의 길이 978.7cm, 너비 172.7cm, 깊이 166.6cm로 장폭비가 5.6 : 1의 매우 세장한 형태를 띠고 있다. 이 밖에 주능선에서 서쪽으로 뻗은 가지능선 말단부에 위치한 8호분도 직경 38m, 높이 5m의 봉분 중앙에 석실 1기만 배치하였다. 석실의 규모는 길이 1100cm, 너비 185cm, 깊이 190cm로 장폭비가 5.9 : 1의 세장형이다. 또 능선의 남쪽 융기부에 위치한 15호분의 경우도 묘실은 8호분과 같은 단실구조이며, 석실의 길이 940cm, 너비 185cm, 깊이 200cm의 규모로 장폭비 5 : 1의 세장한 형태이다.

함안 도항리고분군의 묘제상 가장 큰 특징은 석실 네 벽에 방형 龕室이 설치된 점이다. 이 감실은 대개 양장벽의 위쪽에 각 2개, 단벽에 각 1개가 설치되었는데, 장벽의 감실은 서로 같은 높이에서 마주보게 되어 있고 단벽의 감실은 서로 약간 어긋나게 마주보고 있다. 규모는 한 변 길이 40~60cm, 깊이 60~80cm 정도이다. 현재로서는 가야지역에서 함안에만 존재하는 이 석실 벽의 감실의 용도는 마주보는 감실에 긴 통나무를 걸쳐 봉토의 무게에 의해서 개석이 부러지는 것을 막고 석실벽도 보호하는 보완시설로 보는[61] 것이 타당할 것이다. 이것은 도항리고분의 개석재질이 부러지기 쉬운 粘板岩系 砂岩이 많고 두께도 얇은 판석이 11매 이상 많이 덮여 있는 점으로 알 수 있다. 실제로 발굴 조사된 도항리 8호분이나 15호분의 개석을 보면 대부분 중간에서

---

60) 함안도항리고분군의 경우 일제시대인 1917년 봉토분에 대하여 고분번호를 부여하고 그 중 일부를 발굴 조사하여 보고서가 발간된 바 있으나, 현재는 1980년 함안군에서 고분군을 재정비하면서 새로 일련번호를 부여하여 사용하고 있다. 舊古墳番號는 1917년에 발굴조사할 당시의 고분번호이다.
朝鮮總督府, 『大正六年度(西紀一九一七年) 朝鮮古蹟調査報告』, 1920. 이후 창원대학교박물관에서는 이 보고서 중에서 함안 부분만 발췌하여 번역 게재하고 있다.
昌原大學校博物館, 『咸安 阿羅伽耶의 古墳群(Ⅰ)』, 1992.

61) 李柱憲, 앞의 논문, 1996.

반절되어 있는 것이 이를 증명하고 있다. 함안지역과 같이 장폭비 5 : 1이상의 세장한 석실을 가진 고령의 경우 개석수도 9매 이하가 많고 또 석질도 대부분 단단한 화강암제가 많아 개석이 부러진 예는 거의 찾아보기 어렵다. 따라서 도항리 고분의 감실은 백제 무령왕릉의 龕室처럼 등불을 밝히기 위한 燈龕은 아닌 것이 분명하다(도면 6-②).

고분의 묘실 구성에서 부장품을 위한 副槨(室)이 존재하지 않는 것도 아라가야 묘제의 특징의 하나로 볼 수 있는데 主室의 길이가 10여m로 긴 것은 主人公과 함께 부장품과 殉葬者를 함께 넣기 위한 방법에서 나온 구조로 생각된다. 하나의 석실에 주인공과 순장자, 부장품을 함께 매장해야 하므로 자연히 순장자의 수도 5, 6명 이상 늘어나기 어려운 구조이며, 부장유물도 부곽이 있는 김해 대성동고분이나 고령 지산동고분보다 대체로 적은 편이다.

道項里8號墳을 통해 아라가야 首長墓의 매장양상을 살펴보면, 석실의 중앙부는 주인공을 위한 공간으로 北枕으로 누워있는 주인공의 좌우에 金製環頭大刀와 금동제 마구류가 배치되고, 석실의 북쪽에는 다수의 아라가야식 토기와 말갑옷, 철제갑주 등의 무구류가 배치되어 부장품 공간임을 말해 준다. 그리고 주인공의 발치에 해당하는 석실의 남쪽에는 주인공을 위한 순장자 5명이 주인공의 방향과 직교되게 西枕으로 나란히 매장되어 있다.[62] 이러한 매장양상은 함안 최대의 고분인 도항리4호분(구34호분)의 경우도 대동소이하며 다만 순장자의 수가 6명으로 아라가야 고분 중에서 가장 많은 순장자를 매장하고 있는 점이 다르다.[63]

묘제에 관련한 또 하나의 특징은 5, 6세기의 다른 가야 殉葬墓에 비하여 단순하며, 위세품류가 아주 적은 것이다. 특히 대가야의 고령 지산동32호분, 30호분, 45호분과 합천 옥전M6호분, 반계제 가A호분과

62) 昌原文化財硏究所, 「咸安 道項里 古墳群 發掘調査(第3次年度) 指導委員會資料」, 1994.
63) 朝鮮總督府, 앞의 책, 1920.
李柱憲, 앞의 논문, 1996.

금관가야의 김해 대성동29호분에 보이는 冠帽類가 전혀 출토되지 않는 점이다. 대가야의 수도인 고령의 경우 대가야식 금관이 출토되었고, 또 지산동32호분, 30호분, 45호분에서 대가야식 金銅冠이 출토되었다. 그리고 다양한 순장묘제와 수십 명의 순장자가 있는 고령의 대가야와 비교해 보면, 순장자의 수가 최고 6명을 넘지 않는 함안의 아라가야가 고고학적으로는 그만큼 王權이 강하지 않았던 것으로 볼 수밖에 없다.

3. 고령지역

낙동강 本流와 支流인 會川이 만들어 놓은 충적평지와 伽倻山 줄기로 둘러싸인 고령지역은 대가야의 중심지이다. 대가야의 주고분군은 지산동고분군인데, 여기 묘제는 수혈식 석실분으로 이루어진 대형 고총 고분이 높은 산줄기에 산봉우리처럼 열을 지어 장관을 이루고 있다. 그런데 이 지산동고분군의 대형 봉토분들은 대가야의 발전과정을 보여주듯이 단계별로 묘제가 변천되고 있어 대가야 사회를 이해하는데 매우 좋은 자료가 되고 있다.[64]

고령지역 역시 초기에는 김해나 함안지역과 마찬가지로 장방형 목곽묘가 수장묘로 사용되었으나 가라국으로 발전하면서 수혈식 석곽묘가 지배층의 묘제로 사용되기 시작한다. 이어 석곽묘가 석실분으로 확대되면서 대가야의 주묘제로 자리잡게 된다. 대가야식 수혈식 석실분은 순장자의 묘곽을 함께 설치하는 다곽분의 구조로 주변지역의 지배층 묘제로 확립된다. 이러한 대가야식 묘제로 주변지역을 영역화한 대가야는 이후 6세기에 들어서 공주지역의 백제왕릉의 묘제인 횡혈식 석실을 받아들인다.

1) 장방형 목곽묘

대가야는 종래 『三國志』 魏書 東夷傳 韓傳의 弁辰彌烏邪馬國이

64) 金世基, 「古墳資料로 본 大加耶」, 啓明大學校大學院 博士學位論文, 2000.

발전한 것이라는 설이 있어 왔으나 최근에는 『日本書紀』와 『梁職貢圖』에 나오는 叛波, 혹은 伴跛와 관련하여 추론한 弁辰 半路國이라는 설이 대두되어 설득력을 얻고 있다. 그런데 이 반로국은 현재 고령의 중심 고분군인 지산동고분군이 있는 주산 아래가 아니라 會川의 東岸이며 알터 암각화가 있는 良田里와 盤雲里 일대로 밝혀지고 있다.[65] 그것은 지산동고분군에는 3세기 이전의 고분이 전혀 발견되지 않고 있으나 여기 반운리에는 고령지역에서 유일한 와질토기와 철기가 출토되는 목곽묘로 추정되는 盤雲里古墳群이 있기 때문이다.[66] 따라서 고령지역의 소국이었던 반로국 시기에는 다른 가야지역과 마찬가지로 목곽묘가 수장묘로 사용되었다. 그러나 김해 양동리고분군이나 대성동고분군의 목곽묘처럼 漢鏡이나 玉製品 같은 威勢品은 출토되지 않고 전・후기 와질토기와 경질토기, 철겸, 철부, 철모 등 철기가 출토되고 있어 그 정치세력은 크지 않았던 것으로 보인다. 반운리고분군은 발굴조사가 이루어지지 않아 확실한 목곽묘의 실상을 알 수 없지만, 이보다 조금 늦은 시기인 4세기 후반의 쾌빈동 목곽묘가 발굴조사되어 이러한 추정을 가능하게 하였다.

고령 쾌빈동 목곽묘는 3기가 조사되었는데 파괴가 심하지만 대체적인 성격파악은 가능하다.[67] 가장 상태가 좋은 1호분의 경우 묘광의 남은 길이 482cm, 너비 305cm, 깊이 95cm이고, 목곽의 크기는 남은 길이 440cm, 너비 280cm인데 전체적인 형태로 보아 장폭비가 약 2 : 1 정도의 장방형을 이루고 있다. 12호분과 13호분도 묘광의 너비가 300cm, 360cm로 평면형태와 부장양상이 1호분과 비슷한 점으로 보아 고령지역의 목곽묘도 김해지역이나 함안지역의 장방형 목곽묘와 비슷한 것으로 보인다. 출토유물은 위세품은 없고 노형토기, 양이부 단경호와 고령양식 장경호, 발형기대 등 토기류가 대부분이고 철기류는 유자이기

---

65) 金世基, 「大伽耶 墓制의 變遷」, 『加耶史研究 -대가야의 政治와 文化-』, 慶尙北道, 1995, 301~364쪽.
66) 洪鎭根, 「高靈 盤雲里 瓦質土器 遺蹟」, 『嶺南考古學』 10, 1992, 69~86쪽.
67) 嶺南埋藏文化財研究院, 『高靈快賓洞古墳群』, 1996.

1점과 축소모형 농공구 정도만 출토되었다.

이렇게 목곽묘를 지배층의 묘제로 사용한 반로국은 3세기 말까지는 김해의 狗邪國이나 함안의 安邪國에 비해 정치적으로 미약한 소국이었다. 그러다가 4세기가 되면 반운리의 반로국은 회천을 건너 주산의 동쪽 자락인 延詔里로 중심지를 옮기고 지산동고분군을 지배층의 묘지로 사용하게 된다.

2) 수혈식 석실분

① 단곽순장 석실분

반운리에서 목곽묘를 수장층의 주묘제로 사용하던 반로국은 집권세력이 교체되었거나 혹은 새로운 중요한 전기에 의해 중심지를 주산 아래의 연조리로 옮기고 지산동고분군을 그들의 지배층 묘지로 사용하였다. 그리고 종래의 목곽묘 대신 竪穴式 石槨墓를 主墓制로 사용하며 급속도로 발전하였다.[68] 이러한 사실은 지산동고분군에서 고총고분이 성립되기 전에 축조된 수혈식 석곽묘에서 확인된다. 즉 4세기 말 지산동고분군의 대형석곽묘인 32NE-1호분에서는 銀象嵌環頭大刀와 金製耳飾 등의 威勢品과 철모, 화살촉 등 武具類가 출토되고, 고배나 장경호 등 토기에서도 고령양식이 성립되고 있어 이때부터 가라국으로 발전한 것으로 생각된다[69](도면 7-①).

加羅國은 5세기가 되면 지산동 主稜線 등줄기에 高塚古墳을 축조하면서 묘제도 석곽묘에서 석실분으로 확대 발전된다. 지산동 고총고분 중 가장 빠른 5세기 전반에 축조된 지산동35호분 경우 석실의 길이 666cm, 너비 101cm, 깊이 156cm로 장폭비가 5 : 1의 세장한 평면형태를 이루고 있다. 따라서 일반적으로 ① 立地상 능선 정상부의 융기부에 위치하고 고대한 원형봉토 축조 ② 장폭비 약 5 : 1의 세장한 석실 평면형태 ③ 한 봉분 안에 主室과 별도의 순장곽을 가진 多槨墳의 구

68) 金世基, 앞의 논문, 2000.

69) 金鍾徹, 『高靈池山洞古墳群』, 啓明大學校博物館, 1982.

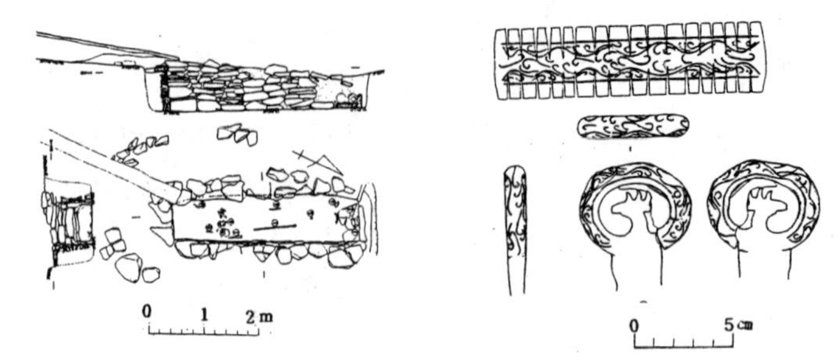

① 수혈식석곽묘(지산동 32NE-1호분)의 구조와 출토유물(은상감환두대도)

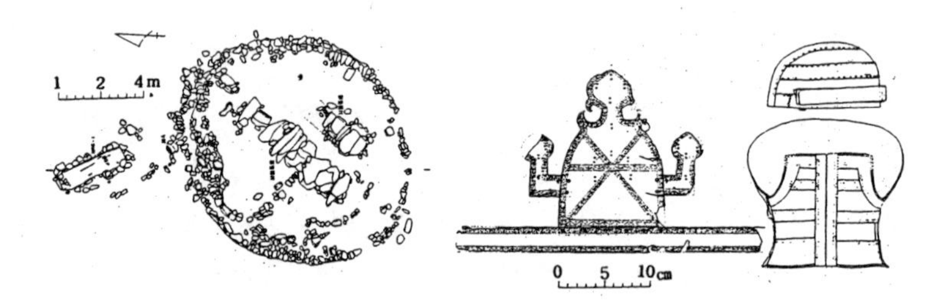

② 단곽순장석실분(지산동32호분)의 구조와 출토유물(금동관, 갑옷투구)

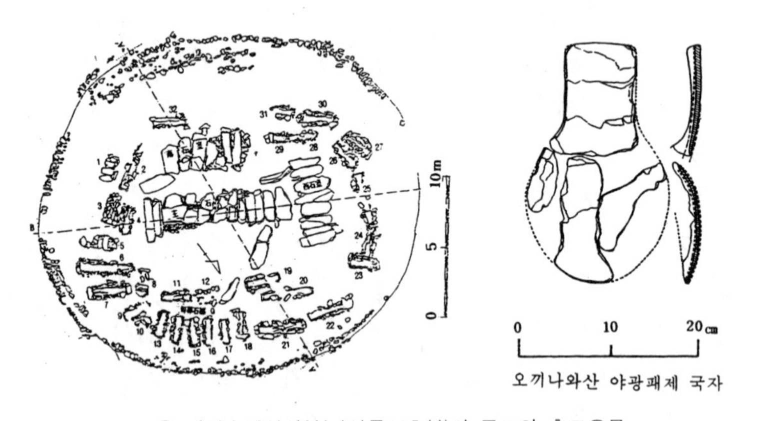

③ 다곽순장석실분(지산동44호분)의 구조와 출토유물

<도면 7> 고령지역 수장묘의 변화

조 ④ 봉분 기저부에 주실과 순장곽을 둘러싸는 원형호석의 설치 ⑤ 고령의 특징을 가진 대가야식 토기가 출토되는 묘형을 大加耶墓制로 부르고 있다.[70]

이 시기의 같은 봉토분인 지산동32호분과 34호분에서는 主石室 옆에 殉葬槨을 1기 설치하는 多槨墳이 축조되기 시작한다. 그리고 32호분 석실에서는 금동관, 철판갑옷과 투구 등의 위세품과 다량의 高靈樣式(大加耶樣式) 토기류와 무기가 출토된다. 이렇게 위세품류가 부장된 주석실과 순장곽 1기를 배치하는 단곽순장 석실분은 각 지역의 지배층 묘제로 확립되었고, 순장곽 없는 일반 석실분과 함께 점진적으로 합천, 거창, 함양, 산청, 남원 월산리, 두락리 등 여러 지역으로 확산된다. 이와 더불어 고령양식 토기는 남원 月山里古墳群뿐만 아니라 소백산맥을 넘어 전라북도 長水, 鎭安지역까지 확산된다.[71]

고령 본관동34호분, 35호분, 36호분, 합천 옥전M4호분, M6호분, 반계제 가A호분, 다A호분, 다B호분, 봉계리대형분, 함양 백천리1호분은 단곽순장 석실분이고, 남원 월산리M1-A호분, 두락리1호분은 대가야식 일반 석실분으로 묘제에 의한 대가야의 확실한 지배영역을 보여주고 있다. 다만, 옥전M4호분과 M6호분은 순장곽을 주실 옆에 배치하지 않고 호석열 밖에 배치하였다. 이는 대가야식 석실분으로 전환하기 전의 수장층 묘제인 주·부곽식 목곽묘(M1호분, M3호분)에서부터 호석열 밖에 순장곽을 배치하는 옥전의 전통을 계승하는 것으로 해석되지만 크게는 순장곽을 따로 가지고 있다는 점에서 지산동고분군과 같은 맥락으로 이해할 수 있다.[72] 그리고 산청 중촌리고분군이나 생초리고분군의 경우도 이러한 단곽순장 석실분의 묘제와 대가야양식 토기출

---

70) 金世基, 앞의 논문, 1995.

71) 김세기, 「고령양식토기의 확산과 대가야문화권의 형성 -성주토기와의 비교를 겸하여-」, 『加耶文化遺蹟 調査 및 整備計劃』, 경상북도, 1998, 83~121쪽.
郭長根, 「小白山脈 以西地域의 石槨墓 變遷過程과 그 性格」, 『韓國古代史研究』 18, 2000, 127~169쪽.

72) 金世基, 「加耶의 殉葬과 王權」 「加耶諸國의 王權」, 仁濟大加耶文化研究所編(신서원), 1997, 97~122쪽.

토지로 밝혀지고 있다[73](도면 7-②).

이후 고령지역의 묘제는 지산동32호와 34호처럼 주실과 순장곽 1기를 배치하는 單槨殉葬墓에서 주실과 副葬品을 넣는 副室을 별도로 축조하고 순장곽도 여러 기 배치하는 多槨殉葬 主·副室石室墳으로 발전하게 된다.

② 다곽순장 주·부실석실분

다곽순장 주·부실석실분은 5세기 중엽의 지산동30호분부터 나타나기 시작한다. 이 고분은 남북 장축의 주실 남단벽 쪽에 동서 장축의 부실을 1기 축조하여 주·부실의 평면배치가 T자형을 이루고 있다.[74] 순장곽은 주실의 동서 장벽과 나란한 방향으로 각각 1기씩과 북쪽 단벽 쪽에 2기를 배치하여 4기가 석실을 ㄷ자형으로 감싸고 있고, 1기는 특이하게 주실의 바닥에 배치하여 모두 5기의 순장곽을 설치하였다.[75]

이러한 묘제를 기반으로 5세기 후반에는 중국 南齊에 사신을 파견하여 輔國將軍 本國王이라는 작위를 받았다. 이렇게 국제적으로 공인을 받게 되자 가라국은 대가야로 발전하게 되었고, 이러한 정치적 위상이 높아지면서 5세기 후엽의 44호분에서는 主室 외에 副室이 2기, 순장곽이 32기라는 가야 최대의 다곽순장묘가 축조되었다. 44호분은 호석의 장경 27m, 단경 25m의 타원형 묘역의 중앙에 주석실과 부장품실 2기를 배치하고 순장곽은 주석실을 중심으로 방사상과 원주상으로 배치하였다. 할석으로 축조한 주석실은 길이 940cm, 너비 175cm, 깊이 210cm의 규모이며 장폭비가 5.4 : 1로 전형적인 대가야식 묘제를 보이고 있다. 45호분의 경우도 규모는 약간 작지만 호석으로 둘러싸인 묘

73) 蔡奎敦·金元經, 『山淸郡 文化遺蹟 精密地表調査 報告書』, 釜山女子大學校 博物館, 1993.
趙榮濟, 「考古學에서 본 大加耶聯盟體論」, 『第8回 加耶史學術會議 盟主로서의 금관가야와 대가야』, 金海市, 2002, 41~67쪽.

74) 嶺南埋藏文化財硏究院, 『高靈池山洞30號墳』, 1998.

75) 金世基, 「古墳資料로 본 大加耶」, 啓明大學校大學院 博士學位論文, 2000, 168~175쪽.

역 중앙에 주실과 부실을 나란히 배치한 다음 이를 원주상으로 둘러싸는 순장곽 11기를 배치한 점은 대동소이하다.

이와 같은 다각순장 주·부실석실분은 현재까지는 고령 지산동고분군에만 존재하고 있으며, 또 지산동고분군에는 봉토직경 20m 이상의 대형봉토분이 능선 정상부를 따라 줄지어 입지하고 있어 묘제상으로 보아 정치적 위상도 가야제국 가운데 가장 높았던 것으로 볼 수 있다(도면 7-③).

3) 횡혈식 석실분

고령지역의 횡혈식 석실분은 지산동고분군과 고아동고분군에 여러기가 존재하지만 지산동고분군의 경우는 折上天井塚 1기를 제외하면 거의가 대가야 멸망 이후에 축조된 것들이고, 가야 지배층 묘제로서의 횡혈식 석실분은 고아동고분군을 의미한다. 절상천정총은 지산동에 있었다고 하나 정확한 위치를 알 수 없고, 출토유물도 전혀 알려지지 않았다.[76] 그리고 古衙2洞 古墳은 벽화고분의 바로 옆에 붙어 있는 것으로 현실의 길이 4.8m, 너비 3.5m에 달하는 대형석실에 길이 6.8m의 중앙연도를 가진 대형 석실분이나 완전히 무너져 상세한 원상은 파악하기 어렵다.[77] 이러한 고령지역의 횡혈식 석실분 가운데 고아동벽화고분은 가야의 유일한 壁畵古墳이며 대가야왕릉으로 가야의 횡혈식 석실분을 대표한다.

古衙洞壁畵古墳[78]은 지산동고분군의 능선이 남서쪽으로 뻗어내려오다가 한 자락이 동으로 솟아올라 새로운 산록을 형성한 동쪽사면 끝에 위치한다. 고분의 규모는 봉토 직경 동서 25m, 남북 20m이며, 봉토의 높이는 현실 바닥으로부터 6.88m인데 원래 경사면을 ㄴ자형으로 깎아내어 축조한 관계로 封土基部로부터의 높이는 東에서 8m, 西에서

76) 梅原末治, 『朝鮮古代の墓制』, 國書刊行會(東京), 1972, 116쪽, 圖版 29.
77) 金英夏·尹容鎭, 『仁洞·不老洞·高靈古衙 古墳發掘調査報告』, 慶北大學校博物館, 1966.
78) 啓明大學校博物館, 『高靈古衙洞壁畵古墳實測調査報告』, 1984.

3m이다. 고분의 뒤쪽은 산으로 둘러싸이고 앞쪽은 넓게 트여있어 고분에서 보면 고령평야를 건너 大伽川과 安林川을 합류한 會川의 흐름이 훤하게 내려다 보인다.

玄室은 장대한 할석을 약간 다듬어 4벽을 축조하였는데, 남북 兩短壁은 수직으로 쌓아 올리되 남단벽은 오른쪽(동쪽) 장벽에 연결하여 연도를 이어 쌓았다. 동서 兩長壁은 수직으로 쌓아 올리다가 상반부에서 서서히 內傾하게 쌓아 길게 좁혀진 천정부에 작은 개석 6매를 덮어 전체적으로 터널처럼 만들었다. 현실의 규모는 길이(남북) 375cm, 너비(동서) 282cm, 높이 312cm이다.

연도는 현실 남벽의 동쪽에 치우쳐 동장벽에 잇대어 수직으로 쌓아 올리고 평평한 長大石 8매로 덮었다. 연도의 길이는 현실보다 길어 482cm이며, 너비는 좁아 148cm, 높이는 164cm이다. 모든 벽면과 천정의 축조는 매우 치밀하게 쌓아 올렸으며 할석의 이가 맞지 않는 부분에는 납작한 작은 돌을 끼워 넣어 틈이 벌어지지 않도록 하고, 경사면에 맞추어 돌을 비스듬이 다듬기도 하였다(도면 4-②).

벽화는 현실과 연도 전체에 그렸던 것으로 보이나 현재는 天井石에만 남아 있는 상태다. 천정에는 얇게 회칠을 하고 분홍색, 녹색, 흑색, 갈색으로 내외 2중의 8瓣蓮花文을 그렸다. 割石으로 쌓은 벽면에는 전면에 굴껍질이 섞인 회를 두껍게 이겨 바르고 반들거리게 문지른 다음 그 위에 그림을 그리고 있다. 그러나 벽면의 그림은 흔적만 일부 남아 있는 상태라 어떤 그림이 있었는지 알 수 없고 다만 그림이 있었던 것만 확인할 수 있을 뿐이다.

부장품은 깨끗하게 도굴당해 棺釘과 토기편 외에 남아 있는 것이 없으나 금동제 말안장이 이 고분에서 출토되었다고[79] 하는 것으로 보아 상당수의 위세품이 있었음이 분명하다. 그리고 복원을 위한 봉토조사에서도 2중으로 된 호석열 사이와 봉토 속에서 대가야양식 토기편이

79) 金元龍・金正基,「高靈壁畵古墳調查報告」,『韓國考古』2, 1967, 1~20쪽. 啓明大學校博物館, 앞의 책, 1984.에 轉載.

출토된 바 있다.[80]

이 고분은 전체규모나 축조구조, 벽화 내용으로 보아 6세기 전반의 대가야왕릉이 틀림없으며 이는 가야의 여러 政治體 중에서 大加耶만이 백제, 신라와 같이 횡혈식 석실분을 왕릉으로 채용한 것으로 대가야의 국가위상을 이해하는 데 있어 매우 중요한 자료가 된다.

Ⅳ. 묘제를 통해 본 가야의 사회상

1. 가야의 墓制와 殉葬習俗

가야지역 묘제의 변화과정은 각 지역 정치체의 발전 과정과 대체로 일치하고 있으며, 각 묘제에서 공통적으로 나타나는 사회현상은 순장제도의 존재이다. 순장제도는 왕이나 지배층이 죽으면 시종이나 노비 등 신분이 낮은 사람을 강제로 죽여 주인공과 함께 매장하는 제도이다.

고대사회에서 세계 여러 곳에서 보편적으로 이루어졌던 이 제도는 우리나라에서는 1세기경 扶餘에서 많을 경우 100여 명을 순장했다는 기록이 있고,[81] 신라의 경우 6세기 초 智證王이 왕이 죽으면 남녀 각 5인을 순장하던 것을 금지하는 명령을 내린 기록이 있다.[82] 고구려와 백제에는 순장기록은 없으나 고구려의 고국천왕이 죽었을 때, 왕을 흠모하는 사람들이 왕릉 옆에서 스스로 목숨을 끊어 나무로 덮어주었다는 기록[83]이 있는 것으로 보아 고구려와 백제에도 순장제도가 있었을 것으로 생각된다. 이와 같이 한국고대사회에서는 부여, 고구려, 백제,

---

80) 啓明大學校博物館, 앞의 책 1984.

81) 其死 夏月皆用氷 殺人殉葬 多者百數(『三國志』魏書 東夷傳 扶餘條).

82) 三年春三月 下令禁殉葬 前國王薨 則殉葬以男女各五人 至是禁焉(『三國史記』卷四 新羅本紀 智證麻立干條).

83) 二十二年 秋九月 王薨 葬於柴原 號曰 東川王 國人懷其恩德 莫不哀傷 近臣欲自殺以殉者衆 嗣王以爲非禮禁之 至葬日 至墓自死者甚多 國人伐柴 以覆其屍 遂名其地曰柴原(『三國史記』卷十七 高句麗本紀 東川王條).

신라에 모두 순장제도가 존재하였다.

가야의 순장은 기록에는 없으나 각 지역의 수장층 고분에서 보편적으로 나타나고, 사회발전 단계가 고구려나 백제보다 늦었던 신라보다도 더 늦은 시기까지 지속되었음을 알 수 있다. 그런데 가야의 순장은 墓制에 따라 규모나 방법이 달리 나타나고 있어 각 지역 정치체의 변화과정과 왕권의 성격을 파악할 수 있다.

가야의 지배층 사회에서 일반적으로 이루어진 순장양상은 각 지역 묘제의 변화와 성격을 같이 하는데 순장자의 매장위치에 따라 세 가지 유형으로 나누어 볼 수 있다.[84] 즉 ① 김해를 중심으로 한 금관가야지역의 主副槨殉葬 ② 함안을 중심으로 한 아라가야지역의 主室殉葬 ③ 고령을 중심으로 한 대가야지역의 殉葬槨殉葬이다.

주부곽순장은 목곽묘를 분묘로 사용하는 김해지역의 순장방법으로 앞장에서 살펴 본 것처럼 처음에는 부곽이 없는 장방형 목곽묘에서 시작된다. 가야지역에서 가장 빠른 3세기 후반에 순장이 시작되는 장방형 목곽묘는 후장습속의 발달과 정치권력의 확대로 부곽이 추가되면서 주부곽식 묘제가 되는데, 이에 따라 주곽에만 있던 순장자가 부곽에도 들어가 주부곽식 순장이 이루어지게 된 것이다. 이러한 순장묘는 김해 대성동고분군을 비롯하여 양동리고분군, 예안리고분군에 주로 분포하고 있어 금관가야의 순장양상으로 이해할 수 있다.

장방형 단곽 목곽묘로 3세기 후반 대성동29호분에서는 주인공의 발치에 1명을 순장하였고, 4세기대의 23호분과 47호분에는 2명을 순장하였다. 그 후 주부곽 묘제로 확대된 3호, 13호, 39호분에서는 주부곽을 합하여 순장자가 3명으로 늘어났다. 그리고 5세기대의 단곽 목곽묘인 대성동8호분에 5인, 11호분에 3인, 주부곽 목곽묘인 1호분과 7호분에 5명을 순장하고 있다.[85] 다만 1호분의 경우 부곽이 도굴과 파괴로 확실

84) 金世基, 「加耶의 殉葬과 王權」, 『加耶諸國의 王權』, 仁濟大 加耶文化研究所 編(신서원), 1997, 97~122쪽.

85) 申敬澈 · 金宰佑, 『金海大成洞古墳群 I』, 慶星大學校博物館, 2000.
申敬澈 · 金宰佑, 『金海大成洞古墳群 II』, 慶星大學校博物館, 2000.

치 않지만 부곽에 1~2인의 순장자가 있었을 가능성이 있다. 그러면 순장자 수는 최고 6~7명까지 될 수 있다. 이와 같이 대성동 순장목곽묘에서 4세기와 5세기의 차이는 土壙이 깊어지는 것뿐이고 통나무를 사용하여 목곽을 만드는 것이나, 특히 순장인이 3~6명인 점은 변화가 없다.

따라서 금관가야지역에서 이루어진 주부곽식 목곽묘제와 여기에 이루어진 사회습속인 순장자의 변화와 묘곽의 크기 변화에 따르는 강력한 왕권의 출현이나 순장에 의한 계층분화 등 사회성격의 변화는 찾을 수 없다(도면 5).

한편 주부곽식 순장묘는 목곽묘에만 있는 것이 아니라 東萊 福泉洞古墳群에서처럼 주실은 竪穴式石室, 부곽은 土壙(木槨) 형태로도 나타나는데 주실·부곽에 모두 순장하고 있다. 이것은 원래 목곽묘의 전통을 가지고 있던 釜山 지역이 5세기가 되면서 묘제가 수혈식 석실분으로 변해가는 과정에서의 순장을 보여주는 것인데, 그렇더라도 동래 복천동11호분[86]이나 22호분[87]에서처럼 주실에 3인, 부곽에 1인을 순장하는 주실·부곽 순장방식은 변하지 않고 계속되는 사회적 성격을 말해주는 것이다.

이와 같이 주·부곽에 순장하는 유형은 김해·부산 지역에 분포하고 있는데 가야지역 이외의 경주[88]와 경산 임당동,[89] 의성 대리[90] 등 신라지역 목곽묘문화권에서도 실시되고 있다.

다음 主室殉葬은 가야지역 수혈식 묘제의 제1유형인 단실석실분이 분포하고 있는 함안지역의 순장방법으로 주인공이 안치된 主室에만 순장자를 매장하는 것이다. 이 유형의 순장은 대개 주인공의 머리맡이나 발치부분 공간에 순장자를 배치하므로 석실의 크기에 순장자수가

86) 釜山大學校博物館, 『釜山福泉洞古墳群(Ⅰ)』, 1982.
87) 釜山大學校博物館, 『釜山福泉洞古墳群(Ⅱ)』, 1990.
88) 文化財管理局 文化財硏究所, 『皇南大塚(南墳)』, 1995.
89) 嶺南大學校博物館, 『慶山林堂地域古墳群(Ⅰ)』, 1991.
90) 朴貞花, 「義城大里3號墳 發掘調査槪要」, 『제2회 영남매장문화재연구원 조사연구발표회자료집』, 1995.

비례한다고 할 수 있지만 대부분 5명 내외이고, 함안에서 가장 큰 고분인 도항리4호분(구34호분)에만 6명을 순장하였다.[91]

이 주실순장의 대표적인 고분인 도항리8호분을 보면 남북 장축의 긴 석실 중앙에 북침으로 주인공을 안치하고, 순장자는 주인공의 발치 부분인 남쪽 공간에 西短壁에 머리를 두고 5명을 나란히 배치하였다.[92] 그러므로 순장자는 주인공의 방향을 가로질러 누워 있는 것이다. 그리고 주인공의 머리맡인 북단벽 공간이 주인공의 부장품 공간이고 순장자의 부장품은 순장자의 머리 쪽에 약간의 토기들이 흩어져 있다(도면 5).

이와 같은 주실순장 유형은 현재까지는 阿羅加耶 지역에만 존재하고 있는데, 道項里14-2호분에 1명,[93] 도항리15호분과 (문)54호분에 각각 4인을 같은 방법으로 순장하고 있어[94] 역시 순장인 수가 5인 이내이다. 이것은 묘제로 본 아라가야의 사회가 묘제의 변화에 의한 왕권의 급격한 신장이나 변화가 크지 않았고 지배지역도 그다지 넓지 않았다는 것을 의미하는 것으로 볼 수 있을 것이다.

그 다음 순장곽순장은 가야지역 수혈식 묘제의 제2유형인 다곽석실분이 분포하고 있는 고령을 중심으로 합천, 함양, 산청 등 대가야지역의 순장방법으로 주실의 옆이나 주위에 배치된 독립된 순장곽에 순장하는 것이다. 이때 주실과 부실(혹은 부곽)에도 물론 순장자를 매장하고 있어 다른 지역의 주부곽순장이나 주실순장에서 보이는 것은 모두 갖추고 별도의 순장곽에 순장하는 것이 다른 점이다. 그러므로 다른 순장 방법보다 순장자의 수도 훨씬 많게 되고 墓葬의 형태도 매우 복잡한 양상을 띠게 된다.

즉, 殉葬槨순장은 주인공을 위한 주실 외에 순장곽을 1기만 가진 單

91) 李柱憲, 「末伊山 34號墳의 再檢討」, 『碩晤尹容鎭教授停年退任紀念論叢』, 1996, 403~418쪽.

92) 昌原文化財硏究所, 「咸安 道項里古墳群 發掘調査 會議資料」, 1994.

93) 秋淵植, 「咸安 道項里 伽耶古墳群 發掘調査豫報」, 『嶺南考古學』 3, 1987, 215~227쪽.

94) 李柱憲, 앞의 논문, 1996.

槨殉葬墓와 순장곽을 2기 이상 가진 多槨殉葬墓로 구분되고, 다곽순장묘도 순장곽을 5~6기 가진 중대형분과 10기 이상 가진 대형분으로도 세분된다. 뿐만 아니라 단곽순장곽을 가진 주인공과 다곽순장곽을 가진 주인공의 부장품의 양과 위세품의 질 차이가 분명히 나타나고, 지역적으로도 대가야의 수도인 지산동고분군과 합천, 함양 및 고령의 다른 고분군과도 차이가 나타나고 있다.

이와 같이 묘제에 나타나는 순장양상은 대가야사회의 뚜렷한 계층성과 지배질서를 일정하게 반영하고 있다고 볼 수 있다. 즉 시기 차이가 어느 정도 있기는 하지만 단곽순장묘는 고령지산동을 비롯하여 본관동고분군, 합천 반계제고분군과 봉계리고분군, 함양 백천리고분군 등 대가야 지역에 널리 분포하고, 다곽순장묘는 고령 지산동고분군에만 존재하고 있다. 또한 다곽순장묘에는 부장품만 별도로 넣는 부실이 1~2기 딸려 여기에도 부장품과 함께 순장을 하고 있다(도면 7-②, ③).

다곽순장묘의 순장양상을 보면 주실의 중앙에 주인공을 안치한 다음 주인공의 머리맡과 발치에 각각 1인씩 2인을 순장하고, 부실에는 부장품의 한 귀퉁이에 1인을 순장한다. 그리고 순장곽에는 대개 1곽에 1인을 매장하고 순장자를 위한 부장품도 함께 넣는 것이 보편적이나 간혹 순장자가 夫婦나 母子처럼 특수한 관계일 경우 1곽에 2인을 함께 넣기도 하는데, 그럴 때는 그 옆의 순장곽에 그 순장자의 부장품만 넣게 된다. 그러므로 다곽순장묘의 순장자수는 순장곽수에 주실·부실의 순장자를 더한 것이 된다. 그러므로 다곽순장묘에서는 순장곽의 수에 따라 순장자는 늘어나게 되는 것이다. 그리고 단곽순장묘에도 순장곽뿐만 아니라 주인공의 머리맡과 발치에 1인씩을 매장하고 있어 순장자는 최소한 3인이 되는 것이다.[95] 이러한 순장고분의 순장자수와 威勢品의 등급으로 首長墓의 계층을 분류하여 보면, 순장곽 10기 이상의 제1등급, 순장곽 5기 이상의 제2등급, 순장곽 1기의 제3등급으로 나누

95) 金世基, 앞의 논문, 1997.

어 볼 수 있다[96](도면 8).

제1등급 순장묘는 고령 지산동고분군에만 존재하고 있는데 지산동44호분과 45호분이 여기에 속한다. 이 등급 고분의 부장품과 위세품을 보면 관모류와 금제장신구, 금동제 마구 및 외국의 수입문물 등을 가지고 있는데, 부실 2기와 순장곽 32기를 가지고 있어 36명 이상의 순장자를 가지고 있는 지산동44호분의 경우 검릉형 杏葉과 금동제 盒, 오키나와産 夜光貝製 국자 등을 가지고 있으며, 부실 1기와 순장곽 11기를 가지고 있는 지산동45호분은 금동관식과 청동거울, 금동제 마구를 부장하고 있다(도면 7-③, 8-①).

제2등급 순장묘는 부실 1기와 순장곽 6기를 가지고 있는 지산동30호분과 합천 옥전M1호분, M3호분이 해당된다. 지산동30호분은 호석으로 둘러싸인 묘역의 중앙에 주실과 부실을 T자형으로 설치하였다. 순장곽은 앞 절에서 설명한 바와 같이 주실을 감싸듯이 ㄷ자 형태로 5기를 배치하고 1기는 주실의 바닥에 설치하였다. 그러므로 순장자는 순장곽에 6명과 부실과 주실의 3인을 추정하면 9명 이상을 순장한 것이 된다. 한편 옥전고분군의 다곽순장묘의 형태는 조금 달라 주실도 목곽이고 순장곽도 호석 밖에 3~5기를 배치하고 있어[97] 옥전고분군의 독특한 면을 보여주고 있으나 다곽순장이라는 점에서 여기에 포함시킬 수 있다(도면 8-②).

제3등급은 주실과 순장곽 1기를 가지고 있는 지산동32, 34호분, 본관동34, 35, 36호분, 합천 반계제 가A, B호분, 다A호분, 함양 백천리1~5호분, 옥전 M4호분 등 대가야지역의 순장묘 대부분이 여기에 속한다(도면 8-③). 각 지역의 수장층이나 대가야 중앙의 지배를 받는 지방관의 성격을 가진 이들 3등급 순장묘의 주인공들은 금제 귀걸이나 유리

---

96) 이 도면은 朴天秀, 「考古學 資料를 통해 본 大加耶」, 『考古學을 통해 본 加耶』, 한국고고학회, 2000, 121쪽의 圖 10을 필자의 논지에 맞도록 재구성한 것이다.

97) 趙榮濟・朴升圭, 『陜川玉田古墳群 Ⅱ』, 慶尙大學校博物館, 1990.
趙榮濟 외, 『陜川玉田古墳群 Ⅲ』, 慶尙大學校博物館, 1992.

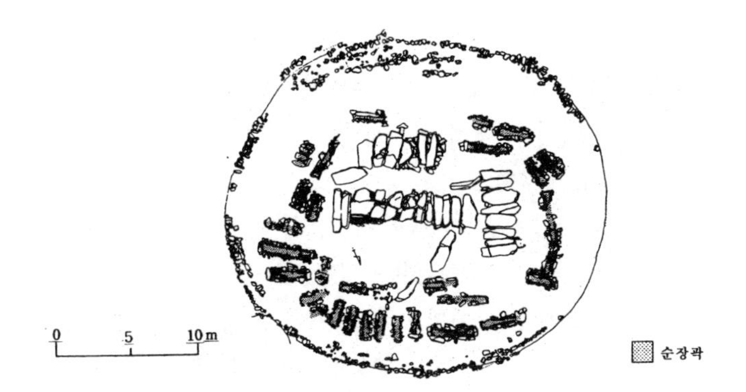

① Ⅰ등급 순장묘(순장곽 32기) (고령 지산동44호분)

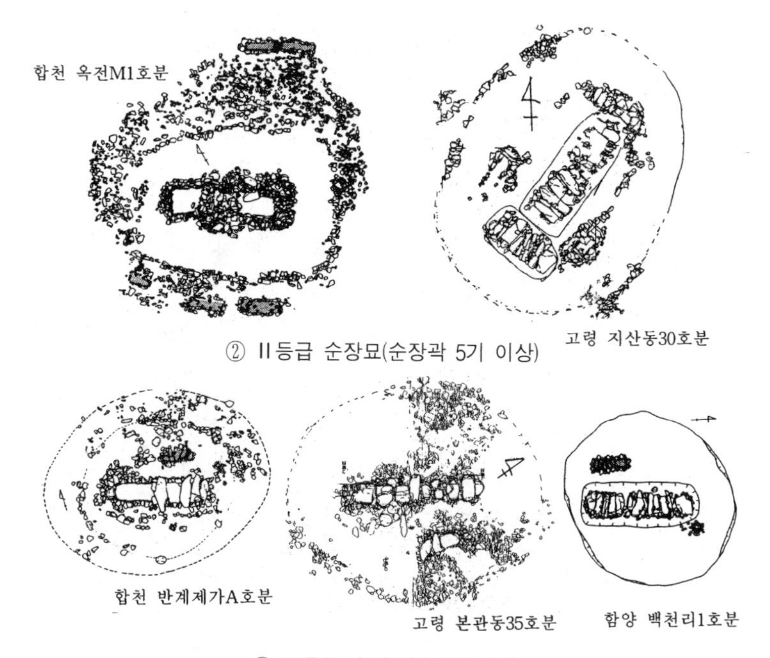

② Ⅱ등급 순장묘(순장곽 5기 이상)

③ Ⅲ등급 순장묘(순장곽 1기)

<도면 8> 대가야지역 순장묘의 등급

구슬 목걸이와 철제마구 정도의 위세품을 가지고 있다. 그러나 지산동 32호분에는 금동관과 갑옷 투구 등 최고의 위세품도 가지고 있어 같은 3등급 순장묘 주인공이라도 대가야의 중앙과 지방 간에는 계층차이가 있음을 알 수 있다(도면 7-②).

그리고 이들 순장자들의 부장유물에 질적 차이가 나타나고 있어 이들의 사회적 계층이나 성격을 이해하는 데 있어 하나의 단서를 제공하고 있다. 즉 주실의 주인공 머리맡이나 발치에 순장된 사람은 금제귀걸이와 유리구슬 목걸이를 착장하고 있는데 이러한 부장품은 제3등급 순장묘의 주인공이 착장한 위세품과 같은 수준의 것이다. 그러나 이들의 신분이 높다고 볼 수는 없을 것이고 아마도 주인공이 왕이라면 그 옆에서 시종하는 몸종이나 內侍와 같은 近臣으로 생각된다. 이들은 신분은 비록 낮지만 몸치장은 화려하게 하고 왕을 시종하였다는 것을 알 수 있다.

또 순장곽의 순장자도 기본적인 토기 이외에는 부장유물이 각기 다른데 예를 들면 칼, 창과 같은 무기를 가진 사람, 낫이나 낫, 도끼 같은 농공구를 가진 사람, 마구를 가진 사람, 직조기구인 방추차를 가진 사람 등이다. 이것은 순장자의 성별이나 연령층이 6~7세의 어린이, 20대의 여성, 40대의 장년남성 등으로 다양한 것과 함께 각기 호위무사, 농업생산인, 수송인, 직조인과 같은 직능적 성격을 가진 낮은 신분의 소유자라고 생각된다.[98] 그러나 이에 대한 자료가 많지 않아 순장자의 신분이나 범위, 직능 등 사회적 의미의 연구는 아직까지 깊이 있게 이루어지지 못하고 있다.

이와 같이 다양하고 복잡한 가야의 순장은 「많을 경우 100여 명을 순장하였다」는[99] 夫餘보다는 적지만 「왕이 죽으면 남녀 각 5인을 순장하였던」[100] 신라보다는 훨씬 많은 사람을 희생물로 사용한 셈이다.

98) 金世基, 앞의 논문, 1997.
99) 「其死 夏月皆用氷 殺人殉葬 多者百數」(『三國志』 魏書 東夷傳 夫餘條).
100) 「三年 春三月 下令禁殉葬 前國王薨則殉葬以男女各五人 至是禁焉」(『三國史記』 卷四 新羅本紀 智證麻立干條.

그리고 부여의 기록은 1세기 때이고 신라는 6세기 초에 순장금지령을 내리고 있는 데 비해 가야는 6세기 전반까지도 15인 이상을 순장하는 것으로 보아 사회발전 단계가 백제나 신라에 비해 늦었던 것으로 볼 수 있을 것이다.

2. 묘제와 祭儀習俗

묘제와 관련하여 사회상을 살펴볼 수 있는 것이 祭儀의 습속이다. 분묘축조에서의 제의행위는 죽은 사람의 영혼을 달래고 저 세상으로 보내는 의례의 측면과 고총고분과 같은 대규모의 토목공사를 차질 없이 마무리하기 위한 산 사람들의 육체적 피로를 풀고 마음을 풀어주기 위한 측면을 모두 합하여 매우 엄숙하고 진지하게 이루어지는 정신적 사회습속이다. 특히 고총고분의 축조는 여러 단계의 힘든 절차가 있기 때문에 이러한 단계마다 여러 가지의 형태로 제의가 이루어지고, 최종적으로는 모든 장송의례 전체를 통괄하는 제사의례가 있었을 것이다.

이러한 사실은 묘제의 차이에도 불구하고 대체로 공통된 양상으로 나타나는데 묘실에 부장된 유물 이외에 호석이나 봉토의 내부에서 출토되는 각 종의 유물이 이를 말해주고 있다. 즉 분묘의 축조단계에서 행해진 제의의 결과는 수혈식 석실분이나 횡혈식 석실분의 경우는 호석의 중간이나 봉토 속에서 노출되는 토기편이나 등자, 철모, 화살촉 같은 무기로 나타나고 목곽묘의 경우는 목곽과 묘광의 보강토 사이나 봉토 속에서 때로는 말 이빨이나 소의 하악골과 같은 動物遺骸가 출토되는 예도 있다.[101] 이는 동물순장의 의미와 함께 분묘 축조과정에서 제의행위의 결과로 나타난 것이다.

그리고 주피장자와 부장품, 순장자를 매장하고 봉분의 축조와 周溝

101) 수혈식 석실분인 고령 지산동44호분의 경우는 순장곽 사이의 봉토기부에서 말 이빨이 출토되었고, 주부곽식 목곽묘인 김해 대성동1호분에서는 묘광과 목곽 사이에 채워 넣은 補强土 내에서 소의 아래턱뼈가 출토된 바 있다.
高靈郡,『大伽倻古墳發掘調査報告書』, 1979, 106쪽.
申敬澈・金宰佑,『金海大成洞古墳群 I』, 慶星大學校博物館, 2000, 91쪽.

의 설치 등 분묘시설을 완성한 다음 최종적으로 장송의례를 마무리하는 제사는 분묘의 앞이나 뒤의 평탄한 장소에서 매우 성대하게 이루어진다. 이러한 제사 유구는 특별한 시설을 하고 제의에 사용한 토기나 도구를 같이 매장하여 보관하는 경우와 그렇지 않고 제의행위를 한 후 제의에 사용되었던 모든 토기나 도구들을 깨뜨려 그 자리에 버려 두는 경우가 있다. 제의행위 후에 유물을 깨뜨려 주위에 뿌리는 경우를 파쇄형, 깨뜨리지 않고 함께 묻는 경우를 비파쇄형으로 분류하기도 한다. 파쇄형 제의 습속은 고령 지산동, 본관동, 합천 반계제, 함양 백천리, 남원 두락리, 고성 연당리 등 주로 가야문화권 고분군에서 보이고, 비파쇄형 제의 습속은 경주 황남동, 월성로, 의성 탑리, 안동 조탑동, 성주 성산동, 선산 낙산동 등 신라문화권 고분군에 나타난다.[102]

한편 가야지역 내에서의 제의 습속은 묘제의 지역성과 같은 양상으로 나타나는데 금관가야지역의 목곽묘문화권, 아라가야지역의 수혈식 단석실문화권, 대가야지역의 수혈식 다곽석실문화권 등이다. 다만 고성을 중심으로 한 小加耶地域은 소가야문화권으로 따로 분류하기도 하지만[103] 묘제는 대가야 기본양식에 지역적 특성이 가미된 복합적 성격이 나타나고 지역범위도 진주, 산청까지 포함하고 있어 墓制와 祭儀 모두 대가야 범주에서 크게 벗어나지 않아 따로 분류할 정도는 아니라고 생각한다. 이러한 묘제에 따른 가야의 祭儀文化圈은 각 지역 정치권의 영역 및 土器文化圈과도 대체로 일치하고 있다.[104]

그 중에서도 祭儀用 토기의 대표격인 圓筒形器臺의 양식적 특성과 이의 분포범위가 가야의 제의문화권과 일치하고 있어 묘제와 제의는 정치권의 영역과 불가분의 관계임을 알 수 있게 해 준다. 특히 그 영역이 水系와 盆地로 구성되는 지역경계를 넘어 여러 정치체를 통합한

---

102) 朴天秀, 「政治體의 相互關係로 본 大伽耶王權」, 『加耶諸國의 王權』, 仁濟大加耶文化硏究所 編(신서원), 1997, 179~212쪽.

103) 朴升圭, 「考古學을 통해 본 小加耶」, 『考古學을 통해 본 加耶』, 한국고고학회, 2000, 129~178쪽.

104) 김세기, 「고령양식토기의 확산과 대가야문화권의 형성」, 『加耶文化遺蹟調査 및 整備計劃』, 경상북도, 1998, 83~121쪽.

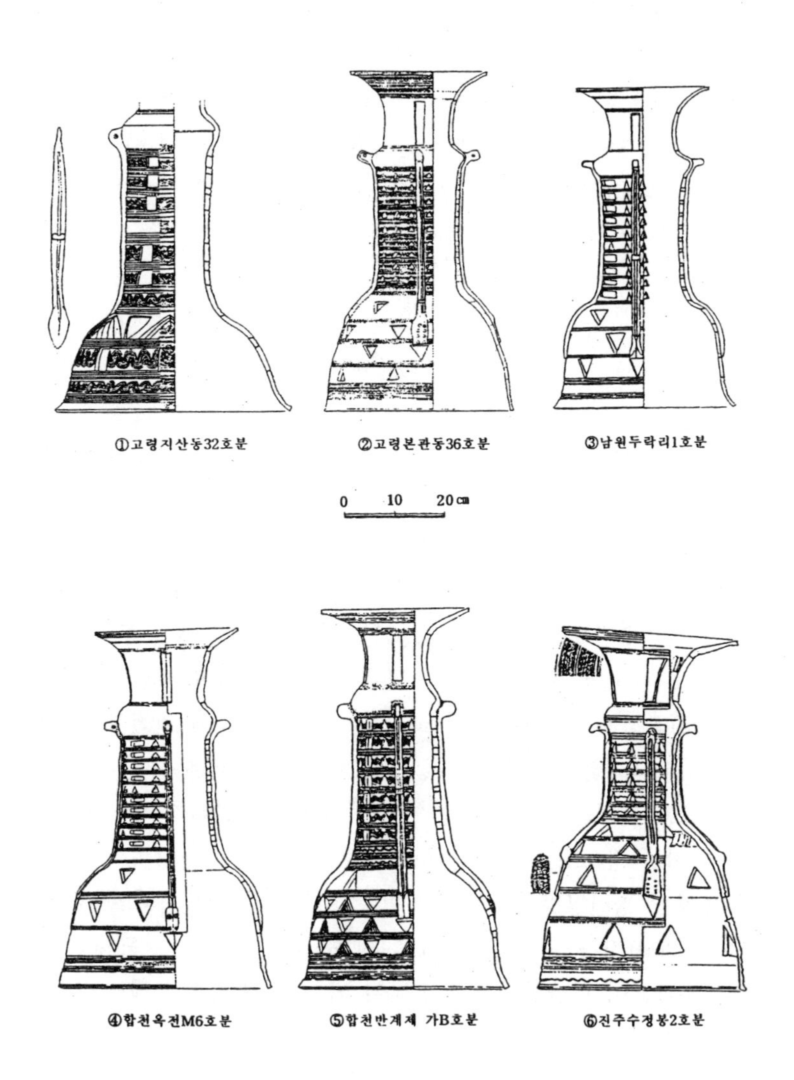

<도면 9> 대가야지역 수장묘 출토 원통형기대

대가야지역의 경우 원통형기대의 공유와 파쇄 행위는 고령 지산동32호분을 시작으로 고령 본관동36호분, 합천 반계제 가-B호분, 다-A호분, 옥전 M4호분, 진주 수정봉2호분, 남원 두락리1호분에서 공통적으로 나타나 대가야권의 상징처럼 인식되기도 한다.[105] 이러한 묘제에 따른 共同 祭祀圈의 형성은 정신적 사회관습을 통해 정치적 통합을 이루려는 가야사회의 일면을 보여주는 것이다(도면 9).

Ⅴ. 맺음말

이상에서 살펴본 바와 같이 묘제가 보여주는 가야사회는 3개의 中心圈域別로 묘제와 이에 따르는 사회적 습속이 공통성을 가지고 있는 것으로 나타났다. 이제까지 살펴본 내용을 요약하면 다음과 같다.

우선 가야지역의 사회적 성격이 비교적 충실히 반영되어 있는 각 지역 정치체의 수장묘를 묘제별로 보면 목곽묘, 수혈식 석실분, 횡혈식 석실분으로 나누어진다. 목곽묘는 땅에 구덩이를 파고 시신을 나무관에 넣어 매장하는 木棺墓가 생산력이 증대되고 사회가 발전하면서 棺을 보호하고 더 많은 부장품을 넣기 위해 나타난 묘제이다. 가야지역의 목곽묘는 김해를 중심으로 가야식 목곽묘로 변화하게 되는데 대체로 두 가지 유형으로 나누어진다.

제1유형은 평면장방형으로 묘광이 깊어지면서 대형화되고 후장과 순장이 이루어지는 단곽목곽묘이고, 제2유형은 장방형 단곽목곽묘에 부곽이 추가되어 평면형태가 日字形이 되는 主副槨式 木槨墓로 금관가야식 묘제이다.

가야의 묘제는 대체로 초기에는 목곽묘가 주류를 이루다가 김해지역을 제외하고 다른 가야지역은 수혈식 석실분으로 바뀌게 되었다. 수혈식 석실분은 평면형태가 장폭비 5 : 1의 세장한 형태로 정형화되어

105) 朴天秀, 「伽耶・新羅地域の首長墓における筒形器臺」, 『考古學硏究』 40-1, 1994, 27~48쪽.

가야지역 고총고분의 대부분을 차지하고 있으며, 지역적으로도 가야 전지역을 망라하고 있어 가야지역 지배층 묘제의 핵심이라고 할 수 있다. 수혈식 석실분도 내부구조에 따라 세 가지 유형으로 나누어진다.

제1유형은 單室구조로 한 봉토 안에 매우 細長한 수혈식 석실 1기만 축조하는 유형으로 함안 도항리고분군과 말산리고분군 등 주로 咸安지역에 분포하며 아라가야식 묘제이다. 제2유형은 호석으로 둘러진 한 봉토 안에 주석실과 소형 순장석곽으로 이루어진 多槨石室墳 구조로 대가야식 묘제이다. 이 묘형에서 주실에는 물론 묘의 주인공이 묻히며 석곽에는 순장자가 묻히는 고분이다. 제3유형은 하나의 봉토 안에 1기의 석실과 1~3기의 석곽이 추가로 결합되는 結合式 多槨墳구조로 5세기 후반 固城지역에 축조되는 小加耶式 묘제이다.

한편 횡혈식 석실분은 2회이상 사용할 수 있는 묘제로서 현실로 들어가는 연도가 있는 것을 횡혈식이라 하고 연도가 없이 입구만 있는 것을 횡구식이라 한다. 횡혈식 석실분은 고구려, 백제의 주묘제로 사용되던 묘제로 후기에는 신라에서도 왕릉으로 사용되지만 가야지역은 대가야와 일부 지역을 제외하고는 주묘제로 사용하기 전에 멸망하였다. 그러므로 가야지역의 주묘제는 목곽묘와 수혈식 석실분이었고, 대체로 초기에는 목곽묘가 각 지역별로 수장묘로 채용되다가 김해의 금관가야지역을 제외하고는 점차 수혈식 석실분으로 변화되었다.

각 지역별 묘제에 따른 사회현상으로 순장과 제의습속을 들 수 있는데 이러한 사회적 관습도 김해의 금관가야권, 함안의 아라가야권, 고령의 대가야권의 3지역권으로 나누어진다. 김해의 금관가야지역은 목곽묘문화권으로 3세기 후반에 순장이 시작되었다. 순장은 주곽내 주인공의 발치와 머리맡에 3~5명을 순장하였고, 부곽에도 부장품 한쪽에 1~2명을 순장한 것으로 생각된다. 이 금관가야식 순장묘는 김해를 중심으로 부산 동래지역과 진영 등에 분포한다.

함안의 아라가야지역은 역시 초기에는 목곽묘가 수장묘로 사용되었으나 점차 수혈식 석실분으로 교체되었다. 함안지역 수장묘는 단실식 석실분으로 매장시설이 주실 하나밖에 없으므로 주실안에 주인공과 순장자를 함께 매장하는 순장이 이루어졌다. 그러므로 순장자 수도 주인공의 발치 공간에 1~5명을 나란히 배치하고 있다. 이 아라가야식 순장묘의 분포범위는 함안 일원으로 한정되어 넓지 않은 편이다.

고령을 중심으로 하는 대가야지역은 순장곽순장이 이루어졌는데 고령, 합천, 함양 등 비교적 넓은 지역에서 동일양상으로 전개되었다. 대가야의 순장방식은 주실과 부실은 물론 주실 옆에 배치된 독립된 순장곽에 순장하는 것이다. 그러므로 다른 순장 방법보다 순장자의 수도 훨씬 많게 되고 墓葬의 형태도 매우 복잡하여 순장묘인의 수와 부장품의 질에 따라 3등급으로 구분된다. 1등급인 고령 지산동44호분의 경우는 순장곽 32기에 순장자가 40여 명에 달하고 있다. 이와 같이 가야는 순장자 수도 신라에 비해 월등히 많을 뿐만 아니라 순장 지속기간도 6세기 중반까지 계속되는 것으로 보아 백제나 신라에 비해 사회발전의 속도가 전반적으로 늦었던 것으로 볼 수 있다.

한편 묘제에 따르는 가야의 祭儀習俗은 제의에 사용한 器物들을 깨뜨려서 호석과 봉토, 주구 등 분묘시설이나 주위에 뿌리는 파쇄형 제의문화가 공통적이다. 그 중에서도 대가야지역은 원통형기대의 공유를 통한 共同祭祀圈이 이루어졌던 것으로 보이며, 이는 정신적 사회관습을 통해 정치적 통합을 이루려는 시도였던 것으로 생각된다.

加耶의 威勢品 生産과 流通

李漢祥*

Ⅰ. 序言

1990년대 이후 金海 大成洞, 良洞里, 咸安의 道項里, 陜川의 玉田, 高靈의 池山洞墳墓群 등 중요한 가야무덤이 속속 새로이 또는 추가로 조사되면서 고고자료를 이용한 가야사의 복원작업이 활발하게 진행되고 있다. 그간의 연구는 상당한 성과를 거두어 加耶史의 大綱이 세워지고 있지만, 아직 細目에 대한 연구는 미진한 사정에 놓여 있다.

가야는 동시기의 고구려나 백제, 신라처럼 하나의 국가로 통합되어 집권국가로 발전하지 못한 채 몇 개의 小國이 병립해 있었다. 대체로 4세기대까지는 김해의 金官國, 5~6세기대에는 고령의 加羅國을 중심으로 한 大加耶가 주도적인 입장에 있었던 것으로 이해되고 있다.[1)]

이 연구에서는 가야의 考古資料 중 金屬製 裝身具와 裝飾大刀를 소재로 가야사에 접근해 보고자 한다. 이러한 물품은 王을 위시한 支配層의 전유물로서 소유에 엄격한 제한이 있었던 것으로 추정되는바,

---

* 동양대학교 전임강사

1) 金泰植, 『加耶聯盟史』, 一潮閣, 1993 ; 盧重國 외, 『加耶史硏究』, 慶尙北道, 1995.

이의 時空的 位置를 밝혀 生産과 流通關係를 해명해 본다면 가야사의 전개과정을 이해하는 데 중요한 단서가 될 수 있을 것으로 여겨진다.

Ⅱ. 出土現況

威勢品이라 하면 시대와 장소에 따라 다양한 모습으로 나타날 수 있다. 外部로부터 輸入된 물품이 될 수도 있고, 金銀 등 稀少性 있는 재료로 만들거나 製作工程이 복잡하여 누구나 소유할 수 없는 물품이 될 수도 있다.

加耶의 경우 初期에는 銅鏡・銅鼎 등 中國으로부터 수입한 물품이나 玉製 裝身具類가 위세품으로 기능한 것 같다. 가야의 성장이 본격화되는 서기 5世紀 이후에는 금은으로 만든 裝身具類와 裝飾大刀가 위세품으로서의 역할을 대신하게 된다. 이처럼 왕을 비롯한 그 사회의 지배층이 금은제품으로 자신의 지위를 드러내려고 하는 모습은 비단 가야뿐만 아니라 世界 各地에서 공통적으로 보이고 있으며, 우리나라 三國時代의 경우 新羅와 百濟에서 가장 잘 관찰된다.

이 장에서는 논의의 기초작업으로서 가야 각 지역 威勢品의 出土現況을 정리해 보고자 한다.

1. 裝身具

1) 冠[2)]

가야의 관은 出土例가 매우 적다. 발굴조사에서 金冠이 출토된 바

2) 早乙女雅博, 「新羅・伽耶の冠」『MUSEUM』 372, 東京國立博物館, 1982 ; 朴普鉉, 「加耶冠의 屬性과 樣式」『古代硏究』 5, 古代硏究會, 1997 ; 咸舜燮, 「小倉Collection 金製帶冠의 製作技法과 그 系統」『古代硏究』 5, 古代硏究會, 1997 ; 咸舜燮, 「신라와 가야의 冠에 대한 序說」『大加耶와 周邊諸國』, 韓國上古史學會 外, 2002.

없으며 도굴되어 수집된 금관으로는 高靈 출토로 전하는 湖巖美術館 소장의 금관(도 1-3)과 오구라(小倉)수집품으로 일본 東京國立博物館에 기증된 금관(도 1-4)이 있다. 이 중 호암미술관 소장품의 경우 一括遺物로 알려진 耳飾이 고령 池山洞45號墳 출토품과 類似度가 높고 유물의 格 또한 가야에서는 최상급이므로 고령 지산동분묘군에서 출토된 것으로 추정해도 좋을 것으로 판단된다.

發掘品 중에서는 고령 池山洞32號墳 출토 金銅冠(도 1-1)이 대표적이다. 이 금동관은 草花形의 立飾이 특징이며 신라의 금동관에 비한다면 매우 간략한 형식을 보이고 있다. 무덤의 주인공이 着裝한 것이 아니며 부장토기 위에서 출토되었다. 池山洞30號墳2槨 출토 금동관은 小形이고 보다 간소한 형식이며 역시 착장품은 아니다.

그 외에 합천의 玉田M6호분에서는 新羅冠과 외형적으로 유사한 金銅冠(도 1-5)이 출토되었다. 銀冠이 共伴되었다.

현재까지의 자료로 보면, 加耶的인 관은 高靈에만 分布되어 있고, 본격적으로 신라문화가 가야로 파급되는 6世紀 前半의 어느 시점부터 陜川에서도 新羅的인 冠을 製作하는 것 같다. 가야의 관 가운데 被葬者가 착용하고 있는 경우는 아직 발견된 바 없어 신라와는 차이를 보이고 있다.

2) 冠帽

관모 역시 출토 예가 적다. 玉田20號墓 출토품(도 1-2)이 典型이며 磻溪堤 가-A號墓에서는 冑의 上部裝飾으로 사용된 바 있다.

옥전 관모의 경우 三葉紋이 透彫로 장식되어 있고 頂部에 길쭉한 管形 裝飾이 부착되어 있다. 一見 益山 笠店里1號墓를 비롯한 百濟의 冠帽와 有關해 보인다.[3] 다만 管形裝飾이 直線的이라는 점과 文様이 透彫로 표현되어 있어 검토의 여지는 있다.

3) 成正鏞, 「大伽耶와 百濟」『大加耶와 周邊諸國』, 韓國上古史學會 外, 2002, 116쪽.

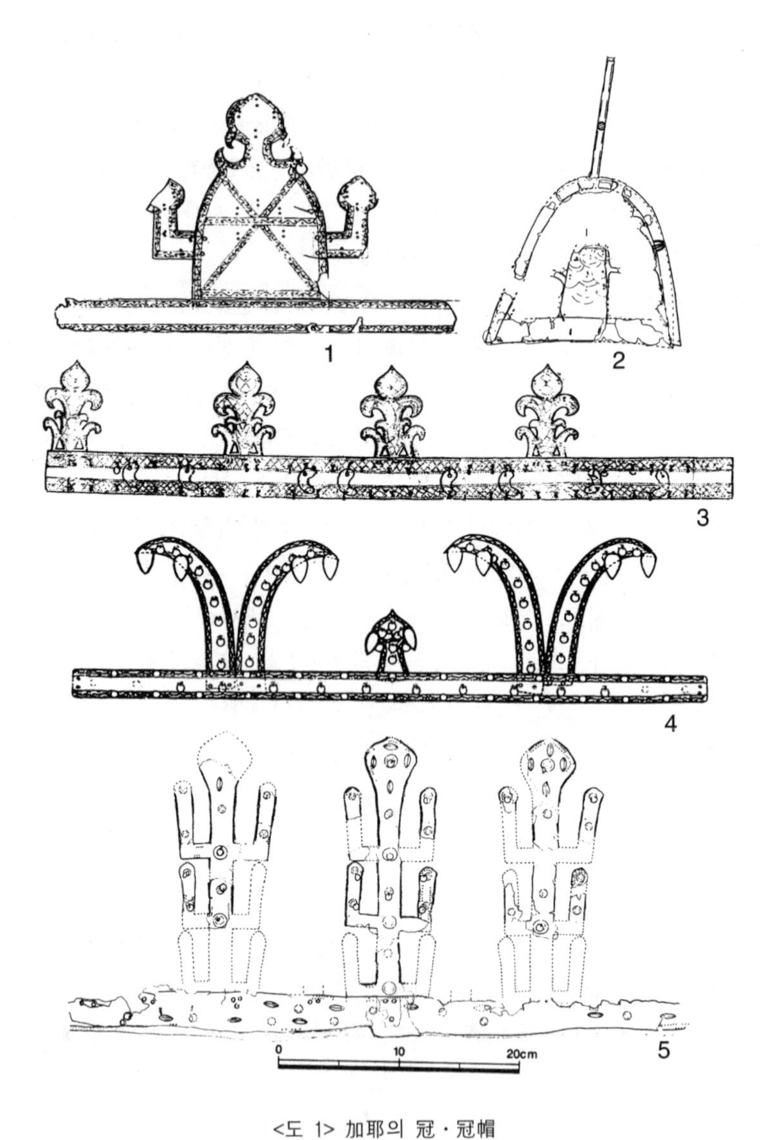

<도 1> 加耶의 冠·冠帽

1. 지산동32호분, 2. 옥전23호묘, 3. 전 고령 출토, 4. 小倉蒐集品, 5. 옥전M6호분

磻溪堤 출토품의 경우 전형적인 관모로 부르기는 어렵지만, 전체적으로 보면 입점리1호묘나 羅州 新村里9號墳 乙棺 출토 冠帽와 유사함은 지적할 수 있을 것이다.

3) 耳飾[4]

加耶의 이식은 주로 高靈土器와 共伴되며 大加耶文化의 파급과 관계가 깊은 것 같다. 대가야권의 中心國인 加羅의 경우 고령의 池山洞과 本館洞에서 출토되었고, 多羅의 경우 陜川의 玉田墳墓群에 집중되어 있다. 그 외에 磻溪堤 가-A號墓와 咸陽 白川里1-3號墓, 晋州 中安洞, 固城 栗垈里2-3號墓, 昌原의 茶戶里B-15號墓에서 출토되었다. 이 외에 咸安의 道項里<慶考硏>[5] 11號 石槨墓, 道項里<文>4-가號墓에서는 大加耶圈 耳飾과 다른 구조를 갖춘 이식이 출토된 바 있어 이를 安羅의 특징적인 耳飾으로 파악할 수 있을 것 같다(도 2).

加耶의 耳飾 가운데 일부에는 百濟나 新羅耳飾의 영향이 강하게 스며 있는 것도 있다. 陜川 玉田20·23號墓와 M11號墳 출토품은 百濟耳飾, 玉田M3號墳·89號墓 출토품은 新羅耳飾과 매우 유사하다.

① 高靈

4) 石本淳子, 「日韓の垂飾付耳飾についての一考察」 『今里幾次先生古稀記念播磨考古學論叢』, 1990 ; 谷畑美帆, 「日本及び朝鮮半島出土の垂飾付耳飾について」 『考古學研究』 40, 考古學研究會, 1993 ; 三木ますみ, 「朝鮮半島出土の垂飾付耳飾」 『筑波大學先史學·考古學研究』 7, 1996 ; 高田貫太, 「垂飾付耳飾をめぐる地域間交涉」 『古文化談叢』 41, 九州古文化研究會, 1998 ; 李漢祥, 「大加耶系耳飾의 分類와 編年」 『古代研究』 4, 古代研究會, 1995 ; 周庚美, 「三國時代 耳飾의 研究 - 慶州地域 出土 垂下附耳飾을 중심으로 - 」 『美術史學研究』 211, 美術史學會, 1997 ; 李瓊子, 「大伽耶系古墳 出土 耳飾의 副葬樣相에 대한 一考察」 『嶺南考古學』 24, 嶺南考古學會, 1999 ; 李漢祥, 「大加耶圈 裝身具의 編年과 分布」 『韓國古代史研究』 18, 韓國古代史研究會, 2000.

5) 함안 도항리분묘군의 경우 일제시대 이후 다양한 번호가 부여되어 있다. 이 글에서 사용하는 <경고연>은 경남고고학연구소, <문>은 창원문화재연구소를 지칭한다.

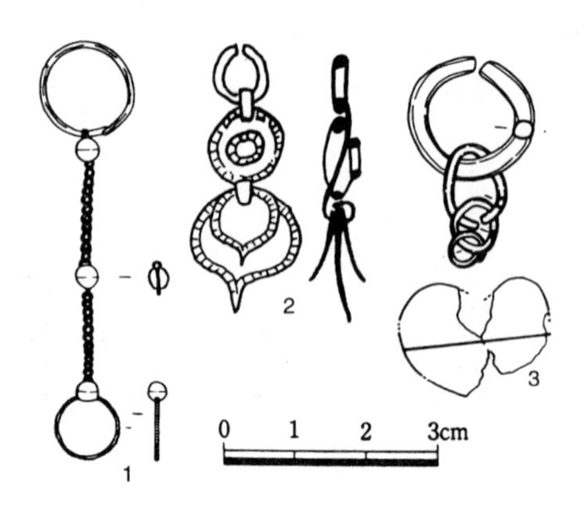

<도 2> 安羅의 耳飾
1. 도항리11호묘(경고연), 2. 도항리4-가호묘(문), 3. 도항리31호묘(경고연)

池山洞과 本館洞墳墓群에서 출토되었다. 지산동44호분에서 金製耳飾(도 3-9, 18, 24)이, 지산동45호분 석실에서 金製耳飾(도 3-12, 13, 26), 殉葬槨에서 銀製(도 3-27)와 銅製耳飾이 출토되었다. 본관동36호분에서 금제이식 1점(도 8-11)이, 지산동 산23번지에서 금제이식 1점이 발견신고된 바 있다. 그 외에 최근 영남문화재연구원에서 발굴조사한 池山洞Ⅱ-40號墓에서 금제이식 1쌍이[6] 출토된 바 있다.

② 陜川

玉田墳墓群과 磻溪堤墳墓群에서 출토되었다. 이 분묘군에서 이식이 출토된 유구는 대부분 최상급 무덤이며 신분상징용 장신구류, 무기류, 마구류를 伴出하고 있다. 옥전M3호분과 M4호분에서는 複數의 耳飾이, 23·28·35·70호묘와 M6호분에서는 金銀製 裝飾大刀가 공반되었고, 20·24·91호묘에서는 素環頭大刀를 비롯한 甲冑類, 武具 및 馬具類가 공반되었다. 그 외에 12·72·82호묘에서는 大刀나 武具類

6) 보고서는 미간이나 다음의 도록에 출토상태 사진이 실려 있다. 사진을 검토해보면 옥전89호묘 출토품과 유사한 것 같다.
경상북도, 『가야문화도록』, 1998, 65쪽, 사진 50-④.

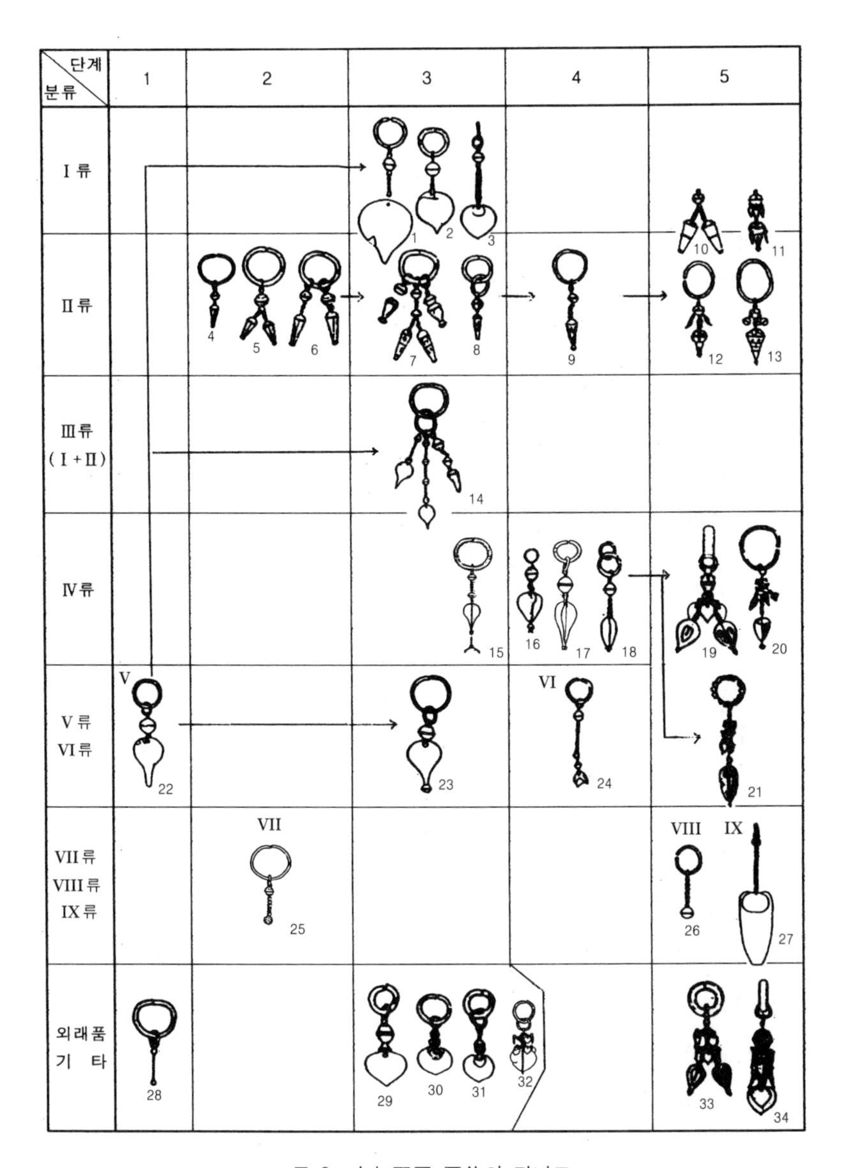

<도 3> 大加耶圈 耳飾의 편년표

1. 반계제 가-A호묘, 2. 옥전70호묘, 3. 백천리1-3호묘, 4. 옥전82호묘, 5. 옥전72호묘, 6. 옥전M2호분, 7. 옥전24호묘, 8. 옥전12호묘, 9. 지산동44호6곽, 10 · 11 · 19. 옥전M4호분, 12. 지산동45호2실, 13 · 26. 지산동45호1실, 14. 옥전28호묘, 15. 옥전91호묘, 16. 율대리2호3곽, 17. 다호리B15호묘, 18. 지산동44호11곽, 20. 장수 봉서리, 21. 진주 중안동, 22.옥전20호묘, 23 · 29~31. 옥전M3호분, 24. 지산동44호32곽, 25. 옥전35호묘, 27. 지산동45호2곽, 28. 옥전23호묘, 32. 옥전89호묘, 33. 옥전M6호분, 34. 옥전M11호분

는 출토되지 않고 裝身具류만 출토되었다.

磻溪堤 가-A호묘에서는 銀裝大刀와 함께 金製耳飾이 출토되었다.

③ 咸陽

白川里1-3號墓(도 3-3)와 백전면 평정리 畓357-3번지에서 금제이식이, 백천리3-1호묘에서는 은제이식[7]이 출토되었다. 이 중 백천리1호묘는 이 지역 首長級 무덤이며 내부에서는 여러 점의 고령토기 및 은장대도가 공반되었다.

④ 晋州·固城

진주의 中安洞 출토품으로 전하는 금제이식(도 3-21)은 銀釧과 공반되었다. 고성의 栗垈里2號墓3槨에서는 소형의 금제이식(도 3-16)이 고령토기와 공반되었다.

⑤ 長水

장수에서는 정식발굴품은 아니지만 山西面 鳳棲里 출토 금제이식(도 3-20, 도 8-3)[8]이 알려져 있다.

⑥ 昌原

茶戶里墳墓群의 B-15호묘에서 금제이식 1점(도 3-17)이 출토되었는데 기본적으로 대가야권 이식과 동형이며, 고성 율대리 출토품과 유사도가 높다.

⑦ 咸安

---

7) 보고서는 미간이나 부산대학교 박물관의 후의로 필자가 주4)의 앞글(1995)에서 인용한 바 있다.

8) 이 이식은 1960년 1월 13일 발견신고된 것이다. 그러나 육안관찰 결과 주환과 중간 및 수하식의 재질이 현저히 달라 보인다. 주환의 금 순도가 낮거나 혹은 황동일지도 모르겠다. 발견신고과정 혹은 그 이전에 수리된 것일 가능성이 있다.

道項里墳墓群에서 출토되었다. <경고연>11호묘(도 2-1), <문>4-가호묘에서는 금제이식(도 2-2)이 출토되었는데 유구도 작은 편이고 공반유물도 적다. <경고연>31호묘에서는 함안토기, 고령토기와 함께 이식(도 2-3)이 출토되었다. 3점 중 前 2점이 安羅的이다.

⑧ 其他

大加耶와 접해 있는 昌寧의 경우 新羅的인 물품이 대부분이지만 일부 대가야 물품도 출토되고 있다. 桂城1號墓와 校洞31號墓에서 출토된 이식(도 8-1)은 加耶에서 製作되어 對岸의 洛東江 以東地域으로 移入된 것 같다. 그 외에 慶山 校村里 다-10호묘에서 大加耶産으로 추정되는 耳飾 1쌍이 출토된 바 있다.[9)]

4) 釧[10)]

합천의 옥전M2호분에서 금제, 진주 중안동에서 은제, 옥전28호묘에서는 동제품이 출토되었다. 신라의 팔찌에 비하여 가늘지만 표면에 刻目紋을 장식하고 있는 점은 백제나 신라와 공통적이다.

5) 帶金具

현재까지 알려진 대금구는 고령 지산동(主山) 39호분, 합천 옥전M1호분과 M11호분 출토품이 전부이다. 고령 출토품은 공주 송산리3호분(구2호분) 과판과 마찬가지로 귀면을 압출로 표현한 것이며[11)], 옥전

---

9) 경산대학교박물관, 「현장설명회자료 경산 교촌리유적 발굴조사」, 1996.
이 이식은 고령 본관동36호묘 출토품과 같은 유형으로 분류할 수 있으며, 일본 熊本縣 物見櫓古墳 출토품 및 경주박물관 소장품과 함께 6세기 전반경 대가야에서 제작된 것으로 판단된다.
今田治代, 「熊本縣龍北町物見櫓古墳出土の金製垂飾付耳飾」『考古學雜誌』 84-2, 1999 ; 국립경주박물관, 『특별전 新羅黃金』, 2001, 277쪽의 사진 351.

10) 朴熙明, 「三國時代 팔찌에 대한 硏究」, 漢陽大 碩士學位論文, 2001. 6.

11) 崔鍾圭, 「濟羅耶의 文物交流」『百濟硏究』 23, 忠南大 百濟硏究所, 1993.

M1호분 출토품은 雙葉紋을 基本圖案으로 제작한 것인데 이러한 도안은 경주의 皇南大塚 南墳이나 일본 中期古墳의 新開1號墳, 七觀古墳 등에 유례[12]가 있는 것이다. 옥전M11호분 출토품은 백제의 武寧王陵 출토 대금구와 유사하다

이 3자 가운데 지산동과 옥전M11호분 출토품은 백제에, 옥전M1호분 출토품은 신라에 계보를 둔 것이다. 이처럼 가야에서는 대금구의 제작이 활발하지 않았던 것 같다.

2. 裝飾大刀[13]

가야의 대도는 신라보다는 百濟의 影響을 많이 받은 것으로 보이며, 고령과 합천을 양축으로 하는 大加耶圈에 집중 분포되어 있다.

① 高靈

고령의 지산동분묘군은 가야의 다른 분묘군과는 비교되지 않을 정도로 대형분이 列을 지어 산의 頂部를 따라가면서 조영되어 있다. 그러나 대형분에 대한 조사가 적어 장식대도 역시 출토 예가 많지 않다. 일제시대에 조사된 지산동 주산39호분(主山)은 王陵으로 추정할 수 있을 정도의 大形墳인데, 單龍環頭大刀(도 7-8)가 출토되었고, 역시 大形墳인 지산동45호분에서는 신라로부터 이입된 전형적인 三葉大刀(도 7-30)가 출토되었다. 영남문화재연구원에서 조사한 지산동I-4호묘에서 單鳳大刀가 출토되었고, 지산동32호분 주변의 小形石槨인 32NE 1號墓에서는 鐵製單鳳環頭大刀(도 7-2)가 출토되었는데 환두에 銀象嵌으로 唐草紋과 單鳳을 표현하였다.

---

12) 千賀久, 「日本出土帶金具の系譜」『橿原考古學研究所論集』6, 1984.
13) 趙榮濟, 「신라와 가야의 武器・武具」『韓國古代史論叢』3, 駕洛國史蹟開發研究院, 1992 ; 町田章, 「가야의 환두대도와 왕권」『加耶諸國의 王權』, 신서원, 1997 ; 穴澤咊光・馬目順一, 「龍鳳文環頭大刀試論」『百濟研究』7, 忠南大 百濟研究所, 1976 ; 穴澤咊光・馬目順一, 「陝川玉田出土の環頭大刀群の諸問題」『古文化談叢』30(上), 九州古文化研究會, 1993.

② 陜川

多羅國의 王族墓域인 玉田墳墓群을 비롯하여 그 하위의 집단의 首長墓인 磻溪堤 가-A號墓에서 銀裝大刀(도 7-26), 소규모 집단의 묘역인 倉里에서 鐵製三葉大刀 1점이 출토되었다.

그간 옥전분묘군에서 출토된 장식대도로는 옥전M3호분 출토 龍·鳳紋大刀를 위시하여 용과 봉이 표현된 대도가 8점, 三葉紋이 표현된 대도가 3점, 素環頭에 象嵌이나 銀板으로 장식한 대도가 6점 있어 가야의 다른 어느 분묘군보다 다양하고 화려한 대도가 출토되었다.

③ 咸陽

백천리1호묘 3곽에서 은장대도 1점(도 7-25)이 금제이식과 공반되었다.

④ 山淸

中村里3號墓에서 은장의 單龍環頭大刀 1점(도 7-9)이 출토되었다.

⑤ 固城

蓮塘里23號墓에서 銀裝의 雙葉紋大刀 1점(도 7-16)이 출토되었다.

⑥ 南原

남원의 雲峰高原 일대에는 대가야적인 유물상을 보이는 고분군이 있다. 그 중 月山里와 斗洛里에서 장식대도가 각 1점씩 출토되었다. 月山里M1-A號墓 대도(도 7-22)는 鐵製素環에 銀入絲로 龜甲紋과 蓮花紋을 표현한 것이고, 斗洛里4號墓의 은장대도(도 7-29)는 環頭가 上圓下方形이다.

⑦ 咸安

道項里墳墓群의 馬甲塚과 <文>54號墓에서 장식대도(도 7-7)가 출

토되었다. 馬甲塚의 대도(도 7-25, 도 9-1)는 上圓下方形 環과 칼등에 金入絲로 鋸齒紋을 베풀었고, <文>54號墓의 대도는 環에 雙龍紋이 표현되어 있으며 그 위에 얇은 銀板을 씌운 것이다.

⑧ 馬山, 昌原

마산 縣洞64號墓에서 圓環內 三葉大刀 1점(도 7-13)이, 창원 道溪洞6號石槨墓에서 상감대도 1점(도 7-19)이 출토되었다.

Ⅲ. 編年

加耶의 威勢品이 어디서 생산되어 어떻게 유통되었는지를 살펴보려면 먼저 각 위세품의 時間的 位置를 정확히 파악하여야만 한다. 이식을 제외하면 遺物의 출토수량이 매우 적어 型式學的인 검토가 어렵다. 그 때문에 土器를 비롯한 기존의 研究成果를 受用하고 百濟·新羅와 交叉年代를 설정할 수 있는 자료를 보충하여 논지를 전개하고자 한다.[14]

1. 裝身具

1) 冠

高靈 출토로 전하는 金冠은 발굴품이 아니라서 연대를 추론하기 어렵지만, 함께 출토된 것으로 알려진 일괄유물 가운데 金製耳飾의 형식이 고령 지산동45호분이나 합천 옥전M4호분 출토품과 동형이고, 金球頸飾에 瓔珞을 附加하는 것이 신라에서 6세기 전반, 특히 2/4분기에

14) 대가야분묘의 편년에 대해서는 아래의 논문에서 종합적인 검토가 이루어진 바 있다. 각 연구자들 간에 상대연대는 유사하지만 절대연대의 차가 매우 크므로 추후 이에 대한 적극적인 조율작업이 필요할 것으로 사료된다.
金斗喆, 「大加耶古墳의 編年 檢討」『韓國考古學報』45, 2001.

유행하는 형식이므로[15] 이 관의 연대를 6세기 2/4분기 정도로 파악해 두고자 한다.

池山洞32號墳의 연대는 5세기 중엽 특히 3/4분기 정도로 편년[16]되고 있는데, 그간 편년의 기준 역할을 한 高杯는 慶州産[17]으로 보기는 어려운 것 같고, 慶州土器의 영향을 많이 받은 洛東江以東地域 新羅의 地方土器로 판단된다.

池山洞30-2號墓는 지산동30호분의 陪墓로서 小形墓이며 내부에서 幼年의 頭蓋骨이 출토되었다. 공반된 토기는 지산동32호분 출토품과 유사하므로 5세기 3/4분기의 연대를 부여할 수 있을 것이다.

玉田M6號墳은 6세기 전반의 어느 시점으로 편년할 수 있는데, 이식을 통하여 보면 지산동45호분 단계로 추정되므로 6세기 2/4분기로 편년할 수 있을 것 같다.

2) 耳飾[18]

---

15) 梁山 金鳥塚이나 昌寧 桂城1號墓 출토 金球頸飾이 대표적이다.

16) 이 무덤의 연대에 대하여 이희준・박천수는 5세기 2/4분기, 우지남・藤井和夫는 5세기 3/4분기, 定森秀夫는 5세기 중엽, 김두철은 5세기 4/4분기의 빠른 단계로 보고 있다. 이 외에 김세기는 지산동32NE-1호묘, 동 SW-1호묘를 4세기 4/4분기로, 지산동32호분을 5세기 2/4분기로 보고 있다. 필자는 이러한 제 견해 중 5세기 중엽 혹은 3/4분기로 보는 견해를 수용하고자 한다.
禹枝南,「大伽倻古墳의 編年-土器를 중심으로-」『三佛金元龍敎授停年退任記念論叢I』, 一志社, 1987 ; 李熙濬,「高靈樣式土器 출토 古墳의 編年」『嶺南考古學』15, 嶺南考古學會, 1994 ; 朴天秀,「大加耶圈 墳墓의 編年」『韓國考古學報』, 韓國考古學會, 1998 ; 金世基,『古墳資料로 본 大加耶』, 啓明大學校 博士學位論文, 2000. 12 ; 金斗喆,「大加耶古墳의 編年 檢討」『韓國考古學報』45, 2001 ; 定森秀夫,「韓國慶尙北道高靈地域出土陶質土器の檢討」『岡崎敬先生退官紀念論文集 東アジアの歷史と考古 上』, 同朋社, 1987 ; 藤井和夫,「高靈池山洞古墳群の編年」『東北アジアの考古學』, 六興出版, 1990.

17) 근래 고령 지산동이나 합천 옥전분묘군에서 낙동강 이동양식토기의 출토예가 확인되고 있다. 그러나 경주토기와는 차이가 많아 창녕, 현풍, 대구 등지에서 제작된 것으로 보인다.

18) 가야의 장신구 중 대가야권의 이식에 대하여는 이미 필자가 다른 지면을 통하여 분류 및 편년을 시도한 바 있어 이 글에서는 재론치 않으며 다만 새로

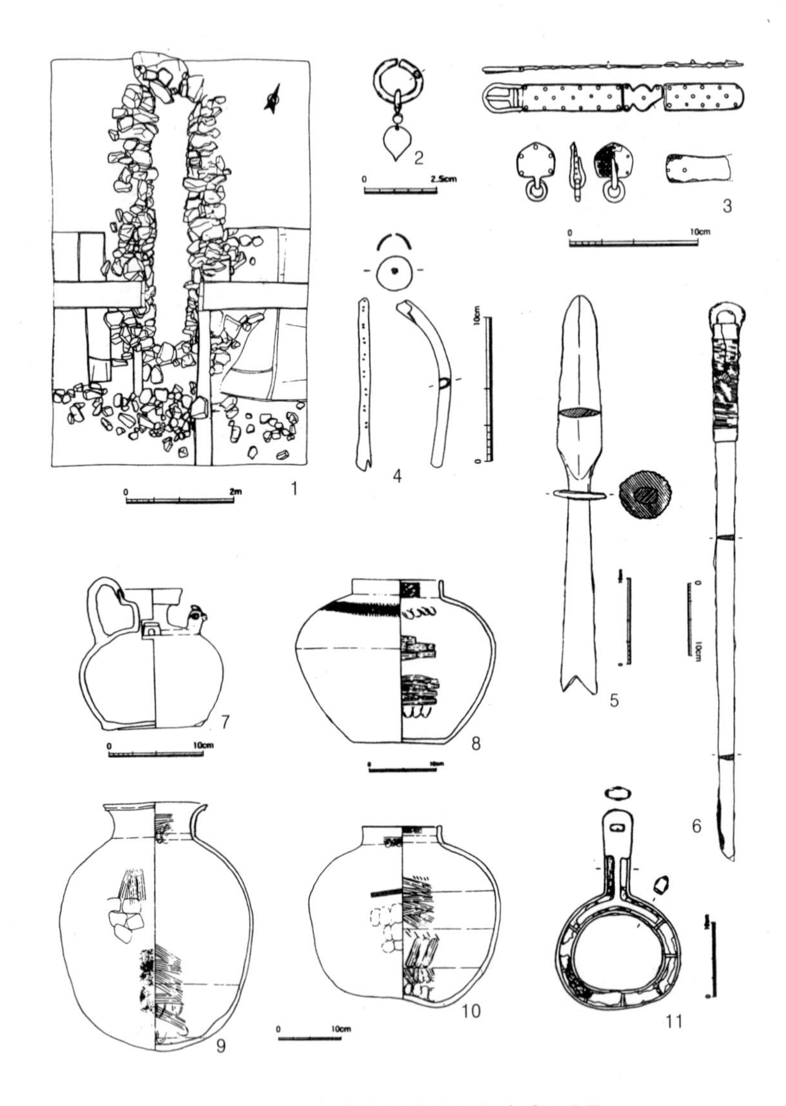

<도 4> 天安 龍院里9號石槨墓와 출토유물

운 자료를 추가하고 검토의 결과만을 간략히 제시하고자 한다.

① 1段階

陜川 玉田23號墓와 20號墓 耳飾이 해당된다. 23호묘 이식은 遊環 아래에 圓板狀의 中間飾을 부가한 것이 특징이다. 이러한 중간식은 天安 龍院里9號石槨墓 출토 耳飾(도 4-2)과, 맨 끝에 金球를 매단 것은 淸州 新鳳洞에서 發見申告된 耳飾과 유사하다. 천안 용원리9호석곽묘는 5세기 전반의 빠른 단계로 편년할 수 있을 것으로 추정되어 옥전23호묘도 이와 비슷한 시기로 편년하고자 한다.[19]

20호묘 이식은 천안 용원리129호묘나 淸原 主城里2號石槨墓 耳飾 등 백제 漢城時期 이식의 특징을 충실히 따르고 있다. 용원리129호묘는 동 9호석곽묘보다 조금 늦은 시기로 편년할 수 있을 것으로 보여 5세기 2/4분기에, 주성리2호석곽묘는 그와 비슷하거나 조금 늦은 시기로 추정된다. 이 글에서는 20호묘의 연대를 5세기 2/4분기의 늦은 시기 정도로 편년해 두고자 한다.

玉田20號墓와 23號墓의 이식이 百濟에서 제작된 것인지 加耶에서 제작된 것인지 검토의 여지가 있다. 다만 23호묘 이식의 사슬이 20호묘의 이식과 결합되면 전형적인 가야이식의 모습이 될 것이다.

② 2段階

陜川 玉田M2號墳, 72號墓, 82號墓 耳飾이 해당된다. 이 단계에도 百濟耳飾의 영향은 남아 있지만 加耶的인 耳飾이 제작된다.

이 단계의 이식은 中間飾이 空球體이고 垂下飾이 圓錐形이다. 이 단계의 연대는 옥전분묘군 조사자의 편년관이 기본적으로 타당할 것 같으며, 더하여 동시기의 무덤인 玉田M1號墳 출토 雙葉紋帶金具의 形式, 그리고 玉田M3號墳과의 相對序列을 고려한다면 5세기 3/4分期 정도로 편년할 수 있을 것 같다.

---

19) 옥전23호묘 출토 고배는 기존의 연구처럼 부산 복천동39호묘 출토품과 유사도가 높아 역시 5세기 전반(2/4분기)으로 편년할 수 있을 것 같다.
홍보식, 「고고학으로 본 가라국사 토론요지」 『가야 각국사의 재구성』, 부산대 한국민족문화연구소, 2000, 110쪽.

이 단계로 편년할 수 있는 금제이식이 咸安에서도 출토된 바 있다. 道項里<慶考硏>11號墓에서는 金製耳飾 1쌍이 약간의 鐵器와 공반되었는데 완형의 토기가 출토되지 않아 연대를 결정하기 어렵다. 다만 蓋와 臺脚殘片의 형식으로부터 추정하면 5세기 3/4분기의 咸安土器와 가까운 것 같다.[20]

③ 3段階

陜川 玉田28號墓, 70號墓, 皤溪堤 가-A號墓, 白川里1-3號墓, 玉田24・91號墓, M3號墳 耳飾이 해당된다. 心葉形 垂下飾을 갖춘 耳飾 가운데는 玉田28・70號墓 이식이 古式으로, 白川里 이식이 가장 발달된 것으로 보인다. 옥전M3호분 이식의 경우 심엽형 수하식에도 空球體를 붙이고 있어 옥전24호묘 이식과 같은 양상을 보인다.

옥전M3호분 출토 이식 4쌍 가운데 2쌍은 新羅의 皇南洞 破壞古墳2槨이나 梁山夫婦塚 남편 이식과 비견되므로 5세기 4/4분기로 편년할 수 있을 것 같다.

이 단계의 加耶耳飾은 大加耶圈을 중심으로 典型을 이루면서 제작된다. 옥전M3호분 이식처럼 新羅의 完製品도 移入된다.

④ 4段階

高靈 池山洞44號墳 출토 이식이 지표가 된다. 山梔子形과 落下傘形 등 새로운 垂下飾이 등장하는 점을 특징으로 지적할 수 있다. 이 단계의 연대를 알 수 있는 자료는 적은 편이며 高靈土器의 상대연대상 옥전M3호분보다 後行한다는 점에 더하여 지산동44호분 출토 銅盌의 口緣이 옥전M3호분 출토품보다 현저하게 발달하였으며 백제 무령왕릉 출토 동완과 유사하므로 6세기 1/4분기의 연대를 부여하고자 한다.

---

20) 禹枝南, 「咸安地域 出土 陶質土器」『道項里・末山里遺蹟』, 慶南考古學硏究所 外, 2000.

옥전12호묘 이식은 중간식의 공구체 外形이 橘 속처럼 굴곡져 있다. 이러한 장식은 백제 武寧王陵 출토 頸飾에서 찾아볼 수 있다. 12호묘에서 공반된 刀子의 금판장식에 표현된 두꺼비 및 鬼面文樣이 무령왕릉 출토 帶金具 腰佩의 문양과 유사한 점도 주목된다. 이 무덤의 연대는 무령왕릉의 연대에 상당히 근접할 것으로 추정된다. 이 글에서는 6世紀 1/4分期로 편년하고자 한다.

이 단계로 편년할 수 있는 또 다른 이식이 咸安 道項里<文>4-가號墓에서 출토되었다. 이 이식은 中間飾이 圓板形인데 세로로 세우고 그 상하에 가는 금판을 끼워 각각 遊環과 垂下飾을 연결하고 있다. 垂下飾은 오목한 心葉形板 3매를 매달았는데 가장자리에는 刻目紋帶가 부착되어 있다. 이 무덤은 4호묘의 陪墓的인 성격을 지니고 있는데, 유물이 거의 없어 4호묘의 연대를 통하여 살펴볼 수밖에 없다. 4호묘는 橫穴式石室이며 周溝가 확인되었다. 내부에서는 6世紀 前半代 高靈土器와 함께 銀裝 馬具類가 출토되었다. 연대는 6세기 1/4분기 정도로 볼 수 있지 않을까 한다.

⑤ 5段階

陜川 玉田M4號墳, M6號墳, 池山洞45號墳 출토 耳飾이 지표이다. 이 단계 이식은 加耶耳飾 가운데 가장 화려하며 鏤金과 瓔珞이 장식된 예가 많다.[21] 이 단계는 상대연대상 지산동44호분보다 늦으며 지산동45호분에서 출토된 新羅 三葉大刀나 玉田M6號墳의 金銅冠이 상징하듯이 신라적인 문물이 完製品으로 移入되거나 그 요소가 짙어지고 있는 점에서 연대를 추정해 볼 수 있을 것 같다.

서기 522년 大加耶의 要請에 의하여 신라와 가야는 婚姻同盟을 맺고 있다.[22] 이러한 교류의 산물로 신라문물의 이입이 증가되었다고 가

21) 신라의 금공품에 누금과 영락이 가미되는 것은 천마총을 필두로 한 6세기 1/4분기의 늦은 단계에 시작되어 6세기 2/4분기에 절정기를 맞이하는 것으로 보인다.

22) 『日本書紀』 卷17 繼體天皇23年 3月條, "新羅初送女時 幷遣百人爲女從 受

정한다면 이 단계의 中心年代는 5세기 2/4분기 정도로 볼 수 있을 것이다.

그리고 대가야는 562년에 멸망하므로 6세기 3/4분기는 매우 짧은 기간이다. 때문에 별도의 단계로 설정하기는 어렵지만 2/4分期의 늦은 시점 혹은 3/4分期의 빠른 시점의 이식이 玉田M11號墳 출토품이 아닐까 한다. 이 이식은 熊津時期 후반 혹은 泗沘時期 초반경 百濟에서 제작되어 대가야로 이입된 것으로 추정된다.

道項里<慶考硏>31號墓에서는 咸安土器와 함께 高靈土器, 耳飾 1쌍이 출토되었다. 이 이식은 主環이 銅地金張이며, 遊環 이하는 銀製品이다. 공반된 蓋杯는 지산동45호분 단계의 것이므로 역시 6세기 2/4분기로 편년할 수 있다.

3) 釧, 帶金具

金製釧과 金銅製이 帶金具가 출토된 陜川의 玉田M2號墳은 공반유물로 보면 5세기 3/4분기, 銀製釧이 출토된 晋州 中安洞 一括遺物은 6세기 2/4분기, 銅製釧이 출토된 玉田28號墓는 5세기 4/4분기로 편년할 수 있다. 그리고 銀製 帶金具가 출토된 옥전M11號墳은 6세기 2/4분기의 늦은 단계에 편년할 수 있을 것 같다.

2. 裝飾大刀[23)]

【분류】

도 8에 도시한 것처럼 가야의 대도를 크게 대별하면 다음의 5類型이 되며, 각 유형 내에서는 제작기법에 따라 훨씬 여러 가지로 細別된다.

而散置諸縣 令着新羅衣冠 阿利斯等嗔其變服 遣使徵還".

23) 장식대도에 대해서는 조금 상세한 검토가 필요하나 이 글의 특성상 서술체계에 맞추어 간략히 살펴보고자 하며, 자세한 분류와 그에 따른 형식학적, 제작기법적인 검토는 후고를 기약하고자 한다.

Ⅰ류 : 環內에 龍頭나 鳳首 혹은 兩者가 結合된 圖像을 배치하거나, 環에 龍紋 표현
1식) 鐵地, 銀線 象嵌으로 문양 표현
2식) 金銀板 장식
a : 環內 龍頭鳳首, 직선적 把(刻目帶)
b : 單鳳, 곡선적 把(刻目帶)
c : 單龍, 직선적 把(斜格子網, 鱗狀紋)
d : 無圖像
Ⅱ류 : 環內에 三葉紋이나 그에서 派生된 像을 배치한 것
1식) 圓環內 三葉紋
2식) 上圓下方內 三葉紋
3식) 環內 三葉紋, 세 방향으로 장식
Ⅲ류 : 素環에 金銀을 入絲하여 文樣을 표현한 것
1식) 環에 點·鋸齒狀紋 시문
2식) 環, 柄頭金具 등에 복잡한 문양 시문
Ⅳ류 : 素環에 金銀板을 감싸 장식한 것
Ⅴ류 : 環의 외형이 上圓下方形이며, 環內에 像이 없는 것
1식) 環과 刀身에 點·鋸齒狀紋 상감
2식) 銀裝
a : 把部에 鱗狀紋
b : 把部에 無紋銀板
c : 把部에 裝飾無

【편년】

① 1段階

이 단계로 편년할 수 있는 대도는 陜川 玉田67-A號墓, 昌原 道溪洞6號石槨墓, 咸安의 馬甲塚 출토품을 들 수 있다.

옥전67-A호묘는 동시기 무덤 중 비교적 큰 목곽묘이며, 비록 도굴

되었지만 胄, 馬具, 有刺利器, 金製素環耳飾, 玉製 頸飾이 출토되었다. 年代는 5世紀 前半으로 추정된다.

大刀는 鐵製品이며 環에 銀線과 銅點을 嵌入하였다. 현재의 자료로 보면 삼국시대의 상감기법은 백제에서 가장 먼저 사용되었던 것 같다.[24] 4세기대 백제에서 제작한 것으로 추정되는 七支刀에서 확인되고 있으며, 天安 花城里A地區 1號墓, 龍院里5號石槨墓 출토 大刀에서 확인된다.

이중 화성리 대도의 경우 共伴遺物이 土器片 1점이어서 그 연대를 알기 어렵다. 보고자는 주변유구의 연대를 고려하여 4세기로 추정하였다.[25] 그러나 유사한 文樣이 베풀어져 있는 가야의 대도와 비교해볼 때 花城里 大刀를 4世紀代까지 올려보기는 어려울 것 같다.

龍院里墳墓群의 年代는 硏究者에 따라 차이가 크다. 조사자의 경우 9호 석곽묘 출토 鷄首壺(도 4-7)를 4세기 중엽의 것으로 보고 이 분묘군의 중심연대를 4세기대로 보고 있다.[26] 馬具 연구자는 嶺南地域 출토 자료와의 對比를 통하여 石槨墓의 年代를 5世紀末 또는 6世紀初로 편년하고 있다.[27]

그러나 9호 석곽묘의 계수호는 중국에서도 4世紀 後半代가 중심연대이며 同形의 壺가 5世紀初까지 출토되고 있고, 移入과 埋納의 시점을 고려에 넣는다면 5세기 前半의 어느 시점으로 편년할 수 있지 않을까 한다. 또 같은 무덤에서 출토된 盤付鐵鉾(도 4-5)나 上圓下方形 환두를 가진 鐵製大刀(도 4-6), 金製耳飾 등을 종합적으로 검토하면 그 연대는 5세기 전반의 어느 시점으로 보아야 할 것이다. 그런데 5號 石槨墓 출토 토기는 9호 석곽묘 출토품과 유사하므로 그 연대를 5세기 전반, 좀더 구체적으로 보면 1/4분기로 編年해 두고자 한다.

---

24) 崔鍾圭, 「濟羅耶의 文物交流」『百濟硏究』 23, 忠南大 百濟硏究所, 1992, 66~67쪽.
25) 金吉植 外, 『天安花城里百濟墓』, 國立公州博物館, 1991, 23쪽.
26) 李南奭, 『天安龍院里古墳群』, 公州大 博物館, 2000, 494~495쪽.
27) 李尙律, 「天安 斗井洞, 龍院里古墳群의 馬具」『韓國考古學報』 45, 2001, 156쪽.

馬甲塚의 경우 馬甲을 비롯한 5세기대 유물과 함께 裝飾大刀(도 10-1)가 출토되었다. 이 대도의 環은 上圓下方形이며 把部의 裝飾板을 固定하기 위하여 5개의 刻目紋帶를 감아 장식하였다. 이와 유사한 환두는 百濟의 경우 천안 용원리 9호석곽묘에서, 新羅의 경우 皇南大塚 南墳段階부터 출현하고 있다. 용원리 9호 석곽묘의 경우 5세기 1/4분기, 황남대총 남분의 경우 5세기 2/4분기가 중심연대이다. 또 把部에 여러 개의 帶를 감아 장식하는 것은 신라의 경우 4세기말 또는 5세기초에 유행하는 기법이다. 경주 月城路 가-13號墓, 부산 福泉洞10・11號墓(도 7-33)나 21・22號墓 출토품에서 살펴볼 수 있다. 이를 통해 보면 마갑총의 연대는 5세기 전반의 어느 시점으로 볼 수 있을 것 같으며 기존 연구성과[28]를 따른다면 5세기 2/4분기로 편년할 수 있을 것 같다.

② 2段階

이 단계의 대도는 高靈 池山洞 32NE-1號墓, 陜川 玉田35號墓, M1號墳, 馬山 縣洞64號墓에서 출토되었다.

지산동32NE-1호묘는 동 32호분 주변의 小形 石槨墓이다. 대도는 철제품인데, 環에는 銀入絲로 唐草紋이, 環內에는 單鳳이 표현되어 있다. 이 무덤과 32호분의 연대차가 어느 정도일지에 대해서도 논의가 있지만, 토층으로 보면 32호분보다 선축되었음이 분명하다. 그러나 그 차이가 무덤 축조의 순서차일 가능성도 배제하기 어려우므로 본고에서는 동시기인 5세기 3/4분기로 보고자 한다.

玉田35號墓는 墓壙의 길이가 665cm에 달하는 대형의 목곽묘이다. 도굴되었지만 金製耳飾 2쌍, 甲胄, 武器類, 특히 鐵鏃 120여 점이 출토되었다. 대도는 鐵製素環에 銀入絲하여 龍紋을, 環內에는 單鳳을 柄頭金具에는 龍紋, 鞘口金具에는 鳳凰紋을 표현하였다. 이 무덤의

28) 李柱憲, 「阿羅伽耶에 대한 考古學的 硏究」『가야 각국사의 재구성』, 부산대 한국민족문화연구소, 2000, 266쪽.

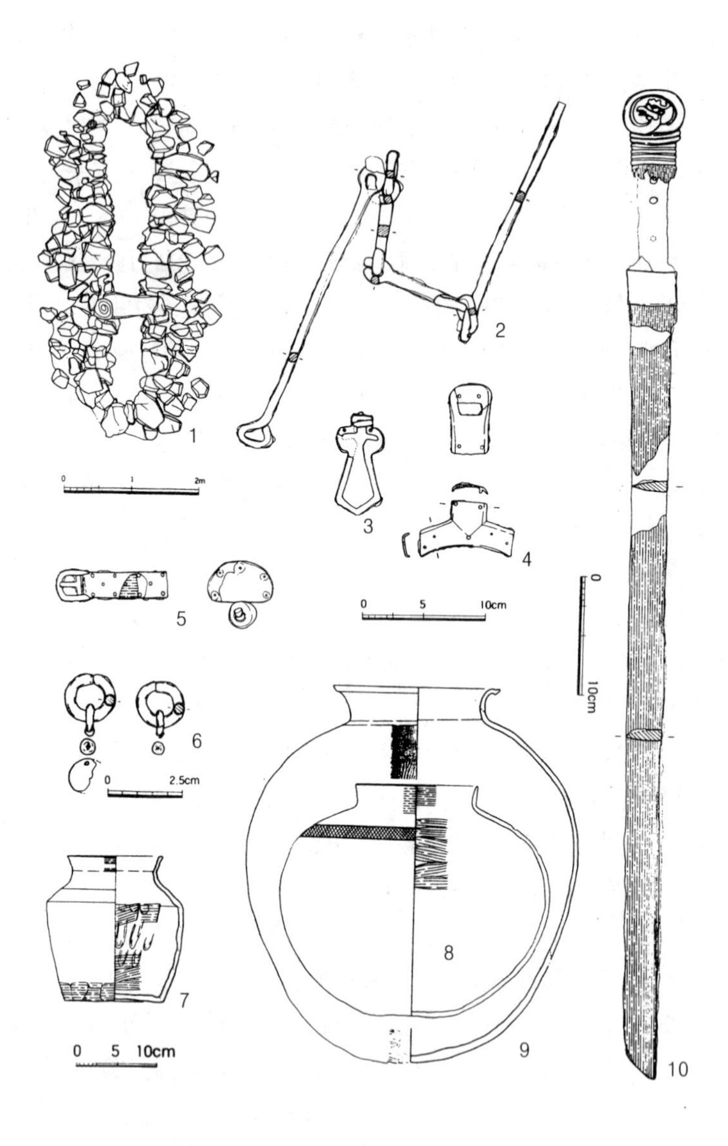

<도 5> 天安 龍院里1號石槨墓와 출토유물

연대는 보고자의 지적처럼 5세기 후반으로 볼 수 있을 것 같다.

馬山 縣洞64號墓 대도는 圓環內 三葉大刀인데, 철제품이다. 신라에서 원환내 삼엽대도는 釜山 福泉洞 10·11號墓 대도가 가장 오래된 것이며 高句麗 兵器廠 출토품 등 高句麗와 직접 연결될 가능성도 있지만, 고구려-백제를 통한 관련성도 배제할 수는 없다. 淸州 新鳳洞 12號 土壙墓, 14號 土壙墓에서 유사한 철제 삼엽대도가 출토된 바 있다.

陜川 玉田M1號墳은 옥전분묘군 중 최상급의 무덤이다. 도굴되었으나 내부에서 甲胄, 大刀 14점 이상, 馬具, 鐵鏃 300여 점과 함께 金銅製 帶金具, 로만글래스(Roman Glass) 盞이 출토되었다. 대도는 片인데 環은 鐵地金銅板被이며 내부에 三葉紋을 표현하였다. 이 무덤의 연대는 M3호분보다 先築으로 파악되며, 5세기 3/4分期 정도로 추정할 수 있지 않을까 한다.

이 단계 대도의 가장 큰 특징은 環內에 龍 또는 鳳이 표현되는 점이다. 삼국 가운데 가장 오래된 龍紋大刀는 百濟의 地方首長墓인 천안 용원리분묘군 1호석곽묘 출토품(도 5)이다. 이 무덤의 연대에 관해서도 논란이 있지만, 필자는 이 유구에서 출토된 土器壺가 熊津時期初로 편년할 수 있을 것으로 판단되고 아직 有肩壺(도 5-7)가 출토되고 있다는 점에 근거하여 5세기 3/4분기로 보고자 한다.

③ 3段階

이 단계의 대도는 陜川 玉田M3號墳, 磻溪堤 가-A號墓, 玉田70號墓, 白川里1-3號墓 출토품이 있다.

옥전M3호분은 기 조사된 옥전분묘군의 무덤 가운데 최대형이다. 이미 도굴되었지만 내부에서 수많은 유물이 출토되었다. 이 무덤의 연대는 5세기 4/4분기로 보는 것이 많은 연구자들의 공통적인 견해인데, 필자는 그 가운데서도 6世紀에 가까운 年代를 취하고 싶다.

대도 가운데 金銀으로 장식된 대도는 5점이다. 2점은 용 2마리가 표현된 환에 얇은 금판을 씌웠으며 그 중 1점은 透刻狀을 보이고 있다. 環內에는 龍鳳의 머리가 교차되도록 표현한 金銅裝飾이 끼워져 있다. 把部에는 刻目된 銀絲가 치밀하게 감겨 있고 柄頭金具와 鞘口金具에는 雙龍紋이 打出로 표현되어 있다.

이 무덤에서 출토된 대도 1점은 가장 특이한 예인데, 길이도 113.1cm로 다른 대도에 비한다면 약 30cm가량 길다. 把部의 한쪽 선이 曲線的이며 칼코가 두툼한 圓盤狀인 점이 그러하다. 이와 제작기법도 다르고 연대도 상당히 차이가 나지만 把部의 외형 등에서 비교되는 예로는 日本 古墳時代 後期의 頭椎大刀가 있다.

또 다른 1점의 대도는 環內에 龍이나 鳳이 없으며, 홈만 남아 있다. 환은 철지에 얇은 금판과 은판을 피복한 것이며 용무늬를 표현하였다. 柄頭金具에는 金板을 地板에 감고 그 위에 龍紋透彫銀板을 덧대어 장식하였다. 이처럼 금판과 은판을 겹쳐 문양을 대비시키는 기법은 武寧王陵 大刀에서도 확인된다.

이상의 4점에 비하여 장식성이 떨어지는 銀裝大刀도 1점 출토되었다. 環의 형태는 五角形에 가까운 上圓下方形이며, 磻溪堤 가-A號墓, 咸陽 白川里1-3號墓, 玉田70號墓를 비롯하여 다음 단계로 편년할 수 있는 南原 斗洛里4號墓에서 출토된 바 있다. 이 대도의 환두는 앞 시기의 마갑총이나 신라의 황남대총 남분 대도와 유사성을 보이고 있고, 百濟의 論山 表井里에서 수습된 大刀(도 7-42)에도 보인다. 이 중 가장 유사한 것은 표정리 수습품이다. 이 대도는 鬼面이 표현된 銅鈴을 비롯하여 鐙子 등 마구가 共伴된 것으로 알려져 있다. 등자의 경우 철제이며 柄部 상단이 사각형으로 조금 넓어 6세기 1/4분기로 편년되는 天馬塚 鐙子에 가깝다. 그 때문에 이 대도의 연대를 이에 가까운 시기로 볼 수 있을 것 같다. 다만 양자 가운데 어느 쪽이 古式이냐가 문제이다.[29]

---

29) 이 문제는 백제와 가야무덤의 交叉年代의 설정과 관련되므로 추후 정밀한 검토가 필요할 것이다.

옥전28호묘 역시 비교적 큰 목곽묘인데 내부에서 갑주류와 마구류, 철촉 110점 이상, 금제이식 1쌍, 琉璃·玉製頸飾, 銅製釧 등이 출토되었다. 이 무덤의 연대를 조사자는 5세기 4/4분기로 보고 있다. 2점의 장식대도 중 1점은 철제 원환내 삼엽대도인데 현동64호묘 대도와 큰 차이를 확인할 수 없다. 공반된 銀裝大刀의 경우 環은 鐵地銀板被이고 柄頭金具의 銀板에는 波狀紋이 打出되어 있다. 이처럼 은장대도에 파상문이 타출로 표현되어 있는 예는 百濟의 地方首長墓인 論山 茅村里5號墓 출토 大刀(도 6-4)가 있다. 이 대도는 圓環轡 및 鞍橋와 공반되었는데(도 6), 그 연대는 6세기초로 추정된다. 그렇다면 옥전28호묘가 연대적으로 선행하기 때문에 가야물품이 백제로 이동된 것인지, 아니면 백제와 가야의 편년을 조율해야할 것인지 검토의 여지가 있다. 이 외에 일본 熊本縣의 江田船山古墳의 柄頭金具 및 鞘尾金具에도 유사한 波狀紋이 보이고 있다.

玉田70號墓도 옥전28호묘와 비슷한 규모의 목곽묘이다. 내부에서는 頸甲, 金製耳飾 1쌍, 각종 마구류가 출토되었다. 대도는 鐵地에 銀象嵌한 것인데, 環에는 唐草紋이, 柄頭金具에는 渦紋 내에 鳳凰紋이 象嵌되어 있다. 이 무덤의 연대 역시 5세기 4/4분기로 편년할 수 있을 것 같다.

咸安 道項里 <文>54號墓 출토 대도의 경우 공반유물을 본다면 이 단계 정도에 편년할 수 있을 것 같다.

④ 4段階

이 단계의 대도는 高靈 池山洞39號墳, 陜川 玉田75號墓, 南原 月山里M1-A號墓, 南原 斗洛里4號墓, 山淸 中村里3號墓 출토품이다.

지산동39호분은 지산동의 분묘 가운데 가장 대형분에 속하지만, 유물 출토상황이 제대로 알려져 있지 않다. 다만 대도는 여타 다른 대도보다는 매우 정교하게 제작되었으며 서기 526년에 매납된 무령왕릉 대도와 유사도가 높다.

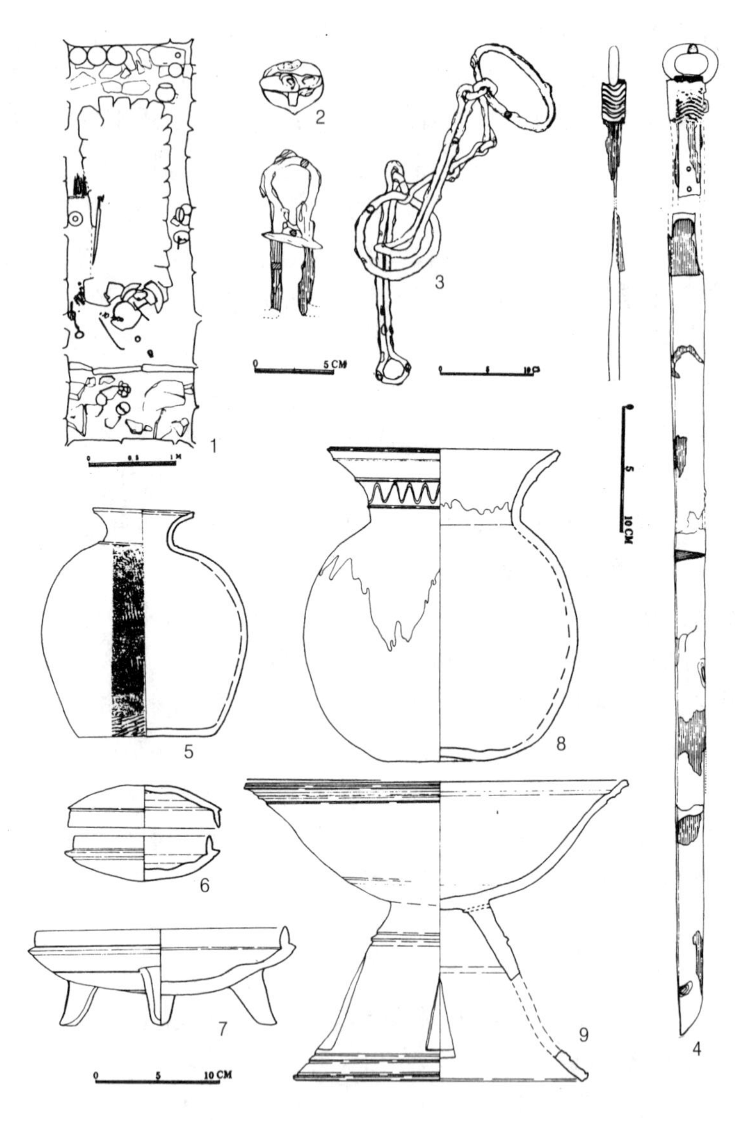

<도 6> 論山 茅村里5號墓와 출토유물

옥전75호묘는 竪穴式石槨墓이다. 묘광이 640×246cm 크기로 대형묘에 속한다. 내부에서는 마구, 유자이기, 유리와 옥으로 만든 경식, 금제이식 1쌍 등이 공반되었다. 이 무덤의 연대는 M3호분보다는 後行하므로 6세기 1/4분기의 연대를 부여하고자 한다.

남원 월산리M1-A호묘에서는 冑, 馬冑, 鏡板轡 등과 함께 상감대도가 출토되었다. 이 대도에는 龜甲紋이 표현되고 그 속에 蓮花紋이 장식되어 있다. 백제나 가야의 문물 가운데 연화문이 표현되는 것은 6세기에 접어들어서 가능한 것으로 판단되므로 이 단계로 편년하고자 한다.

남원 두락리4호분의 대도는 공반유물이 적어 편년하기 어려우나 다른 대도에 비하면 형식적으로 조금 구별되므로 그 점을 時期差로 보아 이 단계에 배치하고자 한다.

山淸 中村里3號墓의 경우 아직 보고서가 발간되지 않아 정확한 실상을 파악하기 어렵지만 공반된 유물은 전형적인 晋州·泗川式土器이다. 圖錄[30]에 소개된 토기는 기존 연구성과[31]에 의하면 5세기 말 6세기 초로 편년되는 것이다. 환두의 형태로 보면 6세기 초까지 내려서 편년할 수 있을 것 같다.

⑤ 5段階

이 단계의 대도는 陜川 玉田M4號墳과 M5號墳, M11號墳, 固城 蓮塘里23號墓 출토품이 있다.

옥전M4호분에서 출토된 2점의 장식대도 중 1점은 環頭에 銀象嵌의 龜甲紋이, 環內에는 單鳳紋이 표현되어 있다. 다른 1점은 龍紋이 표현된 鐵地에 얇은 金板을 감싼 것이며 환내에는 金銅製 單鳳이 장식되어 있다.

옥전M6호분에서 출토된 대도는 용봉문대도로는 유일하게 把部에

30) 신라대학교박물관, 『신라대학교박물관(도록)』, 2000, 59쪽 사진117, 80~82쪽.
31) 박승규, 「고고학을 통해 본 소가야」, 『고고학을 통해 본 가야』, 한국고고학회, 2000.

분류 단계	Ⅰ류	Ⅱ류	Ⅲ류	Ⅳ류	비교자료
1			18, 19	24	31, 32, 33
2	1, 2	13, 14			34, 35, 36, 37
3	3, 4, 5, 6, 7	15	20, 21	25, 26, 27, 28	38, 39, 40, 41, 42, 43
4	8, 9		22, 23	29	44, 45
5	10, 11, 12	16, 17		30 新羅産	46, 47, 48

<도 7> 加耶 大刀의 편년표

1. 옥전35호묘, 2. 지산동32NE-1호묘, 3~6・27. 옥전M3호분, 7. 도항리(문)54호묘, 8. 지산동39호분, 9. 중촌리4호묘, 10. 옥전M6호분, 11・12. 옥전M4호분, 13. 현동64호묘, 14. 옥전M1호분, 15・21, 옥전28호묘, 16. 연당리23호묘, 17. 옥전M11호분(三葉 복원), 18. 옥전67-A호묘, 19. 도계동6호석곽묘, 20. 옥전70호묘, 22. 월산리M1-A호묘, 23. 옥전75호묘, 24. 마갑총, 25. 백천리1호3곽, 26, 반계제 가-A호묘, 28. 옥전71호묘, 29. 두락리4호묘, 30. 지산동45호1실, 31. 용원리5호석곽묘, 32. 대리 채집, 33. 복천동10・11호묘, 34. 용원리1호석곽묘, 35. 신봉동12호토광묘, 36. 화성리A-1호묘, 37, 평양 병기창, 38. 교동10호분, 39. 신촌리9호분 을관, 40. 용원리12호석곽묘, 41. 모촌리5호묘, 42. 표정리 신고품, 44. 무령왕릉, 45. 복암리3호분 '96석실, 46. 埼玉 將軍山古墳, 47. 황남대총북분, 48. 보문리부부총(夫)

鱗狀紋이 베풀어져 있고 환내 용의 표현이 간략하다.

倉里A-63號墓에서는 지산동45호분 단계의 고령토기와 鐵製 三葉大刀가 공반되었다. 2단계부터 확인되던 이 유형의 대도가 5단계까지도 계속 제작되고 있음을 보여주는 자료이다.

옥전 M11호분에서도 大刀片이 출토되었는데, 도굴로 인하여 심하게 파손되어 그 형상을 제대로 파악하기 힘들다. 다만 環頭內 三葉裝飾片이 1점 남아 있어 대체적인 외형을 짐작해볼 수 있다. 이 삼엽장식의 특징은 아랫부분이 양쪽으로 벌어져 있어 일반적인 삼엽대도의 삼엽장식과는 다름을 볼 수 있다. 이를 복원해 보면, 일본 埼玉縣 將軍山古墳 출토 大刀(도 7-46)[32]와 유사하다. 將軍山古墳은 횡혈식석실을 매장주체부로 한 前方後圓墳이며 내부에서 銅鏡, 銅鈴, 馬冑, 鐙子, 杏葉 등과 함께 6세기 후반경으로 편년되는 TK43型式의 須惠器가 공반되었다.[33] 환내의 삼엽장식이 옥전M11호묘 대도보다 조금 둔탁한데 이 점은 시기차로 보인다. 이 대도를 참고하여 옥전M11호분 대도의 환두내 장식을 복원해보면 <도면 7-17>과 같다. 이 형식의 대도는 기존의 가야 대도에는 없는 새로운 형식이어서 加耶産으로 볼 것인지, 아니면 옥전M11호분에 보이는 백제적인 요소처럼 百濟産으로 추정할지 추후 자료의 증가를 기다려 검토해 볼 필요가 있을 것 같다.

고성 연당리 대도는 특이한 형식을 보이고 있어 대도만으로 연대를 결정하기 어렵지만 共伴된 土器의 年代觀을 참조한다면 6세기 2/4분기로 편년할 수 있을 것 같다.

Ⅳ. 生産과 流通

32) 穴澤咊光・馬目順一, 앞의 글, 1976, 235쪽에 의하면 岡山縣 御津郡 一宮町에서 이와 동형의 환두를 가진 대도가 출토되었다고 한다.(동경박물관 소장)

33) 埋藏文化財研究會, 『第33回埋藏文化財研究集會 甲冑出土古墳にみる武器・武具の變遷-第4分冊-』, 1993, 86~95쪽.

지금까지 가야 위세품의 출토현황을 살펴보고 주로 공반유물을 중심으로 편년을 시도하였다. 이 장에서는 그 결과를 토대로 하여 과연 가야의 威勢品이 어디서 만들어져 어디로 流通되었는지, 또 어떤 계기를 통하여 擴散되었는지 검토해 보고자 한다.

1. 製作地

1) 冠

高靈 池山洞32號墳이나 池山洞30-2號墓 金銅冠은 외형이나 제작기법이 매우 加耶的이다. 32호분 금동관은 가운데에 1개의 넓고 큰 立飾이 있고 그 입식을 경계로 臺輪은 각지다. 큰 板狀의 立飾과 臺輪의 접합부에는 6개의 못, 좌우에 덧붙인 입식에는 2개의 못을 사용하여 접합하였다. 이처럼 좌우에 입식을 덧붙이는 것은 다른 나라의 금동관에서는 찾아볼 수 없는 기법이다. 그리고 30-2호묘의 금동관은 대륜의 너비에 비하여 입식이 매우 작은데 立飾의 가장자리를 따라가면서 波狀列點紋을 시문하고 있다. 이 점 역시 신라의 금동관에서 찾아 볼 수 없는 意匠이다. 따라서 이 2점의 금동관은 高靈에서 제작된 것으로 파악된다.

陜川의 玉田M6號墳 출토 금동관은 新羅冠의 독특한 특징인 出字形 立飾을 갖추고 있지만, 신라의 관과는 입식의 형태가 많이 다르며 제작기법도 조악한 편이므로 신라의 영향을 받아 陜川에서 製作한 것으로 추정된다.[34)]

2) 耳飾

가야 이식의 특징은 전술한 것처럼 空球體 中間飾과 사슬이다. 보통 高靈土器와 공반되고 있어 제작지가 고령일 가능성을 1차적으로 고려할 수 있다. 그런데 고령의 경우 아직 조사가 미진하여 출토 예가

34) 咸舜燮, 앞의 글, 2002, 145쪽.

많지 않은 편이다.

【高靈과 陜川】-加羅와 多羅-

加耶耳飾의 中心分布圈은 고령과 합천이다. 이 두 곳의 이식은 거의 같은 변화를 보이고 있고 동일한 제작기법으로 만들어진 것도 다수 있다.

고령 지산동44호분에서 출토된 이식은 고령에서만 확인되는 요소도 갖추고 있으나 동 45호분이나 본관동36호분 이식은 옥전 출토 이식과 거의 동일하다. 최근 조사된 고령 지산동<嶺文院>II-40號墓 출토 이식은 三翼形 垂下飾을 갖추고 있어 玉田91號墓 이식과 동일하다.

현재까지 조사된 자료로 보면 가야 이식의 중심이 합천의 玉田墳墓群인 것으로도 파악할 수 있다. 記錄에 나타나는 加羅國의 位相과 池山洞墳墓群의 탁월성을 고려한다면 高靈이 중심일 가능성도 높다 하겠다.

【陜川과 昌寧】-大加耶의 對新羅 窓口-

6세기 2/4분기 대가야 이식은 매우 화려하며 약 3類型 以上이 공존한다. 본관동 출토품처럼 사슬에 空球體를 매단 耳飾과 山梔子形裝飾을 垂下飾으로 매단 복잡한 것까지 있다. 중간식을 구성하는 空球體에는 鏤金裝飾과 瓔珞이 부가되며 공구체 아래에 小環連接立方體를 부착하는 경우도 있다(도 8 참조).

또한 玉田M6號墳 이식처럼 신라 이식의 특징이 부분적으로 반영된 예도 있다. 즉, 이 이식의 중간식은 小環連接球體와 半球體로 이루어져 있고, 구체와 반구체 사이에 金板을 둥글게 말아 끼웠다. 이식의 제작에서 이러한 기법은 매우 드물게 확인된다.[35] 현재까지 확인한 예로

35) 필자는 전고에서 이러한 기법이 옥전의 유일한 기법으로 상정하였으나 추후 자료의 관찰 결과 2예가 더 있음을 확인하였다. 그러나 이러한 기법은 신라 이식의 중심지인 경주에서 제작되었다고 보기는 어려우며 창녕 혹은 합천에서 제작하였을 것으로 추정해두고자 한다.

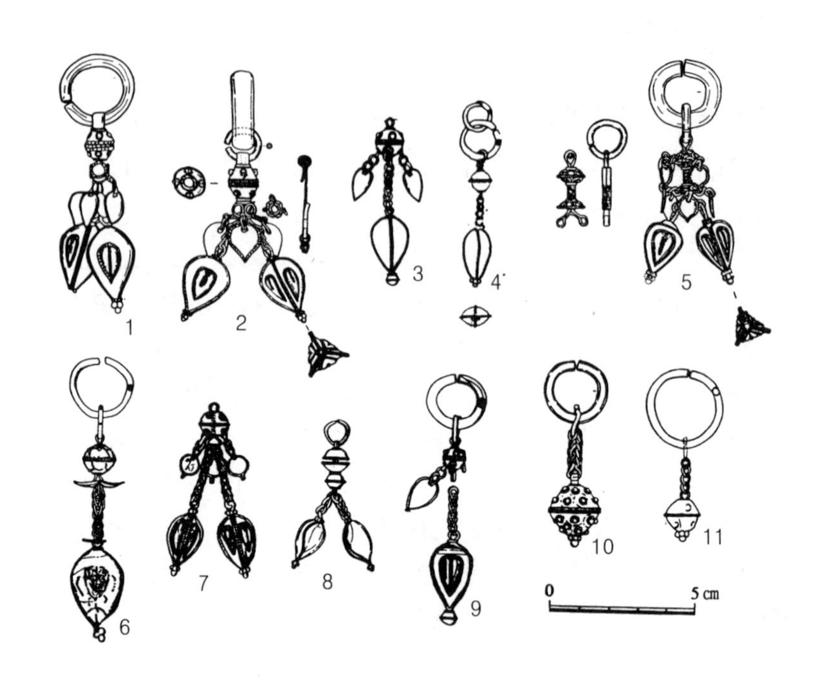

<도 8> 6세기대 大加耶 및 倭의 耳飾

1. 교동31호묘, 2. 옥전M4호분, 3. 장수 봉서리, 4. 지산동44호11곽, 5. 옥전M6호분, 6. 福岡 立山山8號墳, 7. 三重 保古里車塚古墳, 8. 福岡 日拝塚, 9. 奈良 割塚古墳, 10. 熊本 物見櫓古墳, 11. 본관동36호묘

는 옥전 예 이외에 昌寧 校洞12號墓 太環耳飾, 慶州 仁旺洞20號墓 太環耳飾이 있다.[36] 이 2쌍은 기본적으로 신라 태환이식과 유사하나 瓔珞의 형태, 中間飾의 形態 및 製作技法이 많이 다르므로 昌寧에서 製作한 것으로 추정할 수 있을 것 같다. 그렇다고 하더라도 옥전M6호분 출토 이식도 昌寧産으로 생각할 수 있을까? 여기서 문제가 되는 것이 山梔子形 垂下飾이다.

그간 산치자형 수하식을 갖춘 이식은 합천 옥전M4호분, M6호분, 장수 봉서리, 창녕 계성A지구1호묘, 교동31호묘에서 출토되었다. 이 외

36) 국립경주박물관, 앞의 책, 2001.

에 일본의 佐賀縣 南山古墳, 福岡縣 立山山8號墳, 福岡縣 日拝塚古墳, 大阪府 一須賀B7號墳, 奈良縣 割塚古墳, 三重縣 保古里車塚古墳에서 출토된 바 있다. 국내 출토품의 경우 합천이나 창녕에 분포의 중심이 있지만 이 2곳 중 제작지를 특정하기에는 아직 수량이 적은 편이다. 다만 일본 출토 이식의 산치자형 수하식은 중공구 및 사슬과 결합되고 있으므로 산치자형 수하식을 대가야적인 것으로 보아 합천을 그 중심지로 상정할 수는 있을 것 같다.

산치자형 수하식의 아래쪽에는 작은 금립 4개를 부착하는 것이 일반적이지만, 장수 봉서리나 割塚古墳이나 一須賀B7號墳 출토품의 경우 空球體를 매달기도 한다. 이 장식의 祖形을 추정하기는 어려우나 지산동44호분 11곽 출토 이식의 수하식이나 무령왕비 이식의 사익형 장식과 연결될 가능성도 있다.

【咸安】 -安羅-

咸安 道項里墳墓群에서 출토된 이식 가운데 도항리<경고연>11호묘 출토품과 <문>4-가호묘 출토품은 제작기법이 전혀 다르다. 물론 상당한 연대차가 있지만 같은 工房에서 제작한 것으로 보기는 어렵다.

이 2점의 차이만큼이나 더 큰 차이를 보이는 것이 바로 大加耶圈耳飾이다. 특히 <문>4-가호묘 이식의 경우 매우 특이한 구조를 갖추고 있어 주목된다. 이 2점의 이식은 대가야권, 백제, 신라의 이식과 다른 安羅國의 이식으로 보아 틀림없을 것 같다.

【外來品】

이 외에 전술한 것처럼 玉田20號墓, 23號墓, M11號墳 이식은 백제 이식과 매우 유사하다. 전 2자는 漢城時期의 이식과, 후자는 熊津時期末 이후의 이식과 관련될 것 같다. 玉田M3號墳 이식 가운데 2쌍은 5세기 말 신라의 이식과 유사도가 높다.

3) 釧, 帶金具

加耶의 釧은 수량이 많지 않은데 형식적으로 보면 백제나 신라에 비하여 가늘다는 특징이 있다. 분포권은 陜川과 晋州이다.

帶金具의 경우도 수량이 2~3점에 불과하다. 玉田M1號墳 출토품의 경우 가야에는 유례가 없으나 同時期의 新羅나 倭의 雙葉紋 帶金具와도 차이가 있어 신라의 皇南大塚 南墳과 비슷한 시기의 대금구를 모방하여 현지에서 제작한 것으로 보인다. 옥전M11호분의 대금구도 이 지역에는 없는 형식이고 백제지역 출토품과 유사도가 인정된다. 공반된 이식을 移入品으로 생각한다면 이 대금구도 이입품일 가능성도 배제하기는 어렵다.

4) 裝飾大刀

가야의 대도는 백제의 대도와 유사하며, 그 중 玉田 大刀의 경우 榮山江流域의 백제대도와 관련이 있을 것으로 추정된다. 百濟大刀의 環頭는 靑銅에 아말감도금한 것이 많지만 가야의 대도는 鐵地金板(薄)被가 많아 차이를 보인다.

옥전대도의 경우 각 대도의 제작기법이 매우 유사하며 타국 출토품과 다른 면을 갖추고 있어 陜川에서 제작되었을 가능성이 높다.[37]

【把部의 製作】

가야대도의 把部장식은 백제대도와 유사하다. 특히 함양 백천리1-3호묘 대도의 경우 주목된다. 이 대도 把部의 鱗狀紋裝飾[38]과 板固定技法은 신라의 그것과 다르며 玉田75號墓 대도와 함께 백제대도와 연결지을 수 있다.

신라대도의 鱗狀紋은 横長의 半圓形紋이 상하 엇갈리면서 마주보

---

37) 다만 추후의 조사가 진전되면 고령도 그 후보로 넣을 수 있을 것 같다.

38) 이에 대해서는 다음의 선구적인 성과가 있다. 穴澤咊光・馬目順一, 「日本・朝鮮における鱗狀紋裝飾の大刀」『物質文化』33, 立教大學, 1979.

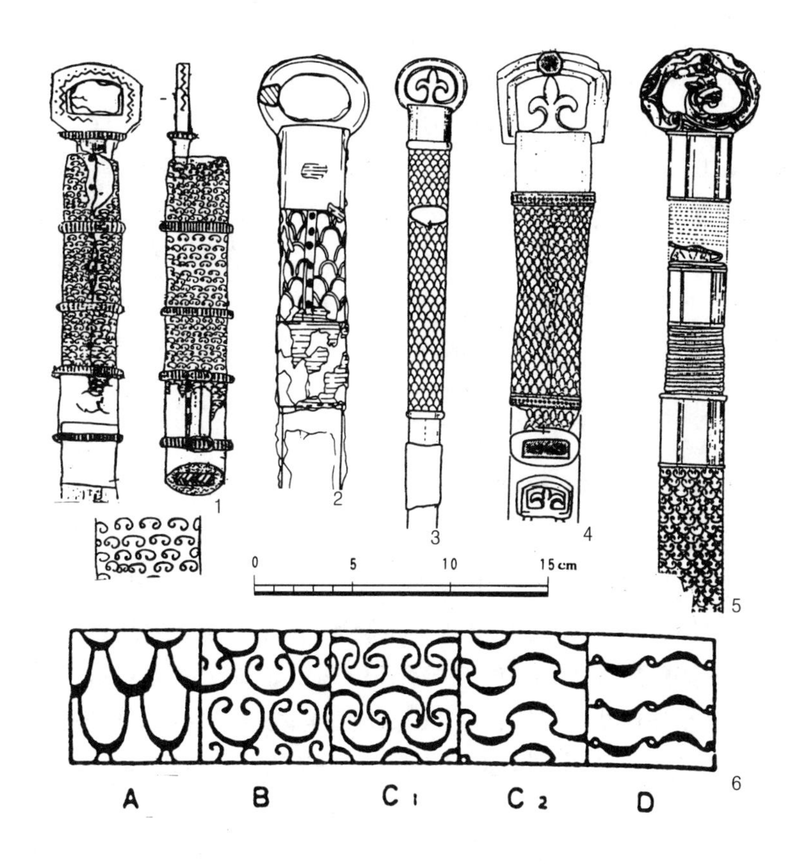

<도 9> 加耶・百濟・倭 大刀의 把部 비교

1. 마갑총, 2. 옥전75호묘, 3. 신촌리9호분 을관, 4. 宮崎 山ノ神古墳, 5. 島根 鷺ノ湯病院址 橫穴, 6. 鱗狀紋分類案(穴澤・馬目, 1979)

게 圖案되어 있음에 비하여 백제의 대도에는 縱長의 半圓形紋이 한 방향으로 시문되어 있다. 이러한 문양을 백제적인 것으로 볼 수 있음은 益山의 笠店里1號墓의 金銅冠帽을 비롯하여 羅州 新村里9號乙棺의 大刀 把部裝飾의 예를 통하여 추정할 수 있다.

그리고 신라의 대도는 인상문이 베풀어진 판을 고정하기 위하여 꺾쇠상의 못을 사용함에 비하여 대가야나 나주 신촌리9호분 등 백제의 대도에서는 직선적인 못이 사용되고 있어 차이를 보인다.

백천리 대도보다 오래된 대도에서도 백제적인 기법이 확인되고 있다. 바로 함안 마갑총의 象嵌大刀이다. 이 대도의 경우 把部를 감싼 板에 鱗狀紋이 베풀어져 있는데, 인상문의 형식은 신라나 백제와 차이를 보이고 있다. 즉, 인상문을 구성하는 단위는 신라의 인상문과 비슷하지만 한 방향으로만 시문되고 있다. 이러한 문양은 일본의 장식대도에 많이 베풀어져 있는 'B류 인상문'(도 9-6)과 유관할 것으로 생각된다. 마갑총의 대도는 백천리 대도와 마찬가지로 직선적인 못이 사용되며, 부분적으로 꺾쇠상의 못도 함께 사용되고 있다.

【龍鳳紋大刀의 製作地】

① 百濟

천안 용원리1호석곽묘, 12호석곽묘, 무령왕릉, 나주 신촌리9호분 을관에서 모두 4점 출토된 바 있다. 이 중 전 3자가 전형적인데, 환과 환내의 도상이 한 몸을 이루며 연속적으로 이어져 있고, 도상의 두상장식[冠毛]의 형태가 도 10-1~3처럼 2개의 葉狀裝飾이 위로 솟아있고 머리 뒤쪽으로 길쭉한 곡선을 이루며 진행하다가 끝이 위로 말리는 모습을 보이고 있다.

용원리1호석곽묘 대도의 환두는 동지금장이나 도금부가 대부분 벗겨졌고 무령왕릉 출토품처럼 동으로 환과 도상을 일체 주조한 것이다. 3자의 순서는 대개 크기와 도상으로 보아 용원리1호석곽묘→용원리12호석곽묘→무령왕릉 대도 순일 것으로 추정된다. 이 대도와 유사한 특징을 지닌 예로는 일본 大阪府 茨城市 福井 海北塚 대도(도 10-4)와 일본 동경박물관 소장 오구라수집품 대도 3(도 10-5)에서 찾아볼 수 있다. 특히 이 2점은 두상장식의 형태뿐만 아니라 柄頭金具나 파부의 단면이 6각형을 이루고 있어 유사도를 보인다. 3자의 선후관계는 기존의 연구[39]처럼 무령왕릉→海北塚→오구라수집품 3호대도 순으로 추정

---

39) 穴澤咊光・馬目順一, 앞의 글, 1976, 258쪽 도9.

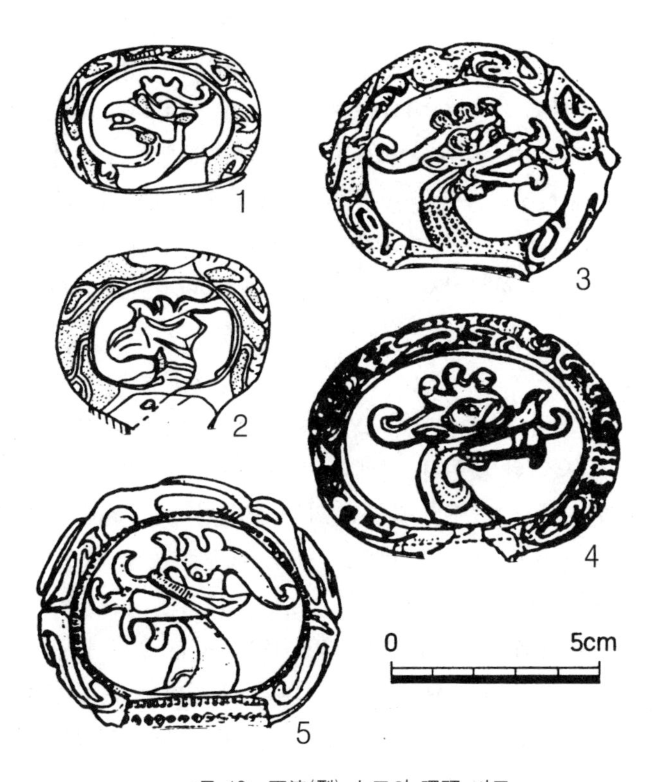

<도 10> 百濟(型) 大刀의 環頭 비교

1. 용원리1호석곽묘, 2. 용원리12호석곽묘, 3. 무령왕릉, 4. 大阪 海北塚古墳, 5. 小倉蒐集品 3호대도

된다.

용원리1호 대도와 같은 계열의 대도로는 근래에 조사된 고령 지산동I-4호묘 출토품이 있다. 이 대도는 환에는 아무런 장식이 없고 환내에 단봉이 표현되어 있는데, 환이 환내 도상의 몸을 이루고 있는 一體鑄造型이다. 알려진 사진자료에서 금도금의 여부를 확인할 수는 없지만 천안 용원리 대도와 마찬가지로 원래는 도금이 되어 있었을 가능성은 있을 것 같다. 뾰족한 부리, 그리고 두상장식의 형태가 기본적으로 천안 용원리1호석곽 대도와 연결되며, 의장으로 보면 보다 빠를지도

모르겠다. 공반유물은 5세기 중엽경 혹은 그 이전으로 판단되므로 용원리1호석곽묘 출토품보다 빠를 것으로 생각된다.

백제지역 출토품 가운데 이와는 제작기법이 전혀 다른 1점의 대도가 있으니 바로 나주 신촌리9호 을관 출토품이다. 환과 도상이 철지은장이며 봉의 두상장식은 금동이고 눈은 옥을 감장하였다. 이 대도는 무령왕릉 대도에 비한다면 제작기법이 상당히 떨어지며 다른 곳에서 찾아보기 어려운 도상이어서 이 지역에서 제작한 것으로 판단된다.

② 新羅

신라에서는 3점의 용봉문대도가 출토되었다. 飾履塚의 대도(도 11-7)가 가장 오래된 것이다. 본례는 파손품이어서 불명한 점은 있으나 環內에 龍頭鳳首가 목을 겹치고 있는 圖像이, 柄頭金具에 雙龍이 몸을 교차하고 있는 도상이 표현되고 있다. 이 점은 합천 옥전M3호분, 6호분 출토품(도 11-1~5), 창녕 교동10호분 출토품(도 11-8)과 매우 유사한 점이며, 왜의 鴨稻荷山古墳 출토 대도(도 11-9)와 동일 계보상에 있다. 연대는 5세기 4/4분기에 상당한다.[40] 천마총 대도는 환내에 단봉이 표현되어 있는데, 무령왕릉 대도처럼 환이 환내 도상의 신부를 이루고 있으며, 지산동I-4호분 대도처럼 환에 아무런 장식이 없다. 把部에 금이나 은사로 만든 장식이 없고, 子刀가 부착되어 있는 점은 이 대도의 주요한 특징이다. 대도에 자도를 부착하는 것은 신라대도의 특징이므로 제작지는 신라로 볼 수 있을 것이다. 호우총 대도는 파손이 심하여 환두에 불명한 점이 있지만, 환내 도상은 單龍이며 환과 別鑄되어 한쪽으로 치우쳐 소켓(socket)식으로 끼워져 있고[41] 鞘口金具에 雙龍紋이 표현되어 있다. 전술한 식리총 대도의 계보를 잇고 있는 것

40) 馬目順一, 「慶州飾履塚古新羅墓の研究-非新羅系遺物の系譜と年代」『古代探叢-瀧口宏先生古稀記念考古學論集』, 1980 ; 李漢祥, 「金工品을 통해 본 5~6世紀 新羅墳墓의 編年」『慶州文化研究』 창간호, 1998.

41) 보고서 도면에서는 이 점을 확인할 수 없으나, 국립중앙박물관 함순섭 연구관의 관찰기록과 실측도면, 사진을 살펴본바, 확인할 수 있었다.

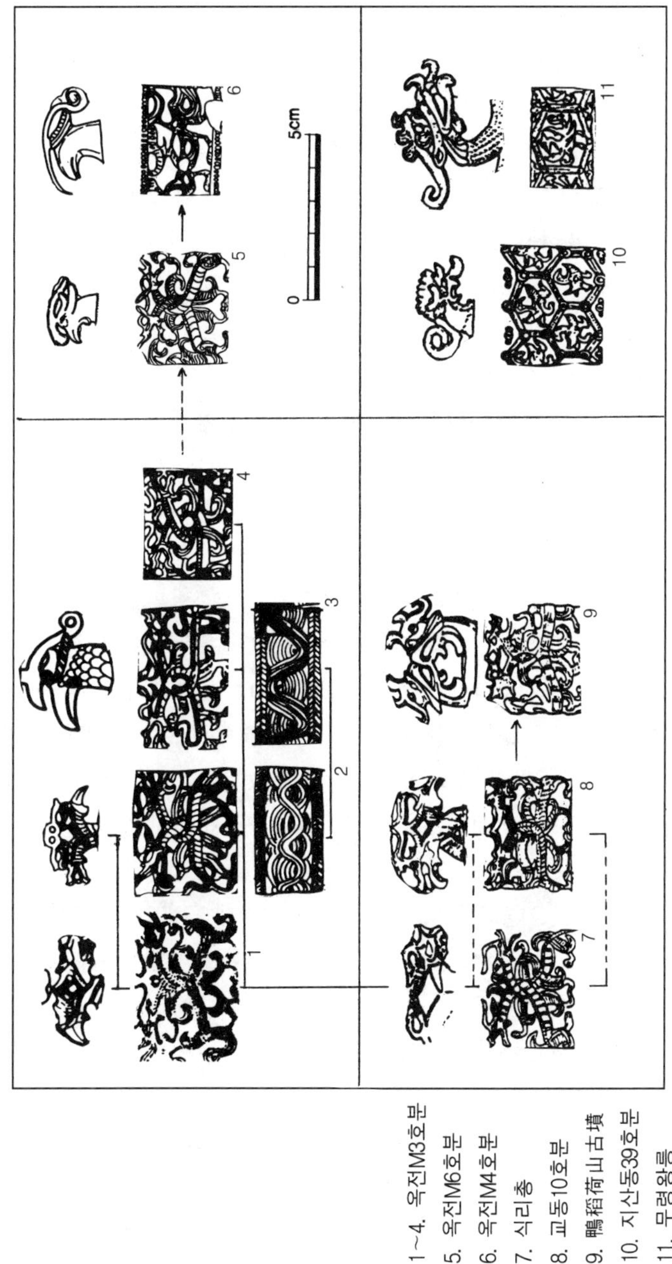

<도 11> 龍鳳紋大刀의 圖案 비교

1~4. 옥전M3호분
5. 옥전M6호분
6. 옥전M4호분
7. 식리총
8. 교동10호분
9. 鴨稻荷山古墳
10. 지산동39호분
11. 무령왕릉

으로 보이지만 제작지의 特定은 어렵다.

③ 加耶

가야의 용봉문대도 가운데 출토지를 알 수 있는 것은 14점 정도이다. 옥전35호묘나 지산동32NE-1호묘 대도는 鐵地에 銀象嵌으로 龍鳳紋, 唐草紋을 표현하고 있다.

옥전M3호분 출토 용봉문대도 4점은 柄頭金具나 鞘口金具의 도상과 기법이 매우 유사하다(도 11-1~4). 同一人 혹은 同一工房 제작품으로 볼 수 있을 것이다. M3호분의 단봉대도의 경우 他例와는 매우 다른 독특한 의장을 보이고 있어 대가야권에서 제작되었을 것으로 상정된다. 그런데 이 대도의 波狀紋이 베풀어진 鞘金具는 同墳의 용두봉수장식대도의 초금구와 유사하다. 이 점으로 본다면 양자 모두 특정 공방에서 제작되었을 것인데, 현재까지 알려진 백제 대도와는 제작기법과 의장이 많이 다르다. 따라서 대가야권, 좀더 범위를 좁힌다면 고령이나 합천에서 제작되었을 것으로 추정된다. 용두봉수가 목을 교차하는 도상은 옥전M3호분 대도를 중심으로 하는 5세기 후반의 늦은 단계에만 한정되며, 6세기에 접어들면서 일본 鴨稻荷山古墳 출토품에서 보듯이 쌍봉 또는 쌍룡이 서로 입을 맞추는 형상으로 변하거나, 單龍·單鳳이 주로 제작된다. 옥전분묘군내 용봉문대도는 옥전M3호분→M6호분→M4호분 대도 순으로 변하는 것 같다.

고령의 경우 전술한 것처럼 지산동 I-4호분 대도의 경우 백제대도와 유사한 의장을 갖추고 있고 동 지산동39호분 대도의 경우 무령왕릉 대도와 유사도가 높다. 다만 무령왕릉 대도는 동제 주조품에 아말감으로 도금하고 있고 지산동39호분 대도는 鐵地에 金薄被된 것이어서 차이를 보이고 있다.

그 외에 창녕 교동10호분 출토품은 옥전 M3호분 출토품이나 경주 식리총 출토품과 비견되는 것인데, 제작기법이 매우 정제되어 있다. 현재까지의 자료로 보면 대가야권에서 이입된 것으로 판단된다.

이상에서 살펴본 것처럼 백제와 신라는 각기 특징적인 용봉문대도가 있었고, 옥전 대도 역시 이와는 구별되는 가야적인 특징을 보여주고 있어 현재까지의 자료를 가지고 옥전 대도의 제작지를 백제로 추정하기는 어렵다. 대가야의 경우 대가야적인 장신구를 다수 제작하고 있어 대도의 자체제작은 충분히 가능했을 것으로 생각된다.

2) 時期別 分布

【出現時點과 契機】

金工 威勢品 가운데 金製耳飾과 象嵌大刀가 가장 먼저 출현한다. 이식 중 가장 연대가 올라가는 것은 옥전20호묘와 옥전23호묘 출토품이다. 이 2쌍의 이식은 모두 百濟 漢城時期 이식과 매우 유사하여 백제로부터 이입된 물품일 가능성이 있다. 그러나 크기나 제작기법상 일부 차이를 보이고 있어 현지에서 제작하였을 가능성도 배제할 수는 없다. 이 이식의 연대는 5세기 전반 정도로 생각되는데 후술하듯이 430년대를 전후한 시기로 추정된다.

대도 가운데 가장 오래된 것은 陜川 玉田67-A號墓의 상감대도, 馬甲塚의 象嵌金銀裝大刀이다. 가야의 상감대도가 어디에서 기원한 것인지 불명한 점이 많지만 백제와 관련지운 연구[42]가 있다. 七支刀를 비롯하여 천안 화성리 A-1호묘, 용원리 3호석곽묘, 전 청주 신봉동 출토 대도 등 백제에서 유례가 속속 확인되고 있기 때문이다. 반면 신라의 경우 상감대도의 존재는 6세기대의 壺杅塚 대도에서 확인되었을 뿐 드문 편이다. 다만 義城 大里 收拾品[43]에 實例가 있을 뿐이다. 현재까지의 자료에 한한다면 삼국시대 은상감기법은 백제에서 가야로, 다시 신라로 전해졌을 가능성이 높다.

함안 마갑총의 대도는 상감이라고 하는 특징 외에 環頭의 형태와 把部의 제작기법이 특징적이고 환두는 上圓下方形을 이루고 있다. 가

42) 崔鍾圭, 앞의 글, 1992, 66~67쪽.
43) 경북대학교박물관 소장.

야 이외의 지역에서 이와 비교할 수 있는 자료를 찾아보면, 먼저 천안 용원리 9호석곽묘 출토 대도가 주목된다. 이 대도 역시 환두는 상원하방형을 띠고 있다. 장식대도라기보다는 실용대도로 여겨지는데, 공반된 유물로 보면 5세기 1/4분기로 편년할 수 있을 것 같다. 그 외에 상원하방형의 환두를 갖춘 대도는 신라에 많다. 황남대총 남분의 대도 가운데는 상원하방내에 삼엽문을 장식한 대도와 철제대도 가운데 상원하방형을 띤 대도도 있다. 황남대총 남분의 연대에 관하여 학계의 논의가 다양하지만 필자는 남분 금공품 중 다수는 5세기 2/4분기에 제작된 것으로 추정하고 있다. 마갑총의 연대에 대해서 5세기 2/4분기로 보는 견해가 제기되어 있다. 이상의 3자를 비교하면 아직 논의의 여지는 있지만 상원하방형 환두 역시 백제에서 신라와 가야로 이입된 요소로 추정해 두고 싶다.

이 무렵 가야지역에 백제의 문물이 이입될 수 있는 계기는 무엇일까? 4세기 후반경 백제-가야-왜의 연합세력과 고구려-신라의 연합세력이 잦은 전투를 벌이고 있었으며 영남지방에서 그 힘의 균형은 서기 400년 高句麗軍의 南征에 의하여 깨지고 만다. 4세기부터 백제와 가야는 친밀한 관계를 유지하였던 것으로 보이는데 5세기 초반의 위기를 극복하면서 곧 관계를 회복하였을 것으로 추정된다.

백제가 국세를 회복하고 영남지역에 勢를 확산하는 시기는 아마도 羅濟同盟을 맺게 되는 서기 430년대로 추정된다. 이 시기가 되면 백제의 새로운 문화요소도 받아들이고 또 새롭게 재편된 국가 간의 관계에 따라 高句麗-新羅的인 武具나 馬具類도 가야의 首長墓로 급속히 파급되었을 것 같다.

【展開와 劃期】

① 5世紀 3/4分期

5세기 전반에 가야로 수용된 금공 위세품 문화는 5세기 중엽이후 가야적인 모습으로 발전한다.

이 시기의 관은 고령 지산동32호분 금동관, 지산동30-2호묘 금동관이 있고, 이식으로는 합천 옥전M2호분, 72호묘, 82호묘, 함안 도항리<경고연>11호묘 금제이식이 있다. 천은 합천 옥전M2호분 금제천이 있고, 대금구로는 옥전M1호묘 출토품이 있으며, 대도는 고령 지산동32NE-1호묘, 합천 옥전35호묘, M1호분, 마산 현동64호묘 출토품이 있다.

분포지역은 고령이나 합천, 함안, 마산이다. 전 2자는 대가야권의 핵심국인 加羅와 多羅이며, 후 2자는 安羅와 그 周邊이다.

가야 각국 가운데 특히 현저하게 성장하는 나라는 고령의 가라국이다. 加羅王 荷知는 서기 479년 中國 南齊에 遣使[44]하는데, 이 이면에는 5세기 3/4분기의 성장이 전제되어 있었던 것이다. 이러한 成長이 可視的으로는 金工 威勢品과 高靈土器의 확산으로 드러나는 것 같다.

② 5世紀 4/4分期

가야의 금공위세품 제작은 이 시기에 이르면서 매우 활발해지는 것 같다. 출토 수량이 많아지고 출토지역 또한 넓어진다.

먼저 이식은 합천 옥전M3호분, 24호묘, 28호묘, 70호묘, 반계제 가-A호묘, 함양 백천리1-3호묘에서 출토되었다. 천은 합천 옥전28호묘에서 동제품이 출토되었고, 대도는 합천 옥전M3호분, 70호묘, 반계제 가-A호묘, 함양 백천리1-3호묘, 함안 도항리<문>54호묘 출토품이 있다.

이 시기의 금공위세품은 합천, 함양, 함안에 분포되어 있으며 합천의 경우 옥전분묘군뿐만 아니라 반계제분묘군으로 소유의 확산이 이루어졌다는 점이 주목된다. 그리고 교통의 요지에 위치한 반계제나 함양의 백천리까지 분포권이 넓어지고 있다. 이러한 현상은 다음 단계에도 계속 이어져 분포권은 더욱 넓어진다.

이 단계 대도의 특징은 옥전M3호분의 대도처럼 금과 은으로 장식한

44) 『南齊書』 권58, 加羅國傳.

龍鳳紋大刀가 출현한다는 점이며, 앞 단계와 마찬가지로 三葉大刀, 象嵌大刀, 銀裝大刀가 만들어진다. 특히 은장대도는 출토수량이 많으며 소유의 폭이 넓은 것 같다. 대가야권의 경우 고령과 합천에만 머물던 대도의 소유가 주변지역으로 확산되는 것 같다. 금은장 용·봉문대도→상감대도→은장대도의 서열이 확립되는 것으로 보인다.

③ 6世紀 1/4分期

이 시기의 금공위세품은 그리 많이 알려져 있지는 않으나 고령 출토자료가 확인되고 있다. 이식은 지산동44호분, 옥전12호묘, 다호리B-15호묘, 도항리<문>4-가호묘 출토품이 있고, 대도는 고령 지산동 39호분, 옥전75호묘, 산청 중촌리3호묘, 남원 월산리, 두락리4호묘 출토품이 있다.

고령의 경우 능선 정선부를 따라가면서 차례로 대형분이 조영되고 있는데 합천과 마찬가지로 대부분의 무덤에 금공위세품이 부장되어 있을 가능성이 높다. 고령의 지산동분묘군과 합천의 옥전분묘군 외에 새로이 산청의 중촌리, 남원의 두락리와 월산리 출토품이 부가되었다.

④ 6世紀 2/4分期

이 시기 가야의 금공위세품은 수량적으로도 많으며 특히 이식의 경우 製作技法의 絶頂을 보여주고 있다. 발굴품은 아니지만 고령 가라국의 왕은 금관을 사용했던 것으로 추정된다. 그리고 신라와 백제문화의 영향이 시기를 달리하면서 살펴지고 있어 이 시기 가야사회의 정치적 변화추이를 잘 보여주고 있다.

먼저 관으로는 발굴품은 아니지만 호암미술관 소장 금관을 이 시기에 비정할 수 있다. 그 외에 신라적인 요소를 지닌 옥전M6호분의 금동관이 있다. 이식으로는 고령의 지산동 45호분, 본관동36호묘, 합천의 옥전M4호분, M6호분, M11호분, 장수 봉서리, 함양 백천리3-1호묘, 고성 율대리2호3곽, 창녕 계성A지구 1호묘, 교동31호묘, 경산 교촌리, 도항리<경고연>31호묘 출토품이 있다. 천은 진주 중안동 출토품이 해당되고, 대금구는 합천 옥전M11호분 출토 은제 대금구가 있다. 대도는 합천 옥전M4호분과 M5호분, M11호분, 창리A-63호묘, ,고성 연당리23호묘 출토품이 있다.

이 시기의 경우 금공위세품 특히 이식의 출토 범위가 가장 넓으며 수량도 탁월하게 많다. 고령, 합천, 함양, 진주, 고성, 함안에 분포되어 있다. 그런 한편 6세기 2/4분기가 되면 신라적인 문화가 고령이나 합천으로 이입되는 한편 대가야권의 금공위세품도 산발적이나마 창녕이나 경산까지 파급되기도 한다. 옥전M11호분처럼 3/4분기에 가까워지면서는 백제의 완제품이 이입된다.

가야 위세품의 분포상 특징을 알아보기 위하여 표로 정리해보면 다음과 같다.

<표 1>에서 보듯이 모든 종류의 위세품이 출토되는 곳은 陜川과 高靈 등 대가야 중심권이며 고성・진주・함양・함안・마산・창원・장수・산청・남원 등지에선 1~2종의 위세품이 분포한다. 이 중 함안 이외 지역의 위세품은 고령・합천 출토품과 매우 유사한 특징을 보이고 있어 이를 '大加耶的인 威勢品'으로 규정할 수 있을 것 같다.

<표 2>는 시기에 따라 어떤 위세품이 어느 지역에 분포하고 있는지를 살펴본 것이다. 冠은 대가야연맹의 양축인 고령과 합천에 분포되어 있다. 특히 고령의 경우 5세기 3/4분기경부터 분포한다. 耳飾의 경우 5세기 2/4분기경 합천에서부터 확인되며, 차츰 시간이 흐르면서 분포의 범위가 넓어지는데 6세기 1/4분기경 최대 분포권을 이룬다. 釧과 帶金具는 분포범위가 좁은 편이며 고령・합천・진주에만 한정 출토되고 있다. 裝飾大刀는 5세기초 합천과 함안에 분포된 이래 이후 분포범위가 차츰 넓어지는데 耳飾과 유사한 분포권을 가진다.

<표 1> 지역별 위세품 분포현황

지 역	관	이식	천	대금구	장식대도	유적명
고 령	○	○	△	○	○	지산동, 본관동
합 천	○	○	○	○	○	옥전, 반계제
고 성		○	○		○	율대리, 연당리
진 주		○	○			중안동
함 양		○			○	백천리, 평정리
함 안		○			○	도항리
마산·창원		○			○	현동, 다호리
장 수		○				봉서리
산 청					○	중촌리
남 원					○	월산리, 두락리

<표 2> 시기별 위세품의 분포

위세품＼시기	5세기 2/4	5세기 3/4	5세기 4/4	6세기 1/4	6세기 2/4
관		고령			고령, 합천
이식	합천	합천, 함안	합천, 함양	고령, 합천, 창원, 고성, 함안	고령, 합천, 진주, 장수, 함안
천		합천	합천		진주
대금구		합천		고령	합천
장식대도	합천, 함안	고령, 합천, 마산	합천, 함양	고령, 합천, 산청, 고성, 남원	합천, 고령

Ⅴ. 結語

지금까지 살펴본 것처럼 加耶의 金工威勢品은 高靈을 중심으로 한 大加耶圈에서 전형을 보이며 제작되었고, 대가야 문화의 확산과정에서 함께 퍼져 나간 것으로 이해된다. 이와는 별도로 咸安에서는 이식을 중심으로 한 '安羅'적인 문화도 있었던 것 같다.

가야지역에서 정형화된 위세품은 5세기에 들어서면서 제작되며 그 이면에는 430년대를 전후하여 百濟文化의 영향이 있었던 것으로 추정된다. 이후 대가야의 성장이 본격화하는 470년대를 전후한 시기가 되면서 금공위세품의 제작이 활발해지고 고령토기에 수반하여 각지로 확산되어 나가는 것 같다. 그와 동시에 昌寧地域을 窓口로 하여 新羅的인 文化도 꾸준히 유입되는데, 서기 522년 結婚同盟을 계기로 증가하였을 것으로 추정된다.

결국 가야의 위세품은 신라나 백제와 마찬가지로 대가야의 중심지에서 聯盟內 제 세력을 통제하기 위하여 제작, 배포한 것으로 보인다.

끝으로 이 글은 가야 위세품 전체를 개괄하는 성격이 짙으므로 소략한 부분이 많다. 이 점은 이어질 세부적인 검토에서 수정, 보완되어야 할 필요가 있을 것이다. 소고가 작성되기까지 최종규, 권향아, 함순섭, 성정용, 이병호 선생님의 도움을 받았기에 文末이지만 謝意을 표하고 싶다.

참고문헌(보고문)

□고령
▪지산동분묘군
高靈郡,『大伽倻古墳發掘調査報告書』, 1979.
金鍾徹,『高靈池山洞古墳群』, 啓明大學校博物館, 1981.
嶺南埋藏文化財硏究院 外,『高靈池山洞30號墳』, 1998.
경상북도,『가야문화도록』, 1998.

▪본관동분묘군
啓明大學校博物館,『高靈本館洞古墳群』, 1995.

□합천
▪옥전분묘군
趙榮濟,『陜川玉田古墳群I - 木槨墓 - 』, 慶尙大學校博物館, 1988.
趙榮濟 外,『陜川玉田古墳群II - M3號墳 - 』, 慶尙大學校博物館, 1990.
趙榮濟,『陜川玉田古墳群III』, , 慶尙大學校博物館, 1992.
趙榮濟 外,『陜川玉田古墳群IV』, 慶尙大學校博物館, 1993.

趙榮濟 外,『陜川玉田古墳群Ⅴ』, 慶尙大學校博物館, 1995.
趙榮濟 外,『陜川玉田古墳群Ⅵ』, 慶尙大學校博物館, 1997.
趙榮濟 外,『陜川玉田古墳群Ⅶ』, 慶尙大學校博物館, 1998.
趙榮濟 外,『陜川玉田古墳群Ⅷ』, 慶尙大學校博物館, 1999.
趙榮濟 外,『陜川玉田古墳群Ⅸ』, 慶尙大學校博物館, 2000.

▪ 반계제분묘군
김정완 외,『陜川磻溪堤古墳群』, 慶尙南道·國立晋州博物館, 1987.

▪ 창리분묘군
東亞大學校博物館 外,『陜川倉里古墳群』, 1987.

□ 함양
▪ 백천리분묘군
釜山大學校博物館,『咸陽白川里 1號墳』, 1986.

□ 산청
▪ 중촌리분묘군
安春培,「山淸中村里古墳發掘槪報」,『韓國考古學年報』10, 서울대학교박물관, 1983.

□ 고성
▪ 율대리분묘군
金正完 外,『固城栗垈里 2號墳』, 國立晉州博物館, 1990.

▪ 연당리분묘군
朴淳發·李相吉,『固城蓮塘里古墳群』, 慶南大學校博物館, 1994.

□ 남원
▪ 월산리분묘군
全榮來,『南原 月山里古墳 發掘調査報告』, 圓光大學校 馬韓百濟文化研究所, 1983.

▪ 두락리분묘군
尹德香·郭長根,『斗洛里』, 全北大學校博物館, 1989.

□ 함안
▪ 도항리분묘군
洪性彬・李柱憲, 「咸安 말갑옷(馬甲) 出土 古墳 發掘調査概報」, 『文化財』 16, 文化財硏究所, 1993.
國立昌原文化財硏究所, 『咸安道項里古墳群Ⅱ』, 1999.
慶南考古學硏究所 外, 『道項里・末山里遺蹟』, 2000.
李柱憲, 「阿羅伽耶에 대한 考古學的 硏究」, 『가야 각국사의 재구성』, 부산대 한국민족문화연구소, 2000.
魏光徹, 「咸安 道項里 馬甲塚 出土 鐵製金銀象嵌環頭大刀의 製作技法 및 保存處理」, 『보존과학연구』 19, 문화재연구소, 1998.

□ 마산
▪ 현동분묘군
昌原大學博物館, 『馬山縣洞遺蹟』, 1990.

□ 창원
▪ 다호리분묘군
任鶴鐘 外, 『德山-本浦間地方道路工事區間內 發掘調査 昌原 茶戶里遺蹟』, 國立中央博物館, 2001.

□ 백제
文化財管理局, 『武寧王陵 發掘調査報告書』, 1973.
徐聲勳・成洛俊, 『羅州 潘南古墳群 綜合調査報告書』, 國立光州博物館 외, 1988.
문화재연구소, 『익산입점리고분 발굴조사보고서』, 1989.
金吉植 外, 『天安花城里百濟墓』, 國立公州博物館, 1991.
車勇杰 外, 『淸州 新鳳洞古墳群』, 忠北大學校博物館, 1995.
韓國文化財保護財團 外, 『淸原 主城里遺蹟』, 2000.
李南奭, 『天安龍院里古墳群』, 公州大學校博物館 外, 2000.
安承周 外, 『論山茅村里百濟古墳群 發掘調査報告書(Ⅱ)』, 公州大 博物館 外, 1994.
李漢祥, 「武寧王陵 出土品 追報(2) - 銅製容器類 - 」, 『考古學誌』 6, 1994.
國立中央博物館, 『특별전 百濟』, 1999.

□ 신라

▪ 경주
文化財研究所,『皇南大塚南墳 發掘調査報告書(圖面・圖版), 1993.
文化財研究所,『皇南大塚 南墳 發掘調査報告書 - 本文 -』, 1994.
梅原末治,「慶州金鈴塚飾履塚發掘調査報告」,『大正十三年度古蹟調査報告』, 朝鮮總督府, 1931.
文化財管理局,『天馬塚發掘調査報告書』, 1974.
金載元,『慶州 路西里 壺杅塚과 銀鈴塚』, 國立博物館, 1948.
國立慶州博物館 外,『慶州市月城路古墳群』, 1990.
國立慶州博物館,『新羅黃金』, 2001.

▪ 지방
鄭澄元. 申敬澈 ,『東萊福泉洞古墳群 I 』, 釜山大學校博物館, 1983.
釜山大學校博物館,『東萊福泉洞古墳群 II 』, 1990.
穴澤咊光・馬目順一,「昌寧校洞古墳群」,『考古學雜誌』60-4, 1975.
鄭澄元,「A地區 古墳發掘調査報告」,『昌寧桂城古墳群發掘調査報告』, 慶尙南道, 1977.
今西龍,「慶尙北道 善山郡 高靈郡 星州郡 金泉郡 慶尙南道 咸安郡 昌寧郡 調査報告」,『大正6年度古蹟調査報告』, 朝鮮總督府, 1920.

□ 고구려
末永雅雄,『日本上代の武器』, 東京, 1944.
박영복・김성명,「중부지역 발견 고구려계 귀걸이」,『昌山金正基博士華甲記念論叢』, 1990.

□ 왜
本村豪章, 「古墳時代の基礎研究稿 - 資料篇(II) - 」, 『東京國立博物館紀要』 26, 1991.
森下章司・高橋克壽・吉井秀夫, 「鴨稻荷山古墳出土遺物の調査」, 『琵琶湖周邊の6世紀を探る』, 京都大學文學部考古學研究室, 1995.

□ 불명
東京國立博物館,『寄贈 小倉コレクション』, 1982.
咸舜燮,「小倉Collection 金製帶冠의 製作技法과 그 系統」,『古代研究』5, 古代研究會, 1997.

민족문화 학술총서를 내면서

21세기의 새로운 미래를 향해 나아가는 현 시점에서 한국학 연구는 새로운 전기를 맞이하고 있다. 한국은 물론이고, 아시아 · 구미 지역에서도 한국학에 대한 관심은 고조되고 있으며 여러 분야에서 다각도로 심층적인 분석이 이루어지고 있다. 이러한 추세에 발맞추어 우리 나라의 한국학 연구자들도 지금까지의 연구를 기반으로 하여 방법론뿐 아니라, 연구 영역에서도 보다 심도 있는 연구가 요청되고 있는 형편이다. 따라서 우리는 동아시아 속의 한국, 더 나아가 세계 속의 한국이라는 관점에서 민족문화의 주체적 발전과 세계 문화와의 상호 관련성을 중시하는 방향에서 연구를 진행해야 할 것이다.

본 한국민족문화연구소는 한국문화연구소와 민족문화연구소를 하나로 합치면서 새롭게 도약의 발판을 마련한 이래 지금까지 민족문화의 산실로서 중요한 역할을 수행해 왔다. 그런 중에 기초 자료의 보존과 보급을 위한 자료총서, 기층 문화에 대한 보고서, 민족문화총서 및 정기학술지 등을 간행함으로써 연구소의 본래 기능을 확충시켜 왔다. 이제 이러한 성과를 바탕으로 한국학 연구자의 연구 성과를 보다 집약적으로 발전시켜 나아가기 위해서 민족문화 학술총서를 간행하고자 한다.

민족문화 학술총서는 한국 민족문화 전반에 관한 각각의 연구를 체계적으로 정리함으로써 본 연구소의 연구 기능을 극대화하는 역할을 할 것으로 기대한다. 또한 본 학술총서의 간행을 계기로 부산대학교 한국학 연구자들의 연구 분위기를 활성화하고 학술 활동의 새로운 장이 되기를 바란다.

아울러 본 학술총서는 한국학 연구의 외연적 범위를 확대하는 의미에서 한국학 관련 학문과의 상호 교류의 장이자, 학제간 연구의 중심 기능을 수행함으로써 명실상부한 한국학 학술총서로서 자리잡을 수 있도록 해야 할 것이다.

1997년 11월 20일

부산대학교 한국민족문화연구소

가야사 정책연구위원회

위 원 장 정징원(부산대학교 고고학과 교수)
위　　원 이기동(동국대학교 사학과 교수)
임효택(동의대학교 사학과 교수)
신경철(부산대학교 고고학과 교수)
이영식(인제대학교 인문문화학부 교수)
김태식(홍익대학교 역사교육과 교수)
이근우(부경대학교 사학과 교수)
박천수(경북대학교 고고인류학과 교수)
김열규(인제대학교 국어국문학과 교수)
실무간사 이희진(한국외국어대학교 강사)

가야 고고학의 새로운 조명

부산대학교 한국민족문화연구소 편

초판 1쇄 인쇄 · 2003년 12월 12일
초판 1쇄 발행 · 2003년 12월 20일

발행처 · 도서출판 혜안
발행인 · 오일주
등록번호 · 제22 - 471호
등록일자 · 1993년 7월 30일
121 - 836 서울 마포구 서교동 326 - 26
전화 · 02) 3141 - 3711, 3712
팩시밀리 · 02) 3141 - 3710

값 38,000원

ISBN 89 - 8494 - 202 - 2 93910